Grundwissen
Politik

Sekundarstufe II

**erarbeitet von
Peter Jöckel**

Cornelsen

Grundwissen Politik
Sekundarstufe II

erarbeitet von Peter Jöckel

Redaktion: Jürgen Schmidt
Umschlaggestaltung: Klein & Halm Grafikdesign, Berlin
Layout und technische Umsetzung: Stephan Hilleckenbach, Berlin

www.cornelsen.de

Die Webseiten Dritter, deren Internetadressen in diesem Lehrwerk angegeben sind,
wurden vor Drucklegung sorgfältig geprüft. Der Verlag übernimmt keine Gewähr für
die Aktualität und den Inhalt dieser Seiten oder solcher, die mit ihnen verlinkt sind.

1. Auflage, 9. Druck 2023

Alle Drucke dieser Auflage sind inhaltlich unverändert
und können im Unterricht nebeneinander verwendet werden.

Druck: AZ Druck und Datentechnik GmbH, Kempten

ISBN 978-3-06-063977-9 (Schülerbuch)
ISBN 978-3-06-065096-5 (E-Book)

PEFC-zertifiziert
Dieses Produkt
stammt aus
nachhaltig
bewirtschafteten
Wäldern und
kontrollierten Quellen
PEFC/04-31-2260   www.pefc.de

Inhalt

3

Inhalt

1 Politisches System

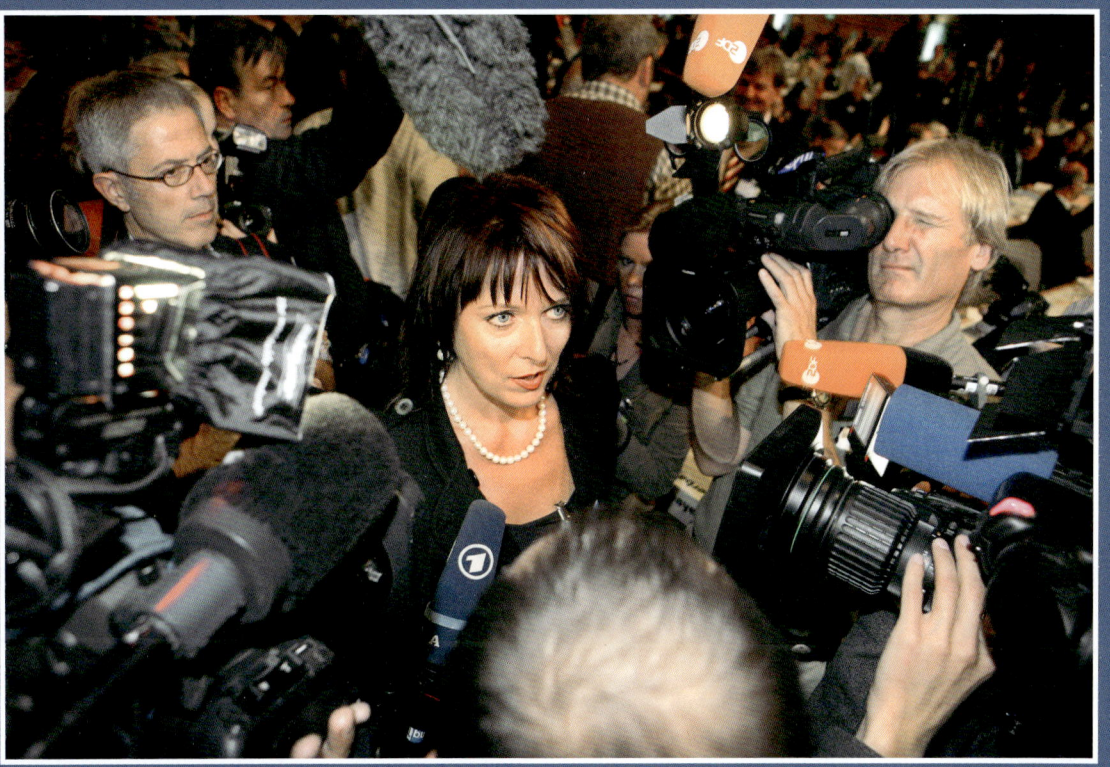

Messezentrum, München
Glamour und mediale Inszenierung in der Politik: Die Fürther Landrätin Gabriele Pauli wird
auf dem CSU-Parteitag im September 2007 von Journalisten umringt. Pauli war maßgeblich
am Sturz des langjährigen CSU-Vorsitzenden Stoiber beteiligt und kandidierte nun selbst
für den Vorsitz. „Meine Chancen kann ich nicht abschätzen", sagte sie vor der Wahl.
Ende 2007 trat sie aus der CSU aus. Genauso schnell, wie sie zum Liebling der Presse wurde,
verschwand sie auch wieder aus den Medien.
Foto: Karl-Josef Hildenbrand

Grundlagen

Eckpfeiler des politischen Systems

Parlamentarische Demokratie

Das politische System Deutschlands ist *föderalistisch* und als *parlamentarische Demokratie* organisiert. Die bundesstaatliche (föderale) Ordnung ist im *Grundgesetz* festgeschrieben und bewirkt, dass die Bundesländer die Entscheidungshoheit in wichtigen Bereichen besitzen. Der *Deutsche Bundestag*, das Parlament des Bundes, ist ohne Einschränkungen das höchste Entscheidungsorgan in diesem politischen System. Der Deutsche Bundestag wird vom deutschen Volk gewählt, ebenso die *Landtage* der Bundesländer.

Verfassungsprinzipien des Grundgesetzes

Der Föderalismus und die Demokratie zählen zu den unabänderlichen *Verfassungsprinzipien* des Grundgesetzes. Weitere sind die *Rechtsstaatlichkeit* und das *Sozialstaatsprinzip*. Sie sind in Art. 20 GG (Grundgesetz) niedergelegt und nach Art. 79 Abs. 3 GG ebenso wie die Grundrechte (Art. 1 bis 19) in ihrem Wesensgehalt nicht veränderbar (*Ewigkeitsklausel*).

Rolle der Parteien

Das Volk übt in der Bundesrepublik Deutschland im politischen System in der Regel die Macht nicht direkt, sondern durch Wahl von Repräsentanten aus (*repräsentative Demokratie*). Deshalb kommt den Parteien eine bedeutende Rolle im politischen Leben zu, sie stellen Kandidatinnen und Kandidaten für politische Ämter, bündeln die politische Meinung und vermitteln politische Entscheidungen.

Staatsoberhaupt

Im Gegensatz zu präsidialen Demokratien hat das Staatsoberhaupt in der Bundesrepublik, der *Bundespräsident*, nur repräsentative Funktion. Sein Einfluss auf politische Entscheidungen ist gering, sein Recht zur Verweigerung der Unterschrift unter Gesetze ein im Wesentlichen formales. Der Bundespräsident wird – der föderalen Struktur entsprechend – von der Bundesversammlung gewählt, einer Institution, die eigens zu diesem Zweck aus dem Bundestag und Vertreterinnen und Vertretern der Bundesländer gebildet wird.

Föderale Vertretung: Bundesrat

Die Interessen der Länder auf Bundesebene werden durch den *Bundesrat* vertreten, der durch Delegation aus den einzelnen Länderregierungen gebildet wird. Der Bundesrat hat Mitentscheidungsrecht bei allen Gesetzen, die die Kompetenzen der Länder berühren.

Exekutive: Regierung

Die Regierungen des Bundes und der Länder werden durch die Parlamente gewählt. Die *Bundeskanzlerin oder der Bundeskanzler* (Bundesebene) sowie die *Ministerpräsidentin oder der Ministerpräsident* (Länderebene) trägt jeweils die Verantwortung für die Regierungspolitik. Er oder sie bestellt und entlässt die Ministerinnen und Minister (*Kabinett*). Unter anderem wegen der zentralen Stellung der Bundeskanzlerin bzw. des Bundeskanzlers und ihrer bzw. seiner Machtfülle wird das Regierungssystem auch als Kanzlerdemokratie bezeichnet.

Judikative: Bundesverfassungsgericht

Politik und Verwaltung sind an Recht und Gesetz gebunden. Die Bürgerinnen und Bürger sind auf vielfältige Weise gegen behördliche bzw. staatliche Willkür geschützt. Für die Einhaltung von Recht und Gesetz sind die *Gerichte* zuständig. Das *Bundesverfassungsgericht* und die Länderverfassungsgerichte entscheiden auf höchster Ebene über Fragen der Einhaltung des Grundgesetzes bzw. der Länderverfassungen. Das Bundesverfassungsgericht entscheidet auch über Fragen der Kompetenzverteilung zwischen Bund und Ländern. Jede Bürgerin bzw. jeder Bürger hat das Recht, die Gerichte im eigenen Interesse anzurufen, bei Grundsatzfragen kann sie/er auch vor das Bundesverfassungsgericht gehen.

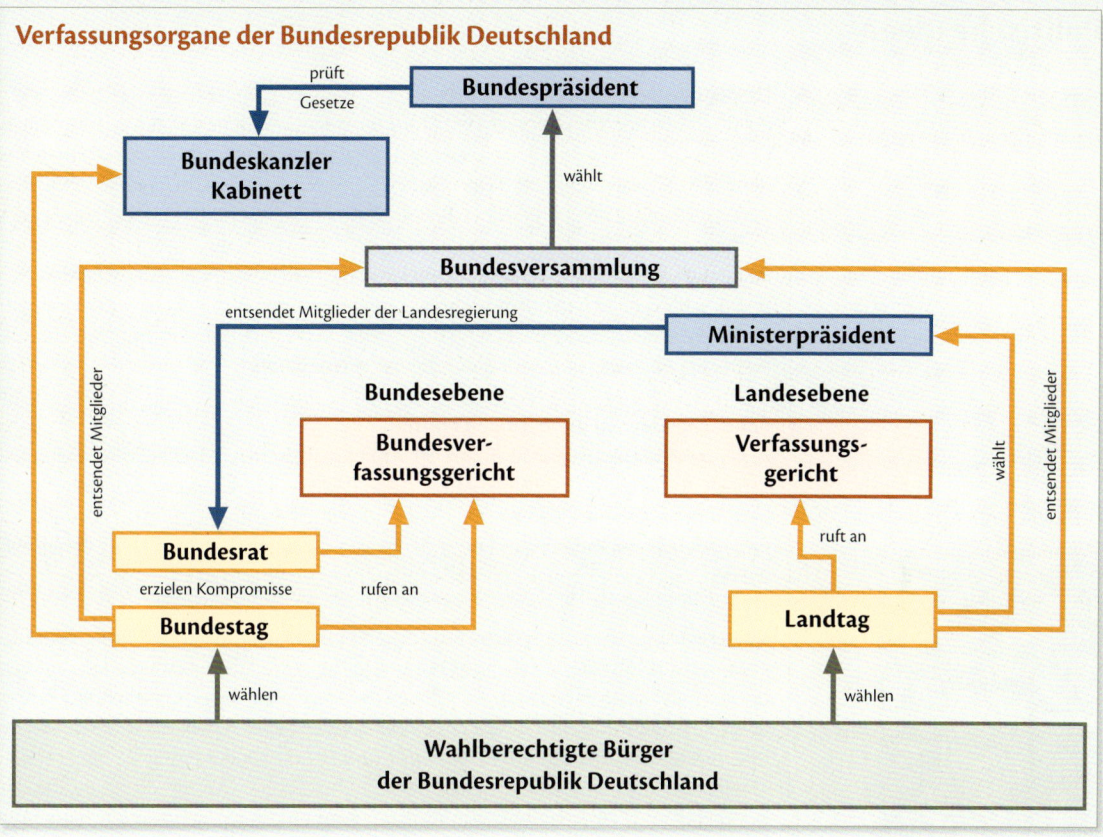

Verfassungsorgane der Bundesrepublik Deutschland

Die *Verfassung* der Bundesrepublik Deutschland erhielt den Namen *Grundgesetz*. Es enthält in den ersten Artikeln die zentralen Bürger- und Menschenrechte. Danach beschreibt es den zentralen Aufbau des politischen Systems und legt die Organe des Bundes und deren Kompetenzen und Beziehungen fest. Das Grundgesetz kann nur durch eine Zweidrittelmehrheit der Abgeordneten im Bundestag und Bundesrat geändert werden, sofern nicht der Wesensgehalt der geschützten Artikel 1 bis 20 berührt ist.

Inhalte des Grundgesetzes

Der Bundestag beschließt die Bundesgesetze. Diese können aus dem Parlament heraus oder durch die Bundesregierung oder durch den Bundesrat eingebracht werden. Die Gesetze werden in drei *Lesungen* im Parlament und zwischenzeitlich in seinen *Ausschüssen* beraten. Ein Gesetz wird mit einfacher Mehrheit im Bundestag beschlossen, wenn es nicht das Grundgesetz verändert. Bei Gesetzen, die zustimmungspflichtig sind (siehe 1.8), muss der Bundesrat ebenfalls zustimmen, wenn das Gesetz Gültigkeit erlangen soll. Am Ende des Gesetzgebungsprozesses unterschreibt der Bundespräsident das Gesetz. Es tritt durch Verkündung im Bundesgesetzblatt bzw. zu einem beschlossenen Zeitpunkt in Kraft.

Legislative und Gesetzgebung

Die zentrale Stellung der Parteien in Deutschland beruht auf den Prinzipien des politischen Systems. Die Gründung von Parteien ist frei. Parteienverbote können nur vom Bundesverfassungsgericht ausgesprochen werden. Die im politischen System etablierten Parteien sind *CDU* und *CSU* (Christlich-Demokratische Union und Christlich-Soziale Union für Bayern), *SPD* (Sozialdemokratische Partei Deutschlands), *FDP* (Freie Demokratische Partei), *Bündnis 90/Die Grünen* und *PDS* (Partei des Demokratischen Sozialismus) bzw. *Linkspartei*. Andere Parteien sind nur selten in Parlamenten vertreten.

Parteiensystem der Bundesrepublik

Politische Ideen

Ursprünge der Politischen Theorie

Politik als Nachdenken über die beste Ordnung der Gesellschaft ist uns aus dem alten Griechenland überliefert. Auch die ersten bekannten Lehren zur Politik stammen aus dieser Zeit, etwa von Platon und Aristoteles. Die moderne politische Philosophie hat ihren Ursprung in den bürgerlichen Revolutionen in England und Frankreich und in der Aufklärung.

Politische Ideengebäude gehen in der Regel von einem bestimmten *Menschenbild* aus und beschäftigen sich mit dem Verhältnis von Individuum und Staat bzw. dem Verhältnis von Gesellschaft und Staat. Zentrale Fragen sind die nach dem Ursprung und Zweck staatlicher Ordnung und der *Legitimation von Herrschaft.*

Politische Ideen in der heutigen Politik

Auch wenn die aktuelle Tagespolitik oft von pragmatischen (Macht-)Entscheidungen geprägt zu sein scheint, führen die einzelnen Parteien ihre Grundpositionen auf ganz bestimmte politische Ideen zurück. Diese finden ihren Ausdruck z. B. in den *Grundsatzprogrammen* der Parteien. Im Folgenden sollen die politischen Ideen kurz dargestellt werden, welche die heutige politische Landschaft prägen.

Konservatismus: Der Konservatismus (oder Konservativismus) geht von dem Grundgedanken aus, dass die bestehende Ordnung in langer Tradition entstanden ist und sich bewährt hat. Neue Entwicklungen müssen demgegenüber kritisch betrachtet werden, da sie ihre Bewährungsprobe noch nicht bestanden haben. Damit setzt die politische Idee des Konservatismus auf *Kontinuität* und auf die Orientierung an historischen Traditionen. Im moralisch-ethischen Bereich sind diese in Werten destilliert, die der Konservatismus zu erhalten sucht. Manche Formen des Konservatismus halten die bestehenden Werte und Ordnungen für vorgegeben durch göttliche Ordnung und damit unantastbar. Klassische Vertreter des Konservatismus sind Thomas Hobbes (1588–1679) und Edmund Burke (1728–1797).

Liberalismus: Nach liberaler Auffassung funktioniert die Gesellschaft dann am besten, wenn alle nach ihrem eigenen Nutzen streben. Dazu müssen die Individuen frei sein, sich frei entscheiden können. Damit ist die individuelle Freiheit die Basis der menschlichen Gesellschaft. *Meinungsfreiheit* ist für die Liberalen ein hohes Gut, wobei auch die Meinung des anderen toleriert werden muss. Der Staat soll die Individuen möglichst frei agieren lassen und nur in Fällen eingreifen, in denen es zur Sicherung der Freiheit aller nötig ist. Dies unterscheidet den Liberalismus vom Anarchismus, der den Staat für gänzlich unnötig hält. Wichtige Vertreter des Liberalismus in der Geschichte sind John Locke (1632–1704), Voltaire (1694–1778), Adam Smith (1732–1790) und John Stuart Mill (1806–1873).

Nationalismus: Die historische, sprachliche, sittliche und kulturelle Gemeinschaft von Personen (Völkern und Nationen) ist das höchste Gut des Nationalismus. Darin steckt die Überzeugung, dass sich die Menschheit von Natur aus in Völker aufteile und die Identifikation mit dem eigenen Volk eine naturgegebene Sache sei. Davon leitet sich das *Selbstbestimmungsrecht* der Völker ab. Das Idealbild ist die Zusammenfassung des Volkes in einem gemeinsamen Staat. Nationalismus gründet sich daher stark in der konkreten historischen Situation und ist vor allen Dingen dort anzutreffen, wo sich Völker in ihrer kulturellen und politischen Identität unterdrückt fühlen (z. B. Basken, Kurden, die afrikanischen Staaten während der Kolonialzeit, Staaten des ehemaligen Jugoslawien).

Thomas Hobbes (1588–1679)

Wie lässt sich ein drohender Krieg aller gegen alle verhindern?

John Locke (1632–1704)

Wie lässt sich in einem Gemeinwesen individuelle Freiheit verwirklichen, ohne die des anderen einzuschränken?

Sozialismus: Der sozialistischen Idee zufolge kommt es besonders auf die prinzipielle Gleichheit aller Menschen und ihre Solidarität in der Gesellschaft an. Dabei geht es nicht nur um die Gleichheit vor dem Gesetz, sondern um *materielle Gleichheit*. Deshalb ist es zu bekämpfen, wenn die Gesellschaft in unterschiedlich mächtige Gruppen oder sogar Klassen aufgeteilt ist. Das Ziel, die Befreiung der Menschheit, besteht dann in der endgültigen Beseitigung der Aufteilung in Klassen. Wichtige historische Vertreter des Sozialismus sind Claude Henri de Saint-Simon (1760–1825), Robert Owen (1771–1858), Karl Marx (1818–1883), Friedrich Engels (1920–1895) und Rosa Luxemburg (1871–1919).

Feminismus: Der Feminismus geht von einem Dualismus der Geschlechter aus und kritisiert die systematische Vorherrschaft der Männer. Feministinnen heben die Besonderheiten der Frauen hervor, manche von ihnen versuchen die Überlegenheit der Frauen zu beweisen. Das speziell weibliche Herangehen an Politik und Gesellschaft sei der menschlichen Gattung eher bekömmlich als das beschränkte Machtstreben der Männer. Die feministische Theorie wendet sich gegen die Benachteiligung in allen Lebensbereichen. Vertreterinnen des Feminismus sind u. a. Simone de Beauvoir (1908–1986) und Alice Schwarzer (*1942).

Ökologismus: Der Ökologismus ist die jüngste politische Idee, die eine politische Bewegung getragen hat. Die Erhaltung der menschlichen Gattung ist das zentrale Anliegen der Ökologiebewegung. Die Industriegesellschaft steuert ihr zufolge auf den Untergang der menschlichen Zivilisation hin. In *alternativen Lebensformen* und „ursprünglichen" Gesellschaftsformen muss deshalb nach Alternativen zu derzeit dominierenden materialistisch orientierten Lebensform gesucht werden. An der Demokratie kritisiert die Ökologiebewegung festgefahrene Strukturen. Sie will dagegen den basisdemokratischen Gedanken setzen, der auf eine direkte Beteiligung der Bevölkerung am politischen Geschehen zielt. Vertreter des Ökologismus sind u. a. Herbert Gruhl (1921–1986) und Rudolf Bahro (1935–1997).

Ideologien und Ideologiekritik

Die Grenze zwischen politischen Ideen bzw. Ideengebäuden und Ideologien ist fließend. Oft werfen Vertreter der einen politischen Richtung der anderen vor, ideologisch zu sein. Politikwissenschaftlich gesehen sind Ideologien Systeme von Wertvorstellungen. Sie wirken orientierend, lenken die Wahrnehmung und steuern Handlungsprogramme in der Politik. Durch die Ausblendung entgegenstehender Auffassungen, Sichtweisen und Erfahrungen werden die inneren Widersprüche von Gedankengebäuden ausgeschaltet. Dabei beanspruchen Ideologien zumeist einen *Wahrheitsanspruch* für ihre Grundannahmen. Die Abänderung dieser Grundannahmen (Dogmen) wird folgerichtig abgelehnt. Aus den in Ideologien vorgegebenen Grundideen werden die Hauptideen und weitere Ideen begründet.

So ist letztendlich jegliche Aussage über die Realität ideologisch geprägt, da die Wahrnehmung von subjektiver Wirklichkeit immer bestimmte Grundvorstellungen und Grundkategorien voraussetzt. Die *Ideologiekritik* hinterfragt diese Grundlagen, in denen Realität wahrgenommen und eingeordnet wird.

Geprägt wurde der Begriff der Ideologiekritik in erster Linie von der *Frankfurter Schule*, einer Denkrichtung, deren Hauptprotagonisten Max Horkheimer und Theodor W. Adorno waren. Ihr Ziel war es, in erster Linie das Ideologische an der herrschenden Denkrichtung des Liberalismus/Kapitalismus herauszuarbeiten.

Eine weitere wichtige Denkrichtung beschäftigt sich mit Ideologien des *Totalitarismus* – in erster Linie mit Faschismus und Stalinismus. Hier sind vor allem Hannah Arendt und Karl Popper zu erwähnen.

Claude Henri de Saint-Simon (1760 –1825)

Wie kann der erwirtschaftete Reichtum gerecht verteilt werden?

Simone de Beauvoir (1908 –1986)

Wie lässt sich die Unterdrückung der Frau überwinden?

Max Horkheimer (1895 –1973)

Wie zeigt sich der ideologische Gehalt einer als naturgegeben empfundenen Wirklichkeit?

Machtverteilung in politischen Systemen

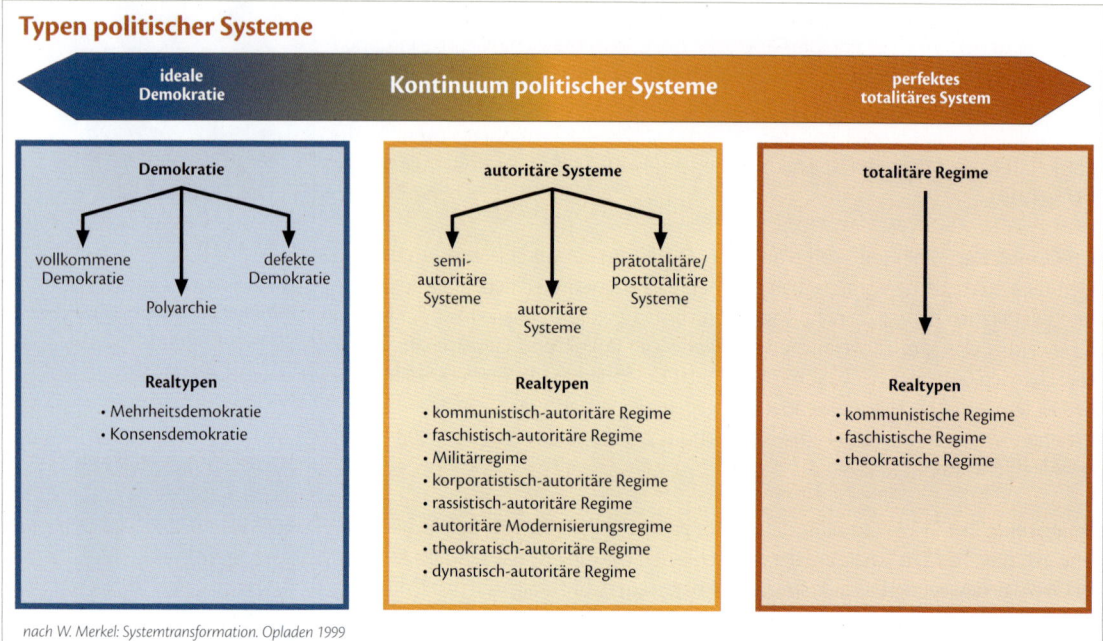

Typen politischer Systeme

nach W. Merkel: Systemtransformation. Opladen 1999

Autoritäre und totalitäre Diktatur

Politische Systeme lassen sich aufgrund ihrer Machtverteilung und Machtkontrolle kategorisieren. In einem Spektrum vom idealen demokratischen System bis zum ausgeprägten totalitären System gibt es in der politischen Praxis verschiedene Spielarten der Machtausübung.

Die Frage der Macht ist in autoritären und totalitären *Diktaturen* auf einfache und für die meisten Beteiligten nachteilige Weise gelöst: Die Macht befindet sich in der Hand Einzelner. Dies ist auf längere Sicht nur möglich, da diese sich nicht rechtfertigen müssen und nicht kontrolliert werden. Diktaturen legitimieren sich über die Gewalt des Diktators und seiner Gefolgschaft. Sie können durch einen Putsch zustandekommen, aber auch dadurch, dass ein ursprünglich gewählter Herrscher seine Macht illegitim ausweitet und damit zum Diktator wird.

Autoritäre Regime erfassen im Gegensatz zu totalitären Regimen nicht die ganze Gesellschaft. Die Staatsführung kann aus einem charismatischen Herrscher oder auch aus einer Militärjunta bestehen. Unterhalb dieser autoritären Staatsführung kann ein begrenzter gesellschaftlicher Pluralismus geduldet werden.

Dagegen durchzieht ein *totalitäres Regime* alle Bereiche von Staat und Gesellschaft. Die totalitäre Diktatur fordert vom Einzelnen die aktive Mitwirkung an der Verwirklichung der entsprechenden Ideologie. Das Individuum wird in Massenorganisationen eingebunden, die Gesellschaft durchmilitarisiert. „Führer, befiehl, wir folgen." – das war die Handlungsmaxime für das Volk in der Zeit des Nationalsozialismus. Angeblich war dieser Führer eins mit dem Volk und handelte in dessen Interesse.

Präsidentielle und parlamentarische Demokratie

Demokratien haben das Ziel, der Pluralität menschlicher Lebens- und Glücksvorstellungen gerecht zu werden. Dazu gehört zu verhindern, dass eine Konzentration der Macht stattfindet. Die *Aufteilung und Kontrolle der Macht* soll dafür sorgen, dass keine

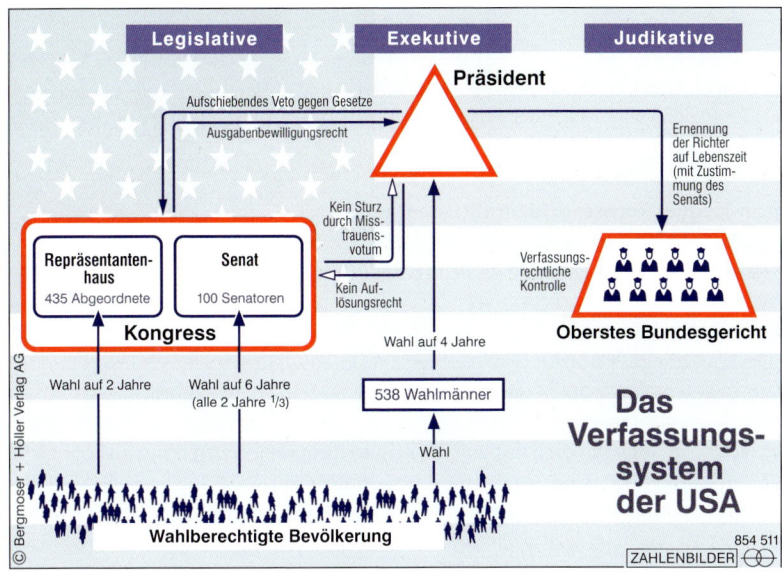

Das Verfassungssystem der USA

Legislative	**Exekutive**	**Judikative**

Willkür herrschen kann. Damit kein Machtmissbrauch entstehen kann, wird Macht auf Zeit vergeben und institutionell kontrolliert.

In demokratischen Systemen haben sich zwei Grundformen von Herrschaft herausgebildet, das *präsidentielle* und das *parlamentarische* System. Ein Beispiel für das präsidentielle System sind die USA. Der amerikanische Präsident wird gewählt und stellt die Exekutive. Der Kongress kontrolliert ihn und beschließt die Gesetze. Diese Legislative wird ergänzt um die rechtsprechende Gewalt, deren Spitze das Oberste Bundesgericht bildet. In der Bundesrepublik Deutschland hat der Bundespräsident weitaus weniger Macht. Diese befindet sich viel stärker in der Hand der Bundeskanzlerin bzw. des Bundeskanzlers, die/der ebenfalls durch das Parlament, Bundestag und Bundesrat, kontrolliert wird. Auch in diesem System findet sich eine unabhängige Rechtsprechung mit dem Bundesverfassungsgericht als Spitze. Zur Gewaltenteilung in Deutschland siehe Abschnitt 1.5.

Parlamentarismus	Präsidentialismus
Das Staatsoberhaupt ist am Gesetzgebungsprozess nicht beteiligt.	Präsident hat erhebliche legislative Vollmachten
Regierungsmitglieder sind Mitglieder des Parlaments und werden von diesem gewählt.	Alleinentscheidungsrecht des Präsidenten bei der Regierungsbildung
Parlament und Regierung kontrollieren sich durch Misstrauensvotum bzw. Recht auf Auflösung des Parlaments gegenseitig.	Unvereinbarkeit eines Regierungsamtes und eines Parlamentsmandates
	wechselseitige Unabhängigkeit von Legislative und Exekutive (kein Misstrauensvotum gegen die Regierung oder keine Auflösung des Parlaments möglich)
	Präsident und Parlament werden direkt (oder durch Wahlmänner) gewählt = duale Legitimation

nach: Robert Schulz, neuere Ansätze zur Typologisierung demokratischer Systeme, Rostock 2003, S. 29

Demokratietheorie

Für die Entwicklung der modernen westlichen Demokratien waren zwei unterschiedliche Vorstellungen maßgeblich, die Identitätstheorie und die Konkurrenztheorie der Demokratie.

Jean-Jacques Rousseau: Identitätstheorie

Die von Jean-Jacques Rousseau (1712–1778) geprägte Identitätstheorie der Demokratie orientiert sich an einem *einheitlichen (homogenen) Volkswillen* und einem vorgegebenen Gemeinwohl. In diesem Verständnis bedeutet Demokratie Identität von Regierenden und Regierten.

„Die Souveränität kann aus dem gleichen Grund, aus dem sie nicht veräußert werden kann, auch nicht vertreten werden; sie besteht wesentlich im Gemeinwillen, und der Wille kann nicht vertreten werden; er ist derselbe oder ein anderer; ein Mittelding gibt es nicht. Die Abgeordneten des Volkes sind also nicht seine Vertreter, noch können sie es sein; sie sind nur seine Beauftragten; sie können nicht endgültig beschließen. Jedes Gesetz, das das Volk nicht selbst beschlossen hat, ist nichtig; es ist überhaupt kein Gesetz. Das englische Volk glaubt frei zu sein, es täuscht sich gewaltig; es ist nur frei während der Wahl der Parlamentsmitglieder; sobald diese gewählt sind, ist es Sklave, ist es nichts."

(Jean-Jacques Rousseau, Vom Gesellschaftsvertrag oder Grundsätze des Staatsrechts, Stuttgart: Reclam 1977, S. 103)

Jean-Jacques Rousseau (1712–1778)

Wie lassen sich die natürliche Freiheit des Einzelnen und das Gemeinwohl miteinander in Einklang bringen?

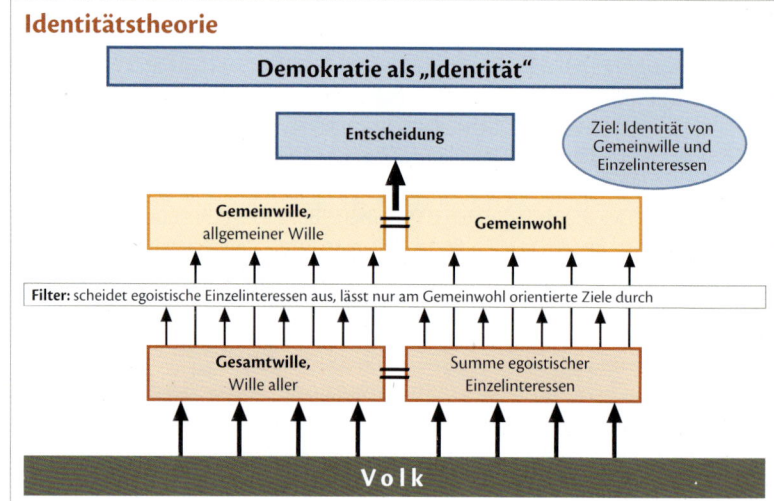

John Stuart Mill: Konkurrenztheorie

Die Konkurrenztheorie der Demokratie dagegen geht von der berechtigten *Existenz unterschiedlicher Interessen* aus. Die politische Willensbildung soll in der pluralistischen Gesellschaft durch einen offenen Prozess der Auseinandersetzung zwischen den heterogenen Gruppeninteressen vonstatten gehen. Das Mehrheitsprinzip gilt daher als Grundlage für Entscheidungen. Gegen eine *„Tyrannei der Mehrheit"* ist der Minderheitenschutz notwendig. Gewählte Vertreter des Volkes (Repräsentanten) üben für begrenzte Zeit, in der sie nicht an Aufträge gebunden sind, die Macht aus.

Repräsentativregierung bedeutet, dass das Volk als Ganzes oder doch zu einem beachtlichen Teil durch periodisch gewählte Vertreter die in jedem Verfassungssystem notwendige oberste Kontrollgewalt ausübt. Diese oberste Gewalt muss ungeteilt in Händen des Volkes liegen. Es muss jede Regierungshandlung nach Belieben kontrollieren können. Während es zum Wesen der Repräsentativregierung gehört, dass die praktisch souveräne Macht im Staat bei den *Repräsentanten* des Volkes liegt, bleibt noch zu fragen, welche tatsächlichen Funktionen, welche präzise Rolle in der Regierungsmaschinerie jene unmittelbar und persönlich übernehmen sollen.

„Die Geschäfte der Regierung zu kontrollieren oder sie selbst durchzuführen, sind zwei völlig verschiedene Dinge. Ein und dieselbe Person oder Körperschaft mag zwar imstande sein zu kontrollieren, kann aber unmöglich auch alles ausführen; vielfach ist ihre Kontrolle umso besser, je weniger sie mit der praktischen Durchführung der Sache zu tun hat." *(John Stuart Mill, Über die Freiheit, Paderborn: Schöningh 1992, S. 89, 95)*

John Stuart Mill (1806–1873)

Welche Grenzen müssen der staatlichen Macht gesetzt werden, damit die persönlichen Entfaltungsmöglichkeiten nicht gehemmt werden?

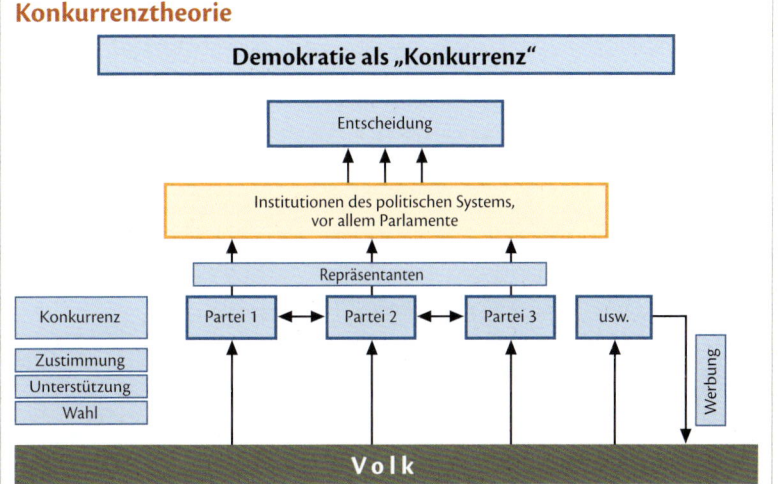

	Identitätstheorie der Demokratie	Konkurrenztheorie der Demokratie
Grundsätze	Identität von Regierenden und Regierten	Repräsentation (Herrschaft durch Vertreter)
	Plebiszit (Volksabstimmung)	Parlamentarismus
	imperatives Mandat (Abgeordnete als gebundene Delegierte)	freies Mandat (Abgeordnete nur ihrem Gewissen unterworfen)
	Abwehr von Teilinteressen	legitimer Pluralismus
	homogener Volkswille	Interessenkonkurrenz
	objektives, einheitliches Gemeinwohl (a priori)	Gemeinwohl allenfalls Ergebnis von Interessenausgleich (a posteriori)
	Ziel- und Inhaltsorientierung (finalistisch)	Orientierung an Spielregeln (formalistisch)
Anwendung	autoritäre Staatslehre, Extremfall Diktatur	Pluralismustheorie, liberale Demokratie
	radikale Demokratie	parlamentarisches Repräsentantensystem
		Sozialdemokratie
Kritik	„totalitäre" Demokratie	Hinnahme des Status quo
	Usurpation der Macht durch Parteioligarchie	Elitenpluralismus
	Erziehungsdiktatur	reiner Pragmatismus ohne Werte
	zwanghafte Gemeinwohlorientierung	Vorherrschaft von Privatinteressen

Direkte Demokratie, Demokratie und Diktatur

Plebiszitäre Elemente in der Demokratie

Viele Züge der Identitätstheorie Jean-Jacques Rousseaus spielen als Korrektiv des in den westlichen Demokratien vorherrschenden Konkurrenzmodells eine Rolle. Eine immer größere Sympathie erlangen Vorstellungen, die den Parlamentarismus durch *Plebiszite* ergänzen wollen. In wichtigen Fragen solle das Volk direkt und nicht durch Repräsentanten entscheiden. In der Schweiz sind solche Volksabstimmungen in der Verfassung verankert und übliche demokratische Praxis. Plebiszitäre Elemente finden sich in der Bundesrepublik Deutschland allerdings bisher nur in Kommunalverfassungen (Bürgerbegehren und Bürgerentscheid) sowie in Ansätzen in Länderverfassungen (Volksbegehren und Volksentscheid), spielen dort aber kaum eine Rolle.

Referenden sind in verschiedener Richtung denkbar:
- *Anregungen:* In einer Volksabstimmung wird das Parlament aufgefordert, eine Sache in bestimmter Weise zu regeln, allerdings ist das Parlament nicht an die Anregung gebunden.

Basisdemokratie im klassischen Sinne: Volksabstimmung per Handzeichen in einem Schweizer Kanton

- *Obligatorisches Referendum:* Ein vom Parlament verabschiedetes Gesetz tritt erst in Kraft, wenn die Mehrheit der Bürgerinnen und Bürger zugestimmt hat. An solchen Referenden ist in Frankreich und den Niederlanden die EU-Verfassung vorläufig gescheitert.
- *Kassatorisches oder fakultatives Referendum:* Ein im Parlament verabschiedetes Gesetz wird auf Antrag von Bürgerinnen und Bürgern dem Volk zur Entscheidung vorgelegt, in der Regel, um es zu widerrufen. In der Schweiz werden immer wieder solche fakultativen Referenden beantragt und durchgeführt, nicht selten mit Erfolg.
- *Volksinitiative:* Ein Gesetzentwurf wird von einer Gruppe von Bürgerinnen und Bürgern vorgeschlagen und durch ein Referendum beschlossen. Im Gegensatz zu den erstgenannten Referenden wirkt die Initiative nicht nur als Bremsklotz, sondern kann dazu beitragen, ohne das Parlament Lösungen zu finden.

Eine ähnliche Richtung wie das Referendum schlägt der Vorschlag ein, den Bundespräsidenten oder gar den Bundeskanzler direkt vom Volk wählen zu lassen. Von solchen *Personalplebisziten* verspricht man sich dadurch einen größeren Rückhalt des repräsentativen Amtes im Volk. Für die Wahl der oder des zentral Verantwortlichen und Machtinhabers sprechen die Direktwahl des Präsidenten in präsidentiellen Demokratien.

Gegen eine stärkere Verankerung von direktdemokratischen Elementen spricht vor allem die Auflösung des repräsentativen Systems, einschließlich der Verantwortlichkeit der Gewählten. Außerdem werden Kostengründe ins Feld geführt.

Mit der Weiterentwicklung der neuen Medien scheint sich die Hoffnung auf die Möglichkeit einer *direkteren Kommunikation* zwischen Volk und Machtinhabern zu erfüllen. Deshalb erwarten sich einige eine Belebung der Demokratie durch neue Medien oder gar eine elektronische Demokratie. Obwohl einige Politiker die neuen Medien deutlich nutzen, haben sich die Hoffnungen bisher nicht erfüllt. Auch werden grundsätzliche Bedenken etwa gegen E-Voting erhoben. Neben der Skepsis, ob in solchen Formen die Wahlrechtsgrundsätze (z. B. gleiche und geheime Wahl) sichergestellt werden können, wird eingewandt, dass Demokratie Zeit brauche und nicht die schnelle Stimmabgabe, sondern ein reflektiertes politisches Urteil benötige.

„Gemeinwohl" und Diktatur

Der Rousseau'schen Demokratievorstellung wird vorgeworfen, dass sie den Keim der Diktatur in sich trage. Denn wenn das allgemeine Wohl unabhängig vom Willen der Einzelnen richtig sein kann, kann daraus ein Einzelner ableiten, dass er im Interesse des *Gemeinwohls* den anderen seinen Willen aufzwingen kann. Zudem kann die anthropologische Grundannahme Rousseaus, der Mensch sei von Natur aus gut, eine Begründung dafür sein, Abweichler umzuerziehen, da sie offenbar nicht das richtige Bewusstsein haben.

„Die Demokratie ist die schlechteste Staatsform – ausgenommen alle anderen." Dieses Zitat von Winston Churchill bringt das Bewusstsein der Demokraten auf den Punkt. Diesem „bescheidenen" Selbstbild setzen Nationalsozialismus und Stalinismus den *totalen Staat* entgegen. Diese klassischen totalitären Systeme sind insbesondere durch folgende Merkmale gekennzeichnet:

Totaler Staat: Aufmarsch vor dem „Führer"

- Es existiert eine *einzige Partei,* die ihre Legitimation nicht aus Wahlen herleitet und den Volkswillen nicht als Schranke ihrer Macht akzeptiert. Sie betrachtet es umgekehrt als ihre Aufgabe, den Volkswillen gemäß ihren eigenen Vorstellungen zu prägen.
- Grundlage hierfür ist die Dominanz einer *Weltanschauung.* Sie nimmt für sich in Anspruch, dass sie „wahr" ist und den idealen Endzustand der Gesellschaft nicht nur kennt, sondern auch in Zukunft herbeiführen wird. Kernpunkte der nationalsozialistischen und der kommunistischen Ideologie waren die Weltherrschaft der „arischen Rasse" beziehungsweise der Aufbau einer „klassenlosen Gesellschaft".
- Die Akzeptierung der herrschenden Weltanschauung ist für Bürger in totalitären Systemen verpflichtend. Die *aktive Teilnahme* an der Durchsetzung der herrschenden Ideologie wird in der Theorie zur Pflicht erhoben, in der Praxis selten durchgesetzt. Wo die aktive Unterstützung nicht freiwillig erfolgt, wird sie von einem System von Unterdrückungsmechanismen durch die Herrschenden erzwungen. Eine wichtige Rolle kommt dabei den Massenmedien zu.

Führerprinzip im Nationalsozialismus

Staatsoberhaupt

Oberster Befehlshaber	Führer und Reichskanzler Adolf Hitler	Chef der Reichsregierung
Wehrmacht	Führer der NSDAP	Reichsregierung
Reichsarbeitsdienst		Länderregierungen

Parteigliederungen
SS SA NSKK
NS-Studentenbund
HJ BDM
DJ JM

angeschlossene Verbände
Deutsche Arbeitsfront
Ärztebund, Lehrerbund
Rechtsbund der deutschen Beamten
Rechtswahrerbund

Reichsleiter
Gauleiter
Kreisleiter
Ortsgruppenleiter
Zellenleiter
Blockleiter
V o l k s g e n o s s e n

Gewaltenteilung

Klassische Gewaltenteilung

Um die Konzentration und den Missbrauch übertragener staatlicher Gewalt systematisch zu verhindern, werden repräsentative Systeme den Überlegungen John Lockes und Montesquieus folgend in drei Gewalten aufgeteilt.

Nach ihrer Funktion wird unterschieden zwischen der gesetzgebenden Gewalt (Legislative), der vollziehenden Gewalt (Exekutive) und der rechtsprechenden Gewalt (Judikative). Vor allem eine von der Regierung unabhängige Justiz ist Voraussetzung für den demokratischen Rechtsstaat.

Die strikte Trennung, die Montesquieu vorschwebte, ist allerdings nicht verwirklicht. Vielmehr kommt es im Bereich der Exekutive und der Legislative zu einer Gewaltenverschränkung, da die Bundeskanzlerin bzw. der Bundeskanzler (Exekutive) dem Parlament (Legislative) gegenüber verantwortlich ist und von ihm gewählt wird und damit die Kontrollfunktion, die das Parlament (Legislative) gegenüber der Regierung (Exekutive) ausüben soll, eingeschränkt ist. Die rechtsprechende Gewalt wird zwar personell von der Exekutive bzw. der Legislative eingesetzt, ist aber anschließend unabhängig und strikt von den beiden übrigen Gewalten getrennt.

Gewaltenteilung in der Bundesrepublik

In parlamentarischen Demokratien wie der Bundesrepublik Deutschland hat sich eine andere Form der Gewaltenteilung herausgebildet. Dabei besteht die Aufteilung nicht, wie bei Montesquieu gedacht, zwischen gesetzgebender Gewalt und Regierung, sondern zwischen Regierung und Opposition. Die Regierung geht aus dem Parlament und dessen Mehrheitsfraktionen hervor. Dabei sind die Mitglieder der Regierung in der Regel auch Mitglieder des Parlaments. Also werden Regierung und Parlamentsmehrheit von der Opposition kontrolliert. Bei Gewaltenteilung auf gleicher politischer Ebene spricht man von horizontaler Gewaltenteilung.

Die Regierungsmacht wird in föderalen Staaten auch durch die Länder begrenzt. Die Staatsgewalt ist vertikal zwischen Bund, Ländern und Gemeinden aufgeteilt. Auch die jeweiligen Aufgaben sind den verschiedenen Ebenen zugeteilt. An der Gesetzgebung des Bundes wirken die Bundesländer mit. Die Ausführung der Gesetze und Rechtsverordnungen durch die Verwaltung ist überwiegend Sache der Bundesländer und auf der untersten Ebene Aufgabe der Kommunen.

Klassische und reale Gewaltenteilung

Regierung

Kontrolle

Parlament

Regierung

Kontrolle
Regierungsfraktion

Kontrolle
Oppositionsfraktion

„Klassische Gewaltenteilung" zwischen Exekutive und Legislative (oben) und reale Gewaltenteilung (unten)

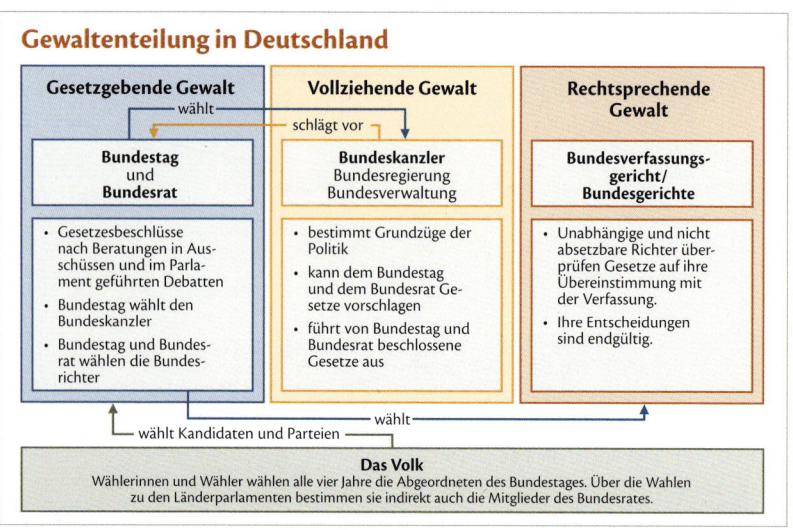

Gewaltenteilung in Deutschland

Gesetzgebende Gewalt	Vollziehende Gewalt	Rechtsprechende Gewalt
Bundestag und **Bundesrat**	**Bundeskanzler** Bundesregierung Bundesverwaltung	**Bundesverfassungsgericht/ Bundesgerichte**
• Gesetzesbeschlüsse nach Beratungen in Ausschüssen und im Parlament geführten Debatten • Bundestag wählt den Bundeskanzler • Bundestag und Bundesrat wählen die Bundesrichter	• bestimmt Grundzüge der Politik • kann dem Bundestag und dem Bundesrat Gesetze vorschlagen • führt von Bundestag und Bundesrat beschlossene Gesetze aus	• Unabhängige und nicht absetzbare Richter überprüfen Gesetze auf ihre Übereinstimmung mit der Verfassung • Ihre Entscheidungen sind endgültig.

wählt — schlägt vor — wählt — wählt Kandidaten und Parteien

Das Volk
Wählerinnen und Wähler wählen alle vier Jahre die Abgeordneten des Bundestages. Über die Wahlen zu den Länderparlamenten bestimmen sie indirekt auch die Mitglieder des Bundesrates.

Der zentrale Gedanke der Gewaltenteilung ist die Kontrolle der Macht auch zwischen den Wahlen. Eine wichtige Rolle spielen dabei auch die Medien als „vierte Gewalt", die allerdings im Gegensatz zu den anderen Gewalten nicht verfassungsrechtlich verankert ist.

Freies Mandat

In repräsentativen Demokratien gilt der Grundsatz des freien Mandats. Die Abgeordneten gelten als Vertreter des ganzen Volkes. Sie sind daher nicht an Aufträge und Weisungen ihrer Wähler und ihrer Partei gebunden und nur ihrem Gewissen unterworfen. Ein imperatives Mandat, bei dem die Volksvertreter ihren Wählern Rechen-

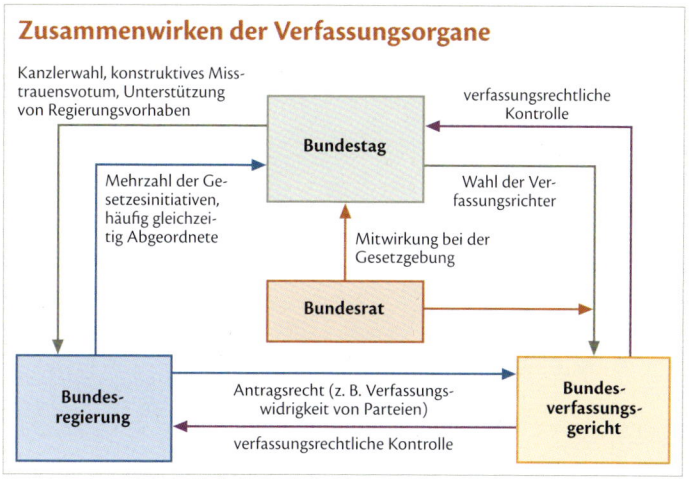

schaft schuldig sind und jederzeit abberufen werden können, gibt es in der repräsentativen Demokratie nicht.

Das freie Mandat bedeutet allerdings nicht, dass Abgeordnete nach Belieben ohne Rücksicht auf ihre Wähler, ihre Partei oder Fraktion abstimmen können. Es bewahrt sie aber davor, bei einem Konflikt mit ihrer Fraktion ihr Mandat zu verlieren. In der Regel werden allerdings Abgeordnete mit ihrer Fraktion stimmen.

Die Rolle des Abgeordneten

Um die Unabhängigkeit der Abgeordneten zu sichern, sind eine Reihe von Vorrechten im Grundgesetz verankert.

- Indemnität: Abgeordnete dürfen nach Art. 46 wegen ihres Abstimmungsverhaltens oder wegen Äußerungen im Bundestag – außer für verleumderische Beleidigungen – nicht verfolgt oder belangt werden.
- Immunität: Abgeordnete dürfen nach Art. 46 Abs. 2 für Straftaten nur zur Verantwortung gezogen werden, wenn der Bundestag es genehmigt. Die Genehmigung wird bei kriminellen Delikten regelmäßig erteilt. Die Immunität besteht nur, solange die Abgeordneten ihr Mandat ausüben.
- Zeugnisverweigerungsrecht: Abgeordnete brauchen nach Artikel 47 über Personen, die ihnen vertrauliche Mitteilungen gemacht haben, keine Auskunft zu geben.

Die Abgeordneten des Bundestages und der Landtage sind Berufspolitiker, die eine Ganztagsbeschäftigung ausüben und einen Anspruch auf eine angemessene Versorgung haben. Diese muss „für sie und ihre Familien eine ausreichende Existenzgrundlage abgeben können. Sie muss außerdem der Bedeutung des Amtes unter Berücksichtigung der damit verbundenen Verantwortung und Belastung und des diesem Amt im Verfassungsgefüge zukommenden Ranges gerecht werden" („Diätenurteil" des Bundesverfassungsgerichts vom November 1975).

„Bitte sehr – unser Entwurf für das optimale Politiker-Profil in Wahlkampfzeiten!"

Karikatur: Gerhard Mester

Das Grundgesetz

Beratung des Grundgesetzes 1949

Aufbau des Grundgesetzes

Die Verfassung der Bundesrepublik Deutschland ist das Grundgesetz. Entstanden ist es unter Anleitung der westlichen Besatzungsmächte des Zweiten Weltkriegs. Das Grundgesetz beinhaltet Bezüge auf die europäische Einigung und auf die Verpflichtung zu einer internationale Friedensordnung und zu den Menschenrechten.

An den Beginn des Grundgesetzes wurde hinter die Präambel der *Grundrechtsteil* gesetzt. In den ersten Artikeln finden sich die Freiheitsrechte wie das Recht auf Würde, das Recht auf freie Entfaltung der Persönlichkeit, das Recht auf Leben und körperliche Unversehrtheit sowie auf Freiheit usw. Die *Staatsbürgerrechte* oder politischen Grundrechte wie zum Beispiel das Wahlrecht oder das Recht auf Staatsangehörigkeit finden sich ebenfalls im Grundrechtsteil. Das Grundgesetz beschränkt sich in seinem Grundrechtsteil im Wesentlichen auf Menschen- und Bürgerrechte. Soziale Grundrechte und Beteiligungsrechte sind nicht systematisch im Grundgesetz verankert, wenngleich beispielsweise das Sozialstaatsgebot solche Rechte nahelegt.

Im Artikel 20 des Grundgesetzes ist die Verfassung in wenigen Sätzen zusammengefasst. Hier finden sich die *Verfassungsprinzipien* Bundesstaatlichkeit, Rechtsstaatlichkeit, Demokratie und Sozialstaatlichkeit. Ferner enthält Artikel 20 Grundgesetz das Widerstandsrecht aller Deutschen gegen den Versuch der Beseitigung der freiheitlich-demokratischen Grundordnung.

Prinzipien des Grundgesetzes

Wesentliche Elemente der Rechtsstaatlichkeit sind:

- die *Gewaltenteilung*: Die Staatsgewalt ist auf sich gegenseitig kontrollierende Teilgewalten der Legislative (Parlament), Exekutive (Regierung, Verwaltung, Militär, Polizei) und Judikative (unabhängige Richter) aufgeteilt. So soll ein Machtmissbrauch verhindert werden. Die drei Teilgewalten sind allerdings z. T. nicht strikt voneinander getrennt. So wird z. B. der Bundeskanzler (Exekutive) durch den Bundestag (Legislative) gewählt.
- *Gesetzmäßigkeit der Verwaltung*: Staatliches Handeln darf geltendem Recht nicht widersprechen (Vorrang des Gesetzes), der Staat darf grundsätzlich nicht ohne Rechtsgrundlage handeln (Vorbehalt des Gesetzes).
- Gewährleistung von *Grundrechten*
- Grundsatz der *Verhältnismäßigkeit*: Eine Maßnahme des Staates muss geeignet, erforderlich und angemessen sein.
- Grundsatz der *Rechtssicherheit*: Die Rechtslage muss durch klare und beständige Rechtsnormen einschätzbar sein, die Bürger müssen sich auf die Rechtsnormen verlassen können.
- Rechtsschutz durch *unabhängige Gerichte*
- *Widerstandsrecht*: Das Grundgesetz ist als „wehrhafte Demokratie" ausgestaltet, in der jeder ein Widerstandsrecht gegen die Feinde der freiheitlich-demokratischen Grundordnung hat, sofern sie nicht anders bekämpft werden können.

Wesentliche Elemente der Sozialstaatlichkeit sind:

- *soziale Gerechtigkeit*: Schutz der Schwachen und Schutz des Gemeinwohls gegen Individual- und Gruppenegoismus.
- *soziale Grundrechte*: Das Grundgesetz sichert nur wenige soziale Grundrechte zu.
- *soziales Handeln* des Staates: Der Staat ist zu sozialem Handeln in Gesetzgebung und Verwaltung verpflichtet.

Wesentliche Elemente des Föderalismus (der Bundesstaatlichkeit) sind:

- *föderale Ordnung*: Die 16 deutschen Bundesländer bilden gemeinsam den Gesamtstaat. Das Grundgesetz verpflichtet den Bund zur Herstellung „gleichwertiger Lebensverhältnisse" in Deutschland (Art. 72 Abs. 2 GG). Deshalb wird durch den Länderfinanzausgleich die unterschiedliche Finanzkraft der Länder ausgeglichen.
- *Beteiligung der Länder* an der Gesetzgebung: Das Recht der Europäischen Union und das Bundesrecht brechen normalerweise Landesrecht. Die Gesetzgebungskompetenz liegt aber grundsätzlich bei den Ländern (Art. 70–82), sofern sie nicht ausdrücklich dem Bund (ausschließliche oder konkurrierende Gesetzgebung) zugewiesen wird. Für Länderzuständigkeiten haben ausschließlich Länderparlamente Gesetzgebungsbefugnis.

Wesentliche Elemente der Demokratie sind:

- Das Volk ist der primäre *Träger der Staatsgewalt.*
- Die Volksherrschaft wird durch *Wahlen* und Abstimmungen ausgeübt.
- Es gilt das *Mehrheitsprinzip*, wobei Minderheiten den Schutz der staatlichen Ordnung genießen.
- Grundlage ist eine *pluralistische Gesellschaftsordnung*. Die Mehrheit darf sich nicht zum alleinigen Maßstab machen.

Das Grundgesetz als oberste nationale Rechtsnorm

In den Artikeln 21 bis 37 werden die Umrisse des politischen Systems dargelegt. Die folgenden Artikel beschreiben Aufbau und Funktionsweise der politischen Institutionen. Das Grundgesetz steht über allen anderen Rechtsnormen der deutschen Gesetzgebung, z. B. den Verfassungen der Bundesländer. Über die Einhaltung und Auslegung der Bestimmungen des Grundgesetzes wacht das Bundesverfassungsgericht. Eine Änderung des GG, welche die Gliederung des Bundes in Länder, die grundsätzliche Mitwirkung der Länder bei der Gesetzgebung und die in den Art. 1 bis 20 GG niedergelegten Grundsätze (v. a. Grundrechte, Gewaltenteilung, Volkssouveränität, Widerstandsrecht) berührt, ist nach der „*Ewigkeitsklausel*" des Art. 79 Abs. 3 GG unzulässig. Sonstige Änderungen bedürfen einer Zweidrittelmehrheit.

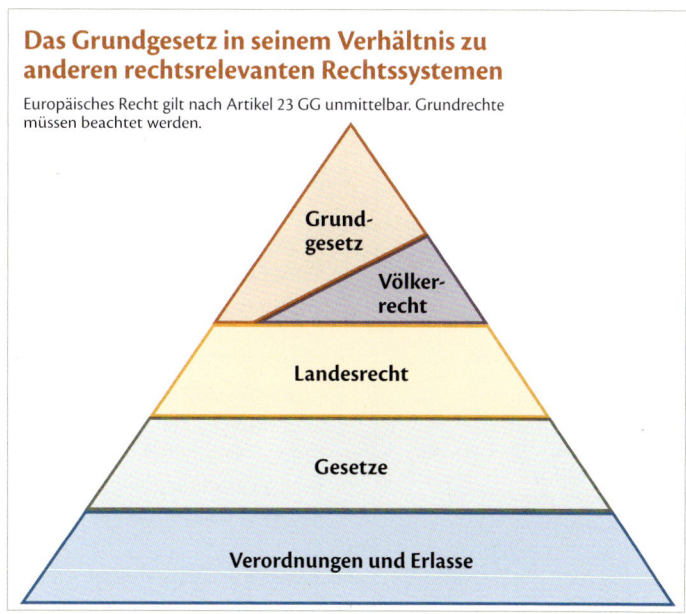

Das Grundgesetz in seinem Verhältnis zu anderen rechtsrelevanten Rechtssystemen

Europäisches Recht gilt nach Artikel 23 GG unmittelbar. Grundrechte müssen beachtet werden.

- Grundgesetz
- Völkerrecht
- Landesrecht
- Gesetze
- Verordnungen und Erlasse

Der Staatsaufbau der Bundesrepublik

Föderaler Staatsaufbau

Das Grundgesetz legt fest, wie der Staatsapparat des Landes aufgebaut ist. Bedingt durch das Verfassungsprinzip des Föderalismus und das Prinzip der kommunalen Selbstverwaltung ergibt sich ein dreistufiger Aufbau:

	Legislative	Exekutive	Judikative
Bundesebene	Bundestag Bundesrat	Bundeskanzler Bundesregierung	Bundesverfassungsgericht Oberste Bundesgerichte, z. B. Bundesarbeitsgericht, Bundesverwaltungsgericht
Länderebene	Landtage und andere Parlamente der Länder	Ministerpräsidenten und andere Länderregierungen	Gerichte der Länder, z. B. Oberverwaltungsgerichte, Landesarbeitsgerichte
kommunale Ebene	Kreistage, Stadträte Gemeinderäte	Landräte, Oberbürgermeister, Bürgermeister, (Ober-)Stadtdirektoren	Gerichte der Länder sind zuständig

Gesetzgebungskompetenzen des Bundes

Die Gesetzgebungskompetenzen von Bund und Ländern sind in Art. 70 ff. geregelt. Dabei gilt: Soweit der Bund nicht die Befugnis erhält, haben die Länder das Gesetzgebungsrecht.

Seit der Föderalismusreform 2006 und der entsprechenden umfangreichen Änderung des Grundgesetzes hat der Bund u. a. in folgenden Bereichen die ausschließlich Gesetzgebung:

- Auswärtige Angelegenheiten und Verteidigung
- Pass-, Melde- und Ausweiswesen, Ein- und Auswanderung
- Währungs-, Geld- und Münzwesen
- Zoll- und Grenzschutz
- Luftverkehr
- Schienenverkehr in Bundeseigentum
- Post und Telekommunikation
- gewerblicher Rechtsschutz, Urheberrecht und Verlagsrecht
- Abwehr von Gefahren des internationalen Terrorismus, wenn eine länderübergreifende Gefahr vorliegt
- Waffen- und Sprengstoffrecht
- Erzeugung und Nutzung der Kernenergie zu friedlichen Zwecken

Eine Zusammenarbeit des Bundes und der Länder findet statt:

- in der Kriminalpolizei,
- beim Verfassungsschutz,
- bei der Einrichtung eines Bundeskriminalpolizeiamtes und
- bei der internationalen Verbrechensbekämpfung.

Auch die Aufteilung der Finanzen ist im Grundgesetz geregelt. Darüber hinaus findet ein Ausgleich zwischen den Bundesländern, der Länderfinanzausgleich, statt.

Die *Gesetzgebungskompetenz* der Länder erstreckt sich auf folgende Bereiche:
- Bildung und Kultur
- Polizei
- Kommunalrecht
- Strafvollzug
- Versammlungsrecht
- Ladenschluss
- Gaststättenrecht
- Finanzierung von Hochschulbauten
- Besoldung, Versorgung und Laufbahnrecht von Beamten
- Presserecht

Der Einfluss der Länder im Gesetzgebungsverfahren des Bundes

1. Gesetzesinitiative
Das **Initiativrecht** für Gesetzesvorlagen beim Bundestag liegt bei der Bundesregierung, dem Bundestag selbst (mindestens fünf Prozent der Mitglieder) und beim Bundesrat.

2. Stellungnahme
Gesetzesentwürfe der Bundesregierung werden zunächst im **Bundesrat** in einem ersten Durchgang behandelt. Der Bundesrat kann Stellung nehmen. Die Bundesregierung soll dazu ihre Auffassung darlegen.

3. Gesetzesbeschluss
Der Gesetzentwurf wird im **Bundestag** in drei Lesungen beraten. Nach der dritten Lesung folgt die Schlussabstimmung.

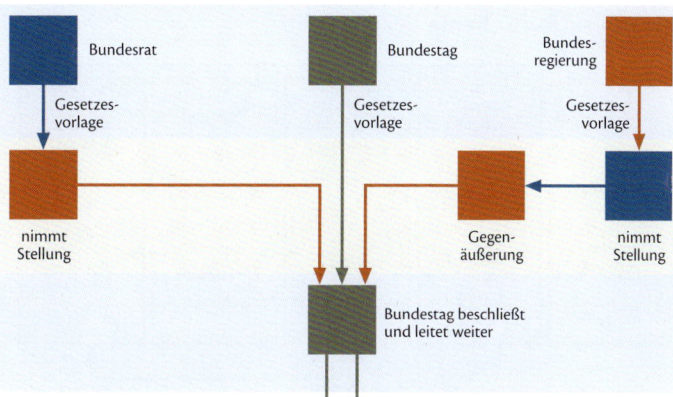

4. Zweiter Durchgang im Bundesrat
Alle vom Bundestag beschlossenen Gesetze werden dem Bundesrat zugeleitet. Der **Zustimmung** bedarf ein Gesetz, wenn es das Grundgesetz vorsieht. Ziel der **Föderalismusreform** ist es, die Zahl zustimmungsbedürftiger Gesetze deutlich zu senken.

5. Vermittlungsverfahren
Der **Vermittlungsausschuss** kann durch den Bundesrat einberufen werden oder – wenn der Bundesrat einem zustimmungsbedürftigen Gesetz nicht zustimmt – auch durch Bundestag oder Bundesregierung. Beantragen sie in diesem Fall die Einberufung nicht, ist das Gesetz gescheitert.

6. Erneute Beratung
Schlägt der Vermittlungsausschuss eine **Gesetzesänderung** vor, muss der Bundestag einen neuen Beschluss fassen, der an den Bundesrat geht.
Schlägt der Vermittlungsausschuss **keine Änderung** vor, muss der Bundesrat zustimmen/billigen oder Einspruch einlegen/Zustimmung verweigern.

7. Einspruch des Bundesrats
Der Bundestag kann einen **Bundesrats-Einspruch** mit absoluter Mehrheit **überstimmen.** Bei Einspruch des Bundesrats mit Zweidrittelmehrheit bedarf es im Bundestag ebenfalls einer Zweidrittelmehrheit um ihn zu überstimmen.

8. Zustandekommen/Scheitern
Zustimmungsbedürftige Gesetze scheitern, wenn der Bundesrat nach dem Vermittlungsverfahren nicht zustimmt.
Einspruchsgesetze (alle übrigen Gesetze) scheitern, wenn der Bundestag den Einspruch des Bundesrats nicht überstimmt.

9. Gegenzeichnung
Das Gesetz wird vom Bundeskanzler/der Bundeskanzlerin und der zuständigen Ministerin/dem zuständigen Minister gegengezeichnet und dem **Bundespräsidenten** zur Ausfertigung zugeleitet.

10. Ausfertigung, Verkündigung
Nach Ausfertigung und Verkündigung im **Bundesgesetzblatt** tritt das Gesetz in Kraft. Der Bundespräsident hat das Recht zur Prüfung, ob es nach den Vorschriften des Grundgesetzes zustandegekommen ist.

nach: Horst Pötzsch, Die deutsche Demokratie, Bonn 1995

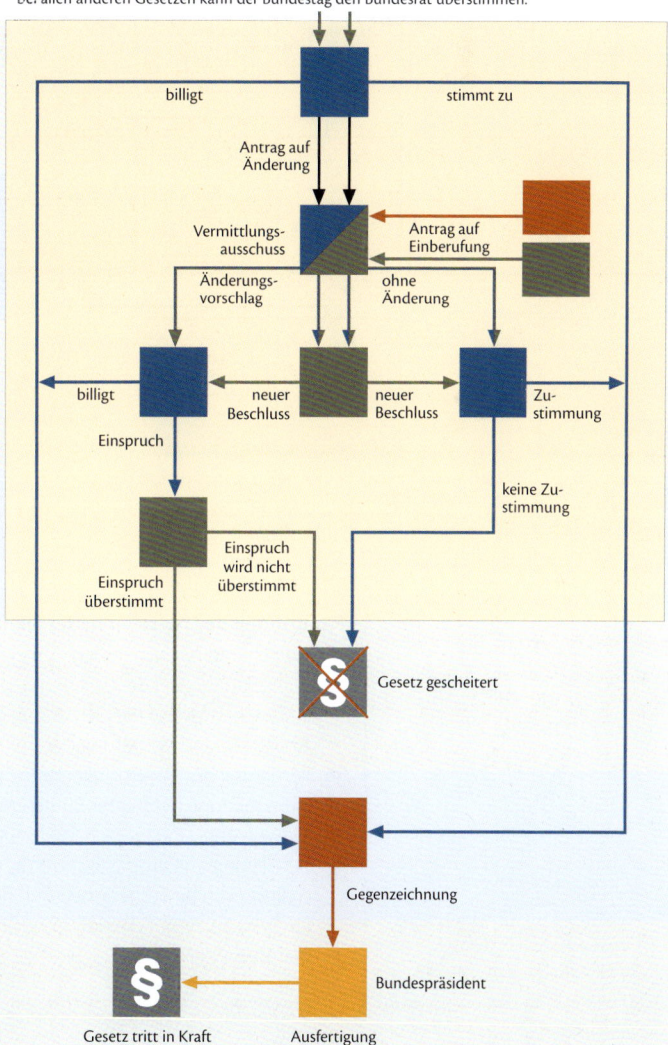

Parteien und Wahlen

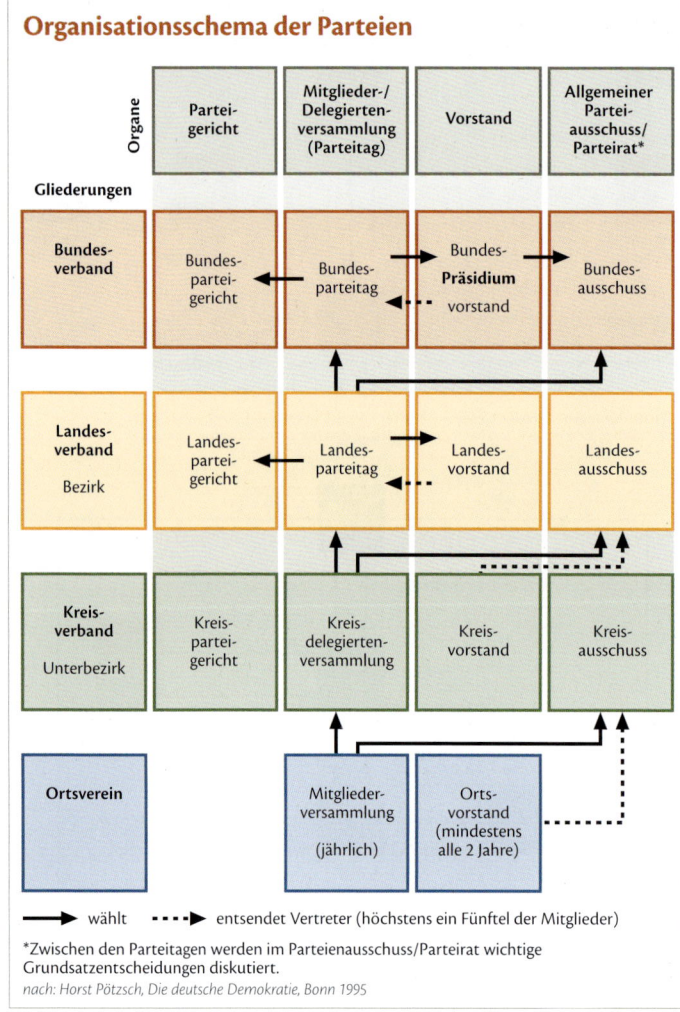

Organisationsschema der Parteien

Organe: Parteigericht | Mitglieder-/Delegiertenversammlung (Parteitag) | Vorstand | Allgemeiner Parteiausschuss/Parteirat*

Gliederungen:

Bundesverband — Bundesparteigericht | Bundesparteitag | Bundes-Präsidium / vorstand | Bundesausschuss

Landesverband / Bezirk — Landesparteigericht | Landesparteitag | Landesvorstand | Landesausschuss

Kreisverband / Unterbezirk — Kreisparteigericht | Kreisdelegiertenversammlung | Kreisvorstand | Kreisausschuss

Ortsverein — Mitgliederversammlung (jährlich) | Ortsvorstand (mindestens alle 2 Jahre)

→ wählt   ┄┄► entsendet Vertreter (höchstens ein Fünftel der Mitglieder)

*Zwischen den Parteitagen werden im Parteienausschuss/Parteirat wichtige Grundsatzentscheidungen diskutiert.
nach: Horst Pötzsch, Die deutsche Demokratie, Bonn 1995

Rolle der Parteien in der Bundesrepublik

Nach § 2 Abs. 1 des Parteiengesetzes (PartG) sind Parteien Vereinigungen von Bürgern, die dauernd oder für längere Zeit für den Bereich des Bundes oder eines Landes auf die *politische Willensbildung* Einfluss nehmen und an der Vertretung des Volkes im Deutschen Bundestag oder einem Landtag mitwirken wollen. Die Gründung von Parteien ist nach Art. 21 Abs. 1 GG frei. Parteien sind rechtlich gesehen Vereine mit dem politischen Vereinszweck. Da eine Mindestmitgliedszahl für Parteien nicht existiert, ist ihre Mindestzahl durch das Vereinsrecht bestimmt. Der Bundeswahlleiter muss prüfen, ob Parteien „nach dem Gesamtbild der tatsächlichen Verhältnisse, insbesondere nach Umfang und Festigkeit ihrer Organisation, nach der Zahl ihrer Mitglieder und nach ihrem Hervortreten in der Öffentlichkeit eine ausreichende Gewähr für die Ernsthaftigkeit dieser Zielsetzung bieten" (Bundesministerium des Innern, Informationen zur Parteigründung sowie zur Teilnahme an Bundestags- und Europawahlen).

Die innere Ordnung von Parteien muss *demokratischen Grundsätzen* entsprechen, d. h., ihr Aufbau muss von unten nach oben erfolgen, die Mitglieder dürfen nicht von der Willensbildung ausgeschlossen sein. Außerdem müssen die grundsätzliche Gleichberechtigung der Mitglieder sowie Freiheit von Eintritt und Austritt gewährleistet sein.

Funktionen der Parteien in der Demokratie

In Deutschland hat sich in den Fünfzigerjahren eine stabile Parteiendemokratie entwickelt. Die Funktionen der Parteien werden in klassischem Sinne definiert als

- Einflussnahme auf die Gestaltung der öffentlichen Meinung
- Anregung und Vertiefung der politischen Bildung
- Förderung der aktiven Teilnahme der Bürgerinnen und Bürger am politischen Leben
- Heranbildung befähigter Bürgerinnen und Bürger zur Übernahme öffentlicher Verantwortung
- Beteiligung an Europa-, Bundestags-, Landtags- und Kommunalwahlen durch Aufstellung von Bewerberinnen und Bewerbern
- Einflussnahme auf die politische Entwicklung in Parlament und Regierung
- Einführen der von ihnen erarbeiteten politischen Ziele in den Prozess der staatlichen Willensbildung
- Wirken für eine ständige lebendige Verbindung zwischen dem Volk und den Staatsorganen

Wahlgrundsätze

Wahlen sind die wichtigste Form politischer Beteiligung. Um den demokratischen Ablauf von Wahlen zu garantieren, wurden im Grundgesetz Wahlgrundsätze aufgestellt. Wahlen sind:

- *allgemein*: alle volljährigen Staatsbürger dürfen wählen;
- *unmittelbar*: die Abgeordneten werden nicht über Mittelsmänner gewählt;
- *frei*: auf die Wähler darf kein Druck ausgeübt werden, es gibt auch keine Wahlpflicht;
- *gleich*: jede Stimme hat dasselbe Gewicht;
- *geheim*: durch Wahlkabine und Wahlurne wird sichergestellt, dass das Votum geheim bleibt.

Wahlsystem

Das Wahlsystem zur Bundestagswahl in Deutschland ist ein *personalisiertes Verhältniswahlsystem*. In den Wahlkreisen werden mit der Erststimme Direktkandidaten nach dem relativen Mehrheitswahlrecht gewählt. Über die Verteilung der Sitze im Bundestag entscheidet aber der Anteil der Zweitstimmen, die eine Partei bekommt. Nach dem Verfahren Sainte-Laguë/Schepers (seit 2009) werden die Mandate auf die Parteien verteilt, die die Fünfprozenthürde übersprungen, also mindestens 5,0 % der Stimmen im gesamten Bundesgebiet erhalten haben. Ergebnis der Verteilung soll eine Repräsentanz dieser Parteien im Bundestag sein, die dem Stimmenanteil der Parteien entspricht.

Die über die direkt gewonnenen Sitze hinaus einer Partei zustehenden Mandate werden mit *Listenkandidaten* der Landeslisten der Parteien besetzt. Wenn eine Partei mehr Direktmandate erhält, als ihr nach dem Zweitstimmenergebnis zustünde, bleiben diese als Überhangmandate erhalten.

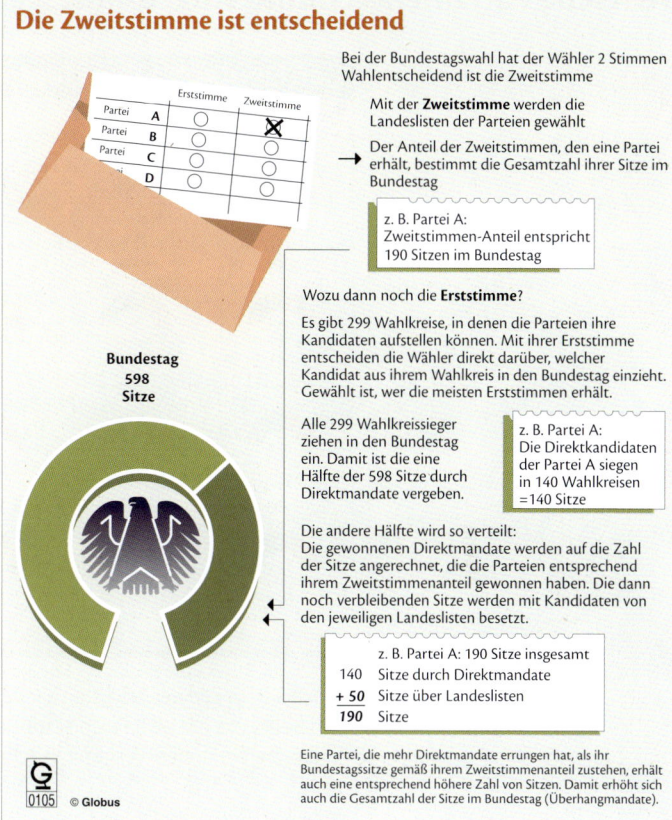

Die Zweitstimme ist entscheidend

Bei der Bundestagswahl hat der Wähler 2 Stimmen. Wahlentscheidend ist die Zweitstimme

Mit der **Zweitstimme** werden die Landeslisten der Parteien gewählt

Der Anteil der Zweitstimmen, den eine Partei erhält, bestimmt die Gesamtzahl ihrer Sitze im Bundestag

z. B. Partei A: Zweitstimmen-Anteil entspricht 190 Sitzen im Bundestag

Wozu dann noch die **Erststimme**?

Es gibt 299 Wahlkreise, in denen die Parteien ihre Kandidaten aufstellen können. Mit ihrer Erststimme entscheiden die Wähler direkt darüber, welcher Kandidat aus ihrem Wahlkreis in den Bundestag einzieht. Gewählt ist, wer die meisten Erststimmen erhält.

z. B. Partei A: Die Direktkandidaten der Partei A siegen in 140 Wahlkreisen =140 Sitze

Alle 299 Wahlkreissieger ziehen in den Bundestag ein. Damit ist die eine Hälfte der 598 Sitze durch Direktmandate vergeben.

Die andere Hälfte wird so verteilt: Die gewonnenen Direktmandate werden auf die Zahl der Sitze angerechnet, die die Parteien entsprechend ihrem Zweitstimmenanteil gewonnen haben. Die dann noch verbleibenden Sitze werden mit Kandidaten von den jeweiligen Landeslisten besetzt.

z. B. Partei A: 190 Sitze insgesamt
140 Sitze durch Direktmandate
+ 50 Sitze über Landeslisten
190 Sitze

Eine Partei, die mehr Direktmandate errungen hat, als ihr Bundestagssitze gemäß ihrem Zweitstimmenanteil zustehen, erhält auch eine entsprechend höhere Zahl von Sitzen. Damit erhöht sich auch die Gesamtzahl der Sitze im Bundestag (Überhangmandate).

Bundestag 598 Sitze

0105 © Globus

Direktmandate und Landeslisten im 18. Deutschen Bundestag

Fraktion	Direktmandate	Landeslisten	gesamt
CDU/CSU	236	75	311
SPD	58	135	193
DIE LINKE	4	60	64
BÜNDNIS 90/DIE GRÜNEN	1	62	63
Bundestag gesamt	299	332	631

Deutsche Parlamente: Bundestag, Bundesrat, Bundesversammlung

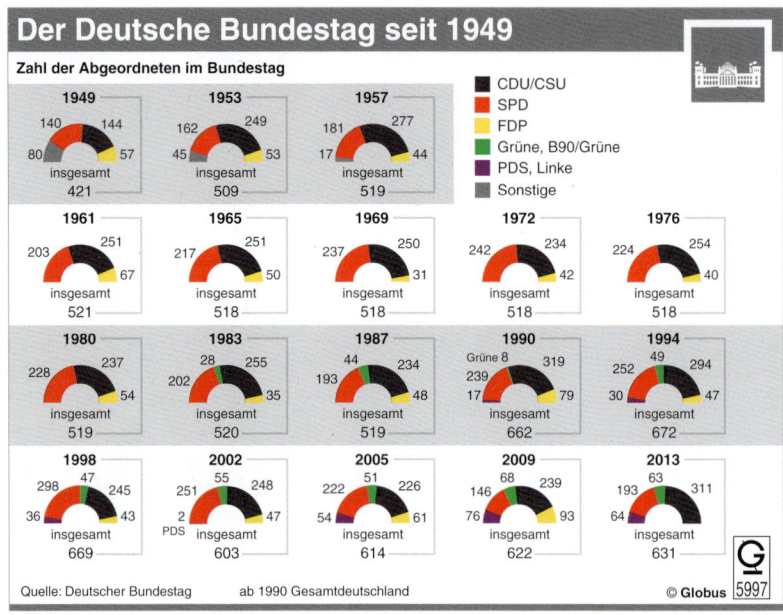

Seinen Sitz im Berliner Reichstag hat der Deutsche Bundestag erst seit 2003, zuvor tagte er in Bonn, das bis 1990 Hauptstadt des Westteils der Bundesrepublik war. Die in den Bundestag gewählten Vertreter von Parteien organisieren sich in (Bundestags-)Fraktionen.

Da sie ein freies Mandat besitzen, müssen sie keiner *Fraktion* angehören, sondern können auch fraktionslos sein. CDU und CSU bilden traditionsgemäß eine gemeinsame Fraktion. Den Fraktionen werden für ihre Arbeit Ressourcen wie Versammlungsräume, Personal und Büros zur Verfügung gestellt. Der *Bundestagspräsident* hat eine wichtige staatspolitische Funktion. Er ist die Nr. 2 im Staat nach dem Bundespräsidenten. Der *Ältestenrat* des Bundestages befindet über wichtige Organisationsfragen der Bundestagssitzungen wie zum Beispiel die Zuerkennung des Fraktionsstatus, Sitzungsordnungen usw.

Aufgaben des Bundestages

Die erste Aufgabe des Bundestages ist die *Gesetzgebung*. Das Parlament ist der wichtigste Teil der Legislative auf Bundesebene.

Die *Kontrolle der Regierung* ist die zweite Aufgabe des Bundestages. Dazu stehen ihm mehrere Mittel zur Verfügung:

- *Kleine und Große Anfragen:* In schriftlicher Form werden von den Fraktionen Fragen zu einem bestimmten Thema an die Regierung gestellt. Kleine Anfragen beantwortet die Regierung ausschließlich in schriftlicher Form. Große Anfragen werden hingegen auch im Bundestag debattiert. Da es sich bei Großen Anfragen meist um wichtige politische Themen handelt, hat die Opposition so die Möglichkeit, kritische Fragen in den öffentlichen Sitzungen zu stellen und ihre Meinung darzustellen.
- *Schriftliche Fragen und Fragestunde:* Jedes Bundestagsmitglied kann monatlich bis zu vier Fragen zur schriftlichen Beantwortung an die Regierung richten. Darüber hinaus hat jeder Abgeordnete das Recht, für die so genannte Fragestunde bis zu zwei Fragen pro Sitzungswoche an die Regierung zu richten. Die Fragen werden in der Fragestunde von der Regierung mündlich beantwortet.

- *Aktuelle Stunde:* Wenn die Abgeordneten mit den Auskünften der Regierung in der Fragestunde nicht zufrieden sind, können fünf Prozent der Mitglieder des Bundestages oder eine Fraktion eine Aktuelle Stunde beantragen.
- *Regierungsbefragungen:* Unmittelbar nach den Kabinettssitzungen haben die Abgeordneten des Bundestages in der Regierungsbefragung Gelegenheit, in kompakter Form Informationen über die Ergebnisse der Beratungsgespräche der Regierung zu erhalten.

Eine wichtige Rolle kommt in der Demokratie der *Opposition* im Parlament zu. Nicht immer ist die Opposition ein einheitlicher Block im Parlament, vielmehr werden alle Fraktionen zu ihr gezählt, die nicht die bestehende Regierung stützen. Aufgabe der Opposition ist es, durchaus aus verschiedenen Richtungen Alternativen zur Regierungspolitik aufzuweisen und dem Volk eine Wahlalternative zu bieten. Dabei können Teile der Opposition in Einzelfragen mit der Regierungspolitik übereinstimmen, die Opposition muss keine Fundamentalopposition sein. Formieren sich Alternativen zur Regierungspolitik außerhalb des Parlaments, spricht man von außerparlamentarischer Opposition.

Der Bundesrat

Der Bundesrat besteht aus 69 Mitgliedern. Sie werden von den Länderregierungen entsandt, jeweils 3 bis 6 Mitglieder pro Bundesland, abhängig von der Größe des Landes. Der Bundesrat wirkt an der Gesetzgebung des Bundes und in europäischen Angelegenheiten mit. Er wirkt an der Verwaltung des Bundes durch seine Beteiligung bei Rechtsverordnungen sowie bei äußeren und inneren Krisensituationen mit.

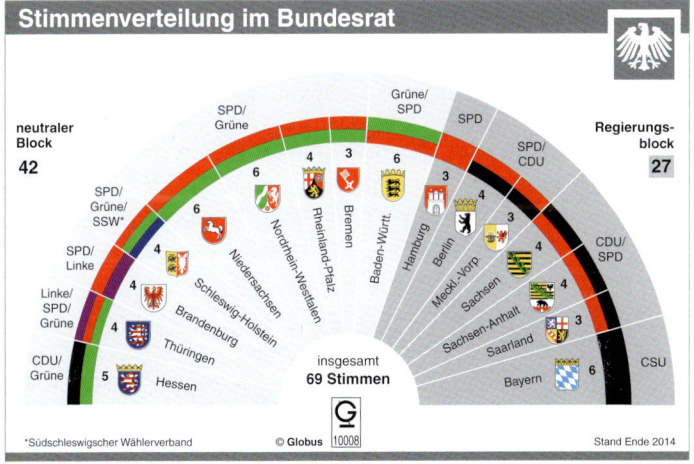

Stimmenverteilung im Bundesrat

neutraler Block 42

Regierungsblock 27

insgesamt 69 Stimmen

*Südschleswigscher Wählerverband   © Globus 10008   Stand Ende 2014

Die Bundesversammlung

Zur Wahl des Bundespräsidenten treten die Mitglieder des Bundestages und des Bundesrates sowie weitere von den Bundesländern entsandte Vertreterinnen und Vertreter bis zur doppelten Stärke des Bundestages einmalig zusammen. Die Bundesversammlung kommt in der Regel alle fünf Jahre zusammen.

Bundesland	Einwohner in Millionen	Stimmen im Bundesrat	Regierungsparteien
Baden-Württemberg	10,63	6	Grüne/SPD
Bayern	12,60	6	CSU/FDP
Berlin	3,42	4	SPD/CDU
Brandenburg	2,45	4	SPD/Linke
Bremen	0,66	3	SPD/Grüne
Hamburg	1,75	3	SPD
Hessen	6,05	5	CDU/FDP
Mecklenburg-Vorpommern	1,60	3	SPD/CDU
Niedersachsen	7,80	6	CDU/FDP
Nordrhein-Westfalen	17,57	6	SPD/Grüne
Rheinland-Pfalz	4,00	4	SPD/Grüne
Saarland	1,00	3	CDU/SPD
Sachsen	4,05	4	CDU/FDP
Sachsen-Anhalt	2,24	4	CDU/SPD
Schleswig-Holstein	2,82	4	SPD/Grüne/SSW
Thüringen	2,20	4	CDU/SPD

Stand: April 2014

Exekutive und Judikative in der Bundesrepublik

Bundespräsident Joachim Gauck

Der Bundespräsident

Der Bundespräsident ist das Staatsoberhaupt der Bundesrepublik Deutschland. Er hat überwiegend repräsentative Funktionen. Zu seinen Aufgaben zählen

- die völkerrechtliche Vertretung Deutschlands im Ausland und der Abschluss von Verträgen,
- die Repräsentation der Bundesrepublik Deutschland nach innen und außen (durch sein öffentliches Auftreten bei staatlichen, gesellschaftlichen und kulturellen Veranstaltungen, durch Reden, durch Besuche in Ländern und Gemeinden, durch Staatsbesuche im Ausland und den Empfang ausländischer Staatsgäste),
- der Vorschlag für die Wahl des Bundeskanzlers (Art. 63 GG),
- die Ernennung und Entlassung des Bundeskanzlers (Art. 63, 67 GG) und der Bundesminister (Art. 64 GG),
- die Auflösung des Bundestages (Art. 63 Abs. 4 Satz 3, Art. 68 GG),
- die Ausfertigung (Unterzeichnung) und Verkündung von Gesetzen (Art. 82 GG),
- die Ernennung und Entlassung der Bundesrichter, der Bundesbeamten, der Offiziere und Unteroffiziere (Art. 60 Abs. 1 GG),
- das Begnadigungsrecht für den Bund (Art. 60 Abs. 2 GG).

Das Bundesverfassungsgericht

Das Bundesverfassungsgericht ist der oberste Hüter der Verfassung in Deutschland. Es hat zu entscheiden

- bei Verfassungsstreitigkeiten zwischen obersten Bundesorganen (Bundestag, Bundesregierung, Bundesrat, Bundespräsident: Organstreit),
- bei Streitigkeiten zwischen Bund und Ländern sowie zwischen den Ländern (föderaler Streit),
- bei Verfassungsbeschwerden von Bürgern und Gemeinden,
- zur Normenkontrolle (d.h. der Frage, ob Gesetze mit dem Grundgesetz übereinstimmen),
- zur Feststellung der Verfassungswidrigkeit von Parteien (Verbot der Partei),
- bei Wahlprüfverfahren,
- bei Anklage gegen den Bundespräsidenten oder gegen Bundesrichter,
- bei der Verwirkung von Grundrechten.

Urteilsverkündung des Bundesverfassungsgerichts

Die Bundeskanzlerin und die Bundesregierung

Die Bundesregierung besteht aus der Bundeskanzlerin oder dem Bundeskanzler sowie den Bundesministerinnen und Bundesministern. Zusammen bilden sie das Kabinett.

Die Bundeskanzlerin oder der Bundeskanzler hat eine hervorgehobene Stellung in der Regierung. Die Kanzlerin oder der Kanzler bestimmt, wer Mitglied der Regierung werden soll, da ihr beziehungsweise ihm allein

Gruppenfoto des Bundeskabinetts der CDU/FDP-Koalition (seit 2009)

das Recht zur Kabinettsbildung zusteht. Die Regierungschefin oder der Regierungschef wählt die Ministerinnen und Minister aus und macht einen für den Bundespräsidenten verbindlichen Vorschlag ihrer Ernennung oder Entlassung. Außerdem entscheidet sie oder er über die Zahl der Ministerinnen oder Minister und legt ihre Geschäftsbereiche (Ressorts) fest. Die Bundeskanzlerin oder der Bundeskanzler bestimmt die Eckpfeiler der Regierungspolitik (Kanzlerprinzip).

Rolle der Ministerinnen und Minister

Obwohl die Bundeskanzlerin oder der Bundeskanzler ein Weisungsrecht gegenüber den Ministerinnen und Ministern besitzt, betont die Verfassung allerdings auch, dass die Bundesministerinnen und Bundesminister innerhalb des festgelegten politischen Rahmens ihren Geschäftsbereich selbstständig und eigenverantwortlich leiten. Manche Ressortministerin und mancher Ressortminister kann sich zudem durch eigene Leistung, geschickten Umgang mit den Medien und der Öffentlichkeit oder durch starken Rückhalt bei parlamentarischen oder außerparlamentarischen Kräften eine starke Stellung schaffen.

Arbeitsprinzipien des Bundeskabinetts

Für dieses Zusammenspiel in der Bundesregierung sieht das Grundgesetz drei wichtige Arbeitsprinzipien vor: das Kanzler-, das Kollegial- und das Ressortprinzip. Sie regeln den Umgang und die Arbeitsteilung im Kabinett.

Nach dem Kanzlerprinzip bestimmt die Bundeskanzlerin oder der Bundeskanzler die Richtlinien der Politik und trägt dafür die Verantwortung. Das bedeutet: Es werden die Geschäfte der Bundesregierung geleitet. Grundlage hierfür ist eine vom Kabinett beschlossene Geschäftsordnung. Sie wird vom Bundespräsidenten genehmigt.

Nach dem Kollegialprinzip entscheiden die Kanzlerin oder der Kanzler und die Ministerinnen und Minister gemeinsam über Angelegenheiten von allgemeiner politischer Bedeutung. Bei Meinungsverschiedenheiten ist die Kanzlerin oder der Kanzler allerdings Erster unter Gleichen.

Dies bedeutet: Kommt es zum Streit zwischen den Ministerinnen und Ministern, schlichtet die Bundeskanzlerin oder der Bundeskanzler. Das Kabinett muss schließlich mit Mehrheit zu einer Entscheidung finden.

Nach dem Ressortprinzip leitet jede Ministerin oder jeder Minister ihren oder seinen Aufgabenbereich in eigener Verantwortung. Die Bundeskanzlerin oder der Bundeskanzler darf deshalb nicht ohne Weiteres in die Befugnisse der Ministerinnen oder Minister „hineinregieren". Zugleich muss jede Ministerin und jeder Minister allerdings darauf achten, Entscheidungen nur innerhalb des von der Kanzlerin oder dem Kanzler vorgegebenen politischen Rahmens zu treffen.

Der Umgang von Medien und Politik miteinander

Medien und Politik – zwei unterschiedliche Systeme

In der Demokratie wird eine funktionierende politische *Öffentlichkeit* gebraucht. Diese hatte im antiken Athen auf der Agora, dem Marktplatz, ihren Raum. In der heutigen Gesellschaft bilden im Wesentlichen die Massenmedien die Öffentlichkeit.

Medien sind aber nicht nur Mittel, politische Öffentlichkeit zu erzeugen, sondern entwickeln eine Eigendynamik. Politik und Medien können daher als *zwei Systeme* betrachtet werden, die in der modernen Demokratie miteinander in Beziehung treten. Die Frage ist dann, inwieweit sich ein System durch das andere dominieren lässt und welche Einflussmöglichkeiten es auf diese Entwicklung gibt.

Die Bürgerinnen und Bürger erwarten von der Politik, dass der politische Prozess sachangemessen verläuft, dass zum Beispiel in einer Demokratie alle relevanten Interessen berücksichtigt werden, dass alle möglichen Folgen bedacht werden, dass eine sachadäquate Lösung für das infrage stehende politische Problem gefunden wird.

Die Medien gehorchen zumindest teilweise aber anderen Gesetzen. Sie brauchen nicht die Akzeptanz der Bürgerinnen und Bürger für eventuell langfristige Lösungen eines Problems, sondern zunächst schlicht deren Aufmerksamkeit. Was in den Medien Aufmerksamkeit erregt, ist gut erforscht und in den so genannten *„Nachrichtenfaktoren"* verdichtet. Das, was die Medien an der Politik interessant finden und berichten, ist nicht immer das politisch Wichtige. Und die Medien finden interessant und berichten, was ihnen Auflage, Zuschauerzahlen, Werbeeinnahmen, letztlich Gewinne bringt.

Beziehung zwischen Medien und Politik – Erklärungsmodelle

Für das Verhältnis zwischen Medien und Politik gibt es verschiedene Erklärungsansätze. Dabei lassen sich drei grundsätzliche Modelle erkennen:

- Nach dem *konstruktivistischen Modell* sind Medien und Politik voneinander abgeschlossene Systeme, die sich nur am Rande berühren. Die Politik nutzt demnach Anlässe zur Erzeugung von Aufmerksamkeit für ihre Themen in den Medien.
- Nach den *Symbiosemodell* von *Fritz Plasser* und *Jürgen Leinemann* haben sich Medien und Politik zu einem politisch-medialen Supersystem verschmolzen. Die Politik inszeniert sich demnach in den Medien selbst.
- Nach dem *Modell von Otfried Jarren und Hans Jürgen Arlt* werden politische Ideen und Programme in enger Verbindung mit der medialen Präsentation entwickelt und nicht erst fertig in die Medien hineingetragen.

Verquickung von Medien und Politik

Die beiden letzten Modelle haben Konsequenzen für die Vorstellungen von der Funktionsweise der Demokratie. Verschiedene Handlungsweisen der Politik, die durch die enge Verquickung mit den Medien möglich sind, werden als problematisch diskutiert:

- *Theatralisierung der Politik*: Politisches Handeln wird den Erfordernissen der Dramaturgie der Massenmedien angepasst.
- *Inszenierung von Politik*: Politische Ereignisse werden für die Medien erzeugt, die nicht aus dem eigentlichen politischen Prozess erwachsen.
- *Politisches Testhandeln*: In den Medien werden in einem Quasi-Plebiszit politische Handlungsmöglichkeiten auf ihre Akzeptanz hin erprobt.
- *Abstumpfung*: Ein mediales Bombardement lässt das eigentliche politische Ereignis für die Öffentlichkeit unbestimmbar werden bzw. verschwinden.
- *Marginalisierung der politischen Parteien*: Unter anderem durch die Personalisierung in den Medien werden die Arbeit und die Meinungsbildung in den Parteien an den Rand gedrängt. Wichtig in der Öffentlichkeit ist nicht das Parteiprogramm, sondern die repräsentierende Person.

Nachrichtenfaktoren

Der Nachrichtenwert eines Ereignisses wird erhöht durch

- die kurze Dauer des Geschehens
- die Darstellbarkeit als möglichst abgeschlossene Episode
- seine räumliche, politische und kulturelle Nähe zum Betrachter
- den Überraschungswert der Information im Rahmen schon eingeführter, bekannter Themen
- die Konflikthaftigkeit von Ereignissen
- großen Schaden
- besondere Erfolge und Leistungen
- Personalisierbarkeit
- den Bezug zur Prominenz

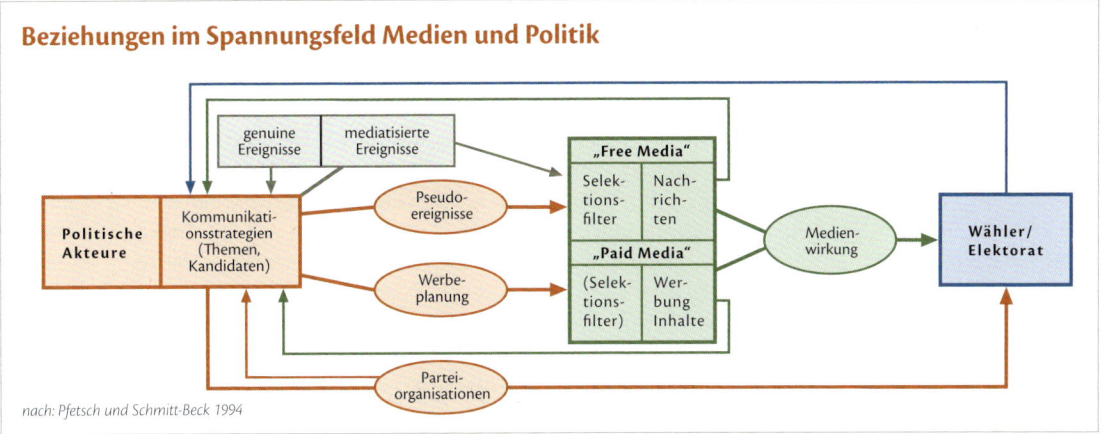

Beziehungen im Spannungsfeld Medien und Politik

nach: Pfetsch und Schmitt-Beck 1994

- *Degradierung der repräsentativen Demokratie*: Durch die Stilisierung der politischen Auseinandersetzung in den Medien können z. B. Regierungschef und Oppositionsführung zu Vereinbarungen gelangen, die von den gewählten Repräsentanten in den Fraktionen des Parlaments nur noch bestätigt werden können.

Medien im Wahlkampf

Eine besondere Rolle spielen die Medien im *Wahlkampf*. Wenn es um die Machtverteilung im künftigen Parlament geht, werden häufig medial alle Register gezogen. Der erste große Medienwahlkampf nach amerikanischem Muster war der Wahlkampf der SPD 1998, der zum Ende der Kohl-Regierung beitrug und zur Wahl Gerhard Schröders als Bundeskanzler führte.

Insbesondere werden als *Wahlkampfstrategien* seither in Bezug auf die Medienbezogenheit der Wahlkämpfe benannt:

- Fokussierung auf den Spitzenkandidaten / die Spitzenkandidatin
- Instrumentalisierung des Privaten der Kandidaten
- Besetzen von Themen und Wertungen (Agenda-Setting der Medien soll wahlkampfstrategisch ausgenutzt werden, um die eigene Position zu stärken)
- negative Kampagnen (nach dem Medienprinzip „only bad news are good news")

Überwältigende Medienmacht?

Bei allen Gefahren, durch die Medienmacht manipuliert zu werden, gibt es aber auch die Chance für Bürgerinnen und Bürger, zu einer *selbstbestimmten Urteilsbildung* zu gelangen. Die Ereignisse rund um die Bundestagswahl 2005 haben diese Hoffnung genährt. Entgegen allen Medienberichten entschieden sich die Bürgerinnen und Bürger teilweise offenbar erst am Wahltag anders, als sie es selbst in Umfragen vorher angegeben hatten. Dies wirft auch die Frage nach möglichen Rückkopplungen der Medienberichterstattung auf das politische Verhalten der Bürgerinnen und Bürger auf.

Wesentlich für die Demokratie ist die Meinungsvielfalt, besonders die Möglichkeit, sich durch andere Medien eine kritische Distanz zu einer bestimmten Art der medialen Aufbereitung zu verschaffen. Es sind durchaus auch Medien verfügbar, die sich die politische Information zum Ziel setzen und einen journalistischen Anspruch verkörpern.

Karikatur: Burkhard Mohr

Schwerpunkt: Textanalyse

Text 1 **Der Aufstieg der Netzwerkgesellschaft**

Politik in der Demokratie lebt von der kontinuierlichen Legitimation ihrer Absichten und Handlungserfolge. Dies kann in der Mediengesellschaft allein auf dem Weg der medienvermittelten Kommunikation geschehen. Demokratische Politik ist daher existenziell und fortwährend auf Kommunikationserfolge in der öffentlichen Arena angewiesen. (…)

In den Ländern Europas sind wir seit kurzem Zeuge einer „kopernikanischen Wende". Die Parteiendemokratie klassischen Zuschnitts wird zur Mediendemokratie. Die Regeln der medialen Politikdarstellung, unterhaltsam, dramatisierend, personalisiert und mit Drang zum Bild, allesamt der Darstellungskunst des Theaters entlehnt, greifen auf das politische Geschehen selbst über. Die Selektion spektakulärer Ereignisse, die effektsichere Inszenierung der Profis, die weite Teile des Mediensystems bestimmen, regieren zunehmend die Politik.

Ein folgenreicher Rollenwechsel vollzieht sich: Während in der Parteiendemokratie die Medien die Politik beobachten sollen, damit sich die Staatsbürger eine vernünftige Meinung über sie bilden können, beobachten in der Mediendemokratie die politischen Akteure das Mediensystem, um zu lernen, was sie und wie sie sich präsentieren müssen, um auf der Medienbühne einen sicheren Platz zu erlangen.

Kern der Veränderung ist eine weitgehende Überlagerung der beiden Systeme „Politik" und „Medien". Sie geht zu einem erheblichen Teil aus der Wirkungsweise ihrer jeweiligen Funktionsgesetze selbst hervor. Aus Legitimationsgründen ist demokratische Politik auf die öffentliche Darstellung ihres Vollzugs und ihrer Ergebnisse, nämlich der Herstellung gesellschaftlich verbindlicher Entscheidungen, angewiesen. Dazu benötigt sie die Massenmedien. Diese folgen indessen bei jeglicher Darstellung von Politik gleichermaßen unvermeidlich ihrer eigenen Logik, wenn sie ihrem gesellschaftlichen Funktionszweck, nämlich der Erzeugung von größtmöglicher Aufmerksamkeit für gemeinsame Themen gerecht werden wollen. (…)

Die Politik unterwirft sich den Regeln der Medien, aber nur um auf diesem Wege die Herrschaft über die Öffentlichkeit zu gewinnen. Selbstmediatisierung wird zu einer zentralen Strategie politischen Handelns in der Mediengesellschaft. Es stellt sich die Frage, ob Politik unter diesen Bedingungen überhaupt noch in angemessenem Ausmaß ihrer eigenen Logik folgen kann oder in der Hauptsache zum Lieferanten für die spezifischen Bedürfnisse des Mediensystems wird – in der Hoffnung, auf diese Weise ihren unbegrenzten Bedarf an öffentlicher Zustimmung umfassend und risikoarm befriedigen zu können.

Es geht aber nicht nur um die Darstellung, sondern um tektonische Verschiebungen in den Fundamenten der Politik selbst. Die Logik der Mediendemokratie drängt die Parteien – und tendenziell auch die Parlamente – an den Rand des Geschehens, auch wenn sie durch ihre Aktivitäten auf kommunaler Ebene und als politisches Richtungs-Ambiente der Spitzenakteure weiterhin im Fokus der öffentlichen Aufmerksamkeit stehen. Das ganze intermediäre System der Vereine, Organisationen und Initiativen, in denen Projekte und Lösungen in langen Beratungen, Verhandlungen, Kompromissen allmählich reiften, also die lange Zeit der Demokratie hat kaum eine Chance vor den Gesetzen der Medienwelt mit ihrem gebieterischen Präsentismus.

Es wäre dennoch verfehlt, die Theatralisierung der Politik unter dem medialen Inszenierungsdruck umstandslos mit ihrer Entpolitisierung gleichzusetzen. Vielmehr wirken gewichtige Faktoren darauf hin, dass selbst im Falle ihrer weitgehenden Theatralisierung Politik immer mehr ist als bloßes politisches Theater. Politische Kommunikation erschöpft sich nicht in ihrem öffentlich sichtbaren Teil.

Auch wenn theatralisierte Politik eine hervorragende Voraussetzung für die Vermehrung symbolischer Placebopolitik ist, bei der der Herstellungsteil von Politik nur noch vorgespielt, aber nicht mehr real vollzogen wird, kann Politik auch in der Mediendemokratie nicht umhin, weiterhin ihrem eigentlichen gesellschaftlichen Funktionszweck, nämlich der Herstellung verbindlicher Entscheidungen gerecht zu werden. Die Theatralisierung des politischen Diskurses muss nicht automatisch seine Entpolitisierung bedeuten, weil in allen Formen der politischen Inszenierung angemessene Synthesen mit dem politischen Informationsgehalt von Ereignissen hergestellt werden können. (…)

Unter dem Druck insbesondere der privaten Fernsehanstalten nimmt auch in der Bundesrepublik gleichwohl der theatrale Inszenierungsaspekt nicht nur im Fernsehen, sondern auch in einem Teil der Print-Medien einen wachsenden Raum ein und beherrscht einen großen Teil der tatsächlichen Politikvermittlung. Demgegenüber bleibt es fast immer unsicher, ob die politischen Informationen und Argumentationen, die zur Urteilsbildung über ein Thema oder eine Person notwendig wären, dabei in angemessener Weise Berücksichtigung finden. Der Inszenierungsdruck der Massenmedien bildet letztlich nur eine kommunikative Gelegenheitsstruktur. Diese geht mit der Prämie des raschen und wirkungsvollen Erfolgs einher, forciert aber nicht jene Synthesen zwischen Inszenierungsregeln und den Sachverhalten der politischen Welt, die erforderlich wären, um Inszenierung und Information in Einklang miteinander zu bringen.

Die Mediendemokratie hat eine machtvolle Tendenz zur Verschiebung der Gewichte, Akteursrollen und Einflussströme, nicht nur auf der Ebene der politischen Kommunikation, sondern im politischen System selbst. Sie ist aber kein hermetisch geschlossenes System. Reflexives Handeln der zentralen Akteure im Mediensystem und in der Politik können die laufenden Trends stoppen und, zumindest teilweise, auch wieder umkehren. Die Medienregeln und das Darstellungs-interesse der Politik bilden strategische Koalitionen, sozusagen widerspruchsvolle Inszenierungs-Partnerschaften. Die letzte Inszenierungshoheit allerdings liegt stets im Mediensystem.

(Thomas Meyer, in: Frankfurter Rundschau vom 3.2.2006)

Erläuterungen: Thomas Meyer ist Professor für Politikwissenschaft an der Universität Dortmund und Chefredakteur der „Neuen Gesellschaft/Frankfurter Hefte". *Selektion*: Auswahl, *Mediatisierung*: Anpassung an die Medien, *Ambiente*: Umgebung, *intermediäres System*: interessierte Öffentlichkeit, gesellschaftliche Gruppen mit Einfluss auf die Politik, *Präsentismus*: Zwang, in den Medien präsent zu sein, *Diskurs*: Gespräch ohne Unterschiede in Macht und Einfluss, *forcieren*: verstärken, *Synthese*: Zusammenfügung, *hermetisch*: starr

Aufgaben

1   *Analysieren Sie den Text. Berücksichtigen Sie dabei das Bild, welches der Autor vom Verhältnis Medien und Politik zeichnet.*

2   *Stellen Sie einschlägige Modelle zum Verhältnis von Medien und Politik dar und ordnen Sie die Ausführungen des Autors begründet diesen Modellen zu.*

3   *Nehmen Sie Stellung zu Meyers These, wonach die „Inszenierungshoheit" im Verhältnis von Mediensystem und Politik bei den Medien liegt.*

Hinweise

Der Text der Klausur stellt einige Anforderungen, was das Verständnis anbelangt. Schon an der großen Zahl der erläuterten Wörter wird ersichtlich, dass der Text sprachlich anspruchsvoll ist. Der Autor ist Wissenschaftler.

Zur Bewältigung der *Aufgabe 1* müssen die grundlegenden Einordnungen des Textes geleistet werden, u. a.:
- Textquelle: eine überregionale anspruchsvolle Tageszeitung
- Es handelt sich um Auszüge.
- Charakter des Textes: Zeitungsartikel mit Anklängen an wissenschaftliche Aufsätze
- Intention des Autors: Aufdeckung neuer Zusammenhänge von Medien und Politik sowie Aufruf an die Handelnden, aus den Erkenntnissen der Wissenschaft Schlüsse zu ziehen und schädliche Tendenzen umzukehren
- Inhalt: Der Autor stellt das Verhältnis von Medien und Politik so dar, dass sich die Politik der Funktionslogik der Medien beugt, um Öffentlichkeit zu gewinnen. Es ist deutlich, dass der Autor die von ihm geschilderte Entwicklung als schädlich für die Politik ansieht. Das Verhältnis von Medien und Politik, wie es der Autor darstellt, muss nachvollzogen und in eigenen Worten dargestellt werden (Schwerpunkt der Aufgabe!).

Die Bewältigung der *Aufgabe 2* verlangt die Darstellung der bekannten Modelle zum Verhältnis von Politik und Medien. Sie sollen das konstruktivistische Modell, das Symbiosemodell und das Modell von Arndt und Jarren erläutern. Sicherlich lässt sich der Autor dem letztgenannten Modell begründet zuordnen.

Um die *Aufgabe 3* bewältigen zu können, muss man sich zunächst klarmachen, was der Autor mit der „Inszenierungshoheit" meint: Was den Medien interessant erscheint, hängt vor allem davon ab, was in ihre Systemlogik passt. Inwiefern, so sollte man sich in der Stellungnahme fragen, muss Politik sich heute der Logik der Medien fügen?

Aufgaben zu den verschiedenen Anforderungsbereichen

Anforderungsbereich I

- Stellen Sie den Aufbau des politischen Systems der Bundesrepublik Deutschland dar.
- Stellen Sie die grundlegenden demokratietheoretischen Ansichten einander gegenüber.
- Erläutern Sie kurz das Wahlrecht der Bundesrepublik Deutschland.
- Erläutern Sie Aufgaben und Funktion des Bundesverfassungsgerichts.
- Erläutern Sie die Stellung der Bundeskanzlerin im politischen System der Bundesrepublik.

Anforderungsbereich II

- Vergleichen Sie den Staatsaufbau der Französischen Republik mit dem der Bundesrepublik Deutschland.
- Stellen Sie die Rolle dar, die das Grundgesetz in der deutschen Demokratie spielt.

Anforderungsbereich III

- Beurteilen Sie die Möglichkeit einer Direktwahl des Bundespräsidenten.
- Nehmen Sie Stellung zu der Frage, inwieweit ein Volksentscheid in der Bundesrepublik möglich und sinnvoll ist.

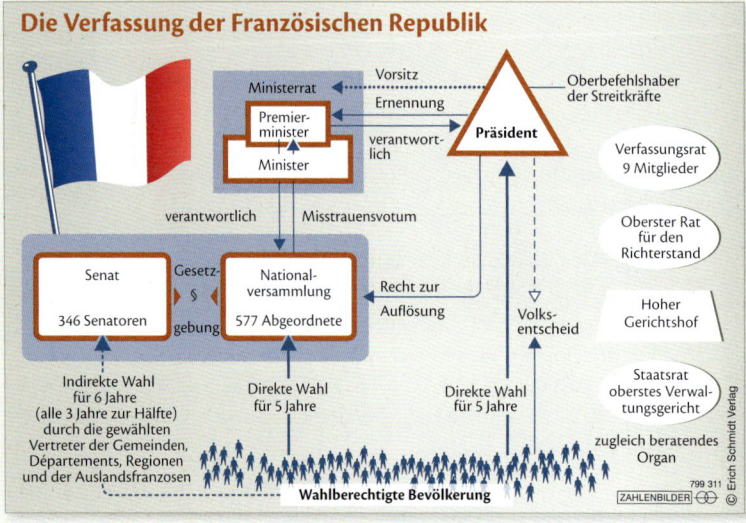

Die Verfassung der Französischen Republik

Ausgewählte Links zur Textarbeit

www.teachsam.de/deutsch/d_schreibf/schr_schule/txtwied/txtwied0.htm	zur Textwiedergabe
www.teachsam.de/deutsch/d_schreibf/schr_schule/txtanal/txtanal0.htm	
www.sowi-online.de/methoden/lexikon/textanalyse.htm	zur Textanalyse
www.dadalos-d.org/methoden/grundkurs_3/textanalyse.htm	
www.uni-due.de/schreibwerkstatt/trainer	zur Klausur

Platz der Revolution, Bukarest, Rumänien

Ein Rumäne feiert in der Nacht zum 1. Januar 2007 den Beitritt seines Landes zur Europäischen Union. 18 Jahre nach Fall der damals so gut wie unüberwindlichen Grenze zwischen Ost und West sind fast alle osteuropäischen Länder EU-Mitglieder. Die Hoffnungen an den Beitritt sind groß. Ein Jahr nach dem EU-Beitritt sagt eine Rumänin im Interview mit der Deutschen Welle: „Ich sehe, dass die meisten alten Leute, vor allem aber die Jugendlichen, nicht zufrieden sind. Zufrieden sind vor allem die, die an der Macht sind, und ihre Leute."

Foto: Thierry Monasse

Europa wächst zusammen

Die Frage, was eigentlich Europa ist, wird durchaus unterschiedlich beantwortet. Selbstverständlich: Europa ist ein Erdteil, ein Kontinent. Aber auch eine Kulturgemeinschaft, eine Vereinigung von Staaten? Fest steht, dass der Kontinent Europa ein Anhängsel am großen eurasischen Erdteil bildet. Die 45 Staaten Europas haben zum Teil ihr Territorium auch außerhalb des europäischen Kontinents, z. B. Russland, die Türkei, Frankreich und Dänemark.

Kulturelle Wurzeln

Wichtige Teile Europas sind von der *griechischen Kultur* geprägt, die sich über das *Römische Reich* über das ganze südliche Europa ausbreitete. Ebenso verbreitete sich das *Christentum* über einen ähnlichen Bereich. Seit dem 18. Jahrhundert bestimmen die Ideen der *Aufklärung* das Denken in weiten Teilen Europas. Insbesondere die Werte der Toleranz, der Achtung der Menschenwürde, der Gleichheit und Freiheit werden in Europa als anzustrebende und zu verteidigende Ideale angesehen.

Europäische Institutionen

Der *Europarat*, in dem fast alle europäischen Staaten zusammengeschlossen sind, hat sich den Schutz der Menschenrechte und des Rechtsstaats zur Aufgabe gemacht. Der *Europäische Gerichtshof für Menschenrechte* ist das juristische Organ des Europarats. Ebenso alle europäischen Staaten umfasst die *Organisation für Sicherheit und Zusammenarbeit in Europa (OSZE)*, die sich die Zusammenarbeit in Fragen der Sicherheit, in den Bereichen Wirtschaft, Wissenschaft, Kultur und Umweltschutz vornimmt.

Europäische Union

Von den 46 europäischen Staaten sind 27 in der *Europäischen Union* zusammengeschlossen, wobei das EU-Land Zypern geographisch zu Asien gehört. Weitere Länder wie Kroatien, Montenegro und die Türkei streben die Mitgliedschaft an. Wegen der Wichtigkeit dieses Integrationsprozesses in weiten Teilen Europas wird die Europäische Union vielfach im Sprachgebrauch mit „Europa" gleichgesetzt.

Aufgabe staatlicher Souveränität

In einem langen Prozess wurden dabei aus ehemaligen Kriegsgegnern kooperierende Länder, die dabei sind, ihre Souveränität teilweise zugunsten gemeinsamen Handelns aufzugeben. Dies gilt vor allem im wirtschaftlichen, teilweise auch im politischen Bereich. Das Europa der Nationalstaaten weicht zunehmend dem „Europa der Regionen".

Europa in der Sage

Der griechischen Sage nach war Europa eine Königstochter und stammte aus Asien. Ihr Vater, König Agenor von Phönikien (an der heutigen syrisch-libanesisch-israelischen Mittelmeerküste), behütete sie streng. Göttervater Zeus aber verliebte sich in das Mädchen, als er sie mit ihren Gefährtinnen am Meer spielen sah. Zeus griff zu einer List, verwandelte sich in einen Stier und mischte sich unter die Herde des Agenor.

Göttervater Zeus als Stier

Europa spielte mit dem Stier und fand ihn so zahm, dass sie auf seinen Rücken kletterte, um auf ihm zu reiten. Sofort eilte der falsche Stier mit seiner Beute zum Strand und schwamm mit ihr nach Kreta. Hier – also in Europa – gab sich Zeus zu erkennen. Er hatte mit Europa drei Söhne, darunter den späteren König von Kreta, Minos, nach dem eine der ältesten europäischen Kulturen, die minoische auf Kreta, benannt ist. Die Entführung der Europa ist ein ständig wiederkehrendes Motiv in der bildenden Kunst. Europa mit dem Stier symbolisiert zum Beispiel in vielen Karikaturen die Institutionen Europas oder der Europäischen Union.

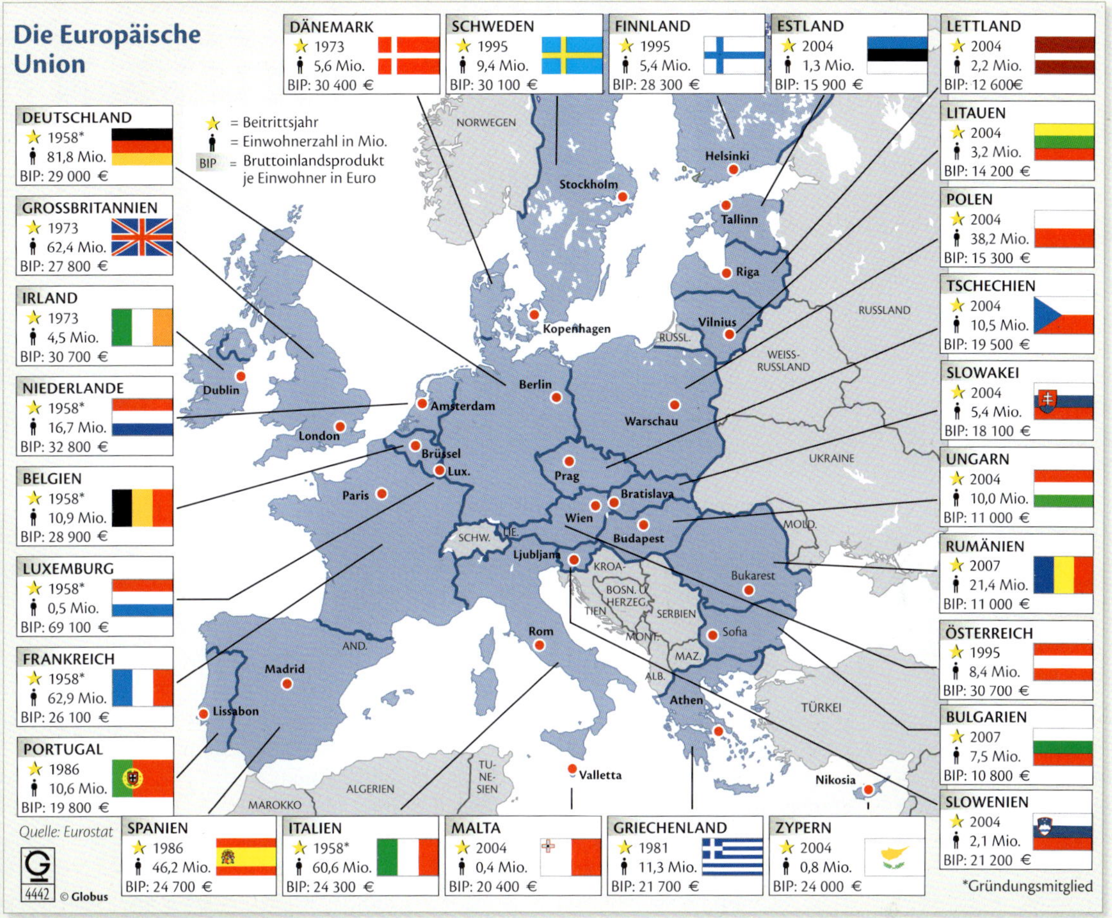

Die Europäische Union

Land	Beitrittsjahr	Einwohner	BIP
DÄNEMARK	★ 1973	5,6 Mio.	BIP: 30 400 €
SCHWEDEN	★ 1995	9,4 Mio.	BIP: 30 100 €
FINNLAND	★ 1995	5,4 Mio.	BIP: 28 300 €
ESTLAND	★ 2004	1,3 Mio.	BIP: 15 900 €
LETTLAND	★ 2004	2,2 Mio.	BIP: 12 600€
DEUTSCHLAND	★ 1958*	81,8 Mio.	BIP: 29 000 €
GROSSBRITANNIEN	★ 1973	62,4 Mio.	BIP: 27 800 €
IRLAND	★ 1973	4,5 Mio.	BIP: 30 700 €
NIEDERLANDE	★ 1958*	16,7 Mio.	BIP: 32 800 €
BELGIEN	★ 1958*	10,9 Mio.	BIP: 28 900 €
LUXEMBURG	★ 1958*	0,5 Mio.	BIP: 69 100 €
FRANKREICH	★ 1958*	62,9 Mio.	BIP: 26 100 €
PORTUGAL	★ 1986	10,6 Mio.	BIP: 19 800 €
LITAUEN	★ 2004	3,2 Mio.	BIP: 14 200 €
POLEN	★ 2004	38,2 Mio.	BIP: 15 300 €
TSCHECHIEN	★ 2004	10,5 Mio.	BIP: 19 500 €
SLOWAKEI	★ 2004	5,4 Mio.	BIP: 18 100 €
UNGARN	★ 2004	10,0 Mio.	BIP: 11 000 €
RUMÄNIEN	★ 2007	21,4 Mio.	BIP: 11 000 €
ÖSTERREICH	★ 1995	8,4 Mio.	BIP: 30 700 €
BULGARIEN	★ 2007	7,5 Mio.	BIP: 10 800 €
SLOWENIEN	★ 2004	2,1 Mio.	BIP: 21 200 €
SPANIEN	★ 1986	46,2 Mio.	BIP: 24 700 €
ITALIEN	★ 1958*	60,6 Mio.	BIP: 24 300 €
MALTA	★ 2004	0,4 Mio.	BIP: 20 400 €
GRIECHENLAND	★ 1981	11,3 Mio.	BIP: 21 700 €
ZYPERN	★ 2004	0,8 Mio.	BIP: 24 000 €

★ = Beitrittsjahr
👤 = Einwohnerzahl in Mio.
BIP = Bruttoinlandsprodukt je Einwohner in Euro

Quelle: Eurostat

G 4442 © Globus

*Gründungsmitglied

Map labels: NORWEGEN, Helsinki, Stockholm, Tallinn, Riga, RUSSLAND, RÜSSL., WEISS-RUSSLAND, Vilnius, Kopenhagen, Berlin, Warschau, UKRAINE, Dublin, Amsterdam, London, Brüssel, Lux., Prag, Bratislava, Paris, Wien, Budapest, MOLD., Ljubljana, Bukarest, KROA., BOSN. U. HERZEG., SERBIEN, Sofia, SCHW., LIE., Rom, MONT., MAZ., ALB., Sofia, AND., Madrid, Athen, TÜRKEI, Lissabon, ALGERIEN, MAROKKO, TU-NE-SIEN, Valletta, Nikosia

Die Europäische Union ruht auf drei Säulen:

- Die *erste Säule* steht für die Europäische Gemeinschaft, die auch als juristische Person Unterzeichner von völkerrechtlichen Verträgen der Union mit Drittstaaten bleibt. Die Gemeinschaftspolitik umfasst wirtschafts- und sozialpolitische Aufgaben (z.B. Agrarpolitik, Außenhandel, Verkehr, Wirtschafts- und Beschäftigungspolitik) ebenso wie Umweltpolitik und Verbraucherschutz und innenpolitische Aufgabenbereiche wie Asylpolitik und Einwanderungspolitik.

- Die *zweite Säule* steht für die zwischenstaatliche Zusammenarbeit in der Außen- und Sicherheitspolitik, einschließlich Verteidigung und Rüstungsfragen.

- Die *dritte Säule* umfasst die zwischenstaatliche Zusammenarbeit im Bereich Polizei und Strafjustiz. Zu den Aufgaben zählen u.a. die Bekämpfung des Drogen- und Waffenhandels, des Terrorismus und des Menschenhandels.

Die drei Säulen der Europäischen Union

EUROPÄISCHE UNION

Europäische Gemeinschaft	Gemeinsame Außen- und Sicherheitspolitik	Zusammenarbeit in der Innen- und Rechtspolitik
Zollunion, Binnenmarkt, gemeinsame Agrarpolitik, Strukturpolitik, Wirtschafts- und Währungsunion		

1958

Europa der 6

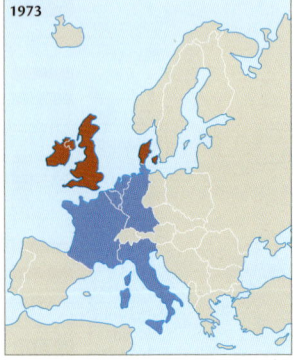

1973

Europa der 9

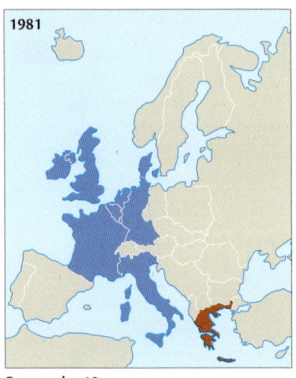

1981

Europa der 10

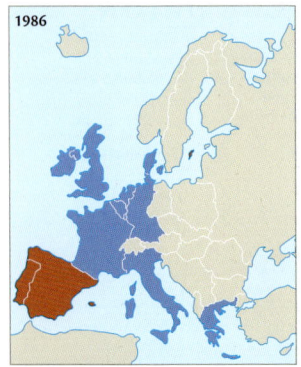

1986

Europa der 12

Die europäische Einigung

Der Gedanke einer Einigung Europas reicht schon weit zurück. Manche sehen das Römische Reich als die erste historische Einigung Europas an, andere beziehen sich auf die mittelalterliche Idee eines einheitlichen christlichen Reiches. In der Zwischenzeit aber und bis weit in das 20. Jahrhundert hinein herrschte oft Krieg zwischen den europäischen Staaten. Die moderne europäische Idee entwickelte sich aus den Überlegungen zu einer Friedensordnung in Europa nach dem Zweiten Weltkrieg.

Léon Blum über die Zukunft Europas, 14. Oktober 1939

„Die Lösungen, an die wir Sozialisten denken, sind jene, die die Eingliederung Deutschlands in eine europäische Organisation zur Folge hätten – eine Organisation, die von sich aus sichere Gewähr gegen die Rückkehr von Gewaltanschlägen bietet und aus sich heraus die Elemente einer echten Sicherheit und eines dauerhaften Friedens schaffen würde."

Dreimächtedeklaration über das befreite Europa. Jalta, den 11. Februar 1945

„Die Herstellung der Ordnung in Europa und der Wiederaufbau eines nationalen Wirtschaftslebens müssen in einer Weise zuwege gebracht werden, die es den betreffenden Völkern gestattet, die letzten Spuren des Nationalsozialismus und Faschismus zu beseitigen und demokratische Einrichtungen nach eigener Wahl zu schaffen.

Zur Schaffung der Bedingungen, unter denen die befreiten Völker diese Rechte ausüben können, werden die drei Regierungen, wo immer es die Umstände ihrer Ansicht nach erfordern, die Völker der breiten europäischen Staaten oder der früheren europäischen Vasallenstaaten der Achse gemeinsam in Folgendem unterstützen:

a) bei der Wiederherstellung von Friedensverhältnissen,

b) bei der Durchführung von Notmaßnahmen zwecks Unterstützung Hilfsbedürftiger,

c) bei der Schaffung vorläufiger Regierungsgewalten, die eine ordentliche Vertretung der demokratischen Elemente der Bevölkerung darstellen und die zur baldestmöglichen Errichtung von dem Volkswillen entsprechenden Regierungen auf dem Wege freier Wahlen verpflichtet sind,

d) nötigenfalls bei der Durchführung solcher Wahlen (…).

Mit dieser Erklärung bestätigen wir unseren (…) Entschluss, in Zusammenarbeit mit anderen friedliebenden Nationen eine auf Recht und Gesetz gegründete Weltordnung zu schaffen, die dem Frieden, der Sicherheit, der Freiheit und dem allgemeinen Wohl der gesamten Menschheit geweiht ist."

Auszüge aus der Rede Churchills am 19.9.1946 in Zürich

„Wir müssen etwas wie die Vereinigten Staaten von Europa schaffen. Nur so können Hunderte von Millionen schwer arbeitender Menschen wieder die einfachen Freuden und Hoffnungen zurückgewinnen, die das Leben lebenswert machen. Das Verfahren ist einfach. Was wir benötigen, ist der Entschluss von Hunderten von Millionen Männern und Frauen, Recht statt Unrecht zu tun und als Lohn Segen statt Fluch zu ernten. (…). Wir alle müssen dem Schrecken der Vergangenheit den Rücken kehren und uns der Zukunft zuwenden. Wir können es uns einfach nicht leisten, durch all die kommenden Jahre den Hass und die Rache mit uns fortzuschleppen, die den Ungerechtigkeiten der Vergangenheit entsprossen sind. (…)

Ich spreche jetzt etwas aus, das Sie in Erstaunen setzen wird. Der erste Schritt bei der Neugründung der europäischen Familie muss eine Partnerschaft zwischen Frankreich und Deutschland sein. Nur auf diese Weise kann Frankreich die moralische Führung Europas wiedererlangen. Es gibt kein Wiederaufleben Europas ohne ein geistig großes Frankreich und ein geistig großes Deutschland."

Stationen des europäischen Integrationsprozesses

1948: Großbritannien, Frankreich und die Benelux-Staaten gründen den *Brüsseler Pakt*, der zur Grundlage der gemeinsamen europäischen Verteidigungspolitik im Rahmen der 1954 gegründeten *Westeuropäischen Union (WEU)* und der NATO wird.

1951: Die *Europäische Gemeinschaft für Kohle und Stahl (EGKS)* wird zwischen Frankreich, der Bundesrepublik Deutschland, Italien, Belgien, Luxemburg und den Niederlanden gegründet.

1952: Die *„Hohe Behörde"* der EGKS nimmt ihre Arbeit auf; aus ihr entsteht später die Europäische Kommission.

1957: Frankreich, die Bundesrepublik Deutschland, Italien und die Benelux-Staaten gründen die *Europäische Wirtschaftsgemeinschaft (EWG)* und die *Europäische Atomgemeinschaft (EURATOM)*. Der freie Verkehr von Waren, Personen, Dienstleistungen und Kapital in einem gemeinsamen Markt ohne Zölle und weitere Handelsbeschränkungen ist die Zielsetzung der Bemühungen.

1967: Die *Europäische Gemeinschaft (EG)* entsteht als Fusion der Exekutiven von EWG, EGKS und EURATOM. Es wird ein gemeinsamer Rat und eine gemeinsame Kommission eingesetzt.

1968: Die Zollunion in der EG wird vollendet.

1970: Die EG-Staaten beschließen die Gründung der *Europäischen Politischen Zusammenarbeit (EPZ)*. Im Rahmen der EPZ wollen die EG-Staaten ihre außenpolitischen Positionen abstimmen.

1971: Die Errichtung einer *Wirtschafts- und Währungsunion* wird vom Ministerrat der EG beschlossen.

1978: Das *Europäische Währungssystem (EWS)* wird durch die EG-Staaten gegründet, um Kursschwankungen zwischen den beteiligten Währungen zu begrenzen.

1979: Zum ersten Mal wird das Europäische Parlament direkt gewählt.

1985: In den *Schengener Abkommen* (1985 und 1990) beschließen sechs EU-Staaten den Abbau der Personenkontrollen an den gemeinsamen Grenzen. Weitere Staaten schließen sich später an.

1986: In der *Einheitlichen Europäischen Akte* wird der Beschluss gefasst, den Binnenmarkt bis 1992 zu verwirklichen.

1992: Der *Einheitliche Binnenmarkt* ist nominell verwirklicht: Die Grenzen sind vollständig geöffnet für Waren, Personen, Dienstleistungen und Kapital.

1993: Die *Europäische Union (EU)* wird gegründet. Im *Vertrag von Maastricht* wird die enge Zusammenarbeit auch für weitere Politikbereiche (Bildung, Kultur, Gesundheit, Verbraucherschutz, Industrie, Entwicklungshilfe) festgelegt.

1997: Im *Vertrag von Amsterdam* wird die Mitentscheidungskompetenz des Europäischen Parlaments erweitert.

1999: Der *Euro* wird als einheitliche EU-Währung beim Giralgeld (Konten) eingeführt.

2000: Der *Vertrag von Nizza*, der 2003 in Kraft tritt, regelt die institutionellen Voraussetzungen der Entscheidungsfindung in der EU. In Nizza proklamiert der Europäische Rat die *Charta der Grundrechte* der Unionsbürgerinnen und -bürger.

2002: 12 der 15 EU-Staaten führen das *Euro-Bargeld* ein. Der Europäische Rat setzt einen *Konvent* zur Erarbeitung einer EU-Verfassung ein.

2004: Der Europäische Rat verabschiedet im Oktober die *EU-Verfassung*.

2005: In *Referenden* in den Niederlanden und Frankreich wird die EU-Verfassung abgelehnt. Dadurch gerät der Verfassungsgebungsprozess ins Stocken.

2007: Im *Vertrag von Lissabon* werden die Regelungen des Vertrages von Nizza (2000) reformiert. Dabei wurden Regelungen der gescheiterten EU-Verfassung in den Reformvertrag eingearbeitet.

2009: Der Vertrag von Lissabon tritt am 1. 12. in Kraft.

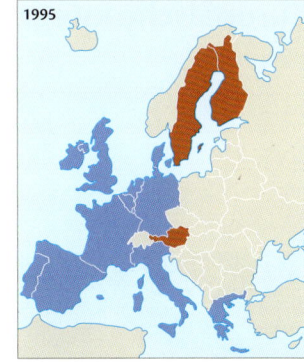

1995

Europa der 15

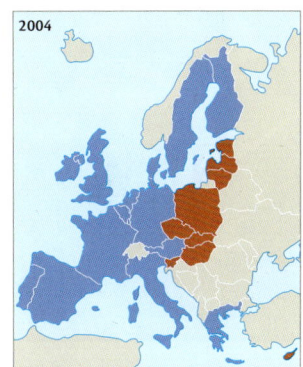

2004

Europa der 25

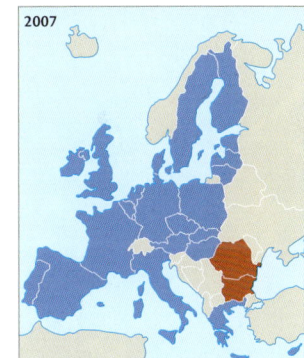

2007

Europa der 27

Beitrittsverhandlungen

Europäische Integration

Niemand hat es sich leicht vorgestellt, unterschiedliche Länder mit vielfältigen Völkern, Sprachen, Wirtschaftsstrukturen, politischen Systemen, Traditionen, Kulturen, Sitten und Gebräuchen, Geldsystemen, Maßen und Gewichten usw. zu einer Einheit zusammenzuführen. Bis heute ist dieser Prozess nicht abgeschlossen und auch nicht unbedingt leichter geworden. Es bestehen verschiedene Konzepte der europäischen Integration.

„Alle Fahnen an den Mast" 1948

Plakat zum Europatag 2007

Motivlagen

Zu den deklarierten Zielen der Gemeinschaftsbildung gehören seit den 50er-Jahren vier Bereiche: Sicherheit, Frieden, Freiheit und Wohlstand. In der Konsequenz der Süderweiterungen ergänzen die Regierungen in den 80er-Jahren die Begriffe „Demokratie" und „politische Stabilität". Diese Zielbestimmung der Verträge, die Kernbereiche traditioneller staatlicher Leistungen benennt, verweist auf ein Grundmotiv der Integration. Die Bewahrung der Souveränität im Sinne der Fähigkeit zum Handeln erscheint als das zentrale Leitbild der Regierungen der Mitgliedsstaaten. Es ist der Versuch, angesichts des Machtverfalls und des Gestaltungsverlusts europäischer Politik nach den Weltkriegen international verflochtenen Problemstellungen auf einer neuen Stufe der Handlungsfähigkeit zu begegnen. Die Facetten dieser Motivlage sind in der Publizistik mit dem

Plakat für die Montanunion 1955

Willen zur „Selbstbehauptung" oder zur „Europäisierung Europas" gekennzeichnet worden. Zur Orientierung wurden Begriffe wie „Dritte Kraft" zwischen den Supermächten oder auch das Bild von der „Zivilmacht Europa" angeboten. Dem entsprach der Wunsch nach einer „Identität Europas", die aus den Gemeinschaftsleistungen und ihren Institutionen resultieren soll. Andere Erklärungsansätze stellten die Einheit Europas als die Antwort auf die Zerrissenheit und die Konflikte der Nationalstaaten heraus. Nach 1989 allerdings erwiesen sich diese Erwartungen an den Integrationsprozess als Triebfeder der außenpolitischen Orientierung vieler mittel- und osteuropäischer Reformstaaten. Die Mitgliedschaft in der EU wurde zur Schlüsselstation in der „Rückkehr nach Europa".

In der Reaktion der europäischen Regierungen auf den Umbruch Europas, die deutsche Einheit und die Perspektive der Osterweiterung sind zwei unterschiedliche Motivlagen zu erkennen: einerseits der Wunsch nach Vertiefung, andererseits die vorrangige Perspektive der Öffnung der EU nach Osten, wenn nötig, auch unter Auflockerung der Integrationsstrukturen. Die Überlegungen zur Flexibilität setzen an diesem Zwiespalt an, indem sie nach Möglichkeiten suchen, den an der Vertiefung interessierten Staaten Fortschritte zu ermöglichen, ohne den auch für künftige Mitglieder verbindlichen gemeinschaftlichen Besitzstand der EU zu verändern und so die Erweiterung zu erschweren. *(Werner Weidenfeld und Wolfgang Wessels (Hrsg.), Europa von A bis Z. Taschenbuch der europäischen Integration, Bonn: Bundeszentrale für politische Bildung 2002, S. 284 f.)*

1 *Nennen Sie die Ziele, welche die Europäische Integration vorangetrieben haben, und begründen Sie diese vor dem Hintergrund der geschichtlichen Entwicklung der Gemeinschaft.*

2 *Erläutern Sie die Problematik der Integration zwischen den Polen „Bewahrung nationaler Souveränität" und der „Identität Europas".*

3 *Welches der hier beschriebenen Integrationskonzepte liegt dem realen Einigungsprozess zugrunde? Welches Konzept würden Sie bevorzugen? Begründen Sie.*

Integrationskonzepte

Föderalismus

Nach dem Ende des Zweiten Weltkrieges standen sich zunächst zwei Konzepte gegenüber: der Föderalismus und der Intergouvernementalismus. Nach dem Föderalismus - dessen Grundideen sich unter anderem auf die Werke von Immanuel Kant und die amerikanischen „Federalist Papers" beziehen – sollte ursprünglich ein einmaliger Verfassungssprung zu einer Zurückstufung der dominierenden Rolle der Nationalstaaten und der Gründung eines „europäischen Bundesstaats" führen. In diesem existieren nebeneinander sowohl supranational wie nationalstaatlich geprägte Institutionen, die in einer föderalen Balance zueinander stehen.

Grundgedanke ist die Bewahrung der Vielfalt bei gleichzeitiger Sicherung der Einheit. Das Ziel ist also kein „europäischer Superstaat", sondern die Bändigung zentralistischer Tendenzen durch die Festlegung gemeinsamer Grundrechte und -werte, eine vertikale und horizontale Gewaltenteilung demokratischer Institutionen sowie eine klare Kompetenzordnung, die autonomieschonend nach dem Prinzip der Subsidiarität (siehe Kapitel 2.3) allen beteiligten politischen Ebenen eigene Aufgabenbereiche zuweist. Diese Prinzipien sollten in einer Verfassung festgeschrieben sein. Damit würde letztlich ein europäischer Bundesstaat nach dem Leitbild der „Vereinigten Staaten von Europa" entstehen. (…)

Intergouvernementalismus

Der staatszentrierte Intergouvernementalismus hingegen geht in der Tradition des (Neo-)Realismus von einer unabdingbaren Balance of Power zwischen den Mitgliedsstaaten aus. Das Primat der Nationen, deren Kooperation nicht über den Status eines „Staatenbunds" oder einer „Konföderation" hinausgeht, wird in den Mittelpunkt gestellt.

Starke intergouvernementale Institutionen und Instrumente (Rat der EU, Europäischer Rat, Regierungskonferenzen) bestimmen die gemeinsame Entscheidungsfindung und üben die Kontrolle über den Kompetenztransfer von den Mitgliedsstaaten auf die Gemeinschaft sowie über die Gemeinschaftsinstitutionen aus. Die für den Integrationsprozess relevanten Entscheidungen werden durch eine enge bi- und multilaterale Abstimmung zwischen nationalen Beamten in Ausschüssen und Konferenzen vorbereitet. Damit bestimmt der – oft kleinste – gemeinsame Nenner nationaler Interessen den jeweiligen Stand der Integration.

Karikatur: Walter Hanel

(Neo-)Funktionalismus

Der Neofunktionalismus schlägt eine schrittweise Integration vor. Die einmal von einer politischen Elite bewusst begonnene Zusammenarbeit in kontroversen Politikfeldern wird durch so genannte Spill-over-Effekte der Sachbereiche erweitert und somit die supranationale Integration ausgebaut. Die Mitgliedsstaaten können im Zuge der Interdependenz allein nicht mehr effektiv agieren und sind daher „gezwungen", ihre Souveränität durch Kompetenzübertragungen auf die nationale Ebene einzuschränken. Dieser Prozess wird durch die Gemeinschaftsorgane und integrationswillige politische Entscheidungsträger gefördert, die gleichzeitig eine europäische Sozialisierung durchlaufen. In Anlehnung an die ökonomische Integrationstheorie führt dann der Weg von einer Freihandelszone über eine Zollunion zum Binnenmarkt und schließlich in eine Wirtschafts- und Währungsunion. Diese wirtschaftliche Integration mündet nach der „Krönungsthese" in eine politische Integration.

(Werner Weidenfeld und Wolfgang Wessels (Hrsg.), Europa von A bis Z.
Taschenbuch der europäischen Integration, Bonn: Bundeszentrale für politische Bildung 2002, S. 262 ff.)

Erweiterung der EU

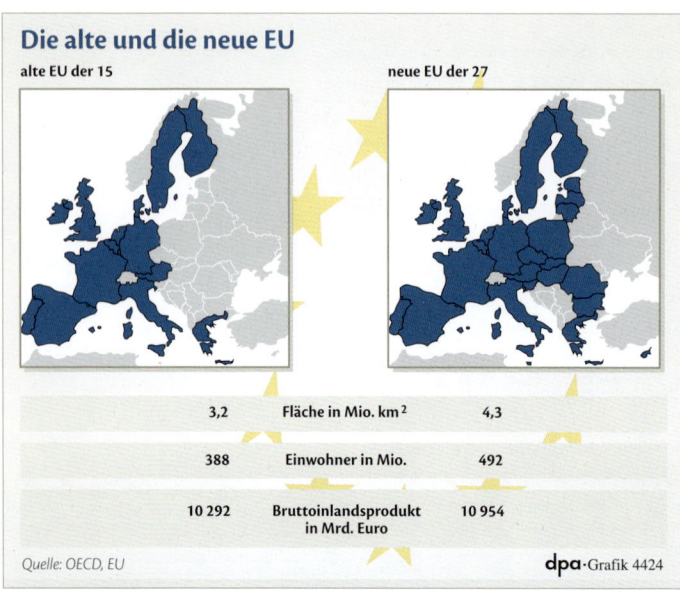

Die alte und die neue EU

alte EU der 15   neue EU der 27

3,2	Fläche in Mio. km²	4,3
388	Einwohner in Mio.	492
10 292	Bruttoinlandsprodukt in Mrd. Euro	10 954

Quelle: OECD, EU

dpa·Grafik 4424

Bulgarien unterschreibt den EU-Beitrittsvertrag

Wer kann Mitglied werden?

Jeder europäische Staat kann beantragen, Mitglied der EU zu werden (Art. 49 EUV). Ein Mitgliedsantrag Marokkos wurde 1987 aus geographischen Gründen abgewiesen. Nach dem Vertrag von Amsterdam ist der Beitrittsantrag an die in Art. 6 (1) EUV enthaltenen Grundsätze der Union, nämlich die Achtung der Freiheit, der Demokratie, der Menschenrechte und Grundfreiheiten sowie der Rechtsstaatlichkeit, gebunden. Weiterhin müssen die Mitgliedsstaaten nach Art. 4 (1) EGV eine Wirtschaftspolitik betreiben, die den Wettbewerb in einer offenen Marktwirtschaft fördert.

Die Kopenhagener Kriterien

1993 verkündeten die Staats- und Regierungschefs die Kopenhagener Kriterien für die Beitrittsverhandlungen mit den mittel- und osteuropäischen Ländern. Neue Mitglieder der EU müssen demnach folgende Kriterien erfüllen:

- Stabilität der Demokratie und ihrer Institutionen, darunter Rechtsstaatlichkeit, Mehrparteiensystem, Schutz der Menschenrechte, Schutz von Minderheiten, Pluralismus usw.
- funktionierende Marktwirtschaft, die dem Wettbewerb im Binnenmarkt standhalten kann
- Fähigkeit zur Übernahme der Rechte und Pflichten, die sich aus dem Acquis communautaire der EU ergeben
- Einverständnis mit den Zielen der Politischen Union sowie der Wirtschafts- und Währungsunion

Zum *Acquis communautaire* gehören

1. die Gründungsverträge der Europäischen Gemeinschaften,
2. Verordnungen, Richtlinien, Entscheidungen und Empfehlungen der EU-Organe,
3. die Entscheidungen des Europäischen Gerichtshofes.

Beitrittsverhandlungen

Der Begriff Beitrittsverhandlungen ist insofern irreführend, als alle neuen EU-Mitglieder das Regelwerk der Gemeinschaft übernehmen müssen. In diesem Bereich gibt es keinen Verhandlungsspielraum. In den Beitrittsverhandlungen wird also festgestellt, ob die Kopenhagener Kriterien und das „Acquis-Communautaire-Kriterium" von dem jeweiligen Land erfüllt werden. Verhandelt wird nur über Finanzhilfen, Ausnahmeregelungen und Übergangsfristen. Eine weitere Hürde stellt die in den Kopenhagener Kriterien verankerte Aufnahmefähigkeit der EU dar, also die Fähigkeit, neue Mitglieder aufzunehmen, ohne sich dabei zu übernehmen.

Der „Acquis communautaire" (gemeinsamer Besitzstand) ist das für EU-Mitgliedsstaaten verbindliche Regelwerk. Es umfasst insgesamt mehr als 90 000 Seiten Rechtstexte.

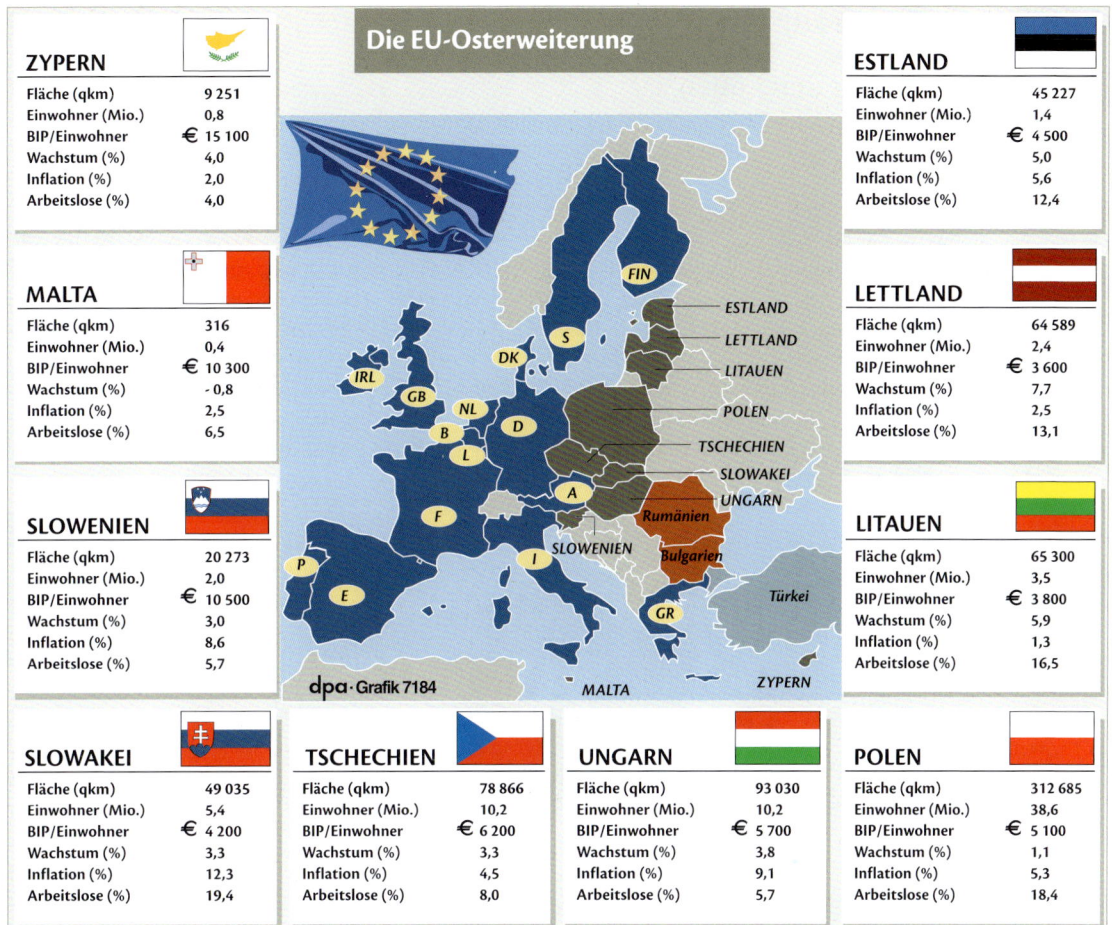

Die EU-Osterweiterung

ZYPERN

Fläche (qkm)	9 251
Einwohner (Mio.)	0,8
BIP/Einwohner	€ 15 100
Wachstum (%)	4,0
Inflation (%)	2,0
Arbeitslose (%)	4,0

MALTA

Fläche (qkm)	316
Einwohner (Mio.)	0,4
BIP/Einwohner	€ 10 300
Wachstum (%)	- 0,8
Inflation (%)	2,5
Arbeitslose (%)	6,5

SLOWENIEN

Fläche (qkm)	20 273
Einwohner (Mio.)	2,0
BIP/Einwohner	€ 10 500
Wachstum (%)	3,0
Inflation (%)	8,6
Arbeitslose (%)	5,7

ESTLAND

Fläche (qkm)	45 227
Einwohner (Mio.)	1,4
BIP/Einwohner	€ 4 500
Wachstum (%)	5,0
Inflation (%)	5,6
Arbeitslose (%)	12,4

LETTLAND

Fläche (qkm)	64 589
Einwohner (Mio.)	2,4
BIP/Einwohner	€ 3 600
Wachstum (%)	7,7
Inflation (%)	2,5
Arbeitslose (%)	13,1

LITAUEN

Fläche (qkm)	65 300
Einwohner (Mio.)	3,5
BIP/Einwohner	€ 3 800
Wachstum (%)	5,9
Inflation (%)	1,3
Arbeitslose (%)	16,5

dpa · Grafik 7184

SLOWAKEI

Fläche (qkm)	49 035
Einwohner (Mio.)	5,4
BIP/Einwohner	€ 4 200
Wachstum (%)	3,3
Inflation (%)	12,3
Arbeitslose (%)	19,4

TSCHECHIEN

Fläche (qkm)	78 866
Einwohner (Mio.)	10,2
BIP/Einwohner	€ 6 200
Wachstum (%)	3,3
Inflation (%)	4,5
Arbeitslose (%)	8,0

UNGARN

Fläche (qkm)	93 030
Einwohner (Mio.)	10,2
BIP/Einwohner	€ 5 700
Wachstum (%)	3,8
Inflation (%)	9,1
Arbeitslose (%)	5,7

POLEN

Fläche (qkm)	312 685
Einwohner (Mio.)	38,6
BIP/Einwohner	€ 5 100
Wachstum (%)	1,1
Inflation (%)	5,3
Arbeitslose (%)	18,4

Bei den Beitrittsverhandlungen wurden mit allen Ländern die folgenden Kapitel abgearbeitet:

1. Freier Warenverkehr
2. Freizügigkeit
3. Dienstleistungsfreiheit
4. Freier Kapitalverkehr
5. Unternehmensrecht
6. Wettbewerb
7. Landwirtschaft
8. Regionalpolitik
9. Fischerei
10. Verkehr
11. Steuern
12. Wirtschafts- und Währungsunion
13. Statistik
14. Beschäftigung/Soziales
15. Energie
16. Industriepolitik

17. Kleine und mittlere Unternehmen
18. Wissenschaft und Forschung
19. Bildung und Ausbildung
20. Telekommunikation
21. Kultur und audiovisuelle Medien
22. Umwelt
23. Verbraucherschutz
24. Justiz und Inneres
25. Zollunion
26. Außenbeziehungen
27. Gemeinsame Außen- und Sicherheitspolitik
28. Finanzkontrolle
29. Finanzen und Haushalt
30. Institutionen
31. Andere

Beitritt der Türkei zur EU

M 1 **Der Mond unter den Füßen**

Die Geschichte Europas taugt sowohl für ein zuversichtliches Ja, als auch für ein ängstliches Nein zur Türkei. Wenn auf dem nächsten EU-Gipfel die Frage zur Entscheidung ansteht, dann findet man also die definitive Antwort nicht bei dem Mystiker Dionysius, dem Kartäuser, der im 15. Jahrhundert wortmächtig vor der Türkengefahr warnte. Man findet die Antwort auch nicht bei Martin Luther, für den die Türken göttliche Werkzeuge zur Bestrafung der Papisten waren. (…) Man ist der Antwort vielleicht auf der Spur, wenn man durch die Dörfer und Städte Südosteuropas streift, die von den Minaretten der Moscheen beherrscht werden und in denen die Basarviertel vielfältige Formen morgenländischer Lebensweise beherbergen – Zeugen jahrhundertelanger Türkenherrschaft. Zweifellos: Die Türken haben die europäische Geschichte mitgeprägt.

Sie waren ein Albtraum für viele, aber nicht für alle in Westeuropa – auch nicht in der Zeit, in der sie vor Wien lagen. In Frankreich, in England und im protestantischen Deutschland des 16. Jahrhunderts sahen nicht wenige im Sultan einen potenziellen Verbündeten: „Der Türke ist der Lutherischen Glück", hieß damals ein geflügeltes Wort, weil „der Türke" die Kraft der katholischen Fürsten band. Bis hinein ins 20. Jahrhundert war das Osmanische Reich ein zentraler Faktor in der europäischen Machtpolitik; drei Jahrhunderte lang war dieses Reich eine europäische Großmacht. (…)

Die türkischen Sultane Mehmed II. und Süleiman der Prächtige zählen zu den Gründervätern Europas: Sie zwangen West- und Südeuropa, sich zu verteidigen und Mittel und Wege des gemeinsamen Handelns zu finden. So sieht das der italienische Historiker Franco Cardini in seinem Werk „Europa und der Islam. Geschichte eines Missverständnisses" (C.H.Beck).

Gehört die Türkei deshalb in die EU? Gehört sie hinein, weil sich die türkische Elite seit über zweihundert Jahren nach Westeuropa orientiert? Das beginnt ja nicht erst mit Atatürk, son-

Im Jahr 2060:

EU

Für Beitritts-
verhandlungen mit
der Türkei!

Dagegen!!

Karikatur: Klaus Stuttmann

dern schon viel früher. Vor 225 Jahren gab es einen Früh-Atatürk, den Reformminister Halil Hamid. Er wurde freilich im Jahr 1785 zusammen mit anderen Westlern ermordet und in den Bosporus geworfen. Um den Hals hängte man ihm ein Schild, das ihn als Feind der Scharia verunglimpfte. Im 20. Jahrhundert hat die Türkei das europäische Recht übernommen – das deutsche Handels- und Wirtschaftsrecht, das Schweizer Zivilrecht (inklusive Wahlrecht für Frauen), das italienische Strafrecht. Die Türkei hat jüngst die Todesstrafe abgeschafft und den Kurden Rechte zugesichert. Von westeuropäischen rechtsstaatlichen und zivilgesellschaftlichen Standards ist sie trotzdem weit entfernt; aber sie hat sich auf

den Weg gemacht. Es ist der lange Weg nach Westen.

Die Aufnahme der Türkei in die EU ist eine weltgeschichtliche Frage. Es geht darum, was und wie Europa sein wird. Europa ist kein vergangenes Produkt, es ist nicht nur das, was in den Geschichtsbüchern steht, nicht die Addition aus alten Schlachten und Vorurteilen. Europa ist ein Zukunftsprojekt – so ist die EU angelegt, als Projekt der Vielfalt und der Toleranz. Europäische Demokratie heißt: Zukunft miteinander gestalten. (…)

Ob die Türkei europäisch ist oder nicht – das entscheidet die Haltung der EU zur Türkei. Diese Türkei hat nur zwei Wege: den westeuropäischen oder den islamistischen. Akin Birdal, der türkische Bürgerrechtler, sagt: „Ich weiß, welchen ich gehen will." Die EU sollte es auch wissen. Die Türkei ist ein Brückenland, ein Land zwischen den Kontinenten, die Synthese aus europäisch-christlicher und nahöstlich islamischer Kultur. Es ist das einzige Land der Region, das eine zuverlässige, am Westen orientierte Außenpolitik betreibt, es ist das einzige Land der Region mit einer laizistischen und demokratischen Staatsform. Es ist das Land, durch das Europas Öl fließt. Es ist das Land, dessen Auswanderer die größte Minderheit in Westeuropa bilden. Es ist das Land, in dem der Dialog zwischen Christentum und Islam am aussichtsreichsten geführt werden kann. Keine Stadt der Welt ist dafür so gut geeignet wie Istanbul. Der Islam ist schon jetzt die drittgrößte Religion in Westeuropa.

(Heribert Prantl, in: Süddeutsche Zeitung v. 18.11.2002)

M2 Die türkische Frage

Sieben Gegenargumente (zum Beitritt der Türkei) sollte man sich in aller Kürze vergegenwärtigen.

Erstens: Rußland, Weißrußland und die Ukraine, erst recht die Türkei sind nie Bestandteile des historischen Europa gewesen. Sie sind nicht durch die Antike, das römische Recht, die Reformation, geschweige denn die Aufklärung, nicht durch das okzidentale Bürgertum mit seinen autonomen Bürgerstädten, durch den europäischen Adel, das europäische Bauerntum geprägt worden, auch wenn die Aufholjagd seit Peter dem Großen und Atatürk anhält. (…)

Zweitens: Im Hinblick auf die Türkei kommt die Grenze zwischen zwei Kulturkreisen hinzu, die seit der Gründung der laizistischen Republik vor achtzig Jahren keineswegs überwunden worden ist. (…) Die Regierungen in Ankara haben mit Großzügigkeit gegenüber islamistischen Forderungen, ja mit Kooperation mit der bedrohlich anschwellenden Strömung reagiert. An den staatlichen Schulen wurde der Religionsunterricht wieder eingeführt; islamistische Schulen fanden sich staatlich finanziert; 1990 wurden sie bereits von fünfzehn Prozent aller höheren Schüler besucht, und die Absolventen drängten mit Macht in den Staatsdienst. Das Kopftuch für Mädchen und Frauen, demonstratives, vom Koran keineswegs verbindlich vorgeschriebenes Symbol orthodoxer Rechtgläubigkeit, wurde weithin wieder erlaubt. (…)

Von den sieben großen Weltreligionen haben das römische und das reformatorische Christentum, das Judentum, der Hinduismus, der Buddhismus, der Konfuzianismus und der Shintoismus trotz aller gelegentlich heftigen Kritik keine dogmatisch verankerte Feindschaft gegen den Westen entwickelt. (…) Allein der Islam kann offenbar einen Kernbestand von religiösen Überzeugungen mobilisieren, die gegen die Gefahr der Überwältigung durch die westliche Moderne zu einem radikal antiwestlichen Fundamentalismus gesteigert werden können. Wo bleibt nur eine innerislamische Aufklärung oder Reformation, die sich solcher Probleme endlich annimmt?

Drittens: Die Türkei ist ein Land wirtschaftlicher Rückständigkeit geblieben, das gerade einmal zwanzig Prozent des derzeitigen durchschnittlichen europäischen Bruttosozialprodukts erwirtschaftet. Während der Krise seit 2001 ist die Jahresleistung noch einmal um zehn Prozent geschrumpft, und die jährliche Inflationsrate von gut vierzig Prozent wirkt sich zusätzlich als Plage aus. Mehr als fünfunddreißig Prozent der Erwerbstätigen arbeiten in einer teilweise archaisch erstarrten Landwirtschaft, meist auf der Basis zwergbäuerlicher Subsistenzbetriebe.

Viertens: Das Migrationsproblem kann durch elastische Übergangsregelungen nur notdürftig abgemildert werden. Nach dem Urteil türkischer Experten könnten sich zehn bis achtzehn Millionen verarmter Anatolier zur Wanderung nach Europa bereit finden. Gerade wer auf der Integration besteht, darf vor der Dimension einer neuen Wanderungswelle und ihren Folgen nicht die Augen verschließen. (…)

Fünftens: Das geostrategische Argument zugunsten der Türkei hat seine dunkle Kehrseite. Warum nur sollte sich Europa so attraktive Nachbarn wie den chaotischen Irak, die syrische Diktatur, die iranische Theokratie und erodierende Staaten wie Georgien und Armenien zulegen, überdies auch noch die explosive Kurdenfrage zu einem ihrer Binnenprobleme machen?

Sechstens: Ein im Verlauf der Kontroverse ziemlich selten zitiertes Kopenhagener Kriterium verlangt, auch bei der Aufnahme neuer Mitglieder „die Stoßkraft der europäischen Integration zu erhalten". Integration heißt zum einen Gewährleistung der inneren und äußeren Sicherheit aller EU-Mitglieder – eine Aufgabe, deren Bewältigung durch traditionelle Binnenkonflikte und die geostrategische Lage der Türkei offenkundig erschwert wird. Integration heißt zum andern eine Wohlstandssicherung und -mehrung im Verein mit einer zivilen Regelung der Verteilungskonflikte. Das wirft schon bei fünfundzwanzig Mitgliedern heikle Probleme auf. Warum sollte da der überdimensionierte Dauerversorgungsfall Türkei noch hinzugenommen werden? Integration heißt zudem, glaubwürdige Entscheidungs- und Handlungsfähigkeit mit der erforderlichen Legitimationskraft zu praktizieren. Wo soll bloß der Gewinn liegen, wenn ein auf ganz andersartiger historischer Basis beruhender Staat wie die Türkei hinzukommt?

Siebtens: Die Eröffnung von Beitrittsverhandlungen mit der Türkei würde das Demokratiedefizit der Europäischen Union verschärfen, denn die Weichen würden für die Aufnahme eines islamischen Großstaats gestellt, ohne daß dieser fatale Wendepunkt der Europa-Politik in einer klärenden Debatte von der europäischen Öffentlichkeit und den europäischen Parlamenten gebilligt worden wäre. Die Euroskepsis würde ins Unermeßliche steigen.

(Hans-Ulrich Wehler in: Frankfurter Allgemeine Zeitung vom 19.12.2003 – in alter Rechtschr.)

1. **Erstellen Sie eine Tabelle, in der Sie die Argumente für oder gegen einen Betritt zur Türkei einander gegenüberstellen.**

2. **Verfassen Sie auf Grundlage von M1 und M2 einen Zeitungskommentar, der zum Beitritt der Türkei Stellung bezieht. Beziehen Sie sich dabei auch auf die historische Entwicklung sowie die bisherige EU-Erweiterung.**

Wie funktioniert die EU?

Machtverteilung zwischen Union und Mitgliedsstaaten

Von ihrer Entstehungsgeschichte her ist die EU ein Zweckbündnis ihrer Mitgliedsstaaten. Die Fortschritte in der Zusammenarbeit kamen immer dadurch zustande, dass sich die einzelnen Mitgliedsstaaten davon weitere Vorteile versprachen. Von daher erklärt sich, dass die einzelnen Staaten sehr darauf bedacht waren, möglichst nicht die Macht über ihr *Zweckbündnis* zu verlieren. Deshalb gab es bis 1979 kein vom Volk gewähltes Europäisches Parlament (EP). Seine Kompetenzen wurden danach zunächst sehr langsam ausgebaut. In den letzten Jahren hat das Parlament mehr und mehr Einfluss auf die Europäische Gesetzgebung bekommen.

Die wichtigen Entscheidungen fallen in den *Konferenzen der Staats- und Regierungschefs* und der Fachminister, heute sind das die Organe „Europäischer Rat" und „Rat der Europäischen Union" (früher: Ministerrat). Beschlüsse mussten bis 1993 einstimmig gefasst werden, dann wurde für einzelne Politikbereiche die qualifizierte Mehrheitsentscheidung eingeführt. Nach der Erweiterung auf 27 Mitglieder wurde sie zum Regelfall bei der Gesetzgebung. Das Stimmengewicht der Mitgliedsstaaten richtet sich nach der Bevölkerungsgröße.

Entwicklungen bei der Entscheidungsfindung

Im Rückblick auf die Geschichte seit 1957 zeigen sich folgende Tendenzen:

- Die Mitgliedsstaaten haben die EU mit immer mehr *Kompetenzen* in immer mehr Bereichen ausgestattet. Das gilt vor allem für die Wirtschafts- und Währungsunion. Mit den gewachsenen Zuständigkeiten hat die Bedeutung der Europäischen Kommission immer mehr zugenommen.
- Das *Europäische Parlament* wurde in mehreren Schritten ebenfalls in seinen Kompetenzen gestärkt.
- Mit der Intensivierung der wirtschaftlichen und politischen Zusammenarbeit bestimmt das Recht der EU viele Lebensbereiche in den Mitgliedsstaaten. Damit hat auch die Bedeutung des *Europäischen Gerichtshofs* stark zugenommen.

Die Organe im Überblick

Europäischer Rat (ER): Die Konferenz der Staats- bzw. Regierungschefs tagt viermal jährlich. Hier fallen die Grundsatzentscheidungen für die Entwicklung der Union. Den Vorsitz führt ein vom ER ernannter Präsident, der die Konferenzen vorbereitet und die EU nach außen vertritt.

Rat der Europäischen Union (Rat): Die Konferenzen der jeweiligen Fachminister fällen die Entscheidungen für ihre Zuständigkeitsgebiete. Dem Rat für Allgemeine Angelegenheiten und Außenbeziehungen steht nach dem Vertrag von Lissabon der vom ER ernannte Hohe Vertreter der Union für Außen- und Sicherheitspolitik vor.

Europäische Kommission: Die Kommission ist allein zuständig für das Ausarbeiten und Einbringen von Gesetzesvorschlägen (aufgrund von Aufträgen durch den Rat oder das EP). Sie ist „Hüterin der Verträge", d. h., sie achtet auf die Einhaltung der Rechtsvorschriften. Als ausführendes Organ ist die Kommission zuständig für den Haushalt und die Durchführung der verschiedenen Programme. Geleitet wird die Kommission von ihrem Präsidenten.

Europäisches Parlament (EP): Bis auf wenige Bereiche (z. B. in der Sicherheitspolitik) entscheidet das EP inzwischen bei den europäischen Gesetzen mit. Der Europäische Rat und der Rat der Europäischen Union müssen sich also mit dem Parlament einigen. Zusammen mit dem ER ist das EP auch für den Haushalt zuständig und kontrolliert die Ausgaben durch die Kommission. Das EP muss der Nominierung der Kommission und ihres Präsidenten zustimmen.

Europäischer Gerichtshof: Der Gerichtshof ist zuständig für die Auslegung und Anwendung der Verträge bzw. europäischen Gesetze.

Das Subsidiaritätsprinzip – Grundlage für Entscheidungen in der EU

Grundsätzlich gilt für Entscheidungen in der EU das Subsidiaritätsprinzip. Danach soll eine staatliche Aufgabe so weit wie möglich von der jeweils unteren bzw. kleineren Ebene wahrgenommen werden.

Das Subsidiaritätsprinzip verfolgt zwei Ziele. Es erlaubt der Gemeinschaft, tätig zu werden, wenn ein Problem durch eigene Maßnahmen der Mitgliedsstaaten nicht ausreichend gelöst werden kann. Gleichzeitig soll die Zuständigkeit der Mitgliedsstaaten in den Bereichen gewahrt werden,

Formel für ein bürgernahes Europa:

Subsidiarität

Darf die Gemeinschaft tätig werden?	Wenn ja, soll sie tätig werden?	Wenn ja, in welchem Umfang und auf welche Weise?
• Die Gemeinschaft kann nur handeln, wenn ihr ausdrücklich die Befugnis dazu erteilt wurde. • Sie ist an den Aufgabenkatalog und die Ziele des EG-Vertrags gebunden.	• Die Gemeinschaft soll nur tätig werden, wenn ein Ziel auf europäischer Ebene besser erreicht werden kann als auf der Ebene der einzelnen Mitgliedsstaaten. (Subsidiaritätsprinzip) • Diese Beschränkung gilt jedoch nicht für Bereiche, die laut EG-Vertrag in die alleinige Zuständigkeit der Gemeinschaft fallen.	• Die von der Gemeinschaft eingesetzten Mittel müssen in einem angemessenen Verhältnis zu den angestrebten Zielen stehen. • Das heißt z. B.: Verzicht auf übertriebenen Finanz- und Verwaltungsaufwand, Beschränkung auf europäische Rahmenvorschriften und Mindestnormen.

nach Artikel 5 des EG-Vertrags

© Erich Schmidt Verlag

ZAHLENBILDER 714 025

die durch ein gemeinschaftliches Vorgehen nicht besser geregelt werden können. Dadurch sollen Beschlüsse innerhalb der Gemeinschaft möglichst bürgernah getroffen und ein übertriebener europäischer Zentralismus verhindert werden. Das Subsidiaritätsprinzip gilt in den Bereichen konkurrierender Zuständigkeit, nicht in den Bereichen, die nach dem Gemeinschaftsrecht Aufgabe der EU-Ebene sind. Trotz des Subsidiaritätsprinzips sind inzwischen mehr und mehr Entscheidungsbefugnisse in der EU von den Nationalstaaten auf die EU-Ebene übergegangen.

Wie kommen Beschlüsse der EU zustande?

Die Beschlussfassung in der europäischen Union ist meist komplizierter als die Gesetzgebung auf nationaler Ebene. Vorgeschlagen werden Gesetzesvorhaben von der europäischen Kommission. Die Entscheidung über die Vorlagen liegen unterschiedlich verteilt beim Europäischen Parlament und beim Europäischen Rat. Unterschieden wird dabei zwischen drei verschiedenen Verfahren:

Das *Mitentscheidungsverfahren* wird in den meisten EU-Rechtsetzungsvorgängen angewandt. Hier müssen beide Gremien zustimmen. Sowohl im Parlament als auch im Rat gibt es zwei Lesungen. Kommt im Rahmen dieser Lesungen keine Einigung zwischen Rat und Parlament zustande, wird ein „Vermittlungsausschuss" berufen. In der Regel wird dann ein Kompromiss gefunden, den Rat und Parlament gemeinsam verabschieden.

Das *Anhörungsverfahren* wird im Wettbewerbs- und Steuerrecht sowie bei der Landwirtschaft verfolgt. Bei diesem Verfahren ersucht der Rat nach Initiative der Kommission das Parlament, den Vorschlag der Kommission zu prüfen. Es kann ihn billigen, ablehnen oder Änderungen beantragen. Werden Änderungen gefordert, berät die Kommission über die entsprechenden Änderungsanträge. Im Anschluss daran prüft der Rat das Ergebnis der Kommission und kann ebenfalls noch Änderungen vornehmen. Die endgültige Entscheidung in diesem Verfahren liegt beim Rat.

Das *Zustimmungsverfahren* ist bei besonders wichtigen Beschlüssen erforderlich. Hier muss der Rat die Zustimmung des Parlaments einholen. Dieses Verfahren ist dem Anhörungsverfahren ähnlich, nur dass hier das Parlament lediglich das Recht auf Annahme oder Ablehnung hat.

Eine abgestufte Machtteilung und die gegenseitige Kontrolle der Organe sind die Grundprinzipien dieser komplexen Entscheidungsverfahren.

Entscheidungsbereiche der Europäischen Union

- Bildung, Ausbildung, Jugend
- Binnenmarkt
- Energie
- Entwicklung
- Erweiterung
- Fischerei und maritime Angelegenheiten
- Forschung und Innovation
- Gesundheitswesen
- Haushalt
- Humanitäre Hilfe
- Lebensmittelsicherheit
- Menschenrechte
- Regionalpolitik
- Steuerwesen
- Umwelt
- Unternehmen
- Verbraucher
- Verkehr
- Wettbewerb
- Wirtschaft und Währung
- Zoll

Kommission und Rat

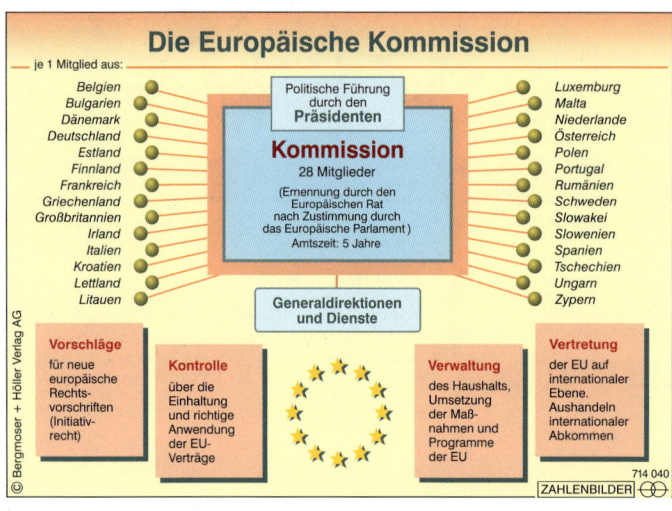

Die Europäische Kommission

Die Europäische Kommission stellt die Spitze der Exekutive der EU dar. Die derzeit 28 EU-Kommissare werden durch die Mitgliedsstaaten und unter Zustimmung des Europäischen Parlaments ernannt. Danach handeln sie in voller politischer Unabhängigkeit. Sie sollen die Interessen der EU insgesamt verfolgen und dürfen deshalb keine Weisungen von nationalen Regierungen oder sonstigen Institutionen entgegennehmen. Jeder Kommissar ist für ein bestimmtes Sachgebiet zuständig. Allerdings übt die Kommission ihre Befugnisse „kollegial" aus, d. h., jede Entscheidung wird von der gesamten Kommission mit einfacher Mehrheit getroffen und gemeinsam nach außen vertreten.

Die *Aufgaben der Kommission* beziehen sich vor allem auf drei Bereiche:

1) *Gesetzgebung (Legislative):* Die Kommission besitzt das Initiativrecht, d. h., sie ist das einzige Organ, das neue EU-Entscheidungen vorschlagen kann. Die Kommission stellt auch den Haushaltsplan auf.

2) *Überwachung des Gemeinschaftsrechts (Judikative):* Als „Hüterin der Verträge" ist die Kommission für die Umsetzung und Einhaltung des EU-Rechts in den Mitgliedsstaaten zuständig. Sie kann z. B. eine Regierung, die den EU-Vertrag verletzt, vor dem Europäischen Gerichtshof verklagen oder ein Unternehmen mit Geldstrafen belegen, wenn es gegen europäisches Wettbewerbsrecht verstößt.

3) *Ausführung der gemeinschaftlichen Politik (Exekutive):* Dies ist die Aufgabe der Kommission. Sie verwaltet die zur Verfügung stehenden Haushaltsgelder.

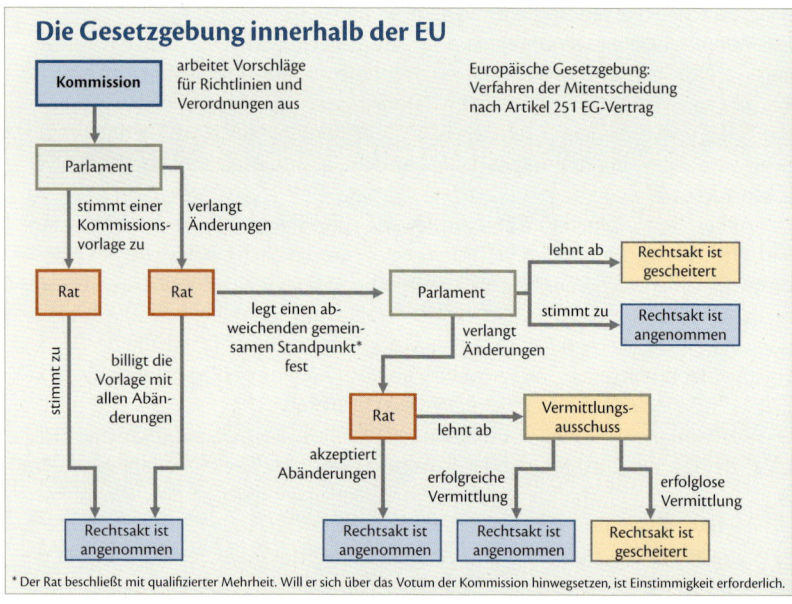

Der Europäische Rat

Viermal jährlich kommen die Staats- und Regierungschefs der EU-Mitgliedsstaaten sowie der Kommissionspräsident zum Europäischen Rat zusammen. Der Staats- oder Regierungschef des Landes, das den Ratsvorsitz innehat, leitet ihn. Der Europäische Rat legt die allgemeinen politischen Leitlinien der Europäischen Union fest. Diese Richtlinienkompetenz des Europäischen Rates gilt für grundsätzliche Fragen und umfassende Reformvorhaben. Der Europäische Rat soll die notwendigen Impulse zur Weiterentwicklung der EU geben.

Der Rat der Europäischen Union

Der Rat der Europäischen Union oder einfach nur „Rat" ist das wichtigste gesetzgebende Organ der EU. Zusammen mit dem Europäischen Parlament entscheidet er über den Beitritt weiterer Staaten. Der Rat schließt darüber hinaus internationale Abkommen ab, die von der Kommission ausgehandelt wurden. Jedes Mitgliedsland entsendet einen Minister in den Rat. Je nachdem, in welchem Fachbereich Entscheidungen anstehen, treffen sich die Außenminister (Allgemeiner Rat), die Wirtschafts- und Finanzminister („ECOFIN-Rat"), die Landwirtschaftsminister, die Umweltminister usw. Der Vorsitz – die „Ratspräsidentschaft" – wechselt halbjährlich.

Der Rat muss einstimmig beschließen, wenn es um eine Vertragsänderung, eine neue gemeinsame Politik oder einen Beitritt zur EU geht. Daneben gibt es noch die „qualifizierte Mehrheit", die sich aus drei Merkmalen zusammensetzt:

- Je nach Größe haben die Mitgliedsländer unterschiedlich viele Stimmen. Insgesamt sind es 345 (Stand: 2008). Eine qualifizierte Mehrheit ist bei 255 Stimmen erreicht.
- Die Mehrheit der Mitgliedsstaaten (in einigen Fällen sogar zwei Drittel) muss für einen Antrag stimmen.
- Außerdem kann auf Antrag überprüft werden, ob den Ja-Stimmen mindestens 62 % der Gesamtbevölkerung der EU entsprechen.

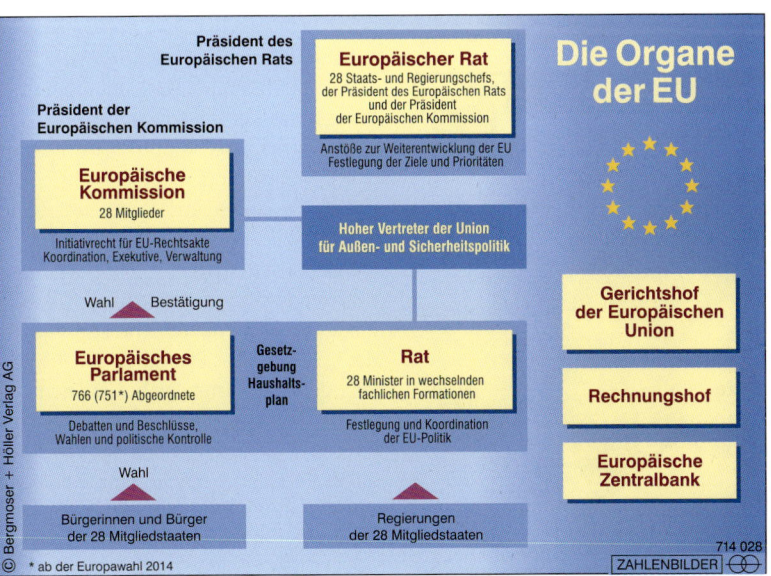

Das Europäische Parlament

Sitzung des Europäischen Parlaments

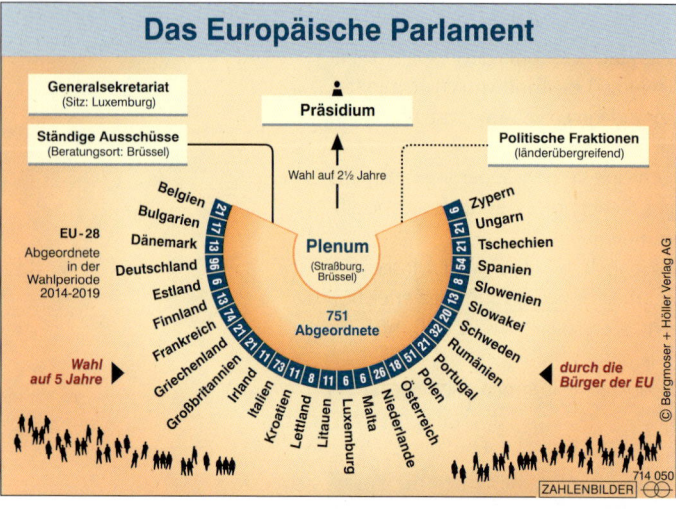

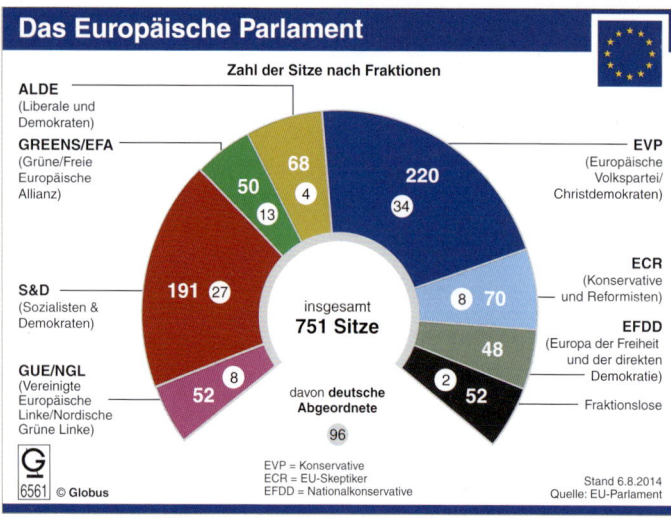

Bedeutungszuwachs für das Parlament

Das Europäische Parlament soll auf Dauer die Volksvertretung innerhalb der EU bilden. Es soll über Gesetze entscheiden und damit die Legislativfunktion innerhalb der EU einnehmen. Es wird im Gegensatz zu den anderen europäischen Institutionen direkt gewählt.

Das Europäische Parlament (EP) besteht seit 1957. Seit 1979 werden seine Abgeordneten direkt alle fünf Jahre durch die Bevölkerung gewählt. Schrittweise wurden die Rechte des Parlaments erweitert: Am Anfang nur ein beratendes Gremium, muss es heute der Wahl des Präsidenten der EU-Kommission zustimmen und die Kommission insgesamt in ihrem Amt bestätigen. Fast alle EU-Gesetze unterliegen inzwischen dem *Mitentscheidungsverfahren*, d.h., dass das Parlament und der Europäische Rat bzw. Ministerrat einem Gesetz gemeinsam zustimmen müssen. Mit der Möglichkeit, am Ende das Gesetz ganz verhindern zu können, hat das Parlament erheblichen praktischen Einfluss auf die Ausgestaltung der Gesetze gewonnen. Trotzdem ist das Europäische Parlament im Bewusstsein der Bürger kaum verankert, was sich auch in der *geringen Wahlbeteiligung* bei den Europawahlen äußert. Immer wieder diskutiert wird die Frage der Repräsentanz der Mitgliedsstaaten im EP und das so genannte Demokratiedefizit. Nach dem Prinzip der fallenden Proportionalität sind Staaten mit weniger Einwohnern und Einwohnerinnen überproportional im EP vertreten, während die mit den höchsten Bevölkerungsanteilen unterrepräsentiert sind.

Demokratiedefizit

Zwingende Voraussetzung für eine Demokratie ist die demokratische Legitimation der Volksvertreter. Erst durch den in Wahlen oder Abstimmungen bekundeten Willen des Volkes kann das Parlament darauf basierend Gesetze erlassen. Als Volksherrschaft bezeichnet man dann die Befugnis des Volkes, die Gesetzgebung zu bestimmen, indem es eigene Vertreter in das Parlament – das Legislativorgan – entsendet.

Das Parlament ist demnach nur dem Volk verpflichtet und die Gesetzgebung vom Volk bestimmt.

Auf der Ebene der EU haben wir die Konstellation, dass die Regierungen in Verträgen bestimmen, was in nationales Recht überführt (ratifiziert) werden soll. Kritiker dieser Konstellation sehen dabei folgendes Problem: Die *Rechte der nationalen Parlamente* sind deutlich eingeschränkt, weil die Parlamente nun nicht mehr nur dem in Wahlen bekundeten Volkswillen verpflichtet sind, sondern die Gesetzgebung der Parlamente von höherer Ebene – durch die jeweiligen Regierungen – bestimmt werden kann. Das heißt, die nationalen Parlamente haben ihre Befugnisse der Rechtsprechung an die nationalen Regierungen abgegeben, ohne dass gleichzeitig das Europäische Parlament entsprechend mehr Rechte bekommen hätte. Dabei kommt ebenso die fehlende Gewaltenteilung zum Ausdruck, da die Exekutive der Legislative maßgebliche Bestimmungen auferlegt.

EP und nationale Parlamente

„Mit dem In-Kraft-Treten der europäischen Verfassung dürfte das EP auf allen EU-Gesetzgebungsfeldern gleichberechtigt zum Rat Gesetzgeber sein. Wer vorschnell schlussfolgert, Mitentscheidungen bedeuteten eben nicht alleinige Gesetzgebungsgewalt, ignoriert die komplexe Wirklichkeit unserer Demokratien. Kein Parlament ist in der Gesetzgebung omnipotent. Eine 2. Kammer – in Deutschland die Länderkammer Bundesrat – muss immer oder oft ebenfalls zustimmen. (…) Die meisten Gesetzentwürfe werden Parlamenten von ihren Regierungen vorgelegt, weil Regierungsprogramme umgesetzt werden sollen und weil die Ministerialbürokratie über handwerkliche und wissenschaftliche Erfahrungen sowie Fakten und Statistiken verfügt. Je komplexer unsere Gesellschaften geworden sind, umso seltener werden Gesetzesvorlagen aus der Mitte des Hauses (…) Da die Abgeordneten des EP noch keine europäische Regierung zu stützen oder zu bekämpfen haben, sondern mit großer Mehrheit der europäischen Integration verschrieben sind, kommen sie ihrer Aufgabe als Gesetzgeber weniger ideologisch, sondern eher sachbezogener nach. (…)"

(Klaus Pöhle, In schwierigem Umfeld, in: Das Parlament
Nr. 21/22 vom 17./24. 5. 2004, S. 2)

Vertretung und Stimmengewicht in der EU				
Stand: 2015	Einwohner in Mio.	Sitze im EU-Parlament	Einwohner pro EU-Abgeordneter	Stimmen im Ministerrat	Stimmen im Ministerrat pro Mio. Einwohner
Deutschland (DE)	81,2	96	845 563	29	0,35
Frankreich (FR)	63,7	74	860 163	29	0,45
Ver. Königreich (GB)	64,8	73	887 221	29	0,44
Italien (IT)	60,8	73	832 817	29	0,47
Spanien (ES)	46,4	54	859 997	27	0,58
Polen (PL)	38,0	51	745 208	27	0,71
Rumänien (RO)	19,9	32	620 669	14	0,70
Niederlande (NL)	16,9	26	650 028	13	0,76
Griechenland (EL)	10,8	21	514 879	12	1,11
Portugal (PT)	10,4	21	494 039	12	1,15
Belgien (BE)	11,3	21	536 116	12	1,06
Tschechische Rep. (CZ)	10,5	21	501 823	12	1,14
Ungarn (HU)	9,8	21	469 000	12	1,22
Schweden (SE)	9,7	20	487 368	10	1,03
Österreich (AT)	8,6	18	476 940	10	1,16
Bulgarien (BG)	7,2	17	423 659	10	1,38
Dänemark (DK)	5,7	13	435 363	7	1,22
Slowakei (SK)	5,4	13	417 027	7	1,29
Finnland (FI)	5,5	13	420 904	7	1,27
Irland (IE)	4,6	11	420 535	7	1,52
Kroatien (HR)	4,2	11	384 120	7	1,66
Litauen (LT)	2,9	11	265 569	7	2,41
Lettland (LV)	2,0	8	248 262	4	2,00
Slowenien (SI)	2,1	8	257 859	4	1,90
Estland (EE)	1,3	6	218 879	4	3,07
Zypern (CY)	0,8	6	141 168	4	5
Luxemburg (LU)	0,6	6	93 826	4	6,6
Malta (MT)	0,4	6	71 557	3	7,5
Gesamt	505,5	751	67 309	352	1,43

Karikatur: Gerhard Mester

Weitere europäische Institutionen

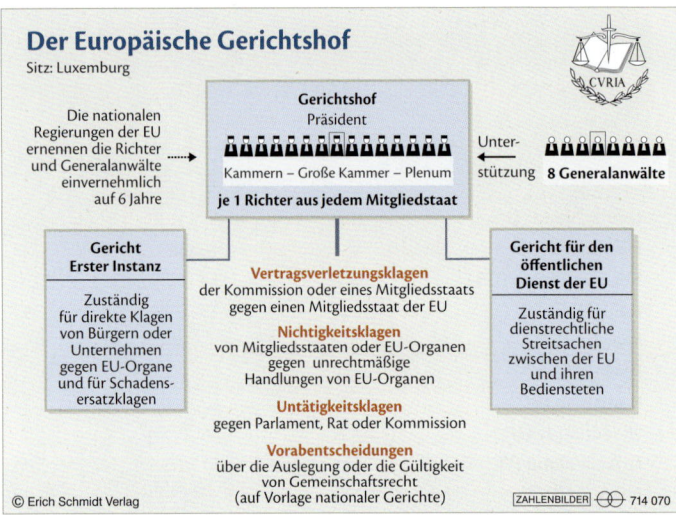

Der Europäische Gerichtshof
Sitz: Luxemburg

Die nationalen Regierungen der EU ernennen die Richter und Generalanwälte einvernehmlich auf 6 Jahre

Gerichtshof
Präsident

Kammern – Große Kammer – Plenum
je 1 Richter aus jedem Mitgliedstaat

Unterstützung **8 Generalanwälte**

Gericht Erster Instanz
Zuständig für direkte Klagen von Bürgern oder Unternehmen gegen EU-Organe und für Schadensersatzklagen

Vertragsverletzungsklagen
der Kommission oder eines Mitgliedstaats gegen einen Mitgliedstaat der EU

Nichtigkeitsklagen
von Mitgliedstaaten oder EU-Organen gegen unrechtmäßige Handlungen von EU-Organen

Untätigkeitsklagen
gegen Parlament, Rat oder Kommission

Vorabentscheidungen
über die Auslegung oder die Gültigkeit von Gemeinschaftsrecht (auf Vorlage nationaler Gerichte)

Gericht für den öffentlichen Dienst der EU
Zuständig für dienstrechtliche Streitsachen zwischen der EU und ihren Bediensteten

© Erich Schmidt Verlag

ZAHLENBILDER 714 070

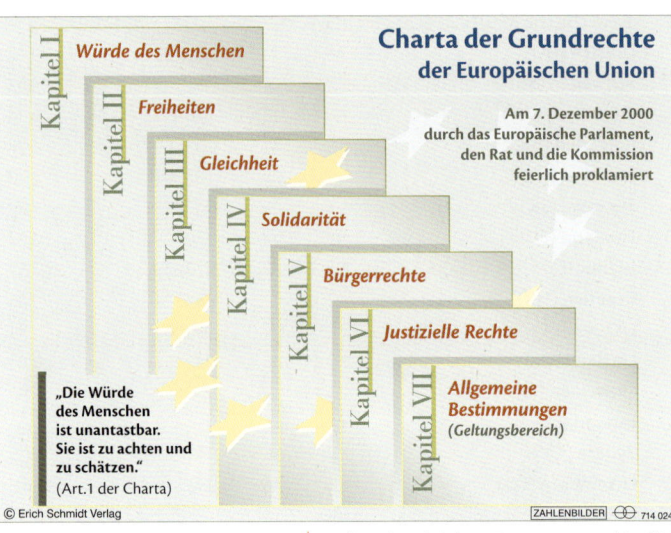

Kapitel I — **Würde des Menschen**
Kapitel II — **Freiheiten**
Kapitel III — **Gleichheit**
Kapitel IV — **Solidarität**
Kapitel V — **Bürgerrechte**
Kapitel VI — **Justizielle Rechte**
Kapitel VII — **Allgemeine Bestimmungen** (Geltungsbereich)

Charta der Grundrechte
der Europäischen Union

Am 7. Dezember 2000 durch das Europäische Parlament, den Rat und die Kommission feierlich proklamiert

„Die Würde des Menschen ist unantastbar. Sie ist zu achten und zu schätzen."
(Art. 1 der Charta)

© Erich Schmidt Verlag

ZAHLENBILDER 714 024

Die Menschenrechtskonvention

Anders als die Menschenrechtserklärung der UNO von 1948 ist die 1950 verabschiedete Europäische Menschenrechtskonvention für die Unterzeichnerstaaten verbindlich. Verstöße gegen die Konvention werden vor dem *Europäischen Gerichtshof für Menschenrechte* verhandelt. Dennoch hat der Europäische Rat im Dezember 2000 in Nizza eine eigene Charta der Grundrechte verabschiedet.

All jene Rechte, die bislang in verschiedenen Rechtsakten enthalten waren, finden sich nun erstmals in einem einzigen Dokument wieder. Neben den *klassischen Bürgerrechten* wurden in die Charta der Verbraucherschutz, der Datenschutz, ein „Recht auf eine gute Verwaltung" und weitgehende Rechte von Kindern, Behinderten und Alten aufgenommen.

Auch *soziale Rechte* wurden in die Charta der Grundrechte aufgenommen. Die Charta war als Teil II des Europäischen Verfassungsvertrages vorgesehen und sollte vor Ablehnung des Verfassungsvertrages mit der Ratifizierung der Verfassung verbindliches Recht werden.

Der Europäische Gerichtshof

In Luxemburg sitzt der Gerichtshof der Europäischen Gemeinschaft (oft auch nur als „der Gerichtshof" bezeichnet). Aufgabe des Gerichtshofes ist, für eine gleiche Auslegung des EU-Rechts in allen EU-Mitgliedsstaaten zu sorgen. Kein nationales Gericht soll in der gleichen Frage unterschiedlich urteilen. Außerdem ist er dafür zuständig, dass sich die EU-Mitgliedsstaaten an die *Rechtsvorschriften* halten. Bei Rechtsstreitigkeiten zwischen EU-Mitgliedsstaaten, EU-Organen, Unternehmen und Privatpersonen kann der Gerichtshof entscheiden.

Jeder Mitgliedsstaat entsendet einen Richter, sodass alle *27 nationalen Rechtsordnungen* vertreten werden. Der Gerichtshof tagt jedoch selten in voller Besetzung. Normalerweise tritt er als „Große Kammer" mit 13 Richtern oder in Kammern mit fünf oder drei Richtern zusammen. Die Richter und Generalanwälte werden von den Regierungen der Mitgliedsstaaten an den Gerichtshof entsandt. Ihre Amtszeit beträgt sechs Jahre, nach denen eine Wiederernennung zulässig ist.

Der Europäische Wirtschafts- und Sozialausschuss

Der Europäische Wirtschafts- und Sozialausschuss (EWSA) wurde 1957 durch den Vertrag von Rom gegründet. Er ist ein *beratendes Organ*, das Arbeitgeber, Gewerkschaften, Landwirte, Verbraucher und andere Interessengruppen vertritt. Der EWSA bekundet deren Interessen gegenüber der Kommission, dem Rat und dem Europäischen Parlament.

Der EWSA soll ein Bindeglied zwischen der Union und ihren Bürgern sein. Er wird konsultiert, wenn es um Beschlüsse über die Wirtschafts- und Sozialpolitik geht. Er kann sich aber auch selbsttätig oder auf Antrag eines EU-Organs zu weiteren Problembereichen äußern. Insgesamt gehören dem EWSA 344 Mitglieder an, die sich nach einem bestimmten Schlüssel auf die EU-Länder verteilen. Die Mitglieder sind in ihrer Arbeit politisch unabhängig, auch wenn sie von ihren Mitgliedern vorgeschlagen werden. Sie bleiben vier Jahre im Amt.

Der Ausschuss der Regionen

Der Ausschuss der Regionen (AdR) vertritt die *lokalen und regionalen Gebietskörperschaften* gegenüber den Institutionen der Europäischen Union.

Der AdR wurde 1994 aufgrund folgender Überlegungen ins Leben gerufen: Bei der Konzipierung neuer EU-Vorschriften sollten die Vertreter der Gemeinden, Städte und Regionen mitreden können, da die meisten Rechtsvorschriften auf lokaler oder regionaler Ebene umgesetzt werden. Außerdem sollten die Bürger der EU bei der weiteren Entwicklung „mitgenommen" werden. Die Distanz zwischen einzelnen EU-Bürgern und den EU-Institutionen sollte zugunsten einer größeren *Bürgernähe* überwunden werden.

Sowohl die Kommission als auch der Rat müssen bei allen Gesetzesvorhaben, die

Mitwirkung der Länder in der Europapolitik

Beteiligung des Bundesrats gemäß Art. 23 GG

▸ Umfassende und frühzeitige Unterrichtung über EU-Vorhaben durch die Bundesregierung

▸ Abgestufte Mitwirkung – je nach der innerstaatlichen Interessen- und Kompetenzverteilung

▸ Stellungnahme zu EU-Vorhaben; von der Bundesregierung maßgeblich zu berücksichtigen, wenn Interessen der Länder berührt sind

▸ Teilnahme von Ländervertretern an den Beratungen zur Festlegung der deutschen Verhandlungsposition

▸ Teilnahme von Ländervertretern an den Beratungen auf EU-Ebene

▸ Landesminister/-ministerin als Verhandlungsführer/-in in den EU-Gremien, wenn ausschließliche Gesetzgebungsbefugnisse der Länder im Bereich schulische Bildung, Kultur oder Rundfunk betroffen sind

Ausschuss der Regionen

▸ Beratendes Gremium der Europäischen Union (344 Mitglieder, davon 21 Vertreter der deutschen Länder)

▸ Stellungnahmen zu EU-Vorhaben mit regionalem Bezug

▸ Anhörung durch den Ministerrat, die Kommission und das Europäische Parlament

Ländervertretungen in Brüssel

▸ Interessenvertretung des jeweiligen Bundeslandes

▸ Drehscheibe für Informationen, Herstellung von Kontakten zur EU und ihren Behörden

▸ Anlaufstelle für Unternehmen, Verbände, Behörden, Kommunen und Regionen eines Bundeslandes

© Erich Schmidt Verlag   ZAHLENBILDER   64 560

Wirtschafts- und Sozialausschuss

344
Vertreter wirtschaftlicher und sozialer Gruppen

- Agrarpolitik
- Verkehr
- Binnenmarktregelungen
- Steuerharmonisierung
- Beschäftigung
- Sozialpolitik, Bildung und Jugend
- Gesundheit
- Verbraucherschutz
- Transeuropäische Netze
- Industriepolitik
- Struktur- und Regionalpolitik
- Forschung und Entwicklung
- Freizügigkeit

Beratungsorgane der Europäischen Union

Politikbereiche, zu denen die Ausschüsse vom Rat und von der Kommission gehört werden müssen

Ausschuss der Regionen

344
Vertreter von Ländern, Regionen und Gemeinden

- allgemeine und berufliche Bildung, Jugend
- Kultur
- Gesundheitswesen
- Transeuropäische Netze
- Struktur- und Regionalpolitik

Ergänzende Stellungnahmen, wenn bei Anhörung des Wirtschafts- und Sozialausschusses regionale Interessen berührt werden

© Erich Schmidt Verlag   ZAHLENBILDER   714 090

Auswirkungen auf die regionale und kommunale Ebene haben können, die Stellungnahme des AdR einholen. Nach dem Vertrag von Maastricht sind dies *fünf Bereiche*: wirtschaftlicher und sozialer Zusammenhalt, transeuropäische Infrastrukturnetze, Gesundheitswesen, Bildung und Kultur. Diese Liste wurde im Vertrag von Amsterdam um Beschäftigungspolitik, Sozialpolitik, Umwelt, Berufsbildung und Verkehr erweitert. Damit deckt der AdR fast alle Bereiche der EU-Politik ab.

Drei Grundsätze bestimmen die Arbeit des AdR:

Subsidiarität: Entscheidungen in der Europäischen Union sollen bürgernah getroffen werden. Die EU soll keine Aufgaben übernehmen, für die die nationale, regionale oder kommunale Ebene besser geeignet ist.

Bürgernähe: Die Arbeit aller administrativen Ebenen soll transparent sein, jeder Bürger muss die Zuständigkeiten und damit auch die Adressaten für seine Belange kennen.

Partnerschaft: Voraussetzung für ein funktionierendes System in der EU ist die Zusammenarbeit der gemeinschaftlichen, nationalen, regionalen und kommunalen Ebene. Jede Ebene muss in die Entscheidungsfindung involviert sein.

Europäische Verfassung und der Vertrag von Lissabon

Was ändert sich mit dem Vertrag von Lissabon?

EU-Ratspräsident: Ein Präsident des Rates wird künftig für zweieinhalb Jahre gewählt. Er kann einmal wiedergewählt werden.

Außenminister: Im Vertrag von Lissabon wird es nicht, wie in der Verfassung vorgesehen, einen Außenminister, sondern einen „Hohen Vertreter für die Gemeinsame Außen- und Sicherheitspolitik" geben.

EU-Kommission: Bis 2014 soll jedes Mitgliedsland einen Kommissar stellen können. Danach soll die Kommissionsstärke auf zwei Drittel der Mitgliedsstaaten begrenzt werden, was bei einer EU der 27 Mitglieder 18 Kommissare bedeuten würde. Sie sollen im Rotationsprinzip wechseln, wobei die demographische und geographische Größe aller Mitgliedsstaaten berücksichtigt wird.

Mehrheitsentscheidungen: Bislang mussten viele Entscheidungen im EU-Rat einstimmig gefällt werden. Ab 2014 soll die doppelte Mehrheit eingeführt werden (Zustimmung von mindestens 55 % der Mitgliedsländer, dabei müssen mindestens 15 Mitgliedsländer vertreten sein und 65 % der EU-Bevölkerung repräsentiert werden).

Erhöhte Quoren bei sensiblen Fragen: Bei zahlreichen Entscheidungen der Wirtschafts- und Währungspolitik und Teilen der Innen- und Justizpolitik können Entscheidungen leichter blockiert werden (72 % der Staaten und 65 % der Bevölkerung müssen zustimmen).

EU-Parlament: Die Abgeordneten werden gleichberechtigte Mitgesetzgeber in Bereich Agrar-, Justiz-, Struktur- und Innenpolitik und erhalten umfassende Mitspracherechte in Haushaltsfragen.

Unionsbürgerschaft: Jeder Bürger der EU erhält zusätzlich zu seiner nationalen Staatsbürgerschaft die Unionsbürgerschaft.

Stabilitätspakt: Die EU-Kommission darf künftig die Feststellung eines nationalen Haushaltsdefizits vorschlagen, die von ihr empfohlenen Maßnahmen können jedoch durch eine qualifizierte Mehrheit der EU-Mitglieder zurückgewiesen werden.

Der Verfassungsentwurf

Eine europäische Verfassung erschien den EU-Verantwortlichen als der konsequente Zielpunkt der europäischen Integration, wenn man den Integrationsprozess im Sinne des Föderalismus versteht. Der Entwurf einer Europäischen Verfassung wurde seit 2001 vom „Europäischen Konvent" erarbeitet und 2004 dem Rat der Staats- und Regierungschefs übergeben, mit einem Vertrag besiegelt und dann zur Ratifizierung in die einzelnen Länder gegeben. Der *Verfassungsentwurf* enthält Aussagen

- zu den Zielen der EU,
- zu Grundrechten und der Unionsbürgerschaft,
- zu den Zuständigkeiten der Union,
- zu den Organen der Union,
- zum demokratischen Leben in der Union,
- zu den Finanzen der Union,
- zum Verhältnis der Union zu ihren Nachbarn,
- zur Zugehörigkeit zur Union sowie zur Charta der Grundrechte.

Damit fasste der Verfassungsentwurf einerseits vieles zusammen, was sich in der Geschichte der europäischen Einigung entwickelt hat, versuchte aber andererseits die *Integration* auch voranzutreiben.

Entsprechend der Verfassungsidee sollten in den Ländern, in denen dies verfassungsmäßig möglich ist, Volksabstimmungen über die Verfassung stattfinden. In den übrigen Ländern – wie in Deutschland – sollte die Verfassung per Parlamentsbeschluss angenommen werden.

Die Referenden führten aber in Frankreich und den Niederlanden zu einer *Ablehnung* des Verfassungsentwurfs. Als Gründe dafür wurde vielfach diskutiert, dass die Bevölkerung die Abstimmung als Möglichkeit eines Denkzettels für die eigene Regierung aufgefasst habe. Jedoch existieren durchaus auch Vorbehalte gegen die Verfassung selbst.

Überhöhtes Tempo   Karikatur: Horst Haitzinger

Fortsetzung trotz Scheiterns der Volksabstimmungen

Obwohl die Verfassung nur in Kraft treten konnte, wenn sie von allen Mitgliedsstaaten gemäß ihrer verfassungsrechtlichen Vorschriften ratifiziert worden wäre, beschloss der Europäische Rat 2005, den Ratifizierungsprozess fortzusetzen. Im Juni 2007 musste unter der deutschen Ratspräsidentschaft allerdings der Prozess, der zu einer Europäischen Verfassung führen sollte, beendet werden. Anstelle der Verfassung wurde versucht einen *Grundlagenvertrag* zu schließen, der allerdings 2008 vorerst in einer Volksabstimmung in Irland scheiterte.

Dieser Grundlagenvertrag wird als *„Vertrag von Lissabon"* bezeichnet. Ziel ist es nach wie vor, diesen bis zu den Europawahlen 2009 in Kraft treten zu lassen. Anders als der Verfassungsentwurf belässt der Lissabon-Vertrag die Geltung der Verträge von Rom und Maastricht. Die wesentlichen Inhalte der Verfassung werden aber beibehalten (siehe Kasten links).

Auch der Vertrag von Lissabon ist gefährdet, seitdem im Juni 2008 die Ratifizierung des Vertrags bei einer Volksabstimmung in Irland abgelehnt wurde. Weitere EU-Mitgliedsstaaten könnten folgen. Im Zusammenhang mit den Schwierigkeiten, die Verfassung bzw. den Vertrag von Lissabon zu verwirklichen, wurde wieder einmal die Vorstellung eines „Europas der zwei Geschwindigkeiten" diskutiert.

Unionsbürgerschaft und europäische Identität

Mit dem Vertrag von Maastricht und besonders im Entwurf einer EU-Verfassung wird den Staatsangehörigen der EU-Staaten die Unionsbürgerschaft der EU gewährt. Diese beinhaltet sechs besonders genannte Rechte:

- das *Aufenthaltsrecht* im Gebiet aller Mitgliedsstaaten ohne besonderen Aufenthaltszweck,
- das *aktive und passive Wahlrecht* bei Kommunalwahlen am Wohnort, auch wenn dieser nicht in dem Land liegt, in dem der Unionsbürger Staatsbürger ist,
- der *diplomatische und konsularische Schutz* auch durch andere Unions-Mitgliedsstaaten,
- das *Petitionsrecht* beim Europäischen Parlament,
- das Recht auf Anrufung des Bürgerbeauftragten (*Ombudsmann*).

Die Unionsbürgerschaft soll auch einen Fortschritt im Hinblick auf eine europäische Identität bewirken, indem das Bewusstsein eines „Europas der Bürger" erzeugt wird.

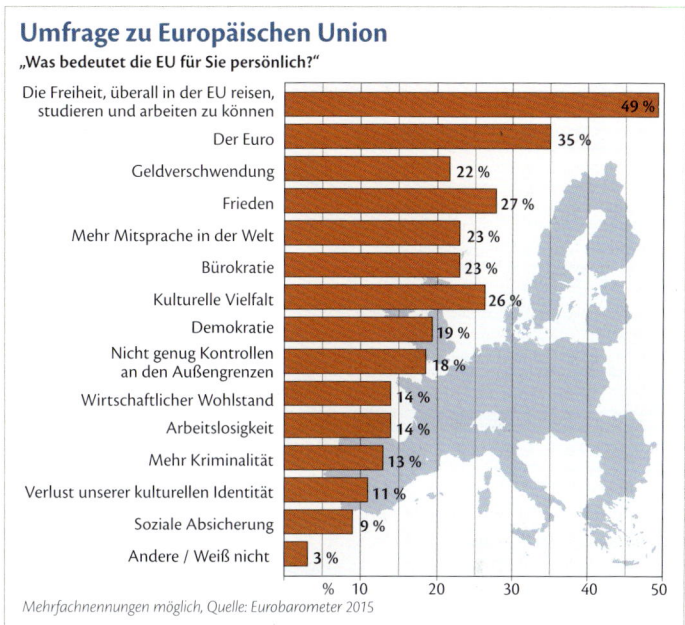

Umfrage zu Europäischen Union

„Was bedeutet die EU für Sie persönlich?"

Die Freiheit, überall in der EU reisen, studieren und arbeiten zu können	49 %
Der Euro	35 %
Geldverschwendung	22 %
Frieden	27 %
Mehr Mitsprache in der Welt	23 %
Bürokratie	23 %
Kulturelle Vielfalt	26 %
Demokratie	19 %
Nicht genug Kontrollen an den Außengrenzen	18 %
Wirtschaftlicher Wohlstand	14 %
Arbeitslosigkeit	14 %
Mehr Kriminalität	13 %
Verlust unserer kulturellen Identität	11 %
Soziale Absicherung	9 %
Andere / Weiß nicht	3 %

Mehrfachnennungen möglich, Quelle: Eurobarometer 2015

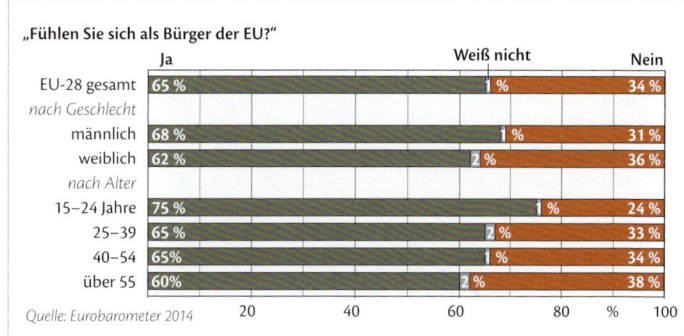

„Fühlen Sie sich als Bürger der EU?"

	Ja	Weiß nicht	Nein
EU-28 gesamt	65 %	1 %	34 %
nach Geschlecht			
männlich	68 %	1 %	31 %
weiblich	62 %	2 %	36 %
nach Alter			
15–24 Jahre	75 %	1 %	24 %
25–39	65 %	2 %	33 %
40–54	65 %	1 %	34 %
über 55	60%	2 %	38 %

Quelle: Eurobarometer 2014

EU-Begeisterung?   *Karikatur: Thomas Plaßmann*

Wirtschaftsfaktor Europäische Union

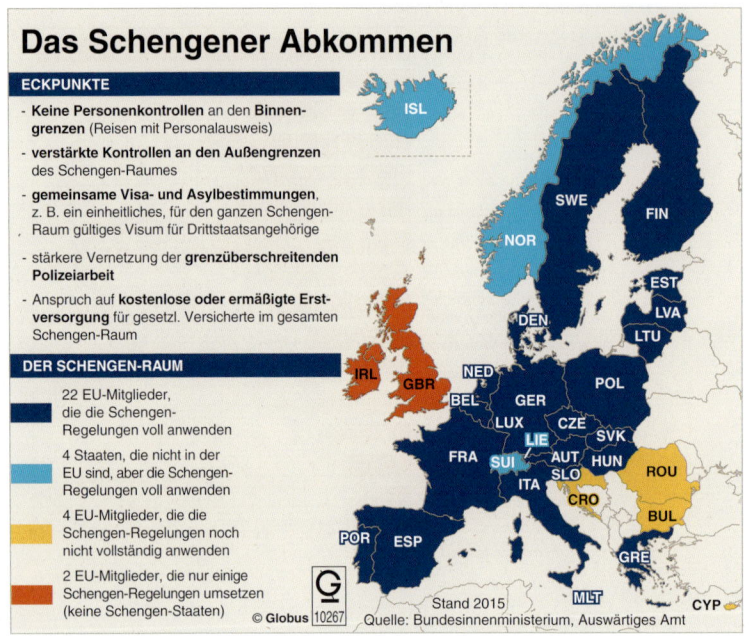

Das Schengener Abkommen

ECKPUNKTE

- **Keine Personenkontrollen** an den **Binnengrenzen** (Reisen mit Personalausweis)
- **verstärkte Kontrollen an den Außengrenzen** des Schengen-Raumes
- **gemeinsame Visa- und Asylbestimmungen**, z. B. ein einheitliches, für den ganzen Schengen-Raum gültiges Visum für Drittstaatsangehörige
- stärkere Vernetzung der **grenzüberschreitenden Polizeiarbeit**
- Anspruch auf **kostenlose oder ermäßigte Erstversorgung** für gesetzl. Versicherte im gesamten Schengen-Raum

DER SCHENGEN-RAUM

- 22 EU-Mitglieder, die die Schengen-Regelungen voll anwenden
- 4 Staaten, die nicht in der EU sind, aber die Schengen-Regelungen voll anwenden
- 4 EU-Mitglieder, die die Schengen-Regelungen noch nicht vollständig anwenden
- 2 EU-Mitglieder, die nur einige Schengen-Regelungen umsetzen (keine Schengen-Staaten)

Stand 2015
© Globus 10267
Quelle: Bundesinnenministerium, Auswärtiges Amt

Die Gründung der Europäischen Gemeinschaften und der Europäischen Union hatten unzweifelhaft auch wirtschaftliche Motive, ebenso wie die Beitrittswünsche verschiedener Länder. Die EU ist ein bedeutender Wirtschaftsfaktor auf der Welt. Gleich mehrere Eigenschaften machen sie dazu.

EU-Binnenmarkt

Schon im Gründungsvertrag der EWG von 1957 war die Errichtung eines alle Mitgliedsstaaten umfassenden *gemeinsamen Marktes* vorgesehen. Tatsächlich gelang es in der vorgesehenen Zeit von 12 Jahren, die Zollschranken zwischen den beteiligten Ländern abzubauen und einen gemeinsamen Außenzolltarif einzuführen. Andere Elemente eines Gemeinschaftsmarkts – die Abschaf-

Schengener Abkommen

Das Abkommen, dem neben den meisten EU-Ländern auch Norwegen, Island und die Schweiz beigetreten sind, regelt Kriterien für den Aufenthalt im jeweiligen Land, durch die die Personenkontrollen an den gemeinsamen Grenzen entfallen können. Im Schengener Informationssystem haben sich fünf EU-Staaten zusammengeschlossen und eine gemeinsame Datenbank für gesuchte Personen, Gegenstände und Fahrzeuge geschaffen.

fung der Grenzkontrollen und die Liberalisierung des wechselseitigen Personen-, Dienstleistungs- und Kapitalverkehrs – ließen dagegen noch auf sich warten. Erst 1985 einigten sich die Mitgliedsstaaten, bis Ende 1992 alle noch bestehenden Schranken innerhalb der Gemeinschaft zu beseitigen und damit den europäischen Binnenmarkt zu schaffen – einen „Raum ohne Binnengrenzen, in dem der freie Verkehr von Waren, Personen, Dienstleistungen und Kapital" gewährleistet ist. Durch die *Einheitliche Europäische Akte* wurde der EWG-Vertrag 1986 entsprechend ergänzt.

Kernpunkte des europäischen Binnenmarkts sind die *vier Freiheiten*. Einer liberalen Wirtschaftsauffassung folgend soll der Abbau von Schranken und Begrenzungen des Wirtschaftens in Europa zur wirtschaftlichen Prosperität führen.

Der *freie Warenverkehr* muss neben der Abschaffung von Zöllen und Grenzkontrollen u. a. durch die Beseitigung von Handelshemmnissen aufgrund von unterschiedlichen technischen Maßen und Normen, Gesundheits-, Verbraucherschutz- und anderen Vorschriften erreicht werden. Die immer wieder kritisierte Normungswut der EU-Behörden hat hier ihren Grund.

Der *freie Personenverkehr* umfasst die Abschaffung der Kontrollen an den Binnengrenzen und das Recht der Unionsbürger, sich in jedem Land der EU aufzuhalten und frei zu bewegen, dort zu arbeiten oder Geschäfte zu treiben. Als Korrektiv ist im Schengener Abkommen festgelegt, dass die Teilnehmerstaaten Aufenthaltserlaubnisse und Aufenthaltsverbote aussprechen können. Außerdem sind Maßnahmen einer weitgehend einheitlichen Asyl- und Zuwanderungspolitik beschlossen.

Der *freie Dienstleistungsverkehr* ermöglicht es, dass Dienstleistungen über die Grenzen hinweg in jedem anderen EU-Land angeboten werden können. Dazu gehört auch die Liberalisierung der Bank- und Versicherungsdienstleistungen und die Öffnung der Transport-, Post-, Telekommunikations- und Energiemärkte.

Ein *freier Kapitalverkehr* bedeutet, dass Zahlungsvorgänge und Kapitalbewegungen innerhalb der EU und mit Drittländern keinen Beschränkungen unterworfen sind.

Die Schaffung einer europäischen Binnenmarkts hat neben vielen unmittelbar sichtbaren Auswirkungen wie z. B. die Öffnung an den Binnengrenzen zu weiteren Konsequenzen geführt, die man als *Spill-over-Effekte* ansehen kann. So hat der Binnenmarkt zu einer Abkehr der Nationalstaaten von der Subventionierung bestimmter Branchen geführt. Die Liberalisierung der Telekommunikations-, Strom- und Gasmärkte gehört sicherlich auch zu diesen Effekten.

Europäische Wirtschafts- und Währungsunion

Seit 1990 wurde die Europäische Wirtschafts- und Währungsunion verwirklicht. Den vorläufigen Endpunkt dieser Entwicklung bildet die Einführung der *gemeinsamen Währung*, des Euro, am 1.1.1999 als Buchgeld und am 1.1.2002 als Bargeld.

Nicht alle EU-Staaten der damaligen Zeit traten der Euro-Zone bei. Für die neuen EU-Länder gilt, wie für den ehemaligen Beitrittsprozess auch, das Kriterium der Einhaltung der sog. *Konvergenzkriterien*. Erst wenn sie diese erfüllen, sollen sie auch an der Euro-Zone teilnehmen können. Mitglieder der Europäischen Wirtschafts- und Währungsunion aber sind alle 27 EU-Staaten. Die gemeinsame Politik besteht in der Vergemeinschaftlichung der Währungspolitik (Konvergenz) sowie in einer engeren Koordinierung der Wirtschaftspolitik.

Die Konvergenzkriterien bilden in abgewandelter Form das Stützkorsett für die gemeinsame Währung. Im *Stabilitäts- und Wachstumspakt* von 1997 haben die EU-Mitgliedsstaaten festgelegt, die Kriterien von Stabilität und Wachstum regelmäßig zu überwachen, und die EU-Kommission kann auf deren Einhaltung dringen und auch Strafen aussprechen, wenn einzelne Kriterien nicht eingehalten werden.

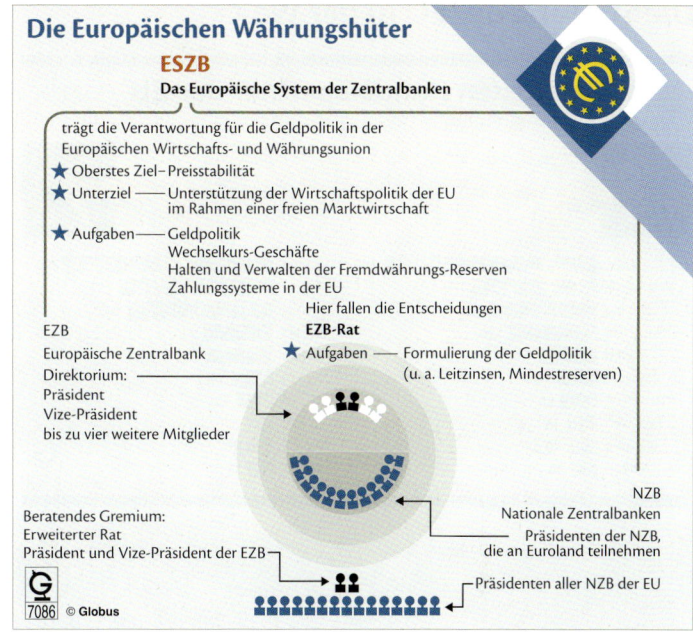

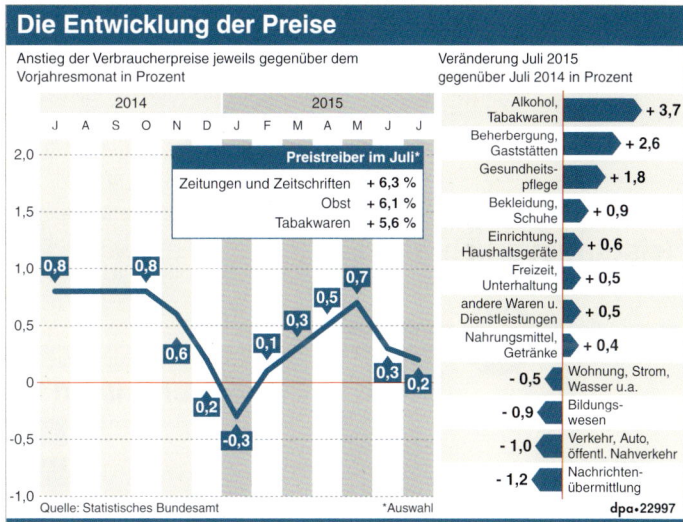

Die *Europäische Zentralbank* ist die Hüterin des Euro. Zusammen mit dem Europäischen System der Zentralbanken ist sie als unabhängige Institution, nach dem Vorbild der Deutschen Bundesbank gebildet, für die Stabilität des Euro zuständig. Ihre zentralen Aufgaben sind:

- Festlegung und Durchführung der Geldpolitik,
- Durchführung von Devisengeschäften,
- Verwaltung der Währungsreserven,
- Versorgung der Volkswirtschaft mit Geld, insbesondere die Förderung eines reibungslosen Zahlungsverkehrs.

Die Stellung der EU in der Welt

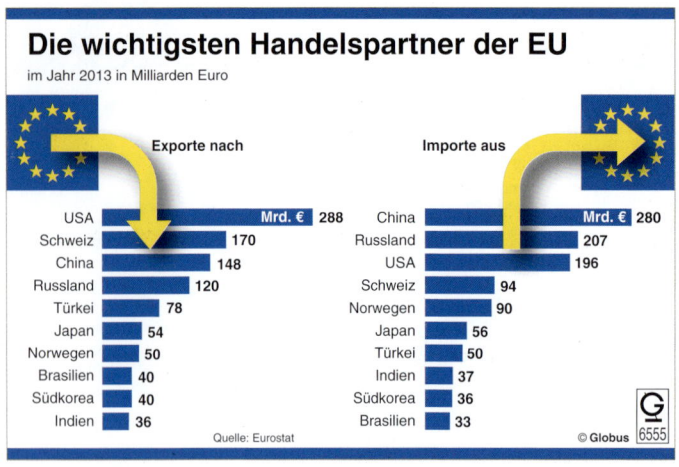

Die wichtigsten Handelspartner der EU
im Jahr 2013 in Milliarden Euro

Exporte nach

	Mrd. €
USA	288
Schweiz	170
China	148
Russland	120
Türkei	78
Japan	54
Norwegen	50
Brasilien	40
Südkorea	40
Indien	36

Importe aus

	Mrd. €
China	280
Russland	207
USA	196
Schweiz	94
Norwegen	90
Japan	56
Türkei	50
Indien	37
Südkorea	36
Brasilien	33

Quelle: Eurostat
© Globus 6555

Größte Handelsmacht der Erde

Wenn man die Welthandelsströme betrachtet, ist die EU tatsächlich Teil des großen *Welthandelsdreiecks* zwischen Nordamerika, dem ostasiatischen Raum (Japan) und Europa. Zugleich nimmt die EU im Welthandel den ersten Platz vor den USA ein. Nach Angaben des IWF betrug das Gesamtvolumen des Welthandels (Summe der Güterexporte) 2010 insgesamt mehr als 14 Billionen US-$. Die EU war daran mit über 5 Billionen US-$ beteiligt. Der Export aller Entwicklungsländer betrug etwas über 200 Mrd. US-$ und machte rd. 3 % des Welthandels aus. Auch die Transformationsländer Osteuropas und Asiens kamen erst auf einen Anteil von rd. 5 % aller Exporte, die EU ist also noch achtmal stärker am Weltexport beteiligt.

Auffällig an der *Import- und Exportstatistik* der EU-Länder ist, dass wichtige Handelspartner auch EU-Mitgliedsstaaten sind. 14 von Deutschlands größten Handelspartnern stammen aus der EU, 63,9 % der deutschen Exporte gingen im Jahr 2009 in EU-Länder. Auch bei den ausländischen *Direktinvestitionen*, d. h. den Gründungen von Zweigniederlassungen zur teilweisen bzw. völligen Auslandsfertigung von Produkten oder der Beteiligung an ausländischen Unternehmen, sind die Mitgliedsstaaten der EU in ihrer Gesamtheit Spitzenreiter auf der Welt.

Angesichts der Bedeutung des Außenhandels ist es nicht verwunderlich, dass sich die EU-Staaten nachdrücklich für die weltweite *Liberalisierung des Handels* einsetzen. Dabei gerät die EU immer wieder in die Kritik, weil sie nach Ansicht vieler Entwicklungsländer ihre Märkte durch Handelshemmnisse und Restriktionen nach außen abschottet.

Insofern kommt der Welthandelsorganisation (WTO) große Bedeutung zu.

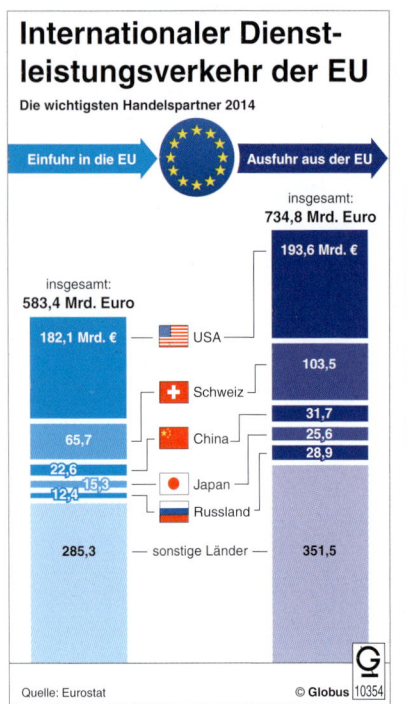

Internationaler Dienstleistungsverkehr der EU
Die wichtigsten Handelspartner 2014

Einfuhr in die EU | **Ausfuhr aus der EU**

insgesamt: 734,8 Mrd. Euro

insgesamt: 583,4 Mrd. Euro

Einfuhr (Mrd. €)		Ausfuhr (Mrd. €)
182,1	USA	193,6
65,7	Schweiz	103,5
22,6	China	31,7
15,3	Japan	25,6
12,4	Russland	28,9
285,3	sonstige Länder	351,5

Quelle: Eurostat
© Globus 10354

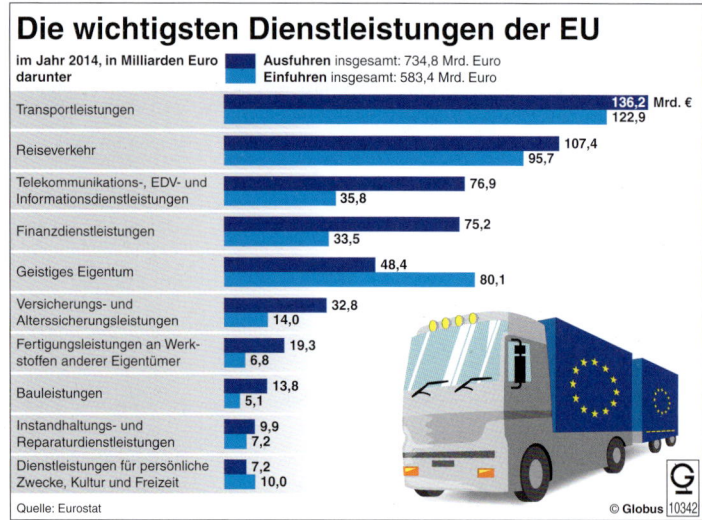

Die wichtigsten Dienstleistungen der EU
im Jahr 2014, in Milliarden Euro darunter

Ausfuhren insgesamt: 734,8 Mrd. Euro
Einfuhren insgesamt: 583,4 Mrd. Euro

	Ausfuhren (Mrd. €)	Einfuhren
Transportleistungen	136,2	122,9
Reiseverkehr	107,4	95,7
Telekommunikations-, EDV- und Informationsdienstleistungen	76,9	35,8
Finanzdienstleistungen	75,2	33,5
Geistiges Eigentum	48,4	80,1
Versicherungs- und Alterssicherungsleistungen	32,8	14,0
Fertigungsleistungen an Werkstoffen anderer Eigentümer	19,3	6,8
Bauleistungen	13,8	5,1
Instandhaltungs- und Reparaturdienstleistungen	9,9	7,2
Dienstleistungen für persönliche Zwecke, Kultur und Freizeit	7,2	10,0

Quelle: Eurostat
© Globus 10342

Als einzige legitimierte UN-Sonderorganisation regelt und überwacht sie den internationalen Handel, vermittelt in Streitfällen und ist Forum für weitere Regelungen.

Internationale Rolle der EU

Viele EU-Länder haben eine *koloniale Geschichte*, die sich immer noch auswirkt. Teile Frankreichs z. B. liegen in Südamerika und werden heute von der Europäischen Weltraumorganisation als Abschussbasis genutzt. Die traditionell engen Beziehungen zwischen europäischen Staaten und ihren ehemaligen Kolonien wurden in wirtschaftlicher Hinsicht durch die EU aufgenommen und fortgesetzt. Aus dieser Geschichte heraus kam es schon früh in der Entwicklung der EG und späteren EU zu den besonderen Beziehungen zu einer Reihe von Entwicklungsländern, den AKP-Staaten.

Die EU gewährt diesen Staaten Handelspräferenzen und einen bevorzugten Marktzugang. In den *Abkommen von Lomé* wurde den AKP-Staaten für bis zu 99 % ihrer Produkte in der EG Zollfreiheit garantiert, während für EG-Produkte von diesen Ländern nichtdiskriminierende Zölle erhoben werden konnten. Im Nachfolgeabkommen von Cotonou soll dieses System zu regionalen Wirtschaftspartnerschaften ausgebaut werden. Außerdem sollen die 77 AKP-Staaten die Menschenrechte achten sowie Demokratie und Rechtsstaatlichkeit pflegen. Ihnen wird Entwicklungshilfe im Rahmen des Europäischen Entwicklungshilfefonds gewährt.

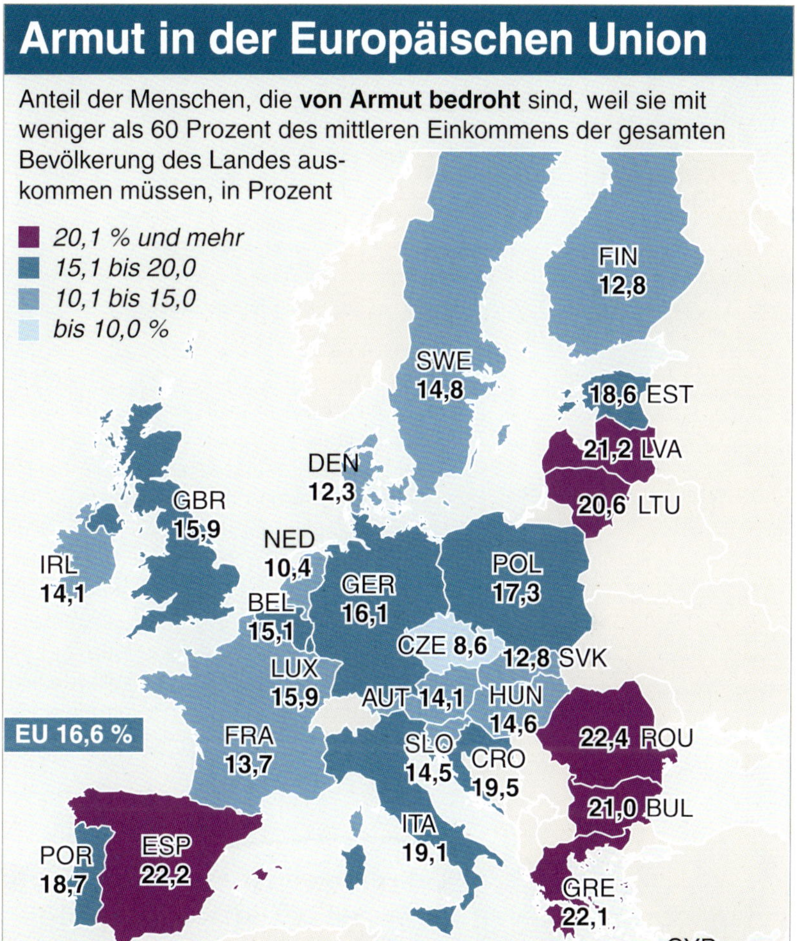

Reiches Europa?

Mehr als 1/5 der Mitgliedsstaaten weisen Spitzenpositionen bei Wirtschafts- und Wohlstandsindikatoren auf. So zählen Luxemburg, Dänemark, Schweden, Großbritannien, Finnland zu den zehn reichsten Staaten der Erde, Länder wie Deutschland, Großbritannien und Frankreich gehören zu denjenigen mit dem höchsten Bruttoinlandsprodukt, im Ranking der UNO erreichen Schweden, Niederlande und Deutschland hohe Werte. Dennoch bestehen innerhalb der EU erhebliche Entwicklungsunterschiede zwischen den armen und den reichen Regionen, die die *EU-Wirtschafts- und Strukturpolitik* auszugleichen versucht.

Armut in der Europäischen Union

Anteil der Menschen, die **von Armut bedroht** sind, weil sie mit weniger als 60 Prozent des mittleren Einkommens der gesamten Bevölkerung des Landes auskommen müssen, in Prozent

- 20,1 % und mehr
- 15,1 bis 20,0
- 10,1 bis 15,0
- bis 10,0 %

FIN 12,8
SWE 14,8
EST 18,6
LVA 21,2
LTU 20,6
DEN 12,3
GBR 15,9
NED 10,4
POL 17,3
IRL 14,1
BEL 15,1
GER 16,1
CZE 8,6
SVK 12,8
LUX 15,9
AUT 14,1
HUN 14,6
EU 16,6 %
FRA 13,7
SLO 14,5
CRO 19,5
ROU 22,4
BUL 21,0
ITA 19,1
POR 18,7
ESP 22,2
GRE 22,1
CYP 15,3
MLT 15,7

Griechenland, Spanien, Lettland, Österreich, Ungarn, Finnland: Angaben für 2014, sonst 2013
Quelle: Eurostat

dpa•22865

Die Gemeinsame Außen- und Sicherheitspolitik (GASP)

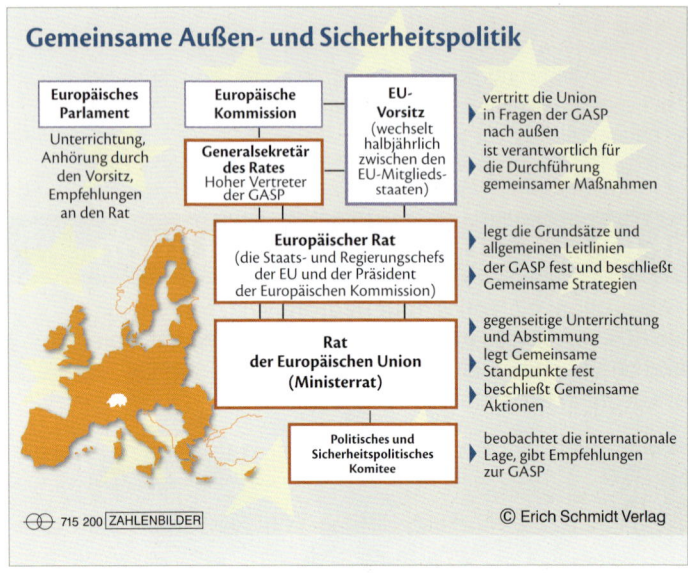

Gemeinsame Außen- und Sicherheitspolitik

| Europäisches Parlament | Europäische Kommission | EU-Vorsitz (wechselt halbjährlich zwischen den EU-Mitgliedsstaaten) | vertritt die Union in Fragen der GASP nach außen — ist verantwortlich für die Durchführung gemeinsamer Maßnahmen |

Unterrichtung, Anhörung durch den Vorsitz, Empfehlungen an den Rat

Generalsekretär des Rates Hoher Vertreter der GASP

Europäischer Rat (die Staats- und Regierungschefs der EU und der Präsident der Europäischen Kommission) — legt die Grundsätze und allgemeinen Leitlinien der GASP fest und beschließt Gemeinsame Strategien

Rat der Europäischen Union (Ministerrat) — gegenseitige Unterrichtung und Abstimmung — legt Gemeinsame Standpunkte fest — beschließt Gemeinsame Aktionen

Politisches und Sicherheitspolitisches Komitee — beobachtet die internationale Lage, gibt Empfehlungen zur GASP

715 200 ZAHLENBILDER

© Erich Schmidt Verlag

Die GASP

Die politische Einheit der EU soll ihren Ausdruck auch in einer gemeinsamen Außen- und Sicherheitspolitik finden. Bis 1992 gab es zwar eine Europäische Politische Zusammenarbeit (EPZ), doch war diese eher punktueller Natur. Spätestens seit dem Ende des Ost-West-Konflikts sah sich die EU in der Rolle einer bedeutsamen internationalen Akteurin.

Mit dem Maastricht-Vertrag wurde 1992 als zweiter Pfeiler der neu geschaffenen EU eine *„Gemeinsame Außen- und Sicherheitspolitik"* eingeführt. Sie wird zwar in das Vertragswerk eingebunden, jedoch anders als bei der ersten Säule (dem vergemeinschafteten Bereich der EG) verbleiben die Entscheidungen letztlich in den Händen der Nationalstaaten. Jeder Mitgliedsstaat der EU verfolgt seine eigene Außenpolitik, holt jedoch in eigenen Angelegenheiten die Standpunkte der übrigen Staaten ein und berücksichtigt diese.

Über wichtige außen- und sicherheitspolitische Fragen unterrichten sich die Partner in den GASP-Gremien und im Rat gegenseitig und stimmen ihr Verhalten aufeinander ab. Wenn der Rat es für erforderlich erhält, kann er eine Form engerer Zusammenarbeit beschließen. Er legt zu einer bestimmten Frage einen gemeinsamen Standpunkt fest und die Einzelstaaten müssen dann ihre nationale Außenpolitik auf diesen Standpunkt abstimmen. Eine noch engere Form der Zusammenarbeit ist die gemeinsame Aktion, die für jeden Mitgliedsstaat bindend ist. Auch hier beschließt der Rat einstimmig, d. h. es gilt das Konsensprinzip und die gemeinschaftlichen Entscheidungsverfahren finden keine Anwendung. Man spricht daher vom *intergouvernementalen Charakter* der GASP. Das zentrale Entscheidungsgremium der GASP ist der *Rat für Allgemeine Angelegenheiten und Außenbeziehungen* (RAA), der sich aus den Außenministern und Verteidigungsministern der EU-Mitgliedsstaaten zusammensetzt. Um der GASP diplomatische Schlagkraft und Sichtbarkeit zu verleihen, schuf die Union das Amt des Hohen Vertreters für die Außen- und Sicherheitspolitik, ein „EU-Außenministeramt", das nicht so benannt wird. Sie stellte ihm Strukturen zur Seite, die ihm weitreichende Unterstützung bieten, unter anderem einen Politischen Stab, der Krisensituationen bewertet und Frühwarnungen abgibt.

Karikatur: Kittyhawk

EU uneinig über Libyen

Die Europäische Sicherheits- und Verteidigungspolitik

Die Etablierung der GASP verlief beinahe parallel zu der 1991 beginnenden Jugoslawienkrise. Luxemburgs damaliger Außenminister Jacques Poos kündigte zwar an, die Stunde Europas sei nun gekommen und man könne gemeinsam diesen Konflikt beenden. Doch stellte sich bald heraus, dass der Zerfall des ehemaligen Jugoslawiens die Schwächen der noch jungen GASP offenbarte. Die Union versuchte vergeblich, als *Vermittler auf diplomatischem Wege* eine Einigung herbeizuführen. Ohne europäische Interventionskapazitäten konnten EU-Mitglieder nur als Teil der Friedenstruppe der Vereinten Nationen und anschließend unter US-Oberbefehl als Teil der NATO-Streitkräfte intervenieren, wie es in Bosnien-Herzegowina und der ehemaligen jugoslawischen Republik Mazedonien geschah. Daher beschloss der Europäische Rat 1999 die Einführung der Europäischen Sicherheits- und Verteidigungspolitik (ESVP) als Bestandteil der GASP. Die ESVP soll Operationen im gesamten Spektrum der 1992 definierten *Petersberg-Aufgaben* leisten können und die EU führte bereits verschiedentlich militärische Einsätze in diesem Sinne durch, u. a.

- eine zivile Mission in der Demokratischen Republik Kongo zum Aufbau einer Polizeieinheit in der Hauptstadt,
- eine militärische Operation zur Friedenssicherung in Bosnien und Herzegowina,
- eine Rechtsstaatsmission im Irak zur Ausbildung von bis zu 700 irakischen Richtern, Staatsanwälten, Polizisten und Gefängnispersonal,
- eine Unterstützungsmission für die von der Afrikanischen Union geführte Operation in Darfur/Sudan,
- eine militärische Mission im Kongo zur Sicherung demokratischer Wahlen.

Petersberg-Aufgaben

Bezeichnung für die Aufgaben einer gemeinsamen Verteidigungspolitik der EU-Mitgliedsländer, die auf einer Tagung des Ministerrats vom 19. Juni 1992 auf dem Petersberg bei Bonn (hier befand sich das Gästehaus der Bundesregierung) beschlossen wurden.

Sie umfassen:

- humanitäre Aufgaben
- Rettungseinsätze
- friedenserhaltende Aufgaben
- Kampfeinsätze bei der Krisenbewältigung einschließlich friedensschaffender Maßnahmen
- Maßnahmen des zivilen Krisenmanagements

Weltmacht EU?

Die uneinheitliche Haltung der EU-Staaten zum *Irak-Krieg* hat jedoch verdeutlicht, dass der Weg zu einer gemeinsamen Verteidigungspolitik der EU noch weit ist. Der Unterschied in der Auffassung zur Unterstützung der USA konnte in mehreren Sondertreffen der EU-Staats- und Regierungschefs sowie der Außenministerinnen und Außenminister nicht überwunden werden. Die Europäische Sicherheitsstrategie (ESS), auf die sich der Europäische Rat 2003 einigte, soll das Debakel einer europäischen gemeinsamen Außen- und Sicherheitspolitik überwinden helfen. Als Hauptbedrohungen für Europa werden darin definiert:

- Terrorismus,
- Verbreitung von Massenvernichtungswaffen,
- regionale Konflikte,
- das Scheitern von Staaten,
- die organisierte Kriminalität.

In der ESS werden *strategische Ziele* formuliert, und der gezielte Einsatz von diplomatischen, handels- und entwicklungspolitischen Instrumenten ist dort festgeschrieben. Der Einsatz militärischer Gewalt wird als letztes Mittel der Konfliktprävention und Krisenbewältigug hervorgehoben, das nur auf der Grundlage der UN-Charta eingesetzt werden darf.

Dazu sollen Gefechtsverbände für schnelle Krisenreaktion aufgestellt werden. Diese „Battlegroups", schnelle Eingreiftruppen von bis zu 60 000 Personen, sollen innerhalb von fünf bis zehn Tagen in ein Krisengebiet verlegt und über mehrere Monate eingesetzt werden können.

Irak-Krieg ... Europa bezieht Stellung

Karikatur: Thomas Plaßmann

Schwerpunkt: Textvergleich

Text 1

Die EU darf nach dem Ende des Kalten Krieges nicht auf Westeuropa beschränkt bleiben, sondern es liegt im Wesen der europäischen Integrationsidee, dass sie gesamteuropäisch angelegt ist. Darüber hinaus lassen die geopolitischen Realitäten auch gar keine ernsthafte Alternative zu. Wenn dies richtig ist, dann hat die Geschichte 1989/90 bereits über das Ob der Osterweiterung entschieden, allein das Wie und das Wann muss noch gestaltet und entschieden werden.

Die Süderweiterung der EU war ein großer ökonomischer und auch politisch-demokratischer Erfolg. Wirtschaftliche Prosperität und demokratische Stabilität waren das Ergebnis der Süderweiterung für die damaligen Beitrittsländer, und genau diesen Erfolg muss die Osterweiterung der EU wiederholen. Nur durch den Beitritt der mittel- und osteuropäischen Partner lassen sich Wohlstand, Frieden und Stabilität für ganz Europa dauerhaft sichern. Und erst mit der Öffnung nach Osten löst die EU ihren Anspruch ein, als Kulturraum und Wertegemeinschaft für ganz Europa zu sprechen. Wir vergessen als Deutsche auch nicht, welch unschätzbaren Beitrag die Völker Mittel- und Osteuropas für die Überwindung der Teilung Deutschlands und Europas geleistet haben. (…)

Warum wollen wir also mit der Integration fortfahren? Ich sehe hierfür zwei zentrale Gründe:

- weil sich im Zeitalter der Globalisierung die europäischen Nationalstaaten, selbst die größten unter ihnen, nicht werden allein behaupten können. Nur vereint werden wir Europäer den Herausforderungen der Globalisierung begegnen können, und
- weil der Export von Stabilität in unsere Nachbarregionen für Europa nicht nur eine historisch-moralische Aufgabe ist, sondern auch in unserem ureigenen Interesse liegt. Präventive Krisenverhütung ist immer besser, billiger und vor allem humaner als akute Krisenbewältigung.

(Rede des Bundesaußenministers Joschka Fischer vor dem Europäischen Parlament am 12.1.1999, nach: http://www.auswaertiges-amt.de)

Text 2

Die europäische Idee zielt darauf ab, den Nationalismus der europäischen Nationen zu überwinden und die Völker auszusöhnen, eine europäische Friedens- und Wettbewerbsordnung zu schaffen und die Europäer in die Lage zu versetzen, weltpolitisch mit einer Stimme zu sprechen. Unsere Vorstellung von der Ordnung Europas beruht auf dem vom Christentum geprägten abendländischen Menschenbild, dessen säkulare Leistung die Menschenrechte sind.

Die europäische Einigung hat sich als das erfolgreichste politische Projekt in der Geschichte unseres Kontinents erwiesen. Sie hat die Aussöhnung der Völker nach Kriegen und Völkermord gebracht und die Grundlage für den wirtschaftlichen Wohlstand gelegt. (…) In der europäischen Einigung liegt die große Chance, die europäische Wertegemeinschaft zu festigen und auch in der Welt von morgen zu behaupten.

Mit einer Verdoppelung ihrer Mitglieder wird sich der Charakter der EU völlig verändern. Ihre Heterogenität wird insbesondere in wirtschaftlicher, gesellschaftlicher und kultureller Hinsicht erheblich zunehmen. Diese neue EU verlangt neue Antworten auf die Frage nach ihren Zielen, Interessen und Aufgaben sowie den dafür notwendigen Instrumenten und Institutionen.

Die bisherige „Methode Monnet" der immer weiteren Integration ohne Vorstellung über das Endziel des Prozesses ist an ihre Grenze gestoßen. Die Formel einer „immer engeren Union der Völker Europas" wird den Herausforderungen einer langfristig absehbaren Union der 30 Mitglieder und über 500 Millionen Einwohner nicht mehr gerecht und bedroht zunehmend die gewachsene Vielfalt Europas. Deshalb muss diese Formel aus dem Vertrag gestrichen werden. Die EU muss mithilfe eines von den Mitgliedsstaaten zu schließenden Verfassungsvertrags zu einer Struktur finden, die dem Bürger die Zuordnung politischer Verantwortung erlaubt, die Demokratie stärkt, effektive Aufgabenerfüllung ermöglicht und Eigenverantwortung und Vielfalt garantiert.

Europa muss auch die Frage nach seinen Grenzen beantworten. Seine geographische Ausdehnung sollte sich an gemeinsamen Wertvorstellungen und geschichtlichen Erfahrungen ausrichten. Die geographische Ausdehnung darf jedoch die Integrationskraft Europas nicht überfordern. (…)

Mit dem Fall des Eisernen Vorhangs und der Wiedervereinigung Deutschlands besteht erstmals die Chance, die unnatürliche Spaltung Europas zu überwinden und seine politische Einheit zu vollenden. Die Erweiterung der EU um Staaten aus Mittel-, Ost- und Südosteuropa ist eine politische, wirtschaftliche und kulturelle Notwendigkeit, zu der es keine politische Alternative gibt. Sie bietet nach Überzeugung der Christlich-Sozialen Union die Chance zur langfristigen Garantie von Frieden, Freiheit und Wohlstand in ganz Europa und ist damit eine Investition in die Stabilität unseres Kontinents. Es liegt im gesamteuropäischen Interesse, das Wohlstandsgefälle zwischen West und Ost zu verringern. Die politischen und wirtschaftlichen Vorteile der Erweiterung für Deutschland und ganz Europa überwiegen die erkennbaren Risiken mittelfristig deutlich. Die Osterweiterung ist zugleich die wohl gewaltigste Herausforderung in der bisherigen Geschichte des europäischen Einigungsprozesses. Angesichts der enormen Unterschiede in der wirtschaftlichen Leistungskraft und in den Traditionen muss deshalb der Beitrittsprozess ebenso sorgfältig geplant wie organisiert werden.

(Rede des CSU-Vorsitzenden Edmund Stoiber vor dem CSU-Parteitag am 17./18.11.2001, nach: http://www.europa-reden.de)

Aufgaben

1 *Analysieren Sie die beiden Texte im Hinblick auf die Position der Redner zur europäischen Einigung und vergleichen Sie sie.*

2 *Stellen Sie die Kriterien und Abläufe des Beitrittsprozesses zur EU dar.*

3 *Nehmen Sie Stellung zur Frage des Beitritts der Türkei zur Europäischen Union.*

Hinweise

Die Aufgaben 2 und 3 sprechen Themen an, die Sie im Unterricht besprochen haben. Insbesondere sollen Sie die Kopenhagener Kriterien darstellen und den langwierigen Prozess eines Beitritts erläutern. Zumindest beispielhaft sollten sie dabei auf den Katalog der abzuarbeitenden Aspekte eingehen. Für die Stellungnahme müssen Sie den Stand des Prozesses kennen. Die Stellungnahme muss in eine begründete Meinungsäußerung münden, wobei die Stichhaltigkeit der Argumentation ausschlaggebend ist.

Der Schritt vor dem Textvergleich muss zunächst die Textanalyse sein. Beide Texte sind Auszüge aus Reden, wobei es sich bei der Rede des damaligen Bundesaußenministers um eine Parlamentsrede handelt, in der der Redner seine Position verdeutlicht und in der Rede des damaligen CSU-Vorsitzenden um eine Parteitagsrede, in der üblicherweise das Profil der Partei betont wird. Beide Reden wurden vor dem erfolgten EU-Beitritt von zehn mittel- und osteuropäischen Staaten im Jahre 2005 bzw. zwei Staaten 2007 gehalten. Es geht in beiden Texten um die Einschätzung der Osterweiterung sowie um den weiteren Prozess der europäischen Einigung.

Beim Textvergleich stellen Sie die wesentlichen Gemeinsamkeiten und Unterschiede der Texte dar. Haben Sie bereits in der Textanalyse zu den formalen Umständen der Reden Ausführungen gemacht, so sollte jetzt der inhaltliche Vergleich der Positionen im Mittelpunkt des Textvergleichs stehen. Dabei ist festzuhalten, dass von beiden Rednern die Osterweiterung als ein notwendiger Fortschritt der europäischen Einigung begrüßt wird. Beide Redner erinnern an die Erfolge der europäischen Einigung für Frieden und Wohlstand in Europa. Beide geben sich als Anhänger der europäischen Idee und sehen Europa als kulturelle und Wertegemeinschaft.

Die Unterschiede in den Positionen ergeben sich vor allem im Hinblick auf die Fortsetzung der europäischen Integration. Stoiber betont die Größe der Aufgabe, der sich die EU mit der Osterweiterung und folgender absehbarer Beitritte stellt, und weist auf mögliche Probleme hinsichtlich einer wachsenden Heterogenität hin. Er plädiert dafür, der europäischen Einigung ein Ziel zu geben und damit einen Abschluss der europäischen Integration ins Auge zu fassen. Hiermit wird sicherlich auch die Position der CSU gegen einen Türkei-Beitritt, etwa durch den Bezug auf die Grenze Europas, angedeutet. Stoiber schlägt eher ein Innehalten und eine Neustrukturierung Europas vor.

Fischer hingegen plädiert für die weitere Fortsetzung der Integration Europas, mithin auch für eine kommende Erweiterung, wobei er keine Aussage über mögliche Grenzen des Prozesses macht. Fischer rekurriert dabei einerseits auf die Chancen eines vereinigten Europas in der globalisierten Welt, andererseits auf den „Export" von Stabilität und Frieden.

Zum Weiterarbeiten

Aufgaben zu den verschiedenen Anforderungsbereichen

Anforderungsbereich I

- Stellen Sie die Ziele der Europäischen Einigung dar.
- Ein wachsendes Europa: Stellen Sie die Erweiterungen der EU dar.
- Erläutern Sie, welche Auflagen ein in die EU beitrittswilliges Land zu erfüllen hat und wie der Prozess der Aufnahme gestaltet ist.
- Zeigen Sie, wie die Europäische Zentralbank den Euro stabil hält.
- Erläutern Sie die Funktionsweise der wichtigsten Institutionen der EU.

Anforderungsbereich II

- Stellen Sie die Absichten und Ziele des Entwurfs einer EU-Verfassung und ihre Inhalte vor und zeigen Sie, welchen Weg dieser Entwurf genommen hat.
- Erläutern Sie unterschiedliche Konzepte der Integration Europas.
- Erläutern Sie das Für und Wider des Türkei-Beitritts zur EU.
- Zeigen Sie am Beispiel der Bundesrepublik, wie sich Entscheidungsabläufe in der EU und in einem Nationalstaat unterscheiden.

Anforderungsbereich III

- Erläutern und beurteilen Sie die Beziehungen der EU zu Staaten der Dritten Welt. Berücksichtigen Sie dabei auch die Beziehungen zu den AKP-Staaten.
- Erläutern Sie die Gemeinsame Außen- und Sicherheitspolitik der EU und beurteilen Sie deren bisher sehr mäßigen Erfolg.
- Die Auswirkungen des EWS und des Euro – Haben sich die Hoffnungen erfüllt? Beurteilen Sie die Entwicklung.
- Beurteilen Sie die relativ geringe Wahlbeteiligung bei den Wahlen zum Europäischen Parlament.
- Beurteilen Sie den Erfolg der Europäischen Einigung als Wirtschaftsmacht, besonders im Hinblick auf die Globalisierung.

Ausgewählte Links zum Thema Europa

www.europa.eu	Portal der Europäischen Union
www.europarl.de	Europäisches Parlament
ec.europa.eu	Europäische Kommission
www.europarl.europa.eu	EU-Parlament
www.europarl.de	Informationsbüro des EU-Parlaments
www.consilium.europa.eu	Rat der Europäischen Union
www.curia.europa.eu	EuGH-Europäischer Gerichtshof
www.europa-digital.de	Website zu Europa
www.infratest-politikforschung.de/?id=25	Eurobarometer

3 Gesellschaft

Pudong, Shanghai, China
Vor dem neuen, glitzernden Finanzviertel Shanghais sitzt ein Mann vor den Resten seines Hauses, das einem Bürokomplex weichen musste. Das gesellschaftliche Leben findet ganz offenbar ab jetzt ohne ihn statt. Gerd Seibel, dessen alter Arbeitsplatz nach Schließung in China neu aufgebaut wird, sieht das in der Zeitschrift GEO anders: „Ich bin sicher: Einen Plan hat auch der Mann auf diesem Foto. Er kann nicht existieren ohne eine Vorstellung von der Zukunft, ohne Träume."
Foto: Alessandro Digaetano

Individuum und Gesellschaft

Die *menschliche Gesellschaft* ist ein Gefüge von Einzelpersonen, das dauerhaft und organisiert zur Erreichung bestimmter Ziele oder zur Befriedigung bestimmter Bedürfnisse zusammenwirkt. Die Gesellschaft gründet sich auf Beziehungen zwischen Menschen, auf Interaktionen, die sich wiederholen und sich zu Verhaltensregeln und Institutionen verdichten.

Interaktion

Interaktionsprozesse sind soziale Prozesse. Die meisten sozialen Interaktionen entstehen aufgrund bestimmter Motive. Es kann z. B. ein Anreiz sein, den anderen zu überzeugen, ihn zu erheitern oder von ihm möglichst positiv bewertet zu werden. Oberstes Ziel des Individuums ist ein allgemeines Streben nach sozialer Anerkennung.

Soziale Wahrnehmung

Das Verhalten des Interaktionspartners wird wahrgenommen und interpretiert. Bei der Wahrnehmung wird selektiert, d. h., die Reize, die besondere Aufmerksamkeit verdienen, werden besonders wahrgenommen. Die *Wahrnehmung* kann durch zu geringe Aufmerksamkeit, durch Beachten irrelevanter Reize oder durch falsche Interpretationen der Handlungen des Interaktionspartners beeinträchtigt sein.

Viele Menschen bemühen sich, einen möglichst guten Eindruck auf den Interaktionspartner zu machen, um ihre Ziele zu erreichen. Sie achten sorgfältig auf alle Hinweisreize, die sie dem Verhalten des Partners entnehmen können, und steuern ihr eigenes Verhalten so, dass sie nur solche Handlungen ausführen, die sie in der gegebenen Situation für passend oder günstig halten. Sie kontrollieren auch ihr nicht-verbales Ausdrucksverhalten im Sinn einer vorteilhaften *Selbstdarstellung.*

Stereotype

Meinungen über andere Personen sind häufig (positive oder negative) *Vorurteile* im Sinn voreiliger, vereinfachter und verzerrter Urteile, die auf unzureichender Information beruhen, so genannte Stereotype. Aus solchen falschen Vorurteilen können jedoch wahre Urteile werden. Interpersonelle Meinungen können „selbsterfüllende Prophezeiungen" sein: Wenn z. B. jemand eine bestimmte Person für sehr aggressiv hält, wird er die Person häufig unfreundlich, dominant und distanziert behandeln, bis diese so verärgert ist, dass sie sich wirklich aggressiv verhält.

Wie wir uns sozial verhalten, das hängt sehr stark davon ab, wie uns die anderen wahrnehmen. So verhalten sich *Stigmatisierte,* d. h. Personen, die von anderen immer unter dem Vorbehalt eines bestimmten Stigmas (körperliche, moralische oder soziale Besonderheit) wahrgenommen werden, häufig tatsächlich so, wie es von ihnen erwartet wird.

Rollen

Innerhalb der Gesellschaft nehmen wir bestimmte *Rollen* an. Auch eine Rolle besteht aus den sozialen Verhaltenserwartungen der anderen. Rollen sorgen für ein vorhersagbares soziales Verhalten als Voraussetzung für die Planbarkeit von sozialem Handeln.

Die *Übernahme von Rollen* ist ein sozialer Prozess, denn sie setzt voraus, dass man sich in andere hineinversetzen kann. Wie wir die Rolle als Schüler, als Lehrer, als Tochter oder Mutter ausfüllen, das ist natürlich auch davon bestimmt, welches Verhältnis wir in unserer Identität dazu gewinnen. Wir müssen die Teile unserer Identität – die Ich-Identität und die soziale Identität – ständig ausbalancieren.

Normen

Was die Gesellschaft von uns erwartet, das ist nicht nur auf das Aushandeln mit einzelnen Menschen, die uns begegnen, beschränkt, sondern verfestigt sich in allgemeinen

Normen. Normen sind Verhaltensregeln, die in Gruppen oder Gesellschaften Geltung haben. Sie beziehen sich nicht nur auf ein Verhalten, sondern auch auf das Denken und das Wahrnehmen, ebenso auf die Gefühle. Normen können je nach Bezugsgruppen unterschiedlich, manchmal gegensätzlich sein. Außerdem können sich Normen wandeln. Immer wieder gibt es deshalb Klagen über den Sittenverfall und Ähnliches, wobei meist verkannt wird, welches neue Normengefüge Platz gegriffen hat.

Auch wenn wir in unseren Entscheidungen frei sind, besitzt die Gesellschaft doch Mittel, um die Anpassung an die Verhaltenserwartungen zu erreichen. Diese *Sanktionen* können vielfältig sein. Sie reichen in unserer Gesellschaft von einem Lächeln bis zu lebenslänglichen Gefängnisstrafen. Sowohl negative wie positive Sanktionen sorgen dafür, dass uns die Abweichung von den Verhaltensnormen schwer gemacht wird. Vor allem appellieren sie daran, dass wir die Verhaltensnormen in der Regel verinnerlicht, internalisiert haben. Das heißt, viele Sanktionen machen uns einfach ein gutes oder schlechtes Gewissen.

Sanktionen

Besonders wichtig sind in den meisten Gesellschaften die *Rollen von Mann und Frau.* Weit über die biologischen Unterschiede hinaus sind die Geschlechterrollen in den meisten Gesellschaften differenziert. Jungen prügeln sich – Mädchen mobben, Jungen spielen am Computer – Mädchen lesen, Männer sind Chefs – Frauen (be)dienen usw. Solche Rollenklischees können für den Einzelnen oder die Einzelne äußerst hinderlich und gesellschaftlich schädlich sein. Jedoch besteht selbst bei den Geschlechterrollen die Möglichkeit der Rollendistanz und des Wandels scheinbar festgefügter Verhaltensnormen.

Geschlechterrollen

In jeder Gesellschaft gehören *Konflikte und Konfliktregelungen* zum Erscheinungsbild. Viele führen die Konflikte unter den Menschen auf den Aggressionstrieb zurück, der unbewusst immer wieder zum Ausbruch kommen müsse und den man allenfalls kanalisieren könne. Aber selbst wenn Konflikte (nur) aus gesellschaftlichen Unterschieden und Unterschieden zwischen Menschen zu erklären sind, bleiben sie doch gesellschaftlicher Alltag. Wie Konflikte verlaufen, dafür müssen Gesellschaften Regelungen finden. Gesellschaften, die funktionieren, sorgen dafür, dass die meisten Konflikte gewaltfrei geregelt werden. Dies wird nicht nur durch die Errichtung eines staatlichen Gewaltmonopols, sondern beispielsweise auch durch die Ächtung von Gewalt im menschlichen Zusammenleben bewirkt. Trotzdem aber haben bisher beinahe alle Gesellschaften Konflikte ausgetragen, bei denen Gewalt ausgeübt wurde.

Konflikte und Konfliktregelungen

Konfliktregelungen sind in modernen Gesellschaften sehr vielfältig. So werden zum Beispiel viele menschliche Bedürfnisse in einem *wirtschaftlichen System* geregelt. Nahrung, Wohnung, Kleidung und vieles andere sind gegen Geld zu bekommen, das zum Teil auch ohne unmittelbare Gegenleistung zugeteilt wird. Dementsprechend sind Diebstahl und Raub streng sanktioniert.

Regelung wirtschaftlicher Konflikte

Meinungsverschiedenheiten in allgemeinen Fragen werden im *System der Politik* geregelt, wo es idealerweise zu einem Ausgleich der Interessen kommen soll und vielfach auch kommt. Eine wichtige Rolle bei der Konfliktregelung übernehmen auch die Massenmedien, indem sie virtuelle Orte schaffen, an denen die Gesellschaft zu einer gemeinsamen Identität findet. Auch für Konflikte zwischen Gesellschaften gibt es eine Vielfalt von Konfliktregelungen wie den internationalen Handel nach allgemein anerkannten Regeln oder den Internationalen Gerichtshof.

Politische Konfliktregelung

Sozialisation und Sozialisationsinstanzen

Prozess der Sozialisation

Sozialisation ist der Prozess, in dem der Mensch in die ihn umgebende Gesellschaft und Kultur hineinwächst. Die Sozialisation hat drei Dimensionen:

1. das Hineinwachsen in die gesellschaftliche Bestimmtheit des Einzelnen, die Personalität

2. den Aufbau einer sie oder ihn als Individuum kennzeichnenden Besonderheit, der Individualität

3. den Erwerb einer mit allen anderen gemeinsamen Sprach-, Handlungs- und Selbstbestimmungsfähigkeit, der Subjektivität

Da die Gesellschaft immer neue *Anpassungsprozesse* verlangt, endet die Sozialisation prinzipiell nie, man spricht von der

- *primären Sozialisation,* die hauptsächlich in der Familie und zunehmend durch die Medien erfolgt,
- *der sekundären Sozialisation,* in der die Schule, der Freundeskreis und wiederum die Medien die Sozialisationsinstanzen sind, sowie
- *der tertiären Sozialisation* im Berufsleben.

Wenn die Sozialisation erfolgreich im Sinne des jeweiligen Umfeldes verläuft, verinnerlicht das Individuum die sozialen Normen, Werte und auch die sozialen Rollen seiner gesellschaftlichen und kulturellen Umgebung. Sozialisationsprozesse können sich in ihrer inhaltlichen Prägung deutlich voneinander unterscheiden, je nachdem, wie sich Individuen sozial binden und wie sie in sozialen Bezugsgruppen integriert sind. Als erfolgreiche Sozialisation gilt das Erreichen eines hohen Maßes an Symmetrie von objektiver und subjektiver Wirklichkeit und Identität.

Karikatur: Peter Butschkow

Sozialisation in der Familie

Die Sozialisationsfunktion ist eine der wichtigen Funktionen der Familie:

- Zunächst erfüllt sie die Reproduktionsfunktion, d. h., sie sorgt dafür, dass Kinder geboren werden.
- Die Familie beteiligt sich stark daran, den Kindern einen Platz in der Gesellschaft zuzuweisen, sie erfüllt eine Platzierungsfunktion.
- Ferner leistet sie materiellen und emotionalen Schutz für die Kinder, sie befriedigt die Grundbedürfnisse der Kinder und vermittelt Geborgenheit und Liebe.
- Sie leistet die Generationendifferenzierung, d. h., sie führt in die Bewältigung von Situationen in altersheterogenen Gruppen ein.

Vielfach entsprechen die realen Familien nicht dem umgangssprachlichen Ausdruck „Familie",

Formen des Zusammenlebens

```
                    Lebensformen
         ┌──────────┬──────────┬──────────┐
       Paar      Familie    kollektive    Single
              (mind. zwei  Lebensform
              Generationen)
    ┌───────┴───────┐           │
 ehelich         nicht     (z.B. Heim,
                 ehelich    Gefängnisse,
                            Wohngemein-
                            schaften)
```

der einen gemeinsamen Haushalt, Monogamie, lebenslange Partnerschaft und biologische Elternschaft beinhaltet. Betrachtet man die realen Familienformen, so entsprechen viele diesem Idealbild nicht.

Sozialisation in der Schule

Die Schule soll gesellschaftliche wie personale Sozialisationsaufgaben erfüllen:

- Qualifikation: Vermittlung von Wissen, Fertigkeiten, Arbeitsverhalten
- Selektion: aufgrund der Leistung werden Ränge und Positionen in der Sozialstruktur vergeben
- Integration: Normen und Werte der Gesellschaft werden vermittelt
- Persönlichkeitsbildung: Schule soll nicht nur Trainingslager sein, sondern Ort der Selbstverwirklichung, Selbstbestimmung, der Befreiung aus vorgegebener Prägung und Normierung, Schule soll zur Selbstständigkeit im Denken führen.

Sozialisation in der Peergroup

Sozialisation ist nur im sozialen Kontext möglich, in der Interaktion mit anderen Menschen. Neben die Eltern bzw. die Familie treten im Jugendalter die *Gleichaltrigen* als Sozialisationsinstanz. Die Peers – als Gruppe oder auch als einzelne Freunde, Freundinnen – sind ein sozialer Raum, außerhalb oder gar geschützt vor elterlicher Autorität. Sie sind ein Raum, wo sich Jugendliche nicht direkt mit ihren Eltern auseinandersetzen müssen und ihre eigene Identität auch in Abgrenzung zu dem elterlichen Vorbild entwickeln können. In den Peergroups herrscht häufig ein starkes, wenn auch inhaltlich nur schwer festzumachendes *Wir-Gefühl*. Dennoch sind Peergroups sehr fragil und meist nur von kurzer Dauer. Die enorm hohe emotionale Verbindung löst sich oft schnell auf, wenn Jugendliche meist in Partnerschaften neue Möglichkeiten der Anerkennung finden und ein neues Wir-Gefühl entwickeln.

Medien als Sozialisationsinstanz

Bei der Sozialisation Jugendlicher spielen die Medien eine immer bedeutendere Rolle. Die Ursachen für die wachsende Bedeutung der Medien für Kinder und Jugendliche sind einerseits in der größeren Verfügbarkeit von Medien zu suchen, andererseits aber auch in der insgesamt wachsenden Bedeutung der Medien in der Gesellschaft und schließlich auch in der Neigung mancher Eltern, aus Zeitmangel den Medien einen *Teil der Erziehung* zu überlassen. Die Wirkung dieser stärkeren Sozialisation durch die Medien muss differenziert betrachtet werden. Kinder und Jugendliche lernen aus den Medien, sie werden mit Zusammenhängen konfrontiert, die weit über ein enges familiäres oder lokales Umfeld hinausgehen. Medien vermitteln zum Beispiel durch Filme Lebensentwürfe und Normen, die für die Jugendlichen Orientierung bieten. Diese Normen müssen nicht unbedingt die sein, die ihre Eltern für richtig halten, was zu Konflikten führen kann. Medien bieten genügend Identifikationsangebote auch zur Abgrenzung von der Erwachsenenwelt. Schädliche Wirkungen von Medienkonsum werden vor allem darin gesehen, dass Kinder und Jugendliche das medial Vermittelte unzureichend verarbeiten können, weil sie nicht die Gelegenheit dazu haben oder weil ihre Eltern ihnen kein Angebot zum Gespräch machen.

Karikatur: Walter Kurowski

Der Betrieb als Sozialisationsinstanz

Die Sozialisation im Betrieb als letzte angenommene Sozialisationsphase dauert meist mehrere Jahrzehnte und reicht von der Lehre oder der Aufnahme der ersten Arbeit bis zur Rente. Dabei bilden sich neue Fähigkeiten und Kenntnisse heraus, die zum Beruf gehören.

Die soziale Gruppe

Merkmale der sozialen Gruppe

Die *soziale Gruppe* ist durch folgende Merkmale gekennzeichnet:

- Es herrscht ein Wir-Gefühl innerhalb der Gruppe.
- Die soziale Gruppe ist relativ dauerhaft. Auch Wartende an Bushaltestellen bilden eine Gruppe, wenn z. B. der Bus nicht kommt. Sie löst sich aber schnell wieder auf.
- Die Gruppe eint häufig ein gemeinsames Ziel.
- In der Gruppe bildet sich häufig gemeinsames Handeln heraus, das auch arbeitsteilig ausgeführt werden kann.
- Es entwickelt sich also eine Gruppenstruktur.
- Es entwickeln sich gemeinsame Normen, an denen das Verhalten der Gruppenmitglieder gemessen wird. Abweichungen werden sanktioniert.

Kleingruppen

Unter Kleingruppen versteht man Gruppen, deren Mitgliederzahl niedrig genug ist, sodass alle Mitglieder einander persönlich kennen und die Möglichkeit *direkter Interaktion* haben. Eine exakte obere Grenze der Mitgliederzahl lässt sich nicht angeben. Beispiele für Kleingruppen sind Freunde, die einander regelmäßig treffen, Schulklassen und Fußballmannschaften. Die Zuschauer eines Fußballländerspiels hingegen sind keine Kleingruppe, weil nicht für alle Personen in einer solchen Gruppe die gegenseitige Wahrnehmung und die Möglichkeit unmittelbarer Interaktion gegeben sind. Eine untere Grenze der Mitgliederzahl von Kleingruppen kann aber sehr wohl angegeben werden: Die kleinste Kleingruppe ist die Dyade (2 Personen).

Statistische und gesellschaftliche Gruppen

Häufig ist auch von *statistischen Gruppen* die Rede, z. B. der Gruppe der Brillenträgerinnen und Brillenträger. Solche statistischen Gruppen weisen die Merkmale der sozialen Gruppe nicht auf; es kann aber dahin kommen, dass Brillenträgerinnen und Brillenträger eine Organisation bilden (gemeinsames Ziel) und dann gemeinsam handeln und in Teilbereichen zu sozialen Gruppen zusammenfinden. Von *gesellschaftlichen Gruppen* spricht man dagegen, wenn ein gemeinsames statistisches Merkmal sozial wichtig ist. Dann kann ein Bewusstsein der Zugehörigkeit entstehen und evtl. auch gemeinsames Handeln infrage kommen.

Leistungen der Gruppe

Die *Leistungen der Gruppe* sind unbestreitbar: In der Gruppe wird Arbeitsteilung möglich und Strategien können erst im Gruppenhandeln entfaltet werden. Gruppen können aber auch Ursache gravierender Fehlentscheidungen sein.

So zeigte der amerikanische Psychologe *Sherif* in einem Experiment, wie sich Personen von anderen Personen beeinflussen lassen. Er wählte dazu das autokinetische Phänomen. Aufgrund der unwillkürlichen Eigenbewegung unserer Augen haben wir den Eindruck, dass sich Gegenstände im Raum bewegen, wenn uns die Bezugspunkte fehlen. Sherif ließ Personen eine unter solchen isolierten Bedingungen stattfindende Illusion schätzen. In aller Regel näherten sich die Schätzungen von Versuchspersonen einander an, wenn sie die Schätzungen der anderen kannten.

Daraus läßt sich schlussfolgern, dass sich Wahrnehmung durch die Dynamik einer Gruppe in eine bestimmte Richtung lenken lässt. In der Gruppe herrscht ein Konformitätsdruck, der dazu führt, dass sich Gruppenmitglieder den Fehlurteilen der anderen anschließen.

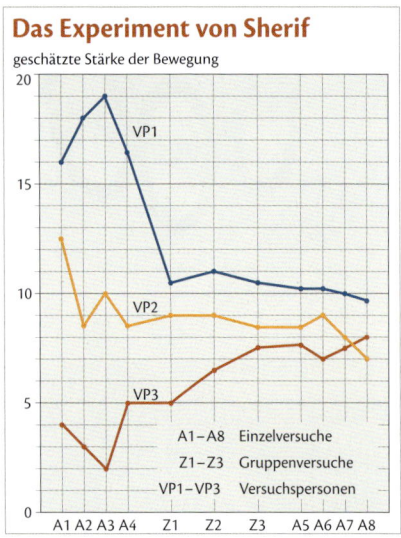

Das Experiment von Sherif

geschätzte Stärke der Bewegung

VP1
VP2
VP3

A1–A8   Einzelversuche
Z1–Z3   Gruppenversuche
VP1–VP3   Versuchspersonen

A1 A2 A3 A4   Z1   Z2   Z3   A5 A6 A7 A8

Group Think

Das Denken innerhalb von Gruppen (Group Think) ist u. a. gekennzeichnet durch
- die Illusion der Unverwundbarkeit,
- die Unterschätzung des Gegners,
- die Unterdrückung alternativer Ansichten und
- die Illusion des Konsenses.

Innerhalb der Gruppe existiert eine Rollenverteilung auch in Bezug auf die soziale Hierarchie. Anführer in einer Gruppe ist in aller Regel die- oder derjenige, die oder der die Normen der Gruppe am deutlichsten verkörpert.

Soziometrie

Gruppenstrukturen werden sehr gut durch das Mittel der Soziometrie erfasst. Dabei werden den Mitgliedern der Gruppe einfache Fragen gestellt, mit denen sie andere Personen wählen können, z. B. mit wem aus der Gruppe sie gern in Urlaub fahren würden, neben wem sie gern sitzen würden. Aus den positiven Wahlen wird eine Soziomatrix entwickelt, die die Beziehungen innerhalb der Gruppe verdeutlicht:

Namen	A	B	C	D	E	F	G	negativ	positiv	
A		+	−		+		−	2	2	
B	+		+					0	2	
C	+	+				+	−	1	3	abgegebene Wahlen
D	+		−		+			2	2	
E	+		−	+				2	2	
F		+	+					0	2	
G	+		+				−	1	2	
	5	3	3	1	2	1	0	erhaltene Wahlen		
	0	0	3	0	0	1	4	erhaltene Ablehnungen		
	5	3	6	1	2	2	4	Beachtungen		

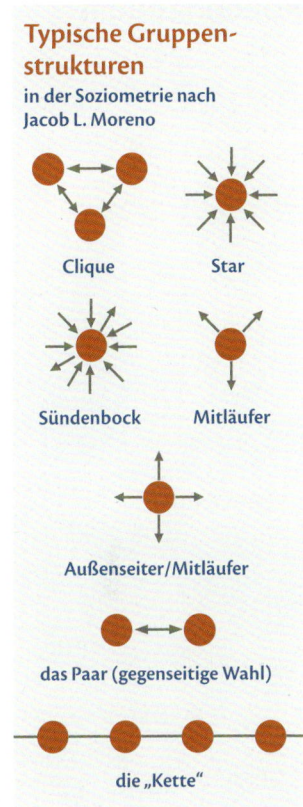

Typische Gruppenstrukturen

in der Soziometrie nach Jacob L. Moreno

Clique   Star

Sündenbock   Mitläufer

Außenseiter/Mitläufer

das Paar (gegenseitige Wahl)

die „Kette"

Das Milgram-Experiment

Milgram machte einer Versuchsperson vor, sie nehme an einem Experiment zum Lernen teil. Die Versuchsperson wurde zum Lehrer erklärt. Eine andere Person war angeblich Schüler.

Die Versuchsperson sollte dem Schüler nun sinnlose Wortkombinationen beibringen. Das „Lernen" wurde überprüft und bei falschen Antworten sollte der Schüler mit einem Stromstoß wachsender Voltzahl „bestraft" werden. Hatte die Versuchsperson Bedenken, so forderte sie der Versuchsleiter mit Hinweis darauf, das Experiment verlange es, zum Weitermachen auf. Obwohl die Versuchspersonen davon ausgehen mussten, dass Stromstöße tatsächlich gegeben wurden, gingen die meisten von ihnen bis zu einer ihnen tödlich erscheinenden Höchststromstärke.

Unter verschiedensten Bedingungen und mit unterschiedlichen Nationalitäten durchgeführt, gelangte das

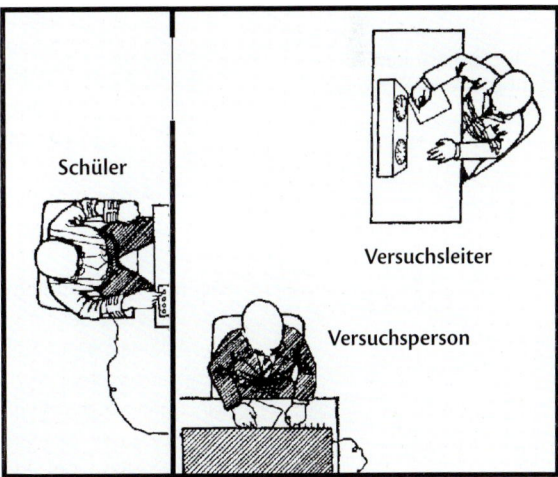

Schüler

Versuchsleiter

Versuchsperson

Versuchsaufbau des Milgram-Experiments

Experiment immer zu demselben Ergebnis: Die Mehrheit der Versuchspersonen war bereit, tödliche Stromstöße zu erteilen, wenn eine scheinbare Autorität dies verlangte. Wenn die Möglichkeit der Verweigerung bzw. Opposition vorgespielt wurde, reduzierte sich der Prozentsatz derjenigen, die den Anordnungen der Autorität Folge leisten.

Rollenhandeln

Klassisches Rollenkonzept

Das Milgram-Experiment der vorhergehenden Doppelseite ist ein Beleg dafür, wie sehr uns das Handeln in Rollen beeinflusst: Wenn wir die Rolle des „Befehlsempfängers" annehmen, sind wir offensichtlich bereit, jede Verantwortung zu vergessen.

Solche sozialen Rollen sind Bündel von Verhaltenserwartungen, die von einer Bezugsgruppe oder mehreren Bezugsgruppen an uns herangetragen werden. Soziale Rollen haben eine allgemeine *soziale Orientierungsfunktion,* sie geben Verhaltenssicherheit. Das Rollenkonzept klassischer Art hat folgende Bestandteile:

- Rollenerwartungen können sich auf Eigenschaften und Merkmale des Rollenträgers wie auf sein Rollenverhalten beziehen.
- Rollen sind entweder zugeschrieben (z. B. durch Geburt) oder erworben (z. B. durch Leistung).
- Ein Rollensatz ist die Gesamtheit aller sich ergänzenden Teilrollen. Die Rolle des Schülers besteht beispielsweise aus den Rollenerwartungen der Lehrer, der Eltern, der Mitschülerinnen und Mitschüler, der Bekannten, der Omas und Opas, Onkel und Tanten, der Hausmeisterin oder des Hausmeisters, der Nachbarn usw. Man spricht auch von Rollensegmenten.

Schülerrolle

Lehrer

Eltern

Rollen-
erwartungen

Verwandte

Mitschülerinnen
und Mitschüler

andere

Rollenkonflikte

In den einzelnen Rollensegmenten können durchaus verschiedene Erwartungen gestellt werden. Es kommt zu einem *Intra-Rollenkonflikt.* Zwischen den verschiedenen Rollen, die wir einnehmen, kann es ebenfalls zu Konflikten kommen, den *Inter-Rollenkonflikten.* Wenn z. B. die Lehrerin Frau Müller ein krankes Kind zu Hause hat, kommt sie leicht in einen Konflikt zwischen ihrer Rolle als Lehrerin, in der sie ihre Schülerinnen und Schüler im Lernen begleiten muss, und ihrer Rolle als Mutter, in der sie ihr Kind während dessen Krankheit betreuen muss. Diese Inter-Rollenkonflikte müssen von der Person ausgehalten werden.

Zu den grundsätzlichen *Qualifikationen* des Rollenhandelns gehören deshalb

- die Rollendistanz als Fähigkeit, beim Rollenhandeln das eigene Verhalten distanzierend und reflektierend zu betrachten, sowie
- die Ambiguitätstoleranz als die Fähigkeit, uneindeutige Situationen und Widersprüche zwischen verschiedenen Rollenerwartungen auszuhalten.

Der Mensch als Rollenträger?

Das Verhältnis der Person zur Gesellschaft wird durch die Rollentheorie aufgeworfen. Viel diskutiert wurde Ralf Dahrendorfs Vorstellung vom *Homo Sociologicus,* der die Gesamtheit seiner sozialen Rollen ist, die ihrerseits von Normen, Erwartungen und von Sanktionen anderer geprägt werden. Entsprechend handelt der Homo Sociologicus in Kompromissen, die er selber findet.

Die Vorstellung vom Homo Sociologicus stellt das Problem, ob die Menschen als *Träger ihrer Rollen* abschließend definiert sind, also letztlich ausschließlich durch die Gesellschaft bestimmt sind oder inwiefern sie persönliche Freiheit genießen. Dies immer wieder neu – zuletzt von der Hirnforschung – aufgeworfene Problem des Widerspruchs zwischen dem von anderen beeinflussten Rollenhandeln einerseits und der Autonomie des Individuums andererseits ist auf der Ebene der Soziologie nicht lösbar. Die Betonung der jeweils einen oder anderen Seite kennzeichnet die unterschiedlichen Rollenvorstellungen.

Rollentheorien

M 1 Die Rollentheorie Morenos

Eine Rolle ist eine Fusion von privaten und kollektiven Elementen. Sie setzt sich aus zwei Teilen zusammen: ihrem kollektiven Nenner und ihrem individuellen Zähler. (...)

Wir beobachten hier das interessante Phänomen, dass das Wort „Rolle" die Assoziation aufkommen lässt, es handele sich um etwas Theatralisches, etwas Äußerliches sozusagen (die Rolle ist „gespielt"), im Unterschied zu dem älteren Wort „persona", das heute die Ganzheit des Charakters eines Individuums, die Gesamtheit der Gefühle, Gedanken und Handlungen bedeutet und das damit zu komplex und „intransparent" geworden ist.

Es ist nützlich, zwischen Folgendem zu unterscheiden: Rollenübernahme (role-taking), das Übernehmen einer geschlossenen, völlig ausgearbeiteten Rolle, die dem Individuum keinerlei Veränderung, keinerlei Freiheitsgrade erlaubt, Rollenspiel (role-playing), das dem Individuum einige Freiheitsgrade ermöglicht, und Rollenkreation (role-creating), die dem Individuum einen hohen Grad an Freiheit erlaubt, wie z. B. dem spontanen Spieler (spontaneity player). Die greifbaren Aspekte dessen, was wir als „Ich" oder „Selbst" bezeichnen, sind die Rollen, in denen sie handeln. Rollen und die Beziehungen zwischen Rollen sind die bedeutendste Entwicklung innerhalb jeder spezifischen Kultur.

(Jakob L. Moreno, in: Hilarion Petzold / Ulrike Mathias, Rollenentwicklung und Identität, Paderborn: Jungfermann 1982, S. 259 f.)

M 2 Der Rollenbegriff bei Goffmann

Wenn der Einzelne eine Rolle spielt, fordert er damit seine Zuschauer auf, den Eindruck, den er bei ihnen hervorruft, ernst zu nehmen. Sie sind aufgerufen zu glauben, die Gestalt, die sie sehen, besitze wirklich die Eigenschaften, die sie zu besitzen scheint, die Handlungen, die sie vollführt, hätten wirklich die implizit geforderten Konsequenzen, und es verhalte sich überhaupt alles so, wie es scheint. Dem entspricht die allgemein verbreitete Meinung, dass der Einzelne seine Rolle für die anderen spiele und seine Vorstellung nur für sie inszeniere. Für unsere Analyse derartiger Darstellungen wird es sich als nützlich erweisen zu untersuchen, wieweit der Einzelne selbst an den Anschein der Wirklichkeit glaubt, den er bei seiner Umgebung hervorzurufen trachtet.

Da finden wir auf der einen Seite den Darsteller, der vollständig von seinem eigenen Spiel gefangen genommen wird; er kann ehrlich davon überzeugt sein, dass der Eindruck von Realität, den er inszeniert, „wirkliche" Realität sei. (…)

Auf der anderen Seite steht der Darsteller, den seine eigene Rolle überhaupt nicht zu überzeugen vermag. Diese Möglichkeit wird daraus verständlich, dass sich kein anderer Beobachter in einer auch nur annähernd so günstigen Lage befindet, das Spiel zu durchschauen, wie derjenige, der es inszeniert. (…)

Zunächst ohne rechte innere Überzeugung von der eigenen Rolle kann der Einzelne einer natürlichen Entwicklung folgen, die von E. Park folgendermaßen beschrieben wird:

„Es ist wohl kein historischer Zufall, dass das Wort Person in seiner ursprünglichen Bedeutung eine Maske bezeichnet. Darin liegt eher eine Anerkennung der Tatsache, dass jedermann überall und immer mehr oder weniger bewusst eine Rolle spielt... In diesen Rollen erkennen wir einander; in diesen Rollen erkennen wir uns selbst. In einem gewissen Sinne und insoweit diese Maske das Bild darstellt, das wir uns von uns selbst geschaffen haben, ist die Maske unser wahreres Selbst: das Selbst, das wir sein möchten. Schließlich wird die Vorstellung unserer Rolle zu unserer zweiten Natur und zu einem integralen Teil unserer Persönlichkeit. Wir kommen als Individuen zur Welt, bauen einen Charakter auf und werden Personen." *(Erving Goffmann, Wir alle spielen Theater. Die Selbstdarstellung im Alltag, München/ Zürich: Piper, ⁷1998, S. 20 f.)*

Inszenierung Politik: Rollenspiel Bundeskanzlerin

1 **Stellen Sie die zentralen Elemente der hier vorgestellten Rollenbegriffe einander gegenüber.**
2 **Beziehen Sie diese Rollenbegriffe auf das Milgram-Experiment und versuchen Sie mithilfe der jeweiligen Konzepte eine Erklärung für das dort beschriebene Verhalten.**
3 **Beurteilen Sie: Welches Konzept ist für Sie das schlüssigere?**

Gesellschaft

Emile Durkheim (1858 – 1917)

Wodurch bestimmt sich Gesellschaft?

Ferdinand Tönnies (1855 – 1926)

Wie unterscheidet sich die moderne Gesellschaft von der traditionellen Gemeinschaft?

Aristoteles (384 – 322 v. Chr.)

Was ist die Natur des Menschen?

Gesellschaftsbegriff

Gesellschaft steht sowohl für die Menschheit als Ganzes (gegenüber z. B. dem Tierreich) wie auch für bestimmte Gruppen von Menschen, beispielsweise ein Volk oder einen räumlich abgrenzbaren Zusammenhang von Menschen (z. B. die deutsche Gesellschaft). Die Bezeichnung Gesellschaft ist als zentraler Grundbegriff der Soziologie nicht unumstritten.

Emile Durkheim gibt drei Kriterien für Gesellschaft an:

1. Die Allgemeinheit, d. h., die Regeln der gegebenen Struktur gelten für alle Individuen, die in ihr interagieren.
2. Die Äußerlichkeit, d. h., die Struktur wird als unabhängig von der eigenen Person empfunden.
3. Den Zwang, d. h., es ist für den Einzelnen nicht möglich, sich der sozialen Struktur entgegenzustemmen, da er ihr unterworfen ist. Nichtbeachtung der gesellschaftlichen Regeln zieht mehr oder minder schwere Sanktionen nach sich.

Gemeinschaft und Gesellschaft

Der Soziologe *Ferdinand Tönnies* stellte dem Begriff Gemeinschaft, der durch gegenseitiges Vertrauen, emotionale Anbindung und Homogenität charakterisiert ist, den Begriff Gesellschaft gegenüber. Dieser Struktur bedienen sich ihm zufolge die Individuen, um ihre individuellen Ziele zu erreichen. Dies führt zu einer losen Verbindung der Individuen in der Gesellschaft. „Gemeinschaft" und „Gesellschaft" sind für Tönnies Gegenstände der Soziologie.

Bereits auf *Aristoteles* geht die Vorstellung zurück, dass Menschen gesellige Wesen seien. In vielen Angelegenheiten sei der Mensch auf andere Menschen angewiesen. Es liege in der menschlichen Natur, die Umwelt in Arbeitsteilung anzugehen.

Der Begriff der Gesellschaft wurde sehr oft normativ gebraucht, im Sinne einer „guten Gesellschaft", einer „Gesellschaft, wie sie sein soll". In der Soziologie hat ein normativer Gesellschaftsbegriff keinen Platz, da es um die Beschreibung gesellschaftlicher Phänomene geht. Die Wissenschaft legt einen deskriptiven Gesellschaftsbegriff zugrunde.

Integration und Desintegration

Die Frage, was zumindest moderne Gesellschaften zusammenhält, ist nicht so leicht zu beantworten. Viele Faktoren *gesellschaftlichen Zusammenhalts* verlieren ihre Bindungskraft zunehmend:

- Die Bindung an die Familie, an die Blutsverwandtschaft usw. befindet sich zunehmend in Auflösung durch einen Anstieg der Scheidungen und die zunehmende Existenz von Patchworkfamilien.
- Die Bindung an die Gemeinschaft der Zusammenlebenden, den Stamm, die Volksgemeinschaft usw. scheint passé.
- Die Bindungskraft der Religion bzw. der Kirche lässt massiv nach, da viele diesen Gemeinschaften nicht mehr angehören.
- Die Bindungskraft der Nation ist trotz eines neu aufkommenden Patriotismus zumindest in Deutschland relativ gering.
- Eine Gemeinschaft in den Werten und Vorstellungen ist in einer pluralistischen Gesellschaft ohnehin fraglich.
- Die Gemeinsamkeit im wirtschaftlichen Handeln ist sicherlich gegeben, befindet sich aber in Zeiten der Massenarbeitslosigkeit zunehmend in Auflösung.
- Gegenseitige Unterstützung und Hilfe – etwa in ehrenamtlichem Engagement – ist zwar immer noch ein bedeutender Faktor, aber gesellschaftlich und wirtschaftlich (zu) wenig anerkannt.

Dem stehen Faktoren gegenüber, die die Gesellschaft auseinandertreiben:

- *Abweichendes Verhalten,* insbesondere die Kriminalität ist insgesamt betrachtet im Zunehmen begriffen. Insbesondere die Eigentumsdelikte und einfache Gewaltkriminalität nehmen zu.
- *Individualisierung* scheint ein bestimmender Trend in allen Lebensbereichen zu sein, der die Gesellschaft immer weiter differenziert.

Die *gesellschaftliche Differenzierung* hat verschiedene Dimensionen: Die vertikale Differenzierung besteht in den gesellschaftlichen Hierarchien, der Elitenbildung, der gesellschaftlichen Ausgrenzung usw. Die horizontale Differenzierung ist durch die Vervielfältigung bzw. Spezialisierung von Aufgaben und Tätigkeiten, insbesondere von Berufen in der Arbeitsteilung, sowie von Lebensstilen gegeben. Die funktionale Differenzierung ist durch die Herausbildung und Aufgliederung sozialer Positionen und Institutionen gekennzeichnet. Schließlich findet eine sozialräumliche Differenzierung in Bereiche wie Stadt und Land, Großstadt und Peripherie statt.

Gesellschaftliche Konflikte und Spannungen sind unvermeidlich. Sie sind sogar nützlich, da sie zur Anpassungsfähigkeit der Gesellschaft einen wichtigen Beitrag leisten. Integration und Desintegration in die Gesellschaft sind zwei Seiten einer Medaille. Soziale Kontrollprozesse sorgen dafür, dass die Desintegration nicht überhand nimmt und damit die Existenz der Gesellschaft gefährdet ist.

Der Soziologe *Niklas Luhmann* verwandte für die Begriffe der Integration und Desintegration die Begriffe Inklusion und Exklusion.

Die Vergesellschaftung macht nach den Vorstellungen vieler besonders im Hinblick auf die Globalisierung nicht an den Staatsgrenzen Halt. Besonders die Herausbildung einer Weltgesellschaft wird zunehmend für möglich gehalten und gefordert.

Niklas Luhmann (1927–1998)

Wie funktioniert soziale Interaktion in verschiedenen Teilsystemen?

Gesellschaftsformen

Verschiedene *Gesellschaftsformen* werden diskutiert bzw. wurden in der Geschichte der Soziologie unterschieden:

- *Stammesgesellschaft* ist die Bezeichnung für eine auf der Bindungskraft der Blutsverwandtschaft beruhenden Gesellschaftsform, die in früheren Jahrtausenden die bestimmende Gesellschaftsform war.
- *Feudalgesellschaft* ist eine Gesellschaftsform, die auf der persönlichen Abhängigkeit zwischen Menschen beruht. Der Einzelne ist der Vasall, der einem Senior zu huldigen hat und von ihm das Nötige als Lehen erhält.
- Die *asiatische Produktionsweise* ist eine Gesellschaftsform, die auf einer starken Bürokratie als Organisator der Voraussetzungen der Produktion, meist des Bewässerungswesens, beruht.
- Die *bürgerliche Gesellschaft* ist gekennzeichnet als der Handlungsraum freier Menschen, die miteinander in Marktbeziehungen stehen. Für die bürgerliche Gesellschaft hat sich auch die (abwertende) Bezeichnung Kapitalismus eingebürgert, da sie durch den Privatbesitz der Produktionsmittel gekennzeichnet ist.
- Die *sozialistische Gesellschaft* ist eine Idealvorstellung, nach der die Menschen nach ihren Fähigkeiten arbeiten und nach ihrer Leistung, nicht nach ihrem Besitz, ihrer Familie oder ihrer Macht, belohnt werden sollen. In der kommunistischen Gesellschaft würde jeder nach seinen Bedürfnissen versorgt.
- Die *Industriegesellschaft,* die sich in ihrem Kern die Produktion von Industriegütern zur Aufgabe setzt und ihre Strukturen darauf ausrichtet.

Neben diesen Gesellschaftsformen, von denen Teile nach wie vor zu finden sind, werden andere Gesellschaftsformen als Bezeichnungen vorgeschlagen, die umstritten sind, u.a. die Urgesellschaft als eine Gesellschaft von gleich Besitzenden, die Wissensgesellschaft als eine Gesellschaft, die sich um das Wissen aufbaut, oder die Erlebnisgesellschaft als eine Gemeinschaft der Freizeitler.

Soziologische Theorien

Theoriebildung

Die ersten Soziologen befassten sich zunächst mit der Frage, wie die moderne Gesellschaft entstanden ist und wie sie sich von früheren Gesellschaftsformen unterscheidet. Sowohl in Frankreich als auch in Deutschland formierte sich die Soziologie im ausgehenden 19. Jahrhundert als eine *„Krisenwissenschaft"*. Sie entstand als Aufdeckung der Kehrseiten und Mängel der entstehenden bürgerlichen Gesellschaft.

Soziologische Theorie muss klären, wie *soziale Ordnung* entsteht, d. h. auf die Frage antworten, wie Gesellschaft möglich ist. Dabei müssen folgende Probleme berücksichtigt werden: Welches sind die Orientierungen sozialen Handelns? Wie kommt es dazu, dass freie Individuen gemeinsame oder ähnliche Handlungsmuster entwickeln? Wie werden sie stabilisiert bzw. institutionalisiert? Wie werden sie reproduziert/verändert/ausdifferenziert, d. h., wie vollzieht sich sozialer Wandel?

Die soziologischen Theorien lassen sich einteilen in *soziologische Handlungstheorien,* die die Fragen überwiegend vom handelnden Individuum her angehen, *Gesellschaftstheorien,* die die Fragen überwiegend aus der Perspektive des Ganzen der Gesellschaft betrachten, und *intermediäre Theorien,* die überwiegend aus den Zwischenbereichen zwischen Individuum und Gesellschaft ableiten.

Soziologische Handlungstheorien

Emile Durkheim gilt als einer der Begründer der Soziologie. Er stellte fest, dass sich Gesellschaft weder biologisch noch allein psychologisch beschreiben lässt, und entwickelte eigene (soziologische) Methoden. Unter anderem befasste er sich mit der Frage, warum Individuen sich nicht gesellschaftskonform verhalten, und begründete somit die soziologische Handlungstheorie.

Max Weber gilt als einer der Begründer der deutschen Soziologie. Er beschreibt Soziologie als „Wissenschaft, welche soziales Handeln deutend verstehen und dadurch in seinem Ablauf und seinen Wirkungen ursächlich erklären will". Weber befasste sich u. a. mit der Frage, worin die Gründe dafür liegen, dass der Kapitalismus die Form angenommen hatte, wie er sie in seiner Zeit in Europa vorfand.

Der *Rational-Choice-Ansatz* führt gesellschaftliche Phänomene auf die Entscheidungen und das entsprechende Handeln einzelner Individuen zurück und geht davon aus, dass hier rationale Wahlen getroffen werden. Menschen handeln demnach mit bestimmten Ressourcen und unter bestimmten Restriktionen (Begrenzungen). Dabei orientieren sie sich an Erwartungen des Verhaltens anderer und versuchen das Erreichen der eigenen Ziele zu evaluieren und den Nutzen zu maximieren.

Der *symbolische Interaktionismus* betrachtet das menschliche Denken, Fühlen und Handeln. Handeln geschieht demnach auf der Grundlage der Bedeutung von Dingen und Beziehungen. Bedeutungen entstehen in der Interaktion der Menschen. Auch die Wirklichkeit ist für den symbolischen Interaktionismus eine soziale Konstruktion.

Gesellschaftstheorien

Karl Marx befasste sich mit dem Kapitalismus, seinen Ursachen und Ausprägungen sowie seinem – wie er meinte – notwendigen Ende. Diese Gesellschaftsform sah er in der Ökonomie begründet (gesellschaftliche Basis), ihre Ausprägungen (gesellschaftlicher Überbau) aber reichten bis in den Bereich des Denkens (der Ideologie) hinein. Marx beschrieb die Gesellschaft als sich krisenhaft entwickelnd und prognostizierte ihr Ende und ihren Übergang in eine klassenlose Gesellschaft. Bestimmend für eine Gesellschaft ist Karl Marx zufolge der Stand der Produktivkräfte (Produktionstechnik und menschliche Fertigkeiten). Aufgrund der Produktionsverhältnisse (Eigentums- und Herrschaftsverhältnisse) ist die Gesellschaft im Kapitalismus in Klassen (Proletariat und Kapitalisten)

Max Weber (1864–1920)

Wie funktioniert soziales Handeln, welche Ziele verfolgt es?

Karl Marx (1818–1883)

Wie ist die Wechselwirkung zwischen Wirtschaftssystem und Gesellschaftsform?

gespalten und durch Klassengegensätze bestimmt. Der gesellschaftliche Konflikt steht im Mittelpunkt der marxistischen Soziologie.

Die *Kritische Theorie* knüpft an den Marxismus an, indem sie dessen Theorie der Klassengegensätze übernimmt. Sie widmet sich insbesondere gesellschaftlichen Konflikten im Bereich der Bewusstseinsindustrie (z. B. den Medien).

Systemtheorie

Eine gänzlich andere soziologische Gesellschaftstheorie ist die Systemtheorie, die *Talcott Parsons* in den 1940er-Jahren in den USA entwickelte. Parsons fasst Gesellschaft als ein System von Subsystemen auf, deren Funktion auf die Stabilität des Systems ausgerichtet ist. Die Struktur des Systems (Gesellschaft) ist damit ein statisches Element, die Funktion ein dynamisches. Die Basis aller sozialen Systeme ist das Individuum als agierendes System, welches in seine Rollen und die institutionellen Strukturen eingebunden ist. Sozialisation ist demnach ein funktioneller Prozess mit dem Ziel der Anpassung des Individuums an die Gesellschaft. Seine Theorie wird deshalb als struktur-funktional bezeichnet.

Wie Parsons geht es *George Herbert Mead* um die Frage, wie Gesellschaft funktioniert. Für Mead entsteht Identität durch Interaktion mit den anderen. Dabei sieht sich der Einzelne im Verlauf seiner Entwicklung zunehmend durch die Augen der anderen und übernimmt so deren Verhaltenserwartungen. Identität und Interaktion sind also die zentralen Elemente seiner Theorie. Mead unterstellt, dass alle Individuen ein Interesse am Funktionieren der Gesellschaft haben. Demnach führt die Interaktion mit den anderen im Verlauf der Sozialisation zur Internalisierung allgemein gültiger Werte und Normen. Die Interaktion erfolgt durch Gesten, Zeichen und Symbole. Seine Theorie wird deshalb als symbolischer Interaktionismus bezeichnet.

Intermediäre Theorien

Als ein Gegenkonzept sowohl zur Handlungstheorie als auch zur Systemtheorie versteht sich *Norbert Elias'* Gesellschaftstheorie. Für ihn existieren weder Individuen ohne Gesellschaft noch Gesellschaften ohne Individuen. Er kennt auch keine „Zustände", die Realität ist vielmehr Bewegung: Seine Theorie richtet ihre Wahrnehmung auf Verflechtungen und soziale Prozesse.

Pierre Bourdieu geht im Anschluss an Marx vom Schlüsselbegriff des Kapitals aus, unterscheidet jedoch neben ökonomischem auch soziales Kapital als Beziehungen zu einflussreichen Personen, kulturelles Kapital, z. B. Wissen, akademische Titel, wie auch symbolisches Kapital wie Anerkennung, Ehre und guter Ruf. Mitglieder einer Klasse oder sozialen Gruppe haben für ihn einen ähnlichen Geschmack, sie zeigen einen bestimmten Habitus in der Bewegung, dem Sprechen, Fertigkeiten, der Kleidung, dem Wohnort, der Wohnungseinrichtung, den Freizeitgewohnheiten usw.

Alfred Schütz stellt die Lebenswelt der Menschen und die Grundstrukturen des Alltags in den Mittelpunkt soziologischer Betrachtung. Die Individuen typisieren Objekte und Handlungen, um sich in der sozialen und natürlichen Welt zu orientieren. So ist die Welt immer schon interpretiert und sozial vermittelt.

Jürgen Habermas nimmt diesen Ansatz der Lebenswelt auf und stellt ihr das System gegenüber. In diesem Dualismus entwickle sich die Gesellschaft, seit das System, gemeint sind Staat und Markt, aus der Lebenswelt herausgewachsen sind. Zunehmend träten die Widersprüche zwischen System und Lebenswelt zutage. Demgegenüber komme es darauf an, die notwendigen gesellschaftlichen Entscheidungen in einer Kommunikationsstruktur vorzubereiten.

Ulrich Beck knüpft an Habermas an. Den Zustand der Gesellschaft sieht er bestimmt durch Globalisierung und Individualisierung. In einer sich reflektierenden Moderne gibt es für ihn bei schädlichen Entwicklungen die Möglichkeit des Umsteuerns.

Systemtheorie nach T. Parsons

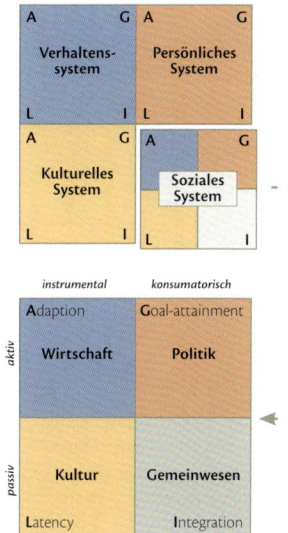

Pierre Bourdieu (1930–2002)

Über welche Merkmale versuchen sich soziale Gruppen voneinander abzuheben?

Jürgen Habermas (geb. 1929)

Wie konstituiert sich Öffentlichkeit in einer modernen Gesellschaft?

Gesellschaftliche Organisationen und Institutionen

Soziale Organisation

Die Gesellschaft besteht aus kleineren sozialen Einheiten bzw. Teilsystemen. Die *soziale Gruppe* ist eine von ihnen. Daneben existieren soziale Organisationen, Institutionen und Netzwerke.

Die *soziale Organisation* ist ein soziales Gebilde, das auf spezifische Ziele ausgerichtet ist. Inhalt der Organisation ist die Gesamtheit aller geplanten und ungeplanten sozialen Prozesse, die innerhalb des sozialen Systems und in den Außenbeziehungen dieses Systems mit anderen Organisationen ablaufen.

Als formale Organisation werden die geplanten Strukturen und sozialen Prozesse bezeichnet. Dies sind zum großen Teil Zuordnungsprozesse von

- Aufgaben,
- Kompetenzen,
- Instanzen,
- Positionen und Rollen.

Die Menschen in einer modernen Gesellschaft sind in vielen Organisationen eingebunden, z. B. in:
- Kindergärten
- Schulen
- Universitäten und Hochschulen
- Betrieben
- Krankenhäusern
- Verbänden
- Vereinen usw.

Die formale Organisation erfolgt meist in Form einer Hierarchie. Die ungeplanten sozialen Prozesse, die die formale Organisation fördern, behindern, ergänzen oder neutralisieren können, werden als informelle Organisation bezeichnet.

Die postindustrielle Organisationsform sucht eine Organisationsstruktur zu finden, die

- demokratisch organisiert ist,
- ein flexibles Regelsystem hat,
- dezentralisiert ist,
- an Aufgaben und Projekten orientiert ist und
- innovativ ist.

Soziale Institutionen

Von den Organisationen werden in der Soziologie die Institutionen unterschieden. Die Institution ist eine soziale Einrichtung, die auf Dauer bestimmt, was getan werden muss. Institutionen üben normative Funktionen aus, setzen Regeln.

Soziale Institutionen wie Sprache, Religion und Staat gewährleisten Menschen damit Verhaltenssicherheit, sie stehen für Stabilität, Sicherheit und Ordnung. Sie haben folgende Aufgaben:

Merkmal der Industriegesellschaft des vorletzten und letzten Jahrhunderts war die bürokratische Organisation, die
- autoritär geführt war,
- ein strenges Regelsystem aufwies,
- zentralisiert war,
- eine feste Struktur von Positionen und Rollen hatte und
- strengen Ritualen folgte.

- Integration,
- Erhaltung der Werte und Normen,
- Entlastung von Entscheidungen, Reduktion der Komplexität der Wirklichkeit,
- Gewährleistung der Vorhersagbarkeit von Handlungen,
- Motivation.

Die Unterscheidung zur Organisation ist nicht ganz trennscharf. So ist zum Beispiel die Ehe eine Institution, die Familie, die Schule und die Kirche sind sowohl Institutionen als auch Organisationen.

Mit Institutionalisierung wird der Prozess der Bildung von Institutionen bezeichnet. Sie beinhaltet das Setzen von Normen und Werten und eine Differenzierung der Aufgaben. Institutionalisierung schafft Normalität. Sie bedeutet dabei aber zwangsläufig auch Exklusion wie Entlassung, Ausgrenzung, Entmündigung, Schulverweis usw.

Die Gesamtheit der Institutionen bildet die gesellschaftliche Struktur aus, in der die einzelnen Institutionen unterschiedliche, aber auch sich überschneidende Aufgaben übernehmen. Als Institutionen der heutigen westlichen nachindustriellen Gesellschaft ragen einige Institutionen unzweifelhaft hervor, die die Gesellschaftsstruktur prägen.

Wirtschaft

Die Ökonomie ist die Institution, die in der heutigen Gesellschaft in vielen Bereichen die Aufgabe der Versorgung der Menschen mit materiellen Gütern innehat. Die Gesetzmäßigkeit der Ökonomie scheint allgemein gültig zu sein: Das Geldsystem hat sich fast in allen Lebensbereichen durchgesetzt, Tausch und unentgeltliche Hilfe oder Geschenke sind in Randbereiche gedrückt. Der Markt ist als der Ort der sozialen Beziehungen, die auf den Erwerb oder die Veräußerung von Produkten und Dienstleistungen ausgerichtet sind, allgemein anerkannt und praktiziert.

Zentrale Institutionen

nach: Klaus Feldmann, Soziologie kompakt, Wiesbaden ⁴2006, S. 198

Politik

Die Verteilung und Legitimierung von Macht und Herrschaft geschieht in der Institution Politik. Macht ist die Fähigkeit, andere auch gegen deren Willen zu einem bestimmten Verhalten zu veranlassen. Nicht nur in der Politik wird Macht ausgeübt, aber hier wird sie institutionalisiert. Die Verteilung von Macht und Herrschaft in der Demokratie geschieht nach bestimmten strengen Regeln, die ein Ausufern der Macht verhindern sollen. Außerdem sollen sie dazu beitragen, dass diejenigen, über die Macht ausgeübt wird, diese anerkennen und verinnerlichen und somit die Anwendung extensiver Machtmittel wie Waffengewalt und unmittelbaren Zwang weitgehend vermeiden.

Erziehung und Bildung

Die Institutionalisierung weiter Bereiche der Sozialisation geschieht in Erziehung und Bildung. Zu diesem System gehören nicht nur Kindergärten, Schulen und Universitäten, sondern auch Babykurse, Erziehungsbücher, Weiterbildung für Arbeitnehmer usw. Durch Erziehung und Bildung soll das Individuum die Normen und Werte der Gesellschaft kennen lernen und teilweise verinnerlichen sowie soziale Rollen spielen lernen. Das Erziehungs- und Bildungssystem erfüllt entsprechend drei Funktionen: Qualifikation, Selektion und Integration.

Massenmedien

Die Institutionalisierung der Kommunikation geschieht durch die Massenmedien. Niklas Luhmann hat dies in die provokative These gefasst: „Alles, was wir wissen, wissen wir durch die Massenmedien." Massenmedien umfassen schriftliche und elektronische Kommunikationsmittel. Sie vermitteln die gesellschaftlich notwendigen Kommunikationsvorgänge, zu denen natürlich auch der „Talk" über das Handy gehört.

Religion und Ideologie

In der Religion und der Weltanschauung werden regelmäßig wiederholte gemeinsame Rituale und ein Set von zusammenhängenden gefühlsbeladenen Symbolen institutionalisiert. Die Ritualisierung durch gemeinsame symbolhafte Handlungen erzeugt das Gefühl der Gemeinsamkeit und der Hoffnung.

Gesundheit und Medizin

In dieser Institution wird das Feld der Gesundheit und Krankheit, der Körperlichkeit und des Wohlbefindens bearbeitet.

Karikatur: Thomas Plaßmann

Soziale Differenzierung: Lebenslagen

Das Sinus-Modell

Die Gesellschaft ist nur begrenzt einheitlich. Fast alle Gesellschaften weisen eine Binnenstruktur auf. Es herrscht *soziale Differenzierung.* Ein Ansatz, um die Struktur der westlichen Gesellschaften zu bestimmen, besteht in den Sinus-Milieus. Dabei werden Einstellungen von Menschen betrachtet und diese dann mithilfe der Cluster-Analyse nach zusammenhängenden Faktoren gruppiert. Dadurch kann man herausfinden, worin sich Menschen in ihrer Lebensauffassung und ihrer Lebensweise ähneln.

Die so genannten Sinus-Milieus gruppieren Menschen, die sich in ihrer Lebensauffassung und Lebensweise ähneln. Die Eingruppierung geschieht nach Merkmalen wie der Alltagseinstellung zur Arbeit, zur Familie, zur Freizeit, zu Geld und Konsum. Die Merkmale von befragten Personen werden in einem Clustering-Verfahren zugeordnet. Es stellt sich heraus, dass sich die Merkmale bestimmter Zuordnungen in Bereichen eines Diagramms bündeln. So werden Lebenslagen bzw. Milieus ermittelt, denen die festgestellten Gruppen angehören:

Die *Traditionsverwurzelten* (Sinus A23) machen ca. 14 % der Bevölkerung aus. Sie sind die Sicherheit und Ordnung liebende Kriegsgeneration, die in der kleinbürgerlichen Welt bzw. in der traditionellen Arbeiterkultur verwurzelt ist. Sie sehen sich als die Bewahrer der traditionellen Werte Pflichterfüllung, Disziplin, Bescheidenheit und Moral. Ihre Interessen liegen vor allem bei der Familie und der eigenen Gesundheit. Sie haben meist den Hauptschul- oder Volksschulabschluss und eine abgeschlossene Berufsausbildung.

Die *Konservativen* (Sinus A12) sind ca. 5 % der Bevölkerung. Sie sind das alte deutsche Bildungsbürgertum. Sie haben eine ausgeprägte Pflichtauffassung und gepflegte Umgangsformen. Sie leiden unter dem „Verfall der Werte und guten Sitten". Sie engagieren sich in ehrenamtlichen Tätigkeiten. Wichtig sind ihnen Familie und familiärer Zusammenhalt. Sie interessieren sich für klassische Kunst und Kultur (Theater, Oper, Museen) und verfolgen besorgt das Zeitgeschehen in Politik, Gesellschaft und Wirtschaft. Sie kümmern sich besonders um ihr Wohlbefinden und ihre Gesundheit. Meist haben sie einen Universitätsabschluss.

Die *Etablierten* (Sinus B1) machen 10 % der Bevölkerung aus. Sie sind selbstbewusst und ihres Erfolgs sicher; der Erfolg scheint ihnen machbar. Sie sind gebildet und gut gestellt und fühlen sich als Elite. Beruflicher Erfolg ist ihnen wichtig. Kunst, Kultur und individuelle Reisen gehören zum Lebensgenuss der Etablierten. Sie beschäftigen sich auch nachhaltig mit Politik und Wirtschaft. Sie sind sehr aufgeschlossen gegenüber dem technologischen Fortschritt.

Die *DDR-Nostalgischen* (Sinus AB2) sind ca. 6 % der Bevölkerung. Sie halten an preußischen Tugenden und altsozialistischen Vorstellungen von Gerechtigkeit und Solidarität fest, da sie aus der deutschen Ver-

Beispiele der Inneneinrichtung von verschiedenen Milieus

Aufbewahren: Sinus B2

Aufbewahren: Sinus B1

Soziale Lage / Grundorientierung	A – traditionelle Werte (Pflichterfüllung, Ordnung)	B – Modernisierung (Individualisierung, Selbstverwirklichung, Genuss)	C – Neuorientierung (Multi-Optionalität, Experimentierfreude, Leben in Paradoxien)
1 Oberschicht, obere Mittelschicht	Sinus A12 Konservative 5 %	Sinus B1 Etablierte 10 %	Sinus C12
2 mittlere Mittelschicht	Sinus AB2	Sinus B12 Postmaterielle 10 %; Sinus B2 Bürgerliche Mitte 16 %; DDR-Nostalgische 6 %	Moderne Performer 9 %; Sinus C2 Experimentalisten 8 %
3 untere Mittelschicht, Unterschicht	Sinus A23 Traditionsverwurzelte 14 %	Sinus B3 Konsum-Materialisten 11 %	Sinus BC3 Hedonisten 11 %

einigung als Verlierer hervorgegangen sind. Häufig sind sie deshalb verbittert. Früher waren sie oft Führungskader in Politik, Verwaltung, Wirtschaft, Kultur. Heute haben sie einfache Berufe oder sind arbeitslos. Sie führen ein – zum Teil demonstrativ – einfaches Leben, konzentriert auf Familie, gleichgesinnte Freunde und Vereine. Die Interessen und Freizeitaktivitäten der DDR-Nostalgischen konzentrieren sich auf Heimwerken, Renovieren, bescheidenes Modernisieren des Haushaltes, aber auch auf das Engagement in Vereinen und lokaler Politik. Sie haben meist eine einfache bis mittlere, Bildung; aber auch Hochschulabschlüsse.

Aufbewahren: Sinus C2

Die *Bürgerliche Mitte* (Sinus B2) stellt ca. 16 % der Bevölkerung. Sie strebt nach beruflicher und sozialer Etablierung und nach gesicherten und harmonischen Verhältnissen. Sie zeigen Leistung und Zielstrebigkeit. Sie wollen sich einen angemessenen Wohlstand erarbeiten, sich leisten können, worauf sie Lust haben. Ein angenehmes, komfortables Leben, Harmonie im familiären Umfeld und im Freundeskreis charakterisieren den Lebensstil der Bürgerlichen Mitte. Meist haben die Angehörigen der Bürgerlichen Mitte qualifizierte mittlere Bildungsabschlüsse.

Die *Konsum-Materialisten* (Sinus B3) machen 11 % der Bevölkerung aus. Sie sind stark am Konsum orientiert. Wegen beschränkter finanzieller Mittel legen sie viel Wert auf spontanen und prestigeträchtigen Konsum, um zu beweisen, dass sie mithalten können. Sie haben häufig nur mangelnde Ausbildung und ungünstige persönliche Rahmenbedingungen. Sie haben meist einen Volksschul- oder Hauptschulabschluss mit oder auch ohne Berufsausbildung. Der Anteil der Arbeitslosen ist hoch.

Sitzen: Sinus B2

Die *Modernen Performer* (Sinus C12) stellen ca. 9 % der Bevölkerung. Sie wollen ein beruflich und privat intensives Leben führen und sind flexibel und multimedia-begeistert, jung und unkonventionell. Oft sind sie selbstständig. Sie sind das jüngste deutsche Milieu und haben ein hohes Bildungsniveau. Viele sind noch Schüler und Studenten, zum Teil aber mit Jobs.

Die *Experimentalisten* (Sinus C2) sind 8 % der Bevölkerung. Sie wollen ungehinderte Spontaneität und ein Leben in Widersprüchen. Sie sind tolerant und offen gegenüber unterschiedlichsten Lebensstilen, Szenen und Kulturen. Gleichzeitig lehnen sie Zwänge, Routinen und Rollenvorgaben ab. Ihre Ablehnung, sich „lebenslänglich" festzulegen, führt oft zu ungewöhnlichen Patchwork-Biografien und -Karrieren. Sie haben gehobene Bildungsabschlüsse; viele Auszubildende, Schüler und Studenten sind unter ihnen. Meist sind sie Singles.

Sitzen: Sinus B1

Die *Hedonisten* (Sinus BC3) stellen 11 % der Bevölkerung. Sie sind die spaßorientierte moderne Unterschicht bzw. untere Mittelschicht. Sie verweigern Konventionen und Verhaltenserwartungen der Leistungsgesellschaft. Im Berufsalltag aber sind sie oft angepasst, pflegen ihren hedonistischen Lebensstil in der Freizeit. Sie haben meist eine einfache bis mittlere Formalbildung, oft ohne abgeschlossene Berufsausbildung.

(Text zusammengestellt aus http://www.sinus-sociovision.de, Abruf vom 1.7.2008)

Kritik am Sinus-Modell

Die Sinus-Milieus wurden von einem *Marktforschungsunternehmen* entwickelt. Entsprechend gehorcht die Verwendung der Milieus kommerziellen Interessen. Die Zuordnung zu den Milieus im Einzelnen bleibt damit Firmenwissen und ist wissenschaftlich nicht überprüfbar, erscheint daher willkürlich. Der Beweis der Stimmigkeit der Milieus ergibt sich aus der Richtigkeit von daraus entwickelten Werbestrategien der Käufer der Marktforschungsergebnisse.

Sitzen: Sinus C2

Gesellschaftlicher Pluralismus und Konflikt

Pluralistische Gesellschaft

Wir leben in einer *pluralistischen Gesellschaft.* Pluralismus oder auch Pluralität beschreibt die Koexistenz verschiedener Interessen, Ansichten und Lebensstile. Die unterschiedlichen Interessen und politischen Positionen werden anerkannt und als legitim und erwünscht im Sinne individueller Verwirklichung, Vertretung und Artikulation betrachtet. Pluralismus bedeutet als soziologischer Begriff die Vielfalt der gesellschaftlichen Gruppen. Im Pluralismus sollen viele Meinungen zugelassen werden, dementsprechend soll eine pluralistische Gesellschaft viele weltanschauliche, politische, wirtschaftliche und andere Interessengruppen aufweisen, sodass nicht eine Strömung allein die Oberhand gewinnt.

Damit stellt das Konzept des gesellschaftlichen Pluralismus neben der Gewaltenteilung, verfassungsmäßig garantierten Grundrechten, Rechtsstaatlichkeit und Demokratie eine wesentliche Grundlage für eine freie Gesellschaftsordnung dar.

Im Pluralismus konkurrieren eine Vielzahl gesellschaftlicher Gruppen und Organisationen miteinander um gesellschaftliche, wirtschaftliche und politische Macht. Da es nicht zur Anarchie oder zum Chaos in der Gesellschaft kommen soll, bedarf es einer *Regelung potenzieller Konflikte*. Regeln für die Konfliktaustragung werden vom Rechtsstaat sowie von den gesellschaftlichen Normen und Werten zur Verfügung gestellt. Voraussetzung für das Funktionieren des Pluralismus ist die Akzeptanz der Grundregeln der Ordnung durch alle Teilnehmer.

Normen und Werte des Pluralismus

Der gesellschaftliche Pluralismus beruht auf verschiedenen *Normen und Werten,* die allgemein akzeptiert sein müssen, damit der Pluralismus funktionieren kann:

- Ohne persönliche Freiheit und die Möglichkeit zur freien Entfaltung der Persönlichkeit ist gesellschaftliche Pluralität unmöglich.
- Ferner muss Toleranz gegeben sein, die es der oder dem anderen erlaubt, ihre oder seine Lebensweise auszuführen und ihre oder seine Freiheit zu verwirklichen.
- Es muss ein allgemeines Normensystem akzeptiert sein, nach dem es u. a. Regeln für die – friedliche – Austragung von Konflikten gibt.
- Es muss möglich sein, sich mit anderen, die ähnlicher Lebensauffassung sind, zusammenzuschließen, um gemeinsam die Durchsetzung von Interessen zu erreichen, ohne allerdings die eigene Lebensweise zur dominierenden zu machen.
- Es sollte möglichst weitgehend das Subsidiaritätsprinzip gelten, wonach alles möglichst auf der untersten Ebene geregelt werden soll, was dort geregelt werden kann. Es soll möglichst wenig Zentralismus und Regelungen „von außen" geben.

Konfliktursachen

Konflikte sind in pluralistischen Gesellschaften vorhanden und auf politischer Ebene durchaus erwünscht. Gesellschaftliche Konflikte ergeben sich aus der Heterogenität und Pluralität der Gesellschaft, aus unterschiedlichen Interessenlagen und sozialen Lagen. Die Ursachen dieser Konflikte liegen in

- individuellen Wahrnehmungsunterschieden: Unter der Voraussetzung unterschiedlicher Erfahrungen, Charaktere und Kenntnisstände werden Situationen unterschiedlich wahrgenommen.
- begrenzten Ressourcen: Wenn die Mittel zur Erreichung der jeweiligen Ziele für zwei oder mehr Parteien nicht ausreichen, wird dies zum Konflikt führen.

Karikatur: Freimut Wössner

- Zergliederungen der Organisation: Die Mitglieder einer Organisation stehen in einer meist hierarchischen Beziehung zueinander. Dies kann zu Konflikten führen.
- voneinander abhängigen Arbeitsumwelten: Es kann konflikthaft sein, wenn die Ausführung einer Arbeitstätigkeit von der vorherigen Arbeit eines anderen abhängt.
- Rollenkonflikten: Ein Mensch übernimmt verschiedene Rollen, deren Ausübung mit den Rollen anderer in Konflikt treten kann. Wer eine Rolle als Qualitätsprüfer gut ausfüllt, muss andere kritisieren, wenn sie nicht den Anforderungen entsprechend gearbeitet haben.
- unfairer Behandlung und Mobbing: Unfaire Behandlung aus allen möglichen Gründen kann zu Konflikten führen. Auch die üble Nachrede und die Ausgrenzung können Gründe tiefgreifender Konflikte sein.
- Verletzung des Territoriums: Mit vielen Tieren gemein haben wir das Verhalten der Verteidigung eines Territoriums. Dies kann auch eines im übertragenen Sinne sein. Die Verletzung eines auch ideellen Territoriums kann sich im Konflikt zeigen.
- Veränderung der Umwelt: Veränderungen der Umwelt führen zu Unsicherheit und Stress. Dadurch erhöht sich die Wahrscheinlichkeit von Konflikten.

Konfliktlösungsstrategien

Für die Lösung von Konflikten gibt es verschiedene Strategien:

- Vermeidungsstrategien: Der Konflikt wird umgangen, der Konfliktgegenstand möglicherweise tabuisiert oder verdrängt. Da der Konflikt einen Widerspruch als Ursache hat, wird der eigentliche Konflikt damit häufig in andere Bereiche verschoben, wo er dann mit unerwarteter Härte ausbricht.
- Nachgeben: Eine Seite fühlt sich im Konflikt unterlegen und kapituliert. Häufig genug ist dieses Nachgeben aber nur scheinbar, und der Konflikt wird auf einem Feld, das dem Nachgebenden geeigneter erscheint, neu eröffnet.
- Zwang bzw. Gewalt: Einer der Konfliktgegner hat die Macht, seine Interessen durchzusetzen und die andere Seite zu einem Verhalten zu zwingen. Oder die eine Seite setzt sich mit Gewalt durch. Diese Lösungsstrategie erzeugt immer neues Konfliktpotenzial, weil der Unterlegene die Lösung nicht akzeptiert hat.
- Friedliche Beilegung: Zusammenarbeiten ist die beste Möglichkeit, zu „Win-win"-Ergebnissen zu kommen, weil hier beide Seiten ihre Position voll einbringen und ein Ergebnis erarbeiten können. Dazu sind immer Kompromisse nötig.

Konfliktlinien in der Gesellschaft der Bundesrepublik

Gesellschaftliche Konflikte kommen in der Regel nicht zu einer schnellen Lösung, sie betreffen häufig langfristige Entwicklungen und die Struktur der Gesellschaft. Solche Konflikte sind beispielsweise

- der Konflikt zwischen Arm und Reich;
- der Generationenkonflikt: Er ist heute besonders brisant, da die Sozialsysteme auf einer anderen als der tatsächlichen Generationenzusammensetzung basieren;
- der Konflikt zwischen Arbeitgebern und Arbeitnehmern bzw. zwischen Kapital und Arbeit;
- der Konflikt zwischen Ost und West: Der spezifisch deutsche Konflikt ist eine Folge der deutschen Einigung.

Entlang solcher Konfliktlinien ordnet sich auch das Verhalten und die Meinungsstruktur der Menschen.

Karikatur: Gerhard Mester

Gleichberechtigung und soziale Gerechtigkeit

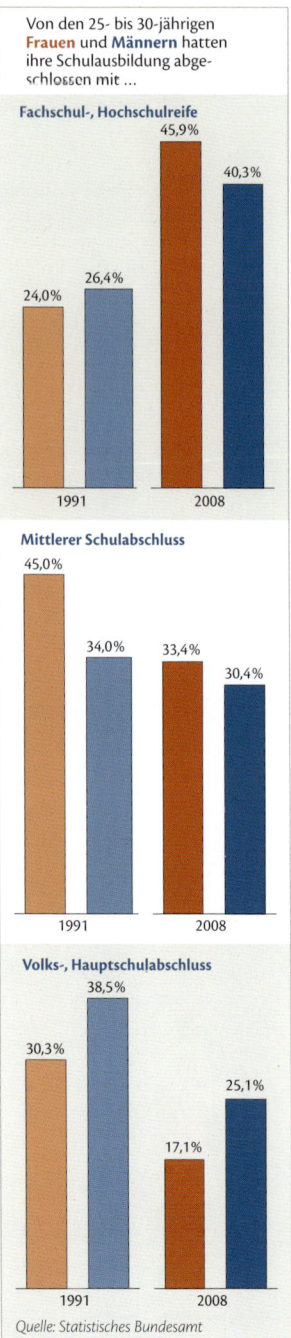

Von den 25- bis 30-jährigen **Frauen** und **Männern** hatten ihre Schulausbildung abgeschlossen mit ...

Fachschul-, Hochschulreife

- 45,9%
- 40,3%
- 24,0%
- 26,4%

1991   2008

Mittlerer Schulabschluss

- 45,0%
- 34,0%
- 33,4%
- 30,4%

1991   2008

Volks-, Hauptschulabschluss

- 30,3%
- 38,5%
- 25,1%
- 17,1%

1991   2008

Quelle: Statistisches Bundesamt

Gleichberechtigungsgrundsatz und Verfassung

Die Gleichberechtigung zählt zu den wichtigsten *normativen Grundsätzen* unserer Gesellschaft. Im Grundgesetz ist dieser Grundsatz als Artikel 3 Absatz 3 formuliert: „Niemand darf wegen seines Geschlechtes, seiner Abstammung, seiner Rasse, seiner Sprache, seiner Heimat und Herkunft, seines Glaubens, seiner religiösen oder politischen Anschauungen benachteiligt werden."

Gleichberechtigung im Sinne des Grundgesetzes bedeutet zunächst einmal Gleichheit vor dem Gesetz. Darüber hinaus beauftragt das Grundgesetz den Gesetzgeber aber auch, politisch dafür *Voraussetzungen* zu schaffen, dass weder Diskriminierung noch Privilegierung – also weder Benachteiligung noch Bevorzugung – einzelner Gruppen aufgrund der im Grundgesetz genannten Eigenschaften stattfindet. Gleichberechtigung bedeutet dabei aber ausdrücklich nicht die faktische Gleichheit aller Menschen in allen Lebensbereichen.

Die *Gleichberechtigung* von Mann und Frau ist ein Teil des allgemeinen Gleichberechtigungsgrundsatzes. Es zeigt sich allerdings, dass Frauen im Durchschnitt deutlich weniger verdienen als Männer und dass sie in Führungspositionen deutlich weniger vertreten sind. Andererseits wird seit einiger Zeit auch von der Benachteiligung von Jungen gesprochen.

Verschiedene Ansätze von Gerechtigkeit

Die Schaffung von Gerechtigkeit ist in vielen Demokratien ein Staatsziel. Dabei existieren aber sehr verschiedene Gerechtigkeitsvorstellungen.

Der Ansatz der *Verteilungsgerechtigkeit* bemisst Gerechtigkeit an den gesamtwirtschaftlichen Verteilungsergebnissen. Die Verteilung soll so erfolgen, dass die materiellen Güter auf die Gesellschaftsmitglieder aufgeteilt werden. Da schlecht zu bestimmen ist, wer mehr oder weniger braucht oder verdient, ist der Maßstab praktisch immer die Gleichverteilung.

Verfahrensgerechtigkeit bemisst soziale Gerechtigkeit daran, ob Regeln, die sozialen Maßnahmen zugrunde liegen, dem Grundsatz der Gerechtigkeit folgen.

Leistungsgerechtigkeit stellt darauf ab, ob Leistung und Gegenleistung, Arbeit und Lohn, Beitrag und Versicherungsleistung usw. in einem entsprechenden Verhältnis miteinander stehen.

Nach der *Beteiligungsgerechtigkeit* kommt es auf Chancengleichheit und das Recht jedes Einzelnen an, am gesellschaftlichen Fortschritt teilzuhaben. Dies setzt voraus, dass alle diejenigen, die von bestimmten Entscheidungen betroffen sind, an diesen Entscheidungen beteiligt werden.

Diese grundlegenden Gerechtigkeitsvorstellungen sind in der Praxis häufig miteinander vermischt. Von den politischen Parteien und den Wohlfahrtsverbänden wird das, was soziale Gerechtigkeit heißt, häufig unterschiedlich interpretiert.

Liberale Gerechtigkeitsvorstellung

Friedrich August von Hayek (1899–1992) geht vom liberalen Grundgedanken aus, wonach sich auf dem Markt die individuellen Interessen ausgleichen und das Streben nach dem Eigennutz zu dem besten Ergebnis für alle führt. Der Markt führt zu einer „spontanen Ordnung in der Gesellschaft". Der Markt schafft aus sich heraus Regeln des Zusammenlebens und des Ausgleichs. Es kann Hayek zufolge nur schädlich sein, die spontane Ordnung beeinflussen und korrigieren zu wollen. Es braucht die Gleichheit vor dem Gesetz und die Vertragsfreiheit auf dem Markt sowie eine einfache Grundsicherung. Dann stellt sich Gerechtigkeit sozusagen völlig naturwüchsig und völlig von selbst ein.

Sozialliberale Gerechtigkeitsvorstellung

Für *John Rawls* (1921–2002) taugt der Markt nicht als Schiedsrichter sozialer Gerechtigkeit. Er kann nicht aus sich heraus gerechte gesellschaftliche Verhältnisse herstellen, denn auch die Zugangsbedingungen zum Markt sind ungleich.

Es kommt deshalb darauf an, die Individuen mit gleichen Voraussetzungen auszustatten, die die Ungleichheit der sozialen Startbedingungen korrigieren. Dazu zählt Rawls Rechte, Freiheiten und Chancen, aber auch materielle Bedingungen wie Einkommen und

„Zum Ziele einer gerechten Auslese lautet die Prüfungsaufgabe für Sie alle gleich: Klettern Sie auf den Baum!"

Vermögen. Die Verteilung der Grundgüter soll zwei Regeln folgen. Die erste Verteilungsregel verlangt die gleiche Verteilung von Grundfreiheiten und politischen Rechten. Nach der zweiten Verteilungsregel ist soziale und ökonomische Ungleichheit nur so lange akzeptabel, wenn sie den sozial Schwachen dient. Das Ziel ist Fairness in der Gesellschaft, die Unabhängigkeit der individuellen Lebenschancen von der sozialen Herkunft, dem Geschlecht und der natürlichen Begabung.

Kommunitaristische Gerechtigkeitsvorstellung

Michael Walzer (geb. 1935) zufolge darf es keine allgemeine Verteilungslogik für die unterschiedlichen gesellschaftlichen Sphären geben, deshalb folgt die soziale Gerechtigkeit auch nicht einem bestimmten Prinzip. Jede Lebenssphäre hat ihre eigenen Verteilungsregeln. Keine Verteilungsregel ist für einen anderen Bereich gültig. Dies gilt insbesondere für die Sphäre des Geldes. Gesundheit und Bildung sollen nach einer anderen Verteilungsregel verteilt werden als andere Güter. Ihre Verteilung muss nach dem Gleichheitsgrundsatz und nach der Bedürftigkeit erfolgen. Die Verteilungsregeln werden von der jeweiligen Gemeinschaft festgelegt.

Die „aktivierende" Gerechtigkeitsvorstellung

Amartya Sen (geb. 1933) sieht individuelles, selbstbestimmtes Handeln als das zentrale Mittel zur Beseitigung von persönlichem Elend und für die Herstellung sozialer Gerechtigkeit an. Die Menschen müssen befähigt werden, ihre eigenen Interessen zu verfolgen. Die Möglichkeit, sich frei zu entfalten, darf nicht durch soziale, politische und wirtschaftliche Restriktionen begrenzt werden. Die Freiheit von solchen Beschränkungen erhöht die Chancen der Menschen ihr eigenes Leben zu führen.

Freiheit bedeutet bei Sen auf der einen Seite Handlungs- und Entscheidungsfreiheit, auf der anderen die Garantie und die Erweiterung der realen Chancen der Menschen. Das heißt, dass Freiheit nicht nur garantiert werden muss, sondern jeder Mensch durch konkrete Maßnahmen in die Lage versetzt werden muss, diese Freiheit auch wahrzunehmen. Abstrakt gerechte Normen, die nicht die konkrete Lebenssituation berücksichtigen, wären nur hinderlich, wenn die Menschen ihre Chancen nutzen, um sich ein besseres Leben zu schaffen.

Amartya Sen (geb. 1933)

Wie können Bedingungen geschaffen werden, die die Entfaltung der jeweils eigenen Befähigungen ermöglichen?

Kulturelle Vielfalt und Integration

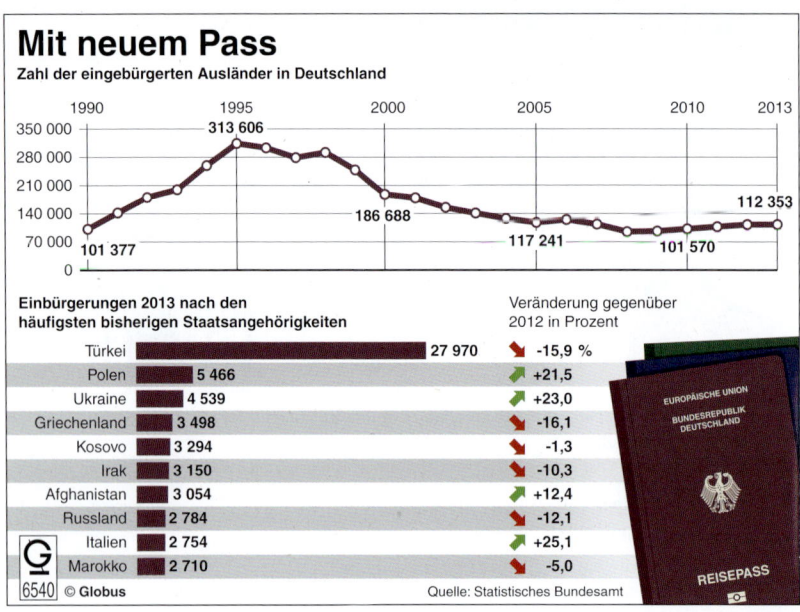

Mit neuem Pass

Zahl der eingebürgerten Ausländer in Deutschland

313 606

101 377

186 688

117 241

101 570

112 353

Einbürgerungen 2013 nach den häufigsten bisherigen Staatsangehörigkeiten — Veränderung gegenüber 2012 in Prozent

Staat	Zahl	Veränderung
Türkei	27 970	-15,9 %
Polen	5 466	+21,5
Ukraine	4 539	+23,0
Griechenland	3 498	-16,1
Kosovo	3 294	-1,3
Irak	3 150	-10,3
Afghanistan	3 054	+12,4
Russland	2 784	-12,1
Italien	2 754	+25,1
Marokko	2 710	-5,0

6540 © Globus

Quelle: Statistisches Bundesamt

Soziale Differenzierung durch Migration

Die Differenzierung der Gesellschaft ist auch durch die *Zuwanderung* gegeben. Einerseits leben in Deutschland ca. 7,3 Millionen Ausländerinnen und Ausländer, andererseits sind von 1980 bis 2005 ca. 3,8 Millionen Menschen entweder als Ausländerinnen und Ausländer Deutsche geworden oder aus dem Ausland als Deutsche zugewandert.

Diese insgesamt ca. 11 Millionen Menschen überwiegend aus anderen Kulturkreisen tragen zur gesellschaftlichen Differenzierung und zu einer *kulturellen Vielfalt* bei. Die kulturelle Vielfalt wird vielfach als Chance begriffen und trägt nur in einigen Bereichen zum Aufkommen sozialer Probleme bei. Obwohl der Ausländeranteil in vielen deutschen Städten recht hoch ist, funktioniert das Zusammenleben meist sehr gut.

Der Migrationsprozess bringt verschiedene *Ethnien* zusammen. Ethnie meint eine Gruppe mit Gemeinsamkeiten in Tradition, Sprache, Religion, Kleidung oder Lebensmitteln. Ethnische Minderheiten bilden in einer ethnisch geschichteten Gesellschaft die Bevölkerungsgruppe, die von der Mehrheit der Gesellschaft benachteiligt, ausgegrenzt und unterdrückt wird. Dabei spielt die Ausgeprägtheit der Identität als ethnische Gruppe eine wichtige Rolle. Viele Zuwanderer in Deutschland empfanden sich schnell als Deutsche und lehnten eine eigene Identität als Ethnie („Polen", „Russen") bewusst ab. Andere Gruppen verstehen sich als ethnische Minderheit, auch wenn sie bereits vom Pass her Deutsche sind.

*Bei Statusdeutschen handelt es sich um Deutsche im Sinne des Grundgesetzes, z. B. Spätaussiedler. Mit der Novellierung des Staatsangehörigkeitsgesetzes, die am 1. August 1999 in Kraft trat, erwarben alle noch verbliebenen Spätaussiedler die deutsche Staatsbürgerschaft.

Karikatur: Thomas Plaßmann

Integration, Akkulturation, Assimilation

Für die Integration in die Mehrheitsgesellschaft ergeben sich verschiedene Möglichkeiten. Der Gesamtprozess wird als *Akkulturation* bezeichnet. Akkulturation bezeichnet das Hineinwachsen einer Person in ihre kulturelle Umwelt. Es sind die Prozesse, die aus dem Aufeinandertreffen von Menschen aus unterschiedlichen Kulturen resultieren.

Nach seinen Ergebnissen betrachtet kann dieser Prozess in verschiedenen Varianten verlaufen:

- Assimilation: Sprache, Kultur, Bräuche und Sitten, Lebensgewohnheiten der Mehrheitsgesellschaft werden übernommen bzw. an diese angeglichen.

- Integration: Es finden Kontakte zwischen der Minderheit und der Mehrheitsgesellschaft statt, die unter gegenseitigem Respekt und Toleranz gegenüber der kulturellen Diversität verlaufen.
- Segregation bzw. Separation: Es findet nur da ein Zusammenleben statt, wo es nötig ist. Ansonsten werden die Sprache, Sitten und Gewohnheiten beibehalten.
- Marginalisierung bzw. Exklusion: Die Mehrheitsgesellschaft und eine „Parallelgesellschaft" leben weitgehend ohne Berührungspunkte nebeneinander her.

Karikatur: Thomas Plaßmann

Ethnische Benachteiligung

Die Bildungsbenachteiligung ist in Deutschland für Migrantenkinder höher als in anderen Ländern, da das deutsche Bildungssystem zum einen stärker selektiert und deutlicher nach Schichtzugehörigkeit diskriminiert als andere Bildungssysteme (wie z. B. Schweden). Zum anderen bedeutete Migration in Deutschland stärker als in anderen Ländern eine Unterschichtung der Bevölkerung, sodass Migrantenkinder nicht nur aufgrund möglicher sprachlicher und kultureller Barrieren benachteiligt sind, sondern zudem von *schichtspezifischer Bildungsbenachteiligung* besonders hoch betroffen sind.

Ein hoher Bildungsabschluss ermöglicht Selbstbestimmung und Freiheit; Arbeitslosigkeit und Armut sind unter Bürgern mit höherer Bildung wesentlich seltener als unter solchen mit einem Hauptschulabschluss oder fehlender formaler Bildung. Derzeit sind aber nur ca. 3 % der Studierenden in Deutschland Migrantenkinder, 38 % von ihnen haben keinen Berufsabschluss.

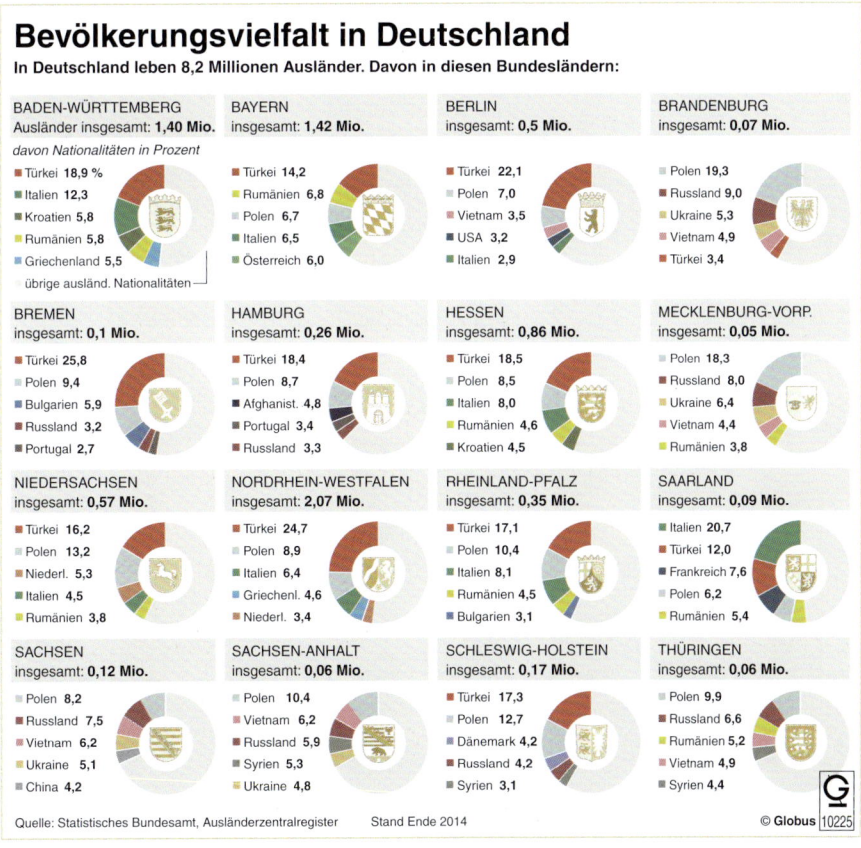

Sozialstaatsprinzipien und Umverteilung

Aufgaben des Sozialstaats

Sozialpolitik zielt darauf ab, benachteiligten Gruppen in der Gesellschaft ein menschenwürdiges Leben zu ermöglichen. Ausgangspunkt staatlicher Sozialpolitik war die *soziale Frage* des 19. Jahrhunderts. In Deutschland wird die Sozialgesetzgebung Bismarcks (1815–1898) mit der Einführung der gesetzlichen Kranken- und Unfallversicherung als Anfang der Sozialpolitik gesehen.

Der heutige Sozialstaat geht auf die soziale Verpflichtung des Staates im Grundgesetz zurück. Nach diesem *Sozialstaatsgebot* soll der Staat nach den Urteilen des Bundesverfassungsgerichts

- für einen Ausgleich der sozialen Gegensätze sorgen,
- für eine gerechte Sozialordnung sorgen,
- die Existenzgrundlagen der Bürger sichern und fördern.

Die soziale Verpflichtung des Staates wird durch weitere Verfassungsgrundsätze begründet, besonders durch

- Art. 1 Abs. 1 GG, der die Unantastbarkeit der Würde des Menschen betont und aus dem sich die Verpflichtung des Staates ableitet, jedem Bürger das Existenzminimum zu sichern,
- Art. 3 GG, der mit seinem Gleichheitsgrundsatz den Staat verpflichtet, Ungleichbehandlungen abzubauen oder zu vermeiden,
- Art. 6 GG, der in Abs. 1 Ehe und Familie unter den besonderen Schutz der staatlichen Ordnung stellt und in Abs. 5 nichteheliche Kinder den ehelichen gleichstellt.

Sozialstaat und soziale Marktwirtschaft

Sozialpolitik kann als ergänzender Bestandteil der sozialen Marktwirtschaft verstanden werden. Sie hat zum Inhalt

- soziale Absicherung gegen Risiken des Lebens für die Erwerbstätigen und ihre Angehörigen (u.a. gegen Unfall, Krankheit, Erwerbsunfähigkeit, Arbeitslosigkeit), die sie nicht allein bewältigen können (soziale Sicherung),
- die Herstellung von Gleichberechtigung und Chancengleichheit, z. B. in der Bildung und am Arbeitsmarkt (Bildungs- und Arbeitsmarktpolitik),
- den Schutz der Arbeitnehmer und der Verbraucher vor unfairen Bedingungen und gesundheitlichen Risiken (Arbeitsschutz und Verbraucherpolitik),
- den Abbau von gesellschaftlich nicht akzeptierten Einkommensunterschieden (Umverteilungspolitik).

Um Sozialpolitik zu betreiben, greift der Staat in die Wirtschaft ein:

- Er stellt kostenlose oder subventionierte Einrichtungen der Bildung (u.a. Kindergärten, Schulen, Universitäten) bereit.
- Er leistet Transferzahlungen (Sozialhilfe, Wohngeld, Arbeitslosengeld II, Kindergeld, Elterngeld, BAföG).
- Er erlässt Vorschriften zur sozialen Absicherung (Versicherungszwang der gesetzlichen Sozialversicherung, Mutterschutz, Arbeitsschutz, Mitbestimmung im Betrieb).

Entwicklung der deutschen Sozialquote

Sozialbudget in % des BIP

Quelle: Bundesministerium für Arbeit und Soziales

Die Tätigkeit des Sozialstaats hat den Staat in den vergangenen Jahrzehnten in der Bundesrepublik immer stärker beschäftigt und ihn zu einer gewaltigen Umverteilungsmaschine gemacht. So stieg der Anteil der Ausgaben der öffentlichen Haushalte an den Gesamtausgaben von 1950–2001 von 28 % auf 54 %.

Prinzipien der Sozialpolitik

Nach dem *Versicherungsprinzip* erhält derjenige Leistungen, der in die Versicherung eingezahlt hat. Die Gesellschaft hält sich bei diesem Prinzip heraus. Das Individuum betreibt Vorsorge und erhält Leistungen. Dabei gilt entweder das Sparprinzip, d.h., man bekommt so viel an Leistungen, wie man eingezahlt hat. Oder es gilt das Äquivalenzprinzip, d.h., man erhält Leistungen entsprechend dem Risiko und den einbezahlten Beiträgen. Das Versicherungsprinzip gilt bei der privaten Unfallversicherung, bei der Lebensversicherung und teilweise auch in der Rentenversicherung und der Arbeitslosenversicherung.

Dem *Solidarprinzip* zufolge wird in die Kassen aufgrund der jeweiligen Leistungsfähigkeit eingezahlt. Die Leistungen selbst richten sich nach dem Bedarf. In der Gesetzlichen Krankenversicherung ist dieses Prinzip durchgängig gültig. Wichtig ist, dass Leistungen nicht nur für die gewährt werden, die Vorsorge betrieben haben, sondern prinzipiell für eine ganze Gruppe, in der Gesetzlichen Krankenversicherung zum Beispiel auch für die Kinder der Versicherten.

Nach dem *Versorgungsprinzip* erhält Leistungen, wer dem Staat oder der Allgemeinheit einen besonderen Dienst erwiesen hat oder besondere Lasten zu tragen hatte. Ein vorheriges Ansparen war nicht möglich. Hierunter fallen die Kriegsopferversorgung und die Opferentschädigung.

Das *Fürsorgeprinzip* regelt, dass staatliche Leistungen ohne Gegenleistung aus Gründen der „Barmherzigkeit" an Bedürftige gewährt werden. Darunter fallen Sozialhilfe, Elterngeld und Kindergeld.

Das *Alimentations- oder Unterstützungsprinzip* sieht vor, dass kleinere Gruppen besonders vom Staat unterstützt werden. Hierunter fallen die Beamtenversorgung und das BAföG.

Die Prinzipien des Sozialstaates sind sehr vielfältig. Die Verteilungslogik von Sozialleistungen ist nicht einheitlich und folgt keinem einheitlichen Gerechtigkeitskonzept.

Direkte und indirekte Leistungen

Die sozialen Leistungen werden als direkte und indirekte Leistungen gewährt:
Direkte Leistungen sind:

- Renten-, Kranken-, Unfall- und Arbeitslosenversicherungsleistungen, Kindergeld usw.,
- Altersversorgung für Landwirte usw.,
- Beamtenpensionen und Beihilfen,
- Arbeitgeberleistungen, z. B. Lohnfortzahlung im Krankheitsfall, Betriebsrenten usw.,
- Entschädigungen,
- soziale Hilfen und Dienste, u.a. Sozialhilfe, Ausbildungsförderung, Wohngeld, Vermögensbildung.

Indirekte Leistungen bestehen in der Regel aus Steuervorteilen.

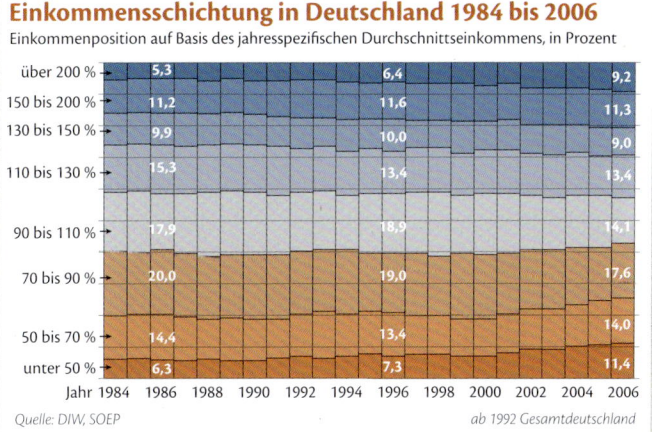

Einkommensschichtung in Deutschland 1984 bis 2006
Einkommensposition auf Basis des jahresspezifischen Durchschnittseinkommens, in Prozent

	1984	1996	2006
über 200 %	5,3	6,4	9,2
150 bis 200 %	11,2	11,6	11,3
130 bis 150 %	9,9	10,0	9,0
110 bis 130 %	15,3	13,4	13,4
90 bis 110 %	17,9	18,9	14,1
70 bis 90 %	20,0	19,0	17,6
50 bis 70 %	14,4	13,4	14,0
unter 50 %	6,3	7,3	11,4

Jahr 1984 1986 1988 1990 1992 1994 1996 1998 2000 2002 2004 2006

Quelle: DIW, SOEP   ab 1992 Gesamtdeutschland

Das soziale Netz

Das Ausgaben-Umlageverfahren der Gesetzlichen Rentenversicherung

Die Beschäftigten und Arbeitgeber von heute ...

... zahlen Beiträge in die Gesetzliche Rentenversicherung ...

... und finanzieren damit die Renten der Beschäftigten von gestern ...

Die Beitragszahler von heute haben einen verfassungsrechtlich geschützten Anspruch auf Rentenzahlungen im Alter.

Die Rentenversicherung

Die Gesetzliche Rentenversicherung (GRV) nimmt den größten Anteil am Gesamtvolumen der sozialen Sicherungsleistungen ein.

Möglichkeiten für die Absicherung im Alter:

- Arbeiter und Angestellte zahlen während ihrer Arbeitsphase in die Gesetzliche Rentenversicherung ein und erhalten aus deren Leistungen ihre Altersrente.
- Arbeiter und Angestellte erhalten vielfach eine betriebliche Altersversorgung als Zusatzversorgung.
- Die private Altersversorgung ist ebenfalls ein reiner Zusatz zu den übrigen Leistungen. Für Freiberufler, die sich nicht freiwillig in der Gesetzlichen Rentenversicherung versichern, kann sie allerdings die einzige Altersversorgung sein.
- Beamte erhalten Versorgungsleistungen aus der Staatskasse, deren Höhe sich nach ihren Dienstzeiten richtet.

Für alle Arbeiter und Angestellten besteht Versicherungspflicht in der GRV. Die Finanzierung der Renten erfolgt im Umlageverfahren, d. h. die derzeit zu zahlenden Renten werden aus den derzeitigen Beiträgen zur Rentenversicherung bezahlt. Dieser „Generationenvertrag" hat in der Vergangenheit gut funktioniert, solange nämlich relativ viele Arbeitnehmer auf relativ wenige Rentner kamen. Damals warf die Gesetzliche Rentenversicherung regelmäßig Überschüsse ab, die der Staat zur Finanzierung anderer Leistungen nutzte.

Zusatzzahlungen des Staates sind seit längerem notwendig, um die jetzigen Renten zu finanzieren; dies ist bedingt durch:

- ein tendenzielles Sinken der Lebensarbeitszeit,
- ein höheres Durchschnittsalter der Bevölkerung,
- ein ungünstigeres Verhältnis der Zahl der Beitragszahler zur Zahl der Rentner.

Krankenversicherung

Arbeiter und Angestellte sind versicherungspflichtig und zahlen in die Gesetzliche Krankenversicherung (GKV) ebenso wie ihre Arbeitgeber anteilig ein. Freiberufler und Beamte sind nicht versicherungspflichtig und können sich in einer privaten

Das soziale Netz

Sozialleistungen in Deutschland 2014 in Milliarden Euro (Schätzung)

Rentenversicherung **270,8 Mrd. €**	Krankenversicherung **204,0**	Beamtenpensionen **50,6**	Lohn- und Gehaltsfortzahlung **43,5**	Kindergeld u. Familienleistungsausgleich **41,8**
Grundsicherung für Arbeitsuchende **41,7**	Kinder- u. Jugendhilfe **34,0**	Sozialhilfe **31,8**	Steuerliche Leistungen* **28,4**	
Arbeitslosenversicherung **28,2**	Betriebl. Altersversorgung **26,0**	Gesetzl. Pflegeversicherung **25,4**	Priv. Kranken- u. Pflegeversicherung **22,5**	Beihilfen für Beamte **14,2**
Unfallversicherung **12,3**	Zusatzversorgung im öffentl. Dienst **11,5**	Erziehungs-, Elterngeld **6,2**	Versorgungswerke **5,0**	
Familienzuschläge **3,2**	Alterssicherung der Landwirte **2,8**	Ausbildungsförderung **2,5**	Soziale Entschädigung** **1,3**	Wiedergutmachung u. a. **0,9**
Wohngeld **0,9**	Arbeitslosenhilfe u.a. **0,7**	sonstige Arbeitgeberleistungen **0,7**	Priv. Altersvorsorge **0,3**	

*z. B. Ehegattensplitting   **z. B. Kriegsopferversorgung
Angaben ohne Verrechnungen   Stand Mai 2015   Quelle: BMAS

© Globus 10390

Krankenversicherung bzw. freiwillig in der GKV versichern.

Die Krankenkassen organisieren die Abwicklung der Zahlungen. Sie sind gesetzlich verpflichtet, kostendeckend zu wirtschaften, weder Rücklagen größeren Ausmaßes zu bilden noch sich zu verschulden. Dies führt zu einer laufenden Anpassung der Beiträge an die Gesundheitskosten.

Pflegeversicherung

Die Pflegeversicherung ist ein neues Element des sozialen Netzes und wurde als weitere Maßnahme für die Ausgliederung des Anteils für Ausgaben im Bereich der Pflege chronisch Kranker geschaffen. Auch sie ist als Pflichtversicherung für alle abhängig Beschäftigten angelegt und wird von Arbeitgebern und Arbeitnehmern, allerdings nicht zu gleichen Teilen, finanziert. Außerdem wird in der Zahlung zwischen Menschen mit und ohne Kinder differenziert.

Karikatur: Gerhard Mester

Arbeitslosenversicherung und Erwerbstätigkeit

Zu gleichen Teilen zahlen Arbeiter und Angestellte und deren Arbeitgeber in die Arbeitslosenversicherung ein.

Im Fall der Arbeitslosigkeit wird Unterstützung gewährt,

- wenn eine Mindestzeit an versicherungspflichtiger Beschäftigung bestanden hat,
- abhängig vom Lebensalter und von der Zeit der Versicherungspflicht, die vorher bestanden hat, sowie
- in der Höhe: abhängig von der Höhe des vorherigen Arbeitslohns sowie vom Vorhandensein mindestens eines Kindes,
- zeitlich begrenzt je nach Länge der vorherigen Tätigkeit.

Auch die Absicherung gegenüber Arbeitslosigkeit wird über eine Pflichtversicherung gewährleistet. Zuständig für Arbeitslosengeld und Verwaltung der Arbeitslosigkeit sind die Arbeitsagenturen, die örtlichen Filialen der Bundesagentur für Arbeit.

Vor allem wegen der hohen Arbeitslosigkeit ist auch das System der Arbeitslosenversicherung in die Krise geraten. Der Staat muss hohe Zuschüsse zur Arbeitslosenversicherung zahlen, um die Leistungen der Bundesagentur für Arbeit zu finanzieren.

Hauptziel einer Politik am Arbeitsmarkt muss es daher sein, die Arbeitslosigkeit zu senken und möglichst viele Bürgerinnen und Bürger zu befähigen, ihren Lebensunterhalt durch eigenes Einkommen zu finanzieren (Hilfe zur Selbsthilfe).

Das System der sozialen Sicherung wird von der Seite der Unternehmen kritisiert, weil die Lohnnebenkosten zu hoch seien. Von der Seite der Gewerkschaften und der politischen Linken wird es kritisiert, weil die Leistungen für die Empfänger zu knapp bemessen seien.

Karikatur: Thomas Plaßmann

89

Schwerpunkt: Begriffsanalyse

Text 1 Fernsehen

Der Gemeinplatz, das Fernsehen sei zum Leitmedium der zweiten Hälfte des 20. Jahrhunderts geworden, profitiert von einem Theorem, das erst vom Fernsehen ermöglicht wurde. Denn was ein „Leitmedium" sei, ist präzis erst auf den Begriff zu bringen, seitdem es das Fernsehen gibt: Schaltstelle der Alltagskultur und des Alltagswissens; Sinnstiftungsmaschine und Steuerungsinstanz des Common Sense, Organisator von Wahrnehmungsstrategien und Verhaltensweisen. Aber auch: Codierungssystem politischer Machtverhältnisse und „Transmissionsriemen" (Knut Hickethier) gesellschaftlicher Umschichtungen. (…)

Als Leitmedium einer (noch keineswegs abgeschlossenen) Epoche etablierte sich das Fernsehen im Kontext einer seit etwa 1900 bereits hoch technisierten, kommerzialisierten und ins soziale Gefüge integrierten Medienkultur. Diese war ein Produkt der Industriegesellschaften und hatte ihre Modernisierung vorangetrieben. Nun gerieten das massenhaft verbreitete Buch, die Presse, das Radio, die Kinematographie – ökonomisch und kulturell – unter den Zugriff eines neuen Mediums. Nicht nur, was „populär" sei, definierte das Fernsehen um; es formulierte auch die (ökonomischen, institutionellen, ästhetischen) Bedingungen, wie das Populäre unter die Leute zu bringen sei. Keineswegs löste das Fernsehen die alten Medien ab, aber es unterwarf sie seinem Layout und errichtete Normen (der Wahrnehmung, der Aufmerksamkeit, der Selektion, der Ostentation), die von anderen Medien, etwa von der illustrierten Zeitschrift, dem Kinofilm und vom Hörfunk adaptiert wurden. In dem Maße, wie das Programm-Medium Fernsehen in der Phase seiner Durchsetzung aus dem Fundus eben dieser älteren Medien seine strukturellen und ästhetischen Paradigmata bezogen hatte, unterwarf es sie nun als Leitmedium seiner spezifischen „Kultur". „Das Fernsehen fungiert als medialer Kulturspeicher, der Inhalte anderer Medien in seine Angebotsfläche integriert." (Joan Kristin Bleicher) (…)

Im gespaltenen Deutschland nach dem Ende des Zweiten Weltkriegs verlaufen Erprobung und Durchsetzung des neuen „Wahrnehmungsdispositivs" Fernsehen (Hickethier), verglichen mit den USA und anderen westlichen Industrieländern, untypisch. Die ideologischen und administrativen Vorgaben eines kommunistischen Systems einerseits, die politischen und kulturellen Bemühungen um die Reintegration der westdeutschen Teilgesellschaft in die „westliche Wertegemeinschaft" andererseits verschaffen der Entwicklung des neuen Massenmediums spezifische Rahmenbedingungen, die mit seiner Eigendynamik in einen durchaus produktiven Konflikt geraten. Während das Fernsehen als aufmerksamkeitsheischende Universalmaschine zunehmend an die Freizeit- und Unterhaltungsbedürfnisse eines Millionenpublikums appelliert, modellieren die hohen kulturellen Erwartungen seiner Begründer zumal in der jungen Bundesrepublik, unter dem Primat der öffentlich-rechtlichen Verfassung des Rundfunksystems, die Konturen und Inhalte eines ethisch fundierten Programm-Mediums, das sich sowohl allgemeinen humanistischen Werten als auch demokratisch-aufklärerischen Zielsetzungen und den daraus resultierenden journalistischen Maßstäben verpflichtet weiß. Das Fernsehurteil des Bundesverfassungsgerichts von 1961 hebt die zentrale Rolle des Rundfunks (ihm wird das Fernsehen zugeordnet) für den Konstitutionsprozess bürgerlicher Öffentlichkeit noch einmal ausdrücklich hervor: der Rundfunk sei „nicht nur Medium, sondern auch Faktor der öffentlichen Meinungsbildung" (Hans Bausch). Diese Spannung – zwischen der „Systemimmanenz" des Fernsehens in einer dynamischen Marktgesellschaft und dem kulturellen Anspruch, der von „gesellschaftsrelevanten Kräften", aber auch von „qualifizierten Minderheiten" an das Medium herangetragen wird – bestimmt für einige Jahrzehnte seine Entwicklungsgeschichte in der Bundesrepublik und ist bis heute in der Auseinandersetzung um das inzwischen in seiner Substanz bedrohte „duale System" virulent. *(Klaus Kreimeier, Fernsehen, in: Hans-Otto Hügel, Handbuch der populären Kultur, Stuttgart 2003)*

Erläuterungen: *Common Sense:* gesunder Menschenverstand, *Codierung:* Vorschrift zur Übertragung von einem Zeichensystem in ein anderes, *Transmission:* (Kraft-)Übertragung, *Kinematographie:* Film, *Ostentation:* Zurschaustellung, *Dispositiv:* Netz, das zwischen zusammengehörenden Elementen geknüpft ist, *heischend:* erfordernd, *virulent:* wirksam

Aufgaben

1 *Analysieren Sie den Text im Hinblick auf die Darstellung des Fernsehens als ein soziales Phänomen.*

2 *Stellen Sie die Bedeutung und den Inhalt des soziologischen Begriffs der Institution dar und untersuchen Sie, inwiefern der Autor des Textes diesen Begriff im soziologischen Sinne anwendet.*

3 *Ist das Fernsehen eine Institution? Nehmen Sie Stellung.*

Hinweise

Die Textanalyse verlangt eine Verstehensleistung des nicht ganz einfach formulierten medientheoretischen Textes. Erleichtert wird diese Verstehensleistung durch das vom Autor verwendete sehr soziologienahe Vokabular. Somit müsste es auch recht leicht fallen, seine Darstellung des Fernsehens als soziales Phänomen aufzuzeigen. Besonders zeigt sich dies bei seiner Darstellung der gesellschaftlichen Funktionen des Fernsehens, u. a. als Kommunikationsvermittler, Umsetzer gesellschaftlicher Umschichtungen.

Zunächst ist es erforderlich, den soziologischen Begriff der Institution darzulegen.
Dabei muss auf folgende Zusammenhänge verwiesen werden:
Die Institution ist eine soziale Einrichtung, die auf Dauer bestimmt, was getan werden muss. Institutionen üben normative Funktionen aus, setzen Regeln.
Soziale Institutionen wie Sprache, Religion und Staat gewährleisten Menschen damit Verhaltenssicherheit, stehen für Stabilität, Sicherheit und Ordnung.
Ihre Aufgaben sind:
- Integration - Erhaltung der Werte und Normen - Entlastung von Entscheidungen, Reduktion der Komplexität der Wirklichkeit - Gewährleistung der Vorhersagbarkeit von Handlungen - Motivation.

Die Darstellung muss im geschlossenen Text erfolgen; der Begriff muss als soziologischer Leitbegriff erläutert werden.
Kreimeier verwendet den Begriff Institution durchaus im Sinne des soziologischen Begriffs:
- Er zeigt u. a., dass das Fernsehen zumindest in Deutschland die Funktion der Integration (er verwendet ausdrücklich diesen Begriff) erfüllen sollte.
- Er bezeichnet das Fernsehen u. a. als „Sinnstiftungsmaschine und Steuerungsinstanz des Common Sense" und bezieht sich damit auf die Funktion der Erhaltung von Werten und Normen.
- Er bezieht die Funktion der Komplexitätsreduktion indirekt mit ein, indem er auf die Rolle des Fernsehen als „Wahrnehmungsdispositivs" und auf die beabsichtigte aufklärerische Wirkung des Fernsehens eingeht.
- Auf die auf das Individuum bezogenen Funktionen der Institution geht Kreimeier weniger ein.

Kreimeier nutzt in wesentlichen Punkten die soziologischen Inhalte des Begriffs der Institution, um das Fernsehen als Institution darzustellen.
Insgesamt argumentiert Kreimeier so, dass er das „Aufsaugen" und Umgestalten „alter" Medien durch das Fernsehen hervorhebt und somit nahelegt, dass das Fernsehen die Funktionen der Institution der Massenmedien voll und ganz übernommen hat.

Hier muss es um die Frage gehen, ob das Fernsehen heute schon allein eine Institution ist oder ob diese Eigenschaft den Massenmedien insgesamt zukommt. Es muss also beleuchtet werden, inwiefern das Fernsehen allein die Funktionen einer Institution erfüllt, Orientierung gewährt, die gesellschaftliche Komplexität reduziert usw. Diese Frage wird man sicherlich individuenbezogen beantworten müssen, wobei es darauf ankommt nachzuweisen, dass das Fernsehen für dieses Individuum bzw. diese Personengruppe als Institution wirkt. Schwierig wird es dabei sein, die relative Ausschließlichkeit nachzuweisen, denn Jugendliche beispielsweise informieren sich meist auch aus anderen Quellen, etwa im Freundeskreis, im Internet, im Radio, und bewerkstelligen ihre Kommunikation über das Handy usw. Die nicht leicht zu klärende Frage wird dabei sein, was das Fernsehen institutionalisiert, wenn es denn eine Institution ist. Kreimeier bietet dafür einige Anhaltspunkte, die aufgegriffen werden können. Wichtig ist es auch hier, den soziologischen Begriff der Institution zu halten und nicht in einen Alltagsbegriff abzudriften, der es immer erlaubt, mit Bezeichnungen freigiebig zu sein.

Zum Weiterarbeiten

Aufgaben zu den verschiedenen Anforderungsbereichen

Anforderungsbereich I

- Stellen Sie die Möglichkeiten des Einzelnen dar, sich den Normen in einer Gruppe zu widersetzen.
- Zeigen Sie, auf welche Weise die Gruppe die oder den Einzelnen dazu bringt, ihre Normen zu erfüllen.
- Stellen Sie den Aufbau und die Ergebnisse des Milgram-Experiments dar.
- Stellen Sie die Funktionen dar, die soziale Institutionen erfüllen.
- Stellen Sie die wichtigsten Komponenten des sozialen Netzes dar.

Anforderungsbereich II

- Erläutern Sie an Beispielen, welche Rolle Institutionen für die Gesellschaft spielen.
- Stellen Sie verschiedene Gesellschaftsbegriffe einander gegenüber.
- Vergleichen Sie die Rollenkonzeptionen Ihnen bekannter Rollentheorien (Moreno und Goffmann).
- Erläutern Sie den Inhalt des Begriffs der sozialen Rolle und vergleichen Sie die soziale Rolle mit der Theaterrolle.
- Zeigen Sie, warum der Sozialstaat in die Diskussion gekommen ist.
- Erläutern Sie die Grundlagen und Grundprinzipien des Sozialstaats.
- Erläutern Sie das Prinzip der sozialen Gerechtigkeit und stellen Sie alternative Konzeptionen vor.
- Zeigen Sie, inwiefern dem Sozialstaat das Prinzip der sozialen Gerechtigkeit zugrunde liegt.
- Erläutern Sie an einem Beispiel das Subsidiaritätsprinzip.

Anforderungsbereich III

- Nehmen Sie Stellung zu Forderungen, nach denen eine stärkere Integrationswilligkeit von Migrantinnen und Migranten erwartet werden soll.
- Pluralismus und gesellschaftliche Integration – ein Widerspruch? Nehmen Sie Stellung.
- Stellen Sie unterschiedliche Vorstellungen sozialer Gerechtigkeit vor und erläutern Sie sie an einem Beispiel.
- Zeigen Sie am Grundsatzprogramm der SPD (oder einer anderen Partei als Material), welche Gerechtigkeitsvorstellungen den sozialstaatlichen Forderungen zugrunde liegen.
- Kann der Sozialstaat (weiterhin) einen Ausgleich der gesellschaftlichen Interessengegensätze und Konflikte erreichen? Nehmen Sie Stellung.
- Kann der Sozialstaat dazu beitragen, das Integrationsproblem der jungen Menschen zu lösen? Nehmen Sie Stellung unter Einbeziehung des Problems des Generationskonflikts in Bezug auf den Sozialstaat.

Links zu Themen der Soziologie

www.socioweb.de	Einführung in die Grundlagen
www.gesis.org/sowiport/themen/themen-feeds.html	Aktuelles aus den Sozialwissenschaften vom Infozentrum Sozialwissenschaften
www.sozialwissenschaften-online.de	Soziologisches, Politisches und Wirtschaftliches sowie Methoden in Stichworten
de.wikipedia.org/wiki/Portal:Soziologie	Portal Soziologie bei Wikipedia
www.unesco.de/kulturelle-vielfalt	UNESCO-Konvention zum Schutz kultureller Vielfalt
www.sozialpolitik.com	Seite des Bundesministeriums für Arbeit und Soziales

Lustgarten, Berlin
Eine junge Familie sitzt vor dem Berliner Dom beim Picknick. Die genauen Familien-
verhältnisse gehen aus dem Bild nicht hervor. Auf jeden Fall sitzt der Vorzeige-Vater mit
Kind in der Mitte. Die lange Zeit festgefügten Rollen von Mann und Frau sind in
Bewegung geraten. Der Soziologe Ulrich Beck benennt in der ZEIT die Konfliktlinien:
„Jeder muss aus seiner Sicht Chancen einklagen, die er dem anderen damit abspricht –
weil nur durch Verzicht des anderen so etwas wie Partnerschaft und Elternschaft
möglich wird."
Foto: Bernd Settnik

Dynamik moderner Gesellschaften

Statische Gesellschaft

Moderne Gesellschaften sind dynamisch. *Statische Gesellschaften*, also solche, in denen anscheinend (über Jahrtausende) alles gleich blieb, haben sich überlebt und sind untergegangen. Häufig waren dies Gesellschaften, die auf einer vorgeblich gottgegebenen Ordnung beruhten wie die altägyptische oder die Maya-Gesellschaft. Wandlungsprozesse in modernen Gesellschaften betreffen alle Lebensbereiche, jedoch in unterschiedlicher Stärke und zu unterschiedlichen Zeiten.

Industriegesellschaft und postindustrielle Gesellschaft

Die Industriegesellschaft ist in einem *starken Wandlungsprozess* begriffen. Viele sprechen deshalb schon von einer postindustriellen Gesellschaft. Nimmt man den Anteil der Erwerbstätigen in der Urproduktion (Bergbau und Landwirtschaft: primärer Sektor), in der industriellen Produktion (Industrie und Transportgewerbe: sekundärer Sektor) sowie im Dienstleistungsbereich (tertiärer Sektor), so zeigt sich, dass in der Entwicklung hin zur Industriegesellschaft der Beschäftigtenanteil im primären Sektor zurückgeht, weil Landwirtschaft und Bergbau zunehmend mit industriellen Methoden betrieben werden. Der Anteil des sekundären Sektors steigt zunächst, weil sich die industrielle Produktion entfaltet. Jedoch geht er im Laufe der Entwicklung zugunsten des tertiären Sektors zurück, weil die Dienstleistungen und die Wissensproduktion immer wichtiger werden.

Informationsgesellschaft

In heutigen postindustriellen Gesellschaften ist besonders der Bereich der *Informationsdienstleistungen* im Wachsen begriffen, was manche zur Annahme eines vierten Sektors veranlasst. Damit verbunden ist der Wandel der Arbeit. Landwirtschaftliche, industrielle und postindustrielle Produktion erfordern jeweils unterschiedliche Qualifikationen. Während noch vor 50 Jahren beispielsweise der Hauptschul- (damals Volksschul-) Abschluss der übliche Schulabschluss war, tritt dieser mehr und mehr zurück. Qualifiziertere Abschlüsse sind auf dem Arbeitsmarkt wesentlich gefragter. Der Wandel im Bildungsbereich ist entsprechend. Hauptschulen gehen immer stärker zurück. Gymnasien und Gesamtschulen nehmen den Großteil der Kinder und Jugendlichen auf.

Im Gesamtbild der Gesellschaft geht aus den vorgenannten Gründen auch der Anteil der *klassischen Arbeiterschaft* zurück. In Zeiten der Industriegesellschaft die Masse der

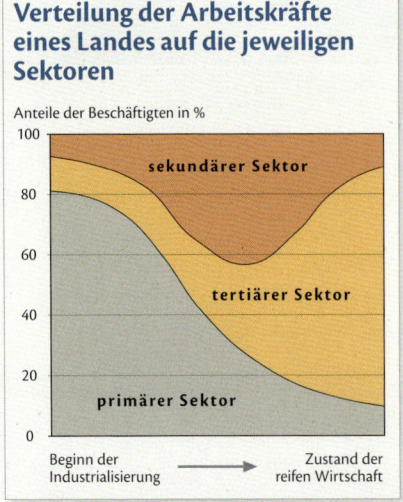

Verteilung der Arbeitskräfte eines Landes auf die jeweiligen Sektoren

Anteile der Beschäftigten in %

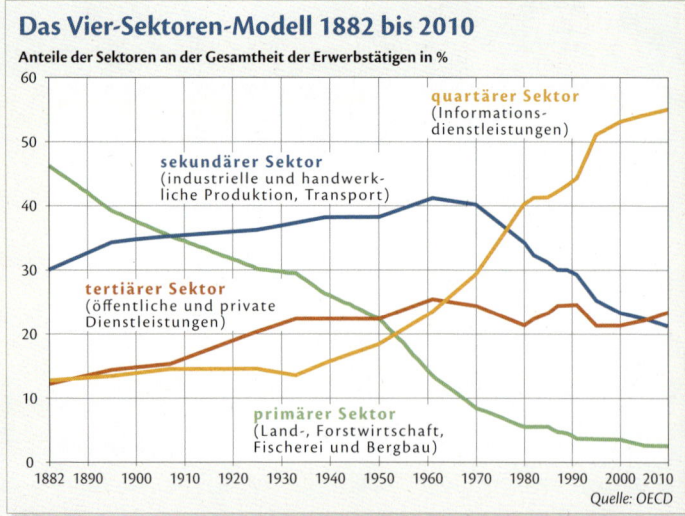

Das Vier-Sektoren-Modell 1882 bis 2010

Anteile der Sektoren an der Gesamtheit der Erwerbstätigen in %

Quelle: OECD

Gesellschaft, macht die (Industrie-)Arbeiterschaft nur noch einen immer geringeren Teil der Bevölkerung aus. Die gesamte Gesellschaft hat in der Zeit des „Wirtschaftswunders" einen „Fahrstuhl-Effekt" erfahren. Jedoch gibt es nach wie vor gravierende Einkommens- und Vermögensunterschiede. Besonders die Arbeitslosen sind von sozialer *Marginalisierung* betroffen und sehen sich zunehmend an den Rand der Gesellschaft gedrängt.

Bewegungen in der Gesellschaftsstruktur

Ein weiterer tiefgreifender Wandel der Gesellschaft betrifft die Veränderungen, die mit dem Stichwort *Globalisierung* zusammengefasst werden. Der technologische Wandel, der die Globalisierung befördert, ist in den vergangenen Dekaden rapide verlaufen. Besonders die Informationstechnologie mit Computern und Kommunikationsgeräten hat sich stark entwickelt. Manche sprechen deshalb auch von einer Informations- oder Wissensgesellschaft.

Globalisierung und gesellschaftlicher Wandel

Ein wichtiger Wandlungsprozess ist der in der *Altersstruktur* der Bevölkerung. Dieser Wandel von einer „Zwiebel-Struktur" zu einer Alterssäule bewirkt tiefgreifende Strukturveränderungen in der Gesellschaft: Die Gesellschaft wird insgesamt immer älter und kann sich immer weniger auf eine stark nachwachsende Generation stützen. Dies wirkt sich besonders im System der sozialen Sicherung aus.

Die vorgenannten Wandlungsprozesse haben im individuellen Bereich ihre Entsprechung in einem *Wandel der Familie und der Geschlechterrollen*. Die Familien werden kleiner, viele Familien entsprechen nicht mehr dem klassischen Schema: (leiblicher) Vater – (leibliche) Mutter – Kind(er). Von all diesen Wandlungsprozessen ist die staatliche Struktur sehr stark betroffen. Der *Sozialstaat*, wie er im Grundgesetz verankert ist, muss sich neuen Bedingungen anpassen, obwohl seine Mittel tendenziell im Schwinden begriffen sind.

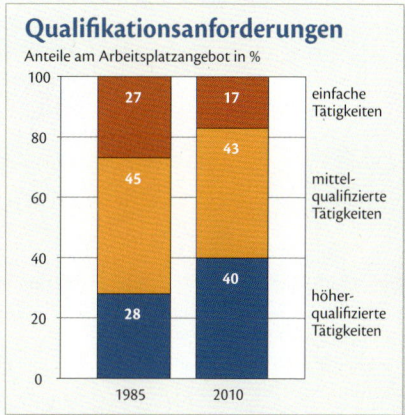

Qualifikationsanforderungen
Anteile am Arbeitsplatzangebot in %

	1985	2010	
einfache Tätigkeiten	27	17	
mittel-qualifizierte Tätigkeiten	45	43	
höher-qualifizierte Tätigkeiten	28	40	

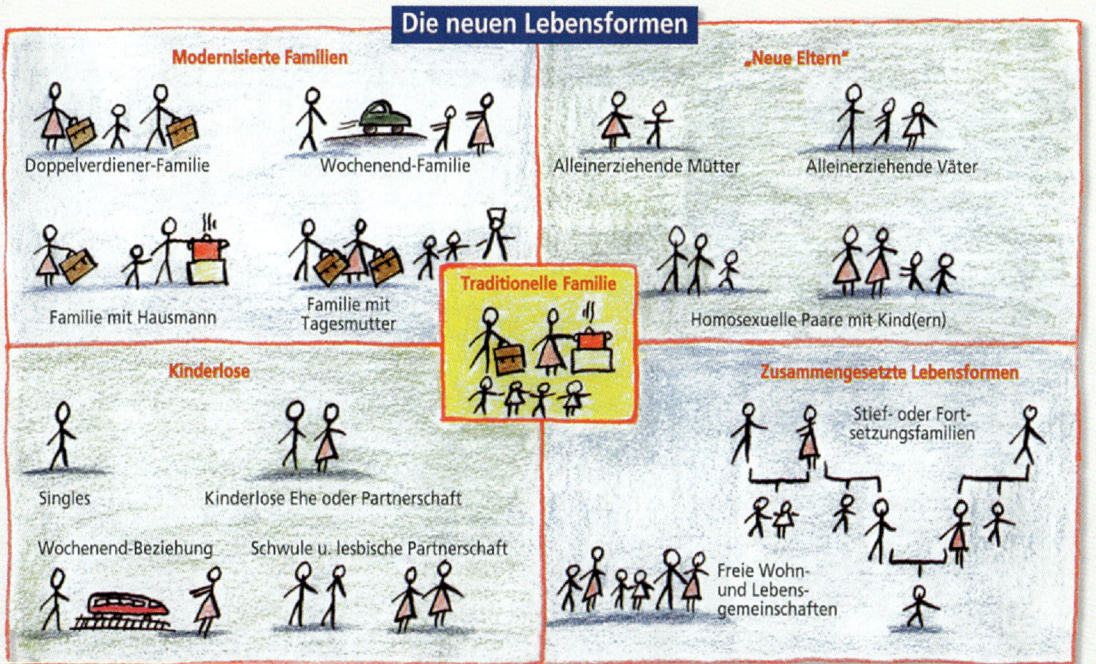

Die neuen Lebensformen

Modernisierte Familien
Doppelverdiener-Familie
Wochenend-Familie
Familie mit Hausmann
Familie mit Tagesmutter

„Neue Eltern"
Alleinerziehende Mütter
Alleinerziehende Väter
Homosexuelle Paare mit Kind(ern)

Traditionelle Familie

Kinderlose
Singles
Kinderlose Ehe oder Partnerschaft
Wochenend-Beziehung
Schwule u. lesbische Partnerschaft

Zusammengesetzte Lebensformen
Stief- oder Fortsetzungsfamilien
Freie Wohn- und Lebensgemeinschaften

Soziale Ungleichheit: Einkommensverteilung, Schicht, Klasse

Einkommensungleichheit in Deutschland

Gemessen am Pro-Kopf-Einkommen und am sozialen Standard ist Deutschland nach wie vor eines der reichsten Länder der Erde. Allerdings gibt es auch in Deutschland Armut. Dies zeigt sich an der *Verteilung des Einkommens* und des Vermögens.

Zur Messung der Einkommensverteilung werden vom Statistischen Bundesamt jährliche Befragungen durchgeführt. Dabei sind verschiedene Lebenssituationen schwer miteinander zu vergleichen. Während ein bestimmtes Gehalt für einen Alleinlebenden sehr gut ausreichen kann, ist er schnell an der Armutsgrenze, wenn seine Familie groß ist und kein weiterer Verdiener zum Haushaltseinkommen beiträgt. Deshalb berechnet das Statistische Bundesamt ein Äquivalenzeinkommen, d. h., das Haushaltseinkommen wird auf die Größe der Familie hin relativiert.

Einkommensungleichheit in Deutschland							
Einkommensanteile in der Bevölkerung in %	1991	1994	1997	2000	2002	2003	2006
Ärmste 20 %	9,5	9,6	9,9	9,8	9,3	9,2	9,3
Reichste 20 %	36,2	36,0	35,2	35,4	36,4	36,9	36,8
Gini	0,267	0,264	0,252	0,256	0,270	0,274	0,273

Quelle: Statistisches Bundesamt

Gini-Koeffizient

Der Gini-Koeffizient ist ein rechnerisches Maß für Ungleichheit. Er liegt zwischen 0 und 1. Je näher der Koeffizient am Wert 1 liegt, desto größer ist die Ungleichheit.

Ein deutliches Anwachsen in der Ungleichheit im Einkommen ist nicht festzustellen. Der *Gini-Koeffizient* steigt langsam in Deutschland und lag 2007 bereits bei über 0,28. Es ist damit ein Trend zu größerer gesellschaftlicher Ungleichheit erkennbar.

Dank der sozialen Sicherungssysteme ist **absolute Armut**, also die Gefahr, an Hunger oder Kälte wegen Mangelsituationen zu sterben, in Deutschland kein Thema. *Relative Armut* gibt es jedoch auch in Deutschland. Bei der relativen Armut wird das Einkommen auf das Durchschnittseinkommen bezogen, weil davon ausgegangen wird, dass in einer bestimmten Gesellschaft ein gewisses Einkommen nötig ist, um mit dem gesellschaftlichen Standard mithalten zu können. Die Armutsquote, d. h. der Anteil der Bevölkerung mit weniger als 50 % des Nettoäquivalenzeinkommens, hat sich erhöht. Zudem gibt es in Deutschland immer mehr „working poor", also Menschen, die trotz fester regelmäßiger Arbeit unter der Armutsgrenze leben.

Klasse oder Schicht?

Für die Unterteilung der Gesellschaft in Oben und Unten, die vertikale Untergliederung der Gesellschaft, haben sich historisch betrachtet verschiedene Instrumentarien und Begriffsapparate herausgebildet.

Stände sind Gruppierungen in Gefügen sozialer Ungleichheit, deren Zugehörigkeit in der Regel durch Geburt oder Beruf definiert, deren Existenzbedingungen weitgehend geregelt und in ihren Abgrenzungen von anderen Ständen genau festgelegt sind. Der Begriff entstammt der vorindustriellen Zeit, in der die Sozialstruktur nach festen

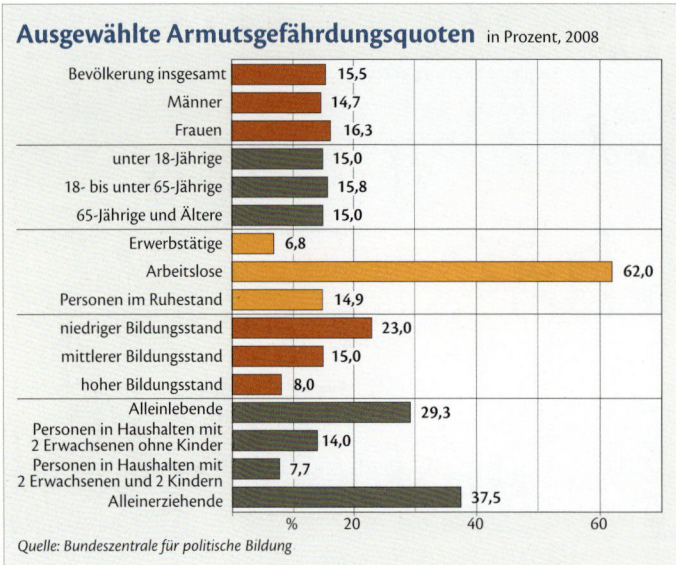

Ausgewählte Armutsgefährdungsquoten in Prozent, 2008

Bevölkerung insgesamt	15,5
Männer	14,7
Frauen	16,3
unter 18-Jährige	15,0
18- bis unter 65-Jährige	15,8
65-Jährige und Ältere	15,0
Erwerbstätige	6,8
Arbeitslose	62,0
Personen im Ruhestand	14,9
niedriger Bildungsstand	23,0
mittlerer Bildungsstand	15,0
hoher Bildungsstand	8,0
Alleinlebende	29,3
Personen in Haushalten mit 2 Erwachsenen ohne Kinder	14,0
Personen in Haushalten mit 2 Erwachsenen und 2 Kindern	7,7
Alleinerziehende	37,5

Quelle: Bundeszentrale für politische Bildung

Privilegien und Herrschaftsformen organisiert war. Die Ständegesellschaft wurde im 19. Jahrhundert von der Klassengesellschaft überlagert. „Stand" wird heute zur Bezeichnung von Berufsgruppen verwendet (z. B. Ärzte, Handwerker).

Klassen sind Gruppierungen, die aufgrund ihrer Stellung innerhalb des Wirtschaftsprozesses anderen Gruppierungen über- oder unterlegen sind. Karl Marx (1818–1883) unterscheidet Klassen nach Besitz oder Nichtbesitz von Produktionsmitteln: Die Lohnarbeiter sind darauf angewiesen, ihre Arbeitskraft möglichst teuer zu verkaufen, die Kapitalisten als herrschende Klasse beuten die Arbeitskraft aus.

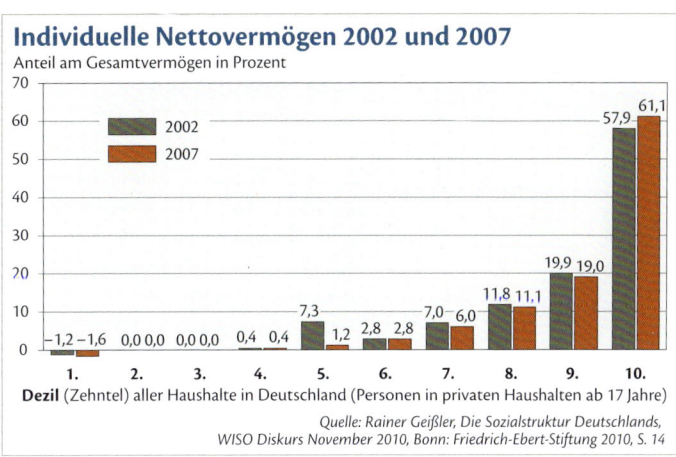

Individuelle Nettovermögen 2002 und 2007
Anteil am Gesamtvermögen in Prozent

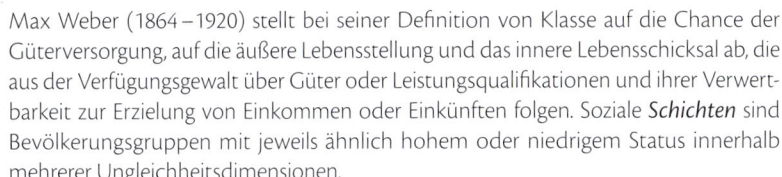

Dezil (Zehntel) aller Haushalte in Deutschland (Personen in privaten Haushalten ab 17 Jahre)

Quelle: Rainer Geißler, Die Sozialstruktur Deutschlands, WISO Diskurs November 2010, Bonn: Friedrich-Ebert-Stiftung 2010, S. 14

Max Weber (1864–1920) stellt bei seiner Definition von Klasse auf die Chance der Güterversorgung, auf die äußere Lebensstellung und das innere Lebensschicksal ab, die aus der Verfügungsgewalt über Güter oder Leistungsqualifikationen und ihrer Verwertbarkeit zur Erzielung von Einkommen oder Einkünften folgen. Soziale *Schichten* sind Bevölkerungsgruppen mit jeweils ähnlich hohem oder niedrigem Status innerhalb mehrerer Ungleichheitsdimensionen.

Soziologen fassen Menschen mit ähnlichen äußeren Lebensbedingungen sowie ähnlichen Verhaltensweisen zu sozialen Schichten zusammen und beschreiben damit die vertikale Untergliederung der Gesellschaft (sozialer Auf- und Abstieg, Rangveränderungen innerhalb einer Gruppe). Dabei messen und bewerten sie zunächst die äußeren Lebensbedingungen (Berufsposition, Einkommen, Besitz, Bildungsniveau, Einfluss, Sozialprestige). Die Schichttheoretiker zeigen, u. a. mithilfe von Selbsteinschätzungen der Befragten, dass Menschen mit vergleichbaren Lebensbedingungen auch ähnliche Lebenserfahrungen machen, die auf die Persönlichkeitsentwicklung und auf das Verhalten der Menschen einwirken. Dies führe insgesamt zu schichttypischen Einstellungen, die zusammen mit schichttypischen Lebensbedingungen unterschiedliche Lebenschancen bedingten.

Der Schichtbegriff berücksichtigt im Wesentlichen *vertikale Ungleichheiten* zwischen Oben und Unten. Er ist weitgehend blind für horizontale Ungleichheiten zwischen Männern und Frauen, zwischen Alt und Jung, zwischen verschiedenen Generationen oder auch Regionen, zwischen Verheirateten und Ledigen, Kinderreichen und Kinderlosen. Um die Vielgestaltigkeit und Vieldimensionalität der Ungleichheitsstruktur besser zu erfassen, wurden gegen Ende der 1980er-Jahre Modelle der *sozialen Lagen* entwickelt. Sie berücksichtigen neben den vertikalen gleichzeitig auch horizontale Ungleichheiten.

Neben dem Sozialllagenansatz gehört die *Milieuforschung* (siehe Abschnitt 3.7) zu den wichtigen neueren Ansätzen der Sozialstrukturanalyse. Während die Schichtanalyse eine Bevölkerung zunächst nach ähnlichen objektiven Lebensbedingungen oder objektiven Soziallagen untergliedert und dann untersucht, welche Mentalitäten, Einstellungen, Verhaltensweisen und Lebenschancen mit diesen unterschiedlichen Lebensumständen typischerweise verknüpft sind, gruppiert der Milieuansatz die Menschen zunächst nach Unterschieden in ihren Wertorientierungen und Lebensstilen. Die Abgrenzungen zwischen den sozialen Milieus ähneln den Grenzlinien in den Schichtmodellen: Sie markieren keine scharfen realen Grenzen; Milieus sind – wie Schichten – keine klar voneinander abgrenzbaren Gruppen, sondern es gibt fließende Übergänge, Zwischenformen und Überschneidungen.

www.gesis.org/Dauerbeobachtung/Sozialindikatoren
Gesellschaft sozialwissenschaftlicher Infrastruktureinrichtungen
(u. a. Messung sozialer Ungleichheit)

Messung sozialer Ungleichheit und Sozialstruktur

Soziale Selbsteinstufung

Neben Einkommen und Vermögen tragen noch andere Faktoren zu sozialer Ungleichheit bei. Nach einem von Gerhard Kleining und Harriett Moore entwickelten Instrument zur Erfassung quantitativer Daten über die Gliederung in soziale Schichten werden die Befragten aufgefordert, sich selbst auf einer Berufeskala einzustufen. Aufgrund ihrer Eigenangaben werden sie dann auf die Schichten Oberschicht, obere Mittelschicht, mittlere Mittelschicht, untere Mittelschicht, obere Unterschicht und untere Unterschicht aufgeteilt.

Das dazu verwendete Fragebogenschema sah folgendermaßen aus: Vier Kartenarten, auf denen Berufe in neun Kategorien vorgezeichnet waren, wurden vorgelegt, damit der Befragte sich oder den Ehemann bzw. den Vater mit dem jetzigen oder früheren Beruf einstufen kann. Mit Nachfassen und Ermuntern entstand schließlich eine Identifikation in neun Kategorien:

Subjektive Schichteinstufung

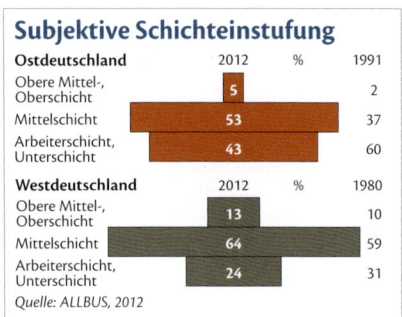

Ostdeutschland	2012 %	1991
Obere Mittel-, Oberschicht	5	2
Mittelschicht	53	37
Arbeiterschicht, Unterschicht	43	60

Westdeutschland	2012 %	1980
Obere Mittel-, Oberschicht	13	10
Mittelschicht	64	59
Arbeiterschicht, Unterschicht	24	31

Quelle: ALLBUS, 2012

Kategorien sozialer Einstufung

O = Oberschicht	OUni = obere Untersch., nicht industr.
OM = obere Mittelschicht	OUi = obere Unterschicht, industriell
MM = mittlere Mittelschicht	UU = untere Unterschicht
UMni = untere Mittelsch., nicht industr.	SV = sozial Verachtete
UMi = untere Mittelschicht, industriell	

Die Ergebnisse der Sozialen Selbsteinstufung sind unbefriedigend, da sich ein deutlicher „Bauch" im Mittelstandsbereich ergibt, der daher rührt, dass die höheren Schichten eher zum Understatement tendieren und die unteren Schichten die Hoffnung auf den Anschluss an die Mittelschicht nicht verlieren wollen. Die Einteilung in die Schichten ist nicht hergeleitet.

Dahrendorf und Geißler kommen aufgrund eines Schichtenmodells zu einem diferenzierteren Bild der westdeutschen Gesellschaft.

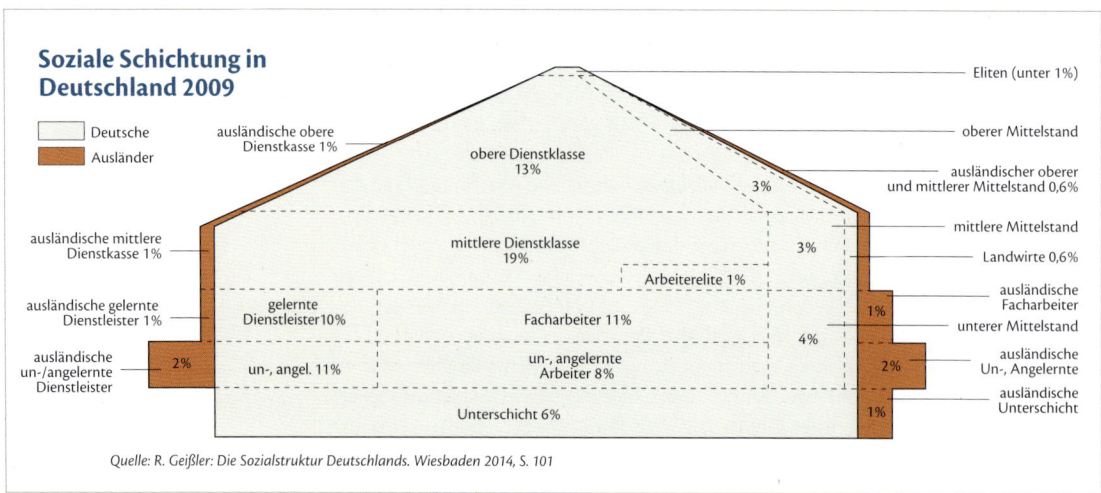

Soziale Schichtung in Deutschland 2009

Quelle: R. Geißler: Die Sozialstruktur Deutschlands. Wiesbaden 2014, S. 101

Stefan Hradil fächert bei seiner Sozialstrukturanalyse eine Vielzahl von Dimensionen sozialer Ungleichheit auf:

Lebenslagen-Konzept	
Bedürfnisse	**Dimensionen ungleicher Lebensbedingungen**
Wohlstand, Erfolg, Macht	„ökonomische" Geld, formale Bildung, Berufsperspektive, formale Machtstellung
Sicherheit, Entlastung, Gesundheit, Partizipation	„wohlfahrtsstaatliche" Arbeitslosigkeit und Armutsrisiken, soziale Absicherung, Arbeitsbedingungen, Freizeitbedingungen, Wohn(umwelt)bedingungen, Demokratische Bedingungen
Integration, Selbstverwirklichung, Emanzipation	„soziale" soziale Beziehungen, soziale Rollen, Diskriminierungen/Privilegien

Eine empirische Umsetzung des theoretischen Konzepts kann man an der Studie von Otto G. Schwenk „Soziale Lagen in der Bundesrepublik Deutschland" (Opladen 1999) ansehen. Der Autor unterscheidet sieben Ungleichheitsdimensionen und bestimmt durch Cluster-Analysen soziale Lagen als typische Kombinationen dieser Ungleichheitsdimensionen. Die sozialen Lagen werden dann charakterisiert durch ihr Verteilungsprofil (Mittelwert auf den sieben Dimensionen):

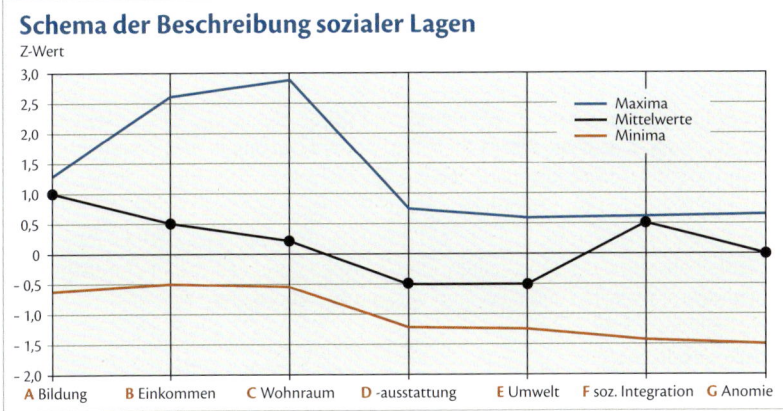

Schema der Beschreibung sozialer Lagen

So lassen sich zum Beispiel folgende soziale Lagen beschreiben:

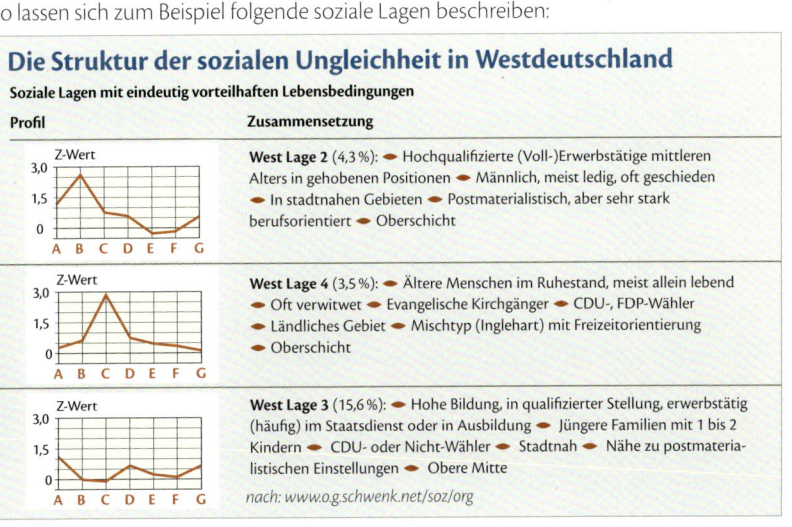

Die Struktur der sozialen Ungleichheit in Westdeutschland

Soziale Lagen mit eindeutig vorteilhaften Lebensbedingungen

Profil · **Zusammensetzung**

West Lage 2 (4,3 %): ● Hochqualifizierte (Voll-)Erwerbstätige mittleren Alters in gehobenen Positionen ● Männlich, meist ledig, oft geschieden ● In stadtnahen Gebieten ● Postmaterialistisch, aber sehr stark berufsorientiert ● Oberschicht

West Lage 4 (3,5 %): ● Ältere Menschen im Ruhestand, meist allein lebend ● Oft verwitwet ● Evangelische Kirchgänger ● CDU-, FDP-Wähler ● Ländliches Gebiet ● Mischtyp (Inglehart) mit Freizeitorientierung ● Oberschicht

West Lage 3 (15,6 %): ● Hohe Bildung, in qualifizierter Stellung, erwerbstätig (häufig) im Staatsdienst oder in Ausbildung ● Jüngere Familien mit 1 bis 2 Kindern ● CDU- oder Nicht-Wähler ● Stadtnah ● Nähe zu postmaterialistischen Einstellungen ● Obere Mitte

nach: www.o.g.schwenk.net/soz/org

Aktuelle Gesellschaftsmodelle

Ursachen des sozialen Wandels

Sozialer Wandel kann kaum durch einen einzelnen Faktor (z. B. durch die technische Entwicklung, die Religion bzw. Kultur, wirtschaftliche Strukturen) erklärt werden. Die Versuche dazu sind fragwürdig:

- Der Marxismus führt sozialen Wandel auf die Entwicklung der Produktivkräfte zurück.
- Technische Erfindungen und ihre Entwicklung werden häufig als Ursachen sozialen Wandels angesehen,
- Der Sozialdarwinismus führt sozialen Wandel auf Umweltveränderungen zurück.

Modernere, mehrdimensionale Theorien des sozialen Wandels haben gemeinsam, dass sie von Interessengegensätzen in der Gesellschaft, von daraus resultierenden Konflikten und ungleichzeitigen Entwicklungen ausgehen und dadurch *soziale Spannungen* erklären. Es ergeben sich auch Fragen, wie schädlichen Auswirkungen des sozialen Wandel z. B. durch staatliche Politik begegnet werden kann.

Dienstleistungsgesellschaft

Seit Beginn der 70er-Jahre des 20. Jahrhunderts vollzieht sich in den westlichen Industrieländern ein *Strukturwandel*, der im Industriesektor auf Grund von Automatisierung und Produktivitätssteigerung zu einem Verlust von Arbeitsplätzen führt. Der Dienstleistungssektor nimmt einen immer stärkeren Anteil am Wirtschaftleben ein. Dies führt zu einer Veränderung gesellschaftlicher Werte und Normen, zu einer Tertiarisierung der Gesellschaft.

Die Anforderungen an die Arbeitnehmer und damit auch an das Bildungssystem steigen, da in der Wirtschaft spezifischere und *bessere Qualifikationen* benötigt werden. Ebenso werden soziale Kompetenzen wie Teamfähigkeit, die Fähigkeit, mit Konflikten umzugehen und zu kommunizieren, immer wichtiger.

Die Arbeiterschaft nimmt in ihrer Zahl und Bedeutung ab. Die größte Gruppe in der Gesellschaft ist die der Angestellten. Ihre Tätigkeiten sind kaufmännische Tätigkeiten, technische Tätigkeiten und Büro- und Verwaltungstätigkeiten.

Risikogesellschaft

Im Vergleich mit dem 19. Jahrhundert ist nach *Ulrich Beck* heute nicht die Gewinnung von Wohlstand, sondern die *Abwendung von Risiken* oberstes Ziel der Gesellschaft. Die Entwicklung der Industriegesellschaft bzw. Modernisierung habe zunehmend zu einer eigenständigen Gesellschaftsform geführt, die u. a. dadurch gekennzeichnet ist, dass die Entwicklung der Gesellschaft reflektiert wird.

Diese „reflexive Modernisierung" entwickelt eine eigene gesellschaftliche Dynamik. Die Risiken werden reflektiert und bestimmen nach Beck die gesellschaftlichen Schwerpunktsetzungen:

- Risiken sind zukunftsbezogen: Risikobewusstes Handeln wird von einer Zukunft bestimmt, die nie eintreffen darf.
- Risiken sind global gleich, Gefährdungen verschieden groß: Das Eintreffen von Risiken entwertet Vermögen (z. B. Atomreaktorkatastrophe in Tschernobyl 1986, Flutkatastrophe in Südostasien 2004). Da nicht nur das Vermögen des Verursachers, sondern auch das anderer entwertet wird, sind Risiken nur global, nicht national eingrenzbar.
- Risiken betreffen alle: Risiken sind nicht mehr nach Klassen oder Schichten verteilt, sondern können tendenziell jeden betreffen. Das Risiko durch Radioaktivität z. B. betrifft alle. Das Risiko der Arbeitslosigkeit besteht zunehmend auch in der Mittel- und Oberschicht.

Ulrich Beck (geb. 1944)

Was bestimmt postmoderne Gesellschaften im Zeitalter der Globalisierung?

- Individualisierung: Nach Beck sind alte gesellschaftliche Zuordnungen wie Stand und Klasse und damit „vorgefertigte Biografien" obsolet; in der Risikogesellschaft bestehe zunehmend ein Zwang zur reflexiven Lebensführung („Bastelbiografien"), der zu einer Pluralisierung von Lebensstilen führe.

Im Rahmen der Risikogesellschaft ist wegen der Individualisierungsprozesse die „Selbst-konfrontation" mit risikogesellschaftlichen Folgen machbar. Gesellschaft kann neu er-funden und geplant werden. Integration wird dann möglich, wenn man nicht versucht, den Aufbruch der Individuen zurückzudrängen, sondern wenn man bewusst daran anknüpft und aus den drängenden Zukunftsfragen neue, politisch *offene Bindungs-und Bündnisformen* zu schmieden versucht.

Erlebnisgesellschaft

Nach Gerhard Schulze (*1944) ist die Erlebnisgesellschaft eine auf postmaterialistische und gleichzeitig hedonistische Werte ausgerichtete *gegenwartsorientierte Konsum-gesellschaft*, die durch Szenen und Milieus differenziert wird.

Szenen sind prinzipiell von Milieus unabhängige Netzwerke von (lokalen) Publika. Szenen zeichnen sich aus durch: Stammpublikum, feste Lokalitäten und ein typisches Erlebnisangebot. Beispiele sind die Hochkulturszene, die neue Kulturszene, die Sport-szene.

Milieus als idealtypische „Erlebnisgemeinschaften" werden nach Bildung, Alter, Verhal-tensweisen, Lebensstilen, ästhetischen und kulturellen Orientierungen unterschieden; es gibt:

Gerhard Schulze (geb. 1944)

Welche gesellschaftlichen Werte bestehen in einer Konsumgesellschaft?

- das Niveaumilieu: vorwiegend ältere Personen mit qualifizierter Bildung, die auf die Hochkultur ausgerichtet sind;
- das Harmoniemilieu: vorwiegend ältere Personen mit niedriger Schulbildung und Distanz zur Hochkultur sowie Nähe zur Trivialkultur. Sie sind ästhetisch konservativ und haben die Neigung zum „Rückzug in die eigenen vier Wände";
- das Integrationsmilieu: ältere Personen der mittleren Bildungsschicht, die sich un-terschiedlichen Kulturangeboten zuwenden;
- das Selbstverwirklichungsmilieu: vor allem Studenten, aber auch kreative Schaffen-de, die eine breite Palette von Kulturangeboten konsumieren;
- das Unterhaltungsmilieu: jüngere Personen mit niedrigem Schulabschluss, die Ver-haltensweisen und Moden des Selbstverwirklichungsmilieus imitieren und eine große Nähe zur Trivialkultur aufweisen.

Wissensgesellschaft

1966 prägte der amerikanische Soziologe Robert E. Lane den Begriff der *„Knowledge Society"* für Gesellschaften, die erstrangig durch ihr Wissen bestimmt werden.

In der Wissensgesellschaft hat sich durch systematische und technisierte Art der Wissensvermittlung die Form der Information und Kommunikation verändert (neue Medien, Internet). Sie wird geprägt durch:

- Medienunabhängigkeit: Informationen sind digitalisiert, nicht mehr an ein bestimmtes Medium oder an eine bestimmte Technologie gebunden.
- Ubiquität: Informationen sind nicht mehr ortsgebunden, sondern virtuell überall verfügbar.
- Wissen als Innovations- und Produktionsfaktor: Die Geschwindigkeit der Wissens-generierung und die Umsetzung in neue Produkte und Dienstleistungen sowie deren Anteil an der Wertschöpfung entscheiden über die Wettbewerbsfähigkeit der Volkswirtschaft.

Wandel der Industriegesellschaft

Fordismus und Taylorismus

Der Übergang von der Industriegesellschaft zur postindustriellen Gesellschaft vollzog sich im Bereich der Wirtschaft als Übergang vom Fordismus zum *Postfordismus*, in der Gesellschaft als Wandel von der Moderne zur Postmoderne. Fordismus (abgeleitet von dem amerikanischen Industriellen Henry Ford) bedeutet Massenproduktion, Massenkonsumption und die Entfaltung des Wohlfahrtsstaates. Seit etwa Ende der Sechzigerjahre des vergangenen Jahrhunderts befinden sich diese Strategien industrieller Produktion in einem Auflösungsprozess. Die Ursachen für die Veralterung fordistischer Arbeitsorganisation ist in zu starrer Produktionstechnologie und zu unflexiblen Organisationsprinzipien und der Zunahme von Arbeitslosigkeit zu sehen. Fordismus bedeutet stark standardisierte Massenproduktion und Massenkonsum von Konsumgütern.

Der *Taylorismus*, die wissenschaftliche Betriebswirtschaft (Scientific Management), optimierte die Produktionsvorgänge, u. a. durch Zerteilung der Produktion in kleinste Bestandteile und Fließbandarbeit. Der Taylorismus oder das Scientific Management gehen auf den US-Amerikaner Frederick Winslow Taylor zurück. Taylor glaubte, Management, Arbeit und Unternehmen mit einer rein wissenschaftlichen Herangehensweise optimieren und damit „Wohlstand für Alle" erreichen zu können.

Ein Aufbrechen entsprechender Strategien ist seit Ende der 1960er-Jahre zu beobachten. Die Krise tayloristischer Arbeitsorganisation wird im Wesentlichen auf die Existenz starrer Produktionstechnologien und Organisationsprinzipien und die Zunahme von Arbeitslosigkeit zurückgeführt.

Ford Modell T: Das zuerst in Fließbandarbeit hergestellte Automodell

Der Taylorismus beruhte auf *drei Grundprinzipien*:

1. Arbeit soll auf *präzisen Anleitungen* basieren, die das Management vorgibt. Diesem Prinzip liegt die Annahme zugrunde, dass es immer einen beste Art gibt, eine Arbeit zu machen.
2. Nur eine *hohe Arbeitsteilung* kann Taylor zufolge dafür sorgen, dass das Optimum geleistet wird. Die Zerlegung der Produktion in möglichst kleine Teile soll dazu führen, dass diese analysiert, optimiert und auf die beste Art ausgeführt werden können.
3. *Geld* wird als Motivationsfaktor eingesetzt, d. h., die Bezahlung wird von der erbrachten Leistung abhängig gemacht. Akkordarbeit, Prämienlöhne, generelle Verdichtung und bessere Nutzung der Arbeit sind die Mittel des Taylorismus.

Der Zergliederung der Arbeit und den Vorgaben des Managements entsprechend ist für die tayloristische Arbeitsorganisation ein *hierarchisches System* kennzeichnend. Die starke Zergliederung der Arbeit setzt eine nur *geringe Qualifikation* der Arbeiterinnen und Arbeiter voraus. Der relativ gering qualifizierte, möglicherweise nur angelernte Industriearbeiter war die massenhaft erforderliche Arbeitskraft. Sie war leicht austauschbar und wegen der relativ geringen Qualifikation zunächst zu niedrigen Löhnen zu haben.

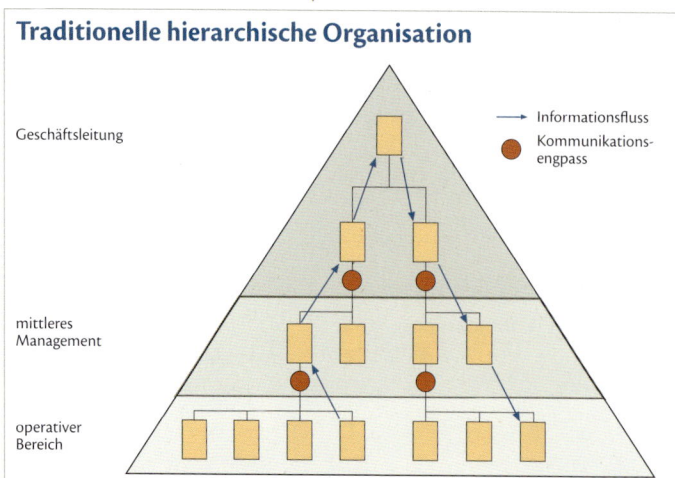

Traditionelle hierarchische Organisation

Geschäftsleitung

→ Informationsfluss
● Kommunikationsengpass

mittleres Management

operativer Bereich

Postfordismus

Die tayloristische Art der Produktion stieß an ihre Grenzen, weil die Arbeitenden *wenig Interesse* am Gesamtergebnis der Produktion entwickeln konnten und sich auf die betriebliche Organisation verlassen mussten. Hinzu kam eine technische Entwicklung, die einfache Maschinen durch immer kompliziertere Werkzeugmaschinen ablöste, die von den Arbeitern einen hohen Ausbildungsstand erforderten.

Die fordistische Organisation wurde durch den Toyotismus (von Toyota) bzw. dem Postfordismus abgelöst. Der Postfordismus ist geprägt durch *flexible Produktions- und Organisationskonzepte*. Hinzu kommt eine weitreichende Automatisierung einfacher Tätigkeiten, die nicht mehr den gering qualifizierten Fließbandarbeiter, sondern den hoch qualifizierten Maschinen-Bediener erfordert.

Neue Produktionskonzepte verbinden sich dabei mit neuen *Unternehmens- und Informationskonzepten*. Die Form der Gruppenarbeit z. B. löst zunehmend die Fließbandarbeit ab. Damit verbindet sich die Erkenntnis, dass die Menschen Motivation für ihre Arbeit brauchen, dass sie mit stumpfsinniger, immer gleicher Tätigkeit wenig ausgelastet sind, dass aber auch jeder Einzelne eigene Ideen und Verbesserungsvorschläge hat, die er in die Produktion sinnvoll einbringen kann, weil er Experte in seinem Bereich ist. Dies erzeugt eine Veränderung der Managementkonzepte:

Die postindustrielle Gesellschaft wird durch die zentrale Stellung des theoretischen Wissens und das zunehmende Übergewicht der Dienstleistungswirtschaft über die produzierende Wirtschaft gekennzeichnet. Deshalb benutzen viele für die postindustrielle Gesellschaft den Begriff der *Informations- bzw. Wissensgesellschaft* (Daniel Bell).

Der amerikanische Soziologe Richard Sennett macht darauf aufmerksam, dass die neue Arbeitsorganisation, die er als flexiblen Kapitalismus kennzeichnet, auch die *Flexibilisierung der Menschen* zur Folge hat. Alte, in der Industriekultur wichtige Werte

Expertennetzwerk

Geschäftsleitung

Experten-netzwerk

operativer Bereich (einfache Tätigkeiten)

→ Informationsfluss

wie Treue, Disziplin und Verantwortungsbewusstsein und die Fähigkeit auf sofortige Bedürfnisbefriedigung verlieren demnach an Bedeutung. Gründe für diese Entwicklung sind die Beschleunigung der Produktion und die vom Taylorismus gesteigerten Leistungsanforderungen, aber auch die zunehmende Unsicherheit der Arbeitsplätze sowie die Notwendigkeit, jederzeit auf einen Wohnortwechsel eingestellt zu sein. Dementsprechend sind die Arbeitsverhältnisse, in denen man ein Arbeitsleben lang einem einzelnen Betrieb angehört, Vergangenheit. Zeiten intensiver beruflicher Tätigkeit wechseln sich in der Erwerbsbiografie mit Zeiten der Fortbildung oder auch der Arbeitslosigkeit ab. In der Produktion werden strenge Hierarchien durch Gruppenarbeitsstrukturen abgelöst, in denen meist ohne einen Vorarbeiter Arbeitende ein gemeinsames Ziel erreichen. Sennett zufolge führt dieser Wandel zu einer Atmosphäre von Angst, Hilflosigkeit, Instabilität und *Verunsicherung* in weiten Teilen der Gesellschaft.

Da der Einzelne an seiner Flexibilität gemessen wird, muss er persönliche Bedürfnisse zurückstellen und wird beispielsweise Freundschaften und Partnerschaften oder den Wunsch, Kinder zu haben, im Zweifelsfall der Flexibilität opfern müssen. Dieser „flexible Mensch" (Sennett) ist die Extremform des Menschenbildes des postmodernen Kapitalismus.

Wandel der Arbeit

Rolle der Erwerbstätigkeit

Die Erwerbstätigkeit ist zentral für materiellem Erfolg und Ansehen in der modernen Gesellschaft. 90 Prozent der Bevölkerung sind entweder selbst erwerbstätig, von der Erwerbstätigkeit ihrer Angehörigen abhängig oder leben von Bezügen aus früherer Erwerbstätigkeit. Die *Erwerbsbeteiligung* unterliegt einem starken Wandel:

- Frauen sind heute weitaus häufiger erwerbstätig als noch vor wenigen Jahrzehnten.
- Die Zahl der Menschen im Rentenalter steigt.
- Es herrscht eine hohe Arbeitslosigkeit.

Arbeitskräfte: Entwicklung von Angebot und Nachfrage

Die *Nachfrage nach Arbeitskräften* ist abhängig vom Volumen der Produktion, von der Produktivität und der Arbeitszeit. Wirtschaftswachstum und Arbeitszeitverkürzung erhöhen, Produktivitätserhöhungen senken den Bedarf an Erwerbstätigen.

Das *Angebot an Arbeitskräften* ist abhängig vom demografischen Wandel und die hierdurch zustande kommende Anzahl von Personen im erwerbsfähigen Alter.

Demografische Entwicklung und Arbeitsmarkt

Die demografische Entwicklung zeichnete sich in Westdeutschland von den 1970er-bis in die 1990er-Jahre hinein durch **geburtenstarke Jahrgänge** („Babyboomer") aus, die in den Arbeitsmarkt gelangten. Hinzu kam eine starke Migration von Ausländern und Aussiedlern, die die Abwanderung meist überwog. Weiterhin war eine Zunahme der Erwerbsquote zu verzeichnen, insbesondere durch die steigende Erwerbsbeteiligung von Frauen in Westdeutschland und die hohen Erwerbsquoten von Männern und Frauen in Ostdeutschland. Insgesamt stieg so das Angebot an Erwerbspersonen bis in die 1990er-Jahre hinein an. Verkürzungen der Ausbildungszeit und der immer frühere Eintritt ins Rentenalter wirkten dem zwar entgegen, konnten diese Prozesse aber nicht ausgleichen.

Die *Nachfrage* nach Erwerbstätigen blieb in Westdeutschland bis Mitte der 1980er-Jahre insgesamt stabil, nahm zu Beginn der 1990er-Jahre zu und sank danach wieder ab.

Im Ganzen gesehen blieb die Nachfrage nach Erwerbstätigen (das Arbeitsplatzangebot) seit den 1970er-Jahren in immer höherem Maße hinter dem ansteigenden Angebot an Erwerbspersonen zurück. Die Folge war ein Anstieg der Arbeitslosigkeit.

Seit Ende der 1990er-Jahre kommen **geburtenschwache** Jahrgänge auf den Arbeitsmarkt. Entsprechend sinkt das Angebot an Arbeitskräften dauerhaft. Hinzu kommt eine Abnahme der Zuwanderung. Auch in den nächsten Jahrzehnten wird es vermutlich weiterhin weniger Erwerbspersonen geben. Ohne Zuwanderungen würde die Zahl der Erwerbspersonen von 41 Mio. im Jahre 1994 auf 27 Mio. im Jahre 2030 zurückgehen.

Wandel der Arbeitsbedingungen

In den Beschäftigungsarten und den *Arbeitszeiten* zeigt sich ebenfalls ein deutlicher Wandel. Die Arbeitszeiten weichen immer mehr vom Normalarbeitstag ab. Einerseits sind Überstunden in verschiedenen

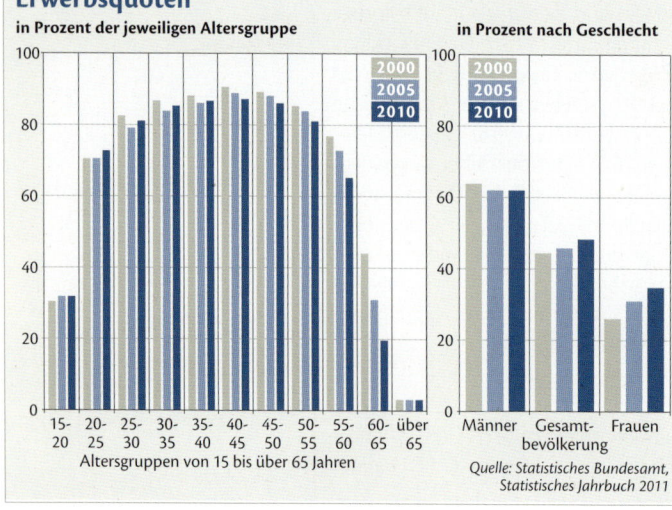

Erwerbsquoten

in Prozent der jeweiligen Altersgruppe

in Prozent nach Geschlecht

2000
2005
2010

Altersgruppen von 15 bis über 65 Jahren

Männer   Gesamtbevölkerung   Frauen

Quelle: Statistisches Bundesamt, Statistisches Jahrbuch 2011

Wirtschaftszweigen der Normalfall, andererseits gibt es, bedingt durch die Arbeitslosigkeit, Kurzarbeit und andere Regelungen begrenzter Arbeitszeiten.

Unter den Beschäftigungsverhältnissen gewinnt Teilzeitbeschäftigung eine immer größere Bedeutung. Neu geschaffene Arbeitsplätzen werden häufig als Teilzeitarbeitsplätze eingerichtet, für die vor allem Frauen eingestellt werden.

Teilzeitarbeitsplätze finden sich vorwiegend im Dienstleistungsbereich. Vor allem Frauen, die besonders stark in diesem Bereich beschäftigt sind, versuchen durch eine Teilzeitbeschäftigung Familie und Beruf zu vereinbaren.

Geringfügige Beschäftigungsverhältnisse sind häufig prekär. Vor allem dann, wenn sie längerfristig ausgeübt werden. Die Arbeitnehmerinnen und Arbeitnehmer sind kaum gegen Arbeitslosigkeit abgesichert.

Befristet Beschäftigte sind im Allgemeinen ebenfalls gegenüber unbefristeten benachteiligt. Der Anteil der befristeten Beschäftigungsverhältnisse hat sich in den letzten Jahren erhöht. Besonders Berufseinsteiger und Wiedereinsteiger (z. B. Frauen nach der Familienphase) sind dem Risiko befristeter Beschäftigung ausgesetzt.

Auch die Zahl der *Leiharbeitnehmer* nimmt zu. Prekär ist Leiharbeit häufig in Bezug auf die Entlohnung und soziale Absicherung. Häufig entsprechen der Standard und die Qualifikation bei der Leiharbeit nicht den Standards der Branchen, in denen die Leiharbeiter eingesetzt werden.

Selbstständigkeit wird häufig als Alternative zur Arbeitslosigkeit propagiert und auch staatlich gefördert. Dies hat u. a. zu Auswüchsen von *Scheinselbstständigkeit* geführt. Manche Betriebe gingen dazu über, Teile der Arbeiten auszugliedern und sie Selbstständigen zu überlassen, die aber voll und ganz vom Betrieb abhängig waren. Franchising und ähnliche Unternehmensformen sind in manchen Branchen üblich, zum Beispiel bei Tankstellen, bei Restaurantketten und in manchen Bereichen des Einzelhandels.

Die neuen Bedingungen haben auch Einfluss auf die *Arbeitsbiografie*. Zeiten von Nichtbeschäftigung oder Teilzeitbeschäftigung werden allgemein häufiger. Die ehemals normale Erwerbsbiografie eines Mannes, der in ein Lehrverhältnis in einem Betrieb einstieg und mit der Rente denselben Betreib verließ, ist kaum noch typisch. Vielmehr entwickeln sich *fragmentierte Erwerbsbiografien*. Hinzu kommen weitere Wandlungsprozesse, die u. a. wegen der höheren Bildungsabschlüsse zu einem späteren Berufseinstieg von Jugendlichen führen.

Franchising

Der Franchisenehmer führt scheinbar selbstständig eine Filiale einer Kette, hat aber genaue Auflagen, wie er das Geschäft zu führen hat, und muss bis zu 25% seiner Einnahmen an den Franchisegeber abführen.

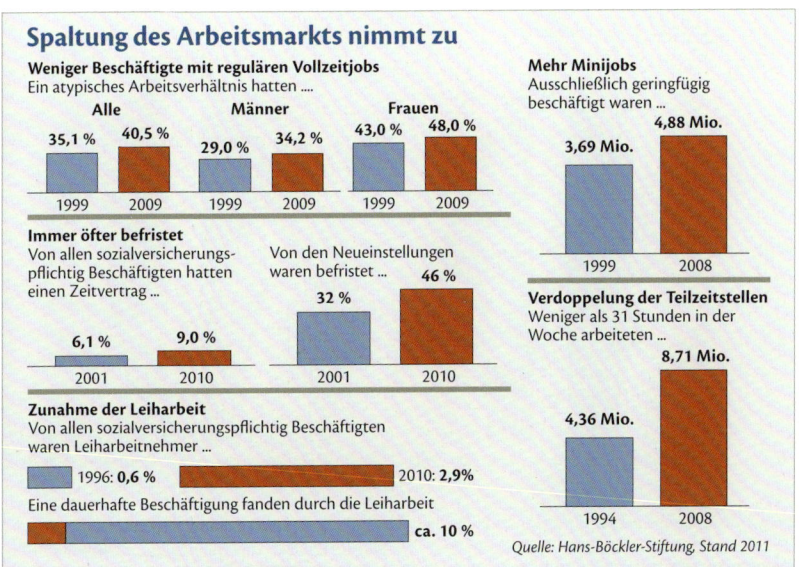

Spaltung des Arbeitsmarkts nimmt zu

Weniger Beschäftigte mit regulären Vollzeitjobs
Ein atypisches Arbeitsverhältnis hatten ....

Alle 35,1 % (1999) 40,5 % (2009)
Männer 29,0 % (1999) 34,2 % (2009)
Frauen 43,0 % (1999) 48,0 % (2009)

Immer öfter befristet
Von allen sozialversicherungspflichtig Beschäftigten hatten einen Zeitvertrag ...
6,1 % (2001) 9,0 % (2010)

Von den Neueinstellungen waren befristet ...
32 % (2001) 46 % (2010)

Zunahme der Leiharbeit
Von allen sozialversicherungspflichtig Beschäftigten waren Leiharbeitnehmer ...
1996: 0,6 % 2010: 2,9 %
Eine dauerhafte Beschäftigung fanden durch die Leiharbeit
ca. 10 %

Mehr Minijobs
Ausschließlich geringfügig beschäftigt waren ...
3,69 Mio. (1999) 4,88 Mio. (2008)

Verdoppelung der Teilzeitstellen
Weniger als 31 Stunden in der Woche arbeiteten ...
4,36 Mio. (1994) 8,71 Mio. (2008)

Quelle: Hans-Böckler-Stiftung, Stand 2011

Demografischer Wandel

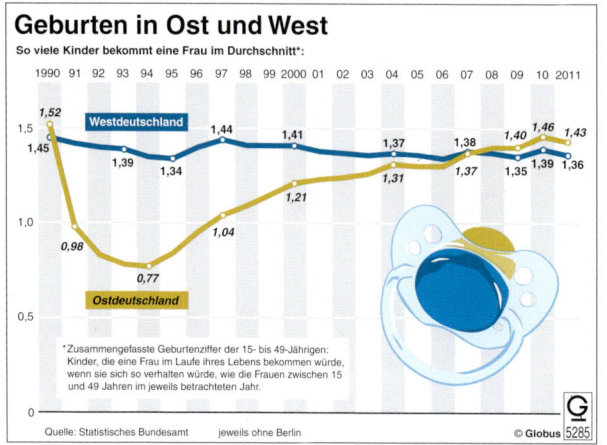

Geburten in Ost und West

So viele Kinder bekommt eine Frau im Durchschnitt*:

1990 91 92 93 94 95 96 97 98 99 2000 01 02 03 04 05 06 07 08 09 10 2011

Westdeutschland
1,52 1,45 1,39 1,34 1,44 1,41 1,37 1,38 1,40 1,46 1,43
1,37 1,35 1,39 1,36

Ostdeutschland
0,98 0,77 1,04 1,21 1,31 1,37

*Zusammengefasste Geburtenziffer der 15- bis 49-Jährigen: Kinder, die eine Frau im Laufe ihres Lebens bekommen würde, wenn sie sich so verhalten würde, wie die Frauen zwischen 15 und 49 Jahren im jeweils betrachteten Jahr.

Quelle: Statistisches Bundesamt   jeweils ohne Berlin   © Globus 5285

Der demografische Wandel stellt eine Herausforderung dar, die den Alltag der heutigen jungen Generation in Zukunft ebenfalls nachhaltig mitprägen wird. Die heutigen Jugendlichen verfügen diesbezüglich bereits über ein ausgeprägtes Problembewusstsein. 70 % der Jugendlichen halten das Altern der Gesellschaft für ein großes oder sogar sehr großes Problem. Trotz des mehrheitlich positiven Bezugs auf die Älteren bezeichnen immerhin 48 % das heutige Verhältnis zwischen den Generationen als angespannt. Positiv bewerten die Jugendlichen, dass die Älteren von heute, da sie länger als bisher rüstig und gesund bleiben, neue Aufgaben in der Familie oder in der Gesellschaft übernehmen können. Sorge bereitet hingegen, dass bei einer wachsenden Anzahl älterer Menschen mehr öffentliche Gelder für deren Belange statt für Jüngere aufgewendet werden müssen. Hinsichtlich der eigenen Alterssicherung besteht große Einmütigkeit, dass man viel stärker als früher selber vorsorgen muss.

Der demografische Wandel hat *drei hauptsächliche Komponenten*:

- den Geburtenrückgang,
- die Steigerung der Lebenserwartung,
- die Migration.

Derzeit entwickeln sich die Verhältnisse so, dass die Zahl der Geburten bei weitem nicht ausreicht, um die Zahl der Sterbefälle zu kompensieren. Die Migration gleicht diese Entwicklung ebenfalls nicht aus. Die Folge ist ein *Alterungsprozess* der Bevölkerung insgesamt.

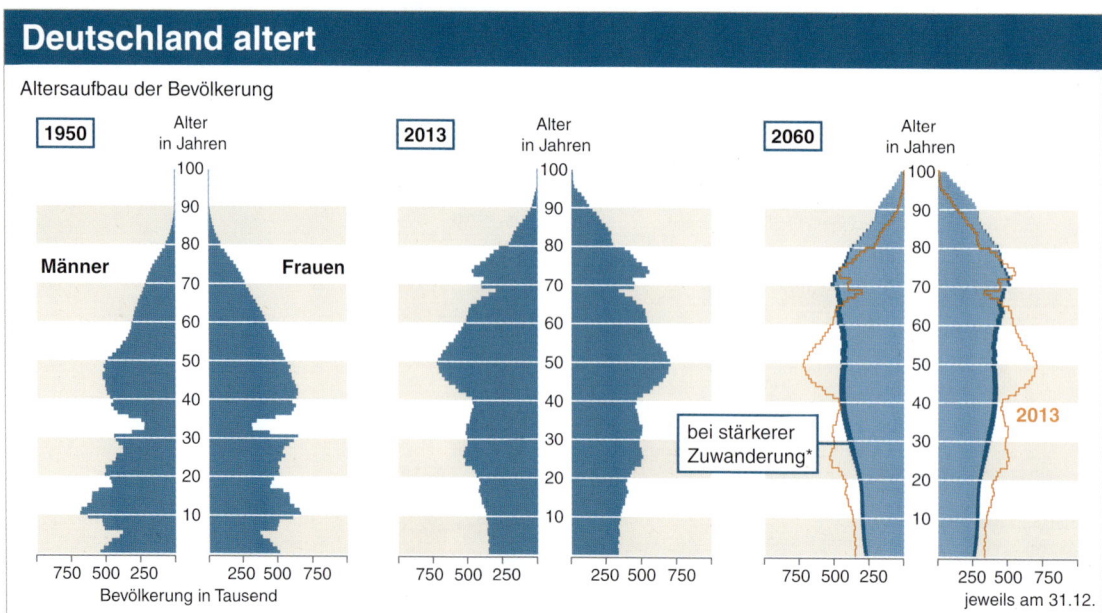

Deutschland altert

Altersaufbau der Bevölkerung

1950 — Alter in Jahren

Männer   Frauen

750 500 250   250 500 750
Bevölkerung in Tausend

2013 — Alter in Jahren

750 500 250   250 500 750

2060 — Alter in Jahren

bei stärkerer Zuwanderung*   2013

750 500 250   250 500 750
jeweils am 31.12.

Annahmen: Geburtenhäufigkeit 1,4 Kinder je Frau; Lebenserwartung bei Geburt 2060: 84,8 Jahre für Jungen, 88,8 Jahre für Mädchen; langfristige Nettozuwanderung: 100 000 Personen, *200 000 Personen

Quelle: Statistisches Bundesamt   dpa•22558

Demografische Entwicklung: Vorwand zum Sozialstaatsabbau?

M 1 Das demografische Dilemma Deutschlands

Die demografische Entwicklung moderner Wohlfahrtsstaaten ist lange im Voraus sichtbar. Eine durchschnittlich hohe Lebenserwartung aller bereits Geborenen und eine konstant niedrige Geburtenzahl bei wenig Anstrengungen, daran etwas zu ändern, legen die natürliche Bevölkerungsbewegung auf Jahre hinaus fest. (...)

Die offiziellen Vorausberechnungen der künftigen Bevölkerung in Deutschland zeigen eines ganz klar: Die seit über 25 Jahren anhaltenden Geborenendefizite lösen schon am Ende dieses Jahrzehnts einen Abnahmesog aus, der zuerst die Jugendjahrgänge erfasst, dann das Erwerbspotenzial und daraufhin die Gesamtbevölkerung schrumpfen lässt. Es ist das Bild einer ständigen Verschlankung und Verkleinerung der kopflastigen Alterspyramide von ihrem Sockel her. Die Prognosen für Deutschland sagen bis zur Mitte des Jahrhunderts einen Menschenverlust in der Größe der Bevölkerung der neuen östlichen Bundesländer voraus. Die Erhöhung des Erwerbspotentials, wie die Schaffung von Arbeitsplätzen aufgrund wirtschaftlichen Wachstums, Frauenerwerbstätigkeit und ausländische Arbeitskraft können schwindende Beitragszahler eine gewisse Zeit kompensieren, verschieben aber nur den Zeitpunkt und den Pfad, der Bevölkerungsabnahme, ohne ihn grundsätzlich aufhalten zu können.

Der gegenwärtige Zustand wirft folgende Fragen auf: Kann eine fortgesetzt alternde Bevölkerung, deren Jugendjahrgänge jeweils um ein Drittel kleiner werden als die Elterngeneration und deren Erwerbsbevölkerung ebenfalls altert und schrumpft, steigende Leistungen erbringen? Wird unter diesen demografischen Bedingungen eine Erwerbsbevölkerung die steigenden Kosten der Alterssicherung verkraften? Kann sie mit ihrer Wirtschaftsleistung Beschäftigungsverhältnisse schaffen, die zur Finanzierung des Generationenvertrags ausreichen? Werden Jugend und Erwerbsfähige alles daransetzen, eine Wissensgesellschaft auf dem neuesten Stand zu halten, um den globalen Innovationswettbewerb zu bestehen?

(Josef Schmid: Das demografische Dilemma Deutschlands. In: Frankfurter Allgemeine Zeitung vom 31. Mai 2000, S. 8f.)

M 2 Demografie als Demagogie

Man führt soziale Probleme auf demografische Entwicklungsprozesse bzw. Sachzwänge zurück, was sie einer rationalen Lösung im Interesse der Betroffenen entzieht. Dabei beruht die Krise des Sozialen weder auf der Globalisierung noch auf dem demografischen Wandel. Sie resultiert aus einer Politik, die den Markt hofiert und den Wohlfahrtsstaat demontiert. Feststellbar ist nicht nur eine Ökonomisierung des Sozialen, das zum Erfüllungsgehilfen der Wirtschaft herabgewürdigt wird, eine Kulturalisierung des Sozialen, die materielle Interessen zu einer Frage der Identität emporstilisiert, und eine Ethnisierung des Sozialen, durch welche die Abstammung bzw. Herkunft zum Hauptkriterium der Verteilung erhoben wird, sondern auch eine Biologisierung des Sozialen, die den Gegensatz zwischen Arm und Reich als Kluft zwischen Alt und Jung fehlinterpretiert, also den gesellschaftlichen Verteilungskampf zum Generationenkonflikt umdeutet. Renten und Pensionen hängen aber nicht von der Biologie, sondern von der Ökonomie und der Politik ab. Entscheidend ist, wie viel Reichtum die Volkswirtschaft erzeugt und auf wen er verteilt wird.

Man benutzt die Demografie als Mittel der sozialpolitischen Demagogie. Bei der Gleichung „Wenn die Lebenserwartung steigt, müssen entweder die Beiträge drastisch angehoben oder die Renten radikal gekürzt werden" handelt es sich um eine politische Milchmädchenrechnung, weil andere Möglichkeiten, wie etwa bisher nicht beitragspflichtige Gruppen (Selbstständige, sog. Freiberufler, Beamte, Abgeordnete und Minister) in die Gesetzliche Rentenversicherung einzubeziehen, die Beitragsbemessungsgrenze an- bzw. aufzuheben und/oder den Bundeszuschuss zu erhöhen, darin ausgeblendet werden.

Der deutsche Sozial(versicherungs)staat hat durch seine enge Bindung an die sog. Normalbiografie, das Normalarbeitsverhältnis und die Normalfamilie insofern einen Altersbias, als die Leistungen im Lebensverlauf ungleich auf die einzelnen Generationen verteilt sind. Daraus folgt aber mitnichten, dass die Älteren den Sozialstaat und/oder die Jüngeren ausplündern. Was man als soziale Ungerechtigkeit skandalisiert, gleicht sich vielmehr bei jeder Generation im Lebensverlauf wieder aus.

(Christoph Butterwege: Demografie als Demagogie. In: Frankfurter Rundschau vom 4. Mai 2004, S. 9)

1 *Formulieren Sie zu beiden Texten die jeweilige Hauptthese sowie die Argumentation der Autoren.*

2 *Der Text M2 nennt indirekt auch Lösungsansätze. Nennen Sie diese und erörtern Sie die Argumentation Butterweges im Hinblick auf die im vorhergehenden Kapitel dargestellte Entwicklung.*

Individualisierungstheorem nach Lehrbuch

M 1 **In der Moderne zerfallen traditionelle Bindungen**

Heute steht der Begriff der Individualisierung unter dem Zeichen des Individualisierungstheorems von Ulrich Beck. In den 80er-Jahren brachte er den Begriff in die Debatte um den sozialen Wandel in der modernen Gesellschaft. Beck versteht unter Individualisierung dreierlei:

- Die Herauslösung des Einzelnen aus seinen traditionellen Klassen- und Versorgungsbezügen der Familie, die Auflösung kollektiver Erfahrungen in und mit der Arbeitswelt (wachsende Freiheitsmomente) und die Herausbildung sehr unterschiedlicher Familienorganisationen (Trend zum Single-Dasein).
- Dieser Prozess wird begleitet von der Auflösung traditioneller Lebensformen, -normen und Handlungsorientierungen sowie von Sicherheiten.
- Zugleich erfolgt eine neue Bindung und Abhängigkeit des Einzelnen an und von Großsystemen wie den Arbeitsmarktsystemen, den Bildungs- und Beschäftigungssystemen.

In einem erweiterten Sinne ist Individualisierung aber bereits seit längerem ein Thema in der Soziologie und in den Gesellschaftswissenschaften.

In der Moderne gewinnt – im Zusammenhang mit der bürgerlichen Revolution – das Individuum einen größeren Stellenwert. Soziale Beziehungen finden nach wie vor auch unter Gruppen statt, aber besonders durch das Wirtschaftssystem haben sich die Autonomiebestrebungen des Einzelnen, seine Betonung der Rationalität und auch seine innere Isolation verstärkt. Einfach ablesbar ist dieser Individualisierungstrend an der wachsenden Zahl der Ein-Personen-Haushalte.

Der Individualisierungsprozess der Moderne hat darüber hinaus die traditionellen Muster sozialer Beziehungen teilweise aufgelöst und den Einzelnen in hohem Maße zur Selbstorganisation seines sozialen Lebens gezwungen.

In der Geschichte wurden die Menschen in eine bestehende Gemeinschaft hineingeboren, deren Mitglie-

EINES TAGES WAR DANN AUCH DIE KLASSE 1 B NUR NOCH ÜBER E-MAIL ZU ERREICHEN...

Karikatur: Markus Grolik

derzahl überschaubar war und der sie ein Leben lang angehörten. Die Beziehungen der Menschen untereinander waren in den fundamentalen Institutionen von Blutsverwandtschaft und Religion fest verwurzelt und damit auch verbindlich geregelt. Jeder wusste, was er von jedem anderen zu erwarten hatte und was er jedem anderen schuldete. Das engmaschige Netz an gegenseitigen Verpflichtungen, auf das sich traditionelle Gemeinschaften gründeten, ließ dem Einzelnen zwar wenig Raum für jene Entscheidungsfreiheit und individualisierte Lebensführung, die wir heute als Grundrechte in Anspruch nehmen; der Zusammenhalt der Gruppe hatte unbedingten Vorrang vor den persönlichen Zielen und Wünschen ihrer Mitglieder. Dafür genoss der Einzelne jedoch den vorbehaltlosen Schutz der Gemeinschaft, ohne die er nicht hätte überleben können.

Wir können heute dagegen kaum mehr auf soziale Beziehungen als sozusagen natürliche Gegebenheiten unserer Existenz zurückgreifen. Jeder Einzelne muss sich seine persönliche soziale Welt selbst erschaffen, und das zunehmend immer wieder neu. In den modernen Gesellschaften gibt es – mit Ausnahme der Eltern-Kind-Beziehung – keine stabilen und dauerhaften zwischenmenschlichen Beziehungen mehr. Die zunehmende Isolierung des Einzelnen ist eine direkte Folge der fortschreitenden Vergesellschaftung des Menschen. Im Zuge jenes Integrationsprozesses, der die Menschheit in immer größere und immer komplexere Formen des Zusammenlebens zwingt, verändert sich die Balance zwischen der Gemeinschaft und dem Individuum: Bei jedem Übergang von einer Stufe zur nächsten, etwa vom Stamm zum Staat, verlagert sich das Schwergewicht zunehmend von der Wir- zur Ich-Identität. Das moderne Individuum gehört zwar in der Regel vielen verschiedenen Gruppen und Gruppierungen an – den Hamburgern, den Deutschen, den MBB-Angestellten, den Fußballfans des FC St. Pauli etwa – aber all diese Mitgliedschaften sind emotional nicht stark besetzt und auch immer seltener Quellen sozialer Unterstützung. *(aus: Klaus Feldmann, Soziologie kompakt. Eine Einführung, Wiesbaden: Verlag für Sozialwissenschaften 2005, S. 130)*

---

1 *Verfassen Sie auf der Basis des Textes M 1 eine umfassende Definition des Begriffs Individualisierung.*

2 *Welche Folgen hat die Individualisierung für den einzelnen Menschen, die Gesellschaft und die Wirtschaft?*

3 *Formulieren Sie mit eigenen Worten die im Text M 2 enthaltene Kritik am Individualisierungstheorem. Auf welche Aspekte geht der Autor ein? Können Sie seiner Kritik zustimmen?*

Kritik des Individualisierungstheorems

M 2 **Zur Dialektik von Individualisierung und Rückbindung**

Kaum ein anderer Begriff von gesellschaftlicher Modernisierung und Fortschritt hat sich so durchgesetzt wie der der Individualisierung – verstanden als „Freisetzung von traditionellen Bindungen". Das kann viel heißen: dass Menschen sich vereinzeln, dass sie einzigartig, selbstsüchtig oder selbstständig werden. In der Diskussion haben die Vertreter der Individualisierungsthese klargestellt, dass sie all dies nicht meinen. Soziologen sehen hinter den Individuen gesellschaftlichen Strukturwandel, das heißt, Bindungen lösen sich nicht ganz auf, sondern ein Typus von Bindungen wird durch einen anderen abgelöst. Vorgegebene und Herkunftsbindungen werden ersetzt durch Bindungen, die die Einzelnen selbst wählen und zusammenstellen müssen. Trotz des Wählen-Müssens steckt darin die Vorstellung vermehrter Optionen, wachsender Freiheit. Die Vorstellung der Individualisierungstheoretiker ist die einer Gesellschaft, die ihre Grundstruktur von herkunftsbedingten auf wählbare Bindungen umstellt. Das entspricht durch und durch unserem zeitgenössischen Lebensgefühl. Es scheint evident zu sein: Was früher vorentschieden war, kann heute so oder so entschieden werden. Was früher durch Normen festgelegt war, ist heute offen, was früher kollektiv entschieden wurde, wird heute individuell entschieden. (…) Zwar gibt es auch in der Individualisierungstheorie soziale Zwänge, aber nur noch als Restbestand von Traditionen, als strukturelle Randbedingungen, Restriktionen des Wählens und als Zwang zur Wahl. (…) Meine These lautet nun gegen die Individualisierungstheoretiker: Die strukturellen Wandlungen in modernen Gesellschaften werden radikal – an der Wurzel – falsch verstanden, wenn sie als Individualisierung verstanden werden. Sie sind immer, zugleich

Karikatur: Patrick Chapatte

und gegenläufig, Individualisierung und Rückbindung.

Rückbindung bringt Individualisierung hervor und umgekehrt (…). Steigende Trennungs- und Scheidungsraten als kollektive Phänomene gelten als der Indikator par excellence für Individualisierung. An diesem Punkt, bei der Trennung des Paares, möchte ich meine Suche nach dem Verbleib traditioneller Bindungen und Zwänge fortführen. (…) Bei der Trennung des Paares geschieht, was ich (…) als den zweiten Weg der Individualisierung im Paar beschrieben habe: Die sich individualisierenden Bindungen führen zurück zur alten Ordnung der Herkunftsbindungen. An wen wenden sich die modernen Menschen, wenn die Beziehung zerbricht? Der nächste Partner steht selten sogleich zur Wahl bereit. Da sind es die Eltern, Geschwister, Großeltern, Tanten und Onkel, Cousins und Cousinen, Jugendfreunde, also vertraute Personen, bei denen man Halt und Unterstützung sucht (…).

Wir wählen diese Bindungen nicht. Wir haben sie auch früher nicht gewählt. Wir haben sie nie wählen können. Und wir werden sie nie abwählen können. Sie sind immer schon da. (…) Der Individualisierungsprozess, der in der Trennung des Paares, also in der Auflösung einer Wahlverbindung gipfelt, führt zur Rückverwandlung dieser Wahlverbindung in nicht gewählte Herkunftsbindungen. (…) Die – vorläufig – letzte Station auf meiner Suche nach dem Verbleib sich auflösender Paarbeziehungen ist wieder das Paar selbst, diesmal aber nicht als individuelle, handfeste Zweisamkeit, sondern als Träger einer kollektiven Idee der Zweisamkeit. Meine These lautet: Die sich auflösenden individuellen Liebes- und Ehebindungen verwandeln sich, in den Köpfen der Beteiligten, in kollektive Bindungen.

(Karl Otto Hondrich, Zur Dialektik von Individualisierung und Rückbindung am Beispiel der Paarbeziehung, in: Aus Politik und Zeitgeschichte B 53/1998, S. 3–7)

Sozialer Wandel in der Familie und in den Geschlechterverhältnissen

Pluralität der Lebensentwürfe

Während in der vorindustriellen Gesellschaft die Familie vorwiegend eine Notgemeinschaft war, spielt in der modernen Gesellschaft die Logik *individueller Lebensentwürfe* eine immer größere Rolle. Die Familie wandelt sich aufgrund der Individualisierungstendenzen zu einer Wahlgemeinschaft. Die Personen gehen einen teilweise lockeren Verbund ein, der schneller wieder aufgelöst werden kann.

Deutsches homosexuelles Paar bei der Heirat in Dänemark

Während in der Vergangenheit eingespielte Rituale das Familienleben bestimmten, müssen in heutigen Familien Regeln ständig neu ausgehandelt werden. Das erhöht das Risiko der *Auflösung der Familie* bzw. des Eingehens neuer Bindungen. Familien werden instabiler. Da auf der anderen Seite Individualisierung auch die Sehnsucht nach Intimität, Geborgenheit und Nähe fördert, leben die meisten Menschen weiterhin in Bindungen. Aber diese Bindungen sind nun anderer Art in Umfang, Verpflichtungscharakter und Dauer. Der Alltag ist bestimmt vom Entscheiden, Auswählen, Aushandeln. Das Zusammenleben zwischen Ehepartnern, früher als ein „Bund fürs Leben" geschlossen, ist häufig nur eine Episode. Dementsprechend kann nicht mehr davon als Selbstverständlichkeit ausgegangen werden, dass Kinder in einer gleichbleibenden Familienstruktur aufwachsen.

Die traditionelle Familie verschwindet nicht. Aber offensichtlich ist sie nicht mehr die alleinige Möglichkeit. *Neue Lebensformen* kommen auf und breiten sich aus, die nicht oder jedenfalls nicht allgemein auf Alleinleben zielen, eher auf Verbindungen anderer Art: z. B. Ehe ohne Trauschein oder ohne Kinder; Alleinerziehende, Fortsetzungsfamilien oder Partner desselben Geschlechts; Teilzeitgemeinschaften und Lebensabschnittsgefährten, Leben mit mehreren Haushalten oder zwischen verschiedenen Städten. In der neuen Familie entstehen mehr Zwischenformen und Nebenformen, Vorformen und Nachformen. Gerade in Großstädten sind „Patchworkfamilien" heute verbreiteter als Familien, in denen der leibliche Vater und die leibliche Mutter noch mit allen ihren Kindern zusammenleben.

Russlanddeutsche Großfamilie

Auflösung traditioneller Geschlechterverhältnisse

Gleichzeitig liefen umfassende Modernisierungs-, Individualisierungs- und Differenzierungsvorgänge ab, die weitreichende Folgen für die gesellschaftlichen Strukturen hatten, die Geschlechterverhältnisse eingeschlossen. In der Produktion bildeten sich durch die neuen Formen der Organisation der Fertigung und der Betriebe neue Tätigkeitsstrukturen heraus mit neuen Qualifikationsanforderungen und entsprechenden Bildungserfordernissen. Der Arbeitsmarkt veränderte sich durch die Ausdehnung der Erwerbstätigkeit der Frauen. Die Folge war, dass sich innerhalb der Familie und zwischen Männern und Frauen ganz neue Verhältnisse herausbilden konnten, während die entsprechenden Grundlagen der Industriegesellschaft aufgelöst wurden.

Frauen und Männer mussten sich zunehmend weniger an ihre klassische Geschlechtsrolle halten. Die Verlängerung der Lebenserwartung führte zu neuen Möglichkeiten nach der Kinder- bzw. Familienphase, was zusätzlich eine demografische Freisetzung der Frauen erbrachte.

Zuvor reichte ein Frauenleben aufgrund der niedrigeren Lebenserwartung in der Regel genau dafür aus, Kinder großzuziehen. Heute ist die Mutterschaft mit aktiven Verpflichtungen nur noch ein vorübergehender Lebensabschnitt für Frauen. Die traditionelle Hausfrauenarbeit wurde durch Haushaltsgeräte und neue Dienstleistungs- und Konsumangebote entlastet, was zusätzlich zur Möglichkeit der Erwerbstätigkeit der Frauen beitrug.

Neue Rollenzuweisungen

Neue empfängnisverhütende Mittel erleichterten die Planbarkeit der Familienphase und der Kinderzahl. Dies trug zur Emanzipation der Frauen erheblich bei, da sie wesentlich weniger als zuvor durch die Kinder an Familie und Ehe gekettet waren. Frauen wurden auch freigesetzt von der lebenslangen Garantie der ökonomischen Absicherung durch den Mann. Eine gleichzeitige Angleichung der Bildungschancen von Frauen zeigte ebenfalls die starke berufliche Motivation der Frauen.

Bei den Männern fand eine entsprechende Entwicklung statt. Männer waren zunehmend nicht mehr die alleinigen Ernährer der Familie.

Der Zwangszusammenhang wurde gelockert, der besagt, dass Männer sich für Ehefrau und Kinder im Beruf fremdem Willen und fremden Zwecken unterwerfen müssen. Infolgedessen ist ein ganz *anderer Umgang mit Familie und Beruf* möglich geworden. Allerdings darf man diese Entwicklungen für die Frau nicht überschätzen. Durch die Erwerbsbeteiligung der Frau ist der Begriff *„Doppelrolle"* aufgekommen. Frauen sind zwar in das Berufsleben integriert, aber die Erziehung und Versorgung der Kinder bleibt größtenteils weiterhin der Frau überlassen.

Individualisierung und Differenzierung

Durch gesellschaftliche Differenzierungs- und Individualisierungsvorgänge haben sich die Geschlechterrollen gewandelt. Im Wandel der Familie tauchen zwei auf den ersten Blick widersprüchliche, sich aber in Wirklichkeit ergänzende Entwicklungen auf:

- Die Individualisierung führt zu einer wachsenden Bedeutung des Single-Daseins in der Gesellschaft, teils auch als vorübergehende Lebensphase. Der Single scheint das Endprodukt einer Entwicklung zu sein, in der die Familie sich zu immer kleineren Einheiten entwickelt.
- Die Differenzierung der Lebensformen ist eine weitere Tendenz, ersichtlich an der wachsenden Bedeutung von Lebensformen, die nicht dem klassischen Familienbild entsprechen. Alleinerziehende mit Kindern, gleichgeschlechtliche Ehen und Partnerschaften, Patchworkfamilien usw. nehmen einen immer größeren Anteil an den familialen Lebensformen ein.

Individualisierung und Differenzierung wirken zusammen: Es kommt z. B. zu einem wachsenden Anteil kinderloser Partnerschaften und Ehen, die zum guten Teil kinderlos bleiben, weil die Partner ihre Selbstverwirklichung betreiben.

Von der Groß- zur Kleinstfamilie

Haushaltsgrößen in Deutschland nach Personenzahl in Prozent der privaten Haushalte

1900

7 %	eine Person
15	zwei
17	drei
17	vier
44	fünf Personen und mehr

= 4,5 Personen
durchschnittlich je Haushalt

Quelle: Stat. Bundesamt

2010

40 %

34

13

10

3

= 2,0 Personen
durchschnittlich je Haushalt

© Globus
4932

„Und welcher Elternteil soll es unterzeichnen? Mein leiblicher Vater, mein Stiefvater, der dritte Mann meiner Mutter, meine wirkliche Mutter oder die vierte Frau meines leiblichen Vaters, die bei uns wohnt?"

Wertewandel

Selbstverwirklichung statt Besitz

Grundsätzlich kann man davon ausgehen, dass in modernen Gesellschaften ein Werte-wandel von materialistischen hin zu postmaterialistischen Werthaltungen stattfindet. Die Absicherung und Vermehrung des Besitzes steht für die Menschen immer weniger obenan. Ebenso nimmt die Neigung ab, der Erfüllung von Pflichten besondere Beachtung zu schenken. An die Stelle dieser Werte treten Selbstverwirklichung und Kommunikation. Dieser Wertewandel bezieht sich nicht nur auf Grundwerte, wie z. B. auf Humanität, Individualismus oder Nächstenliebe, sondern betrifft auch individuelle Lebensziele und politische Meinungen. Der Wertewandel ist keinesfalls mit einem allgemeinen Werteverfall gleichzusetzen.

Vom Materialismus zum Postmaterialismus

Die Verschiebung vom Materialismus hin zum Postmaterialismus in den Werthaltungen der Menschen verläuft allerdings allmählich und in widersprüchlichen Bewegungen. Dementsprechend unterscheiden die untersuchenden Soziologen mehr als zwei Grundtypen von Werthaltungen. So werden in der Shell-Jugendstudie 2006 unter den deutschen Jugendlichen *vier Charaktertypen* in der Werthaltung ausgemacht:

	Pragmatische Idealisten	Robuste Materialisten	Selbstbewusste Macher	Zögerliche Unauffällige
Idealismus/ Engagement (Kreativität, öffentliches Engagement, Toleranz)	++	– –	++	– –
Materialismus/ Hedonismus (Macht, Lebensstandard, Lebensgenuss)	– –	++	++	– –
Sekundär-tugenden (Ordnung, Leistung, Sicherheit)	+	–	++	– – –

(Shell Deutschland Holding (Hrsg.), 15. Shell-Jugendstudie. Jugend 2006, Frankfurt a. M. 2006, S. 187)

Jugend zwischen Hedonismus und Engagement

„*Materialisten*, die vermehrt unter männlichen Jugendlichen vorkommen, denken zuerst an das eigene Wohlergehen bzw. den eigenen Vorteil. Übergreifende Wertaspekte empfinden Materialisten dabei als eher hinderlich. Häufiger in ungünstigeren sozialen Lagen aufgewachsen oder dort hineingeraten, versuchen sie das Beste für sich herauszuholen, und zwar bevorzugt im materiellen Sinne. *Idealisten* profitieren dagegen oft von einer günstigen sozialen Herkunft bzw. sind durch höhere Bildung für höhere Werte aufgeschlossen. Beide Gruppen umfassen zusammen etwa die Hälfte der Jugendlichen. Ein anderer Wertekontrast wird im Gegensatzpaar von Machern und Unauffälligen erkennbar, die zusammen die andere Hälfte der Jugendlichen umfassen. Es geht hier um den Gegensatz von *Tatkraft* und Lebensfreude auf der einen Seite und *Zögerlichkeit* und Passivität auf der anderen. Dieser Unterschied ist anders als der von Materialismus und Idealismus vom Geschlecht unabhängig. Macher haben zu Werten ein positives Verhältnis, die eine aktive und vielseitige Lebensgestaltung motivieren (und das sind praktisch alle). Sowohl Werte der sozialen Nahbeziehungen, der individuellen Entwicklung, übergreifende Wertaspekte sowie Sekundärtugenden sind bei ihnen überdurchschnittlich ausgeprägt. Macher weisen aber, wie Materialisten, auch erhöhte hedonistische und materielle Werte auf. Diese Wertegruppe steht bei ihnen aber nicht wie bei Materialisten für Egozentrismus. Sie wird durch besonders hoch ausgeprägte Sekundärtugenden kontrolliert und durch idealistische Orientierungen sozusagen ‚veredelt'. Der ausgeprägte Antrieb von Machern zu zielgerichteter praktischer Aktivität fehlt ihrer Kontrastgruppe, den Unauffälligen. Diese haben bei allen Wertegruppen unterdurchschnittliche Ausprägungen. Ihnen fehlen daher die entsprechenden Handlungsimpulse, entweder weil sie in der Erziehung zu wenig angeregt wurden oder weil sie sich in einer ungünstigen Lebenssituation befinden.

Die vier Wertetypen sind als sehr vereinfachte *Charakterschemata* zu verstehen, die in der Wirklichkeit nur in vielfältiger individueller Brechung und Variation vorkommen. Kein Jugendlicher ist unveränderlich einem dieser Typen zugeteilt, sondern es sind jederzeit Wechsel möglich."

(zusammengestellt aus: Shell Deutschland Holding (Hrsg.), 15. Shell-Jugendstudie. Jugend 2006, Frankfurt a. M. 2006, S. 185 ff.)

Theorieansätze über den Wertewandel

Die Werthaltung der Jugendlichen wie der Gesellschaft insgesamt unterliegt einem Wandel. In der wirtschaftlich angespannten Situation der 1990er-Jahre und des beginnenden neuen Jahrtausends z. B. verschoben sich bei den Jugendlichen die Prioritäten deutlich in Richtung des Erfolges in einer leistungsbetonten Gesellschaft. Leistungs-, macht- und anpassungsbezogene Wertorientierungen nahmen zu, engagementbezogene (ökologisch, sozial und politisch) ab. Unabhängig vom Haupttrend der „Pragmatisierung" konnte eine Aufwertung der Gefühle beobachtet werden. Betrachtet man diese Beispiele, so sind die Zusammenhänge zwischen dem Wandel der Wertorientierung und der wirtschaftlichen und gesellschaftlichen Entwicklung offensichtlich.

Theorien des Wertewandels versuchen die Entwicklung zu erklären:

Ronald Inglehart geht davon aus, dass nach der Deckung physiologischer Bedürfnisse (Nahrung, Kleidung, Unterkunft) jene weiteren Bedürfnisse an Bedeutung gewinnen, welche zuvor zu wenig befriedigt wurden. Das, was knapp ist, ist das Bedeutungsvolle. Zum anderen geht Inglehart davon aus, dass die grundlegenden Wertvorstellungen eines Menschen jene Bedingungen widerspiegeln, die während seiner Sozialisationsphase, in der Kinder- und Jugendzeit, vorherrschend waren. Wer also in einer Situation existenziellen Mangels aufgewachsen ist (z. B. Kriegssituation), wird tendenziell eher materialistische Wertvorstellungen vertreten als jemand, der einen solchen Mangel nicht erfahren hat.

Als weitere Ursachen für den Wertewandel führt Inglehart an:
- die technologische Entwicklung, die immer größeren Teilen der Bevölkerung die Sicherung existenzieller Bedürfnisse bringt,
- die Erfahrung von außenpolitischem Frieden,
- ein steigendes Bildungsniveau,
- die Ausbreitung der Massenkommunikation und
- wachsende Mobilität.

Elisabeth Noelle-Neumann hingegen sieht im Wertewandel einen Werteverfall. Die traditionellen bürgerlichen Tugenden und Pflichten würden zunehmend durch Selbstentfaltungswerte abgelöst. Beispielhaft nennt Noelle-Neumann:
- Abnahme der Bindung der Menschen an Religion und Kirchen,
- schwindende Akzeptanz der Beschränkung individueller Freiheiten durch Normen, Hierarchien oder Autoritäten,
- Ablösung der bürgerlichen Leistungsethik durch zunehmende Freizeitorientierung,
- Bedeutungsverlust überkommener Tugenden wie Pünktlichkeit, Ordnung, Sauberkeit, Sparsamkeit, gutes Benehmen und
- Abnahme von Gemeinschaftssinn und Bindungsfähigkeit der Menschen.

Wandel durch Migration

Formen der Zuwanderung
Größenordnungen der Migrationsarten

jüdische Zuwanderer aus der ehem. UdSSR

Rückkehr deutscher Staatsangehöriger

Spätaussiedler

EU-Binnenmigration

Saisonarbeiter

ausländische Studierende

Werkvertragsarbeitnehmer und weitere Formen der Arbeitsmigration

IT-Fachkräfte

Asylbewerber

Ehegatten- und Familiennachzug aus Drittstaaten

Quelle: efms

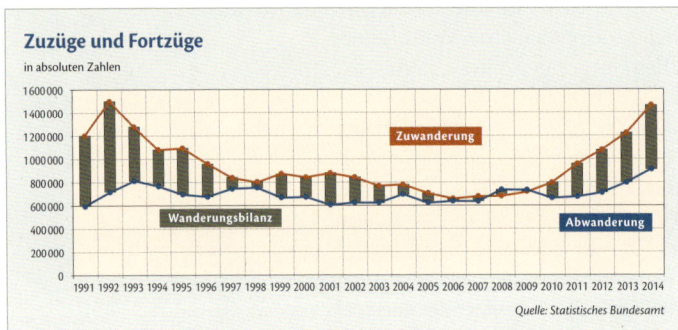

Zuzüge und Fortzüge
in absoluten Zahlen

Zuwanderung
Wanderungsbilanz
Abwanderung

Quelle: Statistisches Bundesamt

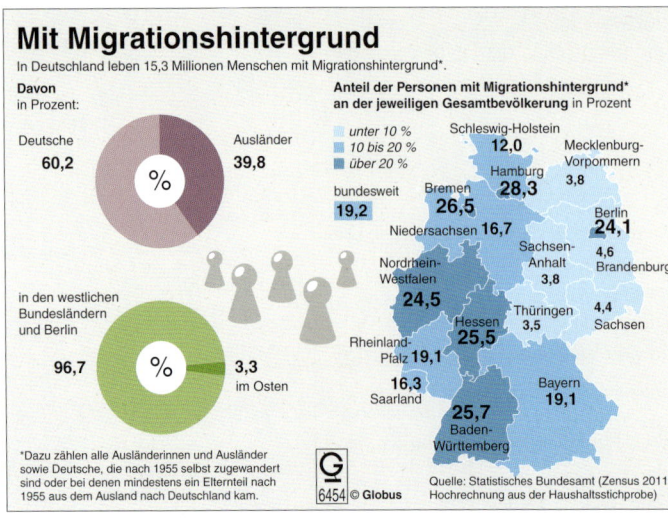

Mit Migrationshintergrund
In Deutschland leben 15,3 Millionen Menschen mit Migrationshintergrund*.

Davon
in Prozent:

Deutsche **60,2**
Ausländer **39,8**

Anteil der Personen mit Migrationshintergrund* an der jeweiligen Gesamtbevölkerung in Prozent

unter 10 %
10 bis 20 %
über 20 %

bundesweit **19,2**

Schleswig-Holstein **12,0**
Mecklenburg-Vorpommern **3,8**
Hamburg **28,3**
Bremen **26,5**
Berlin **24,1**
Niedersachsen **16,7**
Sachsen-Anhalt **3,8**
Brandenburg **4,6**
Nordrhein-Westfalen **24,5**
Thüringen **3,5**
Sachsen **4,4**
Hessen **25,5**
Rheinland-Pfalz **19,1**
Saarland **16,3**
Bayern **19,1**
Baden-Württemberg **25,7**

in den westlichen Bundesländern und Berlin **96,7**
3,3 im Osten

*Dazu zählen alle Ausländerinnen und Ausländer sowie Deutsche, die nach 1955 selbst zugewandert sind oder bei denen mindestens ein Elternteil nach 1955 aus dem Ausland nach Deutschland kam.

6454 © Globus

Quelle: Statistisches Bundesamt (Zensus 2011, Hochrechnung aus der Haushaltsstichprobe)

Migration als globales Phänomen

Migration ist nicht erst in modernen Gesellschaften ein normaler Vorgang. Derzeit ist der Wanderungssaldo in Deutschland positiv, d. h., die Zuzüge übertreffen die Wegzüge aus Deutschland. Es herrscht Zuwanderung. Zuwanderer kommen aus verschiedenen Ländern und Regionen. Die Zuwanderung aus EU-Ländern hat den größten Anteil.

Migration ist ein globales Phänomen. Es gibt kein Land, das nicht grenzüberschreitende Zu- und Abwanderungen (*internationale Migration*) oder Wanderungsbewegungen im Landesinneren (*Binnenmigration*) verzeichnen würde. Eine wichtige Triebkraft der Wanderungsbewegungen ist die Globalisierung mit ihrer weltweiten Integration der Märkte.

Integration und „Leitkultur"

Einwanderer, die bleiben, sollen sich integrieren: Kein Staat verzichtet auf diese Forderung. Integration bedeutet Eingliederung in die Gesellschaft und somit die Abkehr von ethnischer Absonderung. Integration verlangt dann die Teilnahme an der „Leitkultur" des Aufnahmestaates. Liberale Gesellschaften sind aber kulturell offen. Es herrscht *Pluralität* als einzige Leitkultur. Die kulturelle Toleranz wird auch gegenüber Migranten gepflegt, die dadurch wiederum keinen Anreiz zur Integration bekommen oder aber einer fehlenden „Leitkultur" mit zumindest partieller Orientierungslosigkeit gegenüberstehen. In regelmäßigen Abständen wird diese Problematik zum Thema öffentlicher Diskussion.

Sozialer Wandel durch Migration geschieht als Wandel in der Bevölkerungsstruktur. In Deutschland etwa wird mit der Migration die Hoffnung auf ein Gegengewicht zur Vergreisung der Gesellschaft verbunden, da die Migranten im Durchschnitt wesentlich jünger als die Gesamtbevölkerung sind. Andererseits bedeutet Migration häufig das Entstehen neuer Minderheiten. Das kann zu neuen gesellschaftlichen Konflikten und zur Entstehung ethnischer Konfliktlinien führen.

Status von Migranten in Deutschland

Der rechtliche Status der Zuwanderer ist höchst unterschiedlich:

- Bürgerinnen und Bürger der *Europäischen Union* genießen innerhalb des Unionsgebiets Freizügigkeit. Sie erwerben in aller Regel nicht die deutsche Staatsangehörigkeit, wenn sie nach Deutschland zuwandern.
- *Spätaussiedler* sind Deutsche im Sinne des Art. 116 Grundgesetz. Voraussetzung für die Anerkennung als Spätaussiedler ist die deutsche Volkszugehörigkeit. Auch die Familienangehörigen von Spätaussiedlern können mit in den Aufnahmebescheid einbezogen werden. Ein Großteil von ihnen erhält nach der Aufnahme die deutsche Staatsangehörigkeit.
- *Saisonarbeiter* behalten ihre Staatsbürgerschaft und erhalten eine Arbeitserlaubnis bis zu drei Monaten in Deutschland.
- Andere *Arbeitsmigranten* erhalten eine Arbeitserlaubnis, damit ihre im Ausland ansässigen Firmen ihre Aufträge in Deutschland erfüllen können.
- Die Beschäftigung ausländischer *IT-Fachkräfte* wird dabei besonders gefördert. Sie können bis zu fünf Jahre in Deutschland arbeiten.
- Ausländische *Studierende* erhalten eine Aufenthaltserlaubnis zum Zwecke des Studiums.
- *Familiennachzüge* betreffen Ehegatten oder Kinder von Deutschen oder Asylberechtigten. Sie können dann erfolgen, wenn der Lebensunterhalt gesichert ist.
- *Jüdische Personen* können erleichtert nach Deutschland einreisen. Diese Sonderbehandlung erklärt sich aus der deutschen Geschichte.
- *Asyl* ist ein Grundrecht für politisch Verfolgte. Anerkannte Asylbewerber genießen ein Bleiberecht. Daneben werden mit dem so genannten kleinen Asyl solche Personen in Deutschland geduldet, die einen Flüchtlingsstatus haben, ohne politisch verfolgt zu sein.

Karikatur: Freimut Wössner

Probleme bei der Migration

Die Integration der Migrantinnen und Migranten sorgt immer wieder für Diskussionsstoff. Besonders folgende Probleme werden in den Medien und in der Öffentlichkeit erörtert:

- Kinder von Migrantinnen und Migranten sind im Gegensatz zu anderen Ländern in Deutschland vergleichsweise schlecht ausgebildet und daher auch häufiger von Arbeitslosigkeit betroffen.
- Sprachprobleme verhindern vielfach eine bessere Integration und einen größeren beruflichen Erfolg.
- Die Bereitschaft zur Integration ist nicht immer vorhanden. An einigen Orten bilden sich Strukturen, die als „Parallelgesellschaften" bezeichnet werden.

Karikatur: Tom

Krise des Sozialstaats

Finanzierungsprobleme der Sozialversicherungen

Infolge des sozialen Wandels und der Globalisierung sind die Systeme der sozialen Sicherung in die Krise geraten. Die Gesetzliche Rentenversicherung, die Gesetzliche Krankenversicherung, die Arbeitslosenversicherung und andere Elemente des sozialen Netzes können nicht mehr weiter wirtschaften wie bisher.

Die Zukunft der sozialen Sicherungssysteme insgesamt hängt maßgeblich von der *demografischen und ökonomischen Entwicklung* ab. Vor allem die zunehmende Alterung der Gesellschaft bringt Probleme bei der Finanzierung der sozialen Sicherungssysteme, vor allem der Rentenversicherung:

Immer weniger Jüngere müssen die Leistungen für immer mehr Ältere aufbringen. Dies gilt in besonderem Maße für die Rentenversicherung. Einer geringen Geburtenrate steht eine hohe Lebenserwartung gegenüber. Dadurch verschiebt sich die Altersstruktur der Bevölkerung zugunsten des älteren Bevölkerungsteils. Diese Entwicklung ist heute bereits absehbar, denn die Beitragszahler von morgen sind bereits geboren, und die Rentner von morgen sind heute im erwerbsfähigen Alter.

Strukturelle Probleme der Rentenversicherung

Die Finanzierung der Gesetzlichen Rentenversicherung wird zum größten Teil durch die Pflichtversicherung der Arbeiter und Angestellten getragen. Diese zahlen mit ihren Arbeitgebern zu gleichen Teilen einen Anteil des Bruttolohns in die Rentenversicherungskasse ein. Die gesamte Höhe dieses Beitrags ist der Rentenversicherungsbeitrag.

Erhöhungen der Beiträge sind besonders auch auf geringere Einzahlungen wegen *hoher Arbeitslosigkeit* zurückzuführen. Durch die Höhe des Rentenversicherungsbeitrags steigen die Lohnzusatzkosten. Die dadurch enstehenden Belastungen werden vor allem von den Arbeitgebern kritisiert.

Die Probleme der Rentenversicherung sind grundsätzlicher Art. Wegen der stattfindenden Entwicklungen würde der Beitrag in die Gesetzliche Rentenversicherung im Verlaufe der nächsten Jahre etwa verdoppelt werden müssen, wenn keine Änderung im System einträte. Eine *Erhöhung der Zahl der Beitragszahler* könnte grundsätzlich eine Entlastung bewirken.

Um die Zahl der Beitragszahler zu erhöhen, kommen insbesondere infrage:

- die Erhöhung der Erwerbstätigkeit (insbesondere bei Frauen),
- der Abbau der Arbeitslosigkeit,
- eine Erhöhung der Einwanderung.

Der deutsche Rentenzahler 2020

Karikatur: Horst Haitzinger

Die Bundesregierungen der letzten Jahre haben versucht, eher bei den Rentnern anzusetzen: Eine Senkung der Rentenversicherungsbeiträge oder zumindest die langfristige Beibehaltung ihrer jetzigen Höhe kann insbesondere durch folgende, bereits in Teilen praktizierte Möglichkeiten angestrebt werden:

- eine Senkung der Rentenzeiten durch Erschwerung der Frühverrentung,
- eine Erhöhung der Zeiten der Beitragszahlung u.a. durch frühere Einschulung, Schulzeitverkürzung, Studienzeitverkürzung,
- eine Erhöhung der Beitragszahlungen durch Senkung der Arbeitslosigkeit,
- die Einbeziehung der Rentner in die Besteuerung,
- die Einbeziehung der Rentner in die Krankenversicherungspflicht,
- eine Dämpfung der Rentenerhöhungen durch verschiedene Maßnahmen, u.a. die Einführung eines „demografischen Faktors",
- eine Umschichtung des Steuersystems durch Besteuerung von Energie (Ökosteuer), damit die Gesetzliche Rentenversicherung staatlich bezuschusst werden kann.

Arbeitslosigkeit und Arbeitslosenversicherung

Vor allem wegen der hohen Arbeitslosigkeit ist auch das System der Arbeitslosenversicherung in die Krise geraten. Der Staat musste bis 2005/2006 hohe Zuschüsse zur Arbeitslosenversicherung zahlen, um die Leistungen der Bundesagentur für Arbeit zu finanzieren. Hauptziel einer Politik am Arbeitsmarkt muss es daher grundsätzlich sein, die Arbeitslosigkeit zu senken und möglichst viele Bürgerinnen und Bürger zu befähigen, ihren Lebensunterhalt durch eigenes Einkommen zu finanzieren.

Wer Arbeitslosengeld bezogen hat und weiterhin am Arbeitsmarkt nicht vermittelbar ist, muss aus staatlichen Mitteln versorgt werden. Dies geschieht seit dem 1.1.2005 auf Grundlage der „Hartz-Gesetze" durch das Arbeitslosengeld II, in dem für Langzeitarbeitslose die ehemalige Arbeitslosenhilfe und die darauf folgende Sozialhilfe zusammengefasst wurden. Ziel der Reform ist die Entlastung der öffentlichen Haushalte sowie die Erhöhung der individuellen Anreize zur Aufnahme einer einkommensrelevanten Tätigkeit.

Maßnahmen des Reformkonzepts „Hartz-Gesetze" sind u. a.

- Erleichterung von Mini-Jobs (Anhebung der Grenzen von 325 auf 400 Euro),
- ausgedehnte Meldepflicht für drohende Arbeitslosigkeit,
- Lockerung des Kündigungsschutzes für ältere Arbeitnehmer,
- Verschärfung der Anrechnung des Vermögens und des Einkommens des Partners und von Verwandten im Falle der Feststellung der Bedürftigkeit auf ALG II,
- Verschärfung der Pflicht auf Aufnahme einer gemeinnützigen Tätigkeit zur Wiedereingliederung in das Arbeitsleben.

Entlastung der Sozialversicherungssysteme durch anhaltende Konjunktur

Die konjunkturelle Entwicklung führte ab 2005 zu einem anhaltenden Hoch, das nach 2007 zu einer Entlastung der Sozialversicherungssysteme beitrug. Mit Ausnahme der Sozialen Pflegeversicherung erzielten alle Zweige in diesem Jahr Einnahmeüberschüsse. Die Belebung von Konjunktur und Arbeitsmarkt führte im Jahr 2007 zu einer merklichen Verbesserung der Finanzlage der Systeme der sozialen Sicherung, die in der Summe einen Überschuss in Höhe von etwa 9 Mrd. Euro erzielen konnten.

In der *Gesetzlichen Rentenversicherung* erlaubte die gute konjunkturelle Entwicklung im Jahr 2007 erstmals seit dem Jahr 2003 eine geringe Rentenerhöhung. Aufgrund der langfristig durch die Maßnahmen der Bundesregierung sinkenden Renten tauchte das Problem einer neuen Altersarmut in der politischen Diskussion auf.

In der *Gesetzlichen Krankenversicherung* setzte sich im selben Zeitraum die Tendenz der kräftigen Ausgabensteigerung fort. Da aber auch die Beitragssätze angehoben wurden, kam es auch hier zu Überschüssen. Die deutliche Erholung auf dem Arbeitsmarkt, die auch die sozialversicherungspflichtige Beschäftigung erfasste, führte zu einer spürbaren Entlastung der *Arbeitslosenversicherung* sowohl auf der Einnahmeseite als auch auf der Ausgabenseite. Trotz einer Senkung des Beitragssatzes wurde ein Überschuss erzielt.

Wegen der anhaltenden strukturellen Probleme des Systems der sozialen Sicherung kann diese Erholung der Sozialversicherungen aber nur als Atempause gedeutet werden.

Das Arbeitslosengeld II Angaben für Alleinstehende pro Monat

In den ersten 12 Monaten* der Arbeitslosigkeit: **Arbeitslosengeld I**

60 % des Nettogehalts

nach 1 Jahr: / nach 2 Jahren: / danach:

Arbeitslosengeld II für Langzeit-Arbeitslose und erwerbsfähige Sozialhilfeempfänger

\+

ggf. Zuschlag in den ersten zwei Jahren des ALG-II-Bezugs

max. 519 Euro

max. 439 Euro

Arbeitslosengeld II ohne Zuschlag 359 Euro

*für ältere Arbeitnehmer längere Bezugsdauer

Stand Mitte 2010
© Globus
3599

- plus Erstattung der Kosten für Unterkunft und Heizung
- plus Beiträge zu den Sozialversicherungen
- für Jugendliche bis 25 Jahre beträgt das ALG II 287 Euro pro Monat (= 80 Prozent des Normalsatzes)

Reform des Sozialstaats

Reform des Sozialstaats

Aufgrund der krisenhaften Entwicklung der sozialen Sicherungssysteme wird sowohl über einen Abbau als auch einen Umbau des Sozialstaats nachgedacht. Da die sozialen Leistungen zu großen Teilen durch Versicherungsbeiträge der Arbeitgeber wie der Arbeitnehmer aufgebracht werden müssen, stellen diese Kosten für die Unternehmen dar. Wegen des Kostendrucks u. a. durch die Globalisierung fordern Unternehmerverbände eine *Reduzierung des Sozialstaats*, da er nicht mehr bezahlbar sei. Auf der Suche nach Alternativen zum Sozialstaat hilft der Vergleich mit anderen Ländern.

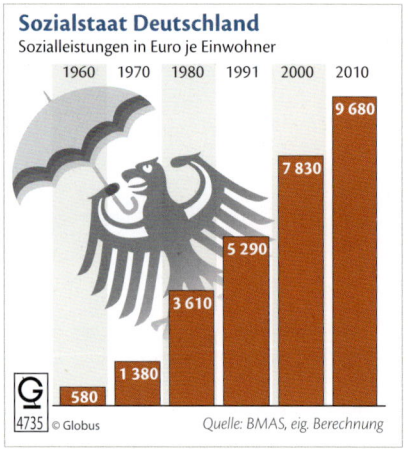

Sozialstaat Deutschland
Sozialleistungen in Euro je Einwohner

1960	1970	1980	1991	2000	2010
580	1 380	3 610	5 290	7 830	9 680

4735 © Globus — *Quelle: BMAS, eig. Berechnung*

Der Wohlfahrtsstaat

Unter Wohlfahrtsstaat versteht man eine Staatsform, bei der die soziale Sicherheit der Bevölkerung durch Gesetzgebung gewährleistet werden soll. Der Wohlfahrtsstaat sichert die Bevölkerung gegen Lebensrisiken wie Arbeitslosigkeit und Krankheit ab. Der moderne Wohlfahrtsstaat sorgt durch *umfassende Gesetzgebung* und ähnliche Maßnahmen wie Bildung, Verkehrswesen, Wohnungsbau, Sozialversicherung und Schutzgesetzgebung im Arbeitsrecht und speziell die Fürsorge für die soziale Sicherheit der Bevölkerung.

Drei Typen des Wohlfahrtsstaats sind in den Industrieländern zu finden:
- liberale Regime (Beispiel: USA),
- konservative Regime (Beispiel: Deutschland),
- sozialdemokratische Regime (Beispiel: Schweden).

Diese Typen werden danach unterschieden, wie das Verhältnis von Staat und Markt bei der Bereitstellung sozialer Leistungen beschaffen ist.

Die soziale Verpflichtung des Staates in Deutschland

In Deutschland ist der Sozialstaat im Grundgesetz verankert und damit eine *Verpflichtung* für die Politik. Unter Sozialpolitik fasst man alle Bestrebungen und Maßnahmen, die das Ziel haben, das Verhältnis der Gesellschaftsschichten untereinander und zum Staat zu beeinflussen. Träger ist vor allem der Staat (u. a. Bund, Länder, Gemeinden), aber auch andere öffentlich-rechtliche Körperschaften (z. B. Kirchen) und private Zusammenschlüsse wie Gewerkschaften, Arbeitgeberverbände (siehe 3.11).

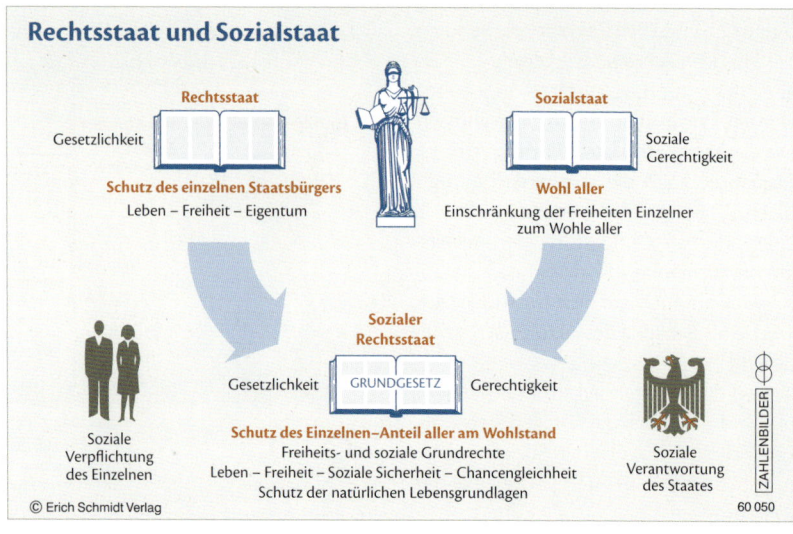

Rechtsstaat und Sozialstaat

Rechtsstaat — Gesetzlichkeit
Schutz des einzelnen Staatsbürgers
Leben – Freiheit – Eigentum

Sozialstaat — Soziale Gerechtigkeit
Wohl aller
Einschränkung der Freiheiten Einzelner zum Wohle aller

Soziale Verpflichtung des Einzelnen

Sozialer Rechtsstaat
Gesetzlichkeit — GRUNDGESETZ — Gerechtigkeit
Schutz des Einzelnen–Anteil aller am Wohlstand
Freiheits- und soziale Grundrechte
Leben – Freiheit – Soziale Sicherheit – Chancengleichheit
Schutz der natürlichen Lebensgrundlagen

Soziale Verantwortung des Staates

© Erich Schmidt Verlag — ZAHLENBILDER — 60 050

Muss der Sozialstaat reformiert werden?

M 1 Sechs Thesen zur Reform des Sozialstaats (Bundesvereinigung der Deutschen Arbeitgeberverbände)

1. Die Absicherung von Lebensrisiken wie Krankheit, Invalidität, Arbeitslosigkeit und Alter ist elementarer Bestandteil der sozialen Marktwirtschaft.

2. Sozialpolitik darf nicht isoliert betrieben werden. Sie muss abgestimmt sein mit der Wirtschafts- und Finanzpolitik. Sie hat sich in den jeweiligen ökonomischen Rahmen einzufügen.

3. Ein weiter expandierendes Sozialsystem behindert die wirtschaftliche Entwicklung und gefährdet damit seine eigene finanzielle Basis.

4. Die notwendige Balance zwischen Sozialaufwand und Wirtschaftskraft ist nicht mehr gegeben. Sozialkosten und Abgabenbelastung steigen kontinuierlich, während Investitionen und Beschäftigung stagnieren oder zurückgehen.

5. Besonders gravierend bei der Finanzierung ist das hohe Niveau der Beitragssätze in der Sozialversicherung. Das verteuert den Produktionsfaktor Arbeit und gefährdet Arbeitsplätze.

6. Deshalb muss der Sozialstaat reformiert werden, damit seine Leistungsfähigkeit erhalten bleibt.

Ordnungsprinzipien

Das Verhältnis von Solidarität und Subsidiarität muss wieder in ein angemessenes Verhältnis gebracht werden. Die Solidargemeinschaft darf nur da eintreten, wo der Einzelne sich aus eigener Kraft nicht helfen kann. Die stärkere Betonung des Subsidiaritätsprinzips schafft nicht nur mehr Leistungsgerechtigkeit, sondern hält darüber hinaus den Sozialstaat langfristig finanzierbar. Eine Konzentration der Solidarsysteme auf elementare Kernrisiken erfordert vor allem mehr Eigenverantwortung. Deshalb muss die Fähigkeit und Bereitschaft zur ergänzenden und ersetzenden Vorsorge zunehmen. Dadurch wird auch eine gesamtwirtschaftlich bessere und für den Einzelnen vorteilhaftere Mischung aus kollektiver Umlagefinanzierung und individueller kapitalgedeckter Risikoabsicherung erreicht. (…)

Notwendig sind Anreizstrukturen, die Eigeninitiative belohnen. Das setzt zwingend eine Senkung der überhöhten Steuer- und Sozialabgabenlast voraus.

(http://www.bda-online.de/www/bdaonline.nsf/id/ ReformdesSozialstaats, Abruf vom 26.2.2008)

M 2 Zukunft und soziale Gerechtigkeit (Deutscher Gewerkschaftsbund)

Eine gerechte Ordnung auf dem Arbeitsmarkt, die der Arbeit ihren Wert zurückgibt, fordern der DGB-Vorsitzende Michael Sommer und der SPD-Vorsitzende Sigmar Gabriel. Es ist das erste gemeinsame Papier des DGB-Vorsitzenden mit einem SPD-Vorsitzenden zur Arbeitspolitik seit vielen Jahren. „Gerade im Niedriglohnbereich ist vieles aus den Fugen geraten", heißt es in dem gemeinsamen Beitrag. „Im Namen von Flexibilisierung und Deregulierung wurden Schutzmauern eingerissen, die gerade für Menschen mit geringerer Qualifikation unverzichtbar sind." (…)

Beide Vorsitzende fordern Mindestlöhne als wichtigen Schritt auf dem Weg zu mehr Gerechtigkeit. „Aber damit sich Anstrengung lohnt und damit das Vertrauen in die Arbeitsgesellschaft wieder wächst, muss mehr geschehen. Dazu gehören Tariflöhne und soziale Sicherungssysteme, die auch wirklich helfen, wenn sie bei Krankheit oder im Alter gebraucht werden. Dazu gehört der Grundsatz ‚Gleicher Lohn für gleiche Arbeit', in der Leiharbeit ebenso wie zwischen den Geschlechtern. Dazu gehört, dem Arbeitsmarkt wieder eine gerechte Ordnung zu geben, gerade im Niedriglohnbereich, wo in der Vergangenheit jegliche Ordnung verloren gegangen ist – zu Lasten der Beschäftigten." (…)

Ferner fordern sie mehr Mitbestimmung am Haben und Sagen in der Gesellschaft und in den Unternehmen. Und eine gerechte Ordnung auf dem Arbeitsmarkt, die der Arbeit ihren Wert zurückgibt. „Darum geht es. Und das ist nicht nur eine Frage des volkswirtschaftlichen Nutzens. Es geht auch um unsere innere Verfassung: Wer eine fortschrittliche Gesellschaft will, der muss den Wert des Menschen und den Wert seiner Arbeit wieder schätzen lernen. Denn Deutschland bleibt nur als Arbeitsgesellschaft zukunftsfähig."

(DGB-Bundesvorstand, Pressemitteilung vom 30.4.2011)

1 *Stellen Sie die Thesen des Arbeitgeberverbandes und des Deutschen Gewerkschaftsbundes in tabellarischer Form einander gegenüber.*

2 *Begründen Sie mithilfe der vorhergehenden Informationen zur Entwicklung des Sozialstaates in Deutschland, welcher Sichtweise Sie sich anschließen können.*

Schwerpunkt: Darstellung

Text 1 Entdifferenzierung und Ent-Institutionalisierung

Nach diesem alternativen Modell lösen sich die hergebrachten starren Muster der Organisation der Lebenszeit zusehends auf. Die Übergänge zwischen Ausbildung und Arbeit, aber auch zwischen Erwerbstätigkeit und Erwerbsunterbrechungen werden fließend und umkehrbar. Viele kehren aus einer ersten Erwerbstätigkeit in eine Ausbildung zurück. Nicht nur mehr Frauen, sondern auch Männer unterbrechen ihre Erwerbstätigkeit oder wechseln ihre Berufe. Die Karriereorientierung an einem Beruf in immer demselben Betrieb verliert an Gewicht. Phasen des stärkeren Engagements für Kinder – bis zur zeitweiligen Reduzierung und Unterbrechung der beruflichen Tätigkeit – werden auch für Männer nicht nur normativ eher akzeptabel, sondern es wird damit auch zunehmend experimentiert. Das größere Erwerbsengagement der Frauen erzwingt eine größere Flexibilität der Organisation von Lebens- und Arbeitszeit nicht nur der Frauen, sondern auch der Männer.

Neben Arbeit und Familie tritt ferner eine Freizeitsphäre, die durch geringere Tages-, Wochen- und Jahresarbeitszeiten ermöglicht wird und die zum Teil bereits die zeitliche Gliederung von Lebensverläufen tangiert. Neben der Arbeit und Familie können sich noch andere Orientierungen und Fähigkeiten entwickeln:

„Die Arbeitsgesellschaft ist zwar nicht ‚passé' doch wird die Loyalität gegenüber der Arbeitsrolle durch Ansprüche, Vorbehalte und Bedingungen eingeschränkt. Eine ‚Gleichgewichtsethik', die die verschiedenen Lebensbereiche vollwertig zu ihrem Recht kommen lassen will, zeichnet sich bei vielen, insbesondere jüngeren Menschen ab." (Bielenski/Strümpel 1988)

Was ich bisher dargestellt habe, ist die positive Variante der De-Institutionalisierungsthese: Lebensverläufe werden vielfältiger, weil autonomere und kompetentere Frauen und Männer sich den alten äußeren Zwängen nicht mehr unterwerfen wollen und ihre eigenen Lebensentwürfe verfolgen. Es gibt allerdings auch eine sehr viel negativere Variante. Danach ist die so genannte „Erosion der Normalbiographie" eine Folge der Auflösung der langjährigen sozialen und wirtschaftlichen Nachkriegsordnung. In dieser Sicht ist der Umbruch in der Organisation der Lebenszeit in den allermeisten Fällen nicht freiwillig, sondern erzwungen und mit vielen Nachteilen verbunden.

Die Rede ist von einem Modernisierungsschub, der zu einer höheren Selektivität, höherer Arbeitslosigkeit und marginaler Beschäftigung beim Zugang zu und Abgang von einer betrieblichen Ausbildung geführt habe, zu Ende des „Lebensberufes" und des „Normalarbeitsverhältnisses", zur Ausdehnung der Problemgruppen auf dem Arbeitsmarkt, zu einer Auflösung der objektiven und subjektiven Verknüpfung von Ausbildungsabschlüssen und Berufswegen, zu einer Zunahme diskontinuierlicher, provisorischer und marginaler Ausbildungs- und Berufsgänge.

Meist werden Argumente für eine De-Institutionalisierung des Lebensverlaufs jedoch mit Hinweisen auf den Wandel der Familie zu belegen versucht, und zwar sowohl mit optimistischen als auch mit pessimistischen Vorzeichen.

Nicht nur das „Ende der Familie" wird eingeläutet, sondern es wird auch das Heraufziehen einer in ichzentrierte Individuen atomisierten Gesellschaft beschworen. Familienformen pluralisierten sich und der Familienzyklus werde nur noch von Teilen und in einer sehr viel weniger standardisierten Weise durchlaufen.

Dieser reale oder vermeintliche Wandel in der Struktur von Lebensverläufen in Familie und Beruf wird unterschiedlich und widersprüchlich als „Wechsel des Vergesellschaftungsprogramms" (das heißt als Wechsel der Institutionalisierungsform), als „Erosion der Normalbiographie" (das heißt als Abnahme des Institutionalisierungsgrades) oder als Wechsel der Regelungsinstanz von äußeren Institutionen hin zum einzelnen Individuum (das heißt als „Individualisierung") interpretiert.

Auch die Ursachen des Wandels werden ganz unterschiedlich bestimmt: vom Wertewandel und Kulturwandel, der Bildungsexpansion, der Emanzipation von Individuen bei immer noch sperriger Arbeitswelt bis zum Zusammenbruch der alten, auf tayloristische Massenproduktion abgestellten Arbeitsorganisation.

(Karl Ulrich Mayer, Gesellschaftlicher Wandel, Kohortenungleichheit und Lebensverläufe. In: Berger, Peter A. (Hrsg.), Sozialstruktur und Lebenslauf, Opladen: Leske+Budrich 1995, S. 30 f.)

Aufgaben

1 *Analysieren Sie den Text im Hinblick auf die Aussagen zum Wandel der Gesellschaft.*

2 *Stellen Sie die Individualisierungsthese dar und vergleichen Sie Ihre Aussagen zum sozialen Wandel mit denen des Verfassers.*

3 *Beurteilen Sie die vom Verfasser getroffenen Aussagen zum Wandel in den Geschlechterrollen.*

Hinweise zu den Aufgaben

Die Analyseaufgabe zielt auf eine thematisch bezogene Aufarbeitung des Textes. Dabei ist u. a. wichtig festzuhalten, dass der Verfasser eine Fülle von Ansätzen zum sozialen Wandel, die im Einzelnen aufzuführen wären, benennt und sie in der Gemeinsamkeit bezüglich zweier Tendenzen, Entdifferenzierung und Ent-Institutionalisierung zusammenzufassen sucht.

Die Darstellungsaufgabe verlangt ein näheres Eingehen auf das Individualisierungstheorem. Einen Ansatzpunkt liefert der Autor selbst, indem er ihre Kernaussage als „Wechsel der Regelungsinstanz von äußeren Institutionen hin zum einzelnen Individuum" interpretiert. Darstellungsaufgaben lassen sich auf keinen Fall mit zufriedenstellendem Ergebnis so lösen, indem allein die Ansatzpunkte im Text ausgebreitet werden. Sie zielen auf die Verwendung von Wissen, das zuvor im Unterricht erworben wurde. Wenn sich – wie im Beispiel – ein Ansatzpunkt im Text findet, so muss man ihn vor dem Hintergrund einer eigenen Darlegung der betreffenden Theorie/des betreffenden Zusammenhangs einordnen, möglicherweise sogar als unzulässig vergröbernde, falsche oder missverständliche Erwähnung kritisieren. Unabhängig vom Text sollte man also das Individualisierungstheorem darstellen. Hierbei sind als Aspekte besonders wichtig:

- Tendenz zur zunehmenden Bedeutung des Individuums in der Geschichte des kapitalistisch-marktwirtschaftlichen Systems
- Ulrich Becks Theorem der Individualisierung, unter der er dreierlei versteht:
  - die Herauslösung des Einzelnen aus seinen traditionellen Klassen- und Versorgungsbezügen der Familie, die Auflösung kollektiver Erfahrungen in und mit der Arbeitswelt (wachsende Freiheitsmomente) und die Herausbildung sehr unterschiedlicher Familienorganisationen (Trend zum Single-Dasein)
  - die Auflösung traditioneller Lebensformen, -normen und Handlungsorientierungen sowie von Sicherheiten
  - eine neue Bindung und Abhängigkeit des Einzelnen an und von Großsystemen wie den Arbeitsmarktsystemen, den Bildungs- und Beschäftigungssystemen

Legt man den Individualisierungsbegriff von Beck zugrunde, so ist die knappe Zusammenfassung des Verfassers zumindest missverständlich, denn sie blendet den dritten Aspekt aus.

Beim Vergleich des Individualisierungstheorems mit den Aussagen des Verfassers zum sozialen Wandel kommt es darauf an, darüber hinausgehend Gemeinsamkeiten und Unterschiede darzulegen. Ein solcher Vergleich sollte die folgenden Aspekte ansprechen und ausführen:

- Ähnlichkeiten zeigen sich in der gemeinsamen Betrachtung der Tendenz von der schwindenden Bedeutung traditioneller Institutionen. Allerdings konstatiert Beck – wie gesagt – eine wachsende Bedeutung neuer Institutionen, während Mayers These die Ent-Institutionalisierung beinhaltet.
- Weitere Ähnlichkeiten zeigen sich bei der Beobachtung individualisierter Lebensläufe, wobei allerdings Mayer eher die größere Freiheit und die gestiegene Kompetenz insbesondere der Frauen betont, während Beck auch den Aspekt des Zwangs der Individualisierung deutlich herausarbeitet.
- Die Reichweite der Ansätze ist unterschiedlich. Der Verfasser versucht einen breiteren Ansatz, er versucht die bestehenden Beobachtungen zum sozialen Wandel zu integrieren, während Beck zunächst eine ihm wichtige Tendenz im sozialen Wandel herausarbeitet.

Zum Weiterarbeiten

Aufgaben zu den verschiedenen Anforderungsbereichen

Anforderungsbereich I

- Stellen Sie die Grundgedanken des Fordismus und Taylorismus vor.
- Zeigen Sie die wesentlichen Wandlungsprozesse im Bereich der Arbeit auf.
- Stellen Sie die wesentlichen Aspekte des Wandels der Familie und der Geschlechterrollen dar.
- Zeigen Sie wesentliche Aspekte des Wertewandels auf.

Anforderungsbereich II

- Kennzeichnen Sie den Postfordismus.
- Zeigen Sie, inwiefern der Postfordismus den „flexiblen Menschen" erfordert.
- Erläutern Sie Möglichkeiten zur Messung sozialer Ungleichheit bei Einkommen und Vermögen.
- Erläutern Sie Möglichkeiten zur Feststellung der Gliederung der Gesellschaft und beurteilen Sie deren Aussagekraft.
- Stellen Sie Ihnen bekannte aktuelle Gesellschaftsmodelle dar und zeigen Sie dabei, von welchen Vorstellungen sozialer Ungleichheit bei ihrer Aufstellung ausgegangen wird.
- Erläutern Sie die Faktoren und Erscheinungsformen des demografischen Wandels.
- Erläutern Sie das Individualisierungstheorem.
- Zeigen Sie, inwiefern der Postfordismus und die Wandlungsprozesse der Arbeit sich aufeinander beziehen.
- Umreißen Sie die Grundlagen des Sozialstaats in Deutschland und zeigen Sie an einem Beispiel seine Probleme auf.
- Erläutern Sie die Probleme der Rentenversicherung in Deutschland.

Anforderungsbereich III

- Nehmen Sie Stellung zu der Frage, ob man einen bestimmten höchsten Gini-Koeffizienten anstreben sollte.
- Beurteilen Sie, inwiefern der Klassenbegriff auf die heutige Gesellschaft Anwendung finden kann.
- Zeigen Sie, inwiefern eine Überbetonung des demografischen Wandels für die Gesellschaftsanalyse irreführend sein kann.
- Nehmen Sie Stellung zu der These, wonach das Altern der Gesellschaft diese hauptsächlich prägt.
- Beurteilen Sie, ob die Sozialpolitik hinreichend auf die Wandlungsprozesse im Bereich der Familie reagiert.
- Beurteilen Sie, inwiefern Migration und Wertewandel zu einem weiteren Auseinandertreiben der Gesellschaft führen.
- „Den Generationenvertrag kündigen!" Nehmen Sie Stellung zu diesem Aufruf.

Links zu den Themen des Sozialen Wandels

www.bpb.de/publikationen In die Suchmaske „Sozialer Wandel" eingeben	Das Heft aus der Reihe „Informationen zur politischen Bildung" der Bundeszentrale für politische Bildung – hier online verfügbar – gibt einen Überblick zum Thema.
www.schader-stiftung.de	Die Schader-Stiftung veröffentlicht umfangreiche Materialen zum Thema sozialer Wandel
www.sozialpolitik-aktuell.de	Auf der Seite der Universität Duisburg/Essen finden sind umfangreiche – vor allem statistische – Materialien zum Thema
europa.eu/pol/socio/index_de.htm	Die Europäische Kommission zu Beschäftigung und Sozialpolitik in Europa
www.destatis.de	Daten des Statistischen Bundesamts zum sozialen Wandel

Börse Frankfurt am Main
Der Arbeitsplatz von Dirk Müller an der Börse liegt perspektivisch günstig in der Nähe
der Anzeigetafel. Unter anderem deshalb ist er zum „Mister DAX" geworden: Seine
Mimik kommentiert den Börsenverlauf. Am 21. Januar 2008 zeigt die DAX-Kurve steil
nach unten. Wo geht es hin? Dirk Müller gibt sich an diesem Tag gegenüber boerse.ard.de
pessimistisch: „Man darf nicht den Fehler machen und sich auf das Geschehen heute
oder morgen konzentrieren. Viel wichtiger ist die Situation insgesamt: Die ist dramatisch.
Es brennt lichterloh!"
Foto: Frank Rumpenhorst

Kernelemente wirtschaftlichen Handelns

Güter und Märkte

Das wirtschaftliche Handeln der Menschen ruht auf drei Säulen: dem *Produzieren*, *Konsumieren* und *Tauschen* von wirtschaftlichen Gütern. Wirtschaften müssen wir, weil der Mensch eine Vielzahl von Bedürfnissen hat, die von vielen für unbegrenzt gehalten wird. Die *Knappheit der Güter* steht deshalb im Zentrum wirtschaftlichen Handelns. Wir müssen in aller Regel für den Erhalt eines Gutes etwas eintauschen. Dies geschieht meist in Form von Geld, wir zahlen einen Preis für das Gut. Wer ein Gut hat, gibt dieses normalerweise nur her, wenn er dafür eine Gegenleistung erhält. Wer Güter für andere bereitstellt, will dafür entschädigt werden. Güter sind materielle Dinge, die auf dem Markt gekauft werden können, aber es können auch Dienstleistungen gekauft werden.

Bedürfnisse

Die Wirtschaftsmärkte bedienen grundsätzlich zahlreiche Bedürfnisse des Menschen, die in der so genannten „Maslow'schen Bedürfnispyramide" abgebildet sind.

Physiologische Bedürfnisse sind grundlegende existenzielle Bedürfnisse wie die Notwendigkeit zu atmen, zu trinken, zu essen, zu schlafen usw. *Sicherheitsbedürfnisse* drücken das Bedürfnis nach Stabilität und Konstanz aus. Die Suche nach Schutz vor Gefahren und die Vorsorge für die Zukunft gehören ebenfalls auf diese Stufe der Pyramide. *Zugehörigkeits- und Liebesbedürfnisse* drücken Bedürfnisse nach Zugehörigkeit zu einer Gruppe aus, einer Familie, einem Verein, einem Club, einer Religionsgemeinschaft, einem Freundeskreis. *Wertschätzungsbedürfnisse* bestehen in dem Bedürfnis nach Selbstachtung und nach Wertschätzung durch andere. *Bedürfnisse nach Selbstverwirklichung* sind die Bedürfnisse einer Person, so zu sein und zu handeln, wie es ihren Wünschen und Fähigkeiten entspricht.

Marktfreiheit

Bedürfnisse führen wirtschaftlich gesehen zu einem *Bedarf* nach Gütern oder Dienstleistungen. Ist dieser Bedarf zahlungskräftig, so entsteht eine Nachfrage auf dem Gütermarkt. Der Markt ist der Treffpunkt von *Angebot und Nachfrage* bezüglich eines bestimmten Gutes oder einer Gütergruppe. Menschen, die ein Gut nachfragen, kommunizieren mit Menschen, die dieses Gut anbieten. So bildet sich auf dem Markt der Preis als Resultat von Angebot und Nachfrage. Wenn der Staat nicht in das freie Spiel von Angebot und Nachfrage eingreift, besteht ein freier Markt. Der Zugang zum freien Markt ist für jeden Nachfrager und Anbieter offen.

Nutzen

Güter sind Mittel zur Bedürfnisbefriedigung. Der Beitrag eines Gutes an die Bedürfnisbefriedigung bezeichnet man als seinen *Nutzen*. Güter haben in den Regel einen *Grundnutzen*. Sie dienen vorrangig der Befriedigung eines bestimmten Bedürfnisses.. Oft ist aber der Zusatznutzen oder der Nebennutzen eines Gutes wichtiger als der Grundnutzen.

Verschiedene Arten von Gütern

Güter werden unterschieden in *freie Güter* und *wirtschaftliche Güter*. Freie Güter sind nicht knapp. Die vorhandene Gütermenge ist größer als der Bedarf. Für ein freies Gut muss keine Gegenleistung erbracht werden. Es ist für den Einzelnen wie für die Gesellschaft gratis.
Von der Luft zum Atmen abgesehen aber kennen wir aber kaum noch freie Güter. Wirtschaftliche Güter sind dagegen knapp. Es sind zu wenig Güter gemessen an den Bedürfnissen vorhanden. Es muss deshalb über ihre Gewinnung, Herstellung, Verteilung und Verwendung entschieden werden.

Produktion

Güter müssen hergestellt und produziert werden, bevor sie konsumiert und getauscht werden können. Dabei kommen bei der Produktion von Gütern drei Komponenten zusammen: Kapital, Arbeit und Natur bzw. Boden, die *Produktionsfaktoren*. Auch

Unternehmer wirtschaften, sie entscheiden, was sie produzieren, an welchem Standort und wie viel davon. Sie stellen Arbeitskräfte ein oder entlassen sie und sorgen für den Vertrieb ihrer Produkte.

Einteilung von Gütern

Die Produktionsfaktoren werden auf dem Markt gehandelt. Ihr Preis ist in der Regel Sache des Aushandelns zwischen den Partnern. Der Staat nimmt zwar Einfluss, legt aber die Preise für *Arbeit*, *Kapital* und *Boden* nicht generell fest. Auch der Preis für die Arbeit ist Angelegenheit des Aushandelns zwischen den Tarifpartnern, sie genießen *Tarifautonomie*. Arbeitgeberverbände und Gewerkschaften vereinbaren Tarifverträge, in denen die Bedingungen und der Preis der Arbeitskraft für die ganze Branche festgelegt wird. Auf der anderen Seite steht der *Konsum*. Die Konsumenten genießen Konsumentensouveränität und *Konsumfreiheit*, das bedeutet, dass sie zumindest in unserer Wirtschaft ausschließlich nach ihren eigenen Wünschen und Vorstellungen Entscheidungen über den Kauf von Gütern und Dienstleistungen treffen.

Produktionsfaktoren

Zwischen dem Preis und der Menge eines Gutes bestehen Abhängigkeitsbeziehungen, die durch die so genannte *Nachfragefunktion* (Preis-Absatz-Funktion) beschrieben werden. Die Nachfragefunktion gibt an, bei welchem Marktpreis welche Menge abgesetzt werden kann. Die Erfahrung zeigt, dass in den meisten Fällen die absetzbare Menge fällt, wenn der Preis erhöht wird. Wird hingegen der Preis gesenkt, steigt der Absatz. Man spricht in einem solchen Fall von einer „normalen Nachfragefunktion".

Preis und Absatz

Die Wirtschaft ist ein Teil der Kultur. Andere Kulturbereiche wie Technik, Recht oder Kunst sind mit der Wirtschaft verbunden. Im Bereich Wirtschaft wird über die Gewinnung, Verarbeitung, Verteilung und Verwendung von knappen Gütern entschieden. *Wirtschaften* heißt, darüber zu entscheiden,

Wirtschaftliches Handeln

- welche Güter gewonnen, hergestellt, verteilt und verwendet werden sollen,
- wer diese Güter gewinnen, herstellen, verteilen und verwenden soll,
- wann dies zu geschehen hat und
- wie diese *Realvorgänge* der Gewinnung, Verarbeitung, Verteilung und Verwendung von Gütern abzulaufen haben.

Die *Realvorgänge* selbst sind nicht Sache der Wirtschaft. Sie sind z. B. der Natur oder der Technik zuzuordnen. Autofahren, Bügeln, Kochen sind Techniken. Wirtschaften dagegen bedeutet, den Haushalt zu führen, darüber zu entscheiden, wie viel Geld für das Essen ausgegeben wird, welche Nahrungsmittel gekauft werden, ob eine größere Anschaffung gemacht wird usw.

Der Wirtschaftskreislauf

Wirtschaftssubjekte und ihre Beziehungen zueinander

Der Wirtschaftskreislauf verdeutlicht, wie die wirtschaftlichen Beziehungen zwischen den Gruppen von Wirtschaftssubjekten miteinander verflochten sind. Die Gruppen von Wirtschaftssubjekten werden zu *Wirtschaftssektoren* zusammengefasst und analysiert. Wirtschaftssektoren unterteilen sich zunächst in

- *private Haushalte*, also private Wirtschaftsgemeinschaften wie Familien oder Single-Haushalte, die Güter zur Befriedigung ihre unterschiedlichen Bedürfnisse konsumieren,
- *Unternehmen*, also wirtschaftliche Einheiten, in denen Güter und Dienstleistungen hergestellt werden.

Einfacher Wirtschaftskreislauf

Der *Zusammenhang zwischen Haushalten und Unternehmen* wird im so genannten „Einfachen Wirtschaftskreislauf" grundlegend dargestellt.

Bei der Analyse der Beziehungen zwischen Haushalten und Unternehmen stellt sich heraus, dass dem Fluss eines *Güterstroms* (Lebensmittel, Einsatz von Arbeitskraft) auf der einen Seite ein gegenläufiger *Geldstrom* (z. B. Konsumausgaben, Einkommen) auf der anderen entspricht. Die privaten Haushalte müssen die von den Unternehmen erhaltenen Güter bezahlen. Für ihre Arbeitsleistung erhalten wiederum die Arbeitnehmer Lohn von den Unternehmen, den sie dann in ihrem Haushalt verwenden, um zu konsumieren.

Erweiterter Wirtschaftskreislauf (einschließlich Staat)

Der einfache Wirtschaftskreislauf reduziert die wirklichen Abläufe in einer Volkswirtschaft auf ein absolutes Minimum. Im „Erweiterten Wirtschaftskreislauf" wird dargestellt, dass die Haushalte nicht ihr gesamtes Einkommen für den Konsum verwenden.

Ein Teil wird gespart und daher an einen weiteren Wirtschaftssektor, die Banken (*Kapitalsammelstellen*), übergeben. Auf der anderen Seite brauchen die Unternehmen Kapital, um investieren zu können. Dies erhalten sie u. a. aus den Ersparnissen der Haushalte, welche die Banken ihnen als Kredite zur Verfügung stellen.

Als weiterer Wirtschaftssektor wird nun der Staat hinzugenommen. Steuern fließen von den Haushalten an den Staat, jedoch ohne unmittelbare Gegenleistung des Staates an die Haushalte. Unter entsprechenden Bedingungen empfangen jedoch die Haushalte *Leistungen des Staates* (sog. „Transferleistungen" wie etwa Kindergeld, Wohngeld oder Arbeitslosengeld).

Ein weiterer wichtiger Faktor, insbesondere für die stark *exportorientierte Wirtschaft der Bundesrepublik Deutschland,* ist das Ausland. Waren werden importiert und exportiert, aber auch Geld fließt ins Ausland, etwa für Reisen oder als Zahlungen an ausländische Verwandte usw.

Karikatur: Freimut Wössner

Tauschwirtschaft

Die Haushaltsrechnung der Bundesbürger

Durchschnitt je Privathaushalt und Monat in Deutschland in Euro

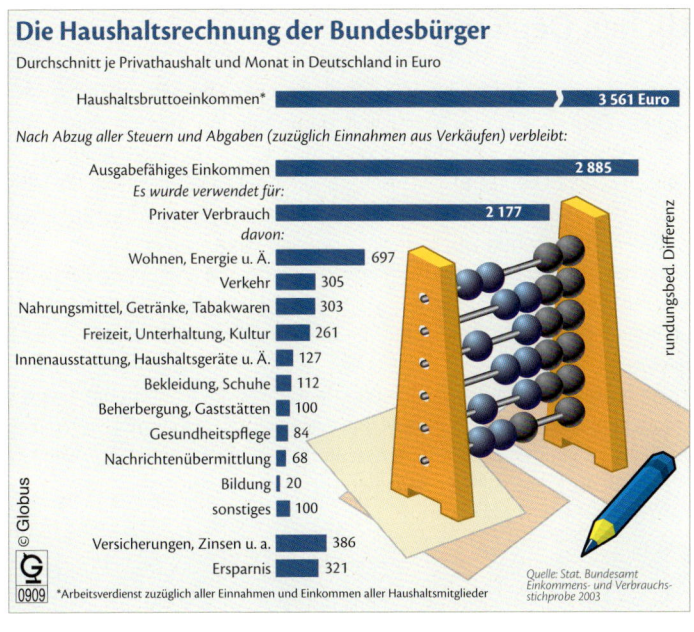

Haushaltsbruttoeinkommen* — **3 561 Euro**

Nach Abzug aller Steuern und Abgaben (zuzüglich Einnahmen aus Verkäufen) verbleibt:

Ausgabefähiges Einkommen — **2 885**

Es wurde verwendet für:

Privater Verbrauch — **2 177**
davon:

Wohnen, Energie u. Ä.	697
Verkehr	305
Nahrungsmittel, Getränke, Tabakwaren	303
Freizeit, Unterhaltung, Kultur	261
Innenausstattung, Haushaltsgeräte u. Ä.	127
Bekleidung, Schuhe	112
Beherbergung, Gaststätten	100
Gesundheitspflege	84
Nachrichtenübermittlung	68
Bildung	20
sonstiges	100
Versicherungen, Zinsen u. a.	386
Ersparnis	321

rundungsbed. Differenz

© Globus
0909

*Arbeitsverdienst zuzüglich aller Einnahmen und Einkommen aller Haushaltsmitglieder

Quelle: Stat. Bundesamt
Einkommens- und Verbrauchsstichprobe 2003

Kreisläufe der Wirtschaft

innen: Geldkreislauf
außen: Güterkreislauf

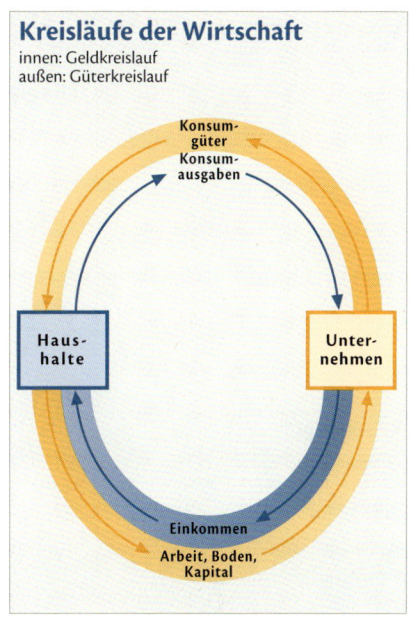

Konsum-
güter
Konsum-
ausgaben

**Haus-
halte**

**Unter-
nehmen**

Einkommen
Arbeit, Boden,
Kapital

Erweiterter Wirtschaftskreislauf (einschließlich Staat)

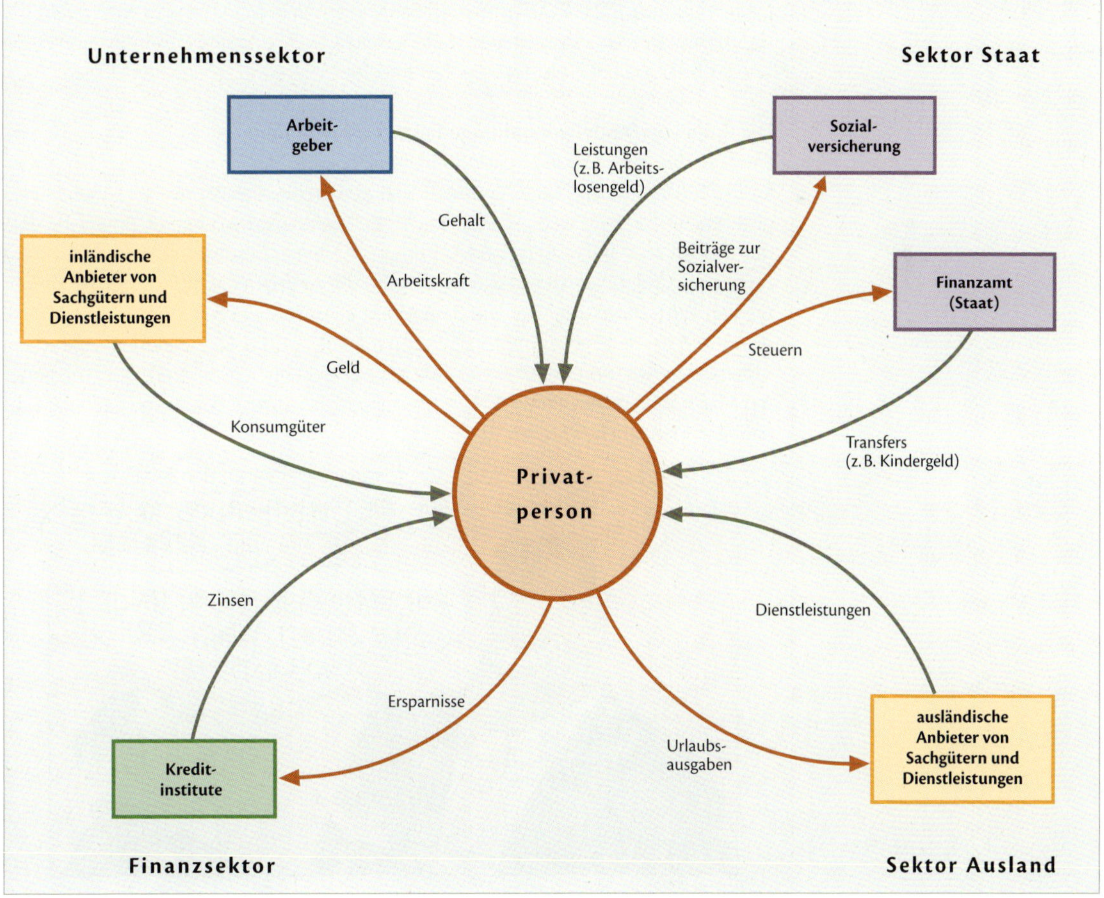

Unternehmenssektor   **Sektor Staat**

Arbeit-
geber

Sozial-
versicherung

Leistungen
(z. B. Arbeits-
losengeld)

Gehalt

Beiträge zur
Sozialver-
sicherung

Arbeitskraft

**inländische
Anbieter von
Sachgütern und
Dienstleistungen**

Finanzamt
(Staat)

Geld

Steuern

Konsumgüter

**Privat-
person**

Transfers
(z. B. Kindergeld)

Zinsen

Dienstleistungen

Ersparnisse

Urlaubs-
ausgaben

**ausländische
Anbieter von
Sachgütern und
Dienstleistungen**

Kredit-
institute

Finanzsektor   **Sektor Ausland**

Voraussetzungen wirtschaftlichen Denkens

Der größte eigene Nutzen als Triebkraft wirtschaftlichen Handelns

Wirtschaftlichem Denken liegt eine Modellvorstellung zugrunde, die mit dem Menschenbild der klassischen Volkswirtschaftslehre zu tun hat. Der *Homo oeconomicus* ist ein ausschließlich *rational handelnder Mensch*, der seine Entscheidungen auf der Basis umfassender Kenntnis der Entscheidungssituation und seiner Entscheidungsmöglichkeiten trifft. Der Homo oeconomicus handelt nur nach seinem eigenen Nutzen.

Adam Smith gilt als geistiger Vater des Homo oeconomicus, hat aber selbst nie diesen Begriff gebraucht. Dieser wirtschaftliche Modell-Mensch handelt im Wirtschaftsleben – beruhend auf den Erkenntnissen Smiths – ausschließlich im Hinblick auf seinen individuellen Vorteil:

„Nicht vom Wohlwollen des Metzgers, Brauers und Bäckers erwarten wir das, was wir zum Essen brauchen, sondern davon, dass sie ihre eigenen Interessen wahrnehmen. Wir wenden uns nicht an ihre Menschen-, sondern an ihre Eigenliebe, und wir erwähnen nicht die eigenen Bedürfnisse, sondern sprechen von ihrem Vorteil."

(aus: Adam Smith, Der Wohlstand der Nationen. Eine Untersuchung seiner Natur und seiner Ursachen)

Minimalprinzip:

Ein vorgegebenes Ziel soll unter dem Einsatz geringstmöglicher Mittel erreicht werden.

Maximalprinzip:

Mit vorgegebenen Mitteln soll ein größtmöglicher Erfolg erzielt werden.

Die Modellvorstellung vom Homo oeconomicus beinhaltet auch, dass er nach dem *ökonomischen Prinzip* handelt, also in jeder Entscheidungssituation entweder mit feststehenden Mitteln den größtmöglichen Erfolg zu erzielen sucht (Maximalprinzip) oder ein angestrebtes Ziel mit möglichst geringem Mittelaufwand zu erreichen trachtet (Minimalprinzip). Das Zusammenspiel der Menschen in Märkten wird nach der Theorie Smiths von einer „unsichtbaren Hand" geleitet. Demnach sind Gewinnmaximierung und größtmöglicher Eigennutz die stärksten Triebkräfte wirtschaftlicher Effizienz.

Die Rolle von Modellvorstellungen in der Ökonomie

Modelle sind die Grundlage ökonomischen Denkens, ähnlich wie Axiome die Grundlagen der Mathematik bilden. Grundsätzlich werden bei allen Modellen Elemente weggelassen, die für den Zweck, für den das Modell konstruiert worden ist, unwichtig sind, das Modell abstrahiert. Entscheidend ist, was für einen bestimmten Zusammenhang für wichtig und für vernachlässigenswert gehalten wird. Um das grundsätzliche *Verhalten von Wirtschaftssubjekten auf dem Markt* zu untersuchen, wurde z. B. das Modell des Homo oeconomicus entwickelt. Wenn man bestimmte Entscheidungssituationen untersuchen will, bei denen wirtschaftliches Handeln nicht allein steht oder mit anderen Maßstäben gemessen wird, dann abstrahiert das Modell des Homo oeconomicus häufig an den falschen Stellen.

Karikatur: Andreas Prüstel / cartooncommerz

Gibt es den „Homo oeconomicus"?

M 1 Der wirtschaftliche Mensch ist nicht nur egoistisch

DW: Die klassischen Theorien der Wirtschaftswissenschaften gehen davon aus, dass der Mensch rational und egoistisch ist und für sich nur das Beste will. Ist das inzwischen nicht mehr so – oder warum erforschen Sie so intensiv das Verhalten von Menschen in ökonomischen Entscheidungssituationen?

Axel Ockenfels: Die Hypothese, dass der Mensch vor allem egoistisch und rational sei, ist eine Hypothese der Ökonomen, die lange Zeit nie getestet worden ist. Aber der Mensch war vermutlich nie so rational und so eigennützig, wie der Ökonom ihn gerne hätte in seinen Modellen. Insofern hat sich der Mensch nicht geändert, sondern die Wirtschaftswissenschaft hat sich geändert, indem sie diesen neuen Ideen und neuen empirischen Befunden Rechnung trägt und den „Homo oeconomicus" langsam verabschiedet. Denn der „Homo oeconomicus" ist eine Fiktion, die so nicht existiert.

Und was macht der moderne Mensch anders? Will er etwa nicht mehr das meiste für sich?

Die Menschen sind immer noch egoistisch, aber sie haben ihren eigenen Egoismus. Sie schauen zum Beispiel nicht nur auf das, was sie unterm Strich bekommen, sondern sie schauen auch darauf, was die anderen bekommen. (…)

Wir wissen eindeutig, dass Menschen durchaus bereit sind, andere zu bestrafen, die sich unfair verhalten – selbst wenn es sie selbst eine ganze Menge kostet. In Verhandlungssituationen zum Beispiel spielt Fairness eine große Rolle. In solchen Situationen sollten sich selbst Leute, die eigentlich eigennützig und egoistisch sind, fair verhalten. Und Leute, die eigentlich fair und

altruistisch sind, sollten sich durchaus egoistisch verhalten. (…) Nehmen wir zum Beispiel das Ultimatum-Spiel: Sie haben 100 Euro zu vergeben, und Sie müssen entscheiden, wie viel Sie mir davon abgeben; ich sage „Ja" oder „Nein". „Ja" heißt: Wir beide bekommen anteilig Geld. „Nein" heißt: Wir bekommen beide nichts. Wenn wir also erfolgreich verhandeln, stellen wir uns beide besser. Die Frage ist nur: Wie verteilen wir die Effizienzgewinne?

Die klassische Wirtschaftstheorie macht eine klare Prognose: Die sagt, Sie geben mir 1 Euro – denn das ist das, was „Homo oeconomicus" tun würde unter der Annahme „Mehr Geld ist besser als weniger Geld". Wenn Sie mir 1 Euro geben und ich annehme, dann bekomme ich 1 Euro. Wenn ich ablehne, bekomme ich nichts. Und da 1 Euro besser ist als nichts, nehme ich an. Da Sie „Homo oeconomicus" sind, antizipieren Sie dieses Verhalten und dürfen sich darauf freuen, dass Sie fast den gesamten Kuchen kriegen und ich fast nichts. (…)

Wenn ich in dieser Situation Sie wäre, dann würde ich aber doch denken: „Den läppischen 1 Euro, den die mir abgeben will, kann sie sich an den Hut stecken!"

Ja, aber das ist nicht egoistisch! Damit stoßen Sie an die Grenzen einer ganz grundlegenden Hypothese der Ökonomik: „Mehr Geld ist besser als weniger Geld". Wenn Sie sagen, „ich verzichte auf den 1 Euro", heißt das, Sie schmeißen Geld weg. Das ist ein Verstoß gegen die Minimum-Hypothese, die eigentlich überall gilt.

Aber Ihre Intuition ist völlig richtig: Wenn wir das Ultimatum-Spiel mit echtem Geld in unserem Labor spielen,

dann gibt fast nie jemand nur 1 Euro ab. Die meisten geben ungefähr die Hälfte, also 50 Euro. Wenn Sie zu wenig abgeben wollen, dann wird typischerweise abgelehnt. Die Leute haben eine Unfairness-Aversion. Sie wollen den anderen dafür bestrafen, dass er unfair war.

In so einer Verhandlungssituation sollten Sie selbst als Egoist so tun, als ob Sie fair und nett sind, damit Sie nicht Gefahr laufen, bestraft zu werden. Sie sollten dem anderen die Hälfte abgeben – denn mit der hälftigen Abgabe maximieren Sie Ihren Gewinn. Wenn Sie weniger als die Hälfte abgeben würden, wäre die Wahrscheinlichkeit der Ablehnung so hoch, dass Sie sich am Ende schlechter stellen. Die Theorie vom „Homo oeconomicus" funktioniert hier also überhaupt nicht. (…)

Viele Entscheidungen in der realen Wirtschaftspraxis basieren aber auf „Homo oeconomicus". Wenn die Theorie von etwas anderem ausgeht als dem, was die Leute tatsächlich tun, dann kann es aber zu Fehlentscheidungen und Kollisionen kommen.

Es ist wichtig, die Theorie zu verstehen – wie man rationalerweise auf ein Marmeladenglas bietet, wie rationalerweise die Anreize in einer Verhandlungssituation sind –, aber es ist auch wichtig zu verstehen, wie sich echte Menschen verhalten.

Dann kann man die Theorie und die Empirie zusammenführen und vernünftige Schlüsse ziehen.

Und wie wird damit umgegangen?

(…) Es wird wohl noch eine Generation von Professoren brauchen, bis es sich überall herumgesprochen hat.

(Interview mit Axel Ockenfels, in: Deutsche Welle Wirtschaft, 2.3.2005, www.dw-world.de)

1 Erstellen Sie auf der Basis der Informationen aus Abschnitt 5.2 eine Definition des Begriffs „Homo oeconomicus".
2 Welche Kritik am Modell des rational handelnden Menschen formuliert Ockenfels in seinen Ausführungen? Wie begründet er diese? Welchen Umgang mit Modellen empfiehlt er abschließend?

Wirtschaftsordnung und Wirtschaftsstruktur

Wirtschaftsordnung

In jeder Volkswirtschaft müssen die Fragen beantwortet werden, welche Güter wie und an welchem Ort produziert werden sollen. Die *Verteilung der Produktionsfaktoren* (Allokation) und die *Verteilung der Güte*r müssen geregelt sein. Sind diese Regelungen durch Gesetze festgelegt, spricht man von der „Wirtschaftsverfassung" oder *„Wirtschaftsordnung"*. Grundsätzlich kann die Wirtschaftsordnung zwischen zwei Extremtypen angesiedelt sein: Planwirtschaft und freie Marktwirtschaft.

Grundfragen jeder Wirtschaftsordnung

Was soll produziert werden?
Für wen soll produziert werden?
In welcher Menge soll produziert werden?
Wie und wo soll produziert werden?

Planwirtschaft

In der Planwirtschaft oder *Zentralverwaltungswirtschaft* steuert eine staatliche Planungsbehörde das Wirtschaftsgeschehen. Sie ermittelt den Bedarf und setzt die Produktion der Güter in Gang. Es werden Vorgaben über die Menge, meist auch die Art und Qualität der zu produzierenden Güter gemacht. Meist wird auch der Verbrauch der Güter gelenkt. Es kann politischer Einfluss auf die Produktion und Verteilung von Gütern genommen werden. Der staatliche Einfluss kann nur deshalb so groß sein, weil die wichtigen Produktionsmittel Staatseigentum sind. Die ideologische Grundidee ist hier die Vergesellschaftung der Produktion. Rigide Wirtschaftslenkung ist in Zentralverwaltungswirtschaften eng gekoppelt an eine autoritäre politische Lenkung. Diese Wirtschaften kranken meist daran, dass eine auch noch so gut informierte zentrale Planungsbehörde nicht alles voraussehen kann und zwischen den verschiedenen Einzelplänen Abstimmungsprobleme entstehen. Dadurch kommt es zu Mangelsituationen und die Wirtschaftssubjekte beginnen irrational zu agieren, indem sie zum Beispiel in Erwartung weiterer Mangelsituationen Hamsterkäufe tätigen und sich eine Schattenwirtschaft entwickelt.

Marktwirtschaft

In einer *reinen Marktwirtschaft* wird die Wirtschaft nicht zentral koordiniert. Vielmehr übernehmen hier die Wirtschaftsteilnehmer selbst die Steuerung, indem sie auf dem Markt auftreten. Die Art und Menge der produzierten Güter wird durch Angebot, Nachfrage und Wettbewerb bestimmt. Es gibt zwar einen staatlichen Ordnungsrahmen, aber dieser ist am Privateigentum orientiert. Die persönliche Freiheit der Wirtschaftssubjekte im Wirtschaftsleben findet ihre Entsprechung im politischen Leben und in der Demokratie. Unregulierte Marktwirtschaften neigen zur Überproduktion und zur Vergeudung von gesellschaftlichem Reichtum. Gleichzeitig kann es zu krassen sozialen Missständen und einer extremen Ungleichverteilung kommen.

Eine Zwischenform bildet die so genannte *„soziale Marktwirtschaft"*. In ihr soll die Selbststeuerung der Marktwirtschaft auf der Grundlage des Privateigentums grundsätzlich über den Markt erfolgen. Das Prinzip der Freiheit auf dem Markt soll aber mit dem des *sozialen Ausgleichs* verbunden werden. Der Staat soll hier aktiv eingreifen zur Wettbewerbssicherung, zur Sicherung Stabilität des Geldwerts, zur Regulierung von Monopolen usw.

Institutionen und Regelsystem einer Wirtschaftsordnung

Eigentumsverfassung:
– Privateigentum
– Staatseigentum

Planungs- und Lenkungsfunktion:
– zentral
– dezentral

Preisbildungsreformen:
– auf Märkten
– durch staatliche Preisfestsetzung

Betriebliche Ergebnisrechnung:
– Gewinnprinzip
– Planerfüllungsprinzip

Formen der Geld- und Finanzwirtschaft:
– Banken
– Steuersystem
– Haushaltsprinzipien

Bedingen sich politische und ökonomische Freiheit?

M 1 Der Zusammenhang von wirtschaftlichem und politischem System

In der Wirtschaftssystemdebatte überwiegt – zumindest bei den Ökonomen – die Einschätzung, dass die Marktwirtschaft das natürliche Gegenstück zur Demokratie sei und dass demgegenüber die Diktatur die politische Seite des ökonomischen Systems der Zentralverwaltungswirtschaft darstellt. Auch in zahlreichen Lehrbüchern ist diese Position wiederzufinden. Diese – politisch zugespitzte – Argumentation ist schwer auf ihren Wahrheitsgehalt hin zu überprüfen, aber es sprechen schwerwiegende Fakten dafür, dass eine Gesellschaft, der die Freiheit des Einzelnen viel bedeutet, mit einer Zentralverwaltungswirtschaft unvereinbar ist. Manche setzen dabei individuelle Freiheit und Demokratie gleich, wenngleich man über diese Gleichsetzung trefflich streiten kann, da es sich offensichtlich um zwei unterschiedliche Dinge handelt.

Die Idee des zentralen Plans, dem sich alle unterzuordnen haben, wenn er beschlossen ist, widerspricht dem Grundgedanken der Freiheit, denn diese umfasst auch die Freiheit der wirtschaftlichen Betätigung. Sie lässt sich nicht mit einem zentralen Plan vereinbaren, der spontane Entscheidungen nicht zulassen kann. Darüber hinaus ist das organisatorische Prinzip der Über- und Unterordnung, das unverzichtbar zu einem zentralen Plan gehört, unter dem Gesichtspunkt der Freiheit äußerst problematisch. Zwar ist dieses Prinzip in allen bürokratischen Organisationen in unterschiedlicher Ausprägung zu finden, dennoch hat in einer dezentral geführten Gesellschaft jeder die Möglichkeit, sich diesem Zwang durch Selbstständigkeit oder Arbeitsplatzwechsel zu entziehen.
Einer zentralen Stelle alle Kompetenzen in Hinblick auf die Steuerung einer Wirtschaft und die Verwendung der vorhandenen produktiven Ressourcen zuzugestehen, die darüber hinaus mit diktatorischen Vollmachten ausgestattet ist – und auch sein muss, soll das ganze funktionieren –, widerspricht jedem freiheitlichen Gedanken. (…)
Im marktwirtschaftlichen System entscheiden dagegen alle Individuen – in Abhängigkeit von ihrem Einkommen – über die Verwendung der volkswirtschaftlichen Ressourcen.
Wer an der Verfügbarkeit eines Gutes kein Interesse hat, muss seinen Anteil an den volkswirtschaftlichen Ressourcen nicht für die Bereitstellung dieses Gutes zur Verfügung stellen.
Damit kommt diese Art der Steuerung dem Prinzip individueller Freiheit sehr nahe. *(A. Frantzke, Grundlagen der Volkswirtschaftslehre: Mikroökonomische Theorie und Aufgaben des Staates in der Marktwirtschaft, Stuttgart: Schäffer-Pöschel 1999, S. 59 f.)*

M 2 Ich oder die Gemeinschaft?

Wohlstand als solcher erzeugt tendenziell eine stabile Demokratie: Es gibt kein historisches Beispiel für ein demokratisches Land mit einem jährlichen Pro-Kopf-Einkommen von über 6000 Dollar, das in ein autoritäres Regime zurückgefallen ist. Fortschreitende Globalisierung und wachsender Wohlstand dürften daher immer mehr Gesellschaften den Anreiz bieten, sich der Demokratie zuzuwenden.

Der liberale Individualismus zerstört die Gemeinschaft
Die Globalisierung konfrontiert die liberale Demokratie mit einer Reihe anderer Herausforderungen, etwa der abnehmenden Kontrolle der demokratischen Öffentlichkeit über ihre eigene Gesellschafts- und Wirtschaftspolitik, sinkenden Einkommen und/oder Langzeitarbeitslosigkeit bei ungelernten Arbeitern in den entwickelten Ländern sowie dem Fehlen internationaler Kontrollmechanismen, die gegenüber der demokratischen Öffentlichkeit verantwortlich sind.
Das Problem ist dabei weniger die Demokratie als ein falsch verstandener Liberalismus: die übertriebene Betonung der Autonomie des Einzelnen gegenüber der Gemeinschaft als Basis für moderne Wirtschaft und moderne Politik. Der liberale Individualismus zerstört Gemeinschaft auf allen Ebenen, von der Familie und der Nachbarschaft bis zum Arbeitsplatz und zum Staat, indem er die Autorität von Institutionen untergräbt und die Kultur – das heißt: den Bereich gemeinsamer Werte und Sinngefüge – auf eine schmale Sphäre reduziert. Gesellschaften, die einst durch die engen Bindungen von Religion, Tradition und lokaler Gemeinschaft zusammenhingen, sind nun zu veränderlichen, vergänglichen Netzwerken überlappender Identitäten geworden, deren Zusammenhang breiter und zugleich unverbindlicher wird. *(Francis Fukuyama, Ich oder die Gemeinschaft?, Die Zeit 46/1999)*

1 **Fassen Sie zusammen, wie die Autoren von M1 und M2 den Zusammenhang zwischen politischer und ökonomischer Freiheit sehen.**
2 **Beurteilen Sie beide Sichtweisen im Hinblick auf gesellschaftliche und individuelle Freiheit.**

Die Marktwirtschaft

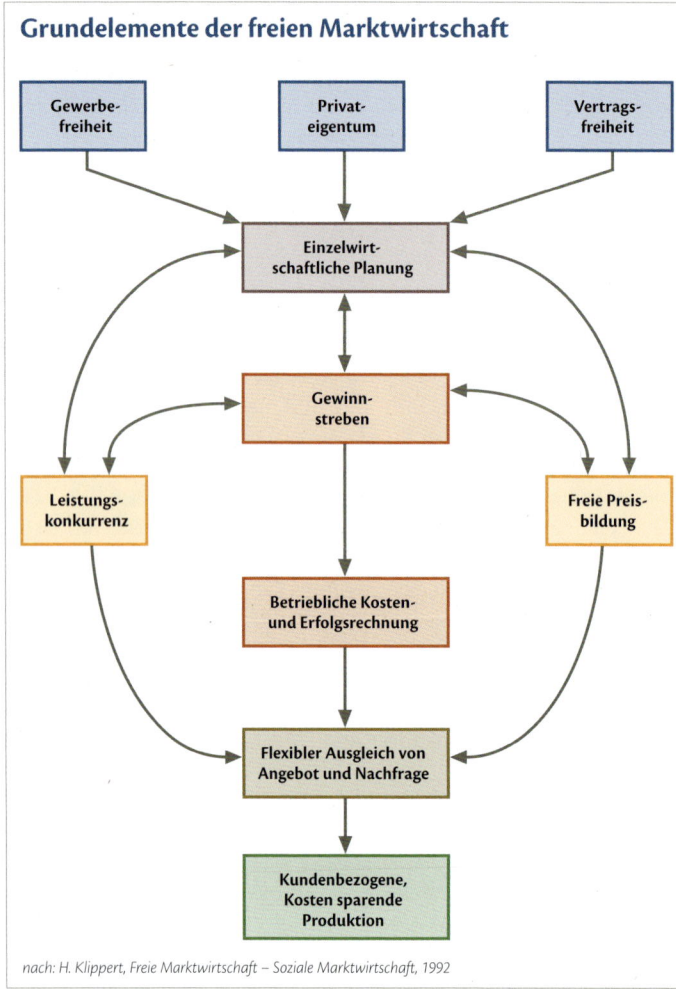

Grundelemente der freien Marktwirtschaft

Gewerbefreiheit

Privateigentum

Vertragsfreiheit

Einzelwirtschaftliche Planung

Gewinnstreben

Leistungskonkurrenz

Freie Preisbildung

Betriebliche Kosten- und Erfolgsrechnung

Flexibler Ausgleich von Angebot und Nachfrage

Kundenbezogene, Kosten sparende Produktion

nach: H. Klippert, Freie Marktwirtschaft – Soziale Marktwirtschaft, 1992

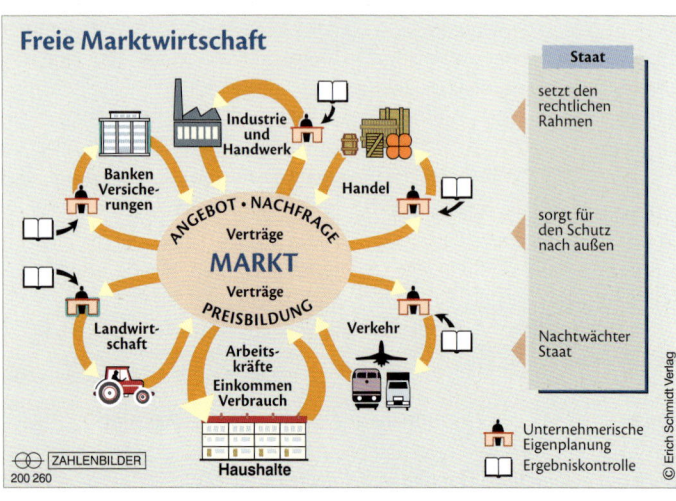

Freie Marktwirtschaft

Industrie und Handwerk

Banken Versicherungen

Handel

ANGEBOT · NACHFRAGE

Verträge

MARKT

Verträge

PREISBILDUNG

Landwirtschaft

Verkehr

Arbeitskräfte Einkommen Verbrauch

Haushalte

Staat

setzt den rechtlichen Rahmen

sorgt für den Schutz nach außen

Nachtwächter Staat

Unternehmerische Eigenplanung

Ergebniskontrolle

ZAHLENBILDER 200 260

© Erich Schmidt Verlag

Merkmale der freien Marktwirtschaft

Auf den Grundlagen des klassischen Liberalismus (Adam Smith, 1723–1780) soll die Wirtschaft heute als so genannte *freie Marktwirtschaft* funktionieren:

In einer Marktwirtschaft werden die wirtschaftlichen Aktivitäten der Wirtschaftsteilnehmer über den Mechanismus von Angebot, Nachfrage und Preis koordiniert. Die privaten Unternehmen produzieren mittels der Produktionsfaktoren Güter und Dienstleistungen.

Für die Produktionsfaktoren treten sie in der Regel als Nachfrager auf dem Markt auf und müssen einen Preis zahlen, denn der Einsatz der Produktionsfaktoren verursacht Kosten. Aus diesen Kosten entsteht das Einkommen der Besitzer der Produktionsfaktoren.

Die Höhe der Produktionskosten ergibt sich aus dem Produkt von *Faktorpreis* und *Faktormenge*. Wenn die Güter oder Dienstleistungen verkauft werden, rechnet jeder Unternehmer mit einem Überschuss aus dem durchschnittlichen Verkaufspreis über die Produktionskosten. Dies ist sein Gewinn. Um die Höhe des Gewinns zu steigern oder um überhaupt erst einen Gewinn zu erzielen, sind die Unternehmen daher prinzipiell bestrebt, die Faktorkosten und auch die Faktormengen zu senken.

Wirtschaftsordnung der Bundesrepublik Deutschland

Die Entscheidung der Bundesrepublik Deutschland für die Marktwirtschaft ist keine Frage der Verfassung. Diese enthält auch Elemente, die eine zentrale Lenkung der Wirtschaft vorbereiten könnten.

Trotzdem sind wesentliche Grundbedingungen für die Marktwirtschaft im *Grundgesetz* und anderen Gesetzen verankert:

- die Freiheit der Einzelnen (Art. 2 GG),
- die Informationsfreiheit (Art. 5 GG),
- die freie Berufswahl (Art. 12 GG),
- das Recht auf Eigentum (Art. 14 GG),
- die Vertragsfreiheit (Art. 2 GG und BGB),
- die Gewerbefreiheit (Art. 2 GG und Gewerbeordnung).

Angebot und Preisabhängigkeit

Als Anbieter auf dem Markt sind die Unternehmen von dem zu erzielenden *Preis* abhängig. Ist ein im Vergleich zu den Produktionskosten relativ hoher Preis zu erzielen, werden viele Unternehmen in die Produktion des entsprechenden Guts einsteigen bzw. ihre Produktion steigern. Sind nur relativ geringe Preise zu erzielen, werden Unternehmen aus der Produktion aussteigen bzw. ihre Produktion zurückfahren.

Nachfrage

Die privaten Haushalte stellen den Großteil der Nachfrage. Sie liefern den Unternehmen Produktionsfaktoren, besonders *Arbeit*, aber auch *Kapital* und *Boden*, und erhalten dafür ein Einkommen, Lohn und Gehalt, Grundzins und Kapitalrente. Damit treten sie auf dem Markt als Nachfrager auf. Sie versuchen aus ihren Mitteln einen größtmöglichen Nutzen zu erzielen. Sie werden auf dem Markt Güter und Dienstleistungen mit für sie geringem Nutzen weniger nachfragen als Güter und Dienstleistungen mit hohem Nutzen. Es gilt dabei das *Gossen'sche Gesetz*, wonach die Größe eines und desselben Genusses fortwährend abnimmt, wenn der Genuss fortgesetzt wird, und zwar so lange, bis Sättigung eintritt. Die Haushalte fragen ebenfalls abhängig vom Preis nach. Ist ein Gut oder eine Dienstleistung im Verhältnis zum Nutzen günstig zu erhalten, wird viel nachgefragt. Im umgekehrten Fall entsprechend weniger.

Übereinstimmung von Angebot und Nachfrage

Die beiden Gegenspieler treffen auf dem Markt aufeinander. Aus dem Marktgeschehen ergibt sich ein *Gleichgewicht zwischen Angebot und Nachfrage* als Schnittpunkt der Angebots- und der Nachfragekurve.
Am Schnittpunkt der Kurven ergeben sich Gleichgewichtspreis und Gleichgewichtsmenge. Geplantes Angebot und geplante Nachfrage stimmen überein. Nur die Nachfrager nach dem Gut erhalten es, die eine genügend hohe Zahlungsbereitschaft haben. Auf der Angebotsseite kommen nur die kostengünstigsten Anbieter zum Zuge. Unternehmen, die ihre Produktionskosten zum Marktpreis nicht decken können, bleiben ohne Nachfrage.

Der Preismechanismus

Das System von Angebot und Nachfrage tendiert über den Preismechanismus zum Marktgleichgewicht. Als „unsichtbare Hand" (Adam Smith) sorgt der Preismechanismus für eine ständige Wiedererlangung des Gleichgewichts. Wenn das Marktgleichgewicht stabil bleiben soll, müssen ideale Voraussetzungen erfüllt sein.
Diese Vorstellungen eines freien Marktes entsprechen oft nicht ganz der Realität. So haben viele Verbraucher nicht die Zeit, sich eine vollständige *Markttransparenz* zu verschaffen. Sie tendieren häufig dazu, bestimmte, von ihnen gut beurteilte Anbieter zu bevorzugen, ohne im Einzelnen auf den Preis zu achten. Auf der Anbieterseite ergibt sich oft eine *Marktmacht*. In verschiedenen Bereichen gibt es nur wenige oder gar nur einen einzigen Anbieter.
Als Idealszenario der Voraussetzungen für Marktgleichgewicht und Wohlfahrtsmaximum könnte man zusammenfassend festhalten:

- Eine Vielzahl von Anbietern und eine Vielzahl von Nachfragern bevölkern den Markt (*atomistische Marktstruktur*). Der Preis ist für sie vom Markt vorgegeben; sie sind Preisnehmer und Mengenanpasser.
- Alle Anbieter und Nachfrager haben freien Marktzugang und freien Marktaustritt.
- Es gibt keine Präferenzen für bestimmte Verkäufer oder Käufer, sondern nur gleichartige Produkte.
- Alle Marktteilnehmer sind über die Marktlage vollständig informiert (Markttransparenz).

Das 1. Gossen'sche Gesetz

Das Erste Gossen'sche Gesetz – auch Gesetz vom abnehmenden Grenznutzen oder Sättigungsgesetz – formuliert, dass der Konsum eines Gutes mit zunehmender Menge einen immer geringeren Zusatznutzen (Grenznutzen) hat.

Beispiel: Das erste Glas Wasser bei großem Durst schmeckt meistens besonders gut, jedes weitere bereitet jedoch stets weniger (abnehmenden) Genuss.

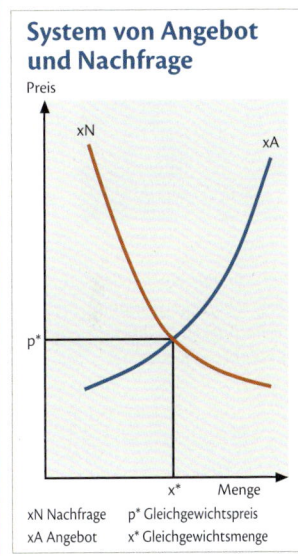

System von Angebot und Nachfrage

xN Nachfrage   p* Gleichgewichtspreis
xA Angebot   x* Gleichgewichtsmenge

Der wirtschaftliche Liberalismus

Friedrich von Hayek (1899 – 1992)

Wie können die menschlichen Grund- und Freiheitsrechte im Spannungsverhältnis von Staat und Markt gewährleistet werden?

Wilhelm Röpke (1899–1966)

Wie kann man einen freien Markt schaffen, der soziale Ungerechtigkeiten abfedert und die Menschenrechte sichert?

Milton Friedman (1912–2006)

Wie minimiert man den staatlichen Einfluss auf die Wirtschaft so, dass lediglich die Rahmenbedingungen stabil bleiben?

Ideengeschichtliche Grundlagen

Die Freiheit ist, wie der Name schon sagt, das Grundprinzip des Liberalismus. Jeder hat die Freiheit, alles zu tun, was er will, sofern er nicht die Freiheit eines anderen verletzt. Liberale betonen das Recht auf *privates Eigentum*, da nur dieses die Freiheit des Einzelnen gewährleisten könne.

Adam Smith formulierte die wirtschaftlichen Grundlagen des klassischen Liberalismus. Das eigennützige Streben der Menschen trage zum Wohl der gesamten Gesellschaft bei. Die „unsichtbare Hand" sorgt im Marktmechanismus dafür, dass das Beste für alle als Gesamtergebnis entsteht. Freier Wettbewerb ist dafür erforderlich. Staatliche Eingriffe wie Subventionen oder Schutzzölle sind demgegenüber nur hinderlich, weil sie Wettbewerbshemmnisse darstellen.

Adam Smith gründet seine ökonomischen Empfehlungen auf psychologischen Einsichten, die bereits *Thomas Hobbes* formuliert hatte. Hobbes sah die menschliche Natur durch egoistische Triebe bestimmt, die ohne eine Beschränkung zu einem Kampf aller gegen alle führen müssten. *Homo homini lupus* („Der Mensch ist des Menschen Wolf") heißt es bei Hobbes. Auch Smith geht davon aus, dass die Menschen, wenn es nicht um ihre engsten Freunde und Verwandten geht, von ihrem Egoismus geleitet werden. Im Gegensatz zu Hobbes fordert er aber nicht einen starken Staat als moralische Instanz, um die Menschen zu kontrollieren, ihren Egoismus zurückzudrängen und sie vom Kampf aller gegen alle abzuhalten.

Smith entwickelt ein Gesellschaftsmodell, das nicht die menschliche Natur bekämpft oder deren Änderung zur Voraussetzung hat. Von einem notwendigen Einschreiten des Staates gegen Betrug und Gewalt abgesehen, geht Smith davon aus, dass selbstsüchtige Motive in einer freien Gesellschaft keineswegs schädlich sind, sondern im Gegenteil die wichtigsten *Triebkräfte für Fortschritt und Wohlstand* bilden. Die Verfolgung egoistischer Interessen sorgt, wenn sie in regulären Bahnen gehalten wird, dafür, dass der beste Nutzen für alle erreicht wird. In einer freien Wirtschaft entwickelt sich demnach spontan ein Wettbewerb aller Marktteilnehmer, der dafür sorgt, dass alle durch die Konkurrenz zu Höchstleistungen angespornt werden.

Begründer des Neoliberalismus

Die Nachfolger Smiths wandten sich immer wieder gegen Eingriffe des Staates in die Wirtschaft. *Friedrich von Hayek* zum Beispiel wies nach, dass die Verstaatlichung der großen Unternehmen und eine Zentralverwaltungswirtschaft zum Verlust der bürgerlichen Rechte und Freiheiten führen muss. Er wandte sich gegen jeden Versuch, eine Gesellschaft bewusst konstruieren zu wollen. Von Hayek gilt mit *Wilhelm Röpke* und *Walter Eucken* als Begründer des *Neoliberalismus*.

Gemeinsame Ziele der Neoliberalen sind eine vorwiegend marktwirtschaftliche Wirtschaftsordnung. Im Falle von Marktversagen sind sie für marktkonforme Eingriffe des Staates. In Deutschland suchten Röpke, Eucken und andere Vertreter der so genannten „Freiburger Schule" einen Dritten Weg zwischen Sozialismus und Kapitalismus.

In den USA bildete sich die Chicagoer Schule um *Milton Friedman*. Instabilitäten der Wirtschaft führt diese vor allem auf die staatliche Geld-, Kredit- und Fiskalpolitik zurück. Sie geht davon aus, dass Marktungleichgewichte sich auf lange Sicht durch die Selbstregulierungsmechanismen des Marktes beheben, wenn der Staat nicht verfälschend eingreift. Wie von Hayek war auch Milton Friedman davon überzeugt, dass man staatliche Eingriffe in die Wirtschaft stark eingrenzen müsse. Er forderte unter anderem eine Beendigung der Subventionszahlungen an die Wirtschaft, die Abschaffung aller Zölle und mengenmäßigen Importbeschränkungen und den Verzicht auf staatlich garantierte Mindestlöhne.

M1 Kritik am Neoliberalismus

Das neoliberale Programm (…) verstärkt im Allgemeinen tendenziell den Bruch zwischen der Wirtschaft und den gesellschaftlichen Realitäten und errichtet somit in der Wirklichkeit ein Wirtschaftssystem, wie es der theoretischen Beschreibung entspricht, d. h. eine Form von logischen Automatismen, die als eine Abfolge von die wirtschaftlichen Akteure bindenden Zwängen erscheinen (…).

Die Globalisierung der Finanzmärkte sowie die Fortschritte auf dem Gebiet der Informationstechnologien gewährleisten eine bisher ungeahnte Kapitalmobilität und bieten den Investoren, die sich um eine kurzfristige Rentabilität ihrer Investitionen sorgen, die Möglichkeit, die Leistungsstärke der größten Unternehmen permanent miteinander zu vergleichen und vor diesem Hintergrund auf relative Rückschläge zu reagieren. Die Unternehmen wiederum, die unter einer derartigen steten Bedrohung stehen, müssen sich den Forderungen des Marktes immer schneller anpassen, wollen sie nicht, wie es so schön heißt, das „Vertrauen der Märkte" verlieren und damit auch die Unterstützung durch die Aktionäre, die an einer kurzfristigen Rentabilität interessiert sind und die über immer mehr Mittel verfügen, um den Managern ihren Willen aufzuzwingen (…).

Dies führt zu der unumstrittenen Herrschaft der Flexibilität, d. h. zu befristeten Arbeitsverhältnissen oder Aushilfsverträgen, zu nicht enden wollenden Sozialinitiativen und innerhalb der Unternehmen zu einer Konkurrenz zwischen unabhängigen Niederlassungen, zwischen einzelnen Arbeitsgruppen, die zu mehr Polyvalenz gezwungen sind, und schließlich auch zwischen den Individuen selbst. (…) Das sind alles Techniken rationaler Unterwerfung, die einerseits ein überzogenes Arbeitsengagement erforderlich machen, damit aber andererseits zu einer Schwächung oder Auflösung gemeinschaftlicher Bezugspunkte und gemeinschaftlichen Zusammenhalts führen.

(Pierre Bourdieu, Das Wesen des Neoliberalismus, in: Deutsch-französisches Forum 2000, http://www.leforum.de)

M2 Der verunglimpfte Neoliberalismus

Immer häufiger taucht in der tagespolitischen Diskussion der Begriff Neoliberalismus auf, in der eindeutigen Absicht, als „neoliberal" oder „Neoliberalismus" etikettierte wirtschaftspolitische Vorschläge zu diskreditieren.

Tatsache ist: In der Ordnungsökonomik wird als Neoliberalismus jene Strömung bezeichnet, die nach der Weltwirtschaftskrise um die Ausarbeitung eines zeitgemäßen, am klassischen Wirtschaftsliberalismus anknüpfenden Wirtschaftssystementwurfs bemüht war, der entscheidenden Einfluss auf die Ausformung des Leitbildes der „Sozialen Marktwirtschaft" und dessen Durchsetzung in Westdeutschland gehabt hat. (…)

Wie die neue polit- und institutionenökonomische Theorie überzeugend belegt, ist Marktversagen weitaus seltener als angenommen, während Staatsversagen in der Demokratie quasi institutionell vorprogrammiert ist. Denn Regierungen, die sich periodisch dem Wählervotum stellen müssen, neigen dazu, vorrangig populäre Maßnahmen zu ergreifen und unpopuläre zu unterlassen. Wegen dieses Hanges des Staates zum Populismus sind Staatsbetriebe relativ unwirtschaftlich und werden öffentliche und meritorische Güter zu viel und nicht effizient produziert. Am Ende eines Jahrhunderts, dessen große Katastrophen aus Staatsversagen resultierten, ist es nach alledem unbegreiflich, dass die naive sozialistische Staatsgläubigkeit immer noch am Leben und sogar offensiv ist. *(Dieter Lösch, Der verunglimpfte Neoliberalismus, Wirtschaftsdienst 8/1999)*

Zulässige *marktkonforme Eingriffe* des Staates sind aus neoliberaler Sicht:

- Monopol- und Kartellkontrolle,
- sozialer Ausgleich,
- Chancengleichheit,
- Maßnahmen zum Ausgleich von Konjunkturschwankungen

---

1 *Welche Folgen des Neoliberalismus kritisiert Bourdieu (M1)? Auf welche Aspekte der neoliberalen Theorie beziehen sich seine Kritikpunkte? Welche Sichtweise hält Dieter Lösch (M2) einer möglichen Kritik entgegen?*

2 *Diskutieren Sie: Ist politisches oder ökonomisches Versagen die Hauptursache für negative Auswirkungen auf den Märkten (Güter, Kapital, Arbeit)?*

Wirtschaftsverfassung der Bundesrepublik

Die soziale Marktwirtschaft

Beim Übergang von der zentral gelenkten Kriegswirtschaft des Zweiten Weltkriegs in Deutschland zur Marktwirtschaft wurden die Ideen des klassischen Liberalismus in einigen Punkten stark modifiziert. *Walter Eucken* (1891–1950), *Alfred Müller-Armack* (1901–1956), *Wilhelm Röpke* (1899–1966) und *Ludwig Erhard* (1897–1977) formulierten wirtschaftliche Vorstellungen mit dem Hintergrund der **christlichen Soziallehre** und des **Neoliberalismus**. Danach muss die Marktwirtschaft durch staatliche Eingriffe und Spielregeln für den Markt funktionsfähig erhalten und auch die Wirtschaftssubjekte vor sozialen Härten geschützt werden:

- durch *Sicherung des Wettbewerbs* und der Wettbewerbsordnung: Vorgehen gegen Wettbewerbsbeschränkungen und Kartelle, Verhinderung von marktbeherrschender Stellung und zu großer wirtschaftlicher Macht Einzelner;
- durch die *Herstellung sozialer Gerechtigkeit*: durch Vermögensumverteilung zur Korrektur von Ungleichgewichten zwischen begüterten und weniger begüterten Bevölkerungsgruppen und Stärkung der Konsumenten durch Verbraucherschutz;
- durch die *Herstellung sozialer Sicherheit*: staatliche Programme zur Abfederung konjunkturbedingter Risiken (Arbeitslosigkeit, Inflation) und Schaffung eines Systems der sozialen Sicherung und des sozialen Ausgleichs (Sozialleistungen).

Der Anspruch der sozialen Marktwirtschaft ist es, die Vorteile der Marktwirtschaft, wie wirtschaftliche Leistungsfähigkeit bzw. hohe Güterversorgung, zu nutzen, gleichzeitig aber deren Nachteile, wie zerstörerischen Wettbewerb, Konzentration wirtschaftlicher Macht und unsoziale Auswirkungen, zu vermeiden.

Die soziale Marktwirtschaft ist nicht im Grundgesetz als Wirtschaftsordnung der Bundesrepublik Deutschland vorgegeben. Jedoch sind einige Grundgesetzbestandteile wie die *Sozialbindung des Eigentums* Hinweise in ihre Richtung. Damit sind der sozialen Marktwirtschaft Strukturprinzipien zu eigen, die den klassischen Liberalismus und die freie Marktwirtschaft zu ergänzen und zu korrigieren suchen.

Prinzipien der sozialen Marktwirtschaft

Als konstituierende Prinzipien der sozialen Marktwirtschaft gelten:

- *Privateigentum und Vertragsfreiheit*: Prinzipiell sollen die Wirtschaftssubjekte frei entscheiden können und nach ihrem eigenen Nutzen handeln. Einschränkungen von Vertragsfreiheit sind aber dann geboten, wenn diese nicht wettbewerbskonform eingesetzt werden.
- *Offenhaltung von Märkten*: Monopolstellungen, besonders staatlich begründete, werden beseitigt. Marktbeherrschende Stellungen sollen rasch wieder aufgelöst werden.
- *Vermeidung von Haftungsbeschränkungen*: Soll der Markt auch in solchen Fällen regulieren, in denen die Folgen des Gebrauchs von Produkten Kosten verursachen, so muss den Unternehmen, die diese Produkte vertreiben, die volle Haftung zugerechnet werden. Können sie die Kosten ihres Handelns abwälzen, – z. B. bei Gesundheitsschäden auf das Gesundheitssystem – so fehlt das Marktregulativ.
- *Konstanz der Wirtschaftspolitik:* Unternehmen und ihre Investitionen sind abhängig von der Vorhersehbarkeit der Rahmenbedingungen. Eine große Verlässlichkeit in der Wirtschaftspolitik schafft Bedingungen, die einem guten Investitionsklima förderlich sind.
- *Preisniveaustabilität*: Inflation ist für alle Wirtschaftsteilnehmer schädlich. Eine vom aktuellen politischen Geschehen unabhängige Regelung zur Geldwertstabilität kann inflationären Tendenzen entgegenwirken.

Väter der sozialen Marktwirtschaft

Ludwig Erhard (1897–1977)

„Wohlstand für alle" und „Wohlstand durch Wettbewerb" gehören untrennbar zusammen.

Alfred Müller-Armack (1901–1978)

Wie kann auf Basis der Wettbewerbswirtschaft die freie Initiative mit dem durch die marktwirtschaftliche Leistung gesicherten sozialen Fortschritt verbunden werden?

Staatspolitische Prinzipien

Die vom Staat festgesetzten wirtschaftlichen Rahmenbedingungen richten sich nach den:

- Prinzipien der Konjunkturpolitik: Eine *Stabilitätspolitik* soll für Ausgleich und Dämpfung konjunktureller Ausschläge sorgen.
- Prinzipien der Sozialpolitik: *Soziale Gerechtigkeit und soziale Sicherheit* sind nicht nur gesetzte Prinzipien des Sozialstaats, sondern auch für wirtschaftliche Stabilität wichtig. Sie tragen zum sozialen Ausgleich und Frieden und damit zur Verlässlichkeit für wirtschaftliche Entscheidungen bei. Progressive Einkommensteuer und soziale Umverteilung sollen eine gesellschaftliche Spaltung verhindern.
- Prinzipien der Industriepolitik: *Industrielenkungs- und Industrieförderungspolitik* sollen die Wettbewerbsposition der heimischen Industrie sichern bzw. verbessern.

Freiheitliche Prinzipien der sozialen Marktwirtschaft im Grundgesetz

Art. 2 GG: Freie Entfaltung der Persönlichkeit
Art. 12 GG: Freie Berufswahl
Art. 14 GG: Sozialpflichtigkeit des Eigentums

Staatliche Regulierung

Regulierende Prinzipien versuchen, die vom Markt nicht gesicherten Bedingungen in den Griff zu bekommen. Sie zielen vor allem ab auf die *Eindämmung von Marktmacht*, welche dann schädlich sein kann, wenn sie zur Stagnation der Innovation führt, weil der Wettbewerb fehlt. Daher soll entstehende Marktmacht öffentlich gemacht und eventuell durch von der Tagespolitik unabhängigen Stellen (Kartellbehörde) bekämpft werden. Ein zweiter Aspekt ist die *Internalisierung externer Kosten*. Wirtschaftsteilnehmer, die für die Allgemeinheit Kosten verursachen, müssen diese tragen und können sie nicht auf andere abwälzen.

Karikatur: Reiner Schwalme / cartooncommerz

Soziale Marktwirtschaft in der Diskussion

In den Diskussionen über die soziale Marktwirtschaft, in denen die Frage eines ausreichend großen durch den Markt gesteuerten Einflusses immer wieder diskutiert wird, sind in der Geschichte verschiedene Varianten feststellbar:

- Die *wettbewerbsgesteuerte soziale Marktwirtschaft*: Diese Variante war vor allem die der Einführung der sozialen Marktwirtschaft. Die Wettbewerbsordnung wurde gegenüber der kriegswirtschaftlichen Planwirtschaft durchgesetzt und war ein großer Erfolg, weil sie zu Wohlstand führte.
- Die *global gesteuerte soziale Marktwirtschaft*: Ergänzend zur Steuerung durch den Wettbewerb sollte ab Mitte der 1960er-Jahre eine Globalsteuerung erfolgen, die im „Gesetz zur Förderung der Stabilität und des Wachstums der Wirtschaft" (Stabilitätsgesetz) ihren Ausdruck fand. Die Globalsteuerung fand nach wenigen Jahren ihr Ende.
- Die *verteilungsgesteuerte Marktwirtschaft*: Mit der zunehmenden Umsetzung des Sozialstaatsprinzips wandelte sich der Staat immer mehr in eine Maschinerie zur Umverteilung gesellschaftlichen Reichtums. Nicht nur die sozial Schwachen wurden durch verteilungspolitische Maßnahmen bedacht, sondern breite Gesellschaftsschichten nahmen am Umverteilungsprozess teil. Mehr und mehr Einkommen wurden teilweise Sozialeinkommen.
- Die *„Neue soziale Marktwirtschaft"*: Der sich auswachsende Sozialstaat kommt immer mehr in die Kritik, da er von vielen als ausufernd angesehen wird. In verschiedenen Initiativen wird dafür geworben, wieder größere Anteile der Wirtschaft dem Markt zu überlassen und nicht durch Umverteilungsinstrumente zu beeinflussen. *Wirtschaftliche Freiheit und Selbstverantwortung* sollen wieder gestärkt werden, der Sozialstaat zurückgefahren werden.

Stabilitätspolitik

Im weiteren Sinne wird mit Stabilitätspolitik eine Politik bezeichnet, die darauf ausgerichtet ist, langfristig gesicherte Rahmenbedingungen für die Wirtschaft zu schaffen. Im engeren Sinne bezeichnet der Begriff eine Politik, die auf eine Sicherung des Geldwertes abzielt.

Produzenten und Konsumenten, Produktion und Verbrauch

Karikatur: Burkhard Mohr

Produzentenseite

In der Marktwirtschaft sollen die Verbraucher durch ihre *Nachfrage* bestimmen, was und wie viel produziert wird. Die Produzenten finden nach dem Modell einen Markt vor, der ihnen einen Gewinn verspricht, wenn sie nachgefragte Produkte liefern. Ihre Bereitschaft, zu produzieren und dafür zu investieren, ist bestimmt durch:

- Gewinnerwartungen,
- Absatzerwartungen,
- Konkurrenzdruck,
- die Zinshöhe,
- Kosten und Steuern und
- psychologische Faktoren wie politisches Klima, pessimistische oder optimistische Stimmungen.

Zinssatz

Eine wichtige Rolle spielt dabei der Zinssatz. Da die meisten Unternehmen Investitionen finanzieren und dazu Kredite bei Banken aufnehmen müssen, ist der Zinssatz eine wichtige Bestimmungsgröße im Zusammenhang mit Renditeüberlegungen. *Rendite* nämlich errechnet sich aus den erwarteten Nettoerträgen pro Jahr, also nach Abzug der erwarteten Kosten von den Erlösen, im Verhältnis zum investierten Kapital. Sinkt die erwartete Rendite unter den erwarteten Zinssatz, so wird der Unternehmer besser sein Geld zur Bank bringen oder es in Wertpapieren anlegen statt zu investieren. Die Zinsen sind Teil der Kosten des Unternehmens.

Fixe und variable Kosten

Die Kosten setzen sich aus den *fixen Kosten*, also den Kosten, die sich in einem bestimmten Stückzahlintervall nicht ändern und damit fest sind, und den *variablen Kosten*, also den Kosten, die sich in Abhängigkeit von der hergestellten Menge ändern, zusammen. Stückkosten erhält man, indem man diese Kosten auf die jeweils produzierte Stückzahl verteilt.

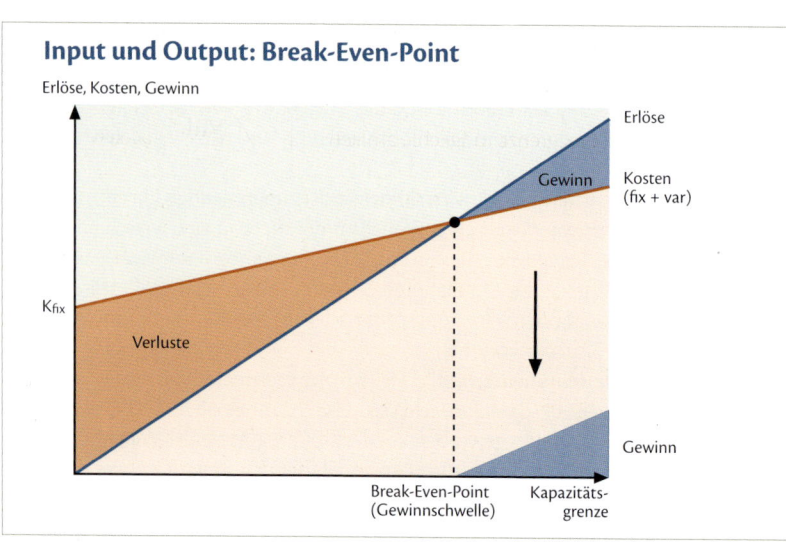

Input und Output: Break-Even-Point

Erlöse, Kosten, Gewinn

Erlöse

Kosten (fix + var)

Gewinn

K_{fix}

Verluste

Gewinn

Break-Even-Point (Gewinnschwelle)

Kapazitätsgrenze

Input und Output

Von einer bestimmten Menge an arbeitet das Unternehmen bei gegebenen Preisen und Kosten mit Gewinn. Diese Menge wird *Break-Even-Point* (BEP) bzw. *Gewinnschwelle* genannt.

Bei jeder weiteren produzierten und verkauften Einheit erzielt das Unternehmen Gewinn. Bei linearem Kostenverlauf ist der Gewinn an der Kapazitätsgrenze am größten. Das Gewinnmaximum ist dort erreicht.

Das *Gesetz vom abnehmenden Ertragszuwachs* besagt, dass mit jedem Input einer Einheit eines Produktionsfaktors der Ertrag zunächst stark ansteigt, dann geringer ansteigt und am Ende sogar fällt.

Konsumentenseite

Wie verhält sich auf der anderen Seite die Konsumentenschaft?

Ausgangspunkt der Nachfrage der Haushalte sind die Bedürfnisse der Menschen, denen man unterstellt, dass sie unendlich – d. h. unbegrenzt – sind. Welche Bedürfnisse aber zu realer Nachfrage führen, hängt hauptsächlich von zwei Faktoren ab:

- der *Präferenz der Haushalte* für ein bestimmtes Gut, d. h. die Bedeutung, die der Haushalt einem bestimmten Gut zumisst;
- dem *Einkommen*, welches dem Haushalt hierfür zur Verfügung steht.

Dabei kann auch auf das eigene Vermögen oder auf das Vermögen anderer durch einen Kredit zurückgegriffen werden.

Preisfindung

Aus Präferenzen und dem zur Verfügung stehenden Einkommen entsteht beim Nachfrager für jedes Gut eine bestimmte Preisvorstellung, die *Zahlungsbereitschaft*. Besteht keine Präferenz bzw. kann sich der Haushalt das Wirtschaftsgut nicht leisten, so ist die Zahlungsbereitschaft gleich null.

Der Verbraucher reagiert mit seiner Zahlungsbereitschaft auf die Preissituation, d. h., er passt sich mit seiner Mengennachfrage einem existierenden Marktpreis an. Er betreibt *Mengenanpassung*, d. h., er fragt eine geringere Menge des Gutes nach, wenn der Preis hoch ist und umgekehrt.

Elastische und unelastische Mengennachfrage

Allerdings gibt es auch untypisches Nachfrageverhalten, bei dem diese Preis-Mengen-Abhängigkeit nicht gilt. Bei notwendigen Gütern des täglichen Bedarfs nämlich ist z. B. ist eine Mengenanpassung für die Haushalte nur begrenzt möglich. Familien mit kleinen Kindern brauchen Milch oder Babynahrung und können die gekauften Mengen nur in Grenzen dem Preis anpassen. Die Nachfrage ist dann *unelastisch*.

Die Nachfrage ist *elastisch*, wenn der Haushalt in der Lage ist, auf eine Preiserhöhung mit einer stärkeren Mengenreduzierung zu reagieren und damit den Markt wiederum zu einem niedrigeren Preis zu veranlassen. Dies ist u. a. dann möglich, wenn der Haushalt auf andere Güter ausweichen kann, die die im Preis gestiegenen zumindest teilweise ersetzen, d. h. auf substitutive Güter ausweichen kann, z. B. Butter durch Margarine ersetzen.

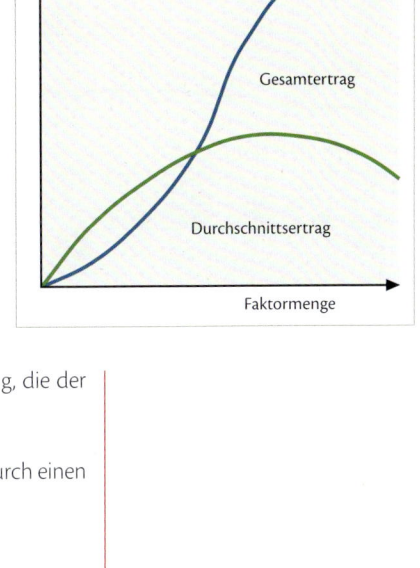

Abnehmender Ertragszuwachs

Ertrag

Gesamtertrag

Durchschnittsertrag

Faktormenge

Milch und Brot werden teurer!

Das ist nicht unser Bier, Sohn!

CHIPS

Karikatur: Burkhard Mohr

Erfassung und Berechnung der wirtschaftlichen Leistung

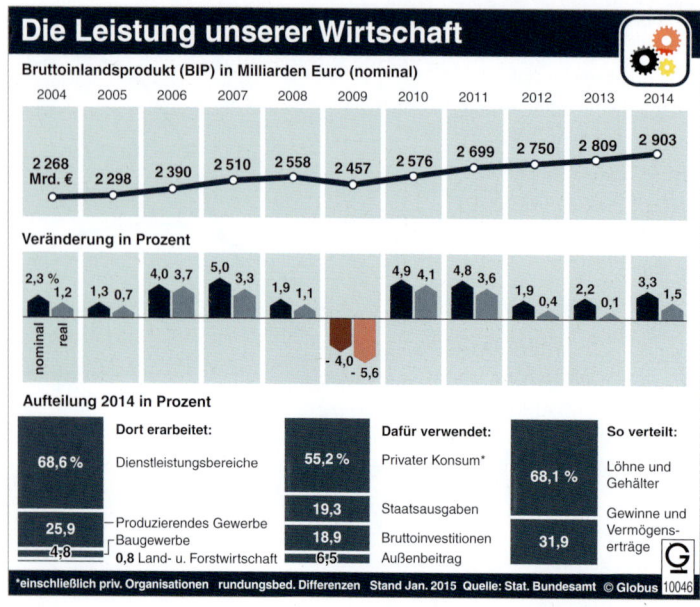

Die Leistung unserer Wirtschaft

Bruttoinlandsprodukt (BIP) in Milliarden Euro (nominal)

2004	2005	2006	2007	2008	2009	2010	2011	2012	2013	2014
2 268 Mrd. €	2 298	2 390	2 510	2 558	2 457	2 576	2 699	2 750	2 809	2 903

Veränderung in Prozent

nominal / real

2,3 % / 1,2 · 1,3 / 0,7 · 4,0 / 3,7 · 5,0 / 3,3 · 1,9 / 1,1 · – 4,0 / – 5,6 · 4,9 / 4,1 · 4,8 / 3,6 · 1,9 / 0,4 · 2,2 / 0,1 · 3,3 / 1,5

Aufteilung 2014 in Prozent

Dort erarbeitet:
- 68,6 % Dienstleistungsbereiche
- 25,9 Produzierendes Gewerbe
- 4,8 Baugewerbe
- 0,8 Land- u. Forstwirtschaft

Dafür verwendet:
- 55,2 % Privater Konsum*
- 19,3 Staatsausgaben
- 18,9 Bruttoinvestitionen
- 6,5 Außenbeitrag

So verteilt:
- 68,1 % Löhne und Gehälter
- 31,9 Gewinne und Vermögenserträge

*einschließlich priv. Organisationen rundungsbed. Differenzen Stand Jan. 2015 Quelle: Stat. Bundesamt © Globus 10046

Die Volkswirtschaftliche Gesamtrechnung

Die Entwicklung der Wirtschaft ist vielfältig und nur schwer überschaubar. Deshalb werden in den Industrieländern eigene Institutionen, wie z. B. statistische Ämter, damit betraut, den Wirtschaftsprozess zu beobachten und statistische Aussagen über den Gang der Wirtschaft für die Politik bereitzustellen. In Deutschland ist dazu das Instrument der *Volkswirtschaftlichen Gesamtrechnung* (VGR) entwickelt worden. Die Erhebungen werden in Deutschland durch das Statistische Bundesamt auf der Grundlage des verbindlichen *Europäischen Systems Volkswirtschaftlicher Gesamtrechnungen* (ESVG) durchgeführt. Die Grundlagen zur Berechnung der wirtschaftlichen Leistung setzen sich aus verschiedenen Größen zusammen.

Bruttoinlandsprodukt und Bruttonationaleinkommen

Beim *Bruttoinlandsprodukt (BIP)* misst man die Summe der Güter und Dienstleistungen, die in den Grenzen eines Landes (oder einer Verwaltungseinheit) in einem bestimmten Zeitraum, in der Regel in einem Jahr, hergestellt werden. Unter *Bruttonationaleinkommen (BNE)*, welches dem früheren *Bruttosozialprodukt (BSP)* entspricht, versteht man die Summe der Güter und Dienstleistungen, die von den ständigen Einwohnern einer Verwaltungseinheit in einem bestimmten Zeitraum, in der Regel in einem Jahr, hergestellt werden bzw. die Summe der daraus resultierenden Einkommen (einschließlich der Abschreibungen).

BIP und BNE unterscheiden sich durch den so genannten *Saldo der Primäreinkommen* aus der übrigen Welt, d. h., man addiert zum BIP die Primäreinkommen der Inländer im Ausland und subtrahiert die Einkommen der Ausländer im Inland und erhält das BNE. Während das BIP sich aufgrund seiner einfacheren Bezugsgrundlage als Größe der Wirtschaftsleistung durchgesetzt hat, bildet des BNE durch seine Bindung an die Inländer nach wie vor die Grundlage von Einkommensrechnungen und z. B. auch der Beitragsberechnungen für die Europäische Union.

Brutto- und Nettogrößen des BIP und BNE unterscheiden sich durch die Abschreibungen. Sie bilden keinen Teil der neuen Wertschöpfung, da sie bereits in Vorjahren als Investitionsgüter in die Preise der in der untersuchten Periode eingebracht wurden.

Berechnung der Wirtschaftsleistung

Entstehungsrechnung

BIP = BPW (Bruttoproduktionswert) – VL (Vorleistungen)

1. In der *Entstehungsrechnung* werden die Leistungen der Wirtschaftsbereiche zusammengefasst. Um Mehrfachzählungen zu vermeiden, die durch die Weiterverarbeitung von Gütern eines Unternehmens durch ein anderes entstehen würden, wird die Summe dieser Leistungen (Bruttoproduktionswert) zunächst um die wechselseitigen Vorleistungen (Eigenverbrauch einer Volkswirtschaft) vermindert, was zur *Bruttowertschöpfung* führt. Vermindert man diese um die ebenfalls als Vorleistung unterstellten sog. unentgeltlichen Bankdienstleistungen und addiert die Nettogütersteuern erhält man das BIP zu Marktpreisen (BIPMP).

2. Die *Verwendungsrechnung* gibt Aufschluss, welchem Zweck die als BIP hergestellten Güter und Leistungen zugeführt werden, ob sie konsumiert oder investiert werden. Hinzu kommen der *Staatsverbrauch* und der *Außenbeitrag* (Exporte minus Importe). Die Importe werden zwar verbraucht, nicht aber von der betrachteten Volkswirtschaft erzeugt und somit herausgerechnet.

3. Werden die Güter und Leistungen verkauft, entstehen Einkommen. Sie werden in Einkommen aus unselbstständiger Arbeit (Arbeitnehmerentgelte) und Einkommen aus Vermögen und Unternehmertätigkeit aufgeteilt. Es entsteht die *Verteilungsrechnung*.

Addiert man zum BIP den Saldo der Primäreinkommen, gelangt man zunächst zum BNE. Eine Verminderung um die Abschreibungen führt zum Nettonationaleinkommen (NNE).

Vermindert man das NNE noch um die Nettoproduktionsabgaben (minus Produktions- und Importabgaben, plus Subventionen), erhält man das *Volkseinkommen*, die Summe der Einkommen aus abhängiger Beschäftigung sowie der Gewinneinkommen. Umgekehrt könnte man anführen, dass sich die Güter nach ihren Aufwendungen für die Löhne und Gewinne (Volkseinkommen) um Abschreibungen und Produktionsabgaben verteuern, bevor sie zu Marktpreisen verkauft werden können. Subventionen hingegen vermindern die Preise.

Verwendungsrechnung

BIP = C (Konsumgüter) + I (Investitionsgüter) + öG (öffentliche Güter) + Ex (Exportgüter) – Im (Importgüter)

Verteilungsrechnung

BNE = L (Löhne) + G (Gewinne) + D (Abschreibungen)

Volkseinkommen

VE = L (Löhne) + G (Gewinne)

Nominale und reale Wirtschaftsleistung

Die Wirtschaftsleistung wird zunächst in den jeweiligen Preisen gemessen, d. h., die Entwicklung der Geldentwertung ist noch darin enthalten. Dies nennt man *nominal*. Wird die Preissteigerung berücksichtigt und herausgerechnet, spricht man von *realen* Größen.

Wachstumsrate

Die Wachstumsrate stellt die *prozentuale Veränderung* der untersuchten Größe zum Vorzeitraum (z. B. Vorjahr) dar. Betrachtet man die Veränderung des BSP bzw. des BIP über viele Jahre, kann man Aussagen über die Entwicklung des Wachstums einer Volkswirtschaft treffen.

Karikatur: Burkhard Mohr

Schattenwirtschaft

Nicht alle in der Wirtschaft erbrachten Leistungen werden auch gemessen. Vor allem die Leistungen in privaten Haushalten und in der Schattenwirtschaft gehen in die Berechnung nicht ein.

Unter Schattenwirtschaft versteht man alle wertschöpfenden Tätigkeiten, die nicht in die offizielle Wirtschaftsstatistik eingehen. Dazu zählen neben der Tätigkeit im Haushalt vor allem die *Schwarzarbeit* und die unbezahlte ehrenamtliche Tätigkeit sowie kriminelle Aktivitäten wie zum Beispiel der Drogenhandel oder Hehlerei. Das Ausmaß der Schattenwirtschaft kann, da diese Tätigkeiten entweder prinzipiell oder ganz bewusst kriminell an den Behörden vorbei ausgeübt werden, natürlich nur geschätzt werden.

Die Entwicklung des Sozialprodukts gibt außerdem keinen Aufschluss über die *Qualität der Wirtschaftsleistung*. Das Sozialprodukt steht deshalb als Indikator für den Wohlstand einer Gesellschaft in der Kritik. Alternativ werden soziale und ökologische Indikatoren hinzugezogen.

Wettbewerb

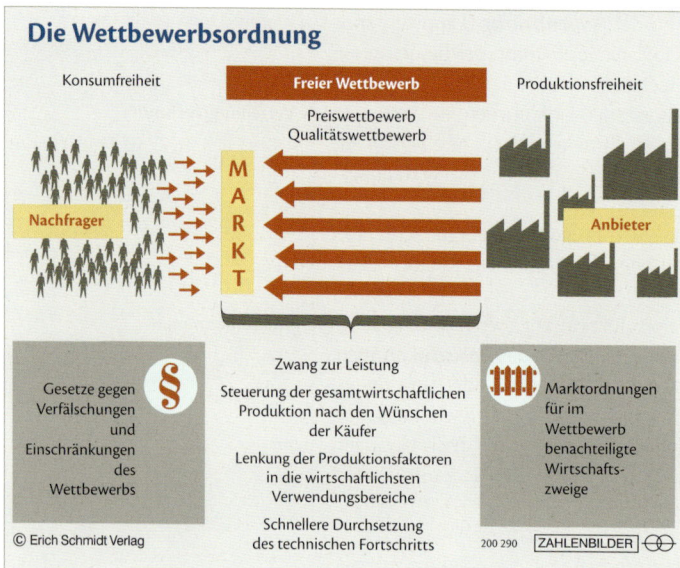

Die Wettbewerbsordnung

Konsumfreiheit | Freier Wettbewerb | Produktionsfreiheit

Preiswettbewerb
Qualitätswettbewerb

Nachfrager — M A R K T — Anbieter

Gesetze gegen Verfälschungen und Einschränkungen des Wettbewerbs

Zwang zur Leistung
Steuerung der gesamtwirtschaftlichen Produktion nach den Wünschen der Käufer
Lenkung der Produktionsfaktoren in die wirtschaftlichsten Verwendungsbereiche
Schnellere Durchsetzung des technischen Fortschritts

Marktordnungen für im Wettbewerb benachteiligte Wirtschaftszweige

© Erich Schmidt Verlag

200 290   ZAHLENBILDER

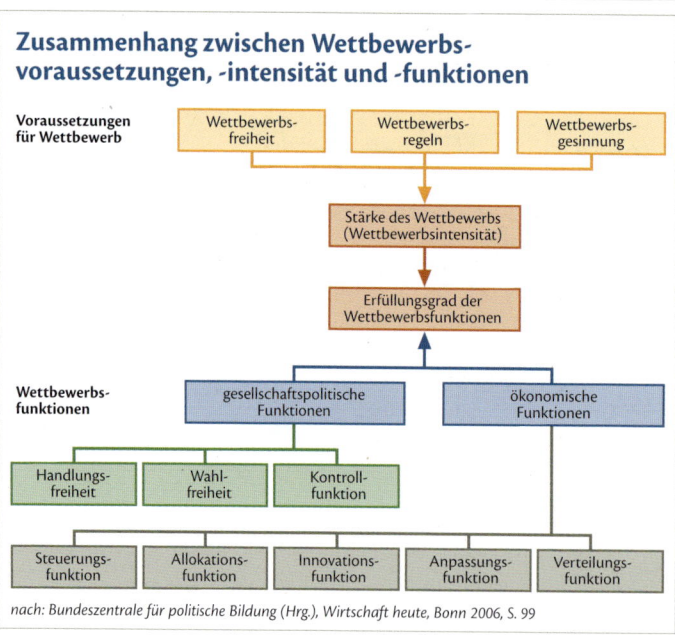

Zusammenhang zwischen Wettbewerbs-voraussetzungen, -intensität und -funktionen

Voraussetzungen für Wettbewerb: Wettbewerbsfreiheit | Wettbewerbsregeln | Wettbewerbsgesinnung

Stärke des Wettbewerbs (Wettbewerbsintensität)

Erfüllungsgrad der Wettbewerbsfunktionen

Wettbewerbsfunktionen: gesellschaftspolitische Funktionen | ökonomische Funktionen

Handlungsfreiheit | Wahlfreiheit | Kontrollfunktion

Steuerungsfunktion | Allokationsfunktion | Innovationsfunktion | Anpassungsfunktion | Verteilungsfunktion

nach: Bundeszentrale für politische Bildung (Hrsg.), Wirtschaft heute, Bonn 2006, S. 99

Funktionen von Wettbewerb

Unter Wettbewerb versteht man grundsätzlich die *marktbezogenen Rivalitätsbeziehungen* zwischen Marktteilnehmern. Der Wettbewerb hat in der Marktwirtschaft eine bedeutende Rolle. Seine Aufrechterhaltung ist die Voraussetzung für das Funktionieren des Marktes und damit der Wirtschaftsordnung insgesamt. Die Ordnung des Wettbewerbs zwischen den Marktteilnehmern bildet daher die zentrale Teilordnung der sozialen Marktwirtschaft. Er erfüllt in ihr ökonomische und gesellschaftspolitische Funktionen.

Ökonomische Funktionen

- Der Wettbewerb soll eine *optimale Marktversorgung* gewährleisten. Dies geschieht durch die Nachfrage der Konsumenten, der ein entsprechendes Angebot der Produzenten gegenübergestellt wird. Der Wettbewerb hat die *Steuerungsfunktion*.
- Die Produzenten sind genötigt, die bestmöglichen Produktionsverfahren zu nutzen und Kosten zu senken. Der Wettbewerb erfüllt die *Allokationsfunktion*.
- Um langfristig kostengünstig produzieren zu können, müssen die Produzenten ihre Produktionsverfahren verbessern. Der Wettbewerb hat eine *Innovationsfunktion*.
- Die Produzenten müssen ihre Produktion ständig den Gegebenheiten anpassen. Der Wettbewerb hat eine *Anpassungsfunktion*.
- Schließlich sorgt der Wettbewerb für eine *Verteilung der Einkommen*. Er hat eine *Verteilungsfunktion*.

Gesellschaftspolitische Funktionen

Diesen ökonomischen Funktionen des Wettbewerbs entsprechen zudem gesellschaftspolitische Funktionen:

- So gewährleistet der Wettbewerb *Handlungsfreiheit*.
- Die Konsumenten erhalten *Wahlfreiheit* und fördern so den Wettbewerb zwischen den Produzenten.
- Auch gesamtgesellschaftlich erfüllt der Wettbewerb eine *Kontrollfunktion*.

Wettbewerbskontrolle und -sicherung

Zur Sicherung des Wettbewerbs stehen in der sozialen Marktwirtschaft der Bundesrepublik mehrere Instrumente zur Verfügung: Das *Gesetz gegen unlauteren Wettbewerb (UWG)* soll ein geregeltes Miteinander im Geschäftsleben gewährleisten. Außerdem soll es den Verbraucher vor Täuschungen und anderen unseriösen Geschäftspraktiken schützen. Verstöße gegen die guten Sitten im Geschäftsleben sind u. a.:

- unwahre und irreführende Angaben über Waren oder Erzeugnisse,
- Lockvogelangebote,
- Täuschung von Kunden,
- Werbung nach Art eines Gewinnspiels, bei dem ein Gewinn vorgetäuscht wird,
- Anwendung von Zwang,
- falsche Angaben über Produkte,
- Verstöße gegen die Vorschriften des Ausverkaufs, Räumungsverkaufs etc.

Kartelle

Beschränkungen des Wettbewerbs ergeben sich aus dem Marktgeschehen selbst. Einem Unternehmen gelingt es z. B., große Marktanteile zu erobern und zu sichern. Ein anderes Unternehmen hat Vorteile im Wettbewerb, zum Beispiel Standortvorteile, und ist deshalb im Wettbewerb äußerst erfolgreich usw. Vorteilhaft kann es für Unternehmen auch sein, zusammenzuarbeiten und gemeinsam gegen Wettbewerber vorzugehen. Dies kann erfolgen durch vertragliche Vereinbarungen (*Kartelle*), durch formlose Absprachen (abgestimmte Verhaltensweisen oder Frühstückskartelle) oder durch stillschweigende Anpassung an den Marktführer. Das *Gesetz gegen Wettbewerbsbeschränkungen (GWB)* verbietet Kartelle generell, macht aber gelegentlich Ausnahmen. Generell gesetzlich verboten sind jedoch:

- *Preiskartelle* (gemeinsame Preisfestsetzung),
- *Quotenkartelle* (Aufteilung des Marktangebots unter die Kartellmitglieder),
- *Gebietskartelle* (Aufteilung des Absatzgebiets),
- *Submissionskartelle* (Abstimmung über das Unterlassen eines gegenseitigen Unterbietens bei öffentlichen Ausschreibungen und damit Aufteilung der Aufträge untereinander zu für die Kartellmitglieder günstigen Konditionen),
- *Rabattkartelle* (Regelung von Art und Höhe von Preisnachlässen),
- *Importkartelle* (Versperrung der Marktes für ausländische Konkurrenten durch gemeinsame Absprache),
- *Exportkartelle* (Vereinbarung gemeinsamer Strategien auf ausländischen Märkten).

Zulässige Kartelltypen

Normen- und Typenkartelle (Absprache über die Schaffung einheitlicher Normen)

Konditionenkartelle (Vereinbarungen über die einheitliche Anwendung von allgemeinen Geschäftsbedingungen, Liefer- oder Zahlungsbedingungen)

Strukturkrisenkartelle (Absprache über die gemeinsame Bewältigung krisenhafter Entwicklungen innerhalb der Branche)

Spezialisierungskartelle (Absprachen über das Vorantreiben des technischen Fortschritts durch Spezialisierung)

Rationalisierungskartelle (Absprachen über Rationalisierung)

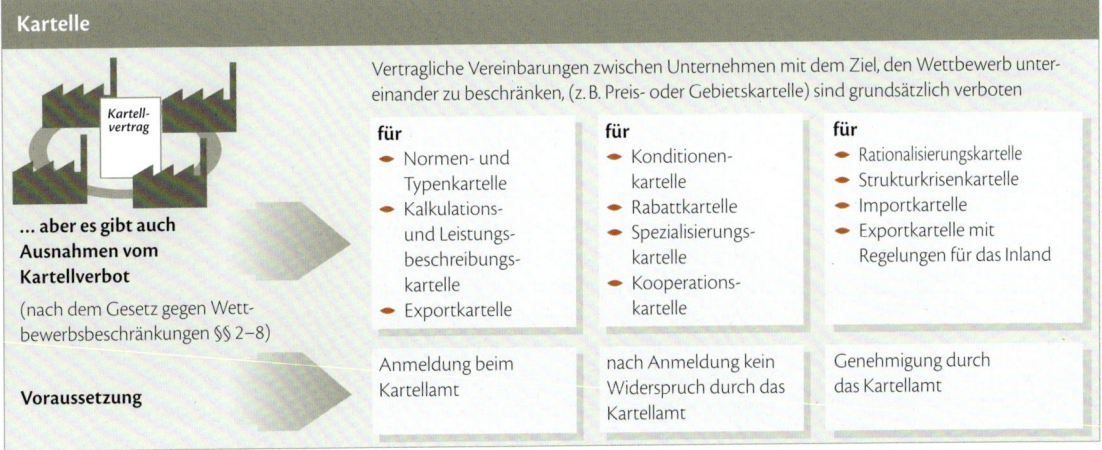

Kartelle

Vertragliche Vereinbarungen zwischen Unternehmen mit dem Ziel, den Wettbewerb untereinander zu beschränken, (z. B. Preis- oder Gebietskartelle) sind grundsätzlich verboten

Kartellvertrag

... aber es gibt auch **Ausnahmen vom Kartellverbot**

(nach dem Gesetz gegen Wettbewerbsbeschränkungen §§ 2–8)

Voraussetzung

für
- Normen- und Typenkartelle
- Kalkulations- und Leistungsbeschreibungskartelle
- Exportkartelle

Anmeldung beim Kartellamt

für
- Konditionenkartelle
- Rabattkartelle
- Spezialisierungskartelle
- Kooperationskartelle

nach Anmeldung kein Widerspruch durch das Kartellamt

für
- Rationalisierungskartelle
- Strukturkrisenkartelle
- Importkartelle
- Exportkartelle mit Regelungen für das Inland

Genehmigung durch das Kartellamt

Preisbildung

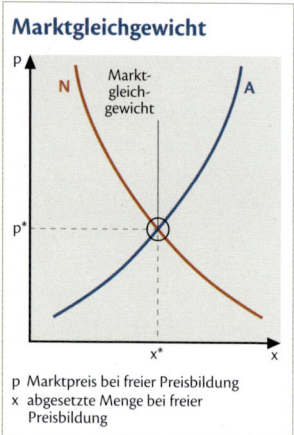

Marktgleichgewicht

p Marktpreis bei freier Preisbildung
x abgesetzte Menge bei freier
  Preisbildung

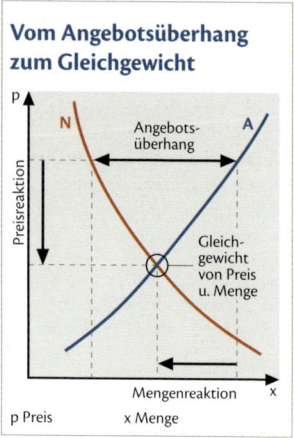

**Vom Angebotsüberhang
zum Gleichgewicht**

p Preis   x Menge

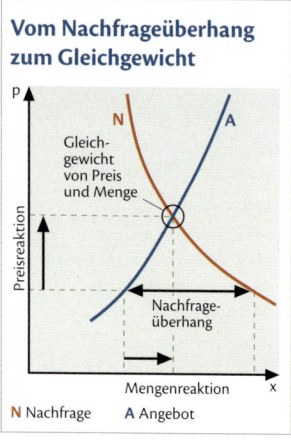

**Vom Nachfrageüberhang
zum Gleichgewicht**

N Nachfrage   A Angebot

alle Grafiken nach: Bundeszentrale für politische Bildung (Hrsg.), Wirtschaft heute, Bonn 2006, S. 91

Angebot und Nachfrage

Die Preisbildung vollzieht sich unter der Zusammenwirkung von Angebot und Nachfrage und ist abhängig von der Marktform. Die *freie Preisbildung* zeigt sich auf Märkten mit vollständiger Konkurrenz. Unter diesen idealen Bedingungen vollzieht sich die Preisbildung im Zusammentreffen von Angebot und Nachfrage als Herausbildung eines Gleichgewichtspreises bei gleichzeitiger Bildung einer Gleichgewichtsmenge.
Nur im Schnittpunkt von Angebots- und Nachfragekurve besteht das *Marktgleichgewicht*. Bei einem höheren Preis als dem Gleichgewichtspreis entsteht ein Angebotsüberhang und bei einem geringeren Preis ein Nachfrageüberhang. In beiden Fällen lenken die Überhänge den Preis in Richtung des Gleichgewichtspreises. Der Marktmechanismus wirkt.

Flexibilität der Nachfrage

Je nachdem, wie sich die Nachfrage verhält, spricht man von *elastischer* bzw. *unelastischer Nachfrage*. Auf dem Markt für lebensnotwendige Lebensmittel zum Beispiel lässt sich eine recht unelastische Nachfrage beobachten: Steigt der Preis, so wird kaum weniger Menge nachgefragt. Auf anderen Märkten dagegen reagiert die Nachfrage sehr empfindlich auf Preiserhöhungen und lässt deutlich nach. Man spricht dann von elastischer Nachfrage oder hoher *Preiselastizität*.

Preisentwicklung auf dem monopolistischen Markt

Unter den Bedingungen des monopolistischen Marktes bestimmt der Monopolist die Preise und wird danach trachten, einen möglichst hohen Gewinn zu erzielen. Wenn er seinen *Monopolpreis*, den er frei bestimmen kann, sehr hoch setzt, wird er weniger verkaufen. Er wird also seinen Preis so kalkulieren, dass eine Menge abgesetzt wird, die ihm den höchstmöglichen Gewinn bietet. In der Regel wird dieser Preis über dem Gleichgewichtspreis unter den Bedingungen der vollkommenen Konkurrenz liegen.
Neben dem Ziel der *Gewinnmaximierung* kann jedoch der Monopolist auch andere Zielsetzungen verfolgen, z. B.:

- Minimierung der Durchschnittskosten,
- Maximierung des Umsatzes,
- Vorhalten von Reservekapazitäten für den Fall eines Markteintritts eines Konkurrenten.

Der oligopolistische Markt

Im Falle eines oligopolistischen Marktes stehen wenigen großen Anbietern viele Nachfrager gegenüber. Auf oligopolistischen Märkten hat man eine weitgehende *Starrheit der Preise* festgestellt, d. h., die Oligopolisten erhöhen gemeinsam ihre Preise, z. B. durch Bildung eines Kartells, oder sie überlassen einem Marktführer die Preispolitik und ziehen gemeinsam nach. Dabei kann die Preisführerschaft abwechselnd von verschiedenen Oligopolisten übernommen werden. Geht man vom Modell des vollkommenen Angebotsmonopols aus, so ist das gemeinsame Gewinnmaximum erreicht, wenn die Oligopolisten insgesamt gemeinsam die entsprechende Menge zum Monopolpreis anbieten. Dies erfordert allerdings eine Absprache unter den Oligopolisten. Für den einzelnen Anbieter kann es aber z. B. bei Vorliegen einer günstigeren Kostenstruktur am besten sein, wenn er seinen Preis senkt und seinen Marktanteil auf Kosten der anderen erhöht. Er muss aber damit rechnen, dass die anderen Anbieter versuchen, ebenfalls kostengünstiger zu produzieren, und auch ihre Preise senken. Dies führt schließlich zu einem ruinösen Wettbewerb und dazu, dass der gemeinsame Gewinn aller reduziert wird. Es ist daher für den Oligopolisten von Vorteil, sich friedlich zu verhalten.

Preisbildung auf unvollkommenen Märkten

Unvollkommene Märkte sind Märkte, auf denen die Preisbildung wegen fehlender Voraussetzungen nicht modellhaft funktioniert. Auf ihnen kann ein Anbieter durch *Preisdifferenzierung* seinen Gewinn erhöhen. Er spaltet dazu den Gesamtmarkt auf und verkauft auf den Teilmärkten gleiche Güter zu unterschiedlichen Preisen. Eine Preisdifferenzierung kann von einem einzelnen Anbieter nur insoweit durchgeführt werden, als er in der Lage ist, seinen Preis selbst festzulegen. In der Regel kann dies nur der Monopolist. Sind die Märkte allerdings unvollkommen, so kommt es auch auf polypolistischen und oligopolistischen Märkten zu einem „*monopolistischen Preisspielraum*".

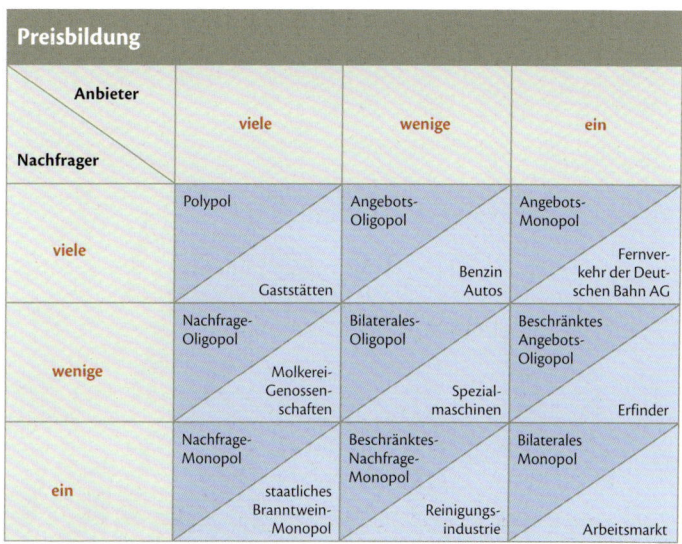

Preisbildung

Anbieter / Nachfrager	viele	wenige	ein
viele	Polypol _Gaststätten_	Angebots-Oligopol _Benzin Autos_	Angebots-Monopol _Fernverkehr der Deutschen Bahn AG_
wenige	Nachfrage-Oligopol _Molkerei-Genossenschaften_	Bilaterales-Oligopol _Spezialmaschinen_	Beschränktes Angebots-Oligopol _Erfinder_
ein	Nachfrage-Monopol _staatliches Branntwein-Monopol_	Beschränktes-Nachfrage-Monopol _Reinigungsindustrie_	Bilaterales Monopol _Arbeitsmarkt_

nach: G. Richter (Hrsg.), Ökologische und soziale Marktwirtschaft, Folienmappe, Wesseling 1996

Besonders in hochentwickelten Volkswirtschaften ist das *unvollkommene Oligopol* häufiger anzutreffen. Dabei handelt es sich um eine Marktform, bei der einige wenige Unternehmen zueinander in Konkurrenz treten. Oligopole bestehen z. B. in der Automobilindustrie oder im Schiffbau. Der Oligopolist kann versuchen, durch preispolitische Maßnahmen (z. B. Tiefpreise) das Marktgeschehen zu seinen Gunsten zu beeinflussen. Auf Märkten mit wenigen großen Anbietern zeigt sich meistens ein Gleichschritt bei Preisveränderungen, d. h., senkt oder erhöht ein Oligopolist seine Preise, so ziehen seine Konkurrenten meistens nach. Der *Preisspielraum* des Oligopolisten ist unter Umständen sehr klein, da der Markt aufgrund der geringen Teilnehmerzahl für die Nachfrager transparenter als der Polypolmarkt ist und der Oligopolist bei Preisänderungen mit entsprechenden Preisanpassungen seiner Konkurrenten rechnen muss. Als Beispiel kann hier das Verhalten der Mineralölwirtschaft dienen. Verändert eine Mineralölgesellschaft die Kraftstoffpreise, so ziehen meist die anderen Gesellschaften mit einer gewissen zeitlichen Verzögerung nach.

In einer Marktwirtschaft sollte der Staat sich möglichst wenig in den Preisbildungsprozess einschalten. Im System der sozialen Marktwirtschaft greift der Staat auf verschiedenen Teilmärkten in den Preismechanismus ein; dies geschieht meist aus sozial-, struktur- oder umweltpolitischen Erwägungen. Derartige Eingriffe sollten weitgehend indirekt, also marktkonform erfolgen; der freie Preismechanismus wird dabei nicht außer Kraft gesetzt. Beeinflusst der Staat direkt die Preise, liegt ein *marktkonträrer* bzw. *marktinkonformer Eingriff* vor.

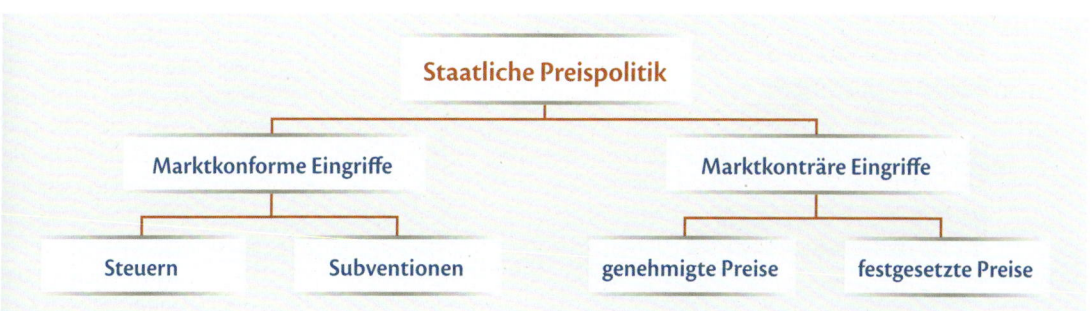

Staatliche Preispolitik
- **Marktkonforme Eingriffe**
  - Steuern
  - Subventionen
- **Marktkonträre Eingriffe**
  - genehmigte Preise
  - festgesetzte Preise

Instanzen der Wettbewerbsaufsicht

Gebäude des Bundeskartellamts

Die Bundeskartellbehörde

Wettbewerbspolitik soll die *Freiheit des Wettbewerbs* sichern und *Beschränkungen des Wettbewerbs verhindern*. Die Kontrolle und Aufsicht darüber liegt in Deutschland bei der Bundeskartellbehörde. Zu ihr gehören das Bundeswirtschaftsministerium, das Bundeskartellamt und die Landeskartellämter.

Das Bundeskartellamt

Das Bundeskartellamt als zentrale Instanz verfolgt folgende Aufgaben:

- Überwachung des grundsätzlichen *Kartellverbots,*
- Kontrolle von *Fusionen* bzw. Unternehmenszusammenschlüssen,
- *Missbrauchsaufsicht* über marktbeherrschende Stellungen von Unternehmen.
- Neben der Tätigkeit als Kartellbehörde und der *Kontrolle der Kartellierung* beobachtet die *Monopolkommission* als Teil des Kartellamts die Konzentration in der Wirtschaft, berichtet an die Bundesregierung und erstellt Gutachten. Die *Fusions- oder Zusammenschlusskontrolle* ist eine weitere Maßnahme zur Sicherung des Wettbewerbs. Unternehmenszusammenschlüsse, bei denen eine marktbeherrschende Stellung entstehen würde, sollen verhindert werden. Unternehmen müssen nach dem Kartellgesetz beabsichtigte Fusionen beim Bundeskartellamt anmelden, sobald eine bestimmte Größe, Beschäftigtenzahl bzw. ein bestimmter Marktanteil überschritten wäre. Der Zusammenschluss kann verboten werden, wenn eine marktbeherrschende Stellung entstünde.

Der Bundeswirtschaftsminister kann jedoch Fusionen trotzdem genehmigen, wenn Beschränkungen des Wettbewerbs im Interesse der Gesamtwirtschaft und des Gemeinwohls nötig sind. Bei dieser so genannten „*Ministererlaubnis*" stimmt der Wirtschaftsminister also einer Fusion zu, obwohl das Kartellamt den Zusammenschluss bereits abgelehnt hat.

Monopolkommission

Unabhängiges Beratungsgremium für die Regierung auf den Gebieten Wettbewerbspolitik und Regulierung. Sie erarbeitet alle zwei Jahre ein Hauptgutachten, in dem sie zu aktuellen wettbewerbspolitischen Fragen Stellung nimmt und den Stand der Unternehmenskonzentration in der BRD beurteilt.

www.monopolkommission.de

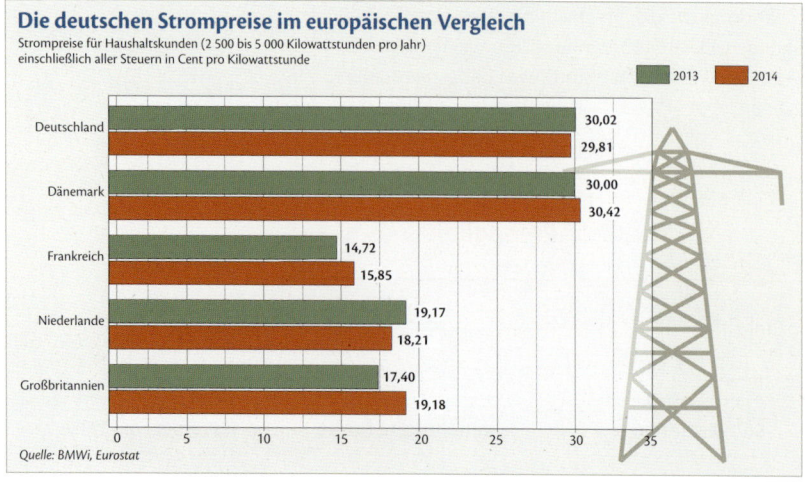

Die deutschen Strompreise im europäischen Vergleich

Strompreise für Haushaltskunden (2 500 bis 5 000 Kilowattstunden pro Jahr) einschließlich aller Steuern in Cent pro Kilowattstunde

	2013	2014
Deutschland	30,02	29,81
Dänemark	30,00	30,42
Frankreich	14,72	15,85
Niederlande	19,17	18,21
Großbritannien	17,40	19,18

Quelle: BMWi, Eurostat

Europäisches Wettbewerbsrecht und Binnenmarkt

Nationales und europäisches Kartellrecht können auch zu unterschiedlichen Ergebnissen gelangen. Denn der Binnenmarkt und die Marktwirtschaft der EU sind eng miteinander verzahnt, und eine marktbeherrschende Stellung in Deutschland kann z. B. durchaus förderlich für den europäischen Wettbewerb sein. Derartige Fälle mit Bedeutung für den Gemeinsamen Markt werden von der *Europäischen Kommission* in Brüssel nach den Regeln des europäischen Wettbewerbsrechts begutachtet und auch entschieden. Kooperationsvereinbarungen zwischen Unternehmen in den verschiedensten Bereichen – sei es z. B. über die gemeinsame Entwicklung oder den Vertrieb von Produkten, über gemeinsame Forschung oder über bestimmte Vertriebswege – können Wettbewerbsbeschränkungen im Sinne des Art. 81 Abs. 1 EG-Vertrag darstellen und damit verboten und nichtig sein (*Kartellverbot des EG-Vertrages*). Eine Freistellung vom Kartellverbot kann auf EU-Ebene jedoch dann erfolgen, wenn

Karikatur: Gerhard Mester

- die Verbraucher an dem entstehenden Gewinn angemessen beteiligt werden,
- die Warenerzeugung oder -verteilung verbessert wird oder
- der technische oder wirtschaftliche Fortschritt gefördert wird und
- keine marktbeherrschende Stellung im EU-Raum entsteht.

Das Gemeinschaftsrecht im Bereich der Wettbewerbspolitik greift aber erst dann, wenn wettbewerbswidrige Praktiken den Handel zwischen den Mitgliedstaaten beeinträchtigen. So hat etwa die Vereinbarung zwischen Bäckereien über die Festsetzung des Brotpreises in einer Stadt keine Relevanz für den europäischen Binnenmarkt. In diesem Fall würde daher nationales und nicht europäisches Wettbewerbsrecht angewendet.

Bereiche europäischer Wettbewerbspolitik

Die europäischen Verträge errichten den Wirtschaftsraum der EU als offene Marktwirtschaft, in der freier Wettbewerb herrscht. Die europäische Wettbewerbspolitik zielt darauf ab, unverfälschten Wettbewerb herzustellen, aufrechtzuerhalten und dies auch zu garantieren. Die vier Grundfreiheiten (*Waren-, Kapital-, Dienstleistungs- und Personenverkehr*) sind neben dem Prinzip der *Nichtdiskriminierung* und dem *EG-Wettbewerbsrecht* dabei wesentliche Bestandteile der europäischen Wirtschaftsordnung. In den folgenden vier großen Bereichen ist die europäische Wettbewerbspolitik tätig:

1. *Verbot wettbewerbsbeschränkender Absprachen* und der missbräuchlichen Ausnutzung einer marktbeherrschenden Stellung (Vereinbarungen über die Festsetzung von Preisen zwischen Wettbewerbern),
2. *Kontrolle der Unternehmenszusammenschlüsse* (Fusion zwischen zwei großen Unternehmensgruppen, die zur Marktbeherrschung führt),
3. *Liberalisierung der durch Monopole geprägten Wirtschaftszweige* (z. B. Öffnung des Telekommunikationssektors für den Wettbewerb),
4. *Kontrolle der staatlichen Beihilfen* (Untersagung einer Beihilfe für die Aufrechterhaltung eines Unternehmens in Schwierigkeiten, das keinerlei Aussicht auf Gesundung hat).

Karikatur: Walter Hanel

Einkommensverteilung

Ermittlung der Einkommensverteilung

Die Einkommensverteilung in einer Gesellschaft ist wirtschaftlich ein wichtiger Faktor. Eine deutliche Ungleichverteilung des Reichtums wird ebenso zu einem Motivationsmangel für die Wirtschaftsteilnehmer führen wie eine hohe Gleichverteilung.

Die *funktionale Einkommensverteilung* misst das Verhältnis zwischen dem Einkommen aus unselbstständiger Beschäftigung und dem Volkseinkommen, das sich aus den Einkommen aus unselbstständiger Beschäftigung (einschließlich der Steuern, Sozialabgaben und der Arbeitgeberbeiträge zur Sozialversicherung) und aus dem Einkommen aus Unternehmertätigkeit und Vermögen zusammensetzt. Dieses Verhältnis wird auch die *Lohnquote* genannt. Da die Anzahl der Unselbstständigen relativ im Laufe der Jahre gestiegen ist, muss eine Bereinigung vorgenommen werden, die rechnerisch die Lohnquote unter Berücksichtigung der Veränderungen in der Anzahl der Selbstständigen und Unselbstständigen ermittelt.

Die Errechnung der Einkommensverteilung lässt sich anhand der *Lorenz-Kurve* darstellen. Das Ausmaß der Gleichverteilung wird mit dem so genannten „*Gini-Index*" ausgedrückt. Dieser gibt den Grad an, zu dem die Verteilung des Einkommens zwischen Individuen oder Haushalten in einer Gesellschaft von einer perfekten Gleichverteilung abweicht.

Der *Gini-Index* (auch: Gini-Koeffizient) ist eine Maßzahl, die angibt, wie gleichmäßig bzw. gerecht Einkommen innerhalb einer Volkswirtschaft verteilt sind. Er nimmt Werte zwischen 0 und 1 (0 = 0 % und 1 = 100 %) an. Bei einem Wert von 0 kann von einer perfekten gleichmäßigen und gerechten Verteilung gesprochen werden. Erreicht er dagegen 1, ist die Verteilung perfekt ungleich. In Deutschland liegt der Gini-Index bei etwa 0,3. Bei den Entwicklungsländern weist er höhere Schwankungen auf (Werte zwischen 0,25 und 0,71).

Die Armutsdebatte in der Bundesrepublik

Die Ungleichverteilung der Einkommen in Deutschland hat laut 3. Armutsbericht des Bundesministeriums für Arbeit und Soziales zugenommen. Demzufolge ist die Schere des Verteilungsungleichgewichts weiter aufgegangen, d. h., während der Anteil der höheren Einkommen wuchs, sanken die Anteile der niedrigen Einkommensgruppen.

Die Entwicklung der *wachsenden Unleichverteilung der Erwerbseinkommen* ist Gegenstand der öffentlichen Diskussion in Deutschland. Unter dem Schlagwort „*Neue Armut*" wird eine Verbesserung der Primärverteilung gefordert (etwa durch Sozialreformen). Menschen befinden sich dann in Armut, wenn sie mit ihrem Einkommen nicht das Existenzminimum abdecken können. Als arm gelten in Deutschland offiziell diejenigen Haushalte, die weniger als 60 % des gewichteten mittleren Einkommens zur Verfügung haben. Im Mittelpunkt der Armutsdebatte in Deutschland stehen vier zentrale Schlagworte: Arbeitslosigkeit, Kinderarmut, Armut im Alter, Niedrigeinkommen.

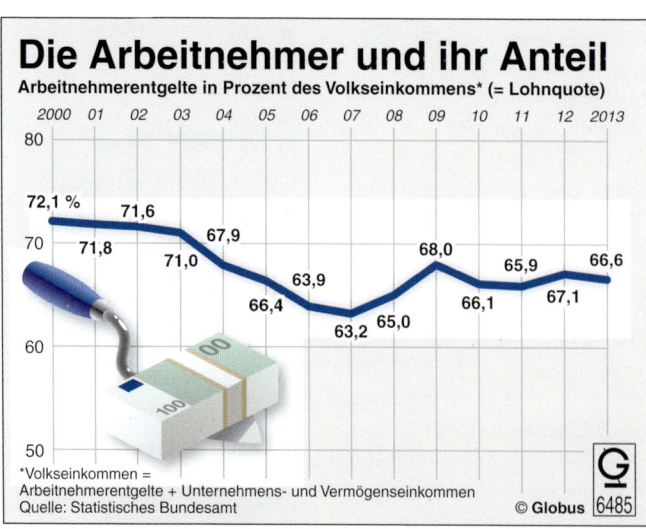

Die Arbeitnehmer und ihr Anteil

Arbeitnehmerentgelte in Prozent des Volkseinkommens* (= Lohnquote)

2000 01 02 03 04 05 06 07 08 09 10 11 12 2013

72,1 % — 71,6 — 67,9 — 63,9 — 68,0 — 65,9 — 66,6
71,8 — 71,0 — 66,4 — 63,2 — 65,0 — 66,1 — 67,1

*Volkseinkommen =
Arbeitnehmerentgelte + Unternehmens- und Vermögenseinkommen
Quelle: Statistisches Bundesamt

© Globus 6485

Thema Einkommensverteilung

M1 Nachholbedarf in Sachen soziale Gerechtigkeit

Im Vergleich mit 31 OECD-Staaten liegt Deutschland mit Platz 15 lediglich im Mittelfeld. Das zeigt eine aktuelle Studie der Bertelsmann Stiftung. Unter die Lupe genommen wurden die Politikfelder Armutsvermeidung, Bildungszugang, Arbeitsmarkt, sozialer Zusammenhalt und Gleichheit sowie Generationengerechtigkeit. (…)

Defizite für Deutschland sieht die Bertelsmann Stiftung insbesondere in den Feldern Armutsvermeidung, Bildung und Arbeitsmarkt. „In einer zukunftsfähigen Sozialen Marktwirtschaft dürfen wir uns nicht damit zufrieden geben, dass rund jedes neunte Kind in armen Verhältnissen aufwächst, Bildungschancen stark von sozialer Herkunft abhängen und vergleichsweise viele Menschen dauerhaft vom Arbeits-

markt ausgeschlossen bleiben", sagte Gunter Thielen, Vorstandsvorsitzender der Bertelsmann Stiftung, bei der Vorstellung der Studie. Der internationale Vergleich zeige eindeutig: Soziale Gerechtigkeit und marktwirtschaftliche Leistungsfähigkeit müssten sich keineswegs gegenseitig ausschließen. Dies belegten insbesondere die nordeuropäischen Länder. Einkommensarmut hat in Deutschland in den vergangenen zwei Jahrzehnten zugenommen. Besorgniserregend ist dabei das Phänomen der Kin-

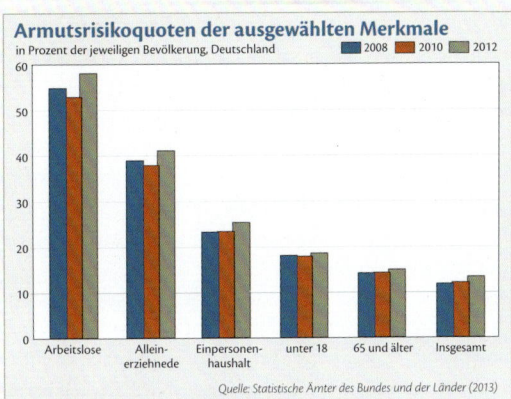

Armutsrisikoquoten der ausgewählten Merkmale
in Prozent der jeweiligen Bevölkerung, Deutschland

Legende: 2008 / 2010 / 2012

Kategorien: Arbeitslose / Alleinerziehnede / Einpersonenhaushalt / unter 18 / 65 und älter / Insgesamt

Quelle: Statistische Ämter des Bundes und der Länder (2013)

derarmut. Rund jedes neunte Kind lebt unterhalb der Armutsgrenze. (…) Unter den Bedingungen von Armut sind soziale Teilhabe und ein selbstbestimmtes Leben kaum möglich.

Bertelsmann-Stiftung, Pressemitteilung vom 3.1.2011

M2 „Gleichheit ist nicht gerecht"

ZEIT online: Herr Schroeder, ein Wirtschaftsmagazin bezeichnete Sie einmal als „Kämpfer für die produktive soziale Ungleichheit". Was ist damit gemeint?

Klaus Schroeder: Ich trete für eine gewisse Ungleichheit der Gesellschaft ein. Durch sie entsteht Dynamik. Zu starke Gleichheit wiederum zerstört die Leistungsbereitschaft. (…) In der gegenwärtigen Debatte hat man den Eindruck, dass Gleichheit stets mit Gerechtigkeit verwechselt wird. Gleichheit ist aber nicht gerecht. Warum ist nicht Ungleichheit ebenso ein Wert wie Gleichheit? Das verstehe ich nicht.

ZEIT online: Entgegen vieler ihrer Kollegen sagen Sie sogar, dass es keine wachsende Ungleichheit in der deutschen Gesellschaft gibt.

Schroeder: Ja, wenn wir das langfristig betrachten. Die Daten zu den durch-

schnittlichen Monatseinkommen geben das einfach nicht her. (…)

ZEIT online: In den vergangenen sechs Jahren beobachten Ökonomen jedoch, dass sich die Einkommen auseinanderbewegen.

Schroeder: Das ist kurzfristig gedacht. Die Daten variieren, andere Statistiken lassen auf eine weniger drastische Entwicklung schließen. (…)

ZEIT online: Also gibt es fast keine Armut in Deutschland?

Schroeder: Natürlich gibt es die. Aber erstens ist sie geringer als immer behauptet wird. Zudem ist sie regional sehr unterschiedlich. Und zweitens ist nicht die Armut das größte Problem, sondern die anhaltende Abkopplung weiter Teile unserer Gesellschaft. (…) Statt die Armut zu beklagen, sollte man die soziale Mobilität erhöhen

und Reglementierungen über Bord werfen, die jungen Menschen den Aufstieg erschweren (…). Außerdem sollte man eine gewisse Ungleichheit akzeptieren, damit wieder Anreize für die Menschen entstehen, aufzusteigen.

ZEIT online: Die „produktive soziale Ungleichheit".

Schroeder: Ja. Das ist zugegeben ein schmaler Grat. Wir müssen die Ungleichheit zu einem gewissen Grad begrenzen, damit die Gesellschaft nicht auseinanderbricht. Wir brauchen aber auch Ungleichheit, damit sich Aufstieg lohnt. Die derzeitige Umverteilungspolitik führt dazu, dass das Streben nach Erfolg und Aufstieg in den unteren Etagen der Gesellschaft gebremst wird. (…)

(http://www.zeit.de/online/2008/05/interview-schroeder, Abruf vom 23.7.2008)

---

1 *Geben Sie die zentralen Aussagen der Autoren zur Frage der Einkommensverteilung in Deutschland wieder.*

2 *Bewerten Sie die Aussage „Gleichheit ist nicht gerecht" vor dem Hintergrund der realen Einkommensentwicklung und -verteilung in Deutschland.*

Schwerpunkt: Verbindung von Text und Darstellungsaufgabe

Text 1 „Im Radio steht die Konzentration noch bevor"

Netzeitung: Die Regelungen zur Medienkonzentration sind in den USA weitaus schärfer als hier zu Lande. Sehen Sie Nachholbedarf in Deutschland?

Hege: Die deutschen Regeln sind in der Tat relativ großzügig. Das war nicht immer so. Ich erinnere nur an die Auseinandersetzung mit Kirch: Er hielt 40 Prozent am Springer-Verlag, stritt aber dafür, dass seine Beteiligung an ProSieben offiziell nicht seinem Konzern zugerechnet wurde, damit es keine Probleme mit der Medienaufsicht gibt.

In der Folge hat die Politik die großzügige Konzentrationsgrenze von 30 Prozent Zuschaueranteil eingeführt. Das war eine bewusste politische Entscheidung, die in einer Großen Koalition von Stoiber bis Clement gefallen ist. Die Landesmedienanstalten hatten einen Wert von 25 Prozent vorgeschlagen, konnten sich aber gegen die Interessen der Länder Bayern und Nordrhein-Westfalen nicht durchsetzen.

Netzeitung: Ist die Medienkontrolle nicht ein zahnloser Tiger? Bislang hat sie die Bildung größerer Machtblöcke jedenfalls nicht verhindern können.

Hege: Die Regelungen zur Medienkonzentration sind nicht einfach zu handhaben, zumal sie mit ziemlich unbestimmten Begriffen operieren. Im Vergleich zu den USA, aber auch zu Großbritannien könnte das Instrumentarium sicherlich geschärft werden. Dort werden nämlich die Zeitungsmärkte bei der Prüfung elektronischer Medien weitaus stärker einbezogen. Wir haben bislang nur den sehr vagen Begriff der ‚medienrelevanten Märkte' und zugleich einen sehr hohen TV-Marktanteil von zwei Sendergruppen.

Das war aber der bewusste Wille der Länder, der sich letztlich in dem Kompromisswert von 30 Prozent Zuschaueranteil niedergeschlagen hat. Ziel war, sowohl Bertelsmann wie der damaligen Kirch-Gruppe gewisse Entwicklungsmöglichkeiten einzuräumen. Daher hat die Politik den hohen Grenzwert gesetzt – obwohl schon damals klar war, dass er de facto nur dann überschritten werden kann, wenn die eine TV-Gruppe die andere übernimmt. Glücklicherweise gibt es aber noch die EU-Kommission. Sie hat die angestrebte Zusammenarbeit der beiden beim digitalen Fernsehen untersagt.

Wenn Sie die rein medienrechtlichen Aspekte betrachten, bekommt Springer jetzt nicht viel mehr Einfluss, als Kirch früher hatte – er hatte sogar noch den Bezahlsender Premiere dazu. Und Kirch hatte mit seiner Beteiligung nicht wenig Einfluss im Hause Springer.

Insofern ist das Thema nicht neu, sondern nur durch die Übernahme der ProSieben-Gruppe wieder in das Licht der Öffentlichkeit gerückt. Die großzügigen Grenzen, auf die sich Springer jetzt genau so berufen kann wie früher Kirch und Bertelsmann, waren politisch gewollt. (…)

Netzeitung: Sie rechnen mit einer verstärkten Konzentration auch auf dem Radiomarkt. Wäre es nicht sinnvoll für die Politik, bereits im Vorfeld klare Regeln festzulegen, damit es nicht wie bei Springer/ProSieben erst dann aufgeregte öffentliche Debatten gibt, wenn die Verträge schon unterzeichnet sind und sich die Gesetzeslage als ziemlich unklar herausgestellt hat – und letztlich zwei große Gruppen auch den Radiomarkt unter sich aufteilen?

Hege: Dazu müsste man die Radiolandschaft erst einmal überregional betrachten. Das fehlt bislang gänzlich. Hier muss viel mehr Transparenz darüber hergestellt werden, wer überhaupt an welchem Radiosender beteiligt ist. Das würde auch ermöglichen, dass klare Verhältnisse entstehen. Andererseits wird man wirtschaftliche Trends nicht einfach per Gesetz aufhalten können. Die Konzentration auf dem TV-Markt hat es schließlich völlig unabhängig vom aktuellen Fall Springer gegeben.

Unter dem Gesichtspunkt der Vielfalt ist das natürlich negativ zu werten. Denken Sie nur an den Nachrichtensender n-tv, der seine Eigenständigkeit inzwischen komplett eingebüßt hat. Es sind nur noch wenige Unternehmen da, auch wenn einige nicht aus Deutschland stammen – wie Viacom, die Muttergesellschaft von MTV und inzwischen auch Viva. Unter anderem Synergien bei der Vermarktung führen auch beim Radio tendenziell zu größeren Senderfamilien.

Extrem wichtig ist deshalb, den Marktzutritt für Neueinsteiger offenzuhalten. Denn neue Ideen kommen häufig von den kleinen Sendern – die später möglicherweise Mitglied einer größeren Familie werden, so wie es n-tv passiert ist. Der Markt darf niemals so abgeschottet werden, dass es zu einem lähmenden Duopol von zwei großen Konzernen kommt.

(Netzeitung, 13.9.2005)

Erläuterungen: *Hans Hege:* ist Direktor der Medienanstalt Berlin-Brandenburg; *Kirch:* gemeint ist Leo Kirch, ehemaliger Besitzer eines Medienkonzerns, zu dem SAT.1 und viele andere Radio- und Fernsehsender gehörten; *Springer:* nach seinem verstorbenen Begründer benannter Zeitungs- und Medienkonzern.

Aufgaben

1 *Analysieren Sie den Text im Hinblick auf die Aussagen zum Wettbewerb in der Radiobranche.*
2 *Erläutern Sie die Auswirkungen, die ein Duopol auf dem Radiomarkt haben könnte.*
3 *Nehmen Sie Stellung zu den möglichen Auswirkungen eines Duopols auf dem Radiomarkt.*

Hinweise

Die Besitzverhältnisse im Rundfunkbereich unterliegen einem starken Wechsel, wie zuletzt am Zusammenbruch des Medienimperiums von Leo Kirch drastisch deutlich wurde. Die Analyse des Textes sollte besonders die Darstellung Heges von dem reduzierten Wettbewerb beim Radio beleuchten. Wettbewerb wird auch in diesem Bereich offensichtlich für richtig gehalten, wobei die Wettbewerbsaufsicht von den Landesmedienanstalten geleistet wird. Interviewer wie Interviewter gehen dabei davon aus, dass die Wettbewerbsaufsicht in Deutschland relativ schwach geregelt ist. Eine Zusammenarbeit zweier großer Konzerne im Medienbereich wie die zwischen Kirch und Springer wird von der EU-Kommission gestoppt, obwohl sie von deutschen Behören toleriert werden muss.

Die in Aufgabe 3 angeregte Stellungnahme kann bei den Erfahrungen mit dem Rundfunksystem ansetzen. Dabei wird sich anbieten, auf die Programmvielfalt als direkte Auswirkung einer funktionierenden oder nicht funktionierenden Konkurrenz in diesem Bereich einzugehen.

Eine Aufgabe wie die 2. zu dieser Klausur bedingt zweierlei:

- Einerseits wird erwartet, dass die Marktformenlehre als Hintergrund dargestellt wird. Auch über einen eventuell bereits erkannten oligopolistischen Markt hinaus müssen die Möglichkeiten der Strukturierung von Märkten vorgestellt werden, d. h. monopolistischer, oligopolistischer und atomistischer Markt, jeweils von der Angebots- wie von der Nachfrageseite.

- Andererseits ist der Markt, der hier behandelt wird, ein besonderer: In Deutschland existiert im Rundfunk- und Fernsehbereich das duale System, d. h., neben Privatsendern gibt es öffentlich-rechtliche Sender wie WDR, NDR, BR, MDR usw. Durch die Existenz der öffentlich-rechtlichen Sender, die ja – obwohl in der Gunst der jungen Zuschauer und Zuhörerinnen eher zurückstehend – keine geringen Zuschaueranteile haben, kann von einem atomistischen Markt ohnehin in diesem Bereich keine Rede sein. Einer starken Konzentration im privaten Bereich steht also eine nicht aufzulösende Konkurrenz im öffentlich-rechtlichen Bereich immer gegenüber. Auf einen solchen Markt sind die Gesetze des oligopolistischen Marktes anwendbar. Zu einem Verdrängungswettbewerb kann es allerdings nur eingeschränkt kommen, da die öffentlich-rechtlichen Sender ja eine Bestandsgarantie haben. Eine Zusammenarbeit ist ebenfalls schwer denkbar, da die beiden Teile des dualen Rundfunksystems unterschiedlich strukturiert sind. Neben der Darstellung der Marktformen muss also die Einordnung der spezifischen Verhältnisse auf dem Rundfunkmarkt eine wichtige Rolle spielen, auch um den Text in dieser Hinsicht zu erläutern, in dem Hans Hege ja auf die Gefahr eines Duopols zu sprechen kommt.

Eine besondere Schwierigkeit besteht hier vielleicht darin, das Mediensystem in ungewohnter Weise unter wirtschaftlichem Aspekt zu betrachten. Derartige Transfers aber können mit zunehmender Erfahrung in der Qualifikationsphase erwartet werden.

Zum Weiterarbeiten

Aufgaben zu den verschiedenen Anforderungsbereichen

Anforderungsbereich I

- Stellen Sie das Modell des Homo oeconomicus vor.
- Stellen Sie die grundsätzlichen Möglichkeiten einer Wirtschaftsordnung dar.
- Erläutern Sie die Grundgedanken des wirtschaftlichen Liberalismus.
- Skizzieren Sie die Entwicklung des wirtschaftlichen Liberalismus.
- Stellen Sie die Bedeutung des Wettbewerbs für die Marktwirtschaft dar.
- Umreißen Sie die Rolle des Marktes in der Marktwirtschaft.
- Erläutern Sie die Funktionen des Wettbewerbs in der Marktwirtschaft.
- Stellen Sie das bundesdeutsche Kartellrecht im Umriss dar.
- Erläutern Sie die Grundsätze der sozialen Marktwirtschaft.
- Stellen Sie das europäische Wettbewerbsrecht zusammenfassend dar.
- Erläutern Sie Möglichkeiten, die Einkommens- bzw. Vermögensverteilung zu messen.

Anforderungsbereich II

- Stellen Sie die Preisbildung im monopolistischen und im oligopolistischen Markt dar und erläutern Sie, inwiefern sie für den Verbraucher nachteilig sein kann.
- Zeigen Sie, inwiefern die Vorstellung des Homo oeconomicus die wirtschaftlichen Realitäten nur modellhaft beschreibt.
- Zeigen Sie, inwiefern die reale Marktsituation von der Modellvorstellung einer Marktwirtschaft differieren kann.
- Zeigen Sie, inwiefern unvollkommene Märkte zulasten des Verbrauchers gehen können.
- Erläutern Sie, inwiefern es zwischen bundesdeutschem und europäischem Wettbewerbsrecht zu Widersprüchen kommen kann.
- Zeigen Sie, warum die soziale Marktwirtschaft heute infrage gestellt wird.
- Zeigen Sie, inwiefern eine unangemessene Einkommensverteilung für die Wirtschaft schädlich sein kann.

Anforderungsbereich III

- Beurteilen Sie die Möglichkeit der Einführung eines flächendeckenden Mindestlohns.
- Beurteilen Sie die Auswirkungen einer sinkenden Lohnquote.

Links zu den Themen der Wirtschaft

www.mikrooekonomie.de	Seite zur Mikroökonomie, auf der Einzelheiten zum Wettbewerb und zur Marktwirtschaft abgehandelt werden
www.bmwi.de	Seite des Bundesministeriums für Wirtschaft und Technologie
www.bundeskartellamt.de	Seite des Bundeskartellamts
www.destatis.de	Statistisches Bundesamt
www.insm.de	Seite der Initiative Neue Soziale Marktwirtschaft, einer neoliberalen Vereinigung
www.diw.de	Deutsches Institut für Wirtschaftsforschung (eher arbeitnehmerfreundlich)
www.iw-koeln.de	Institut der deutschen Wirtschaft Köln (Wirtschaftsinstitut der Arbeitgeberverbände)
www.vzbv.de	Seite des Bundesverbands der Verbraucherzentralen

6 Wirtschaftspolitik

Tauentzien, Berlin
Ein Obdachloser bettelt in der Haupteinkaufsstraße des Berliner Westens um Geld.
Trotz sozialstaatlich orientierter Wirtschaftspolitik leben nach Schätzung der Bundes-
arbeitsgemeinschaft Wohnungslosenhilfe 345 000 Menschen in Deutschland auf der
Straße. Ein wenig populäres Thema? „In den Printmedien gehört Wohnungslosigkeit
zu den so genannten journalistischen Weichthemen und rangiert an nachgeordneter
Position – abrufbar als saisonales Phänomen in der Winterperiode", konstatiert
Christian Linde vom Berliner Forum Gewaltprävention.
Foto: Rainer Jensen

Zentrale Aspekte der Wirtschaftspolitik

Wirtschaft nach dem klassischen Liberalismus

In der Marktwirtschaft regelt sich das Wirtschaftsleben über die Mechanismen des Marktes. Nach den Begründern des marktwirtschaftlich-ökonomischen Denkens wie *Adam Smith* und *David Ricardo* ist eine Wirtschaftspolitik im heutigen Sinne unnötig, wenn nicht sogar schädlich, weil sie die Marktmechanismen verfälschen würde und die Marktkräfte in ihrer Wirkung hinderte.

Rolle des Staats in der freien Marktwirtschaft

Adam Smith als Vertreter einer *Lehre der freien Marktwirtschaft* weist dem Staat vor allem die Rolle zu, die Rahmenbedingungen des Wirtschaftslebens zu sichern, insbesondere

- für die *Sicherheit* der Bürgerinnen und Bürger nach außen zu sorgen, also zu verhindern, dass die marktwirtschaftliche Ordnung durch Raub oder Krieg gestört wird,
- im Inneren ein Rechtssystem zu garantieren und durchzusetzen, das besonders das *Eigentum* schützt, damit die Wirkkräfte des Eigennutzes zum Zuge kommen können,
- die Rahmenbedingungen des Wirtschaftslebens dadurch zu sichern, dass er Projekte übernimmt, zu denen die privaten Investoren nicht in der Lage sind, wie zum Beispiel den Bau der Eisenbahn oder andere *große infrastrukturelle Maßnahmen*.

„Nachtwächterstaat" versus moderne Wirtschaftspolitik

Ansonsten sollte sich der Staat nach der Lehre des klassischen Liberalismus aus dem Wirtschaftsleben heraushalten.

In der Praxis des Wirtschaftslebens hat es jedoch kaum ein Staat vermocht, sich in dieser Weise auf die Rolle des *„Nachtwächterstaates"* zu beschränken.

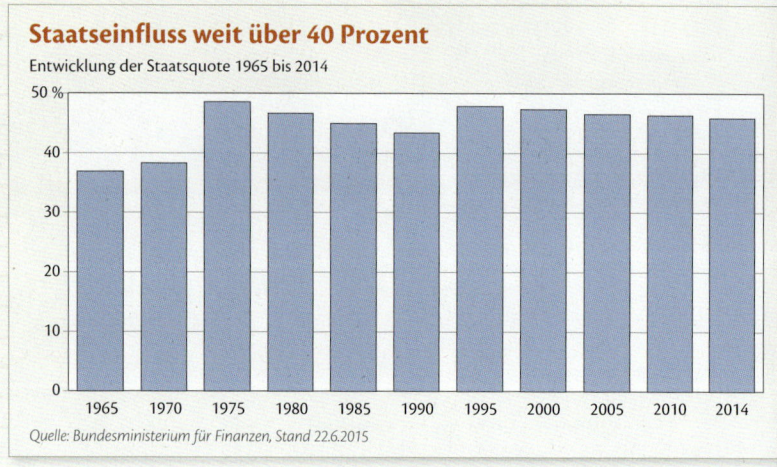

Staatseinfluss weit über 40 Prozent

Entwicklung der Staatsquote 1965 bis 2014

Quelle: Bundesministerium für Finanzen, Stand 22.6.2015

Elemente der sozialen Marktwirtschaft

Alle westlichen Industriestaaten haben einen deutlichen Bereich der Wirtschaft, der direkt vom Staat abhängt bzw. vom Staat reguliert wird. Diese so genannte *„Staatsquote"* gibt an, in welchem Verhältnis die gesamten öffentlichen Ausgaben zum Bruttoinlandsprodukt stehen.

Mit dem Programm der *sozialen Marktwirtschaft* wurde in Deutschland ein Mittelweg zwischen der *Zentralverwaltungswirtschaft* des Ostens unter kommunistischer Herrschaft und einer *reinen Marktwirtschaft* westlicher Prägung gesucht.

Notwendigkeiten von zusätzlichen Eingriffen des Staates sahen die Begründer der sozialen Marktwirtschaft

- in der Aufrechterhaltung der *Wettbewerbsordnung* etwa durch Vermeiden von Monopolstellungen und Wettbewerbsaufsicht.

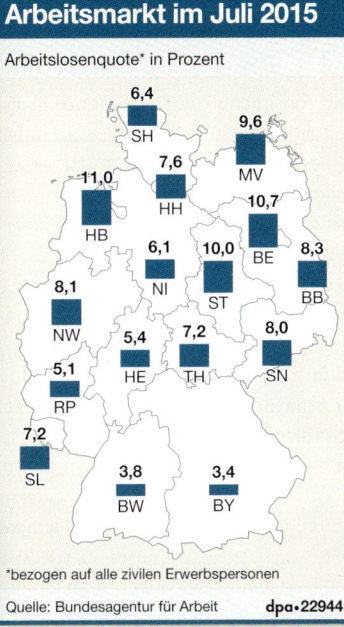

Arbeitsmarkt im Juli 2015

Arbeitslosenquote* in Prozent

6,4 SH
9,6 MV
7,6 HH
11,0 HB
10,7 BE
6,1 NI
10,0 ST
8,3 BB
8,1 NW
5,4 HE
7,2 TH
8,0 SN
5,1 RP
7,2 SL
3,8 BW
3,4 BY

*bezogen auf alle zivilen Erwerbspersonen

Quelle: Bundesagentur für Arbeit dpa•22944

- in einer Politik zur Vermeidung bzw. Dämpfung *konjunktureller Schwankungen* oder Krisen,
- in einer Politik zur Dämpfung von *Strukturproblemen*,
- in einer Politik des sozialen Ausgleichs, etwa durch *soziale Sicherung* im Krankheits-, Arbeitslosigkeits- oder Arbeitsunfähigkeitsfall usw.

Konjunkturentwicklung

Um diese Aufgaben wahrnehmen zu können, benötigt der Staat regelmäßig möglichst genaue Kennzahlen über die *wirtschaftliche Entwicklung*. Diese Daten werden durch statistische Ämter gesammelt und bereitgestellt. In Deutschland sind dies vor allem das Statistische Bundesamt und eurostat, das statistische Amt der Europäischen Union.

Das Volumen der Wirtschaft wird im *Bruttonationaleinkommen (BNE)* bzw. *Bruttoinlandsprodukt (BIP)* gemessen. Auch der Wert aller Güter und Dienstleistungen geht in diese Größen ein.

Entwicklung der Verbraucherpreise

Die *Entwicklung der Preise* wird vom Statistischen Bundesamt durch einen Warenkorb ermittelt, dessen Preis in Abständen neu bestimmt wird. Um den Verbraucherpreisindex zu ermitteln, beobachtet man die Preisentwicklung von Gebrauchsgütern und Dienstleistungen von Durchschnittshaushalten. Da sich die Konsumgewohnheiten mit der Zeit verändern, wird auch der Inhalt des Warenkorbs immer wieder angepasst.

Bekämpfung von Arbeitslosigkeit

Die Höhe der Beschäftigung bzw. der *Arbeitslosigkeit* wird von der Bundesagentur für Arbeit ermittelt. Jeden Monat werden die neuen Entwicklungen besonders der Arbeitslosenquote veröffentlicht.

In der Diskussion in Politik und Gesellschaft um die Notwendigkeit einer Wirtschaftspolitik werden staatliche Eingriffe in die Wirtschaft in den letzten Jahren fast ausschließlich mit der notwendigen Bekämpfung der hohen Arbeitslosigkeit begründet.

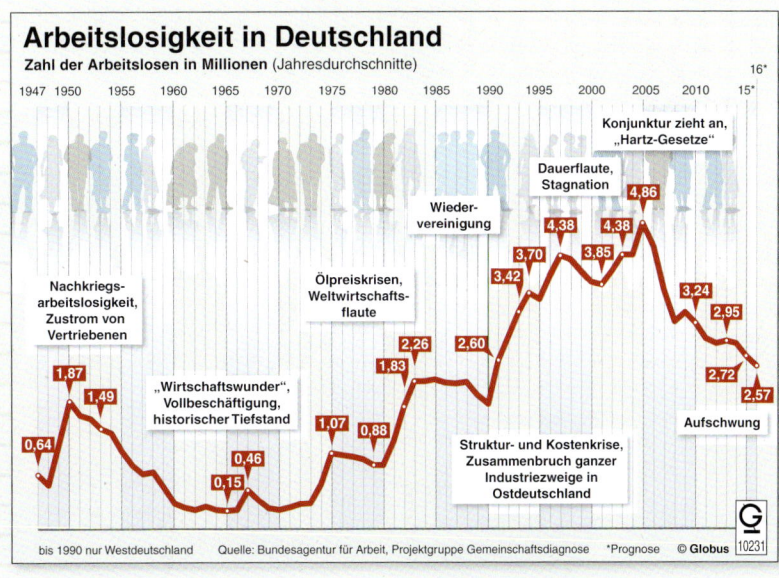

Arbeitslosigkeit in Deutschland

Zahl der Arbeitslosen in Millionen (Jahresdurchschnitte)

1947 1950 1955   1960   1965   1970   1975   1980   1985   1990   1995   2000   2005   2010   15* 16*

Konjunktur zieht an, „Hartz-Gesetze"

Dauerflaute, Stagnation

Wiedervereinigung

Nachkriegsarbeitslosigkeit, Zustrom von Vertriebenen

Ölpreiskrisen, Weltwirtschaftsflaute

„Wirtschaftswunder", Vollbeschäftigung, historischer Tiefstand

Struktur- und Kostenkrise, Zusammenbruch ganzer Industriezweige in Ostdeutschland

Aufschwung

0,64 · 1,87 · 1,49 · 0,15 · 0,46 · 1,07 · 0,88 · 1,83 · 2,26 · 2,60 · 3,42 · 3,70 · 3,85 · 4,38 · 4,38 · 4,86 · 3,24 · 2,95 · 2,72 · 2,57

bis 1990 nur Westdeutschland   Quelle: Bundesagentur für Arbeit, Projektgruppe Gemeinschaftsdiagnose   *Prognose   © Globus 10231

Träger der Wirtschaftspolitik

Notwendigkeit von staatlichen Eingriffen

Unter Wirtschaftspolitik wird der bewusste Eingriff von Staaten und Institutionen in das Wirtschaftsleben verstanden. Die Notwendigkeit einer Wirtschaftspolitik wird dabei unterschiedlich begründet, wobei jede einzelne Begründung durchaus umstritten ist. Generell wird davon ausgegangen, dass der Marktmechanismus auch zu nicht wünschenswerten Ergebnissen führen kann (*Marktversagen*), z. B. beim Entstehen von Monopolen, durch Belastungen der Umwelt und durch eine zu große Ungleichheit der Einkommen der Wirtschaftssubjekte.

Karikatur: Klaus Stuttmann

Gründe für staatliche Eingriffe in den Wirtschaftsmechanismus

- Der Markt funktioniert bei privaten Gütern, aber meist nicht bei *öffentlichen Gütern* (z. B. Straßen, Schulbildung, innere und äußere Sicherheit); diese müssen über öffentliche Haushalte und Zwangsabgaben (Steuern) bereitgestellt werden.
- Die Markt- und Wettbewerbsordnung ist nicht stabil; sie erhält sich nicht von selbst, sondern muss durch *Ordnungs- und Wettbewerbspolitik* gesichert und abgesichert werden.
- Das wirtschaftliche Verhalten produziert externe Effekte, besonders im Umweltbereich; diese müssen vom Staat möglichst internalisiert, d. h. die *entstehenden Kosten für die Allgemeinheit* müssen auf die Verursacher zurückgeführt werden, z. B. durch Auflagen, Umweltschutzabgaben, Ökosteuern.
- Der Markt führt zu einer sehr ungleichen Einkommens- und Vermögensverteilung; durch *Umverteilungs- und Sozialpolitik* kann der Staat diese korrigieren.
- Der Marktprozess führt zu *Konjunktur- und Wachstumsschwankungen* und wirtschaftlichen Krisen. Eine Stabilisierungspolitik soll diesen Entwicklungen entgegenwirken und die Konjunktur verstetigen.

Eine sinnvolle Wirtschaftspolitik als bewusstes Handeln von Trägern der Wirtschaftspolitik setzt Planung und Analyse voraus.

Methodik rationaler Wirtschaftspolitik

nach: Das Lexikon der Wirtschaft, Bibliographisches Institut & F. A. Brockhaus AG, Mannheim ²2004, S. 157

Träger und Organe

Als Träger der Wirtschaftspolitik kommt zunächst die öffentlichen Hand infrage. Darunter sind in engerem Sinne der Bund, die Länder und die Gemeinden zu verstehen. Diese *Gebietskörperschaften* verfügen über einen eigenen Haushalt und können durch Gesetze, Verordnungen sowie Steuern und Abgaben auf die Wirtschaft Einfluss nehmen. Im weiteren Sinne zählen zur öffentlichen Hand auch die *Sozialversicherungen* und andere Körperschaften des öffentlichen Rechts.

Längst aber werden große Teile der politischen Entscheidungen auch im Wirtschaftsleben in den EU-Ländern von den *Gremien der Europäischen Union*, insbesondere der *Europäischen Kommission* und dem *Ministerrat* mit bestimmt. Seit langem trifft dies auf die Agrarpolitik sowie mehr und mehr auch auf andere wirtschaftspolitische Bereiche zu. Als eigene Organisation mit eigenen Zielen tritt die *EZB (Europäische Zentralbank)* hinzu, deren geldpolitische Beschlüsse einen wichtigen Einfluss auf die Zinsen und damit auf das Wirtschaftsleben insgesamt ausüben.

Mit ihren wirtschaftspolitischen Entscheidungen nehmen auch die *G8* Einfluss. Hier werden wichtige Weichenstellungen im wirtschaftlichen Bereich zwischen den Vertreterinnen und Vertretern der bedeutendsten Industrieländer abgesprochen. Die *OECD* vereinigt die westlichen Industrieländer mit marktwirtschaftlicher Ordnung. Beschlüsse über gemeinsames Handeln haben natürlich Einfluss auf das Wirtschaftsleben in Deutschland. In der *WTO* (Welthandelsorganisation) werden Grundsätze des Welthandels und damit auch Regeln für das Wirtschaftsleben international abgesprochen.

Auch die Tarifpolitik der *Unternehmerverbände* und *Gewerkschaft*en beeinflusst das Wirtschaftsleben. Dabei geht es in westlichen Industrieländern nicht nur um das evtl. marktkonforme Aushandeln der Löhne, sondern auch um Themen, die den Marktprozess auf dem Arbeitsmarkt regulieren sollen. Andere *Verbände* beeinflussen ebenfalls das Wirtschaftsleben, etwa die *Konsumentenverbände* oder der ADAC. Mit ihrer Interessenpolitik (Lobbyarbeit) bestimmen sie die Regeln mit, nach denen die Wirtschaft agieren kann.

Politikberatung

Alle Träger der Wirtschaftspolitik treffen ihre Entscheidungen auf der Grundlage wissenschaftlicher Beratung. Teilweise verfügen sie selbst über eigene wirtschaftswissenschaftliche Institute mit der Aufgabe, wissenschaftliche Grundlagen für die Wirtschaftspolitik der Institution oder des Verbandes zu entwickeln. So berät etwa das Institut der deutschen Wirtschaft die Arbeitgeberverbände sowie das Wirtschafts- und Sozialwissenschaftliche Institut in der Hans-Böckler-Stiftung die Gewerkschaften hinsichtlich ihrer Tarifpolitik.

Der *Sachverständigenrat* zur Begutachtung der gesamtwirtschaftlichen Entwicklung stellt jährlich zum 15. November ein Gutachten vor, das die Bundesregierung in ihren Entscheidungen beraten soll. Die Mitglieder des Sachverständigenrats werden die „fünf Weisen" genannt und sind in der Regel Universitätsprofessoren, die diese Tätigkeit hauptamtlich für fünf Jahre ausüben. Die Bundesregierung muss die Jahresgutachten zur Kenntnis nehmen und öffentlich dazu Stellung beziehen.

Unabhängige Wirtschaftsforschungsinstitute werden häufig von Stiftungen, von der EU-Kommission oder durch Projektmittel aus der Forschungsförderung finanziert. Solche Institute sind das DIW (Deutsches Institut für Wirtschaftsforschung), das ifo (Institut für Wirtschaftsforschung), das IfW (Institut für Weltwirtschaft), das RWI (Rheinisch-Westfälisches Institut für Wirtschaftsforschung) und das ZEW (Zentrum für Europäische Wirtschaftsforschung).

Der Einfluss dieser Wirtschaftsforschungsinstitute ist aber zurückgegangen. Nicht zuletzt entsteht häufig der Eindruck, dass ihre Gutachten in ihrer Zielrichtung von der Fragestellung und den politischen Zielen der Auftraggeber abhängig sind.

www.ecb.eu
Europäische Zentralbank

WTO
Welthandelsorganisation
(World Trade Organization), Genf

OECD
Organisation für wirtschaftliche Zusammenarbeit(Organization for Economic Co-operation and Development), Paris

Ziele der Wirtschaftspolitik

Das Stabilitätsgesetz

Die Ziele der Wirtschaftspolitik in Deutschland sind im *„Gesetz zur Förderung der Stabilität und des Wachstums der Wirtschaft"*, kurz „Stabilitätsgesetz", aus dem Jahr 1967 niedergelegt. In ihm wird folgender Zielkatalog für die Wirtschaftspolitik formuliert: „Bund und Länder haben bei ihren wirtschafts- und finanzpolitischen Maßnahmen die Erfordernisse des gesamtwirtschaftlichen Gleichgewichts zu beachten. Die Maßnahmen sind so zu treffen, dass sie im Rahmen der marktwirtschaftlichen Ordnung gleichzeitig zur Stabilität des Preisniveaus, zu einem hohen Beschäftigungsstand und außenwirtschaftlichem Gleichgewicht bei stetigem und angemessenem Wachstum beitragen."

Diese vier Ziele werden auch als „Magisches Viereck" bezeichnet, weil sie alle gleichzeitig verfolgt werden sollen, aber nicht alle gleichzeitig realisiert werden können.

Das Ziel eines *hohen Beschäftigungsstands* (Vollbeschäftigung) ist das anhaltend am wenigsten erreichte Ziel der letzten Jahre, wobei eine Arbeitslosenquote von 0 % als nicht erreichbares Ziel gilt.

Das Ziel der *Preisniveaustabilität* ist ebenfalls kein 0-%-Ziel. Eine Inflationsrate von 2 % gilt als erreichtes Ziel. Dieses Ziel wurde über viele Jahre erreicht, jedoch führten vor allem die steigenden Energie- und Lebensmittelpreise seit dem Frühjahr 2008 zu einer deutlich höheren Inflationsrate.

Das Ziel des *außenwirtschaftlichen Gleichgewichts* ist das komplizierteste, denn der Ausgleich von Exporten und Importen ist für ein Land wie Deutschland nicht immer unbedingt sinnvoll. Ein Teil der Zahlungen an das Ausland kann z. B. auch in Form von Geldtransfers an im Ausland lebende Familienangehörige, Tourismus und Kapitalexport erfolgen. Das vierte Ziel ist das *stetige und angemessene Wirtschaftswachstum*. Dieses Wachstumsziel wurde in jüngster Zeit vielfach kontrovers diskutiert. Denn stetiges Wachstum erfordert eine Politik zur Dämpfung der konjunkturellen Auf- und Abwärtsbewegungen. Eine Wachstumsrate unter 2 % bringt jedoch, genau wie technischer Fortschritt und der Ersatz menschlicher Arbeitskraft durch Maschinen, zumeist Arbeitsplatzabbau mit sich und dadurch keine Verringerung der Arbeitslosigkeit. Grundsätzlich stellt sich aber vor allem die Frage, in welchem Ausmaß Wachstum überhaupt angemessen sein kann. Nicht zuletzt die Ökologie-Bewegung hat ins öffentliche Bewusstsein gerückt, dass das Wachstum angesichts der Knappheit der Ressourcen an seine Grenzen stoßen muss und dass unsere Erde als Lebensraum bereits gefährdet ist. Ein Ausmaß an Wachstum, das die Grundlagen künftigen Wachstums zerstört, kann auch nicht angemessen sein.

Das magische Viereck der Wirtschaftspolitik in Deutschland

Wirtschaftswachstum in Prozent

ZIEL: Angemessenes Wachstum

+ 0,4 % | + 0,1 | + 1,6
2012 | 2013 | 2014

Arbeitslosigkeit in Prozent*

ZIEL: Vollbeschäftigung

6,8 % | 6,9 | 6,7
2012 | 2013 | 2014

Saldo der Leistungsbilanz in Milliarden Euro

ZIEL: Außenwirtschaftliches Gleichgewicht

+ 187,3 Mrd. € | + 182,0 | + 219,7
2012 | 2013 | 2014

Preisanstieg in Prozent

ZIEL: Preisstabilität

+ 2,0 % | + 1,5 | + 0,9
2012 | 2013 | 2014

*Arbeitslose in % aller zivilen Erwerbspersonen
Quelle: Stat. Bundesamt, Deutsche Bundesbank, Bundesagentur für Arbeit

G 10294

© Globus

Wechselwirkungen und Konflikte im Magischen Viereck

Zwischen den einzelnen Zielen bestehen zum Teil also konflikthafte Wechselwirkungen, und wirtschaftspolitische Maßnahmen zur Errei-

Karikatur: Burkhard Mohr

Gibt man dir denn nix zum Fressen?!

STELLEN-ABBAU

STELLEN-AUFBAU

Mohr 05

chung eines der Ziele können sich negativ auf die Erreichung eines anderen Ziels auswirken. Zwischen den einzelnen Zielen sind Zielkonflikte aber nicht zu vermeiden. Wenn die Zentralbank z. B. die Geldmenge verknappt, um eine Teuerung zu verhindern, dann bremst sie gleichzeitig die Konjunktur und damit das Wachstum usw.

Maßnahmen zur Zielerreichung

Nach dem Stabilitätsgesetz stehen Bund und Ländern verschiedene Instrumente zur Zielerreichung zur Verfügung.

Wirtschaftspolitische Maßnahmen können jedoch immer erst ergriffen werden, nachdem eine unerwünschte Entwicklung bemerkt worden ist. Es entsteht also ein Verzug durch die Dauer des Erkenntnisprozesses (recognition lag). Im Anschluss daran muss eine Entscheidung über eine richtige Maßnahme in den Entscheidungsgremien getroffen werden, was ebenfalls Zeit erfordert (decision lag). Aus den getroffenen Entscheidungen müssen nun Handlungsschritte entwickelt werden, was wiederum Zeit braucht (action lag) Außerdem wirken getroffene Maßnahmen nicht immer sofort (policy effect lag). Kritiker einer derartigen Wirtschaftspolitik haben inzwischen nachgewiesen, dass wirtschaftspolitische Maßnahmen gelegentlich so spät ergriffen werden, dass sie kontraproduktiv wirken.

Das Magische Sechseck

Inzwischen ist man sich einig, dass die Wirtschaftspolitik neben den vier gesetzlich festgeschrieben Zielen zwei weitere Ziele beachten sollte.

Als fünftes Ziel der Wirtschaftspolitik kann die *gerechte Einkommensverteilung* genannt werden. In diesem Wunsch nach einer Verteilungsgerechtigkeit in der Gesellschaft treffen sich gesellschaftliche und wirtschaftliche Zielvorstellungen. Allerdings entstehen auch hier weitere Zielkonflikte.

Durch die ökologische Diskussion und die Aufnahme des *Umweltschutzziels* ins Grundgesetz ist als weiteres Ziel der Wirtschaftspolitik die *Nachhaltigkeit des Wirtschaftens* zum Magischen Viereck hinzugekommen.

Wirtschaftspolitische Ziele der Europäischen Union

Auch in der EU werden wirtschaftspolitische Ziele gesetzt. Nach der *Lissabon-Strategie* soll die EU zum „wettbewerbsfähigsten und dynamischsten wissensbasierten Wirtschaftsraum der Welt" werden. Dazu verfolgt die EU erklärtermaßen vier Zielvorstellungen: Förderung von Wissen und Innovation, attraktivere Bedingungen für Investoren und Arbeitskräfte, höheres Wachstum und mehr Beschäftigung sowie Nachhaltigkeit.

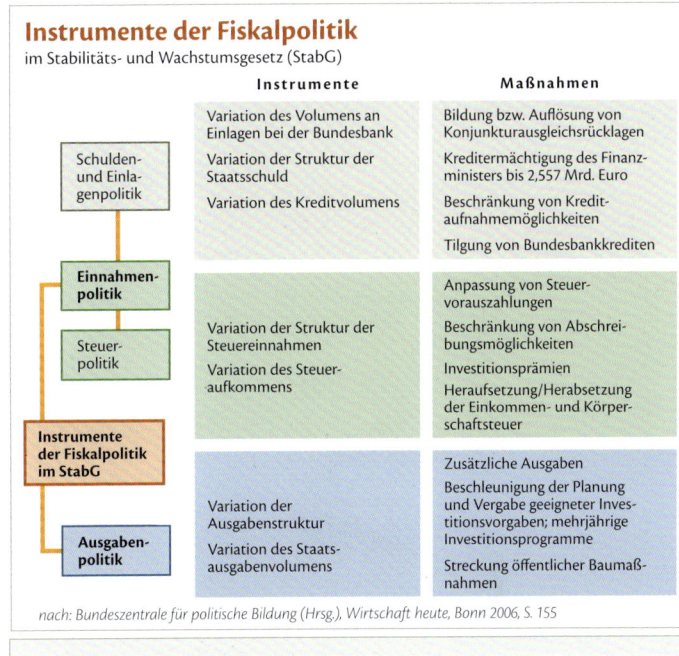

Instrumente der Fiskalpolitik
im Stabilitäts- und Wachstumsgesetz (StabG)

Instrumente		Maßnahmen
Schulden- und Einlagenpolitik	Variation des Volumens an Einlagen bei der Bundesbank / Variation der Struktur der Staatsschuld / Variation des Kreditvolumens	Bildung bzw. Auflösung von Konjunkturausgleichsrücklagen / Kreditermächtigung des Finanzministers bis 2,557 Mrd. Euro / Beschränkung von Kreditaufnahmemöglichkeiten / Tilgung von Bundesbankkrediten
Einnahmenpolitik / Steuerpolitik	Variation der Struktur der Steuereinnahmen / Variation des Steueraufkommens	Anpassung von Steuervorauszahlungen / Beschränkung von Abschreibungsmöglichkeiten / Investitionsprämien / Heraufsetzung/Herabsetzung der Einkommen- und Körperschaftsteuer
Instrumente der Fiskalpolitik im StabG / Ausgabenpolitik	Variation der Ausgabenstruktur / Variation des Staatsausgabenvolumens	Zusätzliche Ausgaben / Beschleunigung der Planung und Vergabe geeigneter Investitionsvorgaben; mehrjährige Investitionsprogramme / Streckung öffentlicher Baumaßnahmen

nach: Bundeszentrale für politische Bildung (Hrsg.), Wirtschaft heute, Bonn 2006, S. 155

Lissabon-Strategie der EU
Gemeinsam zu mehr Wachstum und Beschäftigung

Was die EU will:
- Wissen und Innovation fördern
- Produktivität und Wachstum steigern
- Wettbewerbsfähig bleiben
- Investitionen und Arbeitskräfte anziehen
- Mehr und bessere Arbeitsplätze schaffen
- Soziale Ausgrenzung begrenzen
- Sozialsysteme sichern und modernisieren
- Ressourcen nachhaltig nutzen
- Umwelt schützen

Wirtschaft
Soziales
Umwelt

Neubelebung des Lissabon-Programms (2005)

Europäischer Rat:
- Integrierte Leitlinien für Wachstum und Beschäftigung (für die Jahre 2005–2008)

Mitgliedstaaten:
- Nationale Reformprogramme

Europäische Kommission:
- Lissabon-Programm der Gemeinschaft

ZAHLENBILDER 726 205

© Erich Schmidt Verlag

Konjunkturentwicklung

Karikatur: Klaus Stuttmann

Auf der Welle der Konjunktur

Konjunktur

Zur Messung des Wirtschaftswachstums, dem ersten Ziel des Magischen Vierecks, muss die Konjunktur in einer Volkswirtschaft genau erfasst werden. Der *Konjunkturzyklus* besteht aus zyklischen Schwankungen der wirtschaftlichen Produktion mit einer Dauer von in der Regel mindestens drei Jahren.

Als „Konjunktur" bezeichnet man die Abweichung vom Trend, d. h. zyklische mittelfristige Schwankungen um den langfristigen Wachstumsverlauf. Der Konjunkturverlauf geschieht in einem Auf und Ab. Bisher gibt es keine allgemein akzeptierte Erklärung für diese ungleichmäßigen Bewegungen. Es werden vielmehr unterschiedliche Erklärungsansätze (Konjunkturtheorien) diskutiert.

Die *Konjunkturentwicklung* ist eine allgemein feststellbare Erscheinung. Über einen Zeitraum von etwa vier bis acht Jahren verläuft sie nach allen Beobachtungen wellenförmig und wird in folgende vier Phasen eingeteilt:

- *Aufschwung* (Erholung, Expansion),
- *Hochkonjunktur* (Boom, Prosperität),
- *Abschwung* (Rezession),
- *Tief* (Krise, Depression).

Diese *Konjunkturphasen* verlaufen in idealtypischer Weise in Form einer Sinuskurve: Als *Konjunkturzyklus* bezeichnet man den gesamten Zeitraum von einem Aufschwung zum nächsten.

Die Theorie der langen Wellen

Der russische Ökonom Nikolai Kondratjew stellte in den 1920er-Jahren fest, dass lange Konjunkturwellen die kurzen Konjunkturzyklen überlagern. Diese langen Wellen (etwa 40 bis 60 Jahre) bestehen aus einer länger andauernden Aufstiegsphase und einer kürzeren Abstiegsphase. Am Beginn dieser Zyklen sind häufig grundlegende technische Umwälzungen zu verzeichnen. Von diesen wird ein ökonomischer Prozess in Gang gesetzt, welcher politische und gesellschaftliche Veränderungen anstößt.

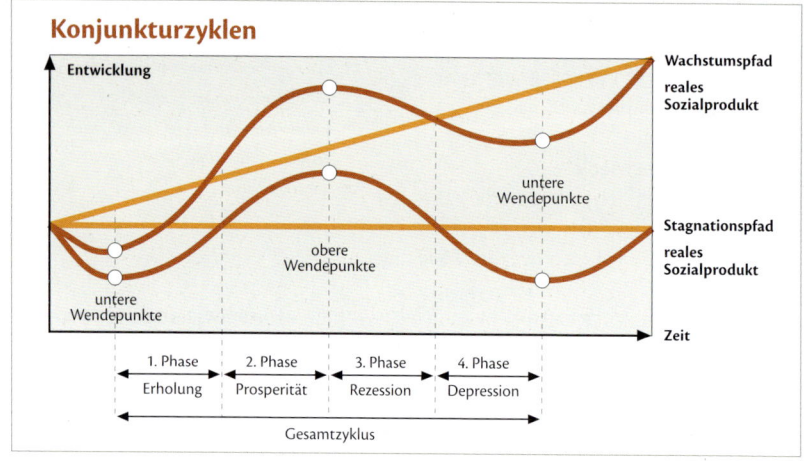

Konjunkturtheorien

Nach der *monetären Konjunkturtheorie* (Milton Friedman) bewirkt eine Instabilität des Geldumlaufs Schwankungen des Wachstums. Die Monetaristen führen solche Schwankungen wesentlich auf eine falsche Einmischung des Staates bzw. eine unzulängliche Geldpolitik der Notenbank zurück. Nach der *monetären Überinvestitionstheorie* sorgt eine Differenz zwischen dem Geldzins (Zinsen für Leihkapital) und dem natürlichen Zins (Ertragsrate der Investitionen) für ein An- oder Abschwellen der Investitionen. Diese bewirken die Konjunkturschwankungen.

Nach der *nicht monetären Überinvestitionstheorie* geht der expansive Impuls vom technischen Fortschritt aus. Es wird investiert, doch im Laufe der Zeit bleiben weitere technische Neuerungen aus und die Produktionskapazitäten sind zu groß. Nach den Gesetzen von Angebot und Nachfrage sinkt der Preis für die Produkte, sie werden unprofitabel und weniger produziert. Daraus ergibt sich ein Auf und Ab.

Nach der *Unterkonsumptionstheorie* führt eine unzureichende Konsumnachfrage zu mangelnder Auslastung der im Aufschwung erzeugten Kapazitäten. Die Produktion verteuert sich und wird unprofitabel. Daher wird weniger produziert, es kommt zum Abschwung.

Karikatur: Klaus Stuttmann

Psychologischen Konjunkturtheorien zufolge wirken Unsicherheiten über die wirtschaftliche Zukunft ansteckend, schaukeln sich auf und erzeugen die Krise. Euphorische Stimmungen führen zum Aufschwung.

Nach der *marxistischen Konjunkturtheorie* führt die Ungleichverteilung des gesellschaftlichen Reichtums zu krisenhafter konjunktureller Entwicklung, da Kapital überakkumuliert wird im Vergleich zur Unterkonsumption der Masse der Bevölkerung.

Nach der Theorie von *John Maynard Keynes* kommen die Konjunkturschwankungen durch einen Mangel der Nachfrage zustande, durch den z. B. auch eine Vollbeschäftigung nicht mehr gesichert ist. Der Staat muss für Ausgleich sorgen und trägt durch seine Ausgabenpolitik die Verantwortung für das Wachstum. Der Steuerung der Nachfrage durch Staat und Notenbank kommt demzufolge im *Keynesianismus* eine zentrale Rolle zu.

Die meisten Konjunkturtheorien geben entweder exogene Ursachen für die Konjunkturschwankungen wie Kriege an oder endogene, wie zum Beispiel eine Überakkumulation. Eine besondere Stellung unter ihnen nimmt bis heute die *Theorie der langen Wellen* ein.

Messen des Wirtschaftswachstums

Gemessen wird Wachstum im Allgemeinen durch den jährlichen Zuwachs des realen *Bruttoinlandsprodukts* (BIP) oder den Zuwachs des *Bruttonationaleinkommens* (BNE), welches bis 1999 *Bruttosozialprodukt* (BSP) genannt wurde. Es ist üblich, diese Veränderung in Prozent anzugeben, sodass (mathematisch) eine Wachstumsrate vorliegt. In das Bruttoinlandsprodukt (BIP) geht der Wert aller Güter und Dienstleistungen ein, die in einem Jahr in einer Volkswirtschaft erwirtschaftet werden. Das Bruttonationaleinkommen (BNE) bezeichnet den Wert aller Güter und Dienstleistungen, die in einer Volkswirtschaft im Jahr zur Verfügung stehen.

In der *Volkswirtschaftlichen Gesamtrechnung* (VGR) werden die Wirtschaftsprozesse einer Volkswirtschaft für eine Periode systematisch dargestellt.

IW-Prognose für 2014 und 2015			
Deutschland, Veränderung gegenüber Vorjahr in Prozent			
	2013	2014	2015
Entstehung des realen Bruttoinlandsprodukts			
Erwerbstätigkeit	0,6	0,75	0,75
Arbeitslosenquote	6,9	6,75	6,5
Arbeitsvolumen	-0,3	0,75	1
Produktivität	0,4	0,75	0,5
Bruttoinlandsprodukt	0,1	1,5	1,5
Verwendung des realen Bruttoinlandsprodukts			
Private Konsumausgaben	0,8	1	1
Konsumausgaben des Staates	0,7	1	1
Anlageinvestitionen	-0,7	3,5	2,5
– Ausrüstungen	-2,7	3,75	3
– Sonstige Anlagen	1,3	2	2
– Bauten	-0,1	3,75	2,75
Inlandsnachfrage	0,7	1,75	1,75
– Export	1,6	3,5	5
– Import	3,1	4,5	5,75
Bruttoinlandsprodukt	0,1	1,5	1,5
Preisentwicklung			
Verbraucherpreise	1,5	1,25	1,5
Staatshaushalt			
Finanzierungssaldo	0,3	0,5	0,5

Arbeitslosenquote: registrierte Arbeitslose in Prozent der Erwerbspersonen;
Produktivität: reales Bruttoinlandsprodukt je Erwerbstätigenstunde;
Finanzierungssaldo: in Prozent des nominalen Bruttoinlandsprodukts;
Quellen: IW-Herbstprognose, September 2014

Erwerbstätigkeit und Arbeitslosigkeit

Karikatur: Reiner Schwalme / cartooncommerz

Das zweite Ziel des Magischen Vierecks der Wirtschaftspolitik ist ein hoher Beschäftigungsstand. In einer Volkswirtschaft werden zur Messung dieser Größe die Wirtschaftssubjekte nach ihrer Rolle bei der gesellschaftlichen Produktion in *Erwerbspersonen* und *Nichterwerbspersonen* unterschieden.

Erwerbspersonen	Nichterwerbspersonen
• Arbeitnehmer in einem Arbeitsverhältnis (Arbeiter, Angestellte, Beamte) • Selbstständige (Unternehmer) • Angehörige freier Berufe (u. a. praktizierende Ärzte, freie Rechtsanwälte) • Mithelfende Familienangehörige (der Selbstständigen, Freiberufler) • Arbeitslose, die einen Arbeitsplatz suchen	• Kinder • Schüler • Studenten • Rentner, Pensionäre • Frauen und Männer, die ausschließlich im eigenen Haushalt tätig sind

Erwerbsquote

Das Erwerbspersonenpotenzial besteht aus den bei den Arbeitsämtern gemeldeten Arbeitslosen sowie weiteren Personen, die dem Arbeitsmarkt zur Verfügung stehen, aber nicht arbeitslos gemeldet sind. Die *Erwerbsquote* der Bevölkerung (Anteil an der Bevölkerung, der erwerbstätig ist) ist trotz durchschnittlich längerer Schulbildung und Lebenszeit, Bevölkerungsrückgangs und früheren Eintritt des Ruhestands über die letzten Jahrzehnte hinweg angewachsen. Sie liegt in Deutschland derzeit knapp unter 50 %, bei den Männern bei 56 %, bei den Frauen bei 42 %. Die Erhöhung der Erwerbsquote ist ein Trend in allen Industrieländern und vor allem auf die stärkere Einbeziehung von Frauen in den Arbeitsmarkt zurückzuführen.

Arbeitslosenquote

Die *Arbeitslosenquote* zeigt die relative Unterauslastung des Arbeitskräfteangebots an, indem sie die (registrierten) Arbeitslosen zu den Erwerbspersonen (EP = Erwerbstätige + Arbeitslose) in Beziehung setzten. Arbeitslos sind nach dem Sozialgesetzbuch Personen, die vorübergehend nicht in einem Beschäftigungsverhältnis stehen, das 15 Wochenstunden und mehr umfasst, eine versicherungspflichtige Beschäftigung von mindestens 15 Wochenstunden suchen und dabei den Vermittlungsbemühungen der Agenturen für Arbeit bzw. der Träger der Grundsicherung zur Verfügung stehen und sich dort persönlich arbeitslos gemeldet haben.

Grundsätzlich gibt es verschiedene Erscheinungsformen von Arbeitslosigkeit. Sie können unterschieden werden in:

Karikatur: Götz Wiedenroth

Naschen in der Absackerei

- *friktionelle Arbeitslosigkeit*, die durch Arbeitsplatzwechsel oder Berufsanfang entsteht;
- *punktuelle Arbeitslosigkeit*, die bei Schließung von Abteilungen oder bei schlechten Qualifikationen zustande kommt;
- *saisonale Arbeitslosigkeit*, die zu bestimten Jahreszeiten auftritt, wenn die Klimabedingungen bzw. Produktionsbedingungen eine Produktion nicht erlauben;
- *konjunkturelle Arbeitslosigkeit*, die im Konjunkturverlauf in Zeiten der Depression auftritt;
- *Mismatch-Arbeitslosigkeit*, die durch fehlende Qualifikation bzw. falsche Qualifikation entsteht;
- *strukturelle Arbeitslosigkeit*, zu der es durch den Zusammenbruch ganzer Branchen kommt.

Die problematische Langzeitarbeitslosigkeit wird vor allem durch die strukturelle Arbeitslosigkeit erzeugt. In Deutschland gilt man als langzeitarbeitslos, wen man ein Jahr oder länger arbeitslos ist.

Erwerbspersonen					Nichterwerbspersonen
Erwerbstätige			**Erwerbslose**		Weder erwerbstätig noch arbeitslos
	Mindestens 15 Jahre alt			15 bis 74 Jahre alt	
und	in einem Arbeitsverhältnis mit mindestens einer Stunde geleisteter Arbeitszeit je Woche	und	ohne Arbeitsverhältnis bzw. nicht selbständig und nicht freiberuflich tätig		
oder	selständig oder freiberuflich tätig	und	aktive Arbeitssuchende (in den vergangenen vier Wochen)		
oder	mithelfende Familienangehörige	und	sofort verfügbar (innerhalb von zwei Wochen)		

Erwerbslose vs. Arbeitslose
ILO-Erwerbslose
weniger als 1 Stunde pro Woche gearbeitet
Aktive Arbeitssuche (in den vergangenen vier Wochen)
Sofort (innerhalb von zwei Wochen) verfügbar
Registrierte Arbeitslose
Weniger als 15 Stunden pro Woche gearbeitet
Beim Arbeitsamt arbeitslos gemeldet
Steht der Arbeitsvermittlung zur Verfügung

Nationale und internationale Arbeitsmarktstatistiken

In neuen Arbeitsmarktstatistiken werden Arbeitsmarktberichte auch auf anderer Grundlage ermittelt. Nach dem *Labour-Force-Konzept* der *International Labour Organization (ILO)* wird die statistische Arbeitsmarktberichterstattung in Deutschland durch eine Erwerbslosenquote ergänzt.

In Deutschland ist die *Erwerbslosenquote* von der Arbeitslosenquote abzugrenzen. Die Erwerbslosenquote wird vom Statistischen Bundesamt nach den international vergleichbaren Kriterien der ILO ermittelt und monatlich im Rahmen der „ILO-Arbeitsmarktstatistik" veröffentlicht. Prinzipiell erfolgt die Berechnung wie bei der Arbeitslosenquote: Die Erwerbslosenquote stellt den Anteil Erwerbsloser an allen Erwerbspersonen (bestehend aus Erwerbstätigen und Erwerbslosen) dar. Nach dem nationalen Konzept wird eine Arbeitslosenquote ermittelt. Registrierte Arbeitslose werden aus den Statistiken der Arbeitsämter von der Bundesagentur für Arbeit gesammelt.

Sowohl der Erfassung der Zahl der bei der Bundesagentur für Arbeit erfassten Arbeitslosen als auch der Definition von Erwerbslosigkeit nach dem Konzept der Internationalen Arbeitsorganisation („ILO-Erwerbslose") liegt der Gedanke zugrunde, dass als arbeitslos bzw. erwerbslos gilt, wer während einer bestimmten Periode ohne Arbeitsplatz ist, dem Arbeitsmarkt zur Verfügung steht und Arbeit sucht. Durch die Verwendung unterschiedlicher Erhebungsmethoden und unterschiedlicher Abgrenzungen ergeben sich jedoch Unterschiede sowohl im Niveau als auch in der Entwicklung im Zeitverlauf beider Zahlen.

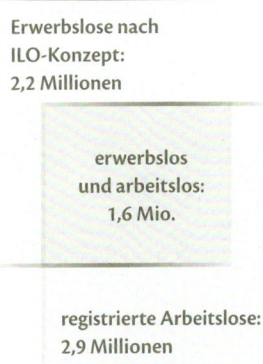

Erwerbslose nach ILO-Konzept: 2,2 Millionen

erwerbslos und arbeitslos: 1,6 Mio.

registrierte Arbeitslose: 2,9 Millionen

(Quelle: Statistisches Bundesamt, Wiesbaden 2015)

Kaufkraft des Geldes und ihre Messung

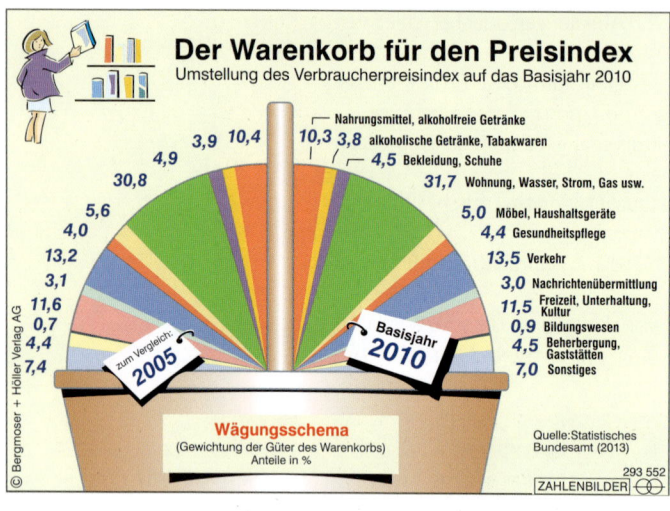

Der Warenkorb für den Preisindex
Umstellung des Verbraucherpreisindex auf das Basisjahr 2010

Nahrungsmittel, alkoholfreie Getränke
alkoholische Getränke, Tabakwaren
Bekleidung, Schuhe
Wohnung, Wasser, Strom, Gas usw.
Möbel, Haushaltsgeräte
Gesundheitspflege
Verkehr
Nachrichtenübermittlung
Freizeit, Unterhaltung, Kultur
Bildungswesen
Beherbergung, Gaststätten
Sonstiges

zum Vergleich: 2005
Basisjahr 2010

Wägungsschema
(Gewichtung der Güter des Warenkorbs)
Anteile in %

Quelle: Statistisches Bundesamt (2013)

293 552
ZAHLENBILDER

© Bergmoser + Höller Verlag AG

Ermittlung von Preisindikatoren

Die Preisstabilität als drittes Ziel des Magischen Vierecks der Wirtschaftspolitik wird durch einen Indikator gemessen, der aus einem *Warenkorb* errechnet wird. Dazu werden für die privaten Haushalte (*Verbraucherpreisindex*) verschiedenste Waren des täglichen Bedarfs zusammengefasst und gewichtet. Im Warenkorb enthalten sind unterschiedliche Konsumgüter, von der Babynahrung bis zum Computer. Den Konsumgewohnheiten entsprechend gehen sie in einer Gewichtung ein. Wer ein Baby hat, der braucht täglich Babywindeln. Autos z. B. werden aber nicht täglich erneuert. Und da sich die Konsumgewohnheiten ändern, muss sich auch der Warenkorb entsprechend ändern.

Der Verbraucherpreisindex

Der Verbraucherpreisindex für Deutschland (VPI) misst die *durchschnittliche Preisentwicklung* aller Waren und Dienstleistungen, die von privaten Haushalten für Konsumzwecke gekauft werden. Bezogen auf ein Bezugsjahr wird die Preissteigerung als Indexwert berechnet (Ausgangsjahr: 100). Mit diesem Index wird die *Veränderung der Preise für Güter des täglichen Bedarfs* (z. B. Lebensmittel, Bekleidung), für Mieten und langlebige Gebrauchsgüter (z. B. Kraftfahrzeuge, Kühlschränke), aber auch für Dienstleistungen (z. B. Friseur, Reinigung, Versicherungen) erfasst. Der VPI wird monatlich berechnet. Zu diesem Zweck erheben jeweils zur Monatsmitte rund 600 Preisermittler im Auftrag der *Statistischen Landesämter* und des *Statistischen Bundesamtes* Preise für die etwa 750 Waren und Dienstleistungen des Warenkorbs. Die Preisermittlungen werden flächendeckend in ganz Deutschland vorgenommen. Dazu werden Einzelhandelsgeschäfte und Dienstleister an etwa 40 000 Stellen aufgesucht. Erfasst werden Anschaffungspreise (einschließlich Umsatzsteuer und Verbrauchssteuern) nach Abzug allgemein gewährter Preisnachlässe.

Der VPI soll – wie die übrigen Preisindizes der amtlichen Statistik – nur reine Preisveränderungen messen. Dies wird dadurch erreicht, dass die Kosten für einen im Zeitablauf quantitativ und qualitativ unveränderten Warenkorb von Konsumgütern ermittelt und verglichen werden. Der VPI dient verschiedenen Zwecken, vorrangig aber als Indikator für die *Beurteilung der Geldwertstabilität* innerhalb Deutschlands und zur *Inflationsbereinigung* von Wertgrößen.

Berechnung des Indikators

Das zugrunde liegende Modell für die Ermittlung des Verbraucherpreisindex ist der so genannte „Laspeyres-Preisindex". In ihm wird im Basisjahr ein Warenkorb festgelegt

Die Entwicklung der Preise

Anstieg der Verbraucherpreise jeweils gegenüber dem Vorjahresmonat in Prozent

2014 — 2015
M A M J J A S O N D J F M

1,3
1,0
1,0
0,9
0,8 0,8 0,8 0,8
0,2
0,6
0,1
0,3
-0,4

Preistreiber im März*
Kaffe, Tee, Kakao + 10,8 %
Zeitungen und Zeitschriften + 5,9 %
Süßwaren + 3,9 %

Quelle: Statistisches Bundesamt
*Auswahl

Veränderung März 2015 gegenüber März 2014 in Prozent

Beherbergung, Gaststätten	+ 2,6
Alkohol, Tabakwaren	+ 2,3
andere Waren u. Dienstleistungen	+ 1,4
Gesundheitspflege	+ 1,3
Bekleidung, Schuhe	+ 0,6
Einrichtung, Haushaltsgeräte	+ 0,4
Nahrungsmittel, Getränke	+ 0,2
Wohnung, Strom, Wasser u.a.	+ 0,0
Freizeit, Unterhaltung	- 0,1
Bildungswesen	- 0,6
Verkehr, Auto, öffentl. Nahverkehr	- 1,0
Nachrichtenübermittlung	- 1,1

dpa • 22505

und die Kosten für diesen Warenkorb ermittelt. Im Vergleichsjahr wird der gleiche Warenkorb gekauft. Wieder werden die Kosten ermittelt und zu den Kosten im Basisjahr ins Verhältnis gesetzt. Die prozentuale Veränderung liefert die so genannte *„Inflationsrate"*.

Im VPI werden zudem die einzelnen Waren und Dienstleistungen gemäß der Verbrauchsbedeutung, die ihnen im Budget der privaten Haushalte zukommt, im Preisindex berücksichtigt. Hierzu wird eine *Verbrauchsstruktur* auf der Grundlage der Ausgaben der privaten Haushalte für die Käufe von Waren und Dienstleistungen bestimmt. Die Verbrauchsstruktur findet Eingang in das Wägungsschema. Die Höhe und Struktur der Ausgaben der privaten Haushalte für Waren und Dienstleistungen

Karikatur: Burkhard Mohr

werden aus der Einkommens- und Verbrauchsstichprobe, die im Abstand von fünf Jahren bei rund 62 000 Haushalten durchgeführt wird, und der jährlichen Statistik der laufenden Wirtschaftsrechnungen ermittelt. Ergänzend werden hierfür Ergebnisse der *Volkswirtschaftlichen Gesamtrechnungen*, der Steuerstatistiken und weiterer amtlicher und nichtamtlicher Datenquellen verwendet.

Die Vorläufige Preissteigerungsrate

Gegen Ende des Berichtsmonats schätzt das Statistische Bundesamt eine vorläufige Preissteigerungsrate. Etwa zwei Wochen später wird das endgültige Ergebnis vorgelegt. Der deutsche VPI misst die Preisveränderungen für die Verbrauchsausgaben der privaten Haushalte im Wirtschaftsgebiet sehr zuverlässig. Auch die Umstellung auf ein aktuelleres Wägungsschema bzw. auf einen aktuelleren Warenkorb etwa alle fünf Jahre beeinflussen die Ergebnisse nur geringfügig. Die Abweichungen zwischen dem vorläufigen und dem endgültigen Ergebnis liegen maximal bei 0,1 Prozentpunkten.

Der Harmonisierte VPI

Der Harmonisierte Verbraucherpreisindex (HVPI) ist die *Entsprechung des VPI im europäischen Maßstab*. Er wird für Deutschland ebenfalls vom Statistischen Bundesamt berechnet. Wichtigste Zielsetzung des HVPI ist der Vergleich der Preisveränderungsraten zwischen den Mitgliedsstaaten der Europäischen Union (EU). Erforderlich ist die Berechnung des HVPI, weil sich die nationalen Verbraucherpreisindizes in vielen Aspekten unterscheiden. Diese Unterschiede sind z. T. historisch bedingt, resultieren aber auch aus unterschiedlichen gesellschaftlichen Rahmenbedingungen oder abweichenden Strukturen des statistischen Systems. Der Erfassungsbereich, also die Auswahl der Waren und Dienstleistungen für die Berechnung des HVPI, ist einheitlich geregelt. Besonderheiten in den nationalen Verbrauchsgewohnheiten werden nicht herausgerechnet. Der HVPI greift weitgehend auf die Ergebnisse der nationalen Indexberechnungen zurück. Die Erfassungsbereiche des deutschen VPI und des deutschen HVPI unterscheiden sich im Wesentlichen durch die zusätzliche Einbeziehung des vom Eigentümer selbst genutzten Wohneigentums im deutschen VPI.

Außenwirtschaftliches Gleichgewicht

Außenwirtschaft

Bezeichnung für alle Wirtschaftsbeziehungen mit dem Ausland wie z. B. Dienstleistungen, Geldbewegungen und Warenbewegungen

Außenhandel

Begriff für den gesamten grenzüberschreitenden Warenverkehr eines Landes

Deutschlands Außenwirtschaft

Deutschland ist eine der größten Exportnationen der Welt. Dem hohen Export von Waren und Dienstleistungen steht ein ebenfalls hoher Import gegenüber. Darüber hinaus werden aber auch Geld und Kapital transferiert.

Zusammensetzung der Zahlungsbilanz

Es gibt unterschiedliche Messwerte, mit denen der Außenhandel gemessen wird. Fasst man diese zusammen, erhält man die *Zahlungsbilanz.* In ihr werden alle Transaktionen erfasst, die zwischen Inländern und Ausländern in einem Jahr stattgefunden haben. In der Zahlungsbilanz stehen sich die *Kapitalbilanz* und die *Leistungsbilanz* gegenüber. Mit der Kapitalbilanz werden alle Kapitalbewegungen mit dem Ausland (z. B. Direktinvestitionen, Wertpapieranlagen, Kreditverkehr) erfasst. Die Leistungsbilanz, in der sämtliche Importe und Exporte abgebildet werden, fasst drei Teilbilanzen in sich zusammen:

- die *Handelsbilanz*, in welcher alle Transaktionen von Waren mit anderen Staaten (Export und Import) erfasst werden,
- die *Dienstleistungsbilanz*, die sich auf die Dienstleistungen, die im Ausland erbracht bzw. im Ausland für das Inland eingekauft werden (z. B. Transport- und Versicherungsleistungen, Reiseverkehr) bezieht, und
- die *Übertragungsbilanz* zur Erfassung von Heimatüberweisungen ausländischer Arbeitnehmer, Geldern zur Entwicklungshilfe usw.

Das *Zahlungsbilanzgleichgewicht* ist häufig die Bezeichnung für das vierte Ziel des Magischen Vierecks der Wirtschaftspolitik: Außenwirtschaftliches Gleichgewicht. Da die Zahlungsbilanz jedoch im Gegensatz zu den einzelnen Teilbilanzen insgesamt immer ausgeglichen ist, spricht man meistens dann von einem Zahlungsbilanzgleichgewicht, wenn die Leistungsbilanz ausgeglichen ist.

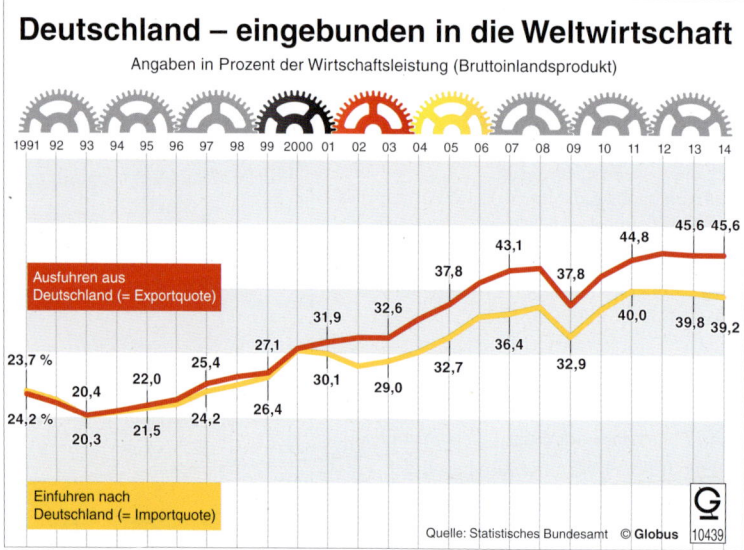

Deutschland – eingebunden in die Weltwirtschaft

Angaben in Prozent der Wirtschaftsleistung (Bruttoinlandsprodukt)

Ausfuhren aus Deutschland (= Exportquote)

Einfuhren nach Deutschland (= Importquote)

Quelle: Statistisches Bundesamt © Globus 10439

Die größten Exporteure der Welt

Ausfuhren im Jahr 2014 in Milliarden Dollar

2 343 China	1 623 USA	1 511 Deutschland	684 Japan	672 Niederlande
583 Frankreich	573 Südkorea	529 Italien	524 Hongkong*	507 Großbritannien
497 Russland	474 Kanada	469 Belgien	410 Singapur*	398 Mexiko
359 Ver. Arab. Emirate**	354 Saudi-Arabien**	323 Spanien	317 Indien	314 Taiwan
240 Australien	239 Schweiz	234 Malaysia	228 Thailand	225 Brasilien

© Globus 10233   *einschl. Transitwaren   **geschätzt   Quelle: WTO

Exportweltmeister mit Wachstumsschwäche?

M1 Binnennachfrage stärken!

Seit über zehn Jahren legt der deutsche Export ununterbrochen zu. Zum Teil mit zweistelligen Zuwachsraten. 2003 hat Deutschland die bis dahin führenden USA überholt und ist seitdem Exportweltmeister. Kein anderes Land exportiert so viel Waren wie Deutschland. Im Jahr 2006 wurde beim Export von Waren und Dienstleistungen erstmals die Billionengrenze geknackt. Eine Exportsteigerung von 50 Prozent gegenüber 2000 und fast dreimal so viel wie im Jahr 1991.

Aber beruht diese Erfolgsstory nicht auf dem Import billiger Güter? Ist Deutschland inzwischen eine Basarökonomie, die anderswo billig produzieren lässt und dies dann munter exportiert? Keine Spur! Denn auch der Exportüberschuss, bei dem alle importierten Waren abgezogen sind, ist seit 1999 um das Achtfache gewachsen. 2006 wurde mit 138 Milliarden Euro der bisher höchste Überschuss erzielt. Wegen der vermeintlichen Wettbewerbsschwäche laufen uns die Arbeitsplätze weg. Heißt es. Produktion wird ins Ausland verlagert. Schätzungen gehen von jährlich 30 000, höchstens 50 000 Arbeitsplätzen aus. Bei 39 Millionen Erwerbstätigen macht das gerade 0,1 Prozent aus. Die überwältigende Zahl von Arbeitsplätzen hängt von der Binnennachfrage ab: vier von fünf Arbeitsplätzen. Wir brauchen mehr Einkommen. (…) Auch der Staat ist gefordert. Ein Zukunftsinvestitionsprogramm in Höhe von 40 Milliarden Euro stärkt die Nachfrage, reduziert die Exportabhängigkeit und schafft über eine Million Arbeitsplätze.

(ver.di, Standortschwäche – ein Mythos, in: wipo 05/07)

M2 Vom Basar noch weit entfernt

Die deutschen Warenexporte bestehen mittlerweile zu gut zwei Fünfteln aus importierten Vorleistungen oder Fertigerzeugnissen, die in der Bundesrepublik nur Zwischenstation machen. Wenn in Deutschland über die Entwicklung des Außenhandels diskutiert wird, sind stets auch jene zur Stelle, die eine angeblich drohende Basarökonomie heraufbeschwören. Ihnen zufolge sind Meldungen über den Weltmeisterschaftstitel der Bundesrepublik beim Warenexport nur Schall und Rauch – in Wirklichkeit wandele sich der Standort D zu einer reinen Handelsplattform, auf der Güter mehr oder weniger nur durchgereicht würden.

Licht ins Dunkel vermögen die so genannten Input-Output-Tabellen des Statistischen Bundesamts zu bringen. Aus ihnen geht zunächst hervor, dass die mit dem Export verbundene inländische Bruttowertschöpfung zwischen 1995 und 2005 immerhin um fast 80 Prozent auf knapp 450 Milliarden Euro gestiegen ist. Berücksichtigt man zudem die Dienstleistungen, fällt die Wachstumsrate für die gesamte ausfuhrbedingte Wirtschaftsleistung ähnlich hoch aus. Währenddessen legte jedoch das nominale Bruttoinlandsprodukt (BIP) nur um knapp 22 Prozent zu. Das Resultat: Der Anteil der durch den Export bewirkten Bruttowertschöpfung am BIP erhöhte sich von 15,6 Prozent im Jahr 1995 auf 23,2 Prozent 2005. *(iwd 27.6. Juli 2006)*

Zusammensetzung der Exporte
von Kraftwagen und Kraftwagenteilen 2006

Inländische Bruttowertschöpfung[1] 57,3

Importierte Vorleistungen[2] 32,0

Exporte gesamt 174 Mrd. Euro

8,9 Ausländische Waren[3]

1,8 Inländische Waren zur Lohnveredelung im Ausland

1) Direkt bei der Produktion für den Export sowie auf vorgelagerten Produktionsstufen im Inland entstandene Bruttowertschöpfung (einschließlich Nettogütersteuern auf Vorleistungen).
2) Direkt bei der Produktion für den Export sowie auf vorgelagerten Produktionsstufen eingesetzte importierte Vorleistungen.
3) Export von Waren ausländischen Ursprungs aus reiner Handelstätigkeit und Export ausländischer Waren nach Lohnveredelung in Deutschland (ohne Wert der Lohnveredelung im Inland).

Quelle: Statistisches Bundesamt 2009

1 Was ist unter dem in M1 und M2 verwandten Begriff „Basarökonomie" zu verstehen? Wie stehen die Autoren jeweils zu der Behauptung, dass Deutschland zu einer Basarökonomie geworden wäre?

2 Erörtern Sie die in M1 aufgeworfene Frage zur Binnennachfrage.

Wirtschaftspolitische Konzeptionen

Nachfrageorientierte Wirtschaftspolitik: John Maynard Keynes

Durch die Weltwirtschaftskrise 1929 gelangte der Politiker und Ökonom *John Maynard Keynes* (1883–1946) zu der Auffassung, dass der freie Preisbildungsmechanismus auf den Märkten unter bestimmten Bedingungen nicht in der Lage sei, für eine für Vollbeschäftigung ausreichende gesamtwirtschaftliche Güternachfrage zu sorgen (Marktversagen). Den hieraus resultierenden Beschäftigungskrisen müsse der Staat durch geeignete Maßnahmen der *Nachfragebeeinflussung* entgegenwirken. Im Idealfall zieht demzufolge eine Steigerung der Güternachfrage eine verstärkt erhöhte Gesamtnachfrage nach sich (*Multiplikatoreffekt*). Nicht immer aber tritt dieser Idealfall ein. Konjunkturelle Einbrüche seien auf den Mangel an Nachfrage zurückzuführen und die daraus entstehende „Nachfragelücke", ist – so der Grundgedanke des Keynesianismus – der Grund für Arbeitslosigkeit. Der Staat solle folglich in einem solchen Fall für mehr Nachfrage sorgen und damit die

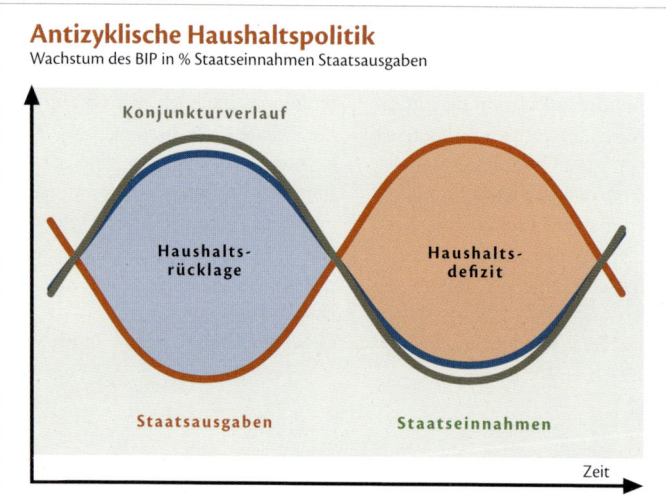

Antizyklische Haushaltspolitik
Wachstum des BIP in % Staatseinnahmen Staatsausgaben

Nachfragelücke schließen, um Arbeitslosigkeit zu verhindern. Geeignete Instrumente der nachfrageorientierten, keynesianischen Wirtschaftspolitik sind demnach:

- *die Erhöhung der staatlichen Güternachfrage*, wodurch die gesamtwirtschaftliche Güternachfrage unmittelbar beeinflusst wird,
- *Steuersenkungen*, die die verfügbaren Einkommen der privaten Haushalte und hierüber ihre Konsumgüternachfrage erhöhen
- *Maßnahmen der Einkommensumverteilung* zugunsten einkommensschwacher Haushalte (z. B. durch Änderung der Steuergesetze), weil die niedrigen Einkommensgruppen hohe Konsumquoten aufweisen,
- *handelspolitische Maßnahmen*, die auf einen Anstieg des Außenbeitrags zielen,
- *geldpolitische Maßnahmen*, die eine Senkung der nationalen Kapitalmarktzinssätze bewirken, um hierüber das inländische Investitionsklima und die private Nachfrage zu verbessern.

Diese staatlichen Maßnahmen können Keynes zufolge durch staatliche Kreditaufnahme finanziert werden. Dazu verschuldet sich der Staat in Krisenzeiten (*deficit spending*), um in Zeiten schwacher Konjunktur Nachfrage zu schaffen, in Zeiten der Hochkonjunktur soll er eher bremsen und Nachfrage herausnehmen. Eine keynesianische Wirtschaftspolitik muss sich also grundsätzlich *antizyklisch* verhalten. Die keynesianische Konjunkturpolitik vertraut auf eine unmittelbare Wirkung staatlicher Ausgabeprogramme. Hierbei geht man davon aus, dass sich die ausgegebenen Mittel in Zeiten einer besser funktionierenden Wirtschaft z. B. durch erhöhte Steuereinnahmen wieder erwirtschaften lassen. Unter dem Namen der *Globalsteuerung* wurde die nachfrageorientierte Wirtschaftspolitik in der Bundesrepublik nach der ersten großen Wirtschaftskrise (1966/67) in den 1970er-Jahren zum Teil praktiziert.

Kritiker dieser nachfrageorientierten Wirtschaftspolitik werfen ihr den Anstieg der Staatsquote vor, der in diesem Zeitraum seinen Anfang nahm. Eine nachfrageorientierte Wirtschaftspolitik kann auch nur dann funktionieren, wenn Arbeitsplätze und Kapital nicht ins Ausland abwandern.

John Maynard Keynes (1883–1946)

Wie kann der Staat dazu beitragen, die Härten des Konjunkturverlaufs abzumildern?

Angebotsorientierte Wirtschaftspolitik: Neoklassik

Aus Sicht der Neoklassik – in Anlehnung an die Klassiker der Ökonomie *Adam Smith* (1723–1790) und *David Ricardo* (1772–1823) – ist unfreiwillige Arbeitslosigkeit keineswegs auf fehlende Nachfrage, sondern vor allem auf mangelnde Flexibilität der Geldlöhne auf den Arbeitsmärkten zurückzuführen. Arbeitslosigkeit kann insofern nach Ansicht der Neoklassiker nur auf der Angebotsseite bekämpft werden.

Nach Ansicht der Neoklassik gilt das *Say'sche Theorem*. Danach bestimmt das gesamtwirtschaftliche Güterangebot die gesamtwirtschaftliche Güternachfrage. Wenn Waren oder Dienstleistungen produziert werden, schlägt sich das in entsprechenden Einkommen nieder, was nach *Jean-Baptiste Say* (1767–1832) zu einer kaufkräftigen Nachfrage führt. Eine Nachfragelücke, wie von Keynes behauptet, kann nicht entstehen.

Hinsichtlich der Bedingungen für Produktion und Beschäftigung folgt aus dem Say'schen Theorem, dass die Produktionsbereitschaft der – stets auf Gewinnmaximierung ausgerichteten – Unternehmen lediglich davon abhängt, bei welcher Absatzmenge (nach Abzug der Produktionskosten) der eigene Gewinn maximal wird. Eine Produktionsausweitung wird den Gewinn dann (und nur dann) erhöhen, wenn der zusätzliche Erlös aus dem Absatz größer ist als die zusätzlichen Kosten für die Produktionserhöhung.

Dieser Mechanismus wird der Neoklassik zufolge durch staatliche Eingriffe sowie durch die zu große Macht der Gewerkschaften gestört. Arbeitslosigkeit entsteht danach durch die Störung des reibungslosen Funktionierens der Marktmechanismen.

Instrumente einer angebotsorientierten Wirtschaftspolitik sind:

- Rücknahme zu hoher *Lohnkosten* (Senkung des Lohnniveaus, Abbau der Lohnnebenkosten),
- flexible Gestaltung der *Entlohnungs- und Beschäftigungsbedingungen* (z. B. freie Vertragsgestaltung, Auflösung von Kündigungsschutz),
- Abbau staatlicher *Sozialleistungen*,
- Auflösung staatlicher *Reglementierungen* (Deregulierung).

Damit setzt eine angebotsorientierte Wirtschaftspolitik auf die Verbesserung der Bedingungen auf der Angebotsseite der Wirtschaft und auf das freie Spiel der Kräfte auf allen Märkten, besonders auf dem Arbeitsmarkt.

Jean-Baptiste Say (1767–1832)

Wie beeinflusst das Warenangebot die Güternachfrage?

Der Monetarismus: Eine Sonderform angebotsorientierter Wirtschaftspolitik

Diese spezielle Form angebotsorientierter Wirtschaftspolitik geht auf *Milton Friedman* (*1912–2006) zurück. Danach ist die Entwicklung der im Umlauf befindlichen Geldmenge die zentrale Bestimmungsgröße für die *Preisentwicklung*. Ziel der Geldpolitik müsse es sein, für eine möglichst gut erwartbare Inflationsrate zu sorgen, also Fehlerwartungen bezüglich der allgemeinen Preisentwicklung entgegenzuwirken. Die Monetaristen bezweifeln dabei die Möglichkeiten des Staates, bei seiner Wirtschaftspolitik zeitnah genug auf kurzfristige Störungen reagieren zu können (*time lags*). Entsprechende Versuche würden deshalb die Gefahr bergen, dass die Wirkung der jeweiligen wirtschaftspolitischen Maßnahme zu spät einsetzt und dann unter Umständen wieder unerwünscht ist (*prozyklische Wirkung*). Der Staat solle daher die Geldmenge mit einer konstanten Änderungsrate wachsen lassen, um auf diese Weise auf eine mittelfristig konstante (und gut erwartbare) Inflationsrate hinzuwirken. Auf diese Aufgabe soll sich nach Friedman der Staat beschränken und ansonsten alles dem freien Spiel der Kräfte überlassen. Gegner der Angebotspolitik werfen dieser vor, sie gefährde die über lange Zeit hart erkämpften sozialstaatlichen Errungenschaften und die Strukturen des Wohlfahrtsstaates.

Karikatur: Beck / cartooncommerz

Wachstums- und Konjunkturpolitik

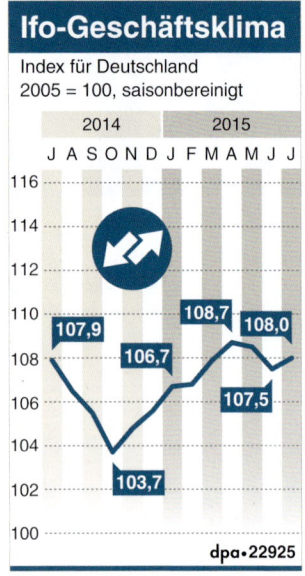

Ifo-Geschäftsklima
Index für Deutschland
2005 = 100, saisonbereinigt

dpa•22925

Konjunkturindikatoren und Entwicklungsprognosen

Weit reichende Entscheidungen, z. B. über Steuerausgaben, die aufgrund der konjunkturabhängigen Steuereinnahmen getätigt werden können, hängen von den Annahmen und Voraussagen über die Konjunkturentwicklung ab.

Der aktuelle Stand der wirtschaftlichen Entwicklung wird anhand von „Konjunkturindikatoren" verdeutlicht. Mit ihrer Hilfe ist es der Bundesregierung, der Bundesbank und den jeweiligen wissenschaftlichen Forschungsinstituten möglich, sowohl eine **Konjunkturdiagnose** als auch eine **Konjunkturprognose** abzugeben. Als „Konjunkturdiagnose" bezeichnet man die Beschreibung des gegenwärtigen Konjunkturzustandes. Als „Konjunkturprognosen" gelten Aussagen über die zukünftige wirtschaftliche Entwicklung. Obwohl Vorhersagen über die Konjunkturentwicklung z. T. subjektiv sind, können doch bestimmte Daten der volkswirtschaftlichen Entwicklung als Indikatoren des Konjunkturverlaufs dienen. Diese Konjunkturindikatoren werden in Präsens-, Spät-, Nachfrage- und Frühindikatoren unterschieden. Als **Frühindikator** gilt die Menge der Auftragseingänge bei Unternehmen, welche wiederum durch die Nachfrage bestimmt wird. Als **Präsenzindikator** fungiert u. a. das BNE (früher BSP), durch dessen Schwankungen der Konjunkturverlauf beschrieben wird. Die Arbeitsmarktsituation z. B. ist ein **Spätindikator**, da Arbeitslosigkeit bzw. Beschäftigung zumeist mit einiger Verzögerung auf wirtschaftliche Entwicklungen reagiert.

Art des Indikators	Beispiele
Frühindikatoren	Auftragseingang in der Industrie Lieferfristen der Unternehmen Lagerbestände in der Industrie
Präsenzindikatoren	Produktionsleistung Kapazitätsauslastung Rate des Wirtschaftswachstums Zahl der offenen Stellen
Spätindikatoren	Preisentwicklung Lohnentwicklung Arbeitslosenquote

Konjunkturpolitische Maßnahmen

In Deutschland sollen die Ziele der Konjunkturpolitik durch die im Stabilitätsgesetz (Gesetz zur Förderung der Stabilität und des Wachstums der Wirtschaft) aufgeführten wirtschaftspolitischen Vorschriften erreicht werden. Hierzu sind im Stabilitätsgesetz wirtschaftspolitische Instrumente vorgegeben, die dämpfend bzw. belebend auf die Konjunktur einwirken sollen:

Wirkung	Instrumente
kontraktiv (dämpfend)	Anhebung der Steuern Beschränkung der Abschreibungen Erhöhung von Steuervorauszahlungen Begrenzung der Staatsausgaben Konjunkturausgleichsrücklage Beschränkung der Kreditaufnahme
expansiv (belebend)	Senkung der Steuern Investitionsbonus Senkung von Steuervorauszahlungen Steigerung der Staatsausgaben

Kritik an wirtschaftspolitischen Konzeptionen

M1 Kritik der Angebotsorientierung

- Eine Verbesserung der Gewinnsituation der Unternehmen erhöht zwar deren Investitionsfähigkeit, nicht jedoch zwangsläufig deren Investitionsbereitschaft. Investitionen werden nur bei genügend guten Ertragserwartungen vorgenommen.
- Entscheidend für den Ertrag von Investitionen ist das Preis-Kosten-Verhältnis. Die angebotsorientierte Wirtschaftspolitik betont bei der Investitionsbereitschaft einseitig die Kosten der Investitionen. Ein angemessener Preis für das Produkt ist aber nur zu erzielen, wenn eine entsprechend große Nachfrage vorhanden ist.
- Löhne sind nicht nur ein Kostenfaktor, sondern auch ein Nachfragefaktor. Angebotspolitik gefährdet die zum Teil hart erkämpften sozial- und wohlfahrtsstaatlichen Strukturen und führt u. a. zu einer Umverteilung der Einkommen zugunsten der Besitzer von Produktivvermögen. *(H. J. Albers u. a., Volkswirtschaftslehre, Haan-Gruiten 1997, S. 432, Auszüge)*

M2 Kritik der Nachfrageorientierung

- Antizyklisches „fine-tuning" überfordert die staatlichen Akteure.
- Der wirtschaftspolitische Entscheidungs- und Handlungsprozess weist eine Reihe von Verzögerungen (lags) auf, die dazu führen können, dass antizyklisch gemeinte Maßnahmen zu spät ergriffen werden und deshalb wirkungslos bleiben – oder sich gar prozyklisch, also zyklenverstärkend auswirken.
- Kurzfristige, antizyklische Interventionen des Staates gleichen einem kurzfristigen Hin- und Herreißen des Steuers. Statt den Wirtschaftsprozess zu verstetigen, erhöht dies die Unsicherheit bei Unternehmen und Haushalten und verschreckt die Investoren.
- Im Zuge keynesianischer Haushaltspolitik ist der Anteil des Staates am BIP dramatisch gestiegen.

Die Kehrseite dieser hohen Staatsquote ist eine entsprechend überhöhte Steuer- und Abgabenbelastung zur Finanzierung der öffentlichen Haushalte.
- Die über Jahrzehnte hinweg akkumulierten Haushaltsdefizite haben zu einer stark angestiegenen Staatsverschuldung geführt. *(Gerhard Willke, John Maynard Keynes, Frankfurt a. M. 2002, S. 160 ff., Auszüge)*

M3 Memorandum 2006: „In die polarisierende Dynamik des Marktes eingreifen"

Wir haben in vielen Memoranden gezeigt, dass die wirklichen Probleme der deutschen Wirtschaft nicht in unflexiblen Arbeitsmärkten, überbordenden Staatsschulden oder schmarotzenden Sozialhilfeempfängerinnen und -empfängern liegen, sondern vielmehr in einer gesamtwirtschaftlichen Verkettung von Wachstumsschwäche, steigender Arbeitslosigkeit und falscher Verteilung. Diese zentralen Elemente einer absteigenden Wirtschaft verstärken sich gegenseitig und werden durch mehr Flexibilisierung und Deregulierung nicht überwunden, sondern verfestigt. Wer sie überwinden will, muss in die polarisierende Dynamik der Märkte eingreifen. (…) Wirtschaftspolitik kann dabei an allen drei zentralen Problemen ansetzen:
Sie kann durch öffentliche Investitions- und Beschäftigungsprogramme Wachstumsimpulse geben und ihre Richtung beeinflussen. Sie kann auch bei unveränderten Wachstumsraten die Arbeitslosigkeit vor allem durch Arbeitszeitverkürzungen unmittelbar vermindern. Schließlich kann sie auch die Massenkaufkraft durch Einführung eines gesetzlichen Mindestlohnes und einer armutsfesten Grundsicherung sowie durch die Stärkung öffentlicher sozialer Sicherungssysteme beeinflussen. In allen drei Bereichen läuft es schließlich auf ein Verteilungsproblem hinaus. Woher soll das Geld für die Finanzierung öffentlicher Investitionen und Beschäftigung kommen? Wer trägt die Kosten kürzerer Arbeitszeiten, gesetzlicher Mindestlöhne und einer armutsfesten Grundsicherung?
Die Antwort läuft in allen Fällen auf die Notwendigkeit von Umverteilung hinaus: zulasten hoher Einkommen, Vermögen und Gewinne. *(Arbeitsgruppe Alternative Wirtschaftspolitik, Memorandum 2006, Mehr Beschäftigung braucht eine andere Verteilung)*

1 *Stellen Sie die Konzepte der angebots- sowie der nachfrageorientierten Wirtschaftspolitik (M1 und M2) in ihren wesentlichen Punkten dar und fassen Sie die Kritik an ihnen kurz zusammen.*
2 *Welche Position vertreten die Autoren des Memorandums 2006 (M3)? Ordnen Sie dieses einem der beiden wirtschaftspolitischen Konzeptionen zu.*

Strukturpolitik

Zuständigkeitsbereiche der Strukturpolitik

Strukturpolitik umfasst alle wirtschaftspolitischen Maßnahmen zur Gestaltung der Struktur der Volkswirtschaft. Staatliche Eingriffe bei *Strukturkrisen* sind Mittel der Strukturpolitik. Die größte Strukturkrise in Deutschland betraf die Montanindustrie. Kohleförderung und Stahlerzeugung, früher das Rückgrat der deutschen Wirtschaft, wurden an den Rand gedrängt oder verschwanden gänzlich. Ganze Regionen wie z. B. das Ruhrgebiet oder das Saarland gerieten in eine Existenzkrise.

Bei jedem strukturellen Wandel gibt es Gewinner und Verlierer. Der österreichische Ökonom *Joseph Schumpeter* hat in diesem Zusammenhang den Ausdruck von der *„schöpferischen Zerstörung"* geprägt. So stehen sich im Strukturwandel schrumpfende Wirtschaftszweige auf der einen und moderne, technologieorientierte Industrien mit der Aussicht auf neue Beschäftigungschancen auf der anderen Seite gegenüber.

Vereinbarungen und Ziele

Grundlage der regionalen Strukturpolitik wurde 1969 die Bund-Länder-Gemeinschaftsaufgabe *„Verbesserung der regionalen Wirtschaftsstruktur"*, in welcher von Bund und Ländern Investitionszuschüsse gewährt werden. Das Ziel gleichwertiger Lebensverhältnisse in allen Teilen Deutschlands ist im *Raumordnungsgesetz* festgelegt. Es regelt die Entwicklung und Ordnung von größeren Gebietseinheiten (Regionen, Länder, Bundesgebiet) in der BRD zur Gewährleistung der bestmöglichen Nutzung des Lebensraumes. Die Verbesserung der regionalen Wirtschaftsstruktur und Angleichung von Wirtschaftsbedingungen ist Aufgabe von Bund und Ländern wie auch der Europäischen Union. Die vorrangigen Ziele der Strukturpolitik heute sind:

- *Sozialverträgliche Gestaltung*: Der Staat darf den Strukturwandel nicht behindern, sollte aber dabei helfen, Entwicklungen mit unzumutbaren sozialen Härten zu vermeiden. Er fördert dementsprechend die Anpassung an sich verändernde Bedingungen.
- *Forschungs- und Technologieförderung* bei aufwändigen, die Privatunternehmen überfordernden, meist längerfristigen Forschungsvorhaben, aber auch Stärkung der Leistungskraft von Unternehmen, z. B. durch Personalkostenzuschüsse für Forschung und Entwicklung, sowie Förderung technologieorientierter Gründungen von Unternehmen.
- Erhaltung existenzbedrohter, aber *sanierungsfähiger Unternehmen*, in Ausnahmefällen sogar kompletter Wirtschaftsbereiche (Versorgungssicherheit). Dies bezieht sich vor allem auf den Kohlebergbau und die Landwirtschaft. Bei Erhaltungssubventionen sollte das Subsidiaritätsprinzip beachtet werden, d. h., staatliche Subventionen sollten der Hilfe zur Selbsthilfe und Selbstverantwortung dienen.

Formen der Strukturpolitik

Die *regionale Strukturpolitik* richtet sich auf die Förderung der regionalen Infrastruktur. Bei ihr erhalten Unternehmen, die in der Region tätig sind, gezielte Unterstützung in Form von Investitionszuschüssen oder Krediten. Die EU fördert zudem mithilfe des Strukturfonds; dazu zählen der Agrarfonds, der Regionalfonds und der Sozialfonds. Die *sektorale Strukturförderung* dient der Abfederung des Strukturwandels. Durch wirtschaftspolitische Maßnahmen, wie zum Beispiel Zölle, Festlegung von Produktionsmengen, werden Unternehmen vor den Auswirkungen des Strukturwandels für eine bestimmte Anpassungsperiode geschützt.

Industriepolitik

Zusammenfassender Begriff für die auf Erhaltung, Anpassung und Förderung der Industrie abzielenden struktur- und regionalpolitischen Maßnahmen eines Staates übernationaler Organisationen. Wird auch als Begriff für die gesamte sektorale Strukturpolitik verwendet.

Infrastrukturpolitik

Bezeichnet Maßnahmen des Staates in Zusammenhang mit der (technischen) Infrastruktur eines Gemeinwesens. Sie betrifft z. B. den Leitungsverkehr (z. B. Erdöl- und Erdgas-Pipelines, Stromleitungen), das Verkehrswesen (Verkehrspolitik) und andere Verkehrsformen wie etwa den Dienstleistungs- oder Nachrichtenverkehr (z. B. den Postverkehr).

Kritik an den Subventionen

M 1 Strukturerhaltungs- versus Strukturanpassungspolitik

Strukturpolitik läuft Gefahr, zu einem Instrument der Strukturerhaltung zu werden, wenn sie unter kurzfristigen beschäftigungspolitischen Zielsetzungen gesehen wird. Denn der Ruf nach staatlichen Hilfen geht erfahrungsgemäß von den Bereichen aus, die am ärgsten in Bedrängnis sind. Die Versuchung, dass statt einer Maßnahme, die als Anpassungshilfe gedacht ist, eine Erhaltungsintervention vorgenommen wird, ist dort besonders groß. Dieser Gefahr ist vorgebeugt, wenn Strukturpolitik nicht mehr ad hoc, sondern auf der Basis eines möglichst globalen Konzepts betrieben und wenn zum Prinzip erhoben wird, dass branchenspezifische Maßnahmen im Rahmen einer angebotsfördernden Strukturpolitik nicht in Betracht kommen, außer als zeitlich begrenzte und im Zeitablauf abnehmende Anpassungshilfen bei sektoralen oder regionalen Härtefällen. Ansonsten steht das Netz der allgemeinen sozialen Sicherung bereit. Die sektorale Strukturpolitik, die in der Bundesrepublik bisher betrieben wurde, trägt überwiegend dirigistische und konservierende Züge. Den Zukunftsaufgaben (…) dient sie nur in Teilbereichen. Die Mehrheit der Maßnahmen verfolgt das Ziel, die Einkommensniveaus und die Beschäftigung in Bereichen zu verteidigen, die durch die Marktkräfte gefährdet sind. Den Kosten, die Steuerzahlern und Verbrauchern daraus erwachsen, stehen längerfristig keine volkswirtschaftlichen Gewinne gegenüber, eher Nachteile für Effizienz und Wachstum.

(Jahresgutachten des Sachverständigenrates zur Begutachtung der gesamtwirtschaftlichen Entwicklung 1976/77, Zf. 312f.)

Man hat gespeist …

Karikatur: Heiko Sakurai

M 2 Wann ist staatliche Strukturpolitik notwendig?

Volkswirtschaftlich wäre es nicht vertretbar, eine Branche zur Stilllegung zu zwingen, wenn sie in absehbarer Zeit, bei veränderten Kosten von Rohstoffen oder Substitutionsgütern „wieder konkurrenzfähig" werden wird. Ex post erwies sich die Ruhrkohle als typisches Beispiel. Vor 1973 wurde die Kohlesubventionierung zwar mit dem Argument der Versorgungssicherheit und der Sicherung von Arbeitsplätzen begründet. Aus heutiger Sicht kommt hinzu, dass sich die Zeit des billigen Öls als zeitlich begrenzt erwies. Wäre der Kohlebergbau in den 60er-Jahren weitgehend eingestellt worden, so könnte er heute,(…) kaum wieder aufgenommen werden. (…) Bei schnellem Strukturwandel können die Unternehmen die notwendigen Umstellungen oft nicht aus eigener Kraft bewältigen; staatliche Anpassungshilfen sind dann notwendig, um Massenentlassungen zu verhindern. (…) Inländische Wirtschaftszweige, die in Konkurrenz zu subventionierten ausländischen Unternehmen stehen, brauchen ebenfalls Subventionen, um konkurrenzfähig zu bleiben. Der gleiche Schutzeffekt könnte billiger durch Zölle erreicht werden; Zollschutz ist aber gegenüber EU-Mitgliedern nicht zulässig und gegenüber wichtigen Handelspartnern außerhalb der EU kaum durchsetzbar. (…) Bei technologisch besonders schwierigen und aufwändigen Innovationen, etwa im Bereich der Kernenergie, Raum- und Luftfahrt, wird die Finanzkraft eines einzelnen Unternehmens oder auch einer Unternehmenskooperation überfordert. Der Staat muß in diesen Bereichen einen Teil der Forschungs- und Entwicklungskosten übernehmen, wenn er darauf Wert legt, daß die entsprechenden Verfahren oder Produkte überhaupt im Inland entwickelt werden.

(Dieter Grosser: Strukturpolitik. In: Ders. (Hrsg.): Der Staat in der Wirtschaft der Bundesrepublik, Opladen 1985, S. 226f.)

1 Definieren Sie den Begriff Strukturpolitik und erläutern Sie Schumpeters Begriff von der „schöpferischen Zerstörung" (S. 172).

2 Geben Sie die Positionen der Autoren (M1 und M2) zu Subventionen wieder und beziehen Sie begründet Stellung.

Arbeitsmarktpolitik

Formen der Arbeitsmarktpolitik

Arbeitsmarktpolitik ist das politische Handeln eines Staates oder Staatenbundes und seiner Institutionen, um die Situation der Arbeitnehmer und Arbeitnehmerinnen auf dem Arbeitsmarkt und den Zugang von Arbeitswilligen zur Erwerbsarbeit zu verbessern bzw. zu ermöglichen.

Dabei muss zwischen passiver und aktiver Arbeitsmarktpolitik unterschieden werden. *Passive Arbeitsmarktpolitik* besteht in Leistungen für Einkommensausfälle bei Arbeitslosigkeit, dem Arbeitslosengeld. Unter *aktiver Arbeitsmarktpolitik* versteht man Arbeitsförderung, d. h. Maßnahmen zur Beeinflussung der Beziehungen zwischen Angebot und Nachfrage auf dem Arbeitsmarkt, u. a. den Versuch der Einwirkung auf

- das System der Arbeitsbeziehungen,
- das System der (beruflichen) Bildung,
- das System der sozialen Sicherung und
- die staatliche Regulierung von Arbeitsverträgen.

Lohnpolitik

In Deutschland ist die Regulierung der Löhne grundsätzlich dem Markt überlassen. Die von den Unternehmen zu zahlenden Löhne bestehen jedoch nur zum Teil aus den Entgelten für Arbeit, die die Arbeitnehmer als Lohn erhalten. Ein wichtiger anderer Teil sind die *Lohnnebenkosten* (Renten-, Kranken-, Pflege- und Arbeitslosenversicherung) und die Personalzusatzkosten (Lohn für arbeitsfreie Tage, Weihnachtsgeld, Arbeitgeberbeiträge zur Sozialversicherung etc.). Sie werden vom Staat durch gesetzliche Festlegungen reguliert. Im Übrigen gilt aber das Prinzip der *Tarifautonomie*: Löhne werden zwischen Arbeitgebern und Arbeitnehmern, den so genannten „Tarifpartnern", ohne staatliche Einmischung ausgehandelt.

In dieser Funktion argumentieren die *Unternehmerverbände* damit, dass zu hohe Löhne und *Arbeitskosten* die Produktion nicht nur verteuern und eine Verschlechterung der Konkurrenzbedingungen bewirken, sondern auch dafür sorgen, dass Arbeitskraft ersetzt wird (*Rationalisierung*). Auch die *Lohnzusatzkosten* trügen zu einer Erhöhung der Produktionskosten bei. Eine *Verlängerung der Arbeitszeit* pro Woche verbessere hingegen die Produktionsbedingungen der Wirtschaft und damit ihre Wettbewerbsfähigkeit.

Die Gewerkschaften argumentieren dagegen mit der *Kaufkraft* der großen Gruppe der Arbeitnehmerschaft. Höhere Löhne wiederum würden im Ganzen die Absatzbedingungen in der Wirtschaft verbessern und damit für mehr Beschäftigung sorgen. In dieselbe Richtung geht die Forderung nach *Arbeitszeitverkürzung*. Die Arbeit werde gerechter verteilt und bei Lohnausgleich verbesserten sich die Bedingungen der Wirtschaft.

Arbeitgeberverbände und Gewerkschaften betreiben aktiv die Steuerung des Arbeitsmarktes und damit Arbeitsmarktpolitik. Aber auch andere Institutionen wie etwa die Bundesagentur für Arbeit oder andere Beratungseinrichtungen versuchen, den Arbeitsmarkt zu beeinflussen.

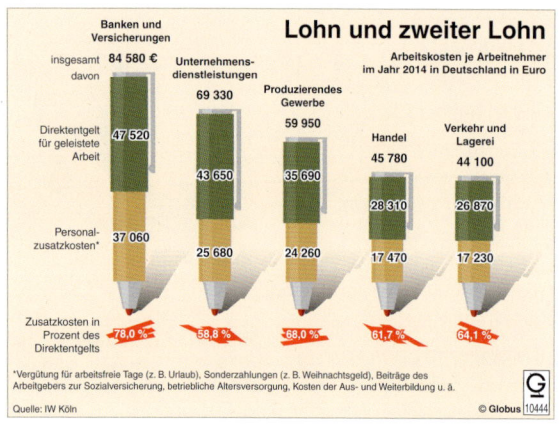

Karikatur: Thomas Plaßmann

Bildungsland „D"

Pro und Kontra Mindestlohn

M 1 Mindestlohn gegen Lohndumping

Mindestlohn ist ein festgeschriebener Lohn für alle Beschäftigten – ob als Stundenlohn oder Monatsgehalt. Viele Länder haben ihn – mit guten Ergebnissen für Arbeitnehmer und Arbeitgeber. Die Einführung ist einfach: Der Staat legt ihn durch Gesetz fest. Oder Verhandlungen z.B. zwischen Gewerkschaften und Arbeitgebern klären ihn. Viele Unternehmen zahlen Niedriglöhne, verweigern oder halten sich nicht an Tarifverträge, konkurrieren mit Dumpinglöhnen – all das auf dem Rücken der Beschäftigten. Mindestlöhne helfen, die Binnenökonomie anzukurbeln. Wer anständig bezahlt wird, kann auch mehr kaufen. Anders als dies die Unternehmer behaupten, gefährden Mindestlöhne keine Arbeitsplätze. In Deutschland erhalten viele Beschäftigte – private Sicherheitskräfte, Bäcker, Hotelkräfte und so weiter – schon lange Niedriglöhne. (…) 800 Euro netto bei 50 Wochenstunden im Wachschutz, Jobs mit vier Euro brutto in der Landwirtschaft, das hat mit Würde nichts mehr zu tun. Über zwölf Prozent der Beschäftigten verdienen weniger als 50 Prozent des Durchschnittslohns, sind „arm trotz Vollzeitarbeit". Das sind zweieinhalb Millionen Menschen – Tendenz steigend. Von Niedriglöhnen sind besonders Teilzeitkräfte betroffen. Zugrunde gelegt wurden daher 1 250 Euro als untere Basis – diese Summe, durch 38,5 geteilt (38,5-Stunden-Woche), macht: 7,50 Euro. Von dort aus sind Steigerungen möglich – und zukünftig sicher nötig. Mit einem Mindestlohn von 7,50 Euro pro Stunde wäre Deutschland zudem in guter Gesellschaft: Es läge im Mittelfeld der Länder, die bereits einen Mindestlohn haben.

(Mindestinfo. Kampagnenzeitung der Initiative Mindestlohn, 2/2006)

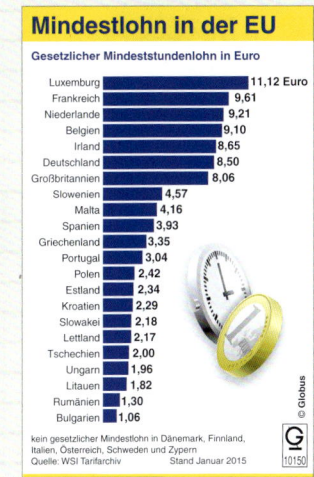

Mindestlohn in der EU

Gesetzlicher Mindeststundenlohn in Euro

Land	Euro
Luxemburg	11,12 Euro
Frankreich	9,61
Niederlande	9,21
Belgien	9,10
Irland	8,65
Deutschland	8,50
Großbritannien	8,06
Slowenien	4,57
Malta	4,16
Spanien	3,93
Griechenland	3,35
Portugal	3,04
Polen	2,42
Estland	2,34
Kroatien	2,29
Slowakei	2,18
Lettland	2,17
Tschechien	2,00
Ungarn	1,96
Litauen	1,82
Rumänien	1,30
Bulgarien	1,06

kein gesetzlicher Mindestlohn in Dänemark, Finnland, Italien, Österreich, Schweden und Zypern
Quelle: WSI Tarifarchiv   Stand Januar 2015

© Globus 10150

M 2 Mindestlohn schadet der Wirtschaft

Die ökonomische Beurteilung eines gesetzlichen Mindestlohns fällt einfach aus: Entweder ist ein gesetzlicher Mindestlohn irrelevant, weil er unterhalb des Markt räumenden Gleichgewichtslohns liegt. Oder er verursacht negative Beschäftigungswirkungen, sobald er über dem Gleichgewichtslohn liegt. Das Risiko eines negativen Arbeitsmarkteffektes ist dort am größten, wo die eingesetzte Arbeit eine nur vergleichsweise geringe Wertschöpfung erzielt. Liegt der Mindestlohn über dem Wertschöpfungsbeitrag, entsteht auch kein Arbeitsverhältnis. Mindestlohnbefürworter halten dem entgegen, dass gesetzliche Mindestlöhne im Ausland weit verbreitet sind und dort keine negativen Beschäftigungswirkungen erkennbar seien. Als Paradebeispiele gelten im Allgemeinen Irland und das Vereinigte Königreich, wo Ende der Neunzigerjahre gesetzliche Mindestlöhne eingeführt worden sind, die in den Folgejahren zum Teil kräftig angehoben wurden, und wo die Arbeitslosenquote trotzdem zurückgegangen ist. (…)

Gegen die Einführung eines gesetzlichen Mindestlohns in Deutschland sprechen auch ordnungspolitische Überlegungen: Gesetzliche Mindestlöhne können ebenso wie allgemein verbindliche (tarifliche) Mindestlöhne die negative Koalitionsfreiheit verletzen und den Außenseiterwettbewerb beschränken.

Es ist also letztlich zwischen ordnungspolitischen und sozialpolitischen Aspekten abzuwägen. Bei den sozialpolitischen Erwägungen ist zu prüfen, ob ein Mindestlohn ein geeignetes Umverteilungsinstrument ist und welche Alternativen bestehen.

(Hagen Lesch, iw Köln, http://www.polixea-portal.de/index.php/Main/Artikel/id/141644/name/Lesch:+Steuertransfer+ statt+Mindestlohn)

---

1 *Sammeln Sie tabellarisch die in den Materialen 1 und 2 genannten Argumente für oder gegen die Einführung eines Mindestlohns und formulieren Sie eine eigene Position.*

Geldpolitik

Das System der europäischen Währungsunion

Der Euro ist eine Einheitswährung, d. h., die ehemaligen nationalen Währungen wie DM, Franc oder Lira sind aufgelöst, und die nationalen Zentralbanken unterliegen fortan den Weisungen der 1998 gegründeten Europäischen Zentralbank (EZB) mit Sitz in Frankfurt am Main. Mit der Idee der Einführung des Euro wurden folgende Ziele gesetzt:

- Vermeidung von Wechselkursschwankungen innerhalb der EU;
- Vollendung des Europäischen Binnenmarkts, in dem das Kapital frei fließen soll;
- Förderung des Wirtschaftswachstums;
- Schaffung einer weltweit bedeutenden Leitwährung, die Europas wirtschaftliche Rolle in der Welt stärken soll.

Die Europäische Zentralbank in Frankfurt am Main

Das Europäische System der Zentralbanken

Die Europäische Zentralbank bildet zusammen mit den am Euro teilnehmenden 15 Zentralbanken das Eurosystem. Es ist Teil des *Europäischen Systems der Zentralbanken (ESZB)*. In ihm sind neben den am Eurosystem beteiligten Zentralbanken noch die Zentralbank Dänemarks, Großbritanniens und Schwedens sowie die der 2004 der EU beigetretenen Länder Mitglieder.

Zuständigkeiten der Europäischen Zentralbank

Die Europäische Zentralbank ist die Hüterin des Euro. Zusammen mit dem *Europäischen System der Zentralbanken (ESZB)* ist sie als unabhängige Institution, nach dem Vorbild der Deutschen Bundesbank gebildet, für die Stabilität des Euro zuständig. Die folgenden zentralen Aufgaben werden von der EZB wahrgenommen:

- Festlegung und Durchführung der Geldpolitik,
- Durchführung von Devisengeschäften,
- Verwaltung der Währungsreserven,
- Versorgung der Volkswirtschaft mit Geld,
- Förderung eines reibungslosen Zahlungsverkehrs.

Das *Leitbild der EZB* wurde nach den folgenden Anforderungen entworfen:

- Effizienz (Wirksamkeit mit geringem Mitteleinsatz),
- Transparenz (Durchschaubarkeit für die Banken),
- Wirtschaftlichkeit,
- Marktverträglichkeit (Verwerfungen sollen vermieden werden),
- Dezentralität (in Bezug auf die Umsetzung durch die nationalen Zentralbanken),
- Kontinuität (die Maßnahmen sollen sich aufeinander beziehen),
- Harmonisierung (die verschiedenen Geldpolitiken der ehemaligen Zentralbanken werden vereinheitlicht).

Die Europäische Zentralbank (EZB) definiert die *Geldmengenaggregate* M1 bis M3 wie folgt:

M1 besteht aus dem gesamten Bargeldumlauf ohne die Kassenbestände der Kreditinstitute sowie den Sichteinlagen inländischer Nichtbanken.

Die weiter gefasste Geldmenge *M2* besteht aus M1 und den Einlagen mit vereinbarter Laufzeit bis zu zwei Jahren sowie den Einlagen mit vereinbarter Kündigungsfrist bis zu drei Monaten.

Die Geldmenge M2 unter Einbeziehung der Anteile an Geldmarktfonds, Repoverbindlichkeiten, Geldmarktpapieren sowie Bankschuldverschreibungen mit einer Laufzeit bis zu zwei Jahren ergibt schließlich die Geldmenge *M3*.

Geldpolitische Ziele

Eine wesentliche Aufgabe der Geldpolitik ist die Stabilität des Preisniveaus, d. h. die *Bekämpfung von Inflation*. Daher ist die primäre Aufgabe der Zentralbank die *Geldwertstabilität*. Ob die Europäische Zentralbank ihre Mittel auch dazu einsetzen soll, die Arbeitslosigkeit zu bekämpfen oder andere wirtschaftspolitische Maßnahmen zu unterstützen, ist umstritten. Der dem *Monetarismus* folgende Ansatz der geldpolitischen Strategie der EZB ist, die Geldmenge so zu steuern, dass sie dem Wirtschaftswachstum angemessen wächst, also ein möglichst ausgeglichenes Verhältnis der produzierten Gütermenge und der umlaufenden Geldmenge zu halten. Als Messgröße dient der EZB die *Geldmenge M3*. Um die Geldmenge zu regulieren, muss die EZB auf die Kreditvergabe der Geschäftsbanken Einfluss nehmen, indem sie ihre geldpolitischen Instrumente einsetzt.

Geldpolitische Mechanismen

Der EZB stehen unterschiedliche geldpolitische Instrumente zur Verfügung. Die Wirkung dieser Instrumente der Zentralbank wird nach der Wirkung auf die Geldmenge eingeschätzt. Man spricht von **kontraktiver** und **expansiver Wirkung** des geldpolitischen Instruments bzw. von *Liquiditätsabschöpfung* und *Liquiditätszuführung*. Die drei wichtigsten Instrumente der Zentralbank sind die Mindestreserve, die ständigen Fazilitäten und die Offenmarktgeschäfte.:

Die Mindestreserve: Jede Geschäftsbank ist verpflichtet, einen festgelegten Prozentsatz seiner Giro-, Termin- und Spareinlagen nicht wieder zu verleihen, sondern als unverzinsliches Guthaben bei der Zentralbank zu unterhalten. Die Zentralbank kann die Höhe (den Prozentsatz) dieser so genannten „Mindestreserven" (MR) innerhalb bestimmter Grenzen zur Verfolgung ihrer Ziele verändern und damit Einfluss auf die Finanzmärkte nehmen. Durch eine Erhöhung der Mindestreservesätze werden z. B. die für die Kreditvergabe verfügbaren Mittel der Banken knapper. Die wichtigste Funktion des Mindestreservesystems ist im Sinne des Magischen Vierecks die Stabilisierung der Geldmarktsätze.

Die ständigen Fazilitäten: Geschäftsbanken können sich durch Kredite (gegen Sicherheiten) ständig bei der Zentralbank Liquidität beschaffen. Dabei können entweder Wertpapiere „in Pension genommen" oder als Pfand beliehen werden. Der Zinssatz für diese Darlehen bewegt sich in einem Zinskorridor zwischen dem Zinssatz für die Spitzenrefinanzierungsfazilität und dem für die Einlagenfazilität. Die Schwankungsbreite beträgt derzeit 2 Prozentpunkte. Zu diesen Bedingungen können Kreditinstitute jederzeit und in beliebiger Höhe Liquidität beschaffen, wenn sie über die nötigen Sicherheiten verfügen.

Offenmarktgeschäfte: Offenmarktgeschäfte sind Geschäfte der Zentralbank am Geld- und Kapitalmarkt sowie der Börse, d. h. auf einem für jedermann zugänglichen (offenen) Markt. Dabei gibt die EZB Zentralbankgeld in die Wirtschaft, indem sie kauft. Sie entzieht der Wirtschaft Zentralbankgeld, indem sie verkauft. Vier Typen von Offenmarktgeschäften werden unterschieden: Hauptrefinanzierungsgeschäfte, längerfristige Refinanzierungsgeschäfte, Feinsteuerungsoperationen, strukturelle Operationen. Bei den Haupt- wie den längerfristigen Refinanzierungsgeschäften wird dem Bankensektor jeweils Liquidität zugeführt.

Zusammensetzung der Geldmenge

Geldmenge M3
· Repogeschäfte
· Geldmarktfondsanteile und Geldmarktpapiere
· Schuldverschreibungen bis zu 2 Jahren Laufzeit

Geldmenge M2
· Einlagen mit vereinbarter Kündigungsfrist von bis zu 3 Monaten
· Einlagen mit vereinbarter Laufzeit von bis zu 2 Jahren

Geldmenge M1
· Bargeldumlauf
· täglich fällige Einlagen

Quelle: BaWiBa

Hauptrefinanzierungsgeschäfte
Von der Zentralbank werden Darlehen gegen Hinterlegung von Wertpapieren bzw. Pfändern mit einer Laufzeit von zwei Wochen gewährt.

Längerfristige Refinanzierungsgeschäfte
Sie haben eine Laufzeit von drei Monaten und werden monatlich angeboten.

Feinsteuerungsoperationen
Die EZB bringt Liquidität in den Bankensektor oder entzieht sie ihm, indem sie innerhalb einer Stunde Käufe und Verkäufe von Wertpapieren oder Devisenswapgeschäfte abwickelt (Kauf von Devisen mit gleichzeitiger Rückkaufvereinbarung).

Strukturelle Operationen
Wertpapiere werden seitens der Zentralbank gekauft oder verkauft.

Der Zusammenhang von Geld- und Gütermenge

Preisniveau
Geldwert

Gütermenge — Geldmenge

Preisniveau
Geldwert

Gütermenge — Geldmenge

nach: F. J. Kaiser und P. Brettschneider, Volkswirtschaftslehre, Berlin 2002

Wirtschaftspolitik in der Weltwirtschaft

Arten von Direktinvestitionen

Gründung von Tochterunternehmen	Erwerb des Unternehmens zu 100 %	Eine 75 %ige Beteiligung ist erforderlich, um eine Sperrminorität anderer Anteilseigner auszuschließen
Kauf von Unternehmen oder Betriebsstätten	**Direkt-investitionen**	Ein Erwerb von 50 % stellt den Erwerb einer Mehrheitsbeteiligung dar. Das investierende Unternehmen erlangt Entscheidungskraft
Dauerhafte Kreditvergabe an ausländische Unternehmen	Ausstattung von ausländischen Unternehmen mit Anlagen und Kapital	Beteiligungen von 25 % am haftenden Kapital sind Minderheitsbeteiligungen

nach: www.iltis.de

Wirtschaftspolitische Aspekte und Globalisierung

Seit Mitte der 1980er-Jahre errichteten die Unternehmen weltweit immer häufiger Betriebsstätten im Ausland oder beteiligten sich an ausländischen Unternehmen. Diese Formen des Transfers von Kapital werden als *Direktinvestitionen* bezeichnet und wurden zum Hauptantriebsfaktor der Globalisierung. Durch diese Direktinvestitionen können zugleich Arbeitsplätze ins Ausland verlagert und unter Umständen auch neu geschaffen werden. Zudem können die auf diesem Wege genutzten Wettbewerbsvorteile das heimische Unternehmen wirtschaftlich stärker machen und so eventuell Arbeitsplätze im Inland sichern. Bei Direktinvestitionen orientieren sich die Unternehmen an den jeweiligen *Standortvorteilen*, besonders aber am Gefälle der Produktionskosten.

Handel in der globalisierten Welt

Reale Entwicklung – Index 1950 = 100

1950, 1960, 1970, 1980, 1990, 2000, 2010, 2014*

WELTHANDEL (Exporte): 3 738 · 3 268 · 3 279 · 2 875 · 2 172 · 1 165 · 798 · 476 · 210 · 100

WELTWIRTSCHAFTSLEISTUNG (Bruttoinlandsprodukt): 951 · 865 · 684 · 544 · 398 · 266 · 155 · 100

Quelle: WTO, IWF · *Schätzung · © Globus 6779

Der freie Welthandel und seine Beschränkungen

Waren, Kapital und Dienstleistungen müssen sich zwischen den Ländern bewegen können, wenn der Welthandel und der freie Kapitalverkehr wachsen sollen. Der Idee eines freien Welthandels, Kapital- und Dienstleistungsverkehrs steht das Bestreben gegenüber, die eigenen Produzenten und Industrien zu schützen.

Der Schutz der eigenen Wirtschaftsbetriebe erfolgt durch *Zölle*, die von den ausländischen Konkurrenten der heimischen Produzenten verlangt werden, wenn sie Waren einführen wollen. Solche *tarifären Handelshemmnisse* wie etwa Import- oder Exportzölle bilden das klassische Instrumentarium des *Protektionismus*. Eine Politik der Schutzzölle soll dazu dienen, heimische Arbeitsplätze und Unternehmen gegen ausländische Konkurrenz zu schützen. Außerdem stellen Zölle eine Einnahmequelle für den Staat dar. Ein neuer Protektionismus arbeitet weniger mit klassischer Zollpolitik als vielmehr mit *nichttarifären Handelshemmnissen* wie z. B. Exportbeschränkungen, Qualitätsstandards oder Einfuhrquoten. Diese erschweren die Einfuhr ausländischer Produkte und Dienstleistungen.

Freihandelspolitik: GATT und WTO

Im Rahmen des *GATT* haben sich die Industriestaaten darauf geeinigt, Zollschranken abzubauen und ausländische Waren nicht zu diskriminieren. Der *Freihandel* ist das angestrebte Ziel von GATT und WTO.

GATT

General Agreement on Tariffs and Trade (engl.: Allgemeines Zoll- und Handelsabkommen, von 1947). Vorgänger (bis 1995) der Welthandelsorganisation (WTO). Ziel: Förderung des weltweiten Handels durch Senkung der Zölle und Beseitigung anderer Außenhandelsbeschränkungen.

WTO

Word Trade Organization (Welthandelsorganisation). Sonderorganisation der Vereinten Nationen und mit dem Internationalen Währungsfonds (IWF) und der Weltbank die wichtigste Institution zur Behandlung internationaler Wirtschaftsprobleme.

http://www.wto.org/

Auflistung nichttarifärer Handelshemmnisse

Gruppe 1
- Subventionen
- Staatshandel
- Regierungskäufe
- Wettbewerbsbeschränkungen

Gruppe 2
- Konsularformalitäten
- Zollwertbestimmungen
- Antidumpingzölle
- Zolltarifierung

Gruppe 3
- Industrie-, Gesundheits-, Sicherheits- und andere Normen
- Verpackung, Etikettierung und Ursprungsangaben

Gruppe 4
- Mengenmäßige Beschränkungen und Importlizenzen
- Embargos und andere Beschränkungen
- Filmkontingente
- Diskriminierung aufgrund bilateraler Verträge
- Devisenkontrollen
- Maßnahmen zur Regulierung inländischer Preise
- Exporteinschränkungen
- Diskriminierung bezüglich Lieferanten
- Zollkontingente
- Andere Beschränkungen

Gruppe 5
- Zusatzabgaben, Hafen- und statistische Gebühren
- Grenzausgleichsteuer
- Diskriminierende Filmsteuer
- Vorherige Einfuhrdepots
- Veränderliche Abschöpfungen
- Diskriminierende Kreditbeschränkungen
- Notstandsmaßnahmen

Freihandel ist nach den meisten Außenhandelstheorien der Wohlfahrt der Länder eher dienlich als der Protektionismus. Zu den Vorteilen gehören z. B. eine erhöhte Effizienz (Zölle führen zu Produktions- und Konsumverzerrungen und somit zu Wohlfahrtsverlusten), ein schnelleres Erreichen von optimalen Betriebsgrößen durch internationalen Wettbewerb und durch den Wettbewerb beschleunigte Innovationen.

Globalisierungskritiker hingegen sprechen sich häufig gegen eine rigide Freihandelspolitik aus, da sie die Nivellierung von Standards etwa in Fragen wie Kinderarbeit, Lohnhöhe, Sozialstandards usw. auf dem schlechtestmöglichen Niveau befürchten.

Subventionen und neuer Protektionismus

Der zwischen den Industriestaaten z. B. im GATT vereinbarten Freihandelspolitik steht eine *neue Politik des Protektionismus* gegenüber. So wird z. B. den USA von den Entwicklungsländern und auch von der EU vorgeworfen, zwar Freihandel für ihre Industrieerzeugnisse zu propagieren, aber auf der anderen Seite die US-Landwirtschaft durch massive *Subventionen* zu unterstützen. Ähnliche Vorwürfe richten sich auch gegen die EU.

Lizenz zum Schlachten.

Karikatur: Heiko Sakurai

Schwerpunkt Beurteilung/Stellungnahme/Problematisierung

Text 1 Gegen die Krise des Liberalismus

Die politischen Zwecke und Prämissen von Keynes' Wirtschaftslehre werden noch klarer, wenn wir seine Revolution in den Kontext stellen, in dem sie entwickelt wurde. Am sinnvollsten ist für mich hier der Begriff der „Krise des Liberalismus", also die wirtschaftliche und politische Bedrohung der Ordnung des 19. Jahrhunderts. Keynes konzentrierte sich auf die Arbeitslosigkeit, weil sie das wichtigste Problem seiner Zeit war. Die Lösung dieses Problems musste aber keineswegs zu Umverteilung oder Diktatur führen. Sie war ideologisch neutral und versprach eine gewisse Entspannung politischer Konflikte.

Die Keynesianische Revolution kann daher eingeordnet werden als das Bemühen, eine politische Theorie für eine freie Gesellschaft zu liefern. So gedeutet tritt Keynes nicht nur als Ökonom, sondern mit einer Gruppe von Denkern auf, die alle darum kämpften, den Liberalismus mit einer Regierungsphilosophie auszustatten, die der Zeit entsprach. (…)

Der wirtschaftliche Kollaps der flexiblen US-Wirtschaft nach 1929 verlangt aber eine wissenschaftliche Analyse, die Keynes zu liefern versuchte. Seine „Allgemeine Theorie" kann als eine stilisierte Erklärung dieses Zusammenbruchs verstanden werden. (…)

Die Keynesianische Revolution hat zweifellos politisch sehr viel bewegt. Die Theorie der effektiven Nachfrage zeigte, dass es genug Raum zur Verbesserung der materiellen Wohlfahrt durch Maßnahmen gibt, die das Los der Arbeiter verbessern, ohne dass es den Kapitalisten schlechter geht. Diese Einsicht war die intellektuelle Basis für den Nachkriegskonsens: Sie half, ein liberales Marktsystem zu bewahren, indem sie die Linke mit dem Kapitalismus und die Rechte mit der Demokratie versöhnte. Die Frage bleibt, ob Keynes' Mittelweg heute noch benötigt wird. Sie ist zwar in gewisser Hinsicht müßig, denn der Keynesianismus ist heute eingebaut in die politische Ökonomie der Industrienationen. Keine Regierung ist bereit, eine neue Depression hinzunehmen. (…)

In mindestens drei Zusammenhängen bleibt die Frage nach dem Mittelweg aber aktuell: erstens bei der Globalisierung und dem Widerstand dagegen. Obwohl das kapitalistische Marktsystem weltweit ideologisch so gefestigt dasteht wie seit 100 Jahren nicht mehr, hat es doch zwei klare Schwächen: die Volatilität der Finanzmärkte und die amerikanische Dominanz durch Ideen, Unternehmen und militärische Macht. Es gibt heute eine weitverbreitete Unzufriedenheit, die einen ideologischen Fokus sucht. Es ist nur eine Frage der Zeit, bis ein solcher gefunden wird. Der zweite Punkt ist Mittel- und Osteuropa. Nach dem Ende des Kommunismus war dort der erste Impuls verständlicherweise, sich für Marktfundamentalismus zu entscheiden. Doch außer zum Zweck der Schocktherapie ist Marktfundamentalismus nicht tragbar. Der dritte Punkt ist Lateinamerika, wo der Marktfundamentalismus sehr durchwachsene Ergebnisse erzielte.

In meinem Buch „The World After Communism" habe ich 1995 argumentiert, dass es fatal wäre, wenn eine globale Wirtschaftsschwäche mit Auseinandersetzungen zwischen verschiedenen Kulturen und Rassen zusammenfiele, sozusagen Marktfundamentalismus und religiöser Fundamentalismus aufeinanderprallten. Seit damals sind die Bedrohungen für eine liberale Weltordnung durch religiös oder rassisch motivierte Politik beträchtlich gestiegen. Vor allem in diesem Kontext ist es wert, sich daran zu erinnern, wofür Keynes stand.

(Robert Skidelsky, Gegen die Krise des Liberalismus, in: Michael Hüther (Hrsg.), Klassiker der Ökonomie. Von Adam Smith bis Amartya Sen, Bonn: Bundeszentrale für politische Bildung 2006, S. 169 ff.)

Aufgaben

1 Analysieren Sie den Text unter besonderer Berücksichtigung der Einordnung des Ökonomen Keynes durch den Autor.

2 Stellen Sie die wirtschaftspolitische Position Keynes' dar und überprüfen Sie die Thesen des Autors in dieser Hinsicht.

3 Nehmen Sie Stellung zu der Befürchtung des Autors, Marktfundamentalismus und religiöser Fundamentalismus könnten aufeinanderprallen.

Hinweise

Hinweise zum Aufgabenteil 1

Die Textanalyse muss auf jeden Fall herausstellen, dass der Autor Keynes in die Reihe der Klassiker liberalen wirtschaftlichen Denkens zu stellen sucht und von daher mehr die politischen Gemeinsamkeiten als die wirtschaftstheoretischen und wirtschaftspolitischen Unterschiede zu liberalen Auffassungen betont. Keynes wird von Skidelsky eher als Mittler denn als Kontrahent der liberalen Wirtschaftsauffassung gelobt.

Inwiefern diese Auffassung politisch stimmig ist, kann hier nicht überprüft werden. In Hinsicht auf die wirtschaftstheoretische und wirtschaftspolitische Auffassung müssen aber deutlich Unterschiede herausgearbeitet werden: Keynes setzte an dem Punkt an, dass die liberale Meinung, wonach der Markt immer wieder selbst zur Vollbeschäftigung führe, offensichtlich der Realität nicht entsprach. Entsprechend sah er einen Bedarf für Wirtschaftspolitik, da der Staat offenbar mehr zu leisten habe als eine Nachtwächterrolle. Er betrachtete als Motor des Wirtschaftsprozesses die gesamtwirtschaftliche Nachfrage und stellte fest, dass deren Komponenten, nämlich private Nachfrage, unternehmerische Nachfrage, Auslandsnachfrage und staatliche Nachfrage überwiegend nicht durch Politik beeinflussbar seien, bis auf die letztgenannte. Also müsse der Staat regulierend wirken, wenn die Ergebnisse des Wirtschaftsprozesses so offensichtlich an den Zielen der Politik vorbeigingen. Der Staat könne seine Nachfrage steuern und müsse dies tun, um die Schwächen der freien Entwicklung des Marktes auszugleichen. Keynes sah dabei durchaus das Problem, dass die Marktkräfte ihrerseits reagieren würden, etwa durch die Zinsentwicklung. Er wies aber nach, dass es möglich sein müsse, so zu steuern, dass ein Effekt für die gesamtwirtschaftliche Nachfrage erreichbar sei.

Hinweise zu den Aufgabenteilen 2 und 3

In der Stellungnahme geht es darum, eine eigene Position zu einer gegebenen These zu entwickeln. Wie im vorgegebenen Fall sicherlich nötig, sollte man sich klar machen, was genau die These ist, zu der Stellung bezogen werden soll. Auch wenn die These in der Aufgabe zitiert wird, sollte man sich stets vergewissern, was genau gemeint ist. Besonders wenn die These nicht zitiert ist, ist der Kontext wichtig.

Im vorliegenden Fall bezieht sich die These auf das Aufeinandertreffen von Marktfundamentalismus und religiösem Fundamentalismus. Der Letztere erklärt sich von selbst bzw. wird im Kontext nicht näher erläutert. Zum Marktfundamentalismus findet sich im Text der Hinweis, er habe im Osten Europas nach dem Fall des Kommunismus im ersten Impuls geherrscht und er habe durchwachsene Ergebnisse in Lateinamerika erzielt. Gemeint kann hiermit also nur das absolute Vertrauen in die Lenkungskräfte des Marktes und die Zurückdrängung aller staatlichen Eingriffe sein, letztlich die Rückbesinnung auf den klassischen Liberalismus Adam Smiths.

Der islamische Fundamentalismus versteht sich als Gegenbewegung zur Amerikanisierung und Verwestlichung der Welt, wozu sicherlich auch die große Bedeutung der Ökonomie und damit des Marktes gehören. An die Stelle westlich-liberaler Werte setzen die Islamisten eine Gerechtigkeitsvorstellung, die am Glauben und an der Sicherheit der Überlegenheit des Islams orientiert ist.

In einer Stellungnahme kann an vielen Punkten angesetzt werden:

- Es fällt auf, dass Marktfundamentalismus und Islamismus nicht einfach ein Gegensatzpaar sind, wenn man davon absieht, dass Fundamentalismen sich immer ausschließen.
- Der erklärte Gegner der Islamisten ist der Amerikanismus, nicht der Markt.
- Zwischen Markt und islamischer Welt kommt es keineswegs zu Auseinandersetzungen, vielmehr ist das Geschäftsleben auch in islamischen Ländern von den Gesetzen des Marktes bestimmt. Oft sind es eher die westlichen Länder, die z. B. durch Sanktionen die Marktgesetze in solchen Ländern verfälschen.
- Zwischen Fundamentalismen gibt es keinen Dritten Weg. Der Westen wäre schlecht beraten, wenn er dem Islamismus einen „eigenen" Fundamentalismus entgegenhalten würde

Zum Weiterarbeiten

Aufgaben zu den verschiedenen Anforderungsbereichen

Anforderungsbereich I

- Stellen Sie die Ziele der Wirtschaftspolitik vor und zeigen Sie, inwiefern die wirtschaftspolitischen Grundrichtungen diese Ziele verfolgen.
- Stellen Sie die Herangehensweise der wirtschaftspolitischen Grundrichtungen vor und zeigen Sie am Beispiel der Bekämpfung der Arbeitslosigkeit, wie die verschiedenen Denkweisen zu unterschiedlichen Handlungsweisen der Wirtschaftspolitik führen können.
- Zeigen Sie, wie das Wachstum gemessen wird, und stellen Sie Möglichkeiten vor, wie Wirtschaftspolitik das wirtschaftliche Wachstum zu beeinflussen sucht.

Anforderungsbereich II

- Legen Sie dar, in welcher Hinsicht die Messung der Arbeitslosigkeit als problematisch betrachtet werden kann.
- Stellen Sie die Messung des Preisniveaus vor und beurteilen Sie die Aussagekraft des generellen Preisniveaus für die Lebenshaltung.
- Zeigen Sie, mit welchen Maßnahmen Konjunkturpolitik arbeitet und von welchen Überlegungen sie ausgeht.
- Erläutern Sie die Notwendigkeit einer Strukturpolitik.
- Beurteilen Sie die Maßnahmen der bestehenden Bundesregierung zur Bekämpfung der Arbeitslosigkeit.

Anforderungsbereich III

- Nehmen Sie Stellung zu Forderungen, Wirtschaftspolitik weitgehend einzustellen und den Marktkräften zu vertrauen.
- Erläutern Sie, auf welche Weise die EZB ihrer Aufgabe nachkommt.
- Erläutern Sie die Stellung der EZB und nehmen Sie Stellung zur Diskussion um ihre Autonomie.
- Zeigen Sie auf, in welcher Weise Deutschland von der Weltwirtschaft abhängig ist, und nehmen Sie Stellung zu den Konsequenzen für die deutsche Wirtschaftspolitik.

Links zu den Themen der Wirtschaftspolitik

www.destatis.de	Statistisches Bundesamt: Wichtige Quelle für Wirtschaftsdaten aus den Bereichen der amtlichen Statistik
www.arbeitsagentur.de	Bundesagentur für Arbeit: umfangreiche Informationen: z. B. offene Ausbildungsplätze, Praktikantenbörse, Stellenangebote, Ausbildungs-Stellen-Informations-Service (ASIS) usw.
www.bundesbank.de	Deutsche Bundesbank: Infos zu den Themenbereichen Geld und Geldpolitik
www.bundesregierung.de	Bundesregierung
www.bmwi.de	Bundesministerium für Wirtschaft und Technologie
www.ecb.eu	Europäische Zentralbank
www.diw.de	DIW (Deutsches Institut für Wirtschaftsforschung)

7 Globalisierung

LaTejita, Teneriffa, Spanien
Erholungssuchende versorgen Flüchtlinge, die nach einer Flucht von einigen Tausend Kilometern dort gelandet sind. Die Flüchtlinge kommen aus Afrika, vielleicht aus dem Senegal. Über die genauen Herkunftsländer ist in der Presse meist wenig zu erfahren. „Sie verdienen unseren Respekt. Sie sind sehr höflich, sie machen keinen Ärger, sie sind freundlich, sie sind ehrgeizig und diszipliniert", sagt ein Sprecher der spanischen Polizei.
Foto: Arturo Rodríguez

Globalisierung – Ursachen und Folgen

Globalisierungsbegriff

Globalisierung ist ein seit etwa 30 Jahren gebräuchlicher Begriff für verschiedene wichtige Veränderungsprozesse in der Welt. Globalisierung beschreibt keinen Endzustand, sondern einen *Prozess,* in dessen Verlauf der Umfang und die Intensität nationale Grenzen überschreitender Verkehrs-, Kommunikations- und Austauschbeziehungen rasch zunehmen.

Die trennende Bedeutung *nationalstaatlicher Grenzen* wird unterspült: Die Wirkungen grenzüberschreitender ökonomischer, sozialer und politischer Aktivitäten für nationale Gesellschaften verstärken sich, viele Probleme laufen quer zu den territorialen Grenzen, immer mehr Ereignisse werden weltweit gleichzeitig wahrgenommen und wirken sich mit zunehmend kürzeren Verzögerungen an unterschiedlichsten Orten der Welt aus. Damit verändern sich auch die Anforderungen an und das Verständnis von Politik.

Ausweitung des internationalen Handels

Nach dem Zweiten Weltkrieg wurden Handelshemmnisse weltweit verstärkt abgebaut, um die Vorteile *internationaler Arbeitsteilung* zu nutzen. Internationale Verträge wie das GATT wurden geschlossen. Das Handelsvolumen der OECD-Länder (OECD = Organization for Economic Cooperation and Development) war Mitte der 1990er-Jahre achtmal so groß wie 1960. Im gleichen Zeitraum hat sich die Produktionsleistung dagegen nur verdreifacht.

Das Volumen der *weltweit exportierten Güter* ist seit Ende der 1980er-Jahre jährlich um 9 % gewachsen. Enorm gestiegen ist der Handel mit Industriegütern, besonders mit Maschinen, Fahrzeugen, chemischen und pharmazeutischen Produkten, elektrotechnischem und elektronischem Gerät. Bergbauprodukte oder der Handel mit Nahrungsgütern verloren hingegen Anteile. Aufgrund des technologischen Fortschritts und der zunehmenden weltwirtschaftlichen Verflechtung werden die Produktlebenszyklen immer kürzer.

Im Vergleich zu den weltweiten Kapitalströmen blieb die Entwicklung des Welthandels allerdings deutlich zurück. Der Abbau von Beschränkungen und Kontrollen im Kapitalverkehr in den Siebzigerjahren des 20. Jahrhunderts und der rasante Fortschritt im Bereich der Informations- und Kommunikationstechnologie ermöglichen es Konsumenten und Unternehmen heute, ihr Vermögen weltweit dort anzulegen, wo es die höchsten Erträge bringt. Kein

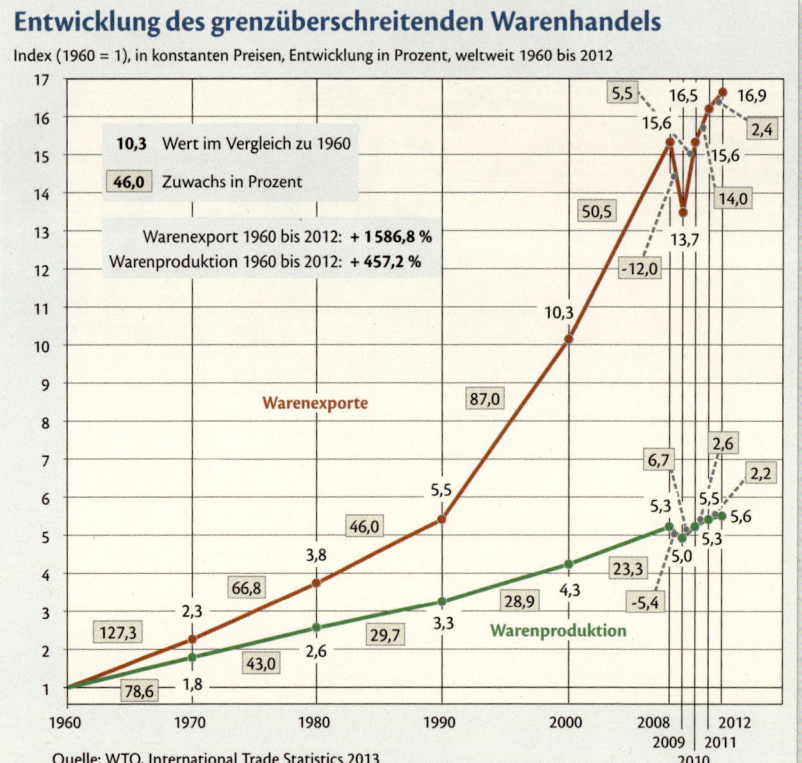

Entwicklung des grenzüberschreitenden Warenhandels

Index (1960 = 1), in konstanten Preisen, Entwicklung in Prozent, weltweit 1960 bis 2012

10,3 Wert im Vergleich zu 1960
46,0 Zuwachs in Prozent

Warenexport 1960 bis 2012: + 1586,8 %
Warenproduktion 1960 bis 2012: + 457,2 %

Warenexporte

Warenproduktion

Quelle: WTO, International Trade Statistics 2013

zweiter Bereich ist durch die Globalisierung so beschleunigt worden wie der internationale Kapitalverkehr, kein Gut so mobil wie Kapital. Gigantische Summen werden praktisch ohne Transaktionskosten und Zeitverzögerung überall in der Welt angelegt.

Weltweiter Kapitalverkehr

Die *internationale Arbeitsteilung* bewirkt, dass die Produktionsfaktoren dorthin wandern, wo Güter produziert werden, die einen mobilen Faktor relativ intensiv nutzen. Der Produktionsfaktor „Arbeit" ist allerdings nicht so mobil wie Güter und Kapital. Deshalb werden die Arbeitsmärkte durch die Globalisierung nur teilweise durchlässiger. Innerhalb der EU hat die Arbeitsmigration trotz „Freizügigkeit" insgesamt eher abgenommen.

Globaler Arbeitsmarkt

Die Anreize für *Arbeitsmigration* spielen eine wesentliche Rolle, denn Arbeitskraft wandert nach allen Gesetzmäßigkeiten dorthin, wo ihre Entlohnung am höchsten ist. Die höchsten Löhne werden dort gezahlt, wo der Faktor „Arbeit" am produktivsten eingesetzt werden kann. Es gibt qualifizierte Arbeitskräfte, die heute quasi weltweit eine Anstellung finden können. Nach dem Zusammenbruch des Sozialismus hat es z. B. einen „Braindrain" wissenschaftlichen Personals aus Osteuropa in reiche Industrieländer, insbesondere in die USA, gegeben. Die armutsbedingte Migration aus Entwicklungsländern in die Industrieländer ist dabei bedeutsamer. Es wird geschätzt, dass von zehn Migranten neun aus wirtschaftlichen und nur einer aus politischen Gründen abwandert.

Gefahren der Globalisierung

Globalisierung ist zwar in erster Linie ein ökonomisches Phänomen, ihre Auswirkungen gehen jedoch weit darüber hinaus. Viele Menschen in den Industriestaaten sehen sie als eine *Gefährdung der sozialen Sicherheit* und ihrer Zukunftschancen an. Der Abbau zwischenstaatlicher Hindernisse erleichtert es besonders großen, kapitalkräftigen Unternehmen, die ihre Produktionskosten verringern wollen, sich in Ländern mit niedrigeren Lohnkosten, minimalen umweltpolitischen Auflagen sowie schwachen sozialen Sicherungssystemen niederzulassen.

Für einfache Tätigkeiten wird in manchen Ländern so wenig bezahlt, dass die dort hergestellten Produkte ungeachtet der Transportkosten immer noch billiger sind als solche, die in Deutschland fabriziert wurden. Dies gefährdet vor allem die Arbeitsplätze, für die schon *geringe Qualifikationen* ausreichen. Folglich müssen die Menschen ein immer höheres Ausbildungsniveau und innovative Fähigkeiten aufweisen, um mit der Arbeitnehmerschaft anderer Industriestaaten konkurrenzfähig zu bleiben.

Sozialstaat und internationaler Wettbewerb

Unter den einzelnen Ländern entsteht eine *Standortkonkurrenz*. Selbst wenn Gebäude- und Maschineninvestitionen nicht beliebig in andere, lohngünstigere Länder verlagert werden können, sind bei Tarifabschlüssen die Möglichkeiten, die eine globale Firmenpolitik bietet, mitunter erheblich. Um in diesem Netz der Produktionsstandorte attraktiv zu bleiben und Investitionen anzulocken, findet zwischen den Staaten ein permanenter Wettbewerb statt. So wird auch in Deutschland darüber gestritten, inwieweit es als exportorientierter Wirtschaftsstandort noch konkurrenzfähig ist und ob seine hohen Sozialstandards, der Umfang seiner Steuern, die umweltpolitischen Vorschriften und seine arbeitsrechtlichen Regelungen, wie zum Beispiel Kündigungsschutzbestimmungen, im globalen Wettbewerb hinderlich geworden sind.

Dimensionen der Globalisierung

Merkmale der einzelnen Dimensionen der Globalisierung

Kommunikation:
- rasante Entwicklung der Telekommunikation (besonders des Internets, des Handys u. a. Technologien)
- Verbilligung der Kommunikation und des Transports
- Errichtung weltweiter Kommunikationsnetze

Ökonomie:
- Wegfall von Handelshemmnissen
- starkes Wachstum des Welthandels
- Vermehrung der multinationalen Konzerne und ihrer wirtschaftlichen Bedeutung
- Verselbstständigung der Finanzmärkte

Politik:
- Deregulierung (der Abbau von Vorschriften)
- Ausbau internationaler Kooperation
- Rückgang der Handlungsfähigkeit der Nationalstaaten

Soziales:
- Intensivierung von Migrationsbewegungen
- Angleichung von Lohn- und Sozialstandards

Ökologie:
- globale Ausmaße von Umweltgefährdungen (z. B. Klimaveränderungen, Verlust der Wälder)
- Verschärfung von Umweltkonflikten

Kultur:
- Verbreitung bestimmter kultureller Muster über elektronische Medien (Entstehen einer „Weltkultur")
- „McDonaldisierung" der Gesellschaften (Verbreitung von Ausprägungen US-amerikanischer Lebensweise und Konsumgewohnheiten über die ganze Welt)

Eine konkrete *Definition* für den Begriff Globalisierung zu finden, ist kaum möglich. Es gibt weder in der wissenschaftlichen noch in der breiten öffentlichen Debatte eine anerkannte Begriffsbestimmung. Im Folgenden werden verschiedene Interpretationen des Begriffs angeboten, die auf ihre Reichweite und Bedeutung überprüft werden müssen:

Globalisierung ist
- die „größte wirtschaftliche und gesellschaftliche Umwälzung seit der industriellen Revolution" (Dirk Messner / Franz Nuscheler)
- die „Entfesselung der Kräfte des Weltmarktes und ökonomische Entmachtung des Staates" (Schumann / Martin)
- der „Prozess steigender Verbindungen zwischen Gesellschaften und Problembereichen" (Johannes Varwick)
- die „quantitative und qualitative Intensivierung grenzüberschreitender Transaktionen bei deren gleichzeitiger räumlicher Ausdehnung" (Ulrich Menzel)
- die „Intensivierung weltweiter sozialer Beziehungen, durch die entfernte Orte in solcher Weise miteinander verbunden werden, dass Ereignisse an einem Ort durch Vorgänge geprägt werden, die sich an einem viele Kilometer entfernten Ort abspielen, und umgekehrt" (Anthony Giddens)
- „ein Prozess der Überwindung von historisch entstandenen Grenzen. Sie ist daher gleichbedeutend mit der Erosion (also nicht mit dem Verschwinden) nationalstaatlicher Souveränität und stellt sich als ‚Entbettung' der Marktökonomie aus den moralischen Regeln und institutionalisierten Bindungen von Gesellschaften dar" (Elmar Altvater)
- „die zunehmende wechselseitige Abhängigkeit und Integration der verschiedenen Ökonomien rund um den Globus" (Meghnad Desai)

Da eine einheitliche Definition der Globalisierung (noch) nicht existiert, hat es sich als günstig erwiesen, die *Dimensionen der Globalisierung* zu bestimmen und auch bei einzelnen Theorien der Globalisierung die Fassung dieser Dimensionen zu überprüfen.

Dimensionen der Globalisierung

Kommunikation — Ökonomie — Kultur — Globalisierung — Politik — Ökologie — Soziales

Zweifel am Globalisierungsbegriff

Globalisierung – ein Mythos?

Der Glaube an die Globalisierung geht von einer falschen Annahme aus: von einer Welt autonomer Staaten, die es jetzt oder vor 1989 oder eher vor 1950 gegeben haben soll.

Doch die Welt stimmt damit nicht überein und hat dies niemals getan. Es gibt viele Hinweise darauf, dass die Welt nicht so ist, wenn man die grenzüberschreitenden Interaktionen betrachtet. Die „Globalisten" aber missbrauchen diese Tatsachen. Sie sagen, dass es in der Vergangenheit eine Welt getrennter Nationalstaaten gegeben habe und dass diese nun ihrem Ende zugeht und sich auflöst. Diese Inkonsistenz wird dann als der „Globalisierungsbeweis" präsentiert. Sie gilt als Wahrheit, die von den Globalisierungsforschern entdeckt wurde. (…)

Der grundlegende logische Fehler der Globalisten besteht darin, die nationalistische Behauptung zu übernehmen, dass Nationen separierte Gebilde sind, während sie in Wirklichkeit eine globale und universelle Struktur darstellen: das funktionelle Äquivalent der nationalistischen Weltordnung.

(Paul Treanor, 24.4.1997, nach: http://www.heise.de/tp/r4/artikel/1/1176/1.html)

Triadisierung – nicht Globalisierung

Die heutige Globalisierung ist eine Rumpfglobalisierung. „Triadisierung" ist daher eine zutreffendere Bezeichnung der gegenwärtigen Lage. Triadisierung heißt, dass die technologischen, wirtschaftlichen und soziokulturellen Integrationsprozesse zwischen den drei entwickeltsten Regionen der Welt (Japan und die neu industrialisierten Länder Süd- und Südostasiens, Westeuropa und Nordamerika) durchgängiger, intensiver und bedeutender sind als die Integration zwischen diesen drei Regionen und den weniger entwickelten Ländern oder zwischen den benachteiligten Ländern untereinander.

Triadisierung findet auch in den Köpfen der Menschen statt. Japaner, Nordamerikaner und Westeuropäer gehen davon aus, dass die Welt, die zählt, ihre eigene Welt ist. Hier sind die kulturelle und wissenschaftliche Vorherrschaft, die technische Überlegenheit, die militärische Hegemonie, der wirtschaftliche Wohlstand zu finden, und damit auch die Fähigkeit zur Steuerung und Gestaltung der Weltwirtschaft und Weltgesellschaft. (Gruppe von Lissabon, Grenzen des Wettbewerbs. Die Globalisierung der Wirtschaft und die Zukunft der Menschheit, Lizenzausgabe für die Bundeszentrale für politische Bildung, Bonn 1997, S. 108–112)

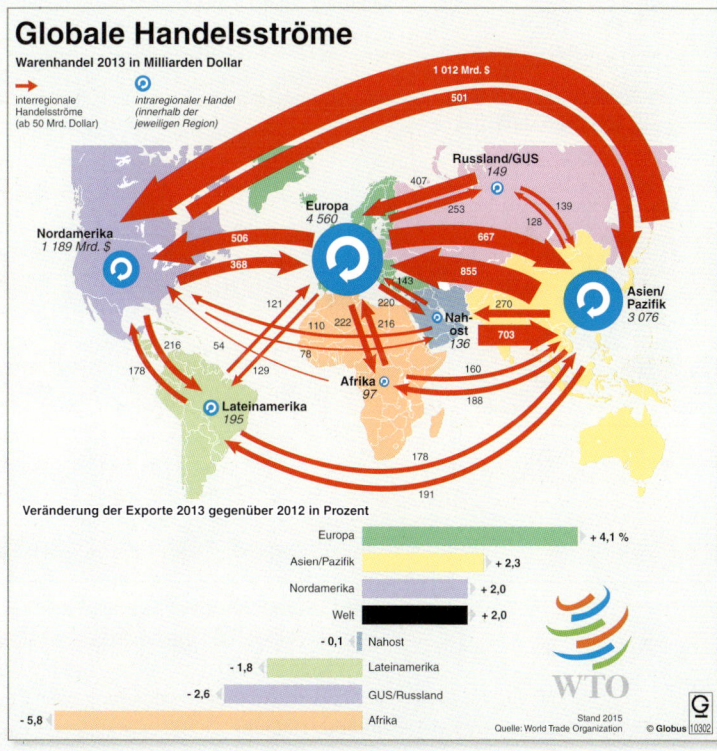

1 *Worin liegen die Schwierigkeiten begründet, den Begriff „Globalisierung" eindeutig zu definieren?*

2 *Welche Positionen werden durch die Texte M1 und M2 deutlich? Hat nach diesen der Begriff der Globalisierung überhaupt seine Berechtigung?*

Globalisierungstheorien

Dependenztheorien und Globalismustheorien

Die *Dependenztheorien* betrachten die Globalisierung von der Seite des Nationalstaats: Durch historische Beziehungen und Tauschmuster haben sich demnach im Weltwirtschaftssystem eine Peripherie und ein Zentrum gebildet. Die Länder in der Peripherie werden systematisch benachteiligt und sind von den Ländern im Zentrum wirtschaftlich abhängig. Die Entwicklungsländer produzieren hauptsächlich Grundstoffe (z. B. Rohstoffe und Agrarprodukte) und einfache Industrieprodukte (wie Textilien), und zwar zu stetig sinkenden Preisen. Die Industrieländer liefern hochtechnisierte Fertigprodukte zu ständig steigenden Preisen. Die Möglichkeiten der abhängigen Länder sind begrenzt, wenn sie sich nicht von dieser Entwicklung abkoppeln.

Globalismustheorien stellen den ökonomischen Fortschritt in den Mittelpunkt: Durch steigende und somit effizientere internationale Arbeitsteilung kommt es insgesamt zu mehr Wachstum und Prosperität, auch für die ärmeren Länder. Diese Theorien beruhen auf dem klassischen Liberalismus. Der Abbau von Handelshemmnissen und nationalen Besonderheiten und Standards muss demnach forciert werden, damit die Kräfte des freien Marktes möglichst gut zur Wirkung kommen. Die Einzelstaaten haben ohnehin nur noch wenig Einfluss auf die Entwicklung und sollten sich ihr deshalb nicht entgegenstellen.

Einzelne Globalisierungstheoretiker

Manuel Castells (*1942) sieht die Globalisierung hauptsächlich als Konsequenz der Revolution der Informationsmedien und der für ihn damit verbundenen Vernetzung aller Systeme der Gesellschaft. Dadurch entsteht eine weltweit sich ausbreitende Logik der Netzwerke, die alle Lebensbereiche betrifft. Für die Individuen bleibt nur übrig, gegenüber der Vernetzung die persönliche Identität zu betonen.

Karikatur: Thomas Plaßmann

In der Theorie des Soziologen *Ulrich Beck* (*1944) ist Globalisierung hauptsächlich bestimmt durch das alltägliche Leben und Handeln in dichten Netzwerken, in hoher Abhängigkeit und mit wechselseitiger Verpflichtung über nationalstaatliche Grenzen hinweg. Außerdem ist sie bestimmt durch das Wegfallen örtlicher Gebundenheit von Gemeinschaft, Arbeit und Kapital. Globalisierung wird gesehen als ein global desorganisierter Kapitalismus. Es gilt die z. T. auch wachsenden politischen Möglichkeiten zu nutzen, um die Globalisierung zu lenken. Insbesondere biete die Tendenz zur Individualisierung neue Chancen auch politischen Handelns.

Anthony Giddens (*1938) betrachtet die Globalisierung in ihrer politischen und ökonomischen Dimension: Dabei spielen für ihn die internationale Arbeitsteilung und militärische Allianzen eine besondere Rolle. Die Globalisierung bringe vielfältige Gefahren mit sich, u. a. für die Demokratie. Dennoch meint Giddens, dass die Politik die Globalisierung bejahen müsse, und empfiehlt eine soziale Politik im Umgang mit der für ihn nach ökonomischen Gesetzmäßigkeiten unausweichlich eintretenden Globalisierung.

Antonio Negri (*1933) sieht die Globalisierung vorrangig unter politischem Aspekt: Seine Theorie setzt beim Niedergang der Souveränität der Nationalstaaten an und stellt die Hypothese auf, dass Souveränität eine neue Form annimmt, in der nationale und internationale Organismen verbunden werden: das „Empire". Es besitzt kein territoriales Zentrum der Macht, sondern ist dezentral und arbeitet mit wechselnden Identitäten, Hierarchien und Netzwerken. Der Umgang mit dieser neuen Struktur kann für Negri nicht in einem frontalen Widerstand bestehen, sondern muss versuchen, positive Aspekte der Veränderungen im Sinne des Aufbaus neuer demokratischer Möglichkeiten zu nutzen, um mit dem Empire und über es hinaus in eine neue Gesellschaft zu wachsen.

Technologische Voraussetzungen der Globalisierung

Voraussetzungen der Globalisierung sind technologische Entwicklungen, die einerseits zu einer Verbesserung der *Transportmöglichkeiten* und damit zu einer Senkung der Transportkosten und andererseits zu einer Revolutionierung des informationellen Sektors und zu einer Minimierung der Kommunikationskosten geführt haben.

Dementsprechend entwickelte sich der Verkehr stark im Langstreckenbereich. Der Luftfrachtverkehr beispielsweise vervierfachte sich von 1986 bis 2003.

Die schnelle Entwicklung der Informations- und *Kommunikationstechnologien* – vor allem die Entwicklung des Internets – ermöglichte einen qualitativen Sprung in der weltweiten Vernetzung. Der Austausch von Informationen ist durch die technischen Möglichkeiten, die sich in den 1990er-Jahren sprunghaft entwickelten, leichter und billiger geworden.

Nachdem die Vernetzung zunächst auf die reichen Industriestaaten beschränkt war, werden mehr und mehr auch Länder eingebunden, die ökonomisch weniger stark sind. Die Möglichkeit, an den weltweiten Kommunikationsnetzen teilzuhaben, ist heute eine Grundbedingung für die wirtschaftliche Weiterentwicklung.

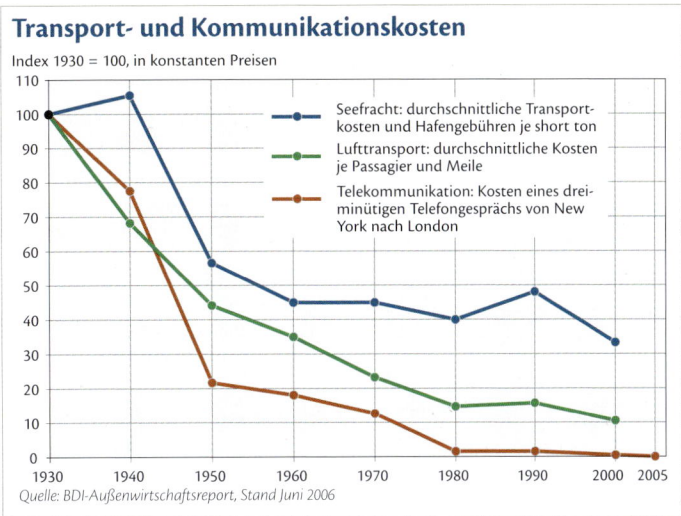

Transport- und Kommunikationskosten
Index 1930 = 100, in konstanten Preisen
Quelle: BDI-Außenwirtschaftsreport, Stand Juni 2006

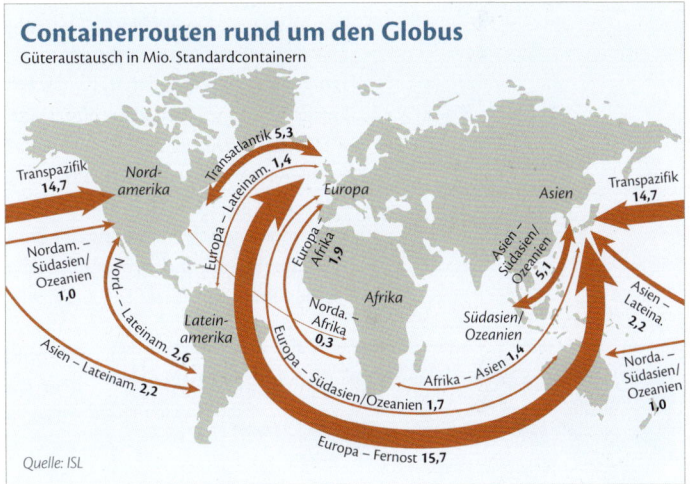

Containerrouten rund um den Globus
Güteraustausch in Mio. Standardcontainern
Quelle: ISL

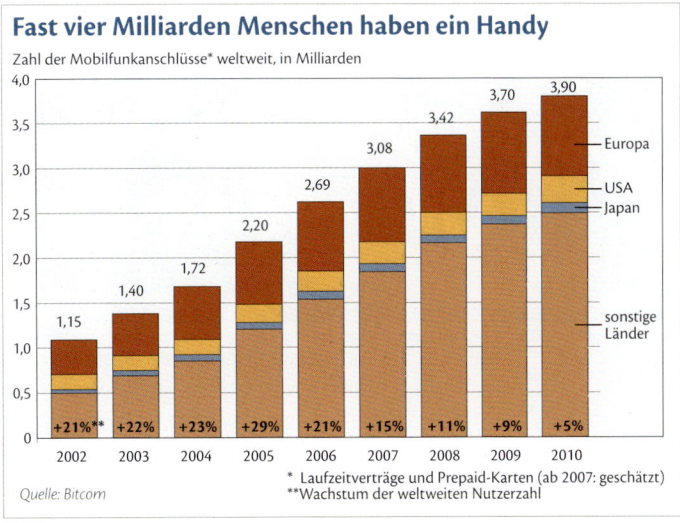

Fast vier Milliarden Menschen haben ein Handy
Zahl der Mobilfunkanschlüsse* weltweit, in Milliarden
Quelle: Bitcom
* Laufzeitverträge und Prepaid-Karten (ab 2007: geschätzt)
**Wachstum der weltweiten Nutzerzahl

189

Liberalisierung und Deregulierung

Staatliche Regeln

Jede Gesellschaft benötigt allgemeinverbindliche Regeln, die vom Staat festgelegt werden müssen. Der Staat greift in das Wirtschaftsgeschehen ein, indem er allgemeine *Rahmenbedingungen,* die Spielregeln für die Wirtschaftsteilnehmer, festsetzt. Darüber hinaus gab und gibt es jedoch Wirtschaftsbereiche, in denen besondere Vorschriften für die wirtschaftlichen Aktivitäten gelten (Regulierungen). Dazu zählen die Verkehrs- und Kommunikationswirtschaft, die Versorgungsunternehmen (Wasser-, Gas-, Elektrizitätsversorgungsunternehmen), das Handwerk, die freien Berufe und der Handel. Nicht nur in Deutschland, auch in vielen anderen Industrieländern ist dadurch im Laufe der Zeit ein dichtes Geflecht von Regulierungen und Vorschriften entstanden.

Deregulierung

ist der Abbau staatlicher Regulierungen, die in einzelnen Teilen einer Volkswirtschaft den Wirtschaftsteilnehmern besondere Vorschriften auferlegen und oft den Wettbewerb behindern.

Deregulierung

Im Zusammenhang mit der Vereinheitlichung des *europäischen Binnenmarktes* kamen von der Europäischen Kommission viele Anstöße zur Deregulierung in ihren Mitgliedsstaaten. Regulierungseingriffe wurden zurückgeführt, die betroffenen Wirtschaftsbereiche dereguliert.

Begründet wird Deregulierung mit Folgen staatlicher Regulierungen, z. B. indem sie wirtschaftliche Aktivitäten verhindern oder in eine falsche Richtung lenken. Mithilfe von Deregulierungen sollen marktwirtschaftliche Verzerrungen beseitigt werden. Durch die Deregulierung soll eine *Liberalisierung der Märkte* mit dem Ziel erreicht werden,

- die Konkurrenz zu stärken und damit Innovationen zu fördern,
- Investitionen zu fördern und damit neue Arbeitsplätze zu schaffen,
- in den Unternehmen höhere Effizienz zu erreichen,
- dem Staat eine Entlastung der öffentlichen Haushalte zu ermöglichen.

Deregulierungen sind ein wichtiges politisches Mittel für die ökonomische Strömung des Neoliberalismus.

Karikatur: Gerhard Mester

Neoliberalismus

Der *Neoliberalismus* beruft sich auf den klassischen Liberalismus von Adam Smith. Der Begriff „Neoliberalismus" wurde von den Ökonomen Friedrich von Hayek, Wilhelm Röpke und Walter Eucken geprägt. Im Folgenden wurde er durch verschiedene Ökonomen weiterentwickelt. Der Neoliberalismus tritt dafür ein, dass

- die Preisregulierung möglichst ausschließlich über den Markt erfolgen soll,
- Handelshemmnisse durch Deregulierung wie auch die Abschaffung der Grenzen und die Schaffung von Freihandelszonen abgebaut werden sollen,
- staatliche Monopole abgebaut, d. h. privatisiert werden sollen,
- das Sozialsystem als Eigenvorsorge ebenfalls privatisiert und damit der Sozialstaat abgebaut werden soll.

Wegen seines großen Vertrauens in den freien Markt und seine Sanierungsmaßnahmen für ganze Länder im Rahmen etwa der Aktionen von IWF und Weltbank ist der Neoliberalismus weltweit in die Kritik geraten. Es wird dieser Theorie vorgeworfen, sie vergesse im Rahmen der Deregulierungsmaßnahmen die Menschen und verbreite soziale Kälte und Not. Insbesondere Globalisierungskritiker haben den Neoliberalismus als Hauptfeind ausgemacht.

Forum

Pro und Kontra Deregulierung

M 1 Deregulierung schafft Arbeitsplätze

Unternehmen und Bürger müssen in Deutschland sehr viel höhere Regulierungshürden überwinden als in vielen anderen OECD-Ländern. Das kostet auch Arbeitsplätze. Würde Deutschland überflüssige Beschränkungen abbauen und ein Regulierungsniveau erreichen, wie es zum Beispiel in den angelsächsischen Ländern existiert, könnte die Zahl der Erwerbstätigen langfristig um bis zu 4,9 Millionen zunehmen.

Keine Marktwirtschaft kommt ohne Gesetze, Vorschriften und Verordnungen aus. Sonst würde der Skrupellosere die Regeln diktieren und Konkurrenten vom Markt fegen. Doch manchmal wird in Sachen Bürokratie des Guten zu viel getan. Das kostet Geld und Wachstum.

Die Verringerung staatlicher Eingriffe ist mithin der beste Weg, um Beschäftigung und Wirtschaft anzukurbeln. Dabei muss das Rad keineswegs neu erfunden werden. Andere Länder haben längst vorexerziert, was eine Deregulierungs-Harke ist.

Dabei ist nicht alles schlecht in Deutschland. Licht und Schatten liegen auch in puncto Regulierung eng beieinander. Allerdings gibt es Bereiche, wo der Reformbedarf besonders groß ist. (…)

Gelänge es in Deutschland, den Arbeitsmarkt so zu flexibilisieren wie in den nordischen Ländern, ließe sich damit die Zahl der Langzeitarbeitslosen von derzeit etwa 2,1 Millionen um bis zu 500 000 senken. Eine weitergehende Deregulierung bis auf das angelsächsische Niveau könnte die Zahl der Langzeitarbeitslosen sogar fast halbieren. Auch ansonsten könnten der Beschäftigung Beine gemacht werden, wenn umfassend Hemmnisse abgebaut würden – und nicht nur auf dem Gebiet des Arbeitsmarktes. Würde sich Deutschland an den generell wenig regulierten Ländern orientieren, könnte die Zahl der Erwerbstätigen langfristig um bis zu 4,2 Millionen (nach dem Vorbild Skandinaviens) bzw. 4,9 Millionen (angelsächsische Länder) zunehmen.

(iwd – Informationsdienst des Instituts der deutschen Wirtschaft Köln Nr. 16 vom 20. April 2006)

M 2 Argumente gegen den neoliberalen Umbau des Sozialstaates

Bei der gegenwärtigen „Umbau"-Diskussion handelt es sich um den umfassendsten Angriff auf den Sozialstaat in seiner gewohnten Gestalt. Hierbei geht es längst nicht mehr um bloße Leistungskürzungen, sondern um einen Systemwechsel. Damit verbunden ist eine gesellschaftspolitische Richtungsentscheidung von historischer Tragweite. Zwar steht nicht der Sozialstaat selbst zur Disposition, aber es geht um seine grundlegende Transformation, deren Richtung, Radikalität und Realisierungschancen nunmehr erörtert werden sollen. Statt in der Globalisierung einen naturwüchsigen Prozess zu sehen, der entwickelte Industriestaaten wie die Bundesrepublik zwingt, soziale und Umweltstandards zu senken, damit sie auf dem Weltmarkt konkurrenzfähig bleiben können, ist es notwendig, die neoliberale Modernisierung bzw. Umstrukturierung fast aller Lebensbereiche nach dem Vorbild des Marktes als gesellschaftspolitisches Großprojekt zu kritisieren. (…)

Die gegenwärtige US-Amerikanisierung des Sozialstaates führt perspektivisch auch zu einer US-Amerikanisierung der Sozialstruktur, d. h. einer wachsenden Polarisierung zwischen Arm und Reich. Ulrich Beck sprach in seinem 1986 erschienenen Buch „Risikogesellschaft" von einem sozialen „Fahrstuhl-Effekt", der alle Klassen und Schichten gemeinsam nach oben befördert habe. Betrachtet man die jüngste Gesellschaftsentwicklung, kann eher von einem Paternoster-Effekt die Rede sein: In demselben Maße, wie die einen nach oben gelangen, geht es für die anderen nach unten. Mehr denn je gibt es im Zeichen der Globalisierung ein soziales Auf und Ab, das Unsicherheit und Existenzangst für eine wachsende Zahl von Menschen mit sich bringt. (…)

Deregulierung bedeutet nicht Verzicht auf staatliche Rahmensetzung, vielmehr deren Konzentration auf die Förderung des wirtschaftlichen Leistungswettbewerbs und der rentablen Kapitalverwertung. Flexibilisierung der Arbeitsverhältnisse und -zeiten bringt für die Beschäftigten keine oder nur wenig Vorteile, weil sie sich den wirtschaftlichen Verwertungsbedingungen unterordnen müssen und nicht selbst bestimmen können, wann und unter welchen Bedingungen sie arbeiten wollen. In der neoliberalen Weltsicht erscheint Armut nicht als gesellschaftliches Problem, vielmehr als selbst verschuldetes Schicksal.

(von Christoph Butterwegge, www.uni-kassel.de/fb5/frieden/themen/Globalisierung/butterwegge.html)

1 *Erklären Sie, was im Zusammenhang mit Globalisierung unter „Deregulierung" zu verstehen ist.*
2 *Deregulierung wird von vielen als bedrohlich für die soziale Sicherheit empfunden. Stellen Sie die Standpunkte der Autoren von M1 und M2 dar und bewerten Sie die jeweilige Position aus Ihrer Sicht.*

191

Ökonomie und Arbeit unter den Bedingungen der Globalisierung

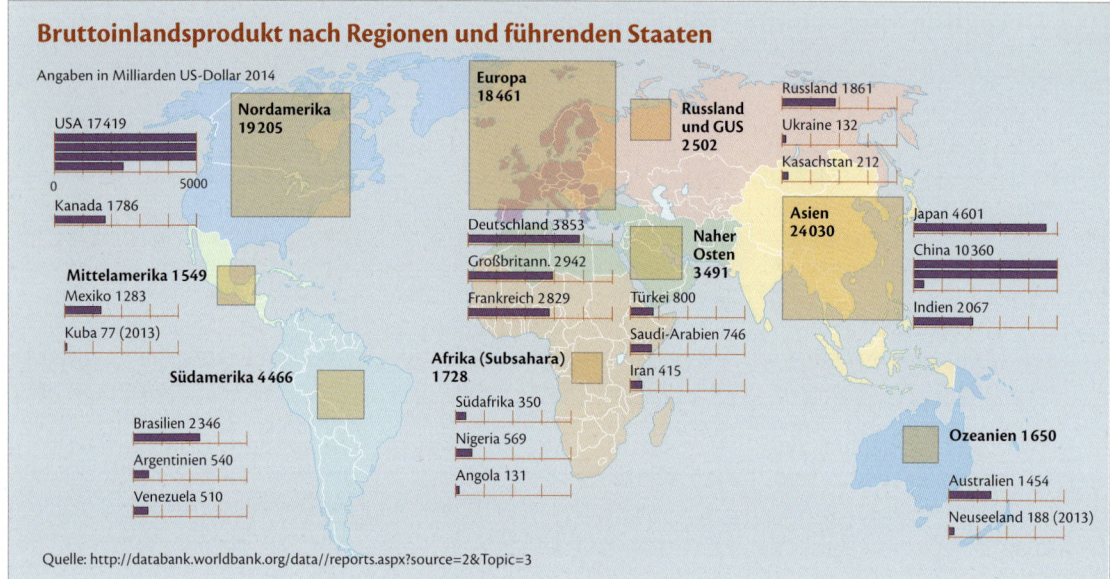

Bruttoinlandsprodukt nach Regionen und führenden Staaten

Angaben in Milliarden US-Dollar 2014

Nordamerika 19 205
USA 17 419
0 – 5000
Kanada 1786

Europa 18 461
Deutschland 3853
Großbritann. 2942
Frankreich 2829

Russland und GUS 2502
Russland 1861
Ukraine 132
Kasachstan 212

Asien 24 030
Japan 4601
China 10 360
Indien 2067

Mittelamerika 1549
Mexiko 1283
Kuba 77 (2013)

Naher Osten 3491
Türkei 800
Saudi-Arabien 746
Iran 415

Südamerika 4466
Brasilien 2346
Argentinien 540
Venezuela 510

Afrika (Subsahara) 1728
Südafrika 350
Nigeria 569
Angola 131

Ozeanien 1650
Australien 1454
Neuseeland 188 (2013)

Quelle: http://databank.worldbank.org/data//reports.aspx?source=2&Topic=3

Die Globalisierung hat zwar sicherlich Gewinner und Verlierer, sie hat aber insgesamt der Welt *wirtschaftliches Wachstum* gebracht, das allerdings ungleich verteilt ist. Neben den westlichen Industrieländern haben Schwellenländer wie China und Indien von der Globalisierung profitiert. Andere Weltteile wie Südosteuropa und die GUS sind in der Globalisierung eher zurückgefallen. Afrika hat bisher so gut wie gar nicht profitiert. Durch die verbesserten Transportmöglichkeiten und die Handelsliberalisierung beschleunigte sich der Prozess, bei dem bestimmte arbeitsintensive und wenig Kapital erfordernde Produkte immer weniger in den hoch entwickelten Industrieländern produziert werden. Die beteiligten Firmen selbst *verlagern* ihre Produktion teilweise in Länder mit niedrigeren Löhnen.

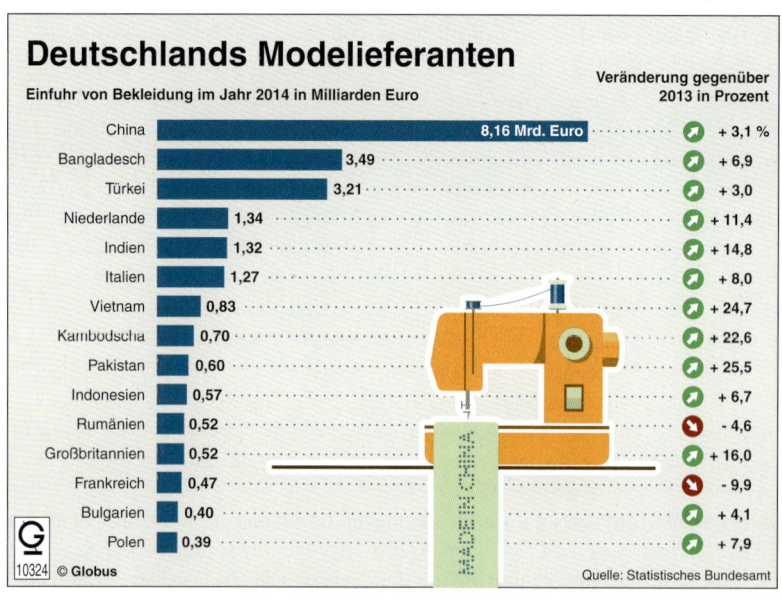

Deutschlands Modelieferanten

Einfuhr von Bekleidung im Jahr 2014 in Milliarden Euro

Veränderung gegenüber 2013 in Prozent

China	8,16 Mrd. Euro	+ 3,1 %
Bangladesch	3,49	+ 6,9
Türkei	3,21	+ 3,0
Niederlande	1,34	+ 11,4
Indien	1,32	+ 14,8
Italien	1,27	+ 8,0
Vietnam	0,83	+ 24,7
Kambodscha	0,70	+ 22,6
Pakistan	0,60	+ 25,5
Indonesien	0,57	+ 6,7
Rumänien	0,52	- 4,6
Großbritannien	0,52	+ 16,0
Frankreich	0,47	- 9,9
Bulgarien	0,40	+ 4,1
Polen	0,39	+ 7,9

10324 © Globus

Quelle: Statistisches Bundesamt

Gefahren der Globalisierung für die Arbeitswelt

M 1   Mehr Arbeitslose und weniger Demokratie

Was könnte exportstarken Industrieländern eigentlich Besseres passieren als ein rasant wachsender Weltmarkt, der ihnen weltweit Absatzmärkte erschließt? So könnte man fragen und daraus schließen, dass die Globalisierung für die reichen Industrieländer die Pforte zum Paradies öffnet. In der Tat profitiert die exportstarke deutsche Wirtschaft von den neuen Perspektiven. Sie liefert jedes Jahr für über 50 Milliarden Euro mehr Waren in die weite Welt, als Deutschland von dort kauft. Und dennoch enthält die Globalisierung auch für den reichen Norden große Risiken.

Denn: Durch die technologische Entwicklung können die Unternehmen nicht nur Waren und Dienstleistungen exportieren, sondern ganze Fabriken.

Dies hat Rückwirkungen auf den Standort Deutschland: Die Konkurrenz nimmt zu; die Unternehmen ersetzen immer mehr Arbeitskräfte durch Kapital; größere Unternehmen übernehmen kleinere; der Arbeitsdruck in den Belegschaften wächst. Vor allem Beschäftigte, die nicht zwischen 20 und 40 Jahre alt, gut ausgebildet, mobil und flexibel sind, müssen um ihre Arbeitsplätze fürchten. Die Gesellschaft spaltet sich in Globalisierungsgewinner, die sich vor Arbeit kaum retten können, und jene, die sich um Billigjobs streiten oder erwerbslos bleiben.

Gleichzeitig verstärkt die Globalisierung die Macht der transnationalen Konzerne – mit schwer wiegenden politischen Konsequenzen. Während die Politik zum größten Teil an nationalen Grenzen endet, überspringen die Weltkonzerne nationale Grenzen spielend. Mit ihrer Macht, Arbeitsplätze zu schaffen oder zu vernichten, können sie die Politiker/-innen unterschiedlicher Länder gegeneinander ausspielen. Unter diesem Druck ordnen die Regierungen der meisten Industrieländer ihre Politik mehr und mehr den Interessen der Konzerne unter. Geradezu symptomatisch ist die Steuerpolitik: (…) In Deutschland erbrachten die Steuern auf Kapitaleinkommen 1960 noch fast die Hälfte des gesamten Steueraufkommens – im Jahre 2000 waren es nur noch 15 Prozent. Dies ist auch die Folge eines Steuersenkungswettbewerbs als Folge der Globalisierung. Die Konzerne profitieren, die Bürger tragen die Lasten. *(attac, Publik-Forum 50/2002, S. 2)*

M 2   Wandlungen im Arbeitsprozess

Mit der Globalisierung und der Verbilligung der Produktion durch verbesserte Transport- und Kommunikationstechniken sowie die Einbeziehung von Niedriglohnsektoren kam es in den entwickelten Industriegesellschaften zu einer enormen Produktivitätssteigerung: In der Zeit von 1970 bis 1995 stieg in Deutschland das Sozialprodukt pro Kopf der Bevölkerung um 60 %, gleichzeitig sank die dafür notwendige Arbeitszeit um über 20 %.

Als Folge dieser Entwicklung verliert die Erwerbsarbeit im Leben der Menschen an Bedeutung:

- Von 1960 bis 1995 sank in Deutschland die Erwerbszeit der Erwerbstätigen von 2152 Std. im Jahr auf 1549 Std. um mehr als 28 %.
- Besonders gering qualifizierte Arbeitnehmer sind stark von Arbeitslosigkeit betroffen.
- Der Anteil der „prekären" Arbeitsverhältnisse (mit zeitlicher Befristung, Teilzeit usw.) steigt rapide an. Das so genannte Normalarbeitsverhältnis verliert zunehmend an Bedeutung.
- Die Erwerbsbiografie der Einzelnen wird immer weniger geradlinig und stärker patchworkartig: Phasen der Vollbeschäftigung wechseln sich mit Zeiten der Arbeitslosigkeit, der Teilzeitbeschäftigung, der Praktikantentätigkeit, evtl. der Selbstständigkeit ab.

Auch die Inhalte der Erwerbsarbeit verändern sich:

- Der „Arbeiter" als dominanter Typ des Arbeitnehmers mit einer weiterhin gleichen objektiven Lage verschwindet zunehmend. Die Ausdifferenzierung sehr unterschiedlicher Beschäftigungen führt zu einer Entnivellierung und Polarisierung der Erwerbseinkommen und schwächt die Solidarität der Arbeitnehmer.
- Der „neue Kapitalismus" fordert und fördert eine absolute Flexibilisierung des Menschen. Feste Bindungen an einen Ort, an eine Firma, an einen Beruf, an eine Karriere erscheinen systemwidrig und hemmend.
- Diese Flexibilisierung führt zu einer tiefgreifenden Verunsicherung.
- Das an Erwerbseinkommen gekoppelte System der sozialen Sicherheit funktioniert immer weniger.

---

1   *Welche Auswirkungen auf Demokratie und Arbeitswelt beschreiben die Texte M1 und M2? Listen Sie diese in Stichworten auf.*

2   *Welche Möglichkeiten hätte nach Ihrer Meinung die Politik, um der dort beschriebenen Entwicklung entgegenzutreten?*

Der Welthandel in der Globalisierung

Im Zuge der Globalisierung hat der Welthandel insgesamt zugenommen, aber in unterschiedlicher Weise. Die so genannte *„Triade"* ist dabei das dominierende Handelsdreieck. Betrachtet man die Anteile einzelner Weltteile und ihre Entwicklung so fällt auf, dass vor allem Asien und darin besonders China einen immer größeren Platz im Welthandel einnehmen, während zum Beispiel der Nahe Osten an Bedeutung verliert. Afrika fällt noch deutlicher zurück. Eine wichtige Ursache ist die Wandlung in der Struktur des Welthandels: Rohstoffe und landwirtschaftliche Produkte verlieren vergleichsweise an Bedeutung, der Handel mit Fertigwaren steigt rasant an.

Inter- und intranationaler Warenhandel

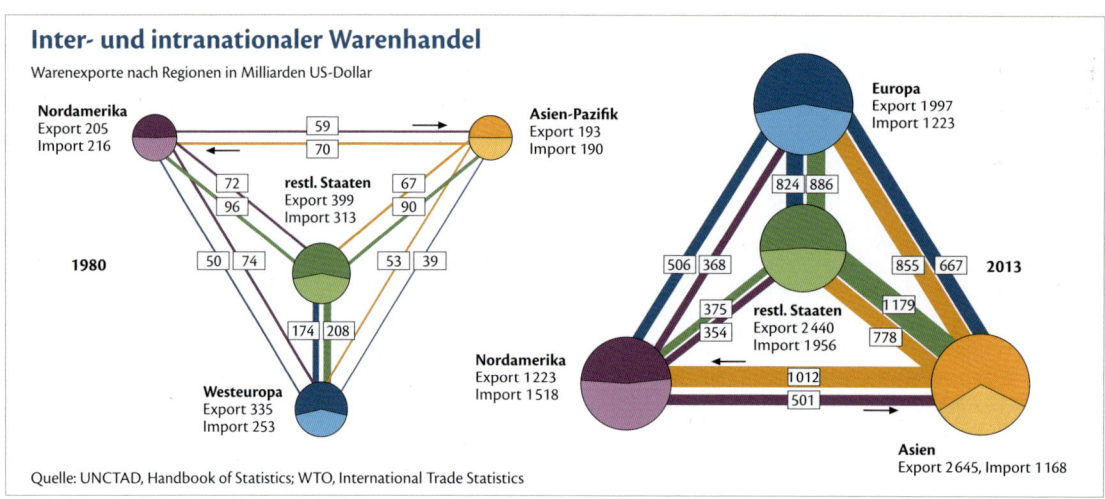

Warenexporte nach Regionen in Milliarden US-Dollar

Quelle: UNCTAD, Handbook of Statistics; WTO, International Trade Statistics

Terms of Trade

Die Terms of Trade, genauer die Terms of Trade auf Güterbasis (Commodity Terms of Trade), werden berechnet, indem der Preisindex der Exporte durch den Preisindex der Importe in heimischer Währung geteilt wird. Die Terms of Trade geben Auskunft darüber, wie viel von einem konstruierten, ausländischen Warenkorb gegen einen bestimmten Anteil des eigenen Warenkorbs getauscht werden kann.

Anteile am Welthandel

2000 und 2014 in Prozent

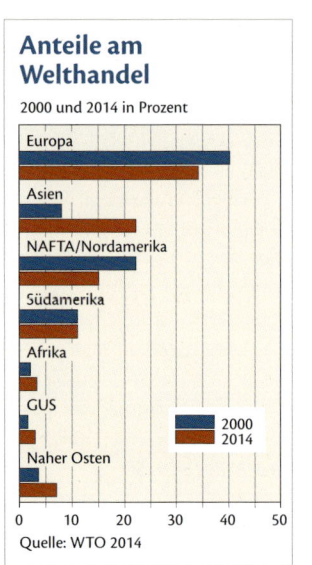

Quelle: WTO 2014

Entwicklung des Warenexports nach Warengruppen

Veränderung 2000 zu 2010 in Prozent

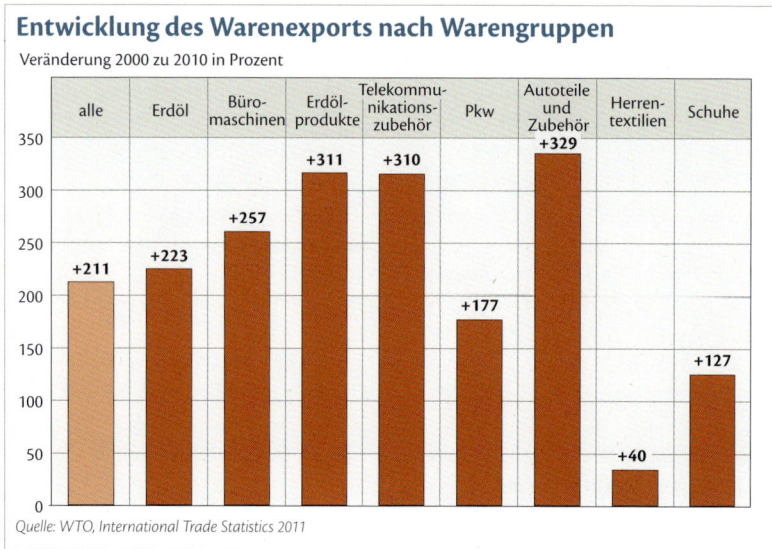

Quelle: WTO, International Trade Statistics 2011

Die Entwicklung der Terms of Trade gibt an, wie sich die *Austauschverhältnisse* der exportierten und importierten Waren verändern. Steigen die Terms of Trade eines Staates, durch eine Preissteigerung der eigenen Exportgüter und/ oder durch eine Preissenkung der Importgüter, verbessert sich die außenwirtschaftliche Position, da sich sinngemäß die Fähigkeit erhöht, mit dem gleichen Exportvolumen wie bisher mehr Güter zu importieren.

Die Entwicklung der Terms of Trade geht durch die Globalisierung nicht grundsätzlich zulasten der weniger entwickelten Staaten. Die Terms of Trade der

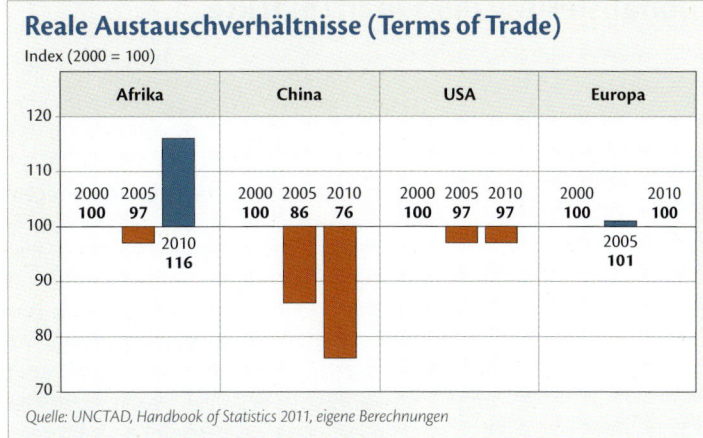

Reale Austauschverhältnisse (Terms of Trade)
Index (2000 = 100)

Quelle: UNCTAD, Handbook of Statistics 2011, eigene Berechnungen

Hauptexporteure von Fertigwaren sind vor allem aufgrund der *hohen Konkurrenzsituation* gesunken. Da die ökonomisch sich entwickelnden Staaten in ihrer Gesamtheit eher arbeitsintensive und nicht wissensbasierte Fertigwaren produzieren, führt eine Ausweitung der Produktion bzw. eine Angebotserhöhung zu sinkenden Preisen. Insbesondere Chinas Produktionsausweitung hat den Preisverfall beschleunigt. Da die Importpreise nicht im gleichen Maße gesunken sind, hat der Preisverfall der Exportgüter zu einer Verschlechterung der Terms of Trade geführt.

Waren-, Dienstleistungs- und Kapitalexporte

Der Wert des *Weltwarenexports* ist zwischen 1985 und 2004 nominal um durchschnittlich 8 Prozent pro Jahr gestiegen; die Wachstumsraten liegen damit deutlich über denen der Weltwarenproduktion. Noch stärker als der Wert des Warenexports ist mit 8,8 Prozent pro Jahr der Wert des Dienstleistungsexports gewachsen.

Transportbezogene Dienstleistungen hatten im Jahr 2004 einen Anteil von 23,6 Prozent am weltweiten *Dienstleistungsexport*. Bei reisebezogenen Dienstleistungen lag der entsprechende Anteil im selben Jahr bei 29,4 Prozent. Die restlichen 47,0 Prozent entfielen auf andere kommerzielle Dienstleistungen.

Im Zusammenhang mit dem Wachstum des Welthandels fällt besonders auf, dass neben Waren und Dienstleistungen auch *Kapital exportiert* wird. Die Auslandsdirektinvestitionen steigen besonders in den Ländern, die sich rasch entwickeln, wie z. B. China.

Ausländische Direktinvestitionen (ADI) pro Jahr (Inflows in absoluten Zahlen, 1980 bis 2004)												
	Laufende ADI (Inflows), in Mrd. US-Dollar											
	1970*	1980*	1990	1995	1998	2000	2001	2002	2003	2005	2006	2007
Welt	13,4	55,1	207,9	341,9	701,1	1396,5	825,9	716,1	632,6	958,7	1411,0	1833,3
ökonomisch entwickelte Staaten	9,5	46,6	172,1	218,7	503,9	1134,3	596,3	547,8	442,2	611,3	940,9	1247,6
ökonomisch sich entwickelnde Staaten	3,9	8,5	35,7	117,5	186,6	253,2	217,8	155,5	166,3	316,4	413,0	499,7
Südosteuropa und GUS**	–	–	–	4,8	10,7	9,1	11,8	12,8	24,1	31,0	57,2	85,9
Asien (ohne Japan und Westasien)	0,8	0,4	22,2	77,7	91,5	142,0	101,5	86,3	94,8	167,4	208,9	247,8
China	–	0,06	3,5	37,5	45,5	40,7	446,9	52,7	53,5	72,4	72,7	83,5

Globalisierung der Finanzmärkte

Ein wichtiges Element der Globalisierung ist die Entwicklung der Finanzmärkte. Durch die Revolutionierung der Kommunikationsbedingungen wurde es möglich, die Weltfinanzströme zu einem großen Teil zu vereinheitlichen.

Welthandel zwischen den Weltkriegen

Vor der Globalisierung waren die Volkswirtschaften handelspolitisch vor allem durch *Zölle* und Einfuhrkontingente stark von ausländischer Konkurrenz abgeschottet.

Mit der raschen Entwicklung der Transportmöglichkeiten nahm zwar der Außenhandel zu, trotzdem nahmen das Welthandelsvolumen und das Welteinkommen – zusätzlich zur verheerenden Wirkung der Weltwirtschaftskrise – ab.

Dies hatte folgenden Grund: In der Zwischenkriegszeit wurde mit dem Mittel der Abwertung der Währung – gleichsam als *Abwertungswettlauf* zwischen den Staaten – versucht, die eigenen Exporte zu verbilligen und die eigenen Importe zu verteuern. Jeder einzelne Staat wollte damit seine Exportüberschüsse über die Importe maximieren und dadurch mit seiner Außenwirtschaft größtmöglich zum Inlandseinkommen beitragen – zum Nachteil der anderen Staaten. Diese so genannte „Schwarzfahrstrategie" *(„free rider strategy")* kann aber nicht aufgehen, wenn viele oder alle Staaten sie einschlagen.

IWF und GATT

www.takuzinis.lv/xhtml1.1/20041219
GATT-Vertragstext

Nach dem Zweiten Weltkrieg sollte dieser Fehler vermieden werden, indem *internationale Institutionen* geschaffen wurden, die eine währungspolitische sowie entwicklungs- und handelspolitische Kooperation der Staaten verankern und gewährleisten sollten: der Internationale Währungsfonds (IWF) zum Ausgleich der Außenhandelsungleichgewichte und zur Stabilisierung der Wechselkurse, die Weltbank zur Entwicklungsfinanzierung und das GATT (General Agreement on Tariffs and Trade, die heutige World Trade Organization, WTO) zur Handelsliberalisierung.

Der US-Dollar löste nach dem Krieg das britische Pfund als internationale Handelswährung ab. Nach dem Zusammenbruch des Systems von Bretton Woods, das auf der formellen Eintauschpflicht des US-Dollars in Gold beruhte, entstand der erste internationale Finanzmarkt, der *Euro-Dollarmarkt.*

Neue Finanzanlageformen und Ausweitung des weltweiten Aktienhandels

Die internationalen Finanztransaktionen umfassten bald nicht mehr nur die Zahlungsströme, die den Außenhandelstransaktionen entsprachen, sondern auch internationale Direktinvestitionen und *Finanztransaktionen zu Spekulationszwecken* (also Finanzinvestitionen mit dem Ziel von maximalen Vermögenszuwächsen durch Zinserträge und Kurssteigerungen).

Parallel zur Innovation im Technologie- und Innovationsbereich und dem Wachstum der Finanzmärkte entwickelten sich neue Finanzierungs- und Finanzanlageformen, so genannte *Derivate*, also von den ursprünglichen Finanzaktiva (Devisen, Anleihen, Aktien und Krediten) „abgeleitete" Finanzvermögenstitel. Ebenso kam es zu einer Konzentration der Börsen bzw. des Handels mit Devisen und Finanzinstrumenten.

Zwischen 1990 und 2005 stieg der weltweite Aktienhandel von 5,7 auf 51,1 Billionen US-Dollar. Die *New York Stock Exchange (NYSE)* baute ihre führende Position weiter aus: Auf sie entfiel 2005 mehr als ein Viertel (27,6 Prozent) des weltweiten Börsenhandels mit Aktien. Die Börse Tokio dagegen fiel drastisch von etwa einem Viertel des Welthandels mit Aktien auf einen Weltmarktanteil von unter 10 Prozent. Taiwan verschwand aus der Führungsgruppe der größten Fünf.

Der elektronische Handel nahm drastisch zu. Die Technologiebörse *NASDAQ* nimmt mittlerweile weltweit Platz zwei im Aktienhandel ein. Die beiden US-Börsen NYSE und

NASDAQ kommen gemeinsam auf einen Marktanteil von gut 47 Prozent.

Die Veränderungen an den Finanzmärkten haben massive Auswirkungen auf die Unternehmen. Die größten Unternehmen sind in der Regel Aktiengesellschaften und börsennotiert. Da es immer leichter wurde, Kapital jederzeit weltweit anzulegen, werden Unternehmen danach beurteilt, wie gut ihre Performance ist, d.h., die Unternehmenspolitik wird darauf ausgerichtet, den Vermögenswert der Aktionär/-innen kurzfristig zu maximieren *(Shareholder Value)*. Die „Stakeholders", d.h. die Mitarbeiter/-innen, sind Objekte

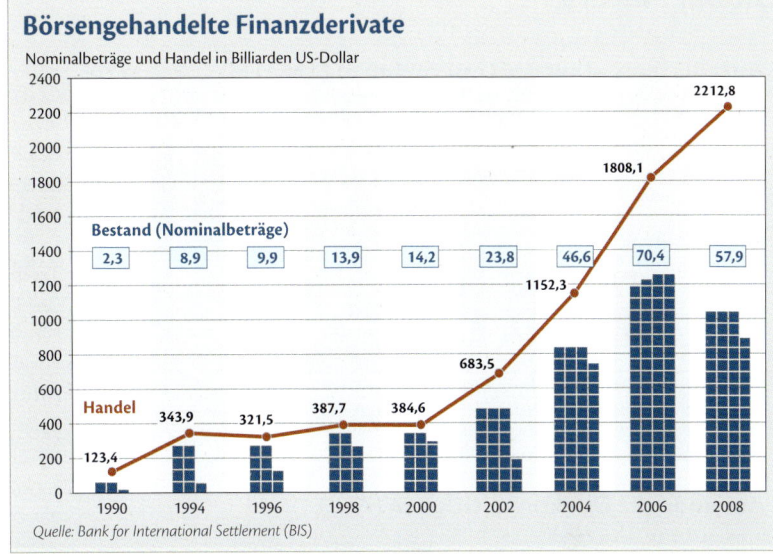

Börsengehandelte Finanzderivate
Nominalbeträge und Handel in Billiarden US-Dollar

Bestand (Nominalbeträge): 2,3 | 8,9 | 9,9 | 13,9 | 14,2 | 23,8 | 46,6 | 70,4 | 57,9

Handel: 123,4 (1990) | 343,9 (1994) | 321,5 (1996) | 387,7 (1998) | 384,6 (2000) | 683,5 (2002) | 1152,3 (2004) | 1808,1 (2006) | 2212,8 (2008)

Quelle: Bank for International Settlement (BIS)

der Unternehmenspolitik. In der Regel bringen Kostensenkungs- und Arbeitsplatzstreichungsaktionen Vorteile im Kurswert der Firmenaktien. So ist zu auch erklären, warum Unternehmen, trotz steigender Umsätze und Gewinne, Arbeitsplätze abbauen.

Mit der *Globalisierung der Finanzmärkte* ging eine Ausweitung des Handels einher. Devisen und Wertpapiere werden aber nicht nur gehandelt, weil sie genutzt werden sollen, sondern auch aus Gründen der Spekulation.

Das Konzept der Finanztransaktionssteuer

1972, ein Jahr nach dem Ende des so genannten Bretton-Woods-Systems fester Wechselkurse, erfand der US-Ökonom und Nobelpreisträger *James Tobin* eine Steuer auf Devisengeschäfte, um damit die zum Teil enormen Schwankungen zwischen Währungen zu bekämpfen. Bei jedem Umtausch einer Währung in eine andere sollte eine Steuer von einem halben Prozentpunkt auf den Umsatz der Transaktion fällig werden. Wegen der (Steuer-)Kosten, so das Kalkül, würde vor allem die kurzfristige Spekulation zugunsten respektive zulasten einer Währung unattraktiv; Schätzungen zufolge bleiben rund 80 Prozent des in Bewegung gesetzten Kapitals nicht länger als eine Woche am gleichen Ort, vagabundieren also ständig um den Globus.

Das Ergebnis einer Belastung der riesigen Devisentransaktionen wären – glaubt man der Theorie – *stabilere Wechselkurse,* weil die Tobin-Tax – jedenfalls kurzfristig – die Spekulation auf Währungsgewinne uninteressant macht. Zum Beispiel: Wenn binnen einer Woche eine Devisengeschäft mit Kauf und Verkauf abgewickelt wird, dann müsste sich bei einer Tobin-Tax von 0,5 Prozent auf den Umsatz eine Jahresverzinsung von gut 25 Prozent ergeben, damit sich der ganze Deal überhaupt noch rechnet. Ein anderer Aspekt betrifft die Verwendung der Steuereinnahmen. Unterstellt, dass die Tobin-Tax die Devisengeschäfte um die Hälfte reduzierte, blieben Schätzungen zufolge bei einem Satz von 0,5 Prozent noch immer Einnahmen von rund 90 Milliarden Dollar. Das den Spekulanten abgenommene Geld könnte an die *Ärmsten der Welt* verteilt werden.

Das größte Problem der Tobin-Steuer liegt für viele Kritiker in der schwierigen weltweiten *Umsetzbarkeit,* da die Steuer nur in vollständigem internationalem Einklang sinnvoll einzuführen ist. Kritisiert wird auch, dass die Tobin-Steuer kurzfristige Geschäfte mit kleinen Gewinnspannen stören und damit Wechselkursschwankungen sogar verstärken würde.

Global Players

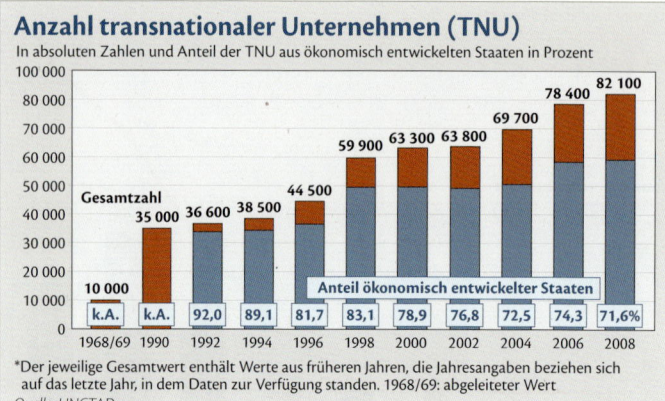

Anzahl transnationaler Unternehmen (TNU)

In absoluten Zahlen und Anteil der TNU aus ökonomisch entwickelten Staaten in Prozent

	1968/69	1990	1992	1994	1996	1998	2000	2002	2004	2006	2008
Gesamtzahl	10 000	35 000	36 600	38 500	44 500	59 900	63 300	63 800	69 700	78 400	82 100
Anteil ökonomisch entwickelter Staaten	k.A.	k.A.	92,0	89,1	81,7	83,1	78,9	76,8	72,5	74,3	71,6%

*Der jeweilige Gesamtwert enthält Werte aus früheren Jahren, die Jahresangaben beziehen sich auf das letzte Jahr, in dem Daten zur Verfügung standen. 1968/69: abgeleiteter Wert
Quelle: UNCTAD

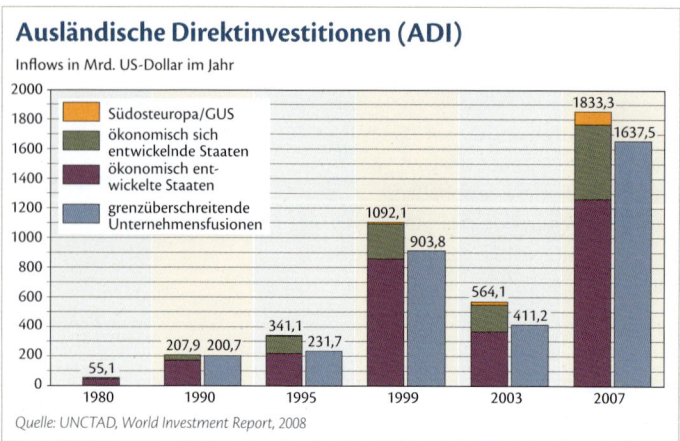

Ausländische Direktinvestitionen (ADI)

Inflows in Mrd. US-Dollar im Jahr

- Südosteuropa/GUS
- ökonomisch sich entwickelnde Staaten
- ökonomisch entwickelte Staaten
- grenzüberschreitende Unternehmensfusionen

	1980	1990	1995	1999	2003	2007
	55,1	207,9	341,1	1092,1	564,1	1833,3
		200,7	231,7	903,8	411,2	1637,5

Quelle: UNCTAD, World Investment Report, 2008

Eine Erscheinungsform der Globalisierung ist die Bedeutung der multinationalen Konzerne, der Global Players. Die Zahl der Global Players nimmt zwar in Deutschland, aber nicht in allen entwickelten Industrieländern zu.

Treibende Kräfte der Globalisierung

Die Bedeutung der multinationalen Konzerne ist aber ungleich höher, als diese Entwicklungen es zeigen. So hat etwa der Ausbau bzw. die Entstehung multinationaler Unternehmen einen erheblichen Anteil am Kapitalexport. Von daher gesehen kann man die multinationalen Konzerne als die *treibenden Kräfte* der Globalisierung ansehen.

Die Existenz dieser Unternehmen an verschiedenen Standorten hat für sie unter den Bedingungen der Globalisierung erhebliche *Vorteile.* Produktions-, Verkaufs- und Servicestätten in mehreren Staaten u. U. auf verschiedenen Kontinenten zu haben, bringt diese Unternehmen nahe an die Kunden, erleichtert ihnen die Beschaffung notwendiger Güter, erleichtert den Transfer von Know-how, erleichtert den Kapitaltransfer, ermöglicht ihnen die profitable Ausnutzung der Unterschiede im Entlohnungs- und Sozialsystem, ermöglicht ihnen die Ausnutzung von Unterschieden in staatlichen Regelsystemen wie zum Beispiel den Umweltschutzauflagen und erleichtert ihnen die Ausnutzung von Unterschieden der Besteuerung in den verschiedenen Staaten.

In der Regel, so wird kritisiert, führe die Tätigkeit der multinationalen Unternehmen zu einer *Nivellierung der Standards* auf einem niedrigen Niveau, da sie immer in der Lage seien, mit einem Standortwechsel für ihre Produktion zu drohen und damit die Absenkung von Standards zu ihren Gunsten zu erzwingen.

Selbstverpflichtung transnationaler Unternehmen

50 transnationale Unternehmen verpflichten sich gegenüber der UNO zu folgenden neun Grundprinzipien:

Menschenrechte

1. Internationale Menschenrechte in ihrem eigenen Einflussbereich unterstützen und respektieren

2. Sicherstellen, dass das Unternehmen sich nicht an Menschenrechtsverletzungen beteiligt

Arbeitsnormen

3. Wahrung der Vereinigungsfreiheit und wirksame Anerkennung des Rechts zu Kollektivverhandlungen

4. Abschaffung jeder Art von Zwangsarbeit

5. Abschaffung der Kinderarbeit

6. Beseitigung der Diskriminierung bei Anstellung und Beschäftigung

Umweltschutz

7. Vorsorgender Ansatz bei Umweltproblemen

8. Verantwortung gegenüber der Umwelt fördern

9. Auf die Entwicklung und Verbreitung umweltfreundlicher Technologien hinwirken

Verantwortung multinationaler Konzerne

M1   Multis sollen nicht nur wirtschaftlich handeln

Die Transnationalen Konzerne (TNKs), die ganz überwiegend aus den Industrieländern stammen (USA, EU, Japan), sind die treibenden Kräfte der Globalisierung. Die Umsätze zahlreicher TNKs sind höher als das Bruttosozialprodukt vieler Länder der Welt. Wer sich ernsthaft mit der Globalisierung beschäftigt, muss sich auch mit den Multis befassen. Konzerne, die am Markt bestehen wollen, müssen offenbar die Kosten senken: durch billige Arbeitskräfte, Einsparungen z. B. im Umweltbereich, Reduzierung von Sozialabgaben und Steuern. Mit der Drohung, auf einen anderen Standort oder in ein Steuerparadies auszuweichen, können sie inzwischen – demokratisch gewählte – Regierungen erpressen oder zu hohen Subventionen zwingen. Diese geben den Forderungen der Wirtschaft immer öfter nach, mit der Begründung, dies seien globale Sachzwänge, dazu gebe es keine Alternative. Zivilgesellschaftliche Organisationen fordern jedoch, dass Unternehmen, wo immer sie tätig sind, soziale und ökologische Mindestnormen und die Menschenrechte respektieren und nicht nur nach wirtschaftlichen Kriterien handeln.

(http://www.globalisierung-online.de/info/text5.php)

Karikatur: Gerhard Mester

M2   Falsches Feindbild

Multinationale Konzerne stehen besonders im Kreuzfeuer der Globalisierungskritiker: Die Multis seien mächtiger als Staaten, hielten die Regierungen der Entwicklungsländer unter ihrer Knute und beuteten die Menschen aus. Doch bei näherer Betrachtung entpuppen sich die Behauptungen als Kopfgeburt. (…)

Die 50 größten globalen Unternehmen kommen zusammen nicht einmal auf ein Zwanzigstel des Werts, den das Bruttoinlandsprodukt der 50 größten Volkswirtschaften hat. Dem Spielraum der Konzerne sind auch durch die Macht der Verbraucher enge Grenzen gesetzt. Nichts schadet einer Marke mehr als schlechte Presse. Zudem haben die Wettbewerbsbehörden ein besonders kritisches Auge auf die Multis, wie der Fall Microsoft zeigte.

Mit der Forderung nach weltweiten sozialen Mindeststandards oder Mindestlöhnen sollte trotzdem sehr vorsichtig umgegangen werden. Denn niedrige Lohnkosten sind ein wesentlicher Standortvorteil der Entwicklungsländer. Nicht durch die Produktivität gedeckte Standards würden ihre Wettbewerbsfähigkeit und Entwicklungschancen stark beeinträchtigen.

Verträglicher lässt sich die Lage der Menschen mit Qualitätssiegeln für besonders fair produzierte und gehandelte Produkte verbessern. So können die Konsumenten schon heute anhand des „Transfair"-Logos für Agrarerzeugnisse wie Kaffee und der Auszeichnung „Rugmark" für Teppiche, die ohne Kinderarbeit hergestellt wurden, gezielt Kaufentscheidungen treffen.

(iwd 48/2003)

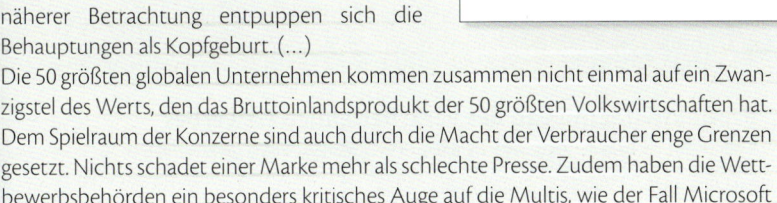

1   *Inwiefern können die transnationalen Konzerne als Triebfeder der Globalisierung bezeichnet werden (S. 198)?*
2   *Stellen Sie die Thesen der Autoren (M1 und M2) einander gegenüber und überprüfen Sie diese auf die Schlüssigkeit ihrer Argumentation.*

Standortfragen

Die attraktivsten Standorte

Von 672 international tätigen Unternehmen nennen:

China	52 %
USA	38
Indien	18
Polen	17
Deutschland	17
Großbritannien	13
Tschechien	10
Frankreich	8
Japan	7
Russland	7
Ungarn	6
Brasilien	6

Quelle: Ernst & Young
Stand 2005
Mehrfachnennungen
© Globus 0050

Billig-Konkurrenz von draußen

So viel Prozent der deutschen Einfuhren kommen aus Niedriglohnländern

■ 2004   ■ 2015*

	2004	2015*
Schuhe	98 %	kein Wert für 2015
Fernsehgeräte	77	90
Kühlschränke	48	80 bis 90
Speicherchips	35	60
Sofas	15	50
Auto-Lenkräder	2	50
Autos	8	21
Auslegeware, Teppichrollen	15	20
Papier	5	15
Kunststoffverpackungen	3	12
Autositze	2	10

*Prognose   Quelle: BCG

© Globus 9555

Qualität, Produktivität und Kosten

Da es unter den Bedingungen der Globalisierung immer besser möglich ist, die Produktion oder wichtige Teile der Produktion zu verlagern, wird die Frage des Standorts der Produktion zu einer *Qualitätsfrage.* In diesem Zusammenhang hat sich eine Diskussion um den *Standort Deutschland* in der Globalisierung ergeben. Wichtige Elemente dieser Diskussion sind Aspekte, die beschreiben, wie in Deutschland im Vergleich zu anderen Ländern produziert wird. Wesentlich ist dabei vor allem die Frage der *Produktivität* und die Frage der Kosten der Produktion. Die Produktivität ist nicht nur durch die Arbeitsmotivation, sondern auch durch Know-how sowie den Einsatz von Hilfsmitteln und Maschinen bestimmt. Die Kosten der Produktion werden durch die Kosten des *Kapitals* (also hauptsächlich die Zinsen), durch die Kosten des *Bodens* (der Mieten, der Energiekosten), die *Steuern* sowie die Kosten der *Arbeitskraft* (die Löhne) bestimmt.

Produktivität
durchschnittliche Wertschöpfung in einer bestimmten Zeiteinheit

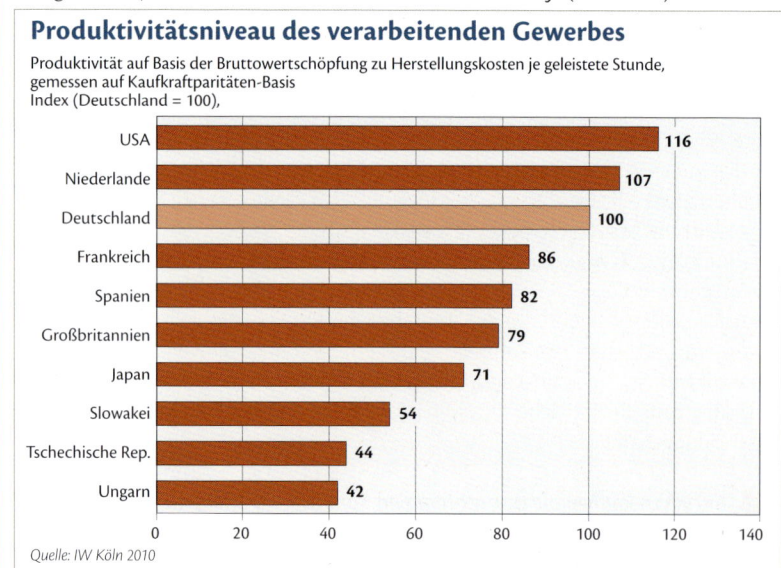

Produktivitätsniveau des verarbeitenden Gewerbes

Produktivität auf Basis der Bruttowertschöpfung zu Herstellungskosten je geleistete Stunde, gemessen auf Kaufkraftparitäten-Basis
Index (Deutschland = 100),

USA	116
Niederlande	107
Deutschland	100
Frankreich	86
Spanien	82
Großbritannien	79
Japan	71
Slowakei	54
Tschechische Rep.	44
Ungarn	42

0   20   40   60   80   100   120   140

Quelle: IW Köln 2010

Standortdiskussion

M 1 **Arbeitskosten international: Kaum Entlastung für deutsche Industrie**

Wenn sich die Wirtschaft eines Industrielandes heutzutage im globalen Wettbewerb behaupten will, sollte möglichst alles passen: Die Qualität der Produkte muss exzellent, die Lieferfrist kurz sein, und die Preise dürfen denen der Konkurrenz nicht davoneilen. Die Kosten der Unternehmen müssen deshalb im Rahmen bleiben – neben den Material- und Energiekosten, Steuern und Zinsen gilt das vor allem für die Arbeitskosten.

Zu diesen zählen nicht nur die eigentlichen Stundenlöhne, sondern auch die Personalzusatzkosten. Darunter fallen unter anderem die Sozialbeiträge der Arbeitgeber, das Urlaubs- und Weihnachtsgeld sowie die Vergütung für arbeitsfreie Tage – wie Urlaubs-, Feier- und Krankheitstage. (...)

Eine industrielle Arbeiterstunde kostete in Westdeutschland 2005 noch immer 34 Prozent mehr als im Durchschnitt der übrigen Industrieländer. Zehn Jahre zuvor hatte das Kostenhandikap allerdings noch 53 Prozent betragen.

(iwd 32/2006)

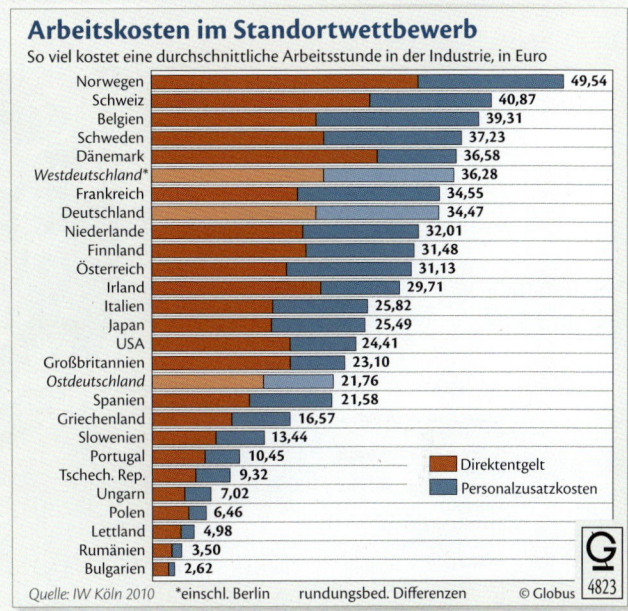

Arbeitskosten im Standortwettbewerb
So viel kostet eine durchschnittliche Arbeitsstunde in der Industrie, in Euro

Land	Euro
Norwegen	49,54
Schweiz	40,87
Belgien	39,31
Schweden	37,23
Dänemark	36,58
*Westdeutschland**	36,28
Frankreich	34,55
Deutschland	34,47
Niederlande	32,01
Finnland	31,48
Österreich	31,13
Irland	29,71
Italien	25,82
Japan	25,49
USA	24,41
Großbritannien	23,10
Ostdeutschland	21,76
Spanien	21,58
Griechenland	16,57
Slowenien	13,44
Portugal	10,45
Tschech. Rep.	9,32
Ungarn	7,02
Polen	6,46
Lettland	4,98
Rumänien	3,50
Bulgarien	2,62

■ Direktentgelt
■ Personalzusatzkosten

*Quelle: IW Köln 2010   *einschl. Berlin   rundungsbed. Differenzen   © Globus   4823*

M 2 **Mythos Standortschwäche**

Deutschland ist ein reiches Land. In den letzten 40 Jahren hat sich das Bruttoinlandsprodukt pro Kopf real fast verdreifacht. Dies ist Resultat der Leistung und der hohen Produktivität aller Beschäftigten. Deshalb ist Deutschland Exportweltmeister. Davon wollen auch die Beschäftigten etwas haben. Bis 1980 ist diese Teilhabe auch im Wesentlichen gelungen. Seitdem hinken bei uns die Löhne im langfristigen Trend der Produktivität und den Preissteigerungen hinterher. (...)

Beschäftigte in Polen verdienen im Durchschnitt nur rund 8800 Euro im Jahr. Für dieses Geld produzieren sie einen Wert von knapp 13000 Euro. In Deutschland wird im Schnitt das Vierfache verdient, gut 33000 Euro. Viel zu viel? Nein, denn dafür wird auch ein höherer Wert produziert. Der liegt mit knapp 56000 Euro sogar mehr als viermal höher als in Polen. Ursache ist die höhere Produktivität. Je 100 Euro Arbeitnehmereinkommen werden in Polen Güter und Dienstleistungen im Wert von 145 Euro produziert. In Deutschland sind es 168 Euro.

(ver.di, Mythos Standortschwäche, Berlin 2004)

Karikatur: Erich Rauschenbach

KOLLEGE KARL

Selbstverständlich erwarten wir, dass Sie dieses Geld hier bei uns investieren und nicht in irgendeinem Billigland im Osten.

Ehrenwort. Ist doch allererste Bürgerpflicht.

Endlich scheinen die Appelle der Bundesregierung zu wirken.

1 *In der Standortdiskussion werden vor allem die hohen Arbeitskosten in Deutschland für die vermeintliche Standortschwäche verantwortlich gemacht (M1). Nennen Sie die Argumente des iwd.*

2 *Definieren Sie den Begriff „Produktivität" und erläutern Sie anhand von M2, welche Rolle diese bei der Standortfrage spielt.*

Globalisierung und Umwelt

Tagesbilanz der Umweltzerstörung

Jeden Tag ...

belasten **65 Millionen Tonnen Kohlendioxid (CO_2)** die Atmosphäre

sterben über **70 Tier- und Pflanzenarten** aus

werden **26 000 Hektar Tropenwald** vernichtet

werden **253 000 Tonnen Fische** gefangen

werden **9,1 Milliarden m³ Frischwasser** verbraucht

nimmt das verfügbare **Ackerland um 27 000 Hektar** ab

© Globus 0115

Quelle: OECD, Weltbank, WWF

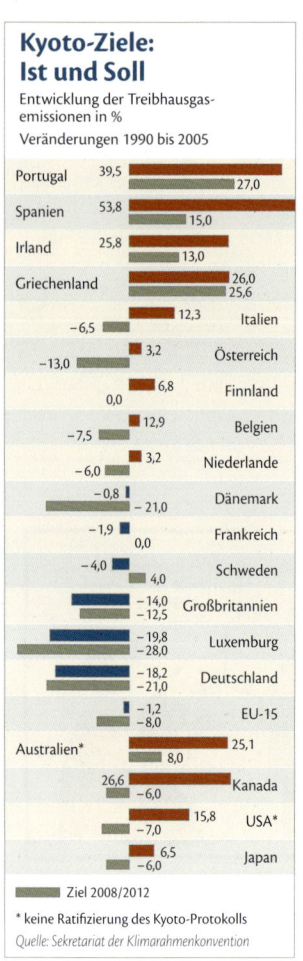

Kyoto-Ziele: Ist und Soll

Entwicklung der Treibhausgas-emissionen in %
Veränderungen 1990 bis 2005

Land	Ist	Ziel 2008/2012
Portugal	39,5	27,0
Spanien	53,8	15,0
Irland	25,8	13,0
Griechenland	26,0	25,6
Italien	12,3	−6,5
Österreich	3,2	−13,0
Finnland	6,8	0,0
Belgien	12,9	−7,5
Niederlande	3,2	−6,0
Dänemark	−0,8	−21,0
Frankreich	−1,9	0,0
Schweden	−4,0	4,0
Großbritannien	−14,0	−12,5
Luxemburg	−19,8	−28,0
Deutschland	−18,2	−21,0
EU-15	−1,2	−8,0
Australien*	25,1	8,0
Kanada	26,6	−6,0
USA*	15,8	−7,0
Japan	6,5	−6,0

■ Ziel 2008/2012

* keine Ratifizierung des Kyoto-Protokolls
Quelle: Sekretariat der Klimarahmenkonvention

Globalisierung: Vor- und Nachteile für die Umwelt

Die Globalisierung bringt durchaus *Vorteile für die Umwelt* mit sich. Durch die verbesserten Kommunikations- und Transportmöglichkeiten werden Abläufe effektiver und potenziell weniger umweltbelastend. Weltweit können sich Umwelttechnologien wie abgasärmere Autos oder erneuerbare Energien schneller durchsetzen, und das Bewusstsein, dass die verbliebenen Urwälder nicht auch noch folgenlos abgeholzt werden können, ist gewachsen.

Die Globalisierung ist allerdings auch mit *Umweltgefahren* und Umweltschäden verbunden. Die wichtigsten davon sind: die Luft-, Boden- und Wasserverschmutzung bzw. der Mangel an sauberem Trinkwasser, die wachsenden Abfallberge, der Klimawandel, das Ozonloch in der oberen Atmosphäre, die gentechnisch veränderten Lebensmittel, die Abnahme der Ur- bzw. Tropenwälder, das Aussterben zahlloser Tier- und Pflanzenarten, die Abnahme der Bodenfruchtbarkeit und die ungelösten Fragen der Atomener-

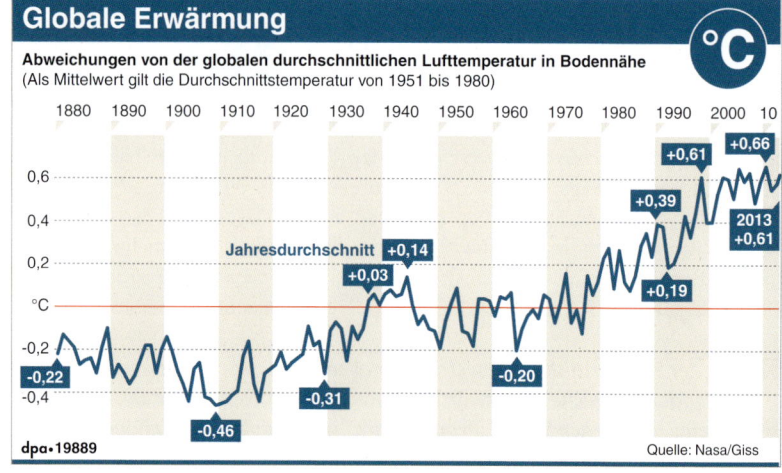

Globale Erwärmung °C

Abweichungen von der globalen durchschnittlichen Lufttemperatur in Bodennähe
(Als Mittelwert gilt die Durchschnittstemperatur von 1951 bis 1980)

1880 1890 1900 1910 1920 1930 1940 1950 1960 1970 1980 1990 2000 10

+0,61 +0,66
+0,39
Jahresdurchschnitt +0,14
+0,03
+0,19
2013 +0,61

−0,22
−0,20
−0,31
−0,46

dpa•19889

Quelle: Nasa/Giss

arten, die Abnahme der Bodenfruchtbarkeit und die ungelösten Fragen der Atomenergie. Die Umweltprobleme sind
lokaler, regionaler oder globaler Natur. Besonders gravierend ist die Klimakatastrophe. Nach neueren Schätzungen
wird die durchschnittliche Temperatur auf der Erde zwischen 1990 und 2100 um mehrere Grad ansteigen.

Karikatur: Gerhard Mester / ccc

Umweltkrisen in den Entwicklungsländern

Die Umweltkrisen sind nicht gleichmäßig über den Globus
verteilt, sondern treten in den Entwicklungsländern erheblich häufiger auf:

1. weil die Folgen der Klimakatastrophe dort gravierender
   sind als im Norden,
2. durch die zielstrebige, ja rücksichtslose Ausbeutung
   ihrer nicht erneuerbaren Ressourcen (Öl, Erze) sowie des Tropenholzexports,
3. durch die in Entwicklungsländern stärkere industrielle Umweltverschmutzung,
4. durch die nicht nachhaltigen Produktions- und Konsummuster der Industrieländer,
   die sich die Entwicklungsländer häufig zum Vorbild nehmen, und
5. durch ihre Überschuldung, die zu stärkerem Abbau und Export der Rohstoffe und
   der Anlage von Monokulturen im Süden führt.

Die andere Seite besteht darin, dass sich die Industrieländer zunehmend auf Dienstleistungen konzentrieren und ihre „Schmutzindustrien" wie z. B. metallverarbeitende
Betriebe in ärmere Länder verlagern. Durch derartige Industrien werden die Lebensbedingungen der Armen in ihren Stadtvierteln oder Slums oft erheblich beeinträchtigt.
Noch immer gilt, dass rd. ¾ aller Umweltschäden der Welt durch weit weniger als ¼ der
Weltbevölkerung verursacht werden. Allmählich setzt sich die Erkenntnis durch, dass
die umfassende globale Umweltkrise nur durch internationale ökologische Zusammenarbeit zu bekämpfen ist. Innerhalb der Beschlussfassungen der Vereinten Nationen sind
zwar vielfältige Abkommen, etwa zum Artenschutz und zur Sicherung der biologischen
Vielfalt, geschlossen worden, ein wirklicher Fortschritt angesichts der weltweiten Umweltbelastungen ist aber kaum sichtbar. 1997 wurde in Kyoto unter den Industrieländern ein Protokoll vereinbart, das zu einer Reduzierung der Treibhausgase in der Atmosphäre beitragen soll. Dieses Protokoll ist 2005 in Kraft getreten. 2007 wurde das Kyoto-
Protokoll auf Bali ergänzt und auf eine breitere Grundlage gestellt.

www.venro.org

VENRO (Verband entwicklungs-
politischer deutscher Nichtregierungsorganisationen)

www.weedbonn.org/info/start.htm

**Weltwirtschaft, Ökologie und
Entwicklung, Bonn**

Das Kyoto-Protokoll

**Angestrebte Veränderung des CO_2-Ausstoßes in den Industrieländern
(2008 bis 2012 im Vergleich zu 1990 in %)**

- 8 % EU-Länder	Bulgarien	Estland	Lettland
- 8 % Liechtenstein	Litauen	Monaco	Rumänien
- 8 % Slowakei	Slowenien	Schweiz	Tschechien
- 6 % Japan	Kanada	Polen	Ungarn
- 5 % Kroatien			
± 0 % Russland	Ukraine	Neuseeland	
+ 1 % Norwegen	**+ 8 %** Australien	**+10 %** Island	

Verminderung der Treibhausgase durch
- nationale Reduzierung
- Umweltprojekte von Industrieländern in
  Entwicklungsländern/anderen Industrieländern
- Handel mit Emissionsrechten
- Wälder und Böden werden als CO_2-Senken angerechnet

*Das Protokoll trat im Februar
2005 in Kraft.*

**Die USA sind aus dem
Klimaschutzprotokoll
ausgestiegen.**

dpa — Grafik 5486

1990 1995 2000 2005 2010

**Energiebedingte CO_2-
Emissionen weltweit**
in Milliarden Tonnen

31,5

Prognose ohne
Klimaschutz-
Maßnahmen

22,5
21,7

**21,1
Mrd. t**

Veränderung im
Vergleich zu 1990

2008
bis
2012

**Klimaschutz-
Ziel von Kyoto**

20,0 Mrd. t

≈

- 5,2 %

Organisationen der Globalisierung

Die Globalisierung hat sich weltweit in bestimmten Organisationen manifestiert, die zumindest von der Öffentlichkeit mit ihr identifiziert werden, teilweise auch für sie verantwortlich gemacht werden.

Die G20

Die G20 sind ein lockerer Zusammenschluss der *20 bedeutendsten Industriestaaten* und Schwellenländer. Die G20 repräsentieren etwa zwei Drittel der Weltbevölkerung, etwa 90 Prozent des Welt-BIPs und ca. 80 Prozent des Welthandels.

Die Treffen der G20 sind informell. Es treffen sich die Staats- und Regierungschefs oder deren Minister. Eine feste Organisationsstruktur existiert nicht. Die bisherigen Treffen drehten sich um Wirtschafts-, Handels und Währungsfragen. Häufig endeten sie ohne Ergebnis. Verabredungen zwischen den Ministern oder den Staats- und Regierungschefs blieben häufig sehr allgemein oder auf einer unverbindlichen Ebene. Dennoch sind die G20 sicherlich die mit Abstand *wirtschaftlich mächtigste internationale Organisation*. Durch die Beteiligung von Schwellenländern sind die Vereinbarungen nicht einfacher geworden; andererseits sind die Handlungsspielräume ohne die Einbeziehung dieser Länder immer geringer, denn diese Ökonomien weisen die höchsten Wachstumsraten auf.

www.weforum.org
Homepage des Weltwirtschaftsforums

Wirtschaftskraft der G20-Staaten
BIP in Mrd. US-Dollar 2013 — Anteil am Welt-BIP in Prozent

Staat	BIP in Mrd. US-Dollar 2013	Anteil am Welt-BIP in Prozent
EU gesamt	17 950	24,0
USA	16 800	22,5
China	9 181	12,3
Japan	4 902	6,6
Deutschland	2 737,6	3,7
Brasilien	2 243	3,0
Russland	2 118	2,8
Frankreich	2 060	2,8
Großbritannien	1 900	2,5
Indien	1 871	2,5
Kanada	1 825	2,4
Italien	1 560	2,1
Australien	1 505	2,0
Südkorea	1 304	1,7
Mexiko	1 259	1,7
Indonesien	868	1,2
Saudi-Arabien	745	1,0
Türkei	616,3	0,8
Argentinien	488	0,7
Südafrika	351	0,5

Nach: Fischer Weltalmanach 2015

Das Weltwirtschaftsforum und die WTO

Das *Weltwirtschaftsforum* beruht auf einer Stiftung, die sich zum Ziel gesetzt hat, die wichtigsten Wirtschaftsmanager der Welt regelmäßig zu einem Treffen in Davos zusammenzubringen. Diese Treffen sind äußerst erfolgreich und geben inzwischen regelmäßig globale Impulse, etwa zur Überwindung der digitalen Spaltung der Weltgesellschaft, zur Bekämpfung von Armut und AIDS, zum Kampf gegen Korruption usw. Mit der G8 und der WTO besteht eine regelmäßige Zusammenarbeit.

Die *WTO (World Trade Organization)* besteht aus 150 Staaten. Die WTO-Mitglieder erwirtschaften mehr als 90 % des Welthandelsvolumens. Wesentliche Nicht-Mitglieder sind ehemalige Staaten der Sowjetunion und mehrere Staaten des Nahen Ostens. Zurzeit gibt es 33 Regierungen mit Beobachterstatus, die (mit Ausnahme des Vatikan) innerhalb von fünf Jahren Beitrittsverhandlungen beginnen müssen. Beim Beitritt oder

WTO OMC

www.wto.org

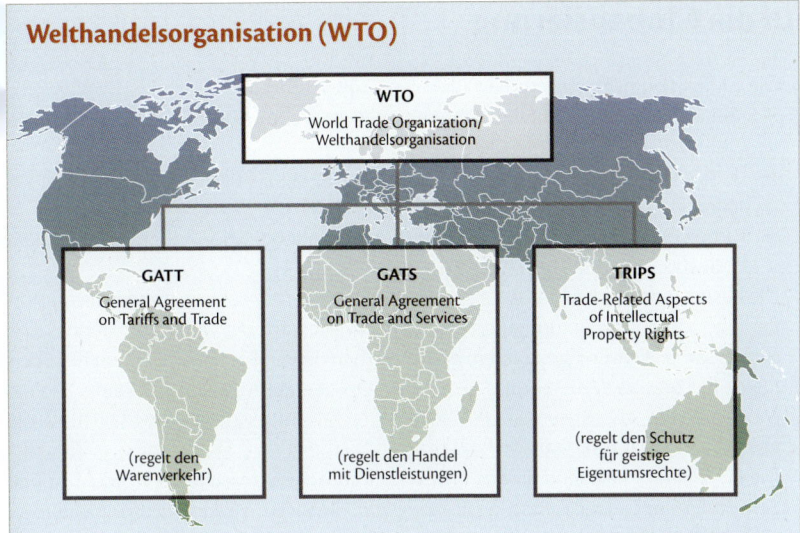

Welthandelsorganisation (WTO)

WTO
World Trade Organization/
Welthandelsorganisation

GATT
General Agreement
on Tariffs and Trade

(regelt den
Warenverkehr)

GATS
General Agreement
on Trade and Services

(regelt den Handel
mit Dienstleistungen)

TRIPS
Trade-Related Aspects
of Intellectual
Property Rights

(regelt den Schutz
für geistige
Eigentumsrechte)

nach bestimmten Übergangsfristen müssen die Bedingungen der einzelnen WTO-Abkommen erfüllt sein. Die Beitrittsbeschlüsse werden von der Ministerkonferenz mit Zweidrittelmehrheit gefasst. Die Ziele der WTO sind Handelsliberalisierung und Freihandel. In GATT, GATS und TRIPS hat die WTO die Prinzipien des Freihandels für wichtige Bereiche festgelegt.

Globalisierungskritiker

Das *Weltsozialforum* wurde 2001 von globalisierungskritischen NGOs ursprünglich als Gegenveranstaltung zum alljährlichen Weltwirtschaftsforum in Davos organisiert. Die Globalisierungskritiker wollen dagegen protestieren, dass sich Eliten aus Wirtschaft und Politik im abgeschiedenen Luxus-Skiort Davos treffen, um sich fern der Öffentlichkeit und ohne demokratische Legitimation über grundlegende Weichenstellungen für die Zukunft aller Menschen zu verständigen. Bewusst wurde in Kontrast zum elitären Skiort Davos mit Porto Alegre eine Megastadt im Schwellenland Brasilien gewählt, wo – nach Ansicht der Organisatoren – die negativen Auswirkungen einer neoliberalen Globalisierung besonders deutlich würden.

Das Weltsozialforum versteht sich als *Plattform des Widerstands* gegen neoliberale Globalisierung, die dem Weltwirtschaftsforum, der Weltbank, dem Internationalen Währungsfonds und der Welthandelsorganisation vorgeworfen wird. Unter dem Motto „Eine andere Welt ist möglich" wird dagegen eine Weltordnung und Entwicklungspolitik gefordert, die sich an den elementaren Bedürfnissen der Menschen vor allem auch in den armen Ländern der Erde orientiert.

Statt der neoliberalen Globalisierung wird eine Globalisierung der nachhaltigen Entwicklung im Sinne der Agenda 21 gefordert, bei der globale Gerechtigkeit, also ein fairer Ausgleich zwischen den Interessen von reichen und armen Ländern, Generationengerechtigkeit, eine Stabilisierung globaler Ökosysteme und die Förderung zivilgesellschaftlicher Alternativen im Mittelpunkt stehen.

attac – eine weitere globalisierungskritische Organisation – setzte sich ursprünglich ausschließlich für die Einführung der Tobin-Steuer auf Finanztransaktionen ein. Inzwischen hat sich Attac auch anderer Themen der globalisierungskritischen Bewegung angenommen, als deren Teil es sich sieht. Seine Mitglieder nehmen häufig an Aktionen und Demonstrationen teil, die tendenziell dem linken politischen Spektrum zuzuordnen sind. Attac kritisiert dabei die „neoliberale Ideologie", die derzeit in der wirtschaftlichen Globalisierung vorherrsche.

attac

(„Association pour une Taxation des Transactions financières pour l'Aide aux Citoyens", auf Deutsch „Verein für eine Besteuerung von Finanztransaktionen zum Wohle der Bürger") wurde am 3. Juni 1998 in Frankreich gegründet.

Attac befasst sich unter anderem mit folgenden Themen:

- demokratische Kontrolle der Finanzmärkte (z. B. Tobin-Steuer)
- Internationale Steuern
- Fairer Handel statt Freihandel
- Sicherstellung der Sozialsysteme und der öffentlichen Daseinsvorsorge
- Abschaffung von Steueroasen
- Globalisierung und Ökologie
- Globalisierung und Krieg
- freier Informationsfluss
- ökonomische Alphabetisierung
- Konsum- und Konzernkritik
- neoliberale Entwicklungen durch EU und WTO (insbesondere GATS und TRIPS)

Die EU als Antwort auf die Globalisierung

Karikatur: Horst Haitzinger / ccc

Die Globalisierung relativiert die nationalen Größen sehr stark, z. B.

- können national bedeutende Unternehmen im Weltmaßstab eher klein wirken und Opfer von Spekulation werden,
- ist die Handlungsfähigkeit des Nationalstaats durch die Globalisierung eingeschränkt,
- kamen die Währungen selbst großer Industrienationen wie Großbritannien durch Finanztransaktionen ins Trudeln usw.

Die *Zusammenarbeit in Europa* erscheint als eine gute Möglichkeit, mit den Herausforderungen der Globalisierung zurechtzukommen. Mit dem Euro wurde zum Beispiel eine gemeinsame Währung geschaffen, die inzwischen den Dollar vom Volumen her überflügelt hat und als Weltwährung neben dem Dollar etabliert ist. Im Euroraum sind die Möglichkeiten gut, krisenhaften Verläufen rechtzeitig entgegenzuwirken und die gemeinsame Währung stabil zu halten.

Die EU ist ein hinreichend großer Wirtschaftsraum mit inzwischen fast 500 Millionen Einwohnern und einer Wirtschaftsleistung von 12 804 057 Millionen Euro. In einem so großen Bereich ist es sinnvoll, im Angesicht der Globalisierung über gemeinsame *Sozialstandards* zu diskutieren, während die meisten Einzelstaaten immer weniger die Möglichkeit haben, ohne Schaden für die Wirtschaft allein solche Standards zu halten. Die Stabilität der EU im Inneren hat jedoch ihren Preis: eine *Abschottung nach außen.* Einerseits wirken die Agrarsubventionen der EU auf die Nicht-EU-Staaten als Handelshemmnis, denn die in die EU importierten Waren werden dadurch – und durch Zölle – relativ verteuert. Andererseits wird die Freizügigkeit innerhalb der EU durch eine Abschottung gegenüber Migration von außen begleitet. Dazu tragen vor allem die Regelungen des Schengener Abkommens bei.

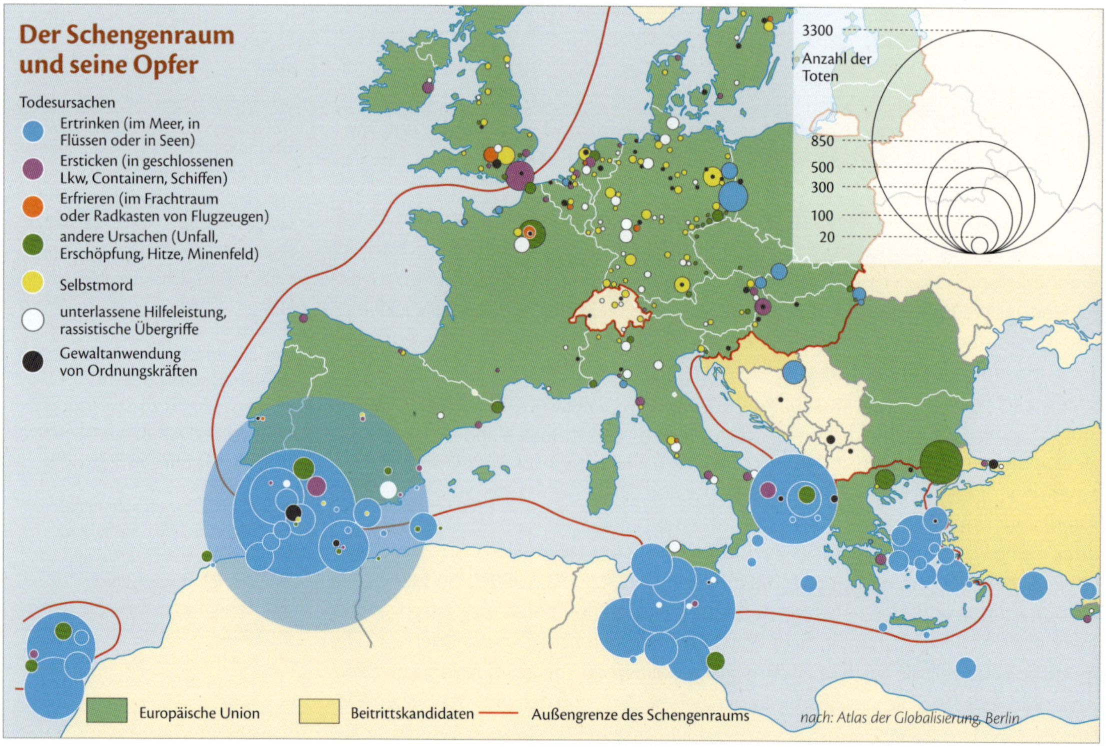

Der Schengenraum und seine Opfer

Todesursachen

- 🔵 Ertrinken (im Meer, in Flüssen oder in Seen)
- 🟣 Ersticken (in geschlossenen Lkw, Containern, Schiffen)
- 🔴 Erfrieren (im Frachtraum oder Radkasten von Flugzeugen)
- 🟢 andere Ursachen (Unfall, Erschöpfung, Hitze, Minenfeld)
- 🟡 Selbstmord
- ⚪ unterlassene Hilfeleistung, rassistische Übergriffe
- ⚫ Gewaltanwendung von Ordnungskräften

3300
Anzahl der Toten
850
500
300
100
20

🟩 Europäische Union   🟨 Beitrittskandidaten   — Außengrenze des Schengenraums   *nach: Atlas der Globalisierung, Berlin*

EU und die Globalisierung

M 1 Chancen der Globalisierung nutzen

EU-Handelskommissar Peter Mandelson hat am 9. März im Ausschuss für Wirtschaft und Arbeit die Chancen betont, die sich aus der Globalisierung und der Öffnung der Märkte für den Handel der Europäischen Union ergeben. Jeder müsse wirtschaftlich an der Globalisierung teilhaben können, nicht nur die Industrieländer. Es gehe nicht nur darum, ein exportgetriebenes Wachstum aufrechtzuerhalten, sondern auch darum, die Welt sicherer zu machen. Die Stabilität der Welt müsse durch einen größeren Ausgleich der Chancen gefestigt werden, bemerkte der britische EU-Kommissar.

Win-win-Situation gesucht: Was die laufenden Verhandlungen der so genannten Doha-Verhandlungsrunde angeht, stellt Mandelson nach eigener Aussage seit Mitte vergangenen Jahres ein „Ungleichgewicht" fest. So gebe es nicht genügend Aufmerksamkeit für das Ziel der EU, Zollschranken sowie tarifäre und nichttarifäre Hindernisse bei den Industriegütern abzubauen. Es liege nicht nur im europäischen Interesse, den Marktzugang für die nichtlandwirtschaftlichen Erzeugnisse zu öffnen, weil auch ein Handel zwischen den Entwicklungsländern gefördert werden müsse. Nicht genügend Fortschritt sieht Mandelson auch beim Marktzugang im Bereich der Dienstleistungen. Bis Mai müssten alle WTO-Mitglieder hier ihre Angebote auf den Tisch legen.

Zur Doha-Runde sagte Mandelson weiter, er werde nichts unterzeichnen, was zwar Europa nützt, den bedürftigsten Ländern aber schadet. Alle müssten profitieren, eine „Win-win-Situation" sei möglich. (…)

Die EU habe auch Erwartungen an die wirtschaftlich fortgeschritteneren Entwicklungsländer wie Brasilien, Indien oder China, sagte Mandelson weiter. Einerseits sei es wichtig, den schwächeren und anfälligeren Entwicklungsländern zu helfen, auf der anderen Seite sei auch mehr zu erwarten von jenen Ländern, die sich das leisten könnten und die vom Zollabbau profitierten. Europa leiste nicht nur Beiträge, sondern es müsse auch „etwas mit nach Hause nehmen".

Die EU-Staaten könnten ihr Sozialmodell, ihre Beschäftigungsbasis und ihren Lebensstandard nur erhalten, wenn sie sich vor der Globalisierung nicht abschotteten. China stelle eine „Riesenherausforderung" dar. Die EU müsse vorsichtig auf die vermehrten chinesischen Exporte eingehen.

(Aus dem Internet-Angebot der Zeitschrift „Das Parlament", Ausgabe 11 vom 14.3.2005)

M 2 Attac-Erklärung: Wir brauchen eine andere Politik

Die neoliberale Globalisierung ist keineswegs schicksalhaft und alternativlos. Sie ist von den Regierungen der großen Industrieländer und mithilfe von Internationalem Währungsfonds (IWF), Weltbank und Welthandelsorganisation (WTO) zielgerichtet betrieben worden. Deutschland und die EU spielen dabei sowohl nach innen (Liberalisierung der Binnenmärkte) als auch bei der neoliberalen Zurichtung der Weltwirtschaft eine maßgebliche Rolle. (…)

Attac setzt sich ein für:

- die Einführung einer Steuer auf internationale Finanztransaktionen, sog. Tobin-Steuer und die Verwendung der Einnahmen für internationale Umwelt- und Entwicklungsaufgaben (…),
- die Lösung der Schuldenkrise der Entwicklungsländer, die Beendigung der neoliberalen Strukturanpassung sowie die Ablösung der Diktatur der Gläubiger durch ein faires und transparentes Verfahren,
- eine Welthandelsordnung, die den Interessen der Entwicklungsländer, sozial Benachteiligten und der Umwelt Vorrang einräumt,
- internationale Institutionen, die diesen Zielen und nicht den Interessen von Industrieländern, Konzernen und korrupten Eliten dienen,
- ein demokratisches und soziales Europa, das sich an den Bedürfnissen der Menschen und der Solidarität mit den anderen Teilen der Welt orientiert,
- eine soziale und ökologische Gestaltung der Landwirtschaft,
- die Regulierung und Einschränkung der Macht transnationaler Konzerne und ökonomischer Machtzusammenballungen durch Kartelle und Fusionen. Wir fordern u.a. höhere Unternehmenssteuern, existenzsichernde Löhne, Arbeitsrechte und Mitentscheidungsrechte für Beschäftigte, Gleichstellungsauflagen, soziale und ökologische Standards.

Nehmen wir gemeinsam die Zukunft unserer Welt in die Hand!

(http://attac-netzwerk.de/index.php?id=243, Abruf vom 31.7.2008)

---

1 *Was versteht Mandelsohn unter der beschriebenen Win-win-Situation für die EU und die Entwicklungsländer (M1)? Wie kann diese erreicht werden?*

2 *Erörtern Sie die Forderungen des globalisierungskritischen Netzwerks Attac und bewerten Sie diese.*

Global Governance

Unter Global Governance versteht man den Versuch, die durch die Globalisierung entstehenden Probleme zu lösen, ohne eine Weltregierung zu haben. Es ist der Versuch, unterschiedliche Akteure in ein *Netzwerk an Institutionen und Regelungen* einzubeziehen, die es erlauben, den Herausforderungen der Globalisierung zu begegnen. Dies geschieht durch freiwillige Kooperation von Institutionen.

Kernaussagen des Global-Governance-Konzepts, das inzwischen in der internationalen Diskussion heftig umstritten ist, sind:

1. Global Governance heißt nicht Global Government, also Weltstaat oder Weltregierung. Dies ist weder eine realistische noch eine erstrebenswerte Option, weil eine solche bürokratische Superbehörde kaum demokratische Legitimation gewinnen könnte und weit entfernt von den zu lösenden Problemen wäre. Die Vision folgt eher der bereits von Immanuel Kant angedachten Weltföderation von freien Republiken mit einem notwendigen Minimum an Weltstaatlichkeit.
2. Global Governance beruht auf verschiedenen Formen und Ebenen der internationalen Koordination, Kooperation und kollektiven Entscheidungsbildung. Internationale Organisationen übernehmen diese Koordinationsfunktion, und Regime übersetzen den Willen zur Kooperation in verbindliche Regelwerke.
3. Der Zwang zur Kooperation verlangt Souveränitätsverzicht. Allerdings sind die Nationalstaaten bei vielen Problemen ohnehin nicht mehr handlungsfähig.
4. Global Governance besteht aus dem Zusammenwirken von staatlichen und nichtstaatlichen Akteuren von der globalen bis zur lokalen Ebene.
5. Die Nationalstaaten bleiben die Hauptakteure der internationalen Politik, die weiterhin allein autoritative Entscheidungen treffen können und Scharniere zwischen den verschiedenen Handlungsebenen und die tragenden Pfeiler der Global-Governance-Architektur bilden. Sie ist aber ohne netzwerkartige Verstrebungen mit der Wirtschafts- und Gesellschaftswelt nicht mehr tragfähig.

Die *Merkmale* der Global-Governance-Architektur sind:

- das Subsidiaritätsprinzip. Regierungsleistungen sollen immer auf der Ebene erbracht werden, die dafür am besten geeignet ist.
- Globale Probleme müssen global bearbeitet werden. Dazu bedarf es globaler Konferenzen, in die aber regionale und nationale Akteure einbezogen werden müssen.
- Akteure verschiedenen politischen Status müssen einbezogen werden. Neben nationalen Regierungen nehmen auch supranationale Institutionen (z. B. die EU), Nichtregierungsorganisationen (NGOs) und internationale Organisationen (wie die Weltbank) an der Entscheidungsfindung teil.
- Vernetzung. Im Prozess kommt es zu immer stärkerer Vernetzung der Akteure.
- Rechtsstaatlichkeit. Es muss ein Konsens über menschenrechtliche Mindeststandards entstehen und von den Akteuren durchgesetzt werden.

Im Konzept des Global Governance passt das bisherige Verständnis von *Demokratie* nicht mehr, denn tendenziell gleichberechtigte Einflussnahme von nichtstaatlichen Organisationen auf die globale Politik gefährdet die bisherige Demokratie. Nichtstaatliche Organisationen sind weder demokratisch gewählt, noch genießen sie im Allgemeinen die Akzeptanz oder Sympathie der Mehrheit des Volkes und sie spielen im Konzept des Global Governance trotzdem eine zentrale Rolle.

Diese Demokratievorstellung geht davon aus, dass die Betroffenen – sofern sie sich artikulieren – einbezogen werden müssen. Damit hat nur noch derjenige Einfluss auf die Politik, der sich betroffen fühlt und der Mittel und Wege findet, seine Meinung öffentlich deutlich zu machen.

Säulen der Global-Governance-Architektur

1. eine Welthandelsordnung
2. eine internationale Wettbewerbsordnung
3. eine Weltwährungs- und Finanzordnung
4. eine Weltsozialordnung
5. eine Weltökologieordnung
6. eine Weltfriedensordnung

M 1 ## Global Governance gleich „gutes Regieren"?

Wenn die Notwendigkeit für Global Governance mit deren angeblichen Kapazitäten zur Problemlösung begründet wird, dann stellt sich die Frage nach den Kriterien, anhand derer Effektivität gemessen werden kann. Implizit messen die meisten Global-Governance-Protagonisten die Effektivität an dem Potenzial dieser Regime, spezifische inhaltliche Resultate erzielen zu können. Ansonsten wäre ihre Klage über unzureichende Global Governance nicht zu verstehen. Denn zu fast allen erdenklichen Politikbereichen (…) bestehen bereits internationale Verhandlungsforen, sprich: Regime. Dass die CO_2-Emissionen noch nicht in dem von den Global-Governance-Befürwortern gewünschten Umfang gesenkt wurden, ist kein Beweis dafür, dass es für dieses Thema noch keine Global Governance gäbe.

Mithin fließen in die Kriterien für eine effektive Governance konkrete Vorstellungen über die zu treffende politische Maßnahme ein. Ein solches Vorgehen lässt sich nur rechtfertigen, wenn die anvisierte Maßnahme als objektiv notwendig angesehen werden kann. Andernfalls bleibt ihre Notwendigkeit eine Frage des politischen Standpunktes. In der Tat scheinen die meisten Global-Governance-Protagonisten implizit davon ausgehen, dass die von ihnen identifizierten Probleme – globale öffentliche Güter, grenzüberschreitende Probleme, globale Krisen-Phänomene, globale Interdependenzprobleme, Systemwettbewerb etc. – auch allgemein als solche angesehen werden und entsprechend Handlungsbedarf besteht. Ob eine solche Annahme gerechtfertigt ist, wird nicht diskutiert. Wie das obige CO_2-Beispiel und die Auseinandersetzungen um eine Sozialklausel in der WTO zeigen, widerspricht das Verhalten einzelner Akteure in bestimmten Regimen dieser Annahme. (…)

Mithin bleibt es (…) problematisch, von einem allseits geteilten Standard für „gutes" Regieren auszugehen. Die Effektivitätsbeurteilung bleibt standpunktgebunden. Wer für Global Governance eintritt, muss sowohl die angestrebten inhaltlichen Ziele begründen als auch aufzeigen, dass diese Ziele so erreicht werden. Es gibt keine wertneutrale, objektive Global Governance, die bloß technokratisch umgesetzt werden müsste.

(Christoph Scherrer, Die Spielregeln der Globalisierung ändern? Kommune, 18/2000, S. 50 ff.)

Global-Governance-System

Politisches Ziel
- Welthandelsordnung   - Weltumweltordnung
- Internationale Wettbewerbsordnung
- Weltwährungs- und Finanzordnung
- Weltsozialordnung
- Weltfriedensordnung

Zivilisierung der internationalen Beziehungen

Konsensuale Entscheidungsfindung und kooperative Problemlösung; globale Rechtsstaatlichkeit und Rechtsdurchsetzung, Verwirklichung der Menschenrechte

Neudefinition der Rolle von Nationalstaaten, Bildung/Reform multilateraler Institutionen, Zusammenspiel der globalen Akteure (geteilte Souveränitäten), Ausbau internationaler Regime

Demokratie, Partizipation und Legitimierung im Weltmaßstab

Neues Verhältnis von Staat, Politik und Macht

Stärkung der pluralistischen Demokratie, Aufbau von Zivilgesellschaften, Partizipation der Zivilgesellschaft an globalpolitischen Prozessen, „Good Governance" und Bekämpfung von Korruption

Globalisierte Welt

- **Akteure**
  Staaten, internationale Organisationen, Wirtschaft, Zivilgesellschaft mit NGOs

- **Handlungsebenen**
  Nationale, regionale und globale Ebene

© SEF kippconcept

Das Fundament von Global Governance:

- **Elementares Interesse an der Lösung grenzüberschreitender Probleme,**
  die nicht mehr einzelstaatlich oder durch „den Markt" geregelt werden können

- **Kulturelle Grundwerte und zivilisatorische Grundlagen**
  Achtung der Menschenwürde, Bewahrung der kulturellen Vielfalt, interkultureller Dialog, „Weltethos"

1 *Erklären Sie das System des Global Governance und erläutern Sie dessen Problematik.*

Schwerpunkt: Anforderungen

Text 1 Globalisierung und Wandel auf dem Arbeitsmarkt

Was passiert in dieser schönen neuen Welt des informationellen Kapitalismus mit der Arbeit und mit den gesellschaftlichen Produktionsbeziehungen? Die Arbeitenden verschwinden nicht im Raum der Ströme, und unten auf platter Erde gibt es reichlich Arbeit. Entgegen den apokalyptischen Prophezeiungen vereinfachender Analysen gibt es sogar mehr Arbeitsplätze und ein höherer Anteil der Menschen im arbeitsfähigen Alter ist erwerbstätig als je zuvor in der Geschichte. Das liegt hauptsächlich an der massenhaften Einbeziehung von Frauen in die bezahlte Arbeit in allen industrialisierten Gesellschaften. Dieser Zustrom wurde im Allgemeinen ohne größere Verwerfungen vom Arbeitsmarkt absorbiert und weitgehend sogar von ihm ausgelöst. Demnach hat die Ausbreitung der Informationstechnologien zwar sicherlich Erwerbstätige verdrängt und einige Arbeitsplätze gekostet, aber sie hat nicht zu Massenarbeitslosigkeit geführt, und dies scheint auch in absehbarer Zukunft nicht zu geschehen. Das gilt trotz des Anstiegs der Arbeitslosigkeit in den europäischen Volkswirtschaften, denn diese Tendenz hängt eher mit den gesellschaftlichen Institutionen zusammen als mit dem neuen Produktionssystem. Aber wenn nun Arbeit, Arbeitende und arbeitende Klassen auf der ganzen Welt zwar existieren und sogar zahlenmäßig zunehmen, so werden doch die gesellschaftlichen Beziehungen zwischen Kapital und Arbeit tiefgreifend transformiert. Kapital ist im Kern global. Arbeit ist in der Regel lokal. Der Informationalismus führt in seiner geschichtlichen Wirklichkeit gerade unter Einsatz der dezentralisierenden Macht der Netzwerke zur Konzentration und Globalisierung des Kapitals. Die Arbeit wird in ihrer Ausführung weiter in ihre Bestandteile zerlegt, in ihrer Organisation fragmentiert, in ihrer Existenz diversifiziert, in ihrer kollektiven Aktion gespalten. Die Netzwerke konvergieren in ein Meta-Netzwerk des Kapitals, das die kapitalistischen Interessen auf globaler Ebene und quer durch Sektoren und Tätigkeitsbereiche integriert: nicht konfliktfrei, aber unter derselben übergreifenden Logik. Die Arbeit verliert ihre kollektive Identität und wird im Hinblick auf Fähigkeiten, Arbeitsbedingungen sowie Interessen und Projekte immer stärker individualisiert. Wer die Eigentümer, wer die Produzenten, wer die Manager und wer die Diener sind, verschwimmt in einem Produktionssystem variabler Geometrie von Teamarbeit, Vernetzung, Auslagerung und Subunternehmern immer mehr.

Jenseits dieser grundlegenden Dichotomie besteht weiterhin ein hohes Maß gesellschaftlicher Vielfalt, sie besteht aus Investitionsentscheidungen, Arbeitsanstrengung, menschlichem Einfallsreichtum, menschlichem Leiden, Einstellungen und Entlassungen, Beförderungen und Herabstufungen, Konflikten und Verhandlungen, Konkurrenz und Bündnissen: Das Arbeitsleben geht weiter. Auf einer tieferen Ebene der neuen gesellschaftlichen Wirklichkeit sind jedoch die gesellschaftlichen Produktionsverhältnisse in ihrer tatsächlichen Existenz voneinander abgekoppelt worden. Das Kapital tendiert dazu, in seinen hyperspace der reinen Zirkulation zu entweichen, während sich die kollektive Einheit der Arbeit in eine unendliche Variation individueller Existenzen auflöst. Unter den Bedingungen der Netzwerkgesellschaft ist das Kapital global koordiniert, die Arbeit ist individualisiert. Der Kampf zwischen unterschiedlichen Kapitalisten und diversen Arbeiterklassen ist unter den fundamentalen Gegensatz zwischen der nackten Logik der Kapitalströme und den kulturellen Werten der menschlichen Erfahrung subsumiert worden. *(Manuel Castells, Das Informationszeitalter I: Der Aufstieg der Netzwerkgesellschaft, Opladen: Leske + Budrich 2001, S. 533 f.)*

Erläuterungen: *informationeller Kapitalismus*: Castells Bezeichnung für die neue Form der Marktwirtschaft und Gesellschaft in der Globalisierung, *Netzwerkgesellschaft*: andere Bezeichnung Castells für den informationellen Kapitalismus, der ihm zufolge aus Netzwerken besteht, *fragmentiert*: in (unabhängige) Einzelteile aufgelöst, *diversifiziert*: in verschiedenartige Elemente unterteilt, *Dichotomie*: strenge Zweiteilung, *Zirkulation*: Kreislaufströmung

Aufgaben

1 Analysieren Sie den Text im Hinblick auf Castells Einschätzung der Auswirkung des „informationellen Kapitalismus" auf den Arbeitsmarkt.

2 Stellen Sie Richard Sennetts Überlegungen zum „flexiblen Menschen" dar und vergleichen Sie diesen Ansatz der Erklärung sozialen Wandels mit dem Castells.

3 Erörtern Sie, inwiefern die stärkere Einbeziehung der Frauen in das Arbeitsleben unter Berücksichtigung der von Sennett festgestellten Tendenzen eine Reaktion in der Sozialpolitik erfordert.

Hinweise

Die Aufgaben in Klausuren stellen Anforderungen in verschiedenen Bereichen. Die verwendeten Verben geben Hinweise auf diese Anforderungen.

Der Anforderungsbereich I umfasst die Reproduktion von Sachverhalten u. a.

aufzählen **zusammenfassen**	Kenntnisse (Fachbegriffe, Daten, Fakten, Modelle) und Aussagen in komprimierter Form unkommentiert darstellen
beschreiben **darstellen**	wesentliche Aspekte eines Sachverhaltes im logischen Zusammenhang unter Verwendung der Fachsprache wiedergeben

Der Anforderungsbereich II umfasst die Reorganisation von Wissen und den Transfer auf andere Bereiche u. a.

analysieren	Materialien oder Sachverhalte kriterienorientiert oder aspektgeleitet erschließen, in systematische Zusammenhänge einordnen und Hintergründe und Beziehungen herausarbeiten
auswerten	Daten oder Einzelergebnisse zu einer abschließenden Gesamtaussage zusammenführen
einordnen	eine Position zuordnen oder einen Sachverhalt in einen Zusammenhang stellen
erklären	Sachverhalte durch Wissen und Einsichten in einen Zusammenhang (Theorie, Modell, Regel, Gesetz, Funktionszusammenhang) einordnen und deuten
erläutern	wie erklären, aber durch zusätzliche Informationen und Beispiele verdeutlichen

Der Anforderungsbereich III umfasst Reflexion und Problemlösung u. a.

beurteilen	den Stellenwert von Sachverhalten oder Prozessen in einem Zusammenhang bestimmen, um kriterienorientiert zu einem begründeten Sachurteil zu gelangen
bewerten **Stellung nehmen**	wie beurteilen, aber zusätzlich mit Reflexion individueller und politischer Wertmaßstäbe, die Pluralität gewährleisten und zu einem begründeten eigenen Werturteil führen
entwerfen	ein Konzept in seinen wesentlichen Zügen erstellen
erörtern	zu einer vorgegebenen Problemstellung eine reflektierte, kontroverse Auseinandersetzung führen und zu einer abschließenden, begründeten Bewertung gelangen
gestalten	Bearbeitung von Aufgabenstellungen. Dazu zählen unter anderem das Entwerfen von eigenen Reden, Strategien, Beratungsskizzen, Karikaturen, Szenarien, Spots und von anderen medialen Produkten sowie das Entwickeln von eigenen Handlungsvorschlägen und Modellen
problematisieren	Widersprüche herausarbeiten, Positionen oder Theorien begründend hinterfragen
prüfen **überprüfen**	Inhalte, Sachverhalte, Vermutungen oder Hypothesen auf der Grundlage eigener Kenntnisse oder mithilfe zusätzlicher Materialien auf ihre innere Logik hin untersuchen
diskutieren	zu einem Sachverhalt, zu einem Konzept, zu einer Problemstellung oder zu einer These etc. eine Argumentation entwickeln, die zu einer begründeten Bewertung führt

Die Anforderungsbereiche sind im Umfang ihrer Komplexität nummeriert. Der Anforderungsbereich III erhält dementsprechend in der Regel recht viele Punkte. Es gibt allerdings die Tendenz, den Anforderungsbereich I wegen des enthaltenen abprüfbaren Wissens ebenfalls mit vielen oder auch mehr Punkten zu versehen.

Aufgaben zu den verschiedenen Anforderungsbereichen

Anforderungsbereich I

- Nennen Sie Merkmale und die Dimensionen der Globalisierung.
- Fassen Sie wichtige technologische Entwicklungen zusammen, die den Hintergrund für die Globalisierung bilden.
- Stellen Sie wichtige Auswirkungen der Globalisierung auf die Arbeitswelt dar.
- Legen Sie die Erscheinungsformen der Globalisierung auf dem Weltmarkt dar.
- Beschreiben Sie die mit der Globalisierung einhergehenden Veränderungen auf den Geld- und Kapitalmärkten und ihre Auswirkungen.

Anforderungsbereich II

- Beschreiben Sie beispielhaft Prozesse von Liberalisierung und Deregulierung.
- Erläutern Sie den Zusammenhang der neoliberalistischen Theorie mit der WTO-Politik.
- Zeigen Sie die zusätzlichen Möglichkeiten von Global Players gegenüber rein nationalen Unternehmen.
- Charakterisieren Sie die unternehmerische und die gewerkschaftliche Position in der Standortdebatte.
- Stellen Sie wichtige Regierungs- und Nichtregierungsorganisationen der Globalisierung gegenüber.
- Erläutern Sie die Position der Gewerkschaften zur Standortdebatte.
- Vergleichen Sie die Position der Gewerkschaften zur Globalisierung mit der von attac.

Anforderungsbereich III

- Erörtern Sie das Global-Governance-Konzept als Lösung für die Lenkung der Globalisierung.
- Diskutieren Sie die Möglichkeiten des Global-Governance-Konzepts für die Lösung globaler Probleme am Beispiel des Klimaschutzes.
- Setzen Sie sich kritisch mit dem Konzept einer Tobin-Steuer auseinander.
- Beurteilen Sie die Möglichkeiten von Global Governance zur Friedenssicherung.

Ausgewählte Links zum Thema Globalisierung

dip.bundestag.de/btd/14/092/1409200.pdf	Schlussbericht der Enquète-Kommission des Bundestags zur Globalisierung der Weltwirtschaft
www.globalisierung-online.de	Infos, Links und Foren zum Thema Globalisierung – ein neues Angebot des DGB-Bildungswerks
www.bmz.de	Bundesministerium für wirtschaftliche Zusammenarbeit und Entwicklung
www.giz.de	Deutsche Gesellschaft für internationale Zusammenarbeit
www.germanwatch.org	Germanwatch, eine Nord-Süd-Initiative
www.bpb.de/wissen/Y6I2DP,0,Globalisierung.html	Sammlung der Bundeszentrale für politische Bildung
www.e-globalisierung.org	eLearning zur Globalisierung
www.globalisierung-fakten.de	Informationen zu den Folgen der Globalisierung

8 Internationale Politik

Tikrit, Irak

Sieht so ein Befreier aus? Der amerikanische Soldat ist mit der 4. Infanteriedivision in den Irak gekommen, um den Diktator Saddam Hussein zu stürzen. Jetzt muss die Ordnung gesichert werden. Auch an diesem Novembertag im Jahr 2003 gab es Anschläge auf US-Soldaten. War dieser Krieg vermeidbar? Der ehemalige Sprecher des Weißen Hauses, Scott McClellan, wirft seinem Ex-Arbeitgeber George W. Bush vor, er habe „die Krise so gemanagt (...), dass so gut wie garantiert war, dass der Krieg als einzige machbare Möglichkeit übrig blieb".
Foto: Stefan Zaklin

Eckpunkte internationaler Politik

Bilaterale und multilaterale Beziehungen

Die Internationale Politik beschäftigt sich mit den politischen Beziehungen zwischen Staaten, mit ihrer politischen Zusammenarbeit und mit ihren Konflikten. Inzwischen spricht man auch von einer „Weltinnenpolitik", denn nicht nur die Beziehungen zwischen Einzelstaaten (*bilaterale Beziehungen*), sondern auch diejenigen zwischen internationalen Organisationen und Bündnissen (*multilaterale Beziehungen*) sind Gegenstand der internationalen Politik. Ihre Träger sind Staatengemeinschaften und internationale Organisationen auf der einen Seite und multinationale Unternehmen sowie Nichtregierungsorganisationen auf der anderen Seite: Die internationale Politik hat demzufolge nicht ausschließlich mit nationaler oder EU-Politik zu tun.

Träger und Institutionen

Staaten **Staatliche** **Außenpolitik**	**Staaten-** **gemeinschaften** **EU, NATO**	**Internationale** **Organisationen und** **Bündnisse** **UNO, OECD**

Multinationale **Unternehmen** **General Electric,** **McDonalds**	**Nichtregierungs-** **organisationen** **Greenpeace,** **Oxfam**

Konfliktregulierung als Aufgabe internationaler Politik

Nicht immer können Staaten bzw. internationale Organisationen ihre Konflikte auf dem Verhandlungsweg klären. Gewaltsame Auseinandersetzungen müssen aber möglichst verhindert werden. *Kriegsverhinderung* und *Friedenssicherung* sind daher zentrale Betätigungsfelder von internationaler Politik.

Krieg ist in klassischem Verständnis die gewaltsame Auseinandersetzung zwischen Staaten. Diese Auffassung muss jedoch zunehmend revidiert werden, da gewaltsame Auseinandersetzungen zwischen einzelnen Gruppen und Staaten durchaus den Charakter von Kriegen annehmen können. Solche bewaffneten Auseinandersetzungen mit dezentral organisierten und oft privaten Akteuren werden als *„neue Kriege"* bezeichnet. Dabei spielt der internationale Terrorismus in jüngster Zeit eine wichtige Rolle.

Frieden ist dagegen schwerer zu beschreiben, wenn man ihn nicht nur als Abwesenheit von Krieg definiert. Frieden könnte man als *System der gewaltlosen Regelung von Konflikten* zwischen Staaten sowie zwischen Staaten und Gruppen definieren. Der Übergang von Krieg zu Frieden ist immer ein Prozess.

In der internationalen Politik spielen *verschiedene Konfliktlinien* eine Rolle:

Der Kalte Krieg

- Der klassische Ost-West-Konflikt, der bis in die 80er-Jahre des letzten Jahrhunderts ausgetragen wurde, zeigt nurmehr Nachwehen. Er spielte sich zwischen den westlich-kapitalistischen Ländern und den sozialistischen Ländern vornehmlich Osteuropas ab. Zu einer direkten Konfrontation im Krieg kam es nicht. Es wurde mit atomaren, biologischen und chemischen Waffen hochgerüstet und der Gegner so von einem Angriff abgeschreckt. Daneben kam es zu *Stellvertreterkriegen* vornehmlich in Entwicklungsländern.

- Der Nord-Süd-Konflikt betrifft die Gegensätze zwischen hoch entwickelten Industrieländern und wenig entwickelten Ländern der „Dritten Welt". Der letztgenannte Begriff wurde wegen des Endes des Ost-West-Konflikts (Erste gegen Zweite Welt) und wegen der Erkenntnis der *Einheitlichkeit der Welt in ökologischer Hinsicht* zunehmend verdrängt („Eine Welt").

Nord-Süd-Konflikt

- Der Konflikt zwischen „etablierten" Industriestaaten und aufstrebenden Schwellenländern und durch Rohstoffvorkommen reich gewordenen Staaten: Für sich rasch entwickelnde *ehemalige Entwicklungsländer* entsteht leicht der Eindruck, dass die „alten" Industrieländer die Welt bereits unter sich aufgeteilt haben, dass Märkte, internationale Organisationen, Selbstverteidigungsrechte usw. bereits in einem klaren System, das keine Neuankömmlinge mehr zulässt, verteilt sind. Da die Schwellenländer auf ihrem Platz bestehen müssen, kommt es häufig zu Konflikten, die zumindest bis dicht an kriegerische Auseinandersetzungen reichen können.

Industriestaaten und Schwellenländer

- Der Konflikt um die *Sicherung von Rohstoffvorkommen* wird immer bedeutender. Die Ressourcen an nicht erneuerbaren Rohstoffen auf der Erde gehen erkennbar zur Neige. Die Industriestaaten, sowohl etablierte wie auch aufstrebende, sind auf diese Ressourcen angewiesen.

Aufteilung von Ressourcen

- Der Konflikt zwischen dem „Westen" und an anderen Werten orientierten Staaten wie z. B. den islamischen Ländern: Dieser Konflikt, auch als *„Kampf der Kulturen"* bezeichnet, entzündete sich in den letzten Jahren immer wieder mehr oder weniger heftig. Diese Theorie gilt aber als wenig realitätsbezogen.

Kulturelle, religiöse und ideologische Differenzen

- Der Konflikt zwischen *hegemonialen Machtansprüchen* und den „Regierten": Nach dem Ende des Ost-West-Konflikts blieben als einzige „Supermacht" die USA übrig. Der Anspruch der US-Politik, weltweit die Prinzipien des freien Marktes und des liberalen Wertesystems durchsetzen zu wollen, stößt immer wieder auf Widersacher.

Hegemonialansprüche

Als weiterer Aspekt in der internationalen Politik ist die *Globalisierung* immer stärker zum dominierenden Faktor geworden, denn die wachsenden Möglichkeiten internationaler Zusammenarbeit, nicht zuletzt aufgrund technischer Entwicklungen, haben die Welt grundlegend verändert.

Globalisierung

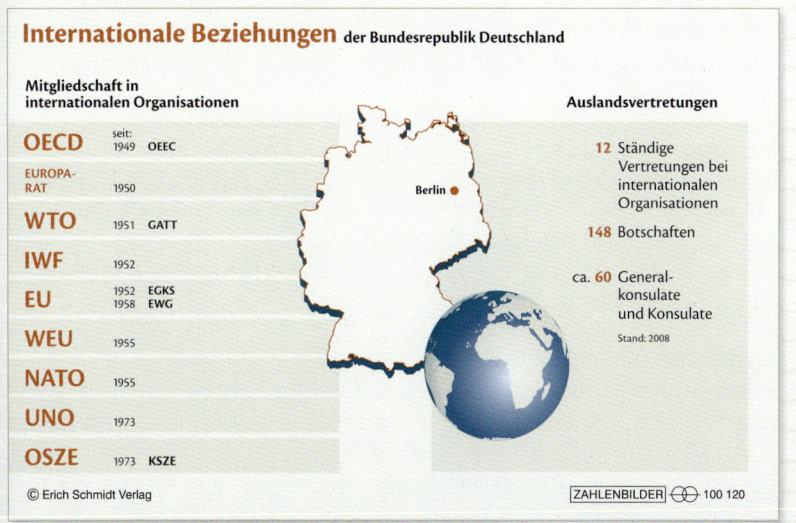

Internationale Beziehungen der Bundesrepublik Deutschland

Mitgliedschaft in internationalen Organisationen

	seit:	
OECD	1949	OEEC
EUROPA-RAT	1950	
WTO	1951	GATT
IWF	1952	
EU	1952 / 1958	EGKS / EWG
WEU	1955	
NATO	1955	
UNO	1973	
OSZE	1973	KSZE

Berlin ●

Auslandsvertretungen

12 Ständige Vertretungen bei internationalen Organisationen

148 Botschaften

ca. **60** General-konsulate und Konsulate

Stand: 2008

© Erich Schmidt Verlag

ZAHLENBILDER 100 120

Struktur der Staatenwelt

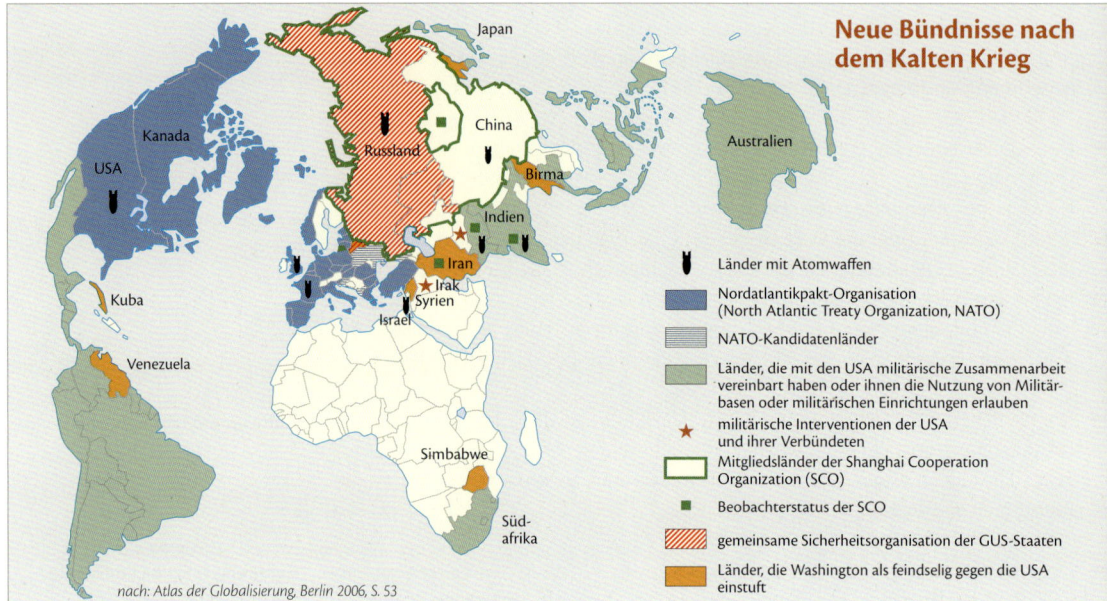

Neue Bündnisse nach dem Kalten Krieg

Länder mit Atomwaffen

Nordatlantikpakt-Organisation (North Atlantic Treaty Organization, NATO)

NATO-Kandidatenländer

Länder, die mit den USA militärische Zusammenarbeit vereinbart haben oder ihnen die Nutzung von Militärbasen oder militärischen Einrichtungen erlauben

militärische Interventionen der USA und ihrer Verbündeten

Mitgliedsländer der Shanghai Cooperation Organization (SCO)

Beobachterstatus der SCO

gemeinsame Sicherheitsorganisation der GUS-Staaten

Länder, die Washington als feindselig gegen die USA einstuft

nach: Atlas der Globalisierung, Berlin 2006, S. 53

Ziele und ihre Durchsetzung

Seit dem Ende des Ost-West-Konflikts ist die Welt einerseits bestimmt vom *Hegemonialanspruch* der USA. Auf der anderen Seite stehen die Bestrebungen von Staatengemeinschaften und Einzelstaaten nach regionalem Einfluss und nach Mitbestimmung im Konzert der Staatengemeinschaft.

Die USA beanspruchen die weltweite Vorherrschaft insbesondere zur Durchsetzung von *Marktwirtschaft, Demokratie und Freiheit* auf der Welt. Sie sind bereit, für ihre Ziele überall auch mit kriegerischen Mitteln einzugreifen und im Sinne ihrer Ziele zur Not mit Gewalt zu handeln. Dazu befähigen sie u. a. ihre internationalen wirtschaftlichen Verbindungen sowie ihre Marktmacht als weltgrößter Abnehmer von Produkten und Dienstleistungen und als größter Exporteur von Hochtechnologie. Vor allem aber auf ihre militärische Macht, die auf einer weltweit aktionsfähigen Marine und Luftwaffe und einem satellitengestützten Aufklärungs- und Waffenleitsystem beruht, stützen die USA ihren Anspruch auf Vorherrschaft. Dieser Hegemonialanspruch ist jedoch nicht unumstritten.

Konkurrenten der USA

In wirtschaftlicher Hinsicht konkurrieren mit den USA Japan und die Europäische Union auf der einen sowie aufstrebende Wirtschaftsriesen wie China und Indien auf der anderen Seite. Als *Territorialmacht* hingegen behauptet sich Russland in der Nachfolge der ehemaligen Supermacht Sowjetunion in militärischer Hinsicht vor allem in Osteuropa und Zentralasien.

Atomare Bewaffnung

Immer wieder entzündet sich der Wettstreit um Macht und Einfluss in einzelnen Weltteilen und in der Welt an der Frage der atomaren Bewaffnung. Der Besitz einsatzfähiger Atomwaffen ist ein bedeutender Machtfaktor für einen Staat. Er macht ihn unangreifbar und ermöglicht es ihm, anderen Ländern seinen Willen aufzuzwingen. Die USA bemühen sich, das bestehende weltweite Gefüge der Staaten hinsichtlich der Atomwaffenfrage nicht zerbrechen zu lassen. Daher drängen sie darauf, dass zu den derzeitigen *Atommächten* (USA, Russland, Großbritannien, Frankreich, China, Indien, Pakistan, wohl auch Südafrika und Israel) nicht noch weitere hinzukommen (etwa Nordkorea und Iran).

Akteure auf internationalem Parkett

Die *internationalen Beziehungen* umfassen alle Beziehungen und Handlungen, die über den Staat hinausreichen. Die politischen Hauptakteure auf internationaler Ebene sind zweifellos immer noch die Regierungen, und das Handeln der einzelnen Regierungen wird als „Außenpolitik" bezeichnet. Zusammen betreiben Staaten internationale Politik. Zu ihr gehören auch die Aktivitäten internationaler Organisationen wie UNO, Weltbank oder IWF sowie Konferenzen und Verhandlungen zwischen den Regierungen.

Neben den *IGOs* (International Governmental Organizations) machen die internationalen *NGOs* (Non-Governmental Organizations) internationale Politik. Wie wirksam solche Organisationen handeln können, machte beispielhaft die Kampagne von Greenpeace gegen die Shell-AG im Jahre 1995 um die Versenkung der Ölbohrplattform Brent Spar in der Nordsee deutlich. Wegen der internationalen Empörung gegen die Umweltpolitik des Konzerns war die Shell-AG letztlich genötigt, die Plattform Brent Spar in Norwegen zu verschrotten, statt sie, wie zunächst geplant, in der Nordsee zu versenken. Auch die *multinationalen Konzerne* sind Träger der internationalen Politik. Darüber hinaus versuchen zahlreiche *gesellschaftliche Gruppierungen* (Parteienzusammenschlüsse, Kirchen) und *wirtschaftliche Interessengruppen* (Unternehmerverbände, Gewerkschaften,) sowohl die eigene Regierung als auch die Entscheidungen anderer Regierungen und die Politik internationaler Organisationen zu beeinflussen.

Zu den Akteuren der internationalen Politik gehören neben den nationalen Regierungen auch Verwaltungseinheiten der Länder und Gemeinden, da sie zunehmend auch außerhalb des eigenen Staates tätig werden und sich mit ähnlichen Institutionen verbinden.

In welchem Maße einzelne Regierungen die internationale Politik beeinflussen können, hängt nicht zuletzt auch von ihrer Wirtschaftskraft ab. So ist z.B. die Stimmenverteilung in IWF oder Weltbank – anders etwa als bei der Gleichberechtigung in der UN-Vollversammlung – so geregelt, dass sie vom relativen Kapitalanteil der Länder abhängt.

Anteile am Welt-BSP und Pro-Kopf-Einkommen

BSP/Kopf in US-Dollar

☐ = 0,1 % des Welt-BSP

240 bis 1000 — 5000 bis 10000 — 20000 bis 41210
1000 bis 5000 — 10000 bis 20000 — keine Angaben

nach: Atlas der Globalisierung, Berlin 2006, S. 75

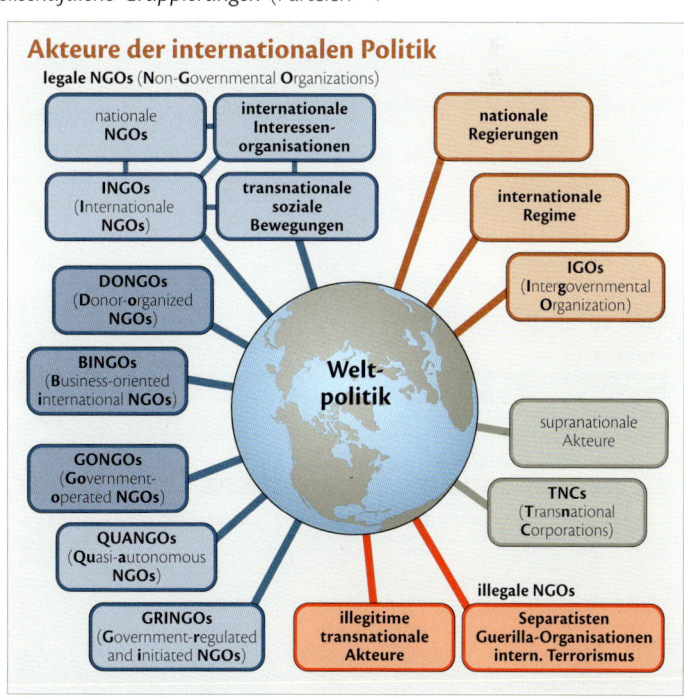

Akteure der internationalen Politik

legale NGOs (Non-Governmental Organizations)

- nationale NGOs
- internationale Interessenorganisationen
- nationale Regierungen
- INGOs (Internationale NGOs)
- transnationale soziale Bewegungen
- internationale Regime
- DONGOs (Donor-organized NGOs)
- IGOs (Intergovernmental Organization)
- BINGOs (Business-oriented international NGOs)
- **Weltpolitik**
- GONGOs (Government-operated NGOs)
- supranationale Akteure
- QUANGOs (Quasi-autonomous NGOs)
- TNCs (Transnational Corporations)
- GRINGOs (Government-regulated and initiated NGOs)
- illegitime transnationale Akteure
- illegale NGOs
- Separatisten Guerilla-Organisationen intern. Terrorismus

Die UNO

Zielsetzung

Die UNO (United Nations Organization) ist eine internationale Organisation, in der fast alle Länder der Welt (191 Staaten) sich in der Absicht und der gegenseitigen Verpflichtung verbunden haben, *Frieden und humane Lebensbedingungen für die Völker der Welt* zu gewährleisten. Die UNO wurde 1945 nach der Erfahrung des Zweiten Weltkriegs gegründet und trat damit die Nachfolge des Völkerbunds aus der Zeit vor dem Zweiten Weltkrieg an.

Die Charta der Vereinten Nationen ist das Gründungsdokument der Organisation. Sie setzt die Ziele der UNO:

- Wahrung des *Weltfriedens* und der internationalen Sicherheit durch das Ergreifen von Maßnahmen, die die Bedrohung des Friedens verhüten und Angriffshandlungen und internationale Streitigkeiten nach den Grundsätzen der Gerechtigkeit und des Völkerrechts unterdrücken sollen;
- Entwicklung freundschaftlicher, auf dem Grundsatz der *Gleichberechtigung* beruhender Beziehungen zwischen den Völkern;
- Förderung der *internationalen Zusammenarbeit*, um wirtschaftliche, soziale, kulturelle und humanitäre Probleme zu lösen und die Menschenrechte und Grundfreiheiten zu gewähren;
- *Vertretung* der gemeinsam erklärten Ziele der Mitgliedsstaaten.

www.lpb-bw.de/charta.htm
Link zur Charta der Vereinten Nationen

Verantwortung der Mitgliedsstaaten

Nach den Grundsätzen der Vereinten Nationen sollen die gemeinsamen Ziele durch folgende Rechte und Pflichten der Mitgliedsstaaten erreicht werden:

- souveräne Gleichheit aller Mitgliedsländer,
- Erfüllung aller Verpflichtungen aus der Charta,
- Verpflichtung zur Streitbeilegung mit friedlichen Mitteln,
- Beistandspflicht für Maßnahmen der Organisation,
- Verpflichtung der Organisation, dafür zu sorgen, dass auch Nichtmitglieder hinsichtlich des Weltfriedens und der internationalen Sicherheit nach den Prinzipien der Charta handeln.

Die Organisation hat nicht das Recht, in die inneren Angelegenheiten von Staaten einzugreifen. Hiervon ausgenommen sind Zwangsmaßnahmen, die ergriffen werden müssen, um die Grundsätze der UNO zu wahren.

Interne Organisation der UNO

Die UNO besteht aus einer Vielzahl von Organisationen, in deren Zentrum die *Vollversammlung* der UNO und der *Sicherheitsrat* stehen. Die Vollversammlung der Vereinten Nationen umfasst Delegierte aller Mitgliedsstaaten, von denen jeder über eine gleichberechtigte Stimme verfügt.

Dem Sicherheitsrat der UNO gehören 15 Staaten an. Einen festen Sitz und die Möglichkeit, Beschlüsse durch ein Veto zu verhindern, haben die USA, Großbritannien, Frankreich, Russland und die Volksrepublik China. Weitere zehn Mitglieder des Sicherheitsrats werden für zwei Jahre durch Wahl bestimmt.

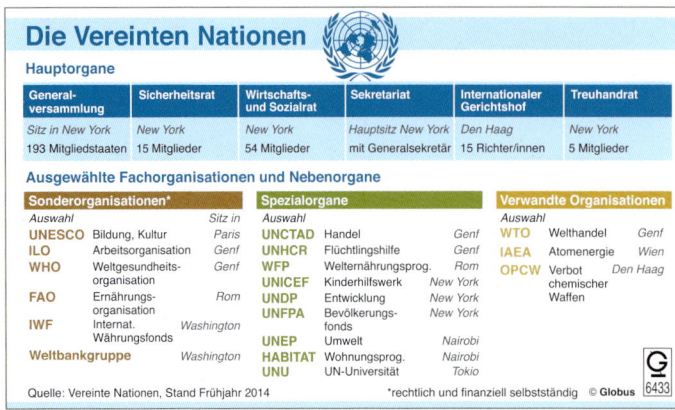

Die Vereinten Nationen

Hauptorgane

General-versammlung	Sicherheitsrat	Wirtschafts- und Sozialrat	Sekretariat	Internationaler Gerichtshof	Treuhandrat
Sitz in New York	New York	New York	Hauptsitz New York	Den Haag	New York
193 Mitgliedsstaaten	15 Mitglieder	54 Mitglieder	mit Generalsekretär	15 Richter/innen	5 Mitglieder

Ausgewählte Fachorganisationen und Nebenorgane

Sonderorganisationen*			Spezialorgane			Verwandte Organisationen		
Auswahl		Sitz in	Auswahl			Auswahl		
UNESCO	Bildung, Kultur	Paris	UNCTAD	Handel	Genf	WTO	Welthandel	Genf
ILO	Arbeitsorganisation	Genf	UNHCR	Flüchtlingshilfe	Genf	IAEA	Atomenergie	Wien
WHO	Weltgesundheits-organisation	Genf	WFP	Welternährungsprog.	Rom	OPCW	Verbot chemischer Waffen	Den Haag
FAO	Ernährungs-organisation	Rom	UNICEF	Kinderhilfswerk	New York			
IWF	Internat. Währungsfonds	Washington	UNDP	Entwicklung	New York			
			UNFPA	Bevölkerungs-fonds	New York			
Weltbankgruppe		Washington	UNEP	Umwelt	Nairobi			
			HABITAT	Wohnungsprog.	Nairobi			
			UNU	UN-Universität	Tokio			

Quelle: Vereinte Nationen, Stand Frühjahr 2014   *rechtlich und finanziell selbstständig   © Globus

6433

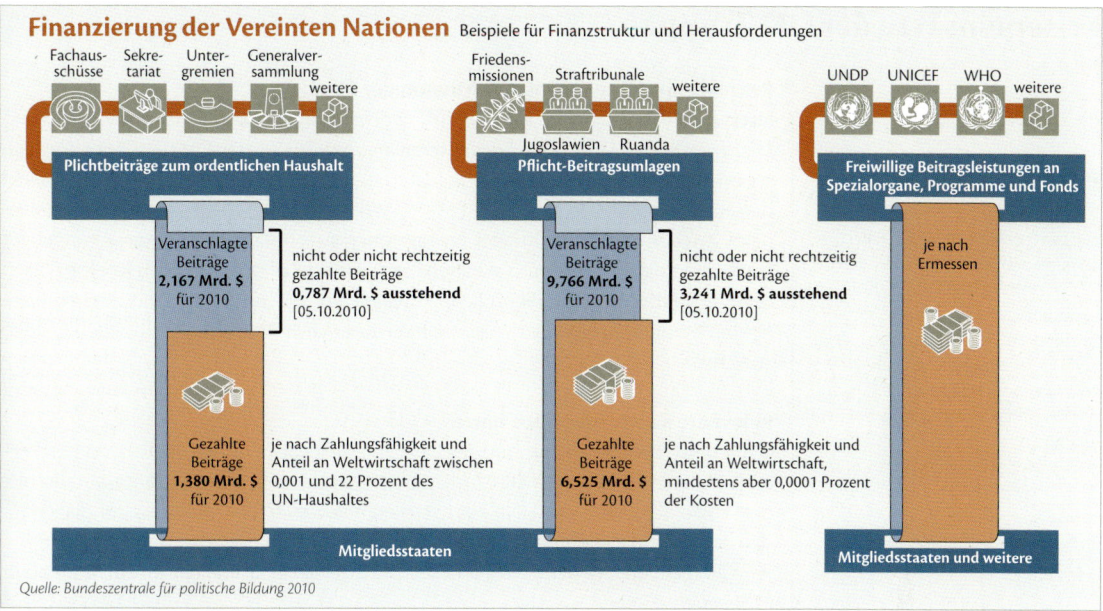

Finanzierung der Vereinten Nationen Beispiele für Finanzstruktur und Herausforderungen

Quelle: Bundeszentrale für politische Bildung 2010

Millennium-Entwicklungsziele der UNO

Die Vereinten Nationen haben im September 2000 folgende Entwicklungsziele verabschiedet, die bis 2015 erreicht werden sollen:

- Bekämpfung von extremer Armut und Hunger,
- Grundschulbildung für alle Kinder,
- Förderung der Gleichstellung der Geschlechter und Stärkung der Rolle der Frauen,
- Senkung der Kindersterblichkeit,
- Verbesserung der Gesundheitsversorgung der Mütter,
- Bekämpfung schwerer Krankheiten wie AIDS, Malaria, Tuberkulose,
- Sicherung der ökologischen Nachhaltigkeit, besonders in Bezug auf Trinkwasser und Boden,
- Aufbau einer globalen Entwicklungspartnerschaft.

Eingriffsmöglichkeiten der UNO

In ihren Grundsatzdokumenten formulieren die Vereinten Nationen das *Allgemeine Gewaltverbot*: „Alle Staaten unterlassen in ihren internationalen Beziehungen jede gegen die territoriale Unversehrtheit oder die politische Unabhängigkeit eines Staates gerichtete oder sonst mit den Zielen der Vereinten Nationen unvereinbare Anwendung von Gewalt." (Art. 2, Ziffer 4 der Charta der UNO). Die einzige Ausnahme von diesem Allgemeinen Gewaltverbot ist das *Selbstverteidigungsrecht der Staaten*. Aus dem Allgemeinen Gewaltverbot lassen sich ansonsten die folgenden Grundsätze ableiten:

- Angriffskriege werden als Verbrechen gegen den Frieden gebrandmarkt,
- Staaten dürfen keine Gewalt zum Zweck der Verletzung bestehender internationaler Grenzen androhen oder anwenden,
- sie dürfen keine gewaltsamen Vergeltungsmaßnahmen durchführen,
- sie dürfen sich nicht an der Organisierung, Anstiftung und Unterstützung von Bürgerkriegen in anderen Staaten beteiligen,
- sie dürfen sich nicht gewaltsam das Hoheitsgebiet anderer Staaten aneignen.

Sanktionsmöglichkeiten der UNO

- Wirtschafts- oder Handelsembargo: alle Handelsbeziehungen zu dem betreffenden Land werden abgebrochen
- Abbruch der diplomatischen Beziehungen
- Unterbrechung des Eisenbahn-, See- und Luftverkehrs, der Post-, Telegrafen- und Funkverbindungen sowie sonstiger Verkehrsmöglichkeiten

Kriseneinsätze der UN-Truppen

Peacekeeping Operations: Die Mission der Blauhelme

Nach den UN-Bestimmungen wird die Friedenstruppe der UNO zur *Friedenssicherung*, *Friedenserhaltung* und auch *Friedenserzwingung* vom Sicherheitsrat in akute Konfliktregionen entsendet. Die Blauhelm-Soldaten stehen dort in den meisten Fällen zwischen den Fronten, sollen allerdings selbst keine Waffengewalt anwenden. Häufig haben Blauhelm-Einsätze vor allem zum Ziel, Zivilpersonen zu schützen und Voraussetzungen für einen dauerhaften Frieden zu schaffen. Ein weiteres Ziel ist es, von den Kriegsparteien zuvor angenommene Friedenspläne zu realisieren. Seit einigen Jahren schreiten Blauhelm-Missionen zunehmend auch in *innerstaatlichen Konflikten* ein, um den Frieden zu sichern.

Blauhelme

Bezeichnung für die UN-Friedenstruppen (nach ihrem blauen Barett), die unter dem Kommando der Vereinten Nationen stehen. Die UN-Blauhelmtruppen setzen sich aus den von den derzeit 191 Mitgliedsländern der UNO für friedenserhaltende und friedenssichernde Einsätze zur Verfügung gestellten militärischen Einheiten zusammen.

Relevante Kapitel der UN-Charta

Nach der UN-Charta kann nur der UN-Sicherheitsrat bei einer Bedrohung des Friedens in der Welt Zwangsmaßnahmen und letztlich auch Militäraktionen verabschieden. Folgende Kapitel der UN-Charta stellen in einem solchen Fall die Grundlagen für den Einsatz von UN-Truppen:

- Kapitel VI und VII der UN-Charta stellen die *generelle Grundlage* für ein Mandat für Friedenstruppen.
- Kapitel VI der Charta sieht keine Gewaltanwendung, sondern nur friedliche Mittel zur Konfliktlösung vor (*„weiches Mandat"*).
- Kapitel VII dagegen gestattet Blauhelm-Soldaten auch den Einsatz von Waffengewalt (*„robustes Mandat"*).

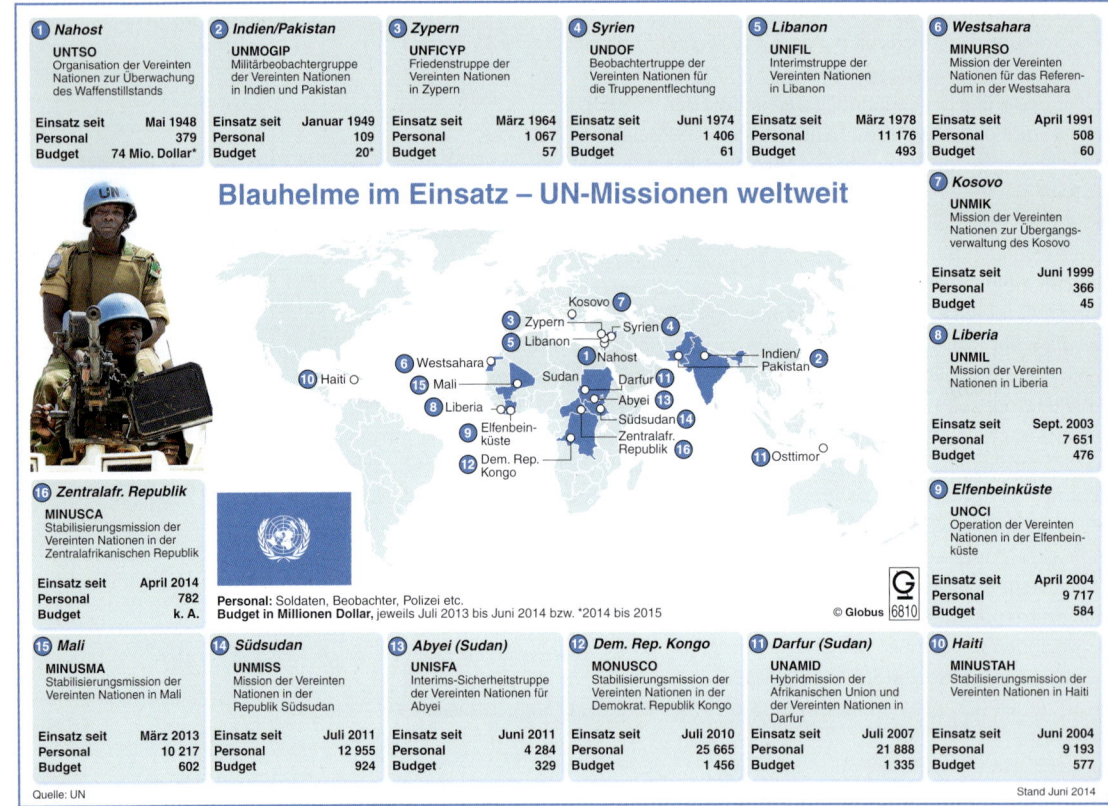

Blauhelme im Einsatz – UN-Missionen weltweit

① Nahost
UNTSO
Organisation der Vereinten Nationen zur Überwachung des Waffenstillstands
Einsatz seit Mai 1948
Personal 379
Budget 74 Mio. Dollar*

② Indien/Pakistan
UNMOGIP
Militärbeobachtergruppe der Vereinten Nationen in Indien und Pakistan
Einsatz seit Januar 1949
Personal 109
Budget 20*

③ Zypern
UNFICYP
Friedenstruppe der Vereinten Nationen in Zypern
Einsatz seit März 1964
Personal 1 067
Budget 57

④ Syrien
UNDOF
Beobachtertruppe der Vereinten Nationen für die Truppenentflechtung
Einsatz seit Juni 1974
Personal 1 406
Budget 61

⑤ Libanon
UNIFIL
Interimstruppe der Vereinten Nationen in Libanon
Einsatz seit März 1978
Personal 11 176
Budget 493

⑥ Westsahara
MINURSO
Mission der Vereinten Nationen für das Referendum in der Westsahara
Einsatz seit April 1991
Personal 508
Budget 60

⑦ Kosovo
UNMIK
Mission der Vereinten Nationen zur Übergangsverwaltung des Kosovo
Einsatz seit Juni 1999
Personal 366
Budget 45

⑧ Liberia
UNMIL
Mission der Vereinten Nationen in Liberia
Einsatz seit Sept. 2003
Personal 7 651
Budget 476

⑨ Elfenbeinküste
UNOCI
Operation der Vereinten Nationen in der Elfenbeinküste
Einsatz seit April 2004
Personal 9 717
Budget 584

⑯ Zentralafr. Republik
MINUSCA
Stabilisierungsmission der Vereinten Nationen in der Zentralafrikanischen Republik
Einsatz seit April 2014
Personal 782
Budget k. A.

⑮ Mali
MINUSMA
Stabilisierungsmission der Vereinten Nationen in Mali
Einsatz seit März 2013
Personal 10 217
Budget 602

⑭ Südsudan
UNMISS
Mission der Vereinten Nationen in der Republik Südsudan
Einsatz seit Juli 2011
Personal 12 955
Budget 924

⑬ Abyei (Sudan)
UNISFA
Interims-Sicherheitstruppe der Vereinten Nationen für Abyei
Einsatz seit Juni 2011
Personal 4 284
Budget 329

⑫ Dem. Rep. Kongo
MONUSCO
Stabilisierungsmission der Vereinten Nationen in der Demokrat. Republik Kongo
Einsatz seit Juli 2010
Personal 25 665
Budget 1 456

⑪ Darfur (Sudan)
UNAMID
Hybridmission der Afrikanischen Union und der Vereinten Nationen in Darfur
Einsatz seit Juli 2007
Personal 21 888
Budget 1 335

⑩ Haiti
MINUSTAH
Stabilisierungsmission der Vereinten Nationen in Haiti
Einsatz seit Juni 2004
Personal 9 193
Budget 577

Personal: Soldaten, Beobachter, Polizei etc.
Budget in Millionen Dollar, jeweils Juli 2013 bis Juni 2014 bzw. *2014 bis 2015

© Globus 6810

Quelle: UN

Stand Juni 2014

Das robuste Mandat

Ein Sonderfall der als gewaltfrei vorgesehenen Einsätze ist das so genannte *„robuste Mandat"*. Mit einem robusten Mandat dürfen UN-Soldaten nicht nur sich selbst, sondern auch ihre Mission mit Waffengewalt verteidigen. Das Mandat wird nur dann erteilt, wenn eine friedliche Mission zu scheitern droht. Erst seit den 1990er-Jahren erteilt die UNO diese Mandate, die neben der Friedenssicherung auch eine Friedenserzwingung zum Inhalt haben.

Die traurigen Folgen eines nicht erteilten „robusten Mandats" wurden im Jahr 1995 deutlich, als in Srebrenica unter den Augen der UN-Blauhelme mehrere Tausende bosnische Männer umgebracht wurden. Und auch 1994 in Ruanda konnte der UN-Sicherheitsrat den blutigen Völkermord nicht verhindern.

Karikatur: Heiko Sakurai

Kritikpunkte und Probleme

Nicht nur der Einsatz deutscher Soldaten mit robustem Mandat (z. B. im Nahen Osten oder im Kongo) hat in Deutschland zu heftigen Diskussionen geführt, sondern auch die Tatsache, dass die konkreten Zuständigkeiten von UNO und NATO in der Praxis nicht immer eindeutig geklärt sind. Dies war z. B. beim Einsatz im Kosovo 1998/1999 der Fall, bei dem sich die NATO unter dem Hinweis auf das Leiden der Bevölkerung entschloss, anstelle der UNO einzugreifen, obwohl kein UN-Mandat vorlag.

Die Blauhelm-Truppen können nicht immer in allen Gebieten, in denen sie eingesetzt werden, den Frieden sichern. Daher werden Blauhelm-Missionen immer häufiger Gegenstand der Kontroverse. Kritik an Blauhelm-Einsätzen verbindet sich häufig mit einer allgemein kritischen Haltung gegenüber der *Menschenrechtspolitik*. Menschenrechte ließen sich nicht mit militärischen Maßnahmen durchsetzen, so der Einwand. Ein weiterer Kritikpunkt an der UNO lautet, sie übernehme ungebeten die Rolle und Aufgaben einer Weltpolizei.

Darüber hinaus ist die erforderliche Bereitstellung von Einsatztruppen seitens der Mitgliedsländer ein Problem, denn sie erweist sich immer wieder als nicht verlässlich. Obwohl genügend Soldaten von den Mitgliedsländern als einsatzbereit und verfügbar gemeldet werden, stellen diese Länder bei konkreten Einsätzen regelmäßig nicht annähernd so viele Soldaten zur Verfügung.

Karikatur: Heiko Sakurai

Die NATO

Am 4. April 1949 wurde The North Atlantic Treaty geschlossen. Er ist bis heute die vertragliche Grundlage der NATO.
http://www.nato.int/

Gründung und Zielsetzung der NATO

Die NATO (*North Atlantic Treaty Organization*) wurde 1949 im aufkommenden Os- West-Konflikt als politisch-militärische Antwort der Westmächte auf den Ausbau d sowjetischen Machtbereichs in Osteuropa gegründet. Die USA waren als stärks westliche Militärmacht von Anfang an die treibende Kraft für die Gründung dieses M litärbündnisses. In der Gründungsurkunde beschloss man, auf politischem, wirtschaf lichem und vor allem militärischem Gebiet zur *Friedenserhaltung und Krisenbewäl gung* zusammenzuarbeiten.

Die NATO hat sich im Laufe der Jahre von einem geografisch begrenzten Verteidigung bündnis zu einer global tätigen Organisation gewandelt. Sie ist daher auch auf d logistische oder personelle Hilfe von Ländern angewiesen, die dem Bündnis nicht ang hören (z. B. Japan, Australien, Brasilien, Südafrika oder Südkorea).

Die NATO im Kalten Krieg

Zur Zeit des Kalten Krieges war die NATO das Gegenbündnis zu den Staaten des *Wa schauer Paktes*. Man ging in dieser Zeit von einem möglichen Angriff der Sowjetunic auf Westeuropa aus. In dieser Phase des extremen atomaren Wettrüstens versuchte beide Seiten, ihren potenziellen Gegner durch militärische Stärke, durch Einschüchte rung und Drohung von Angriffsabsichten abzubringen. Das Ende des Kalten Krieg und beidseitige Abrüstung wurden erst möglich, nachdem die damalige Sowjetunic unter Präsident Gorbatschow einen neuen Kurs einschlug und 1987 in Reykjavik m den USA einen Vertrag über den Abbau aller Mittelstreckenraketen unterzeichnete. D Ost-West-Konflikt wurde 1991 offiziell für beendet erklärt, der Warschauer Pakt un die Sowjetunion lösten sich auf. 1994 bot die NATO den osteuropäischen Staaten ei „Partnerschaft für den Frieden" (PFP) an, we che die Beteiligung an militärischen Pla nungen, gemeinsame Übungen und Hilfe b der militärischen Neuordnung vorsah.

NATO-Erweiterung und externe Bündnis partner

Seit 1999 sind viele ehemalige Warschaue Pakt-Staaten der NATO beigetreten. Dies sog. „Osterweiterung" der NATO stieß au starke Kritik Russlands und hat – wie auch d Anschläge vom 11. September 2001 – die De batte um die Notwendigkeit eines solche Verteidigungsbündnisses neu entfacht. Übe die Zukunftsperspektiven der NATO geh die Meinungen stark auseinander. Besonde kontrovers werden mögliche *NATO-Einsätz ohne UN-Mandat* (wie z. B. 1999 in Jugosl wien) und *Einsätze außerhalb des Bündni gebietes* (z. B. 2001 in Mazedonien) diskutier

60 Jahre NATO

Gründungsmitglieder 1949

Belgien	Kanada
Dänemark	Luxemburg
Frankreich	Niederlande
Großbrit.	Norwegen
Island	Portugal
Italien	USA

Beitritt 1952	Beitritt 1982	Beitritt 2004		Beitritt 2009
Griechenland	Spanien	Bulgarien	Slowakei	Albanien
Türkei	**Beitritt 1999**	Estland	Slowenien	Kroatien
Beitritt 1955	Polen	Lettland		
Deutschland (bis 1990 Westd.)	Tschechien	Litauen		
	Ungarn	Rumänien		

© Globus 2727

Perspektiven der NATO

M 1 Kein Feind, kein Ehr

Noch ist der Krieg gegen Al-Qaida und ihre Sympathisanten in aller Welt nicht gewonnen. Doch ein prominentes Opfer wird schon zu Grabe getragen – die NATO. Nach dem Angriff auf Amerika hat das mächtigste Militärbündnis der Welt zum ersten Mal in 52 Jahren feierlich den Bündnisfall erklärt; und wird trotzdem nicht gebraucht. (…)

Landet die NATO also auf Washingtons Schutthaufen für „Relikte des Kalten Krieges"? (…) George Robertson, oberster ziviler Repräsentant der Nato, weist alle Niedergangsprophezeiungen emphatisch von sich. Allein die Erklärung des Bündnisfalls gemäß Artikel V des NATO-Vertrages habe nach den Angriffen auf Amerika großes symbolisches Gewicht gehabt, betont der Schotte: „Sie hat den USA politisch sehr geholfen." (…)

Drei Friedenseinsätze, einen Luftkrieg und eine Erweiterungsrunde hat das Bündnis seit 1995 bewältigt. Nun aber steht es vor drei gewaltigen Herausforderungen gleichzeitig. Der Antiterrorfeldzug der Amerikaner belastet das Klima im Bündnis und verlangt nach Reformen. Neun Länder drängen in die Runde der Mitglieder. Russland fordert im Gegenzug: gleichberechtigte Mitsprache, Veto möglichst inklusive. (…) Amerika sucht sich seine Truppen je nach Bedarf aus dem militärischen Baukasten des Bündnisses zusammen. (…) Präsident Putin, der neue Freund des Westens, bemüht sich, nicht offen gegen die Allianz zu polemisieren. Er weiß aber um ihre Widersprüche. (…) Je liebenswürdiger die Russen werden, desto mehr wird offenbar: Der NATO fehlt der Feind als Kitt. Amerika hat längst eine eigene Agenda – und Euro-

pa auch. Die einen wollen jederzeit in aller Welt eingreifbereit sein; die anderen möchten lieber erst die Buschfeuer an Europas Flanke im Südosten löschen. (…)

Zwischen diesen widersprüchlichen Positionen soll die NATO eine Brücke schlagen. Fast scheint es, als eine die ungleichen Lager heute nur noch eines: der Vorsatz, einander auszunutzen. Die USA brauchen Europa als Geräteschuppen und Startbahn auf dem Weg ins Einsatzgebiet. Und die Europäer brauchen die USA – weil sie nicht einmal die Sicherheit ihres eigenen Kontinents allein garantieren können. Kein Zweifel: Die Allianz lebt immer noch vom Bekenntnis zu Freiheit und Demokratie. Doch für eine schlagkräftige Militärallianz reicht das nicht. (…)

(Constanze Stelzenmüller, Michael Thumann, in: Die Zeit vom 10. Januar 2002)

M 2 Schöne neue NATO

Er hätte so familiär werden können, der NATO-Gipfel in der lettischen Hauptstadt Riga. Ein Hauch von Kalter-Krieg-Nostalgie gar hätte die Teilnehmer umwehen können. (…) Doch taugt Russland nicht mehr als Kitt für die Allianz. Ausgerechnet der Wahlsieg der Demokraten in Amerika (…) dürfte die harmonische Stimmung unter den 16 alten und 10 neuen osteuropäischen NATO-Mitgliedern in der Baltenstadt gründlich verhageln. Seit dem Machtwechsel im Kongress und im Senat blicken Europas NATO-Strategen mit wachsender Nervosität gen Washington. Denn aus einem einstigen militärpolitischen Tabu könnte nun schon bald Wirklichkeit werden – dem Rückzug der US-Trup-

pen aus dem Irak. (…) Innerhalb der Bundeswehr gibt es viele Offiziere, die (…) beschwören, die wenigsten Sicherheitsprobleme der Zukunft seien allein mit militärischen Mitteln zu lösen. Vielmehr komme es auf einen intelligenten Mix aus Entwicklungshilfe, Verwaltungsaufbau und Sicherheitsarchitektur an. (…)

Aus Washingtoner Sicht ist es längst Zeit für die NATO, sich zu globalisieren. (…) Diese „neue NATO" wäre realistischerweise wohl so etwas wie ein Dauerpool von Koalitionen der Willigen unter amerikanischer Führung. Schwerlich wäre in diesem „Verteidigungsbündnis" noch der bisherige Artikel-5-Grundsatz aufrechtzuerhalten, nach dem ein Angriff auf ein Mitglied

als ein Angriff auf alle Mitglieder wird. (…) Es scheint, dass die NATO sich schon sehr bald die Frage wird stellen müssen, die der politische Planungschef des Militärbündnisses, Michael Rühle, eigentlich erst zum Gipfel 2008 eingeplant hatte.

Die nämlich, ob sich die NATO, in Rühles Worten, „als Instrument zur Verfolgung ‚harter' sicherheitspolitischer Interessen verstehen will oder lediglich als eine Form der Sozialpolitik mit militärischen Mitteln". Je lauter solche Stimmen auch in Europa ertönen, desto unwahrscheinlicher wird, dass die NATO als „nordatlantische", sprich: westliche Allianz noch eine Zukunft hat. *(Jochen Bittner, in: Die Zeit vom 23. November 2006)*

---

1   *Die beiden Texte versuchen jeweils eine Standortbestimmung der NATO. Fassen Sie diese kurz mit eigenen Worten in einer These zusammen.*

2   *Diskutieren Sie diese Thesen im Hinblick auf die mögliche Zukunft des Bündnisses.*

Non-Governmental Organizations (NGOs)

Arbeit der NGOs

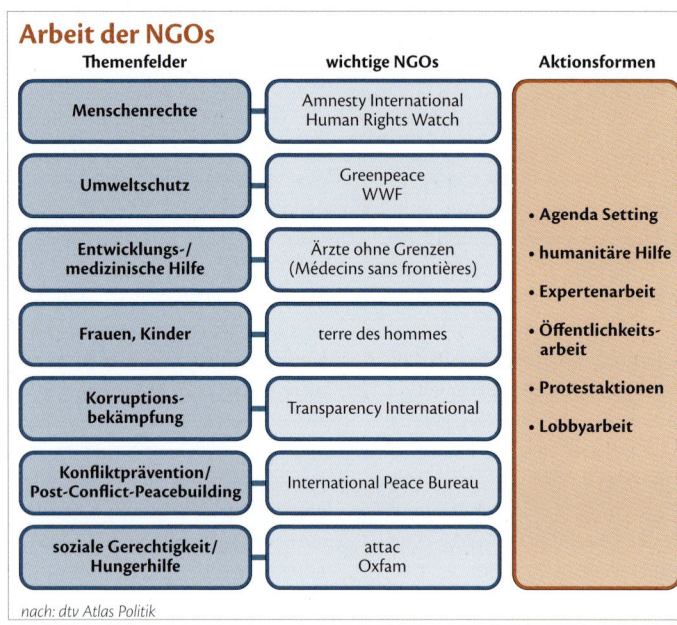

Themenfelder	wichtige NGOs	Aktionsformen
Menschenrechte	Amnesty International Human Rights Watch	• Agenda Setting
Umweltschutz	Greenpeace WWF	• humanitäre Hilfe
Entwicklungs-/ medizinische Hilfe	Ärzte ohne Grenzen (Médecins sans frontières)	• Expertenarbeit
Frauen, Kinder	terre des hommes	• Öffentlichkeits- arbeit
Korruptions- bekämpfung	Transparency International	• Protestaktionen
Konfliktprävention/ Post-Conflict-Peacebuilding	International Peace Bureau	• Lobbyarbeit
soziale Gerechtigkeit/ Hungerhilfe	attac Oxfam	

nach: dtv Atlas Politik

Tätigkeitsbereiche von NGOs

Eine nichtstaatliche Organisation – Non-Governmental Organization (NGO); zu deutsch eine: *Nichtregierungsorganisation* (NRO) – ist eine nicht-gewinnorientierte und auf freiwilliger Arbeit basierende Organisation von Bürgern. Ursprünglich stammt der Begriff aus der Charta der Vereinten Nationen. Eine NGO kann sowohl lokal als auch national oder international organisiert und tätig sein. NGOs sind meist aus dem Engagement von Leuten mit dem Ziel der *Vertretung gemeinsamer Interessen* entstanden. Ihre Absicht ist, Regierungen in ihrem Sinne zu beeinflussen und durch Aufklärungsarbeit Mitstreiter zu gewinnen. NGOs sind auf bestimmte Themenbereiche spezialisiert, wie z. B. Entwicklungspolitik, Friedenspolitik, Menschenrechte. Unter dem Begriff NGO werden sowohl kleine Gruppierungen weniger Experten als auch Massenbewegungen („soziale Bewegungen") zusammengefasst. NGOs verfügen oft über erhebliche Finanzmittel, die sich zum Großteil aus Spendengeldern zusammensetzen.

Zu den international tätigen Nichtregierungsorganisationen zählen inzwischen sehr viele Vereinigungen. Besonders in die Öffentlichkeit rücken sie immer wieder beim sog. *Weltsozialgipfel*, der als Kontrapunkt zum Weltwirtschaftsgipfel der G7/G8 veranstaltet wird.

International tätige NGOs mit politischem Selbstverständnis versuchen, der nach ihrer Ansicht einseitig durch das Kapital bzw. die Industrieländer bestimmten Politik der G7/G8 den Aufbau einer *internationalen Zivilgesellschaft* entgegenzusetzen.

Zivilgesellschaft

Politisch-philosophischer Begriff für eine Gesellschaft mit mehr Partizipation, stärkerem, bürgerschaftlichem Engagement und diversen Formen der Selbstorganisation von Interessensgruppen.

Aktion der Greenpeace-Jugend

Beispiele für NGOs

Das IKRK: Das Internationale Komitee vom Roten Kreuz hat sich die Durchsetzung und Förderung des humanitären Völkerrechts zur Aufgabe gemacht. Die in den Genfer Abkommen niedergelegten Regeln zur Behandlung von Kriegsgefangenen und der Zivilbevölkerung in Kriegen stehen im Mittelpunkt der Arbeit des IKRK. Seine Mitarbeiter besuchen zu diesem Zweck Gefangenenlager und verfassen Berichte über die Behandlung von Menschen in Kriegen. Auch der Umgang mit politischen Gefangenen zählt zu den selbstgewählten Aufgabenbereichen des IKRK. Bei ihrer Arbeit setzt diese Organisation auf stille, diplomatische Aktionen.

ai (amnesty international): In einem ähnlichen Aufgabenfeld ist auch ai tätig. Diese NGO widmet sich „Personen, die unter Missachtung der Allgemeinen Erklärung der Menschenrechte der UNO gefangen gehalten werden, sofern sie Gewalt nicht angewandt oder befürwortet haben". Es handelt sich um Menschen, die aufgrund ihrer ethnischen Herkunft, ihrer religiösen oder politischen Überzeugungen oder ihres Geschlechts inhaftiert sind. ai veröffentlicht regelmäßig Berichte, in denen *Menschenrechtsverletzungen* angeprangert werden, und die Organisation versucht, durch Briefe an die Verantwortlichen Gefangene zu befreien.

attac (Vereinigung zur Besteuerung von Finanztransaktionen im Interesse der Bürger/-innen): Diese globalisierungskritische Organisation wurde zunächst gegründet, um die so genannte *Tobin-Steuer* durchzusetzen, d. h. die Besteuerung internationaler Finanztransaktionen an den Devisenmärkten. Darüber hinaus fordert attac eine größere demokratische Kontrolle der Finanzmärkte und „fairen Handel statt Freihandel". Diese NGO wendet sich ausdrücklich gegen neoliberale Ansätze, wie sie z. B. im Weltwirtschaftsforum vertreten werden. attac versucht zudem aktiv, der Öffentlichkeit die *negativen Folgen der Globalisierung* vor Augen zu halten und sie dagegen zu mobilisieren.

Ein grundsätzliches Problem aller NGOs ist, dass sie *nicht demokratisch legitimiert* sind. Sie werden von freiwilligen, engagierten Mitgliedern getragen und setzen sich für die Belange anderer ein, stellen sich aber nicht allgemein zur Wahl.

www.redcross.ch/org/international/ikrk

www2.amnesty.de

www.attac.de

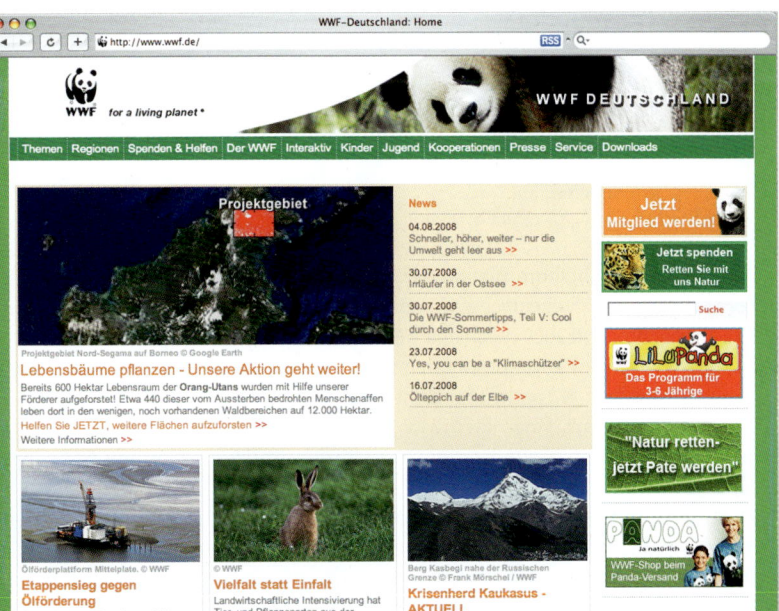

Webseite des World Wide Fund For Nature

Menschenrechte

Allgemeine Grundfreiheiten und Rechte

In der Charta der Vereinten Nationen wird auf die allgemeinen Grundfreiheiten und Menschenrechte verwiesen; aber ein Katalog von Menschenrechten findet sich – wie häufig kritisiert wird – darin nicht. Die *Allgemeine Erklärung der Menschenrechte* wurde erst nach Gründung der UNO verabschiedet. Sie umfasst folgende Bereiche:

www.un.org/Depts/german/grunddok/ar217a3

Erklärung der Menschenrechte

Charta der Vereinten Nationen

A Schutz der Individualsphäre
- Recht auf Leben
- Freiheit von Sklaverei und Knechtschaft
- Anerkennung als rechtsfähige Person
- Recht auf Privatleben
- Recht auf persönliche Ehre
- Religionsfreiheit
- Schutz der Familie
- Schutz der Kinder

B Schutz der gesellschaftlichen Stellung
- Recht auf Freiheit und Sicherheit
- Recht auf Freizügigkeit
- Meinungsfreiheit

C Schutz der Stellung im politischen Gemeinwesen
- Recht auf Teilhabe an der Gestaltung der öffentlichen Angelegenheiten
- Wahlrecht
- Recht auf gleichen Zugang zu öffentlichen Ämtern
- Versammlungsfreiheit
- Vereinigungsfreiheit

D Justizielle Schutzrechte
- Verurteilung nur dann, wenn Strafbarkeit vorliegt
- Anspruch auf ein gesetzliches und faires Gerichtsverfahren
- menschenwürdige Strafvollstreckung

E Wirtschaftliche Rechte
- Recht auf Arbeit
- Recht auf gerechte und zumutbare Arbeitsbedingungen
- Recht auf Bildung von Gewerkschaften
- Recht auf soziale Sicherheit

F Soziale Rechte
- Schutz der Familie
- Schutz der Mutter
- Schutz des Kindes
- Verpflichtung des Staates zur Schaffung eines angemessenen Lebensstandards

G Kulturelle Rechte
- Recht auf Bildung
- Recht auf Teilhabe am kulturellen Leben
- Recht auf Teilhabe am wissenschaftlichen Fortschritt
- wissenschaftliche und künstlerische Freiheit

Karikatur: Klaus Stuttmann

Die Menschenrechtskommission der Vereinten Nationen

Zum Schutz der Menschenrechte wurde ursprünglich die *UN-Menschenrechtskommission* eingerichtet und 2006 durch den *UN-Menschenrechtsrat* als Nebenorgan der UN-Generalversammlung abgelöst. Ihm stehen die folgenden Instrumente zur Verfügung:

Debatte: Wichtige Menschenrechtsthemen und die Menschenrechtssituation in bestimmten Staaten können international-öffentlich diskutiert werden.

Resolutionen: Debatten münden meist in Feststellungen der Situation und Anregungen zur Lösung.

Chairman's Statement: Statt einer Resolution kann der Vorsitzende der Menschenrechtskommission einen Staat auffordern, die Missstände abzustellen.

Sonderberichterstatter: Zur Klärung der Situation in bestimmten Staaten können Beauftragte oder Gruppen von Beauftragten eingesetzt werden.

1503-Verfahren: Einzelne oder Gruppen betroffener Personen können sich direkt an die Menschenrechtskommission wenden und eine Beschwerde führen, wenn der Rechtsweg in ihrem Land bereits ausgeschöpft ist. Nach dem Verfahren aufgrund der UN-Resolution 1503 hat die Menschenrechtskommission das Recht, die betreffenden Staaten wegen der eingegangenen Beschwerden zur Rechenschaft zu ziehen.

Normentwicklung: Die Menschenrechtskommission kann die Weiterentwicklung von normativen Festlegungen zum Schutz der Menschenrechte anregen.

Interventionen zum Schutz der Menschenrechte

Der Sicherheitsrat der UNO hat sich seit den 1990er-Jahren immer wieder mit Menschenrechtsverletzungen und deren Verhinderung in einzelnen Staaten befasst und entweder durch die Entsendung von Blauhelmen oder durch die Beauftragung von Staaten intervenieren lassen, so u.a. im Kosovo zum Schutz der albanischen Minderheit gegen „ethnische Säuberungen" im ehemaligen Jugoslawien.

Dennoch bleiben Interventionen zum Schutz der Menschenrechte in anderen Staaten ein ständiger Kritikpunkt. Das *Souveränitätsrecht* eines fremden Staates zu missachten und zum Schutz von Menschengruppen dort militärisch einzugreifen und dabei unter Umständen auch andere Menschen zu töten, ist nicht nur politisch höchst kritisch. Einerseits stellt sich dabei die Frage der Kontrollmechanismen, inwieweit ein behaupteter Interventionsgrund tatsächlich gegeben ist und ob die Intervention tatsächlich ausschließlich humanitäre Zwecke verfolgt. Andererseits sieht sich die UNO mit dem Vorwurf konfrontiert, in bestimmten Fällen nicht interveniert zu haben, so beispielsweise bei dem Völkermord in Ruanda 1994, von dem die anwesenden UN-Soldaten zwar wussten, bei dem sie jedoch nicht eingreifen durften.

Der Internationale Strafgerichtshof

Zur Verfolgung von Verbrechen gegen die Menschlichkeit, Kriegsverbrechen und Völkermord hat die UNO einen *Internationalen Strafgerichtshof* in Den Haag eingerichtet, wo Personen angeklagt und verurteilt werden, die sich entsprechender Verbrechen schuldig gemacht haben. Der Internationale Strafgerichtshof ist jedoch nur zuständig für die Mitgliedsstaaten seiner Organisation. Von den USA wird er kritisiert und boykottiert, US-Bürger können daher auch nicht vorgeladen werden.

IM VERGANGENEN JAHR HAT AMNESTY INTERNATIONAL IN STAATEN FÄLLE DOKUMENTIERT, IN DENEN DAS RECHT AUF FREIE MEINUNGSÄUSSERUNG AUF RECHTSWIDRIGE WEISE EINGESCHRÄNKT WURDE. **89**

SEIT 1961 SETZT SICH AMNESTY INTERNATIONAL FÜR MENSCHEN EIN, DIE ALLEIN AUFGRUND IHRER ÜBERZEUGUNGEN INHAFTIERT SIND. AKTUELL FORDERT AMNESTY DIE FREILASSUNG VON GEWALTLOSEN POLITISCHEN GEFANGENEN IN **48** LÄNDERN.

IM VERGANGENEN JAHR HAT AMNESTY FOLTER UND ANDERE FORMEN DER MISSHANDLUNG IN **98** LÄNDERN DOKUMENTIERT.

1977 HATTEN NUR 16 LÄNDER DIE TODESSTRAFE FÜR ALLE STRAFTATEN ABGESCHAFFT. HEUTE SIND ES **96**

FAST **2/3** ALLER MENSCHEN WIRD DER ZUGANG ZU FAIREN GERICHTSVERFAHREN VERWEHRT. SELBST IN STAATEN, IN DENEN ES EIN JUSTIZWESEN GIBT, IST DIESES HÄUFIG VON KORRUPTION UND DISKRIMINIERUNG GEPRÄGT.

AMNESTY INTERNATIONAL HAT 2010 IN **54** UNFAIRE GERICHTSVERFAHREN LÄNDERN DOKUMENTIERT.

Theorien internationaler Politik

Immanuel Kant (1724–1804)

Wie kann eine auf Vernunft gründende internationale Ordnung errichtet werden?

W. I. Lenin (1870–1924)

Welche Auswirkungen hat die Konzentration des Kapitals auf die Weltordnung?

Wissenschaftstheoretische Ausgangssituation

Nach einer allgemeinen Definition verstehen sich Theorien der internationalen Beziehungen als „System beschreibender und erklärender Aussagen über Regelmäßigkeiten, Verhaltensmuster und Wandel des internationalen Systems und seiner Handlungseinheiten, Prozesse und Strukturen" (K. J. Holsti).

Wegen der Komplexität internationaler Beziehungen gibt es im Bereich der internationalen Politik jedoch keine allgemein gültige Grundlagentheorie, sondern vielmehr unterschiedliche Theorieansätze.

Politische Philosophie

In der politischen Philosophie der Klassiker wie der von Thomas Hobbes (1588–1679), John Locke (1633–1704) und Immanuel Kant (1724–1804) wurden die Grundlagen der Theorie der internationalen Politik gelegt. Hobbes zufolge ist dem Menschen ein Machtstreben eigen, das sich in der Gesellschaft in Form von Herrschaft äußert. Der Konflikt, der „Krieg aller gegen alle", wird als Naturzustand angesehen. Unterschiedliche gesellschaftliche Interessen befinden sich im Konflikt miteinander. Das Recht schafft Konfliktregelungen, bändigt den Krieg aller gegen alle und macht das Zusammenleben in einer Gemeinschaft möglich. Ebenso bringen nach Kant internationale Verträge *internationales Recht* und ermöglichen einen *Weltfriedensvertrag*.

Marxismus

Der Marxismus beschreibt die Gesellschaft als in Klassen gespalten. Die Klassenspaltung als Dauerkonflikt geht aus vom Besitz bzw. Nichtbesitz von Produktionsmitteln und durchzieht alle Bereiche der Gesellschaft. Karl Marx (1818–1883) und Friedrich Engels (1820–1895) zufolge treten internationale Konflikte als Auseinandersetzungen zwischen den nationalen Kapitalen und als Kampf um Märkte und Vorherrschaft auf. In der Weiterentwicklung des Marxismus durch Karl Kautsky (1854–1938), Rosa Luxemburg (1870–1919) und W. I. Lenin (1870–1924) wird der *Klassenkampf* auch als die Ursache internationaler Konflikte insofern gesehen, als das internationale Finanzkapital zur Unterdrückung ganzer Staaten übergeht. Der Klassenkampf spielt sich danach auch zwischen imperialistischen Staaten auf der einen Seite und unterdrückten Staaten auf der anderen Seite ab. Ein Ende solcher Konflikte kann dem Marxismus zufolge nur durch die gewaltsame Revolution der Unterdrückten, des Proletariats wie der unterdrückten Staaten, herbeigeführt werden.

Internationale politische Ökonomie

Die internationale politische Ökonomie fußt auf marxistischen Theorien. Auch sie geht von einem unüberbrückbaren *Klassengegensatz im internationalen Maßstab* aus: Die Anhäufung von Kapital im konfliktvollen Verhältnis von Besitz und Nichtbesitz an Produktionsmitteln setzt sich global fort. Das Weltkonfliktsystem ist demnach bestimmt durch:

- die Entwicklung des Kapitalismus im internationalen Maßstab,
- die Rolle der multinationalen Konzerne,
- die Funktion des internationalen Finanz- und Bankenkapitals.

Jedoch bestimmen neue Konflikte und Akteure das Geschehen. Internationale Aggressivität und innere Konflikte in der kapitalistischen Welt nähmen zu. Ein Ende sei nur durch einen Sieg der „fortschrittlichen" Kräfte absehbar.

Realismus

Der Realismus beruht auf dem Prinzip der Macht und des *Gleichgewichts der Mächte*: Außenpolitik ist der Versuch, Macht zu erhalten, zu vermehren oder zu demonstrieren. Nationales Interesse und Ziel jeder staatlichen Politik ist letztlich Machterweiterung, internationale Politik also ein anarchisches System, geprägt vom Kampf um Macht, der keinen ethischen Grundsätzen unterworfen werden kann.

Die Struktur des internationalen Systems ist für Neo-Realisten wie gesagt anarchisch, d. h. obwohl die UN-Charta als Ordnungsprinzip akzeptiert wird, fehlt nach ihrer Meinung eine übergeordnete Institution mit dementsprechenden Sanktionsmöglichkeiten. Eine Konfliktbearbeitung zwischen den Staaten kann nur durch eine *Balance der Macht* eintreten.

Institutionalismus

Der Institutionalismus geht dagegen davon aus, dass durch die Schaffung von internationalen Institutionen eine neue Qualität in die Beziehungen zwischen den Staaten gebracht werden kann. Internationale Normen (*internationales Recht*) sowie der Ausbau der UNO zu einer „*Weltregierung*" könnten über die Herstellung neuer Beziehungsmuster zwischen den Staaten zur Integration des Staatensystems führen. Wachsende Kooperation der Staaten führe zu friedlicher Konfliktaustragung auf dem Feld der Diplomatie statt auf dem Kriegsschauplatz.

Zivilisierungstheorie

Nach der Zivilisierungstheorie besteht die Ursache von internationalen Konflikten in Interessen- und Wertekonflikten. Struktureller Friede wäre nach Dieter Senghaas (*1940) dann erreicht, wenn eine dauerhafte friedliche Koexistenz zwischen kollektiven Akteuren bestünde und sie deren unvermeidbare Identitäts- und Interessenkonflikte mit hoher Wahrscheinlichkeit ohne Rückgriff auf oder Drohung mit Gewalt ausgetragen, d. h. „*zivilisierte*" *Formen der Konfliktbearbeitung* praktiziert würden.

Modelle zukünftiger Weltordnung

Es sind sehr verschiedene Modelle entworfen worden, wie eine Weltordnung aussehen könnte, die zu mehr Frieden und Gerechtigkeit führt und die von verschiedenen Staaten konkret bei weltpolitischen Entscheidungen zugrunde gelegt werden.

Das *hegemoniale Weltordnungsmodell* der USA wird von vielen europäischen Staaten geteilt und hat als Reaktion auf die Terroranschläge in den USA 2001 für diese neue Relevanz bekommen. Danach habe die USA als einzig verbliebene Weltmacht die Aufgabe, die Sicherheit wiederherzustellen und für stabile Verhältnisse in der Welt zu sorgen. Dem stehen so genannte *Global-Governance-Ansätze* („Weltordnungspolitik") gegenüber: Nach ihnen wird auf Dauer staatliche Souveränität ohnehin nicht mehr gegeben sein. Die Vielfalt der Staaten mit unterschiedlichen Interessen sei deshalb dauerhaft durch eine globale Rechtsordnung abzulösen. Diese Entwicklung solle letztlich in die *Schaffung eines Weltstaates* münden.

Demokratisierung als Friedensstrategie

In vielen westlichen Weltordnungsvorstellungen spielt die *Theorie des demokratischen Friedens* eine wichtige Rolle. Sie geht von der These aus, dass demokratische Staaten erfahrungsgemäß seltener in Kriege verwickelt seien als Diktaturen. Demokratisch und marktwirtschaftlich organisierte Gesellschaften hätten ein stärkeres Interesse an einer friedlichen Entwicklung als andere Systeme. In der US-amerikanischen Außenpolitik spielt diese Theorie seit 1918 eine Rolle, und sie wurde für Deutschland nach dem Zweiten Weltkrieg erfolgreich umgesetzt. Die politische Konsequenz besteht hier in der nachhaltigen Etablierung demokratisch-marktwirtschaftlicher Systeme.

Namhafte Friedens- und Konfliktforscher
Ernst-Otto Czempiel (geb. 1927)
Johan Galtung (geb. 1930)
Dieter Senghaas (geb. 1940)
Ulrich Menzel (geb. 1947)

Das weltweit bekannte Peace-Symbol stand ursprünglich für die Forderung nach nuklearer Abrüstung. Es wurde 1958 von dem britischen Friedensaktivisten und Textildesigner Gerald Holtom entworfen.

Kriegstheorien und Friedenskonzeptionen

Carl von Clausewitz (1780–1831)

In welchem Zusammenhang stehen Diplomatie und Krieg miteinander?

Kriegsbegriff

Krieg ist klassisch definiert als die Auseinandersetzung zwischen Staaten mit gewaltsamen Mitteln. Nach dieser Definition gab es im Jahr 2004 keinen Krieg auf der Welt, denn die USA hatten den Krieg im Irak für beendet erklärt, und andere Konfliktherde boten keinen Schauplatz eines Kriegs zwischen Staaten. Trotzdem kamen in gewaltsamen Konflikten viele tausend Menschen in diesem Jahr ums Leben.

Theorien zu Kriegsursachen

Die Ursachen von Kriegen und kriegsähnlichen Zuständen werden in der Friedensforschung anhand von unterschiedlichen Kriegsursachen-Theorien erklärt:

- Die *Anarchie-Theorie* erklärt den Krieg mit dem Fehlen einer Autorität, die im internationalen System eine allgemein verbindliche, übergeordnete Instanz darstellt. Krieg ist demnach die Folge eines anarchischen Zustands.
- Die *Distanz-Theorie* erklärt den Krieg aus einer politisch-ökonomischen Ungleichheit heraus; die Asymmetrie zwischen den Staaten führe zu Krieg.
- Die *Machtrivalitäts-Theorie* führt den Krieg auf das Streben nach Machtzuwachs und auf den Kampf um die Macht zurück.
- Der *Kalkül-Theorie* zufolge ist Krieg ein rationales Kalkül zur Interessensdurchsetzung. Er ist „die Fortsetzung der Politik mit anderen Mitteln" (Carl v. Clausewitz).
- Nach der *Fehlerperzeptions-Theorie* beruht eine zum Krieg eskalierende Entwicklung auf fehlerhafter bzw. unvollständiger Information über die Absichten und/oder das Potenzial des Gegners.
- Die *Substitutions-Theorie* sieht die Ursache für den Krieg zwischen Staaten in der Ableitung von inneren Konflikten nach außen.
- Nach der *Interessen-Theorie* ist die Interessenwahrung bestimmter Gruppen, z. B. politischer, militärischer oder wirtschaftlicher Eliten, ursächlich für den Krieg, weil dieser ihnen als Mittel des Machterhalts oder der Bereicherung dient.

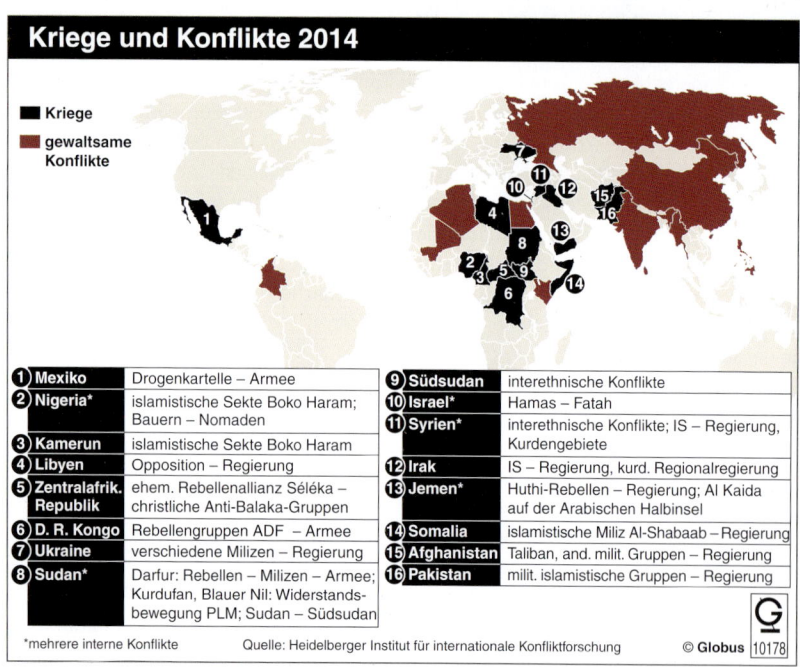

Kriege und Konflikte 2014

■ Kriege
■ gewaltsame Konflikte

① **Mexiko**	Drogenkartelle – Armee	
② **Nigeria***	islamistische Sekte Boko Haram; Bauern – Nomaden	
③ **Kamerun**	islamistische Sekte Boko Haram	
④ **Libyen**	Opposition – Regierung	
⑤ **Zentralafrik. Republik**	ehem. Rebellenallianz Séléka – christliche Anti-Balaka-Gruppen	
⑥ **D. R. Kongo**	Rebellengruppen ADF – Armee	
⑦ **Ukraine**	verschiedene Milizen – Regierung	
⑧ **Sudan***	Darfur: Rebellen – Milizen – Armee; Kurdufan, Blauer Nil: Widerstandsbewegung PLM; Sudan – Südsudan	
⑨ **Südsudan**	interethnische Konflikte	
⑩ **Israel***	Hamas – Fatah	
⑪ **Syrien***	interethnische Konflikte; IS – Regierung, Kurdengebiete	
⑫ **Irak**	IS – Regierung, kurd. Regionalregierung	
⑬ **Jemen***	Huthi-Rebellen – Regierung; Al Kaida auf der Arabischen Halbinsel	
⑭ **Somalia**	islamistische Miliz Al-Shabaab – Regierung	
⑮ **Afghanistan**	Taliban, and. milit. Gruppen – Regierung	
⑯ **Pakistan**	milit. islamistische Gruppen – Regierung	

*mehrere interne Konflikte   Quelle: Heidelberger Institut für internationale Konfliktforschung   © Globus 10178

- Die *Ideologie-Theorie* setzt ein religiöses oder zivilisatorisches missionarisches Sendungsbewusstsein als Kriegsursache voraus, welches unbedingt, auch mit kriegerischen Mitteln durchgesetzt werden „muss".
- Die *Schichtungs-Theorie* sieht im Krieg eine Möglichkeit zur Befreiung von politisch-ökonomischer Unterprivilegiertheit. Krieg wird als Fortsetzung des Klassenkampfes angesehen.

„Frieden" vor diesem Hintergrund als die Abwesenheit eines Kriegszustands zu definieren, reicht nicht aus. Die Friedensforschung hat sich eingehender mit Frieden als prozesshaftem Zustand befasst. Nach Johan Galtung (*1930) kann Friede begriffen werden als *Abwesenheit von Gewalt.*

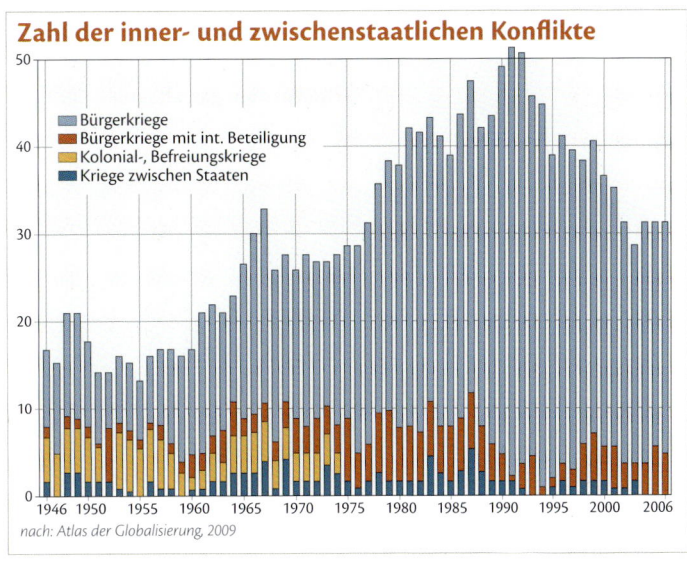

Zahl der inner- und zwischenstaatlichen Konflikte

Legende:
- Bürgerkriege
- Bürgerkriege mit int. Beteiligung
- Kolonial-, Befreiungskriege
- Kriege zwischen Staaten

nach: Atlas der Globalisierung, 2009

Friede kann nach Galtung einerseits als Zustand der Abwesenheit zwischenstaatlicher Gewalt oder andererseits als Einübung gewaltfreier Konfliktbewältigung gesehen werden. Eine solche Definition des Friedens ermöglicht es, *Frieden als Prozess* zu begreifen und damit Wege vom Krieg hin zu einem dauerhaften Frieden aufzuzeigen.

Nach dem Ansatz von Reinhard Meyers (* 1947) gibt es folgende Zwischenstufen und Erscheinungsformen des Friedens:

- *Abschreckungsfrieden:* Drohfrieden, Zustand im internationalen System,
- *kooperativer Frieden:* Sicherheit nicht gegen, sondern mit dem potenziellen Gegner; Sicherheit für alle oder niemanden,
- *Entwicklungsfrieden:* Verteilungsgerechtigkeit; Aufbrechen der asymmetrischen Struktur des Nord-Süd-Konflikts,
- *ökologischer Frieden:* globale Gefährdungen sind das Problem aller Akteure und nur gemeinsam lösbar.

Die Flagge der italienischen Friedensbewegung ist mittlerweile weltweit gebräuchlich.

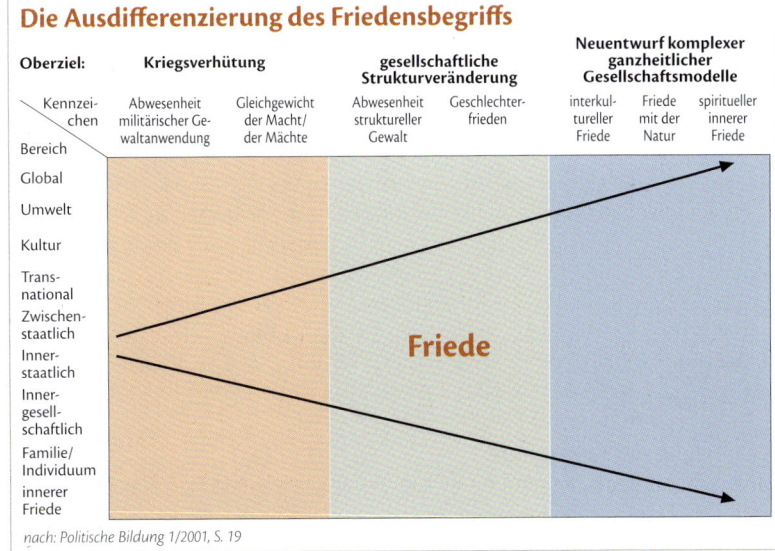

Die Ausdifferenzierung des Friedensbegriffs

Oberziel:	Kriegsverhütung		gesellschaftliche Strukturveränderung		Neuentwurf komplexer ganzheitlicher Gesellschaftsmodelle		
Kennzeichen	Abwesenheit militärischer Gewaltanwendung	Gleichgewicht der Macht/ der Mächte	Abwesenheit struktureller Gewalt	Geschlechterfrieden	interkultureller Friede	Friede mit der Natur	spiritueller innerer Friede

Bereich:
- Global
- Umwelt
- Kultur
- Transnational
- Zwischenstaatlich
- Innerstaatlich
- Innergesellschaftlich
- Familie/ Individuum
- innerer Friede

Friede

nach: Politische Bildung 1/2001, S. 19

„Neue Kriege" und internationaler Terrorismus

Neue Formen gewaltsamer Konflikte

Gewaltsame Konflikte haben nicht immer die Form des Krieges und nehmen immer öfter den Charakter *„neuer Kriege"* an.

Merkmale des „klassischen" Krieges	Merkmale „neuer" Kriege
mit Waffen ausgetragener Machtkonflikt zwischen Staaten (Fortsetzung der Politik mit anderen Mitteln)	militärische *Gewaltanwendung innerhalb von Staaten.* Klassisch wurde diese Form „Bürgerkrieg" oder „kleiner Krieg" genannt. Solche Kriege beginnen nicht mit einer Kriegserklärung.
Primat der Politik: Zentrale politische Kontrolle erfolgt durch legitimierte Entscheidungsträger.	Primat der Gruppeninteressen: Es geht um die *Destabilisierung der politischen Kontrolle,* auch um die Schaffung „befreiter Gebiete".
Die Auseinandersetzung findet zwischen militärischen Großverbänden ausgebildeter Soldaten statt. Die Zivilbevölkerung ist zunächst nicht beteiligt. Sie gilt als Nichtkombattantin.	Die Auseinandersetzung findet zwischen *bewaffneten Volksgruppen*, Guerillas, Privatarmeen, Banden etc. statt. Eine Trennung zwischen Kombattanten und Nichtkombattanten ist unmöglich. „Übergriffe" gegen die Zivilbevölkerung sind ebenso alltäglich wie Kindersoldaten.
Es gibt ein abgegrenztes Schlachtfeld. Kriegsinhalt ist die Einnahme und/oder der Verlust der Kontrolle über ein Territorium.	Kampfzone und „Hinterland" sind nicht mehr unterscheidbar.
Die Gegner sind weitgehend symmetrisch zueinander: zwei oder mehr Staaten, Armeen usw.	Die Gegner verhalten sich asymmetrisch zueinander: Guerillas gegen einen Staat, bewaffnete Gruppen gegen die Armee usw.
Der Krieg wird durch Kapitulation bzw. Friedensschluss formell beendet.	Ein Ende des Krieges ist nicht auszumachen. Allenfalls verebben die Kampfhandlungen.

Kritische Stimmen aus der Friedens- und Konfliktforschung etwa lehnen die Bezeichnung „Neue Kriege" ab. Ihnen zufolge handele es sich dabei eher um einen Rückgriff auf vormoderne Arten der Kriegsführung, wie sie schon im Dreißigjährigen Krieg praktiziert wurden.

Internationaler Terrorismus

Ein den „neuen Kriegen" verwandtes Problem ist das des internationalen Terrorismus. Terrorismus bedeutet vom Wort her die *Verbreitung von Schrecken zur Durchsetzung politischer Ziele*. Das Verhalten von Terroristen widerspricht damit den Prinzipien von Demokratie und friedlicher Konfliktregelung. Die UNO ächtet regelmäßig alle Ausprägungen des (internationalen) Terrorismus. Terrorismus als Form der politischen Auseinandersetzung ist kein neues Phänomen. Bei den islamistischen Anschlägen vom *11. September 2001* jedoch hat der Terrorismus in Form und Ausmaß ein neues Gesicht gezeigt.

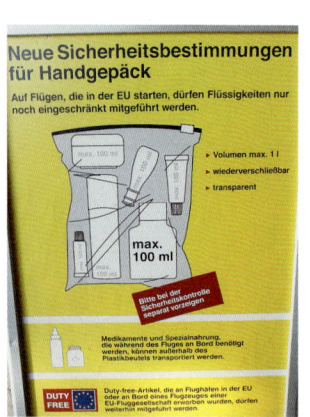

Sicherheitsmaßnahmen auf Flughäfen

Bekämpfung von Terrorismus

Zur Bekämpfung des Terrorismus werden vielfältige Anstrengungen unternommen. Dazu zählt die *Informationsbeschaffung über terroristische Aktivitäten*, z. B. auch durch Videoüberwachung öffentlicher Räume, Überwachung von Finanzströmen und ver-

Islamistische Terroranschläge

- betroffenes islamisches Land

besserter Fälschungssicherheit von Ausweisdokumenten. Die Bekämpfung des Terrorismus findet auf nationaler und internationaler Ebene statt, zum Beispiel im Bereich der Verbesserung der Flugsicherheit.

Neue Formen von Terrorismus

Genau wie die Formen des Krieges haben sich auch die Formen des Terrors stark verändert. Die folgende Darstellung verdeutlicht diese Veränderungen vom traditionellen Terrorismus hin zum neuen Terrorismus:

Kriterium	(Traditioneller) Terrorismus	Neuer Terrorismus
Organisation	eher hierarchisch	flache Hierarchien
Qualität der Organisation	mäßig anspruchsvoll	sehr anspruchsvolle Logistik
Gruppenstärke	klein bis mittelgroß	Individuen, „Schläfer", Kleingruppen
Finanzierung	Banküberfälle, Erpressung	internationale Geschäfte, Drogen
Operationsgebiet	meist national begrenzt	international
Ziele	ausgewählte Personen, Repräsentanten des „Systems"	größere Menschenansammlungen
Ausmaß der Bedrohung	wenige Einzelne, Sicherheitskräfte, Staatsmacht	Bereitschaft zur Verursachung großer Opferzahlen
Bekenntnis zur Tat	„Bekennerschreiben", klare Einordnung	weniger ausgeprägt
Beteiligung der Medien	mäßig, orientiert am Treffen von Repräsentanten	auf Medienwirkung aus, Verbreitung von Schrecken

Global Governance oder Pax americana?

Das moderne Staatensystem hat seinen Ursprung im Westfälischen Frieden von 1648. Das „westfälische System" geht von Staaten aus, die gegenseitig ihre Souveränität respektieren und im Prinzip gleich sind. In der Zeit nach dem Zweiten Weltkrieg wuchsen die grenzüberschreitenden Beziehungen zwischen gesellschaftlichen Akteuren, wie Individuen, Gruppen, Verbänden, Parteien oder Firmen. Diese transnationalen Beziehungen gehen an den Regierungen vorbei, schaffen gegenseitige Abhängigkeiten und schränken die Handlungsfähigkeit von Regierungen ein. Nach dem Ende des Ost-West-Konflikts schien für viele eine Zeit gekommen zu sein, in der es möglich sein könnte, auf der Grundlage der Gleichberechtigung der Staaten an einer Weltgemeinschaft zu bauen, die die globalen Probleme lösen würde. Besonders mit dem Regierungsantritt des US-Präsidenten Bush jr. und dem 11. September 2001 haben sich allerdings die USA immer weniger auf eine solche „Weltregierung" einlassen wollen, die Organe der Vereinten Nationen links liegen lassen und zunehmend stärkere imperiale Züge in ihre Politik aufgenommen. Insbesondere erheben sie den Anspruch, überall auf der Welt im Sinne der Demokratie und Marktwirtschaft Ordnung schaffen zu können, und sind auch in der Lage, diesem Anspruch militärisch Nachdruck zu verleihen. Hinter den Debatten etwa um den Irakkrieg der USA steckt somit die Frage der Weltordnung.

M 1 Global Governance

Die Welt besitzt keine Regierung im Sinne einer zentralen, supranationalen Autorität, und nur wenige Menschen erachten eine solche Weltregierung für erforderlich oder wünschenswert. Die, die sich mit diesem Gedanken auseinandersetzen, finden die Idee eines solchen, die Welt regierenden Monolithen erschreckend, sie haben das Gefühl, dass die damit verbundenen Gefahren jeglichen Nutzen, den er bieten könnte, übertreffen würden. Und doch bedarf die Welt einer Lenkung: formeller und informeller Vereinbarungen, um allgemeine Angelegenheiten zu regeln, gemeinsame Interessen zu fördern und gemeinsame Ziele zu verfolgen. (…)
Gemeinsame Probleme und Bedrohungen – das Risiko von Aggression und Kriegen, einschließlich eines Nuklearkriegs, ansteckende Krankheiten wie Aids, Bedrohungen der Umwelt wie die Schädigung der Ozonschicht – erhöhen die Notwendigkeit einer Weltordnungspolitik.
Indem Entfernungen geschrumpft sind und Wissen sich vergrößert hat, hat sich auch der Horizont der Menschen erweitert, sind ihre Loyalitäten ausgedehnt worden, hat sich ihre Wahrnehmung dessen geändert, was gemeinsame Probleme ausmacht und welche Interessen ihnen gemeinsam sind. Extreme Armut, Hungersnot oder Hungertod, Naturkatastrophen wie Überschwemmungen oder Erdbeben, Menschenrechtsverletzungen in großem Stil – nicht nur, dass sich die Informationen darüber schnell und über weite Entfernungen verbreiten: zunehmend werden sie von anderswo lebenden Menschen nicht nur als Angelegenheit der direkt Betroffenen erachtet. (…)
Regierungen, die obersten Autoritäten in den Nationalstaaten, die das Weltsystem bilden, spielen in der Weltordnungspolitik eine zentrale Rolle.
Ein Wesenszug der vergangenen Jahrzehnte jedoch ist die wachsende Bedeutung von privaten oder Nichtregierungsorganisationen. So wie sich ihre globale Aktivität erweitert hat, hat auch ihre Rolle in der Weltordnungspolitik an Bedeutung gewonnen.

Nicht alle Fragen, die internationale Aufmerksamkeit erfordern, müssen über den Regierungsbereich angegangen werden; im Sport und im beruflichen Bereich etwa „regieren" reine Nichtregierungsorganisationen – das Internationale Olympische Komitee ist da ein gutes Beispiel. (…)
In einer Reihe von Bereichen sind die Sonderbehörden oder Fachbereiche nationaler Regierungen stärker als die Regierungen selbst an Vereinbarungen zur Ausübung von Regierungsgewalt beteiligt (…).
Der wichtigste Schauplatz der Zusammenarbeit zwischen nationalen Regierungen bei der Ausübung weltweiter Herrschaft sind die Vereinten Nationen. Sie haben den Nationen der Welt geholfen, gemeinsame Ziele in vielen wichtigen Bereichen zu verfolgen.
(Shridath Ramphal, Global Governance. Die Notwendigkeit einer Weltordnungspolitik, in: Internationale Politik 11/1998)

---

1 *Welche gemeinsamen Probleme und Bedrohungen sollten laut M1 auf globaler Ebene gelöst werden? Welche Rolle spielen dabei die Regierungen sowie die NGOs?*

2 *Was versteht der Autor von M1 unter der postmodernen, der modernen sowie der prämodernen Welt? Welche Probleme ergeben sich aus diesen drei Welten und welche Rolle spielen dabei die USA?*

3 *Beurteilen Sie vor diesem Hintergrund die eingangs aufgeworfene Frage: Global Governance oder Pax americana?*

M2 Empire USA

Beginnen wir mit der postmodernen Welt: Sie hat ihr Zentrum eindeutig in Westeuropa (gemeint ist die EU vor ihrer Osterweiterung) und zeichnet sich durch eine Vielzahl von in allen Mitgliedsländern ähnlich ausgeprägten Merkmalen aus: hohes Einkommensniveau, Demokratie, Sozialstaat, kulturelle Verwandtschaft, zivile Konfliktregelung zwischen den Mitgliedern sowie ein hohes Maß an gegenseitiger Verflechtung in den Bereichen Handel, Kapitalfluss, Migration, Verkehr und Kommunikation.

Die zweite, die moderne Welt wird von jenen Staaten gebildet, die auf den klassischen Funktionen des Nationalstaats beharren. Dazu gehören Russland, Japan, China, Indien, Pakistan, Kanada, Australien, Brasilien, Israel etc. Hier besitzen die Regeln des Westfälischen Staatensystems noch Gültigkeit. Die Behauptung nationaler Souveränität hat hohe Priorität. Eine Einmischung in innere Angelegenheiten wird strikt abgelehnt. (…)

Damit sind wir bei der dritten, der prämodernen Welt der gescheiterten Staaten. Deren Zahl ist seit Ende des Ost-West-Konflikts dramatisch gestie-

gen. (…) Elementare Staatsfunktionen, wie innerer Frieden, Rechtssicherheit, Menschenrechte, Schutz des Eigentums oder funktionierende Märkte, werden nicht mehr wahrgenommen, sind allenfalls auf die Hauptstadt begrenzt. An die Stelle des Staates sind neue Gewaltakteure wie Warlords, Rebellen, terroristische Gruppen oder organisiertes Verbrechen getreten, vielfach in enger Symbiose. Diese Zone eines „neuen Mittelalters" breitet sich über Afrika aus, in Zentralasien, im Kaukasus und in den Andengebieten Lateinamerikas mit Kolumbien in der Spitze.

Außer- und überhalb dieser drei Welten bewegen sich die USA. In vielem der postmodernen Welt Westeuropas vergleichbar, unterscheiden sie sich doch in einem wesentlichen Punkt: Aufgrund der schieren Größe und geografischen Distanz zu Eurasien sind sie viel weniger transnational verflochten als die westeuropäischen Länder, wie schon der Vergleich der Außenhandelsquoten zeigt. In der überragenden Bedeutung des Binnenmarkts, der Kulturindustrie und der amerikanischen Innenpolitik, für welche die übrige Welt nur marginale Bedeutung hat, liegt möglicherweise ein Grund für die geringe Bereitschaft zum Multilateralismus, obwohl nach 1945 gerade die USA am meisten daransetzten, multilaterale Institutionen wie die UNO, das Weltwährungs- und Welthandelssystem oder die diversen Militärbündnisse in Europa und Asien ins Leben zu rufen.

Das entscheidende Argument dürfte allerdings sein, dass die USA über ein Machtpotenzial verfügen, das der amerikanischen Elite die Überzeugung gibt, sämtliche Probleme daheim wie in der Welt allein lösen zu können, ganz gleich, ob es um Militärisches, um die Wirtschaftsleistung, die Forschung, die Innovationsfähigkeit, die Medien oder die populäre Kultur geht.

(Ulrich Menzel, Paradoxien der neuen Weltordnung, Frankfurt a. M. 2004, S. 100 ff.)

Das Problem von Armut und Unterentwicklung

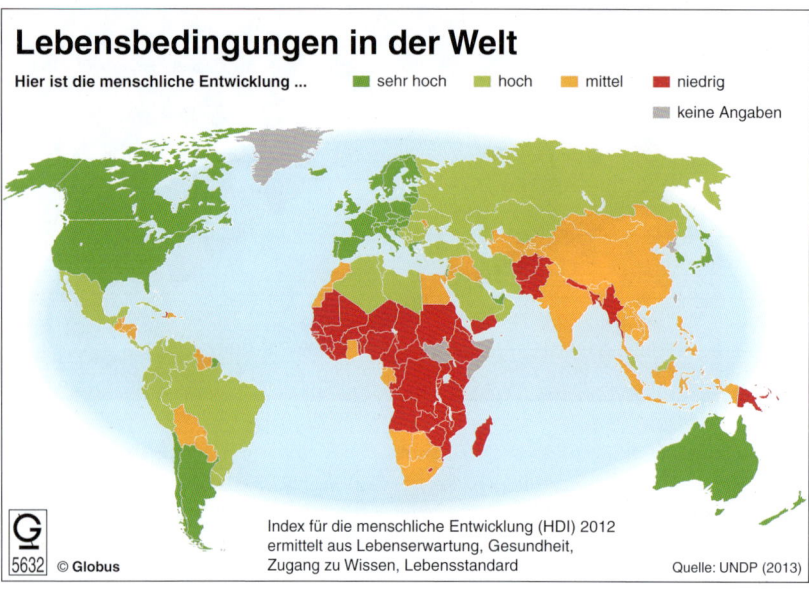

Lebensbedingungen in der Welt

Hier ist die menschliche Entwicklung ... ■ sehr hoch ■ hoch ■ mittel ■ niedrig
■ keine Angaben

Index für die menschliche Entwicklung (HDI) 2012
ermittelt aus Lebenserwartung, Gesundheit,
Zugang zu Wissen, Lebensstandard

© Globus 5632

Quelle: UNDP (2013)

Ungleichverteilung auf der Welt

Eines der wichtigsten Probleme der Welt ist die ungleiche Verteilung des Reichtums, die zur Armut vieler Menschen führt. Folgen der Armut sind Hunger, Krankheit, Chancen- und Perspektivlosigkeit.

Die Vereinten Nationen haben zur Messung des Entwicklungsstandes von Ländern den *HDI* (*Human Development Index*) geschaffen. Die Messung von Reichtum und Armut allein am Maßstab des Bruttoinlandsprodukts bzw. Bruttonationaleinkommens führte zu verzerrten Ergebnissen, da bestimmte Eigenarten in Entwicklungsländern, wie zum Beispiel die Existenz eines großen Sektors von Subsistenzwirtschaft (Selbstversorgung), dabei keine Berücksichtigung finden.

Der HDI ist ein zusammengesetzter Wert, der neben dem Bruttosozialprodukt soziale Messgrößen in den Wohlstandsindikator mit einbezieht.

Die drei Einzelindikatoren des HDI sind:

- *Lebensdauer* (gemessen an der durchschnittlichen Lebenserwartung bei der Geburt),
- *Bildungsgrad* (ermittelt anhand einer gewichteten Kombination aus Alphabetisierung von Erwachsenen sowie der Gesamteinschulungsquote),
- *Lebensstandard* (gemessen am realen BIP pro Kopf und ausgedrückt in einer vom US-$ abgeleiteten Wertgröße).

Der HDI ist ein Indexwert, definiert als der gewogene Durchschnitt der separat errechneten Einzelindikatoren eines jeden Landes für die Lebenserwartung, den Bildungsstand und das bereinigte reale BIP pro Kopf in $. Deutschland hatte 2008 den 19. Rang beim BIP pro Kopf und nach HDI den 22. Rang in der Welt.

Länderinterne Ungleichverteilung von Reichtum

Ein zusätzliches Problem ist die ungleiche Verteilung des Reichtums innerhalb eines Landes. Diese Ungleichheit ist meist in entwickelten Industrienationen weniger krass als in unterentwickelten Ländern.

Die Messung der Ungleichheit geschieht mittels des *Gini-Koeffizienten*. Der Gini-Koeffizient ist ein Maß für die Ungleichheit in einem Land. Gemessen wird, welcher Anteil des Einkommens oder Vermögens in einem Land jeweils auf bestimmte Anteile der Bevölkerung entfällt. Bei einem Wert von 0 liegt eine Gleichverteilung vor.

Was unter *Armut* verstanden werden soll, ist nicht ganz einfach festzulegen. In Ländern, in denen die Geldwirtschaft nur einen Teil der nationalen Produktion umfasst, kann eine Messung in Geld zu falschen Ergebnissen führen. Die Weltbank geht trotzdem von einer Grenze der absoluten Armut bei einem Einkommen von einem Dollar pro Kopf und pro Tag aus. Darunter ist das *Existenzminimum* klar unterschritten. Die Grenze der

Weltbank

Sonderorganisation der Vereinten Nationen mit Sitz in Washington, gegründet im Jahre 1994. Die Hauptaufgaben der Weltbank sind: Bekämpfung der Armut in der Welt, Verbesserung der Lebensbedingungen in den Entwicklungsländern sowie Koordinierung der weltweiten Entwicklungshilfe.

relativen Armut wird bei 40 bzw. 50 Prozent des durchschnittlichen Einkommens angesetzt. Demnach gibt es Länder, in denen der Durchschnitt der Bevölkerung unter dem Existenzminimum lebt. Als arm gelten wegen dieser Durchschnittswerte und der Ungleichheit in den Ländern nach Definition der Weltbank solche Staaten, in denen das Nationaleinkommen pro Kopf unter 800 $ jährlich liegt.

Entwicklungsländer

Ein Land, das die besondere Hilfe der internationalen Gemeinschaft benötigt, wird als „Entwicklungsland" bezeichnet. Ohne dass eine klare Definition erreicht wäre, sind die folgenden Merkmale für Entwicklungsländer in allen Beschreibungen anzutreffen:

Ökonomische Merkmale: geringes durchschnittliches Pro-Kopf-Einkommen, verbunden mit extrem ungleicher Einkommensverteilung, niedrige Spar- und Investitionsrate, geringe Produktivität, unzulängliche Infrastruktur, hoher Anteil des primären Sektors an der Volkswirtschaft, Abhängigkeit von wenigen Produkten beim Export, hohe Auslandsverschuldung.

Soziale Merkmale: relativ niedrige Lebenserwartung, schlechte medizinische Versorgung, hohe Analphabetenquote, hohes Bevölkerungswachstum, starke Migrationsbewegungen *Ökologische Merkmale:* ökologischer Raubbau, Zerstörung anfälliger Ökosysteme.

Soziokulturelle und politische Merkmale: Orientierung an Primärgruppen wie Familie, Stammesgemeinschaften, geringe Loyalität gegenüber dem Staat, autoritärer und zugleich schwacher Staat, unzureichender Menschenrechtsschutz, hohe Korruptionsrate, gewaltsame Konfliktregelung nach innen und außen.

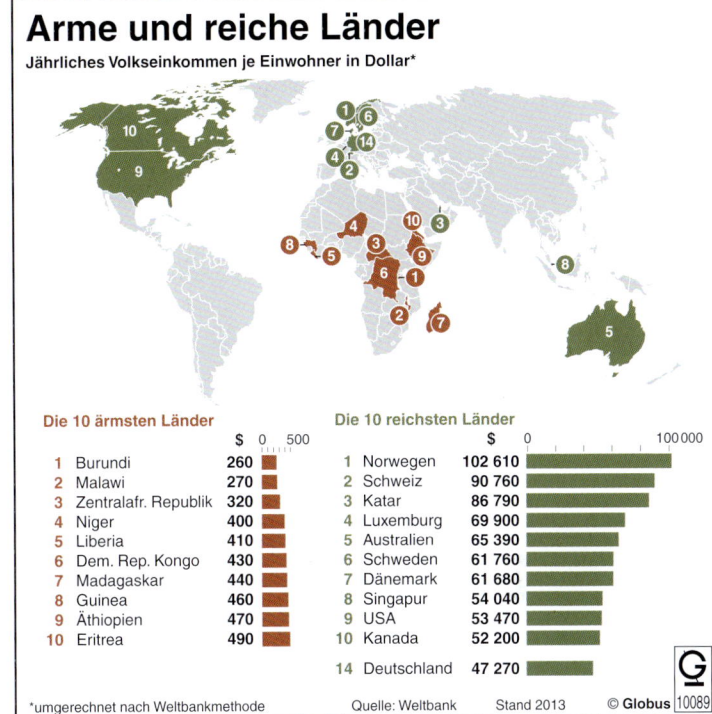

Arme und reiche Länder

Jährliches Volkseinkommen je Einwohner in Dollar*

Die 10 ärmsten Länder

		$
1	Burundi	260
2	Malawi	270
3	Zentralafr. Republik	320
4	Niger	400
5	Liberia	410
6	Dem. Rep. Kongo	430
7	Madagaskar	440
8	Guinea	460
9	Äthiopien	470
10	Eritrea	490

Die 10 reichsten Länder

		$
1	Norwegen	102 610
2	Schweiz	90 760
3	Katar	86 790
4	Luxemburg	69 900
5	Australien	65 390
6	Schweden	61 760
7	Dänemark	61 680
8	Singapur	54 040
9	USA	53 470
10	Kanada	52 200
14	Deutschland	47 270

*umgerechnet nach Weltbankmethode   Quelle: Weltbank   Stand 2013   © Globus 10089

Die am wenigsten entwickelten Länder (LDCs: Least Developed Countries) mit einem Pro-Kopf-Einkommen unter 750 $ waren 2011:

Afghanistan	Guinea-Bissau	Mali	Somalia
Angola	Haiti	Mauretanien	Sudan
Äquatorialguinea	Jemen	Mosambik	Tansania
Äthiopien	Kambodscha	Myanmar	Timor-Leste
Bangladesch	Kiribati	Nepal	Togo
Bhutan	Komoren	Niger	Tschad
Benin	Demokratische Republik	Ruanda	Tuvalu
Burkina Faso	Kongo	Salomonen	Uganda
Burundi	Laos	Sambia	Vanuatu
Dschibuti	Lesotho	Samoa	Zentralafrikanische Republik
Eritrea	Liberia	São Tomé und Príncipe	
Gambia	Madagaskar	Senegal	
Guinea	Malawi	Sierra Leone	

Strategien gegen Armut

Entwicklungstheorien

Die Gründe für mangelnde Entwicklung bzw. Unterentwicklung von Ländern sind in verschiedener Weise erklärt worden. Grundsätzlich kann man zwischen *endogenen* und *exogenen Theorien* unterscheiden. Während Erstere die Ursachen mangelnder Entwicklung in Gründen im Lande selbst suchen, vermuten Letztere außerhalb liegende Gründe. Folgende Entwicklungstheorien bilden die Grundlage der Forschung:

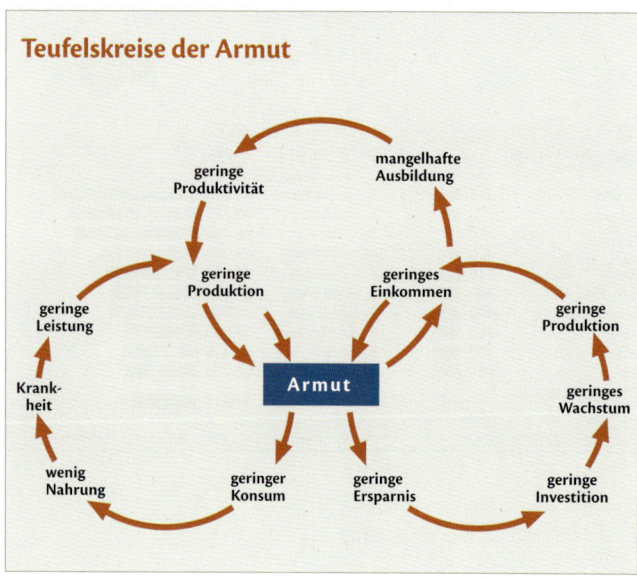

Teufelskreise der Armut

Endogene Theorien

Teufelskreis-Theorien: Zur Begründung der Unterentwicklung werden oft so genannte „Teufelskreise der Armut" hinzugezogen. Es gibt viele verschiedene Varianten dieser Teufelskreise. Alle geben aber letztlich keine Erklärung dafür, warum einerseits ein Ausbruch nicht gelingen könne, er andererseits aber offensichtlich schon vielen Ländern gelungen ist.

Geodeterminismustheorie (Klimatheorie): Diese Theorie sieht in der ungünstigen geografischen Lage eines Landes die Ursache für seine Situation. Zum Beispiel kann ein fehlender Zugang zum Meer den Handel behindern, ungünstige klimatische Bedingungen werden für eine geringe Arbeitsproduktivität verantwortlich gemacht, ein Mangel an Rohstoffen kann die Produktion einschränken oder verteuern.

Stufentheorien: Walt Witman Rostow beobachtet im Entwicklungsprozess fünf Stadien: die traditionelle Gesellschaft – die Übergangsperiode – die Phase des wirtschaftlichen Aufstiegs (Take-off) – die Entwicklung zum Reifestadium – das Zeitalter des Massenkonsums. Wichtig ist die Übergangsperiode, denn in ihr werden die Voraussetzungen für den Aufschwung geschaffen: Eine Umstellung der Produktion findet statt, etwa von der primär landwirtschaftlich ausgerichteten zur industriellen. Dadurch wird der Weg zu einer neuen Entwicklung geebnet. Fehlt der Take-off, so gelingt Entwicklung nicht.

Exogene Theorien

Imperialismustheorie: Ihr zufolge ist der Kapitalismus, wie ihn Karl Marx beschrieb, in eine neue Stufe eingetreten, den Imperialismus. Der Klassenkampf wird danach internationalisiert. Nicht nur stehen sich Kapital und Arbeit gegenüber, sondern internationales Finanzkapital und unterdrückte Länder. Der durch den Kapitalexport aus den Industrieländern erzeugte Reichtum fließt an die internationalen Finanzkapitalisten zurück. Sie beuten ganze Bevölkerungen in den armen Ländern aus, um ihre Gewinne zu maximieren.

Dependenztheorien: Anhänger dieser Theorien sind der Meinung, Unterentwicklung sei die Konsequenz der Abhängigkeit der Dritte-Welt-Länder (Peripherie) von den Industrieländern (Zentrum). Unterentwicklung ist demnach eine Folge der Geschichte, hauptsächlich der Kolonialzeit, in der die Länder des Zentrums Bedingungen geschaffen haben, die die Länder der Peripherie in eine feste und dauerhafte Abhängigkeit gebunden haben. Durch die Macht des Kapitals, das die Industrieländer heute haben, gelingt es ihnen, die ärmeren Länder auch weiterhin arm zu halten. Die Abhängigkeit der unterentwickelten Länder von den Industrieländern ist ökonomisch begründet. Wegen ihrer Armut und ihres Mangels an Devisen müssen die Entwicklungsländer ihre Rohstoffe für die Industrieländer ausbeuten oder sich in der Landwirtschaft auf Monokulturen einstellen, um die Rohstoffe in die Industrieländer zu exportieren.

Strukturalistischer Ansatz: Dem Strukturalismus zufolge hat jede Armut und Unterentwicklung ihre eigene Struktur. Unterentwicklung ist Folge eines eigenen Prozesses, der mit anderen nicht vergleichbar ist und aus sich heraus analysiert werden muss. Abhängigkeit von Entwicklungsländern findet sich ihrer Meinung nach nur in einer Übergangsphase. Für die Strukturalisten sind Problemlösungen dann möglich, wenn die Rahmenbedingungen geändert werden.

Strategien gegen Armut
Genau wie es unterschiedliche Ansätze zur Erklärung von Unterentwicklung gibt, so gibt es auch unterschiedliche Strategien zu ihrer Bekämpfung.

Die *Grundbedürfnisstrategie* setzt bei den Existenzbedürfnissen an und versucht, teilweise durch Zwang, die Voraussetzungen für das Überleben der Menschen zu schaffen, das wegen der ungleichen Verteilung der Ressourcen nicht gewährleistet ist.

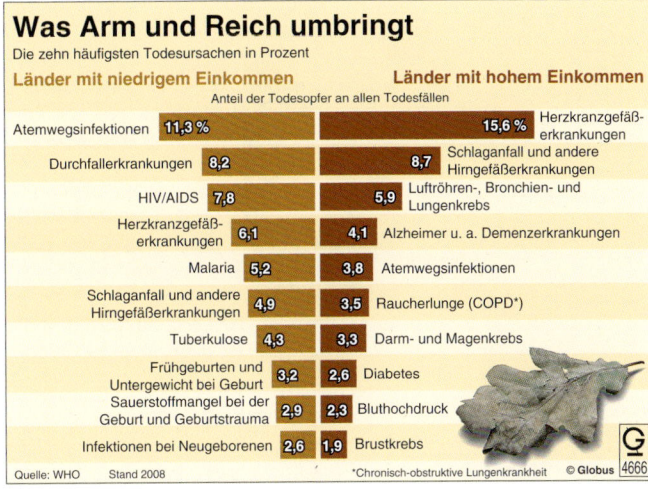

Was Arm und Reich umbringt

Die zehn häufigsten Todesursachen in Prozent

Anteil der Todesopfer an allen Todesfällen

Länder mit niedrigem Einkommen			Länder mit hohem Einkommen
Atemwegsinfektionen	11,3 %	15,6 %	Herzkranzgefäßerkrankungen
Durchfallerkrankungen	8,2	8,7	Schlaganfall und andere Hirngefäßerkrankungen
HIV/AIDS	7,8	5,9	Luftröhren-, Bronchien- und Lungenkrebs
Herzkranzgefäßerkrankungen	6,1	4,1	Alzheimer u. a. Demenzerkrankungen
Malaria	5,2	3,8	Atemwegsinfektionen
Schlaganfall und andere Hirngefäßerkrankungen	4,9	3,5	Raucherlunge (COPD*)
Tuberkulose	4,3	3,3	Darm- und Magenkrebs
Frühgeburten und Untergewicht bei Geburt	3,2	2,6	Diabetes
Sauerstoffmangel bei der Geburt und Geburtstrauma	2,9	2,3	Bluthochdruck
Infektionen bei Neugeborenen	2,6	1,9	Brustkrebs

Quelle: WHO Stand 2008 *Chronisch-obstruktive Lungenkrankheit © Globus 4666

Das kann auch ein Ankurbeln des Handels bedeuten, um die Infrastruktur des Landes in Bewegung zu bringen und Voraussetzungen zur Kapitalbildung zu schaffen.

Die *Modernisierungsstrategie* geht davon aus, dass der Schlüssel zur Entwicklung in der Industrialisierung liegt. Ziel ist die Überwindung der kolonialen Arbeitsteilung. Die Frage ist dabei, welche Industrie angekurbelt werden soll. Das Ansetzen bei der Großindustrie ist für die Staaten und Politiker häufig sehr reizvoll, trägt aber selten zu einem Anschub für die Entwicklung des Landes bei. Kleinindustrie für den täglichen Bedarf ist selten für den Export nutzbar. Außerdem stößt die notwendige Entwicklung eines freien Unternehmertums häufig auf Hindernisse in der traditionellen Struktur der Familienbande.

Die *Abschottungsstrategie* geht davon aus, dass eine Phase nötig ist, in der ein unterentwickeltes Land sich von den Abhängigkeiten von den industrialisierten Ländern lösen muss, um zu einer eigenständigen Entwicklung zu gelangen, die nur ihm selbst zugute kommt und das Land nicht in neue Abhängigkeiten stürzt. Erst nach dieser Phase könne es sich dem internationalen Konkurrenzkampf stellen.

Nachhaltige Entwicklung
Die Entwicklung vor allem auf dem afrikanischen Kontinent ist durch verheerende Umweltkatastrophen bestimmt: Regenwald wird abgeholzt, Wassermangel ist in vielen Ländern Afrikas zur Regel geworden, an der Umwelt wird aus Gründen der Armut Raubbau betrieben usw. Deshalb soll ein Entwicklungsweg eingeschlagen werden, der die Bedürfnisse der Gegenwart befriedigt, ohne zu riskieren, dass künftige Generationen ihre eigenen Bedürfnisse nicht mehr befriedigen können.

Entwicklungszusammenarbeit

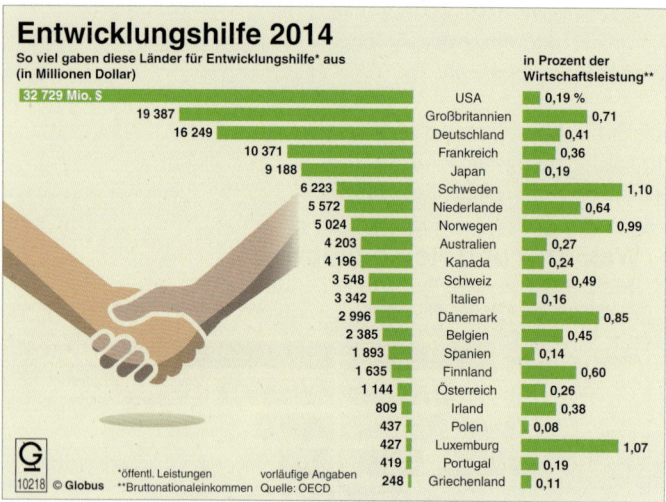

Entwicklungshilfe 2014

So viel gaben diese Länder für Entwicklungshilfe* aus
(in Millionen Dollar)

in Prozent der
Wirtschaftsleistung**

Land	Mio. $	in Prozent
USA	32 729 Mio. $	0,19 %
Großbritannien	19 387	0,71
Deutschland	16 249	0,41
Frankreich	10 371	0,36
Japan	9 188	0,19
Schweden	6 223	1,10
Niederlande	5 572	0,64
Norwegen	5 024	0,99
Australien	4 203	0,27
Kanada	4 196	0,24
Schweiz	3 548	0,49
Italien	3 342	0,16
Dänemark	2 996	0,85
Belgien	2 385	0,45
Spanien	1 893	0,14
Finnland	1 635	0,60
Österreich	1 144	0,26
Irland	809	0,38
Polen	437	0,08
Luxemburg	427	1,07
Portugal	419	0,19
Griechenland	248	0,11

10218 © Globus
*öffentl. Leistungen vorläufige Angaben
**Bruttonationaleinkommen Quelle: OECD

Zielsetzung und Organisationen der Entwicklungspolitik

Entwicklungspolitik wird häufig gleichgesetzt mit „Entwicklungshilfe". Sie geht aber weit darüber hinaus. Die Industrieländer haben sich 1970 bereits darauf geeinigt, 0,7 % des Nationaleinkommens als Entwicklungshilfe zu geben. Diesem Ziel kommen sie aber nicht wirklich näher.

Die Entwicklungspolitik der Vereinten Nationen wird gleich von mehreren großen Organisationen betrieben, u. a. von

- der *Weltbank* durch bevorzugte Kredite für Entwicklungsländer,
- dem *IWF* durch Sonderziehungsrechte für Entwicklungsländer,
- der *UNCTAD* (United Nations Conference on Trade And Development),
- dem *UNDP* (United Nations Development Program),
- dem *WFP* (Welternährungsorganisation),
- der *FAO* (Ernährungs- und Landwirtschaftsorganisation),
- dem Kinderhilfswerk *UNICEF*,
- der *UNIDO* (Organisation für industrielle Entwicklung),
- der *WHO* (Weltgesundheitsorganisation).

Schwierigkeiten und Kritik an Entwicklungspolitik

Viele Entwicklungsländer kritisieren immer wieder, dass sie in den wichtigen finanzstarken Organisationen wie der Weltbank und dem IWF nicht mit gleichem Stimmrecht vertreten sind, dass wirklich wichtige, die Lage der Entwicklungsländer betreffende Beschlüsse an anderer Stelle gefasst werden (WTO, G7/G8) und dass die Industrieländer zwar Entwicklungshilfe leisten, aber auf der anderen Seite durch Aufrechterhaltung struktureller Ungleichheit und abschottende Maßnahmen die Lage der Entwicklungsländer tendenziell verschlechtern. Die Interessen unter den Entwicklungsländern sind aber sehr verschieden. Die einen begreifen sich als hoffnungslos armes, andere als Schwellenland, sodass sie unterschiedlich zu zentralen Fragen reagieren und nur selten zu einem gemeinsamen Vorgehen gegen die reichen Staaten finden.

Entwicklungspolitik in der Bundesrepublik

Die Entwicklungspolitik der Bundesrepublik Deutschland orientiert sich an den folgenden Grundsätzen:

- *Bekämpfung der Armut* und Überwindung der Hungerprobleme in den Entwicklungsländern,
- Verbesserung der politischen, rechtlichen, wirtschaftlichen, sozialen und ökologischen Rahmenbedingungen (*Förderung von Demokratie, Rechtsstaatlichkeit und Menschenrechten*),
- Schutz der Umwelt,
- Förderung der Zusammenarbeit in *Bildungs- und Ausbildungsbereichen*,
- Beiträge zur *Friedenssicherung* und Krisenprävention.

www.die-gdi.de
Deutsches Institut für Entwicklungspolitik

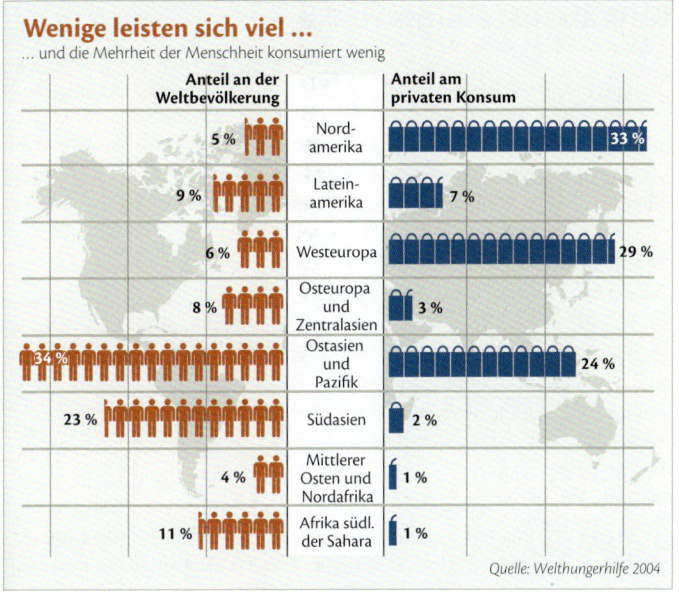

Wenige leisten sich viel ...
... und die Mehrheit der Menschheit konsumiert wenig

	Anteil an der Weltbevölkerung		Anteil am privaten Konsum
Nordamerika	5 %		33 %
Lateinamerika	9 %		7 %
Westeuropa	6 %		29 %
Osteuropa und Zentralasien	8 %		3 %
Ostasien und Pazifik	34 %		24 %
Südasien	23 %		2 %
Mittlerer Osten und Nordafrika	4 %		1 %
Afrika südl. der Sahara	11 %		1 %

Quelle: Welthungerhilfe 2004

UNITED NATIONS CONFERENCE ON TRADE AND DEVELOPMENT
UNCTAD

THE LEAST DEVELOPED COUNTRIES REPORT 2011

The Potential Role of South-South Cooperation for Inclusive and Sustainable Development

UN-Bericht über die am wenigsten entwickelten Länder (LDC)

Entwicklungpolitische Arbeit in der Europäischen Union

Mit der zunehmenden Integration der EU nimmt die Bedeutung der Entwicklungspolitik der EU immer mehr zu. Klassisch ist diese besonders von der kolonialen Vergangenheit wichtiger EU-Länder mitbestimmt. Frankreich, Großbritannien, Belgien und andere EU-Staaten haben Verpflichtungen in ehemaligen Kolonien, teilweise noch Hoheitsgebiete außerhalb Europas. Schon früh in der Geschichte der Europäischen Gemeinschaften wurden viele der ehemaligen Kolonien assoziiert und in den AKP-Staaten (afrikanisch, karibisch, pazifisch) zusammengefasst. Mit diesen Ländern wurden besondere Abkommen über den Handel und über Entwicklungszusammenarbeit abgeschlossen. Die Hauptziele der Partnerschaft mit den 78 AKP-Staaten sind:

- Armutsbekämpfung,
- nachhaltige Entwicklung,
- schrittweise Integration der Länder in die Weltwirtschaft.

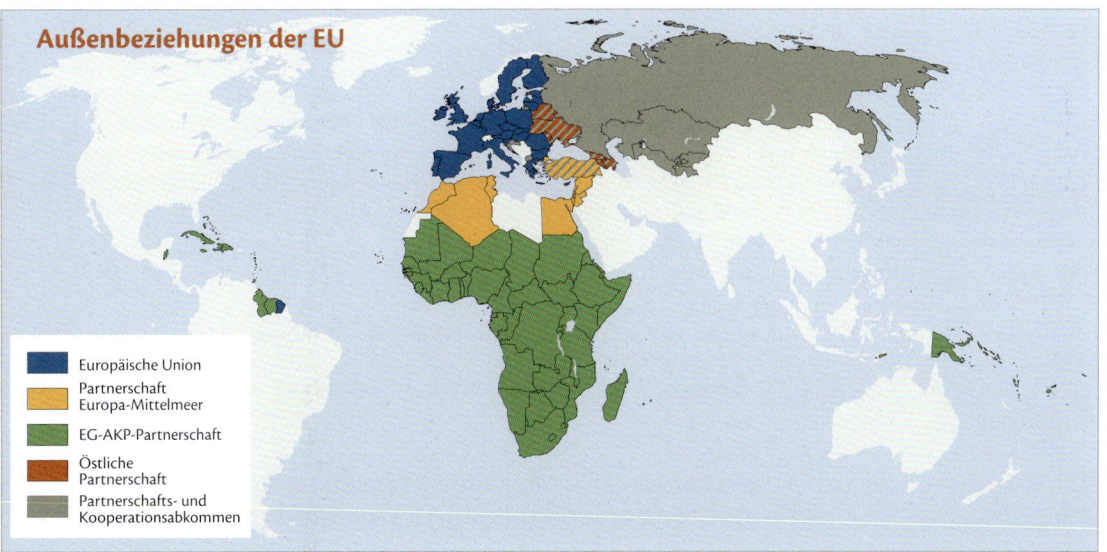

Außenbeziehungen der EU

- Europäische Union
- Partnerschaft Europa-Mittelmeer
- EG-AKP-Partnerschaft
- Östliche Partnerschaft
- Partnerschafts- und Kooperationsabkommen

Schwerpunktübergreifende Aufgabenstellung

Text 1 Kosmopolitische Globalisierung

Die schöpferische Selbstzerstörung der Weltordnung

Gegenwärtig vollzieht sich – so die These dieses Beitrags – eine schöpferische Selbstzerstörung der von Nationalstaaten dominierten „legitimen" Weltordnung.

Weltpolitik ist Weltinnenpolitik geworden, die der nationalen Politik die Grenzen und Grundlagen raubt. Weltwirtschaftliche Akteure sind nicht prinzipiell mächtiger als Staaten, aber sie sind früher ausgebrochen aus den Bornierungen der nationalen Orthodoxie: Das ist das Neue.

Wir sind Augenzeugen einer der wichtigsten Veränderungen in der Geschichte der Macht. Wer der Frage nachgeht, woraus die globalen Kapitalstrategien ihre Metamacht schöpfen, trifft auf einen merkwürdigen Umstand. Der Grundgedanke kam in der Überschrift einer osteuropäischen Zeitung zum Ausdruck, die beim Besuch des deutschen Bundeskanzlers im Jahre 1999 titelte: „Wir vergeben den Kreuzrittern und erwarten die Investoren". Das Zwangsmittel ist nicht der drohende Einmarsch, sondern der drohende Nichteinmarsch der Investoren oder ihr drohender Abmarsch. Es gibt nur eines, das schlimmer ist, als von Multis überrollt zu werden: nicht von Multis überrollt zu werden.

Diese Form der Herrschaft ist nicht länger an die Ausführung von Befehlen gebunden, sondern an die Möglichkeit, anderweitig – in anderen Ländern – günstiger zu investieren, und der dadurch eröffneten Drohkulisse, etwas nicht zu tun, nämlich nicht in diesem Land zu investieren. Die neue Macht der Konzerne gründet in diesem Sinne nicht auf Gewalt als Ultima Ratio, um den eigenen Willen anderen aufzuzwingen, und sie ist deswegen viel beweglicher, da ortsunabhängig und infolgedessen „global einsetzbar". Das Erpressungspotenzial dieser Herrschaft perfektioniert die Logik ökonomischen Handelns und ökonomischer Macht: Immer und überall etwas nicht zu tun, nicht zu investieren, ohne öffentlich begründungspflichtig zu werden – das ist der zentrale Machthebel weltwirtschaftlicher Akteure.

Im Unterschied dazu beruht die Gegenmacht der globalen Zivilgesellschaft auf der Figur des politischen Konsumenten. Seine Gegenmacht resultiert daraus, dass er immer und überall den Kauf verweigern kann. Die „Waffe des Nichtkaufens" ist weder örtlich noch zeitlich noch sachlich einzuschränken. Sie ist auf einige Bedingungen angewiesen, beispielsweise darauf, dass man überhaupt über Geld verfügt, oder auch darauf, dass es ein Überangebot von Produkten und Dienstleistungen gibt, zwischen denen der Konsument wählen kann. Genau mit diesen Bedingungen, also mit der Pluralität der Kauf- und Konsummöglichkeiten, schwinden die subjektiven Kosten, dieses Produkt dieses Konzerns durch organisierten Nichtkauf zu bestrafen.

Fatal für die Interessen des Kapitals ist, dass es gegen die wachsende Gegenmacht der Konsumenten keine Gegenstrategie gibt: Selbst allmächtig erscheinende Weltkonzerne können ihre Konsumenten nicht entlassen. Konsumenten sind – anders als Arbeiter – weder Mitglieder, noch wollen sie es werden. Auch das Erpressungsmittel, in anderen Ländern zu produzieren, wo die Konsumenten noch brav sind und alles schlucken, was ihnen vorgesetzt wird, ist ein gänzlich untaugliches Instrument. Erstens ist der Konsument globalisiert und als solcher für die Konzerne sehr erwünscht. Zweitens kann man Konsumentenprotesten in einem Land nicht durch Abwanderung in andere Länder begegnen, ohne sich selbst zu verstümmeln. Auch gelingt es nicht, die nationale Solidarität der Konsumenten gegeneinander auszuspielen; Konsumentenproteste sind als solche transnational. Die Konsumgesellschaft ist die real existierende Weltgesellschaft.

Konsum kennt keine Grenzen – weder die der Herstellung noch die des Verbrauchs. Die Konsumenten sind alles das nicht, was die Arbeiter sind. Das macht ihre bislang kaum entfaltete Gegenmacht so gefährlich für die Macht des Kapitals. Während die Gegenmacht der Arbeiter an direkte raum-zeitliche Interaktions- und Vertragsbeziehungen gebunden ist, ist der Konsument frei von diesen territorialen, lokalen und vertraglichen Bindungen. Gut vernetzt und gezielt mobilisiert kann der entbundene, der freie Konsument, transnational organisiert, zu einer scharfen Waffe geformt werden.

(Ulrich Beck, Kosmopolitische Globalisierung, in: Internationale Politik 7/2003, S. 9 ff.)

Erläuterungen: *Ulrich Beck (* 1944) ist Professor für Soziologie an der Ludwig-Maximilians-Universität München und der London School of Economics and Political Science. Er ist einer der bekanntesten deutschen Soziologen.*

Aufgaben

1 *Analysieren Sie den Text im Hinblick auf die Analyse der Weltordnung durch den Autor.*

2 *Vergleichen Sie den Ansatz Becks mit anderen Ihnen bekannten Analysen der Weltordnung.*

3 Stellen Sie die wirtschaftliche Dimension der Globalisierung dar und berücksichtigen Sie dabei insbesondere die Rolle der multinationalen Konzerne.

4 Nehmen Sie Stellung zur Hoffnung Becks auf eine Gegenmacht des Konsumenten.

Hinweise zu den Aufgaben

Texte zum gesellschaftlichen, politischen und wirtschaftlichen Leben halten sich selten an die Grenzen der Teildisziplinen der Sozialwissenschaften. Hier schreibt ein nicht unbekannter deutscher Soziologie-Professor über die politischen und wirtschaftlichen Verhältnisse unter den Bedingungen der Globalisierung.

Die Trennung, die das Schulfach Sozialkunde/Sozialwissenschaften zwischen den Teildisziplinen macht, ist notwendig, um die einzelnen Ansätze der Gesellschaftsanalyse besser erarbeiten zu können. Wenn diese Teildisziplinen aber in ihren Grundzügen erarbeitet sind, muss zu einem integrierten Verfahren übergegangen werden. So beinhalten die Bereiche Globalisierung, sozialer Wandel und Internationale Politik bereits Inhalte verschiedener Teildisziplinen. Eine abschließende Überwindung der Trennung wird im Abitur vollzogen, für das gilt, dass die Aufgabenstellungen in der schriftlichen und mündlichen Prüfung jeweils Inhalte über ein Halbjahr hinaus aufgreifen müssen. Die Abiturprüfung erstreckt sich über die Inhalte der Qualifikationsphase.

Die Aufgabenstellung greift in den Aufgaben 1, 2 und evtl. 4 Inhalte des Bereichs internationale Politik bzw. Globalisierung auf. In der 3. und 4. Teilaufgabe werden Fragestellungen aus dem Bereich der Wirtschaftspolitik vorausgesetzt. Erfahrungsgemäß werden Inhalte der Wirtschaftspolitik im ersten Jahr der Qualifikationsphase aufgegriffen. Der Bereich der internationalen Politik ist in der Regel dem abschließenden Kursjahr vorbehalten.

Die Textanalyse stellt die Analyse der Weltordnung durch den Autor in den Mittelpunkt. Beck stellt insbesondere die Machtfrage und sieht die Machtverteilung zugunsten der Wirtschaft, besonders der multinationalen Konzerne verschoben. Wie andere Theoretiker der internationalen Politik auch sieht er die Handlungsfähigkeit der Nationalstaaten demgegenüber eingeschränkt. Die Multis seien flexibler und hätten es außerdem leicht: Sie müssten nur etwas unterlassen, um Macht auszuüben.

Becks Analyse geht kaum von den zwischenstaatlichen Beziehungen aus, sondern steuert direkt auf die wirtschaftliche Macht zu. Insofern ist seine Analyse auf einen bestimmten Machtfaktor eingeschränkt. Andere Sichtweisen der Weltordnung konstatieren zwar auch eine wachsende Macht nichtstaatlicher, u. a. auch wirtschaftlicher Organisationen, sie verstehen, wie der Global-Governance-Ansatz, diese Entwicklung aber vornehmlich als Auflösung der nationalstaatlichen Orientierung der Weltordnung. Beck lässt auf der staatlichen Seite die militärische Macht ganz außer Acht.

Bei der Darstellung der wirtschaftlichen Dimension der Globalisierung muss der Text verlassen werden. Auf jeden Fall muss auf die Ausweitung des Welthandels, die Globalisierung der Finanzmärkte, die Verbilligung der Transport- und Kommunikationskosten eingegangen werden. Multinationale Konzerne spielen in der Globalisierung eine wichtige Rolle, denn es fällt ihnen sehr leicht, die Grenzen zu überwinden und den Austausch von Waren, Dienstleistungen und Knowhow zu vermitteln. Dabei bedeutet allerdings die Multinationalität nicht, dass diese Konzerne in allen Staaten ihre Geschäfte betreiben, sondern nur, dass sie in mehreren Staaten ansässig sind. Ihre Vorteile liegen in einer Reduzierung der Kosten und einer Erleichterung des Kapitaltransfers. Eine Kehrseite der Existenz multinationaler Konzerne ist ihre Möglichkeit, ihre Firmenerträge so zu steuern, dass ein möglichst günstiges Kostenverhältnis entsteht, d. h. auch, dass sie u. U. nur da Gewinne machen und Steuern zahlen, wo es für sie günstig ist.

In der Stellungnahme kann auch auf verschiedene Aspekte der Hoffnung Becks eingegangen werden:

- Zum Beispiel ist schwer vorstellbar, wie Konsumenten auf den Effekt der Lenkung der Unternehmensgewinne Einfluss nehmen sollen. Das Abstrafen von Unternehmen, die im Inland keine Steuern zahlen, setzt einen Grad der Informiertheit der Konsumenten voraus, der sehr unrealistisch erscheint.
- Die Macht der Konsumenten besteht unzweifelhaft darin, sich zu verweigern. Aber Beispiele aus der Vergangenheit wie zum Beispiel Versuche, mit dieser Konsumentenmacht gegen Microsoft vorzugehen, zeigen, dass diese Macht effektiv nur eingesetzt werden kann, wenn sich die große Mehrheit der Konsumenten zum Boykott einig ist. Das aber dürfte nur in Ausnahmefällen eintreten.
- Andererseits aber gibt es auch Beispiele dafür, dass Multis aufgrund des öffentlichen Drucks, der sicherlich auch durch die Konsumenten ausgeübt worden ist, einlenken mussten. So musste die Shell AG, einer der weltgrößten Konzerne, die Erdölplattform Brent Spar verschrotten und wurde daran gehindert, sie in der Nordsee zu versenken.

Zum Weiterarbeiten

Aufgaben zu den verschiedenen Anforderungsbereichen

Anforderungsbereich I

- Stellen Sie dar, wie sich die Weltordnung seit dem Ende des Ost-West-Konflikts entwickelt hat. Berücksichtigen Sie dabei verschiedene Sichtweisen.
- Skizzieren Sie den Aufbau der Vereinten Nationen. Stellen Sie ihre Aufgaben dar und gehen Sie auch auf aktuelle Probleme ihrer Arbeit ein.
- Stellen Sie wichtige internationale Organisationen und ihre Rolle für die Weltwirtschaft vor.
- Welche Rolle spielen NGOs in der Weltordnung?
- Schätzen Sie die Möglichkeiten und die Macht von NGOs ein.

Anforderungsbereich II

- Unterscheiden Sie klassische Kriege von „neuen Kriegen".
- Stellen Sie unterschiedliche Möglichkeiten vor, Kriege zu erklären.
- Nach der Theorie des demokratischen Friedens neigen Demokratien weniger dazu, untereinander Krieg zu führen. Beurteilen Sie die Aussagekraft dieser These.
- Zeigen Sie, wie Frieden als Prozess begriffen werden kann. Beurteilen Sie die Möglichkeiten am Beispiel eines internationalen Konfliktherds (Naher Osten etc.).
- Stellen Sie grundlegende Ansätze der politischen Theorie dar.

Anforderungsbereich III

- Stellen Sie unterschiedliche Erklärungsmuster für Unterentwicklung dar und erläutern Sie aus ihnen folgende Handlungsschritte für die Entwicklungspolitik.
- Erläutern Sie den Human Development Index und vergleichen Sie ihn mit der Messung durch den Wohlstandsindikator BIP.
- Welche Rolle spielt die gesellschaftliche Ungleichheit für die Unterentwicklung? Erläutern Sie den Zusammenhang und zeigen Sie Möglichkeiten auf, wie Entwicklungspolitik damit umgehen kann.

Links zu den Themen der Internationalen Politik

www.dgvn.de	Deutsche Gesellschaft für die Vereinten Nationen, Texte und Materialien
www.swp-berlin.org	Stiftung Wissenschaft und Politik mit ihrem „Deutschen Institut für Internationale Politik und Sicherheit"
www.auswaertiges-amt.de	Webseite des Auswärtigen Amtes, offizielle Mitteilungen und Reden, Länderinformationen, Informationen über deutsche Auslandsvertretungen
www.oecd.org	Zahlreiche Informationen, Dokumente und Statistiken über die OECD-Länder
www.unric.org	Informationszentrum der Vereinten Nationen
www.wto.org	Offizielle Seite der Welthandelsorganisation
www.attac.de	Seite des attac-Netzwerks
www.epo.de	Entwicklungspolitik online

9 Ökologie und Ökonomie

Bucht San Vicente, Talcahuano, Chile
Sisyphos bei der Arbeit. Ein Arbeiter versucht die Schäden zu beseitigen, nachdem
unter dem Meeresspiegel eine Pipeline geborsten ist. Erdöl ist wichtigster Energie- und
Rohstofflieferant und gleichzeitig birgt es extreme Umweltrisiken. Als besonders
verheerend gilt die Havarie des Tankers „Prestige", der im November 2002 mit 77 000
Tonnen Schweröl an Bord vor der Nordwestküste Spaniens auseinanderbrach und sank.
Bis heute tritt aus dem Wrack Öl aus.
Foto: Ivan Alvarado

Kernaspekte von Ökologie und Ökonomie

Leben auf dem Planeten Erde

Menschliches Leben ist auf einen kosmisch gesehen sehr engen Raum begrenzt – die Erde. Spätestens die ersten Menschen auf dem Mond hatten Gelegenheit, von der Begrenztheit dieses Lebensraums zu berichten. Die so wichtige Lufthülle der Erde, die Luft, die wir zum Atmen brauchen, ist nur ein hauchdünnes Etwas, wenn man es aus einigen hundert Kilometern Entfernung betrachtet. Auch die übrigen Ressourcen, die unser Planet für uns bereit hält, sind nicht unbegrenzt. Das, was der Menschheit an Ressourcen zugänglich ist, ist berechenbar und limitiert: Die Erde ist eine Kugel mit ca. 1400 Billiarden Tonnen Meereswasser; mit 2500 Milliarden jährlichem Süßwasserniederschlag über dem Land; mit 1180 Billionen Tonnen Luftsauerstoff; mit 4200 Milliarden Megawattstunden täglichem Energieeinstrom; mit 100 Millionen Tonnen Uranreserven; mit ca. 1 200 000 Tierarten, ca. 500 000 Pflanzenarten, 4000 Mikrobenarten und 90 Millionen km^2 bewohnbarer Fläche.

Knappheit von Ressourcen

Auf der anderen Seite steht ein exponentielles Wachstum der mit dem Menschen verbundenen Gegebenheiten und der Menschheit selbst. Die Menschheit und die Weltwirtschaft sind seit der Industrialisierung in einem Ausmaß gewachsen, das die Möglichkeiten eines begrenzten Ressourcenvorrats auf Dauer zwangsläufig übersteigen muss, wenn nicht nachhaltige Veränderungen eintreten.

Das Bild der Erde wird dadurch vervollständigt, dass die Möglichkeiten, weitere Himmelskörper als Ressourcenspender zu benutzen oder gar zu besiedeln, wegen der damit verbundenen Kosten nicht gegeben ist.

Umweltprobleme ergeben sich im Bereich der Ressourcen aus dem Widerspruch zwischen einem begrenzten Ressourcenvorrat und einem exponentiellen Wachstum der Wirtschaft. Dadurch müssen die begrenzten Vorräte erschöpft werden. An vielen Stellen zeigt sich bereits jetzt, dass die *„Grenzen des Wachstums"* erreicht werden:

- Wälder, die offensichtlich für den CO_2-Haushalt der Erde wichtig sind, gehen – z. B. in wichtigen Waldgebieten Südamerikas und Asiens – rapide zurück oder sind in vielen Ländern bereits ganz verschwunden.
- Die biologische Vielfalt leidet durch das Aussterben zahlreicher Tierarten und das Schwinden der Artenvielfalt.
- Die Vorräte an Süßwasser verringern sich ebenfalls. Der Zugang zu Trinkwasser wird in vielen Gegenden der Welt zunehmend problematischer.
- Die Meere leiden unter Überfischung. Die Fischbestände der Ozeane gehen zurück.

Wirtschaftliche Auswirkungen

All diese Aspekte haben auch jetzt schon wirtschaftliche Konsequenzen, z. B.

- durch eine Verknappung des Lebensmittels Fisch und eine entsprechende Verteuerung,

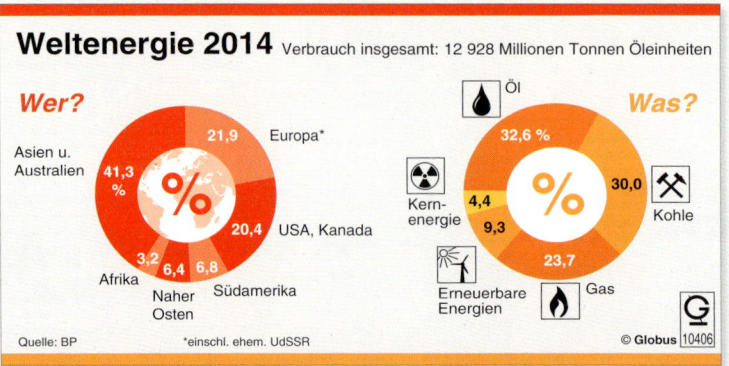

Weltenergie 2014 Verbrauch insgesamt: 12 928 Millionen Tonnen Öleinheiten

Wer?

Asien u. Australien 41,3 %
Europa* 21,9
USA, Kanada 20,4
Afrika 3,2
Naher Osten 6,4
Südamerika 6,8

Was?

Öl 32,6 %
Kohle 30,0
Gas 23,7
Erneuerbare Energien 9,3
Kernenergie 4,4

Quelle: BP   *einschl. ehem. UdSSR   © Globus 10406

- durch die Verknappung der Ressource Holz,
- durch das Wissen über die *Endlichkeit fossiler Brennstoffe* wie z. B. Öl, Gas und Kohle, daher konstanter Anstieg der Benzinpreise.

Insgesamt gibt es inzwischen kaum noch eine Ressource, die nicht ein knappes Gut darstellt.

Ungleichheit im Ressourcenverbrauch

Der Ressourcenverbrauch ist auf der Erde ungleich verteilt. Die westlichen Industrieländer verbrauchen den ganz überwiegenden Teil der Ressourcen nicht nur ihres eigenen Territoriums, sondern der Welt insgesamt.

Klimawandel

Ein weiteres zentrales Problemfeld ist die *Verschmutzung der Umwelt* durch die Rückstände des Wirtschaftens. Neben der Vergiftung der Umwelt durch schädliche Stoffe ist in letzter Zeit in der Diskussion die Vermehrung des CO_2 in der Atmosphäre als Folge von Verbrennungsprozessen organischer Materie (Holz, Öl, Erdgas) immer wichtiger geworden. Inzwischen gibt es keine Zweifel mehr daran, dass es durch die Vermehrung des CO_2 in der Atmosphäre zu einer Erderwärmung mit gravierenden Konsequenzen für die Erde kommt („*Treibhauseffekt*").

Umweltbelastungen

Die Belastungen der Umwelt haben volkswirtschaftliche Konsequenzen. Schädliche Stoffe in der Atemluft z. B. belasten die Gesundheit der Menschen, führen zu mehr Krankheiten und damit auch zu höheren Kosten für die Allgemeinheit.

Umweltpolitische Ansätze

Seit längerer Zeit versucht die Politik, durch Umweltschutzmaßnahmen die Umweltschäden und die gesamtwirtschaftlichen Kosten der Umweltverschmutzung gering zu halten. Generell gilt dabei das *Verursacherprinzip,* d. h. diejenigen, die die Umweltbelastung verursachen, sollen auch die Kosten tragen, die daraus erwachsen. Das Verursacherprinzip ist jedoch nicht in allen Fällen konsequent durchführbar.

Vorräte an den Energieträgern Kohle, Gas und Öl

im Verhältnis zum Jahresverbrauch 2010

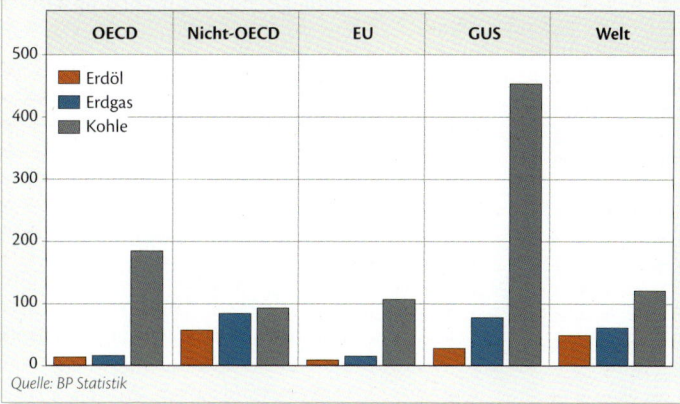

Quelle: BP Statistik

Das neue Gesicht der Erde: Szenario A1B

Temperaturveränderungen im Vergleich zu 1980 bis 1999

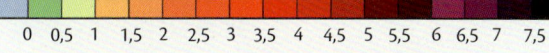

0   0,5   1   1,5   2   2,5   3   3,5   4   4,5   5   5,5   6   6,5   7   7,5

A1B: 2020–2029

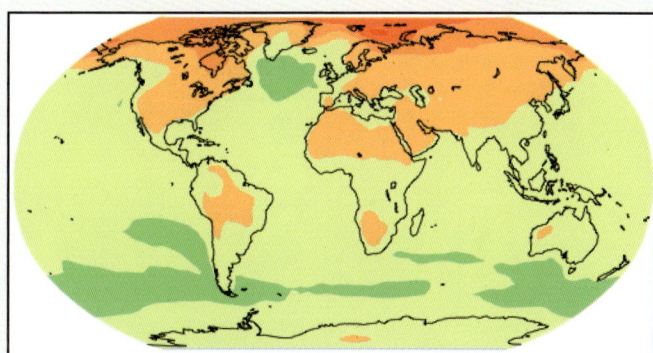

A1B: 2090–2099

Szenario A1B zeigt eine Welt starken Wirtschaftswachstums und sukzessiver Wohlstandsverbreitung über den ganzen Globus, bei nur mäßigem Ersatz fossiler Energieträger durch regenerative.

Quelle: IPCC Fourth Assessment Report, Climate Change 2007

Ökonomie und Ökologie – ein Gegensatz?

Ökologische Verantwortung wirtschaftlichen Handelns

Das Wirtschaftsleben geschieht im Rahmen der natürlichen und durch den Menschen beeinflussten Umwelt. Natur und Umwelt sind Grundlage und Voraussetzung des Wirtschaftens. Zu einem Problem ist dieses Verhältnis dadurch geworden, dass der *Stoffaustausch mit der Umwelt* zu größeren negativen Konsequenzen geführt hat. Wirtschaftliches Handeln muss daher zunehmend auch unter dem Gesichtspunkt der Umwelt betrachtet werden.

Umwelt als öffentliches Gut

Menschliches Wirtschaften ist immer mit Eingriffen in die Natur verbunden. Wir können auf wirtschaftliches Handeln nicht verzichten, um unsere Existenz auf der Erde zu sichern. Die wirtschaftlichen Eingriffe in die Natur führen allerdings zu teilweise irreparablen Schäden.

Die Umwelt ist ein typisches *öffentliches Gut*. Ein Gut gilt als öffentlich, wenn seine Nutzung durch ein Wirtschaftssubjekt die gleichzeitige Nutzung durch ein anderes Wirtschaftssubjekt erlaubt, ohne dass sich eines von beiden Wirtschaftssubjekten in seiner

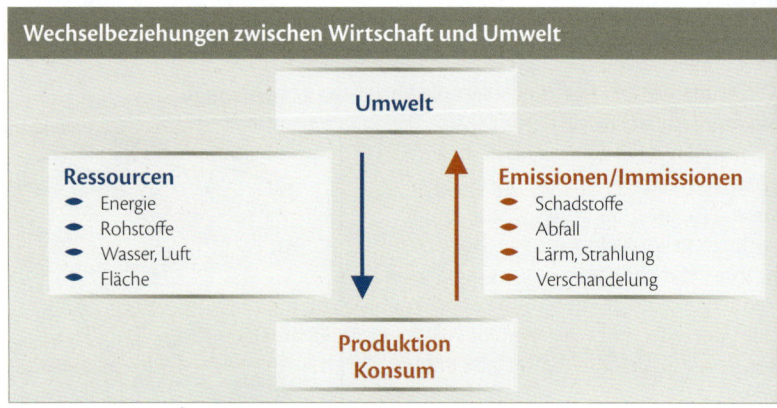

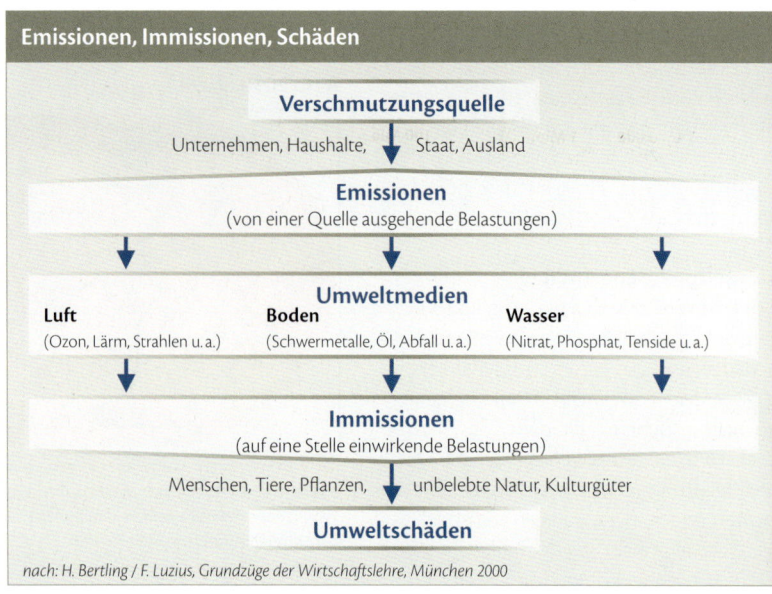

nach: H. Bertling / F. Luzius, Grundzüge der Wirtschaftslehre, München 2000

Nutzung beeinträchtigt fühlt. Öffentliche Güter sind beispielsweise Frieden oder saubere Luft. Sie haben die Eigenschaft der *Nicht-Ausschließbarkeit*, d.h. es ist nicht möglich, jemanden von der Nutzung des öffentlichen Gutes auszuschließen. Man kann zum Beispiel niemanden daran hindern, saubere Luft zu atmen.

Umweltbewusstsein in der Gesellschaft

Wirtschaftliches Handeln der Individuen und Umweltschutz sind scheinbar nicht in Einklang zu bringen. Und doch gibt es in der Bevölkerung ein deutliches und zunehmendes Umweltbewusstsein, d.h. ein Verhalten, das Umweltgesichtspunkte berücksichtigt. Aber wie kann man konsequent umweltbewusst handeln? Wer ökologisch vernünftig

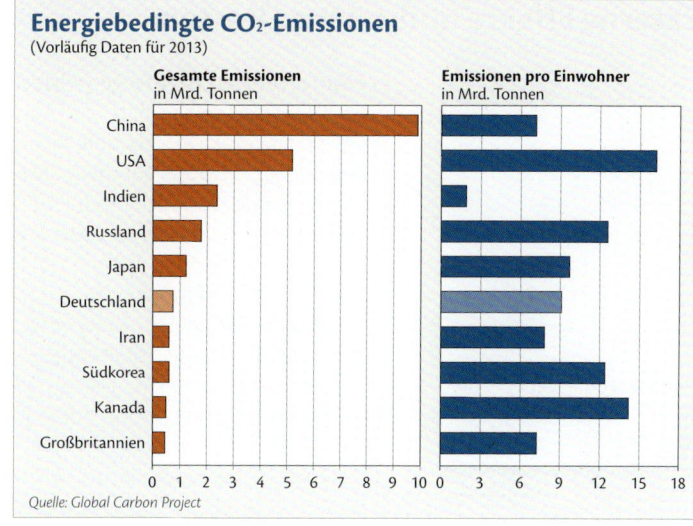

Energiebedingte CO_2-Emissionen
(Vorläufig Daten für 2013)

Quelle: Global Carbon Project

handelt, der handelt oft nicht als *Homo oeconomicus*. Nahrungsmittel aus aller Welt sind oft viel günstiger einzukaufen als Produkte, die keinen langen Weg gemacht haben und deshalb mit viel weniger Umweltbelastung produziert wurden. Textilien werden vielfach günstig aus der Herstellung von Ländern gekauft, deren ökologische Produktionsstandards denen der EU nicht gleichkommen und die zusätzlich noch durch lange Transportwege die Umwelt schädigen. Auf der anderen Seite werden in Europa große Anstrengungen unternommen, um die Umwelt zu schonen und Umweltbelastungen vor Ort zu verhindern.

Da Rohstoffe inzwischen im Preis derart gestiegen sind, rechnet sich umweltfreundliches Verhalten inzwischen auch ökonomisch. *Recycling* von Metallen, Textilien, Glas und Papier ist inzwischen auch wirtschaftlich attraktiv und spart Rohstoffe. Schrott ist zur Herstellung von Stahl ideal und auch auf dem Weltmarkt begehrt.

Das Wechselverhältnis von Ökonomie und Ökologie regelt sich allerdings nicht über den Markt allein.

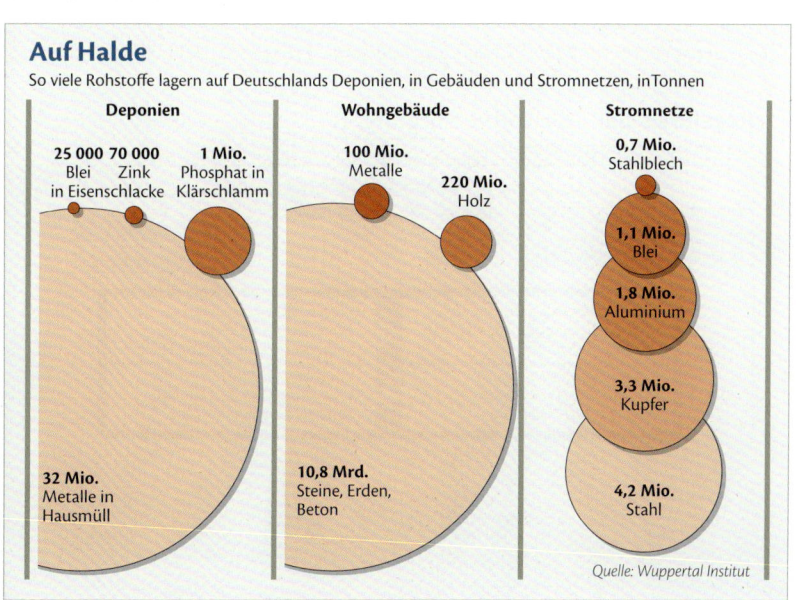

Auf Halde
So viele Rohstoffe lagern auf Deutschlands Deponien, in Gebäuden und Stromnetzen, in Tonnen

Quelle: Wuppertal Institut

Externe Effekte und externe Kosten

Positive und negative Folgen wirtschaftlichen Handelns

Externe Effekte sind unmittelbare Auswirkungen der ökonomischen Aktivitäten eines Wirtschaftssubjektes (eines Unternehmens, privater und öffentlicher Haushalte) auf die Produktions- oder Konsummöglichkeiten anderer Wirtschaftssubjekte. Je nach Wirkungsrichtung lassen sich externe Effekte in *positive externe Effekte (externer Nutzen)* und *negative externe Effekte (externe Kosten)* unterscheiden.

Positive externe Effekte

Positive Externalität

Begriff für einen Nutzen, der unbeteiligten Dritten zugute kommt (z. B. volkswirtschaftlicher Zusatznutzen)

Ein *externer Nutzen* liegt dann vor, wenn ein Nutzer nicht in den Genuss des vollständigen Nutzens kommt (so leistet die Landwirtschaft z. B. durch die Verhinderung von Bodenerosion anderen Mitgliedern der Gesellschaft eine Leistung, für die sie keine spezifische Gegenleistung erhält, eine so genannte *positive Externalität*). Beispielhaft kann hier die Forschung und Entwicklung an bestimmten neuen Technologien in einem Unternehmen genannt werden, deren Nutzen langfristig allen zugute kommt.

Negative externe Effekte

Externe Kosten sind Kosten, die nicht vom Verursacher, sondern von anderen beglichen werden. Sie stellen den negativen Teil der externen Effekte dar. In der Regel kommt zumindest in Teilen der Steuerzahler dafür auf. Die Berechnung externer Kosten ist allerdings sehr schwierig. Sollen Krankheitskosten durch Luftverschmutzung durch die Leistungen der Krankenkassen dargestellt werden oder muss das Leiden der evtl. krebserkrankten Menschen berücksichtigt werden? Solche und ähnliche Fragen stellen sich, wenn die Ökologie mit einer ökonomischen Kostenrechnung dargestellt werden soll.

Das Ökosozialprodukt

Die wirtschaftspolitische Diskussion um die Ökologie führte zu unterschiedlichen Vorschlägen, auch Umweltaspekte in dem Indikator des Bruttosozialproduktes zu berücksichtigen. Der Begriff des *Ökosozialprodukts* fasst solche Entwürfe in sich zusammen. Die Entwicklung des Ökosozialprodukts steht jedoch noch am Anfang. Vorgesehen ist die Berechnung des Indikators aus dem Bruttosozialprodukt unter Abzug der mengenmäßigen Verminderung z. B. von Bodenschätzen und der Artenvielfalt und der qualitativen Verschlechterung des Wassers, der Luft und des Bodens.

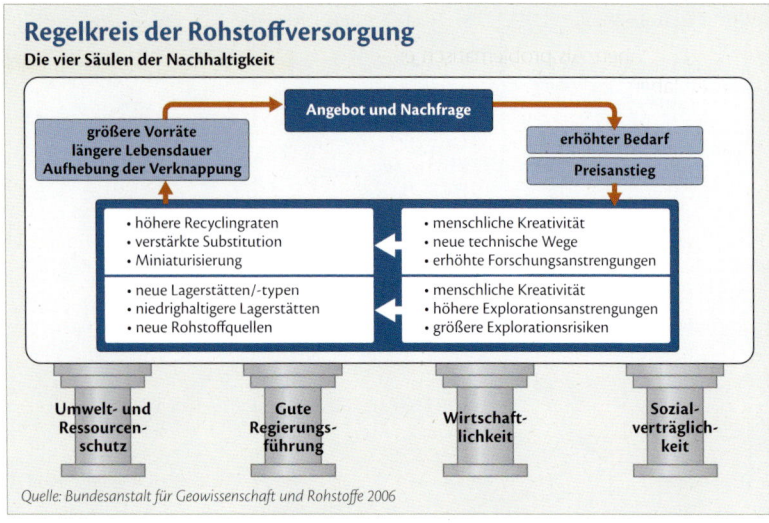

Regelkreis der Rohstoffversorgung
Die vier Säulen der Nachhaltigkeit

Angebot und Nachfrage

größere Vorräte
längere Lebensdauer
Aufhebung der Verknappung

erhöhter Bedarf
Preisanstieg

- höhere Recyclingraten
- verstärkte Substitution
- Miniaturisierung

- menschliche Kreativität
- neue technische Wege
- erhöhte Forschungsanstrengungen

- neue Lagerstätten/-typen
- niedrighaltigere Lagerstätten
- neue Rohstoffquellen

- menschliche Kreativität
- höhere Explorationsanstrengungen
- größere Explorationsrisiken

Umwelt- und Ressourcenschutz

Gute Regierungsführung

Wirtschaftlichkeit

Sozialverträglichkeit

Quelle: Bundesanstalt für Geowissenschaft und Rohstoffe 2006

Statistische Erfassung

Die *Umweltökonomischen Gesamtrechnungen (UGR)* des Statistischen Bundesamtes stellen statistische Informationen über die Wechselwirkungen zwischen Wirtschaft und Umwelt zur Verfügung. Sie liefern damit eine wichtige Datengrundlage zur Überprüfung der Nachhaltigkeit des Wirtschaftens. Dabei werden u. a. folgende Fragen beantwortet:

- Welche wirtschaftlichen Aktivitäten verursachen Belastungen der Umwelt? Welche Belastungen entstehen?
- Wie verändert sich der Umweltzustand?
- Wie viel geben Staat und Wirtschaft für Umweltschutz aus?
- Welche Rohstoffe werden aus der Umwelt entnommen?

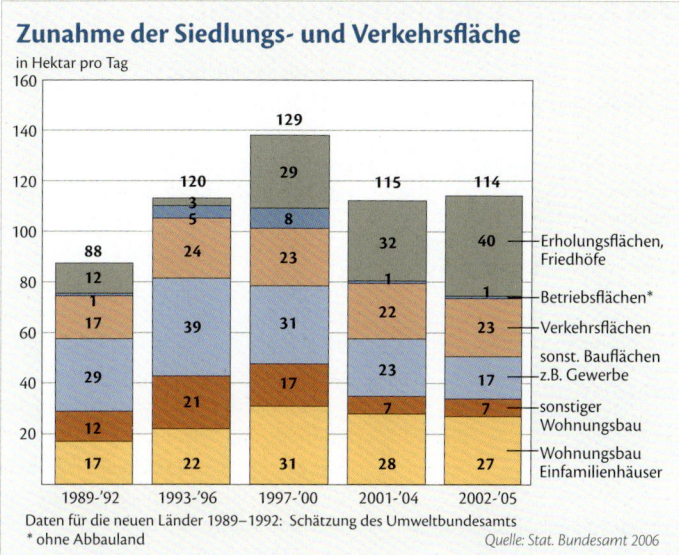

Zunahme der Siedlungs- und Verkehrsfläche
in Hektar pro Tag

Daten für die neuen Länder 1989–1992: Schätzung des Umweltbundesamts
* ohne Abbauland

Quelle: Stat. Bundesamt 2006

Auch die *Inanspruchnahme von Flächen und Ökosystemen* ist ein struktureller Eingriff in die Natur. In der UGR wird insbesondere die Nutzung von Boden als Siedlungs- und Verkehrsfläche dargestellt.

Internalisierung von Kosten

Die Wirtschaft und das Leben in Deutschland belasten nach wie vor die Umwelt wesentlich stärker als dies in den meisten Entwicklungsländern geschieht. Die *Internalisierung externer Kosten* erfolgt dadurch, dass bisher von der Allgemeinheit zu tragende *soziale Kosten* einzelwirtschaftlichen Kostenrechnungen zugeschrieben werden. Dabei wird angestrebt, die durch Umweltbelastungen auftretenden externen Kosten nach dem *Verursacherprinzip* dem Verursacher zuzurechnen. Als problematisch erweist sich dabei allerdings,

- dass der Verursacher nicht immer eindeutig ermittelt werden kann,
- dass die Quantifizierung der Schäden oft sehr schwierig ist und
- dass es starke politische Widerstände gegen eine Internalisierung externer Kosten gibt.

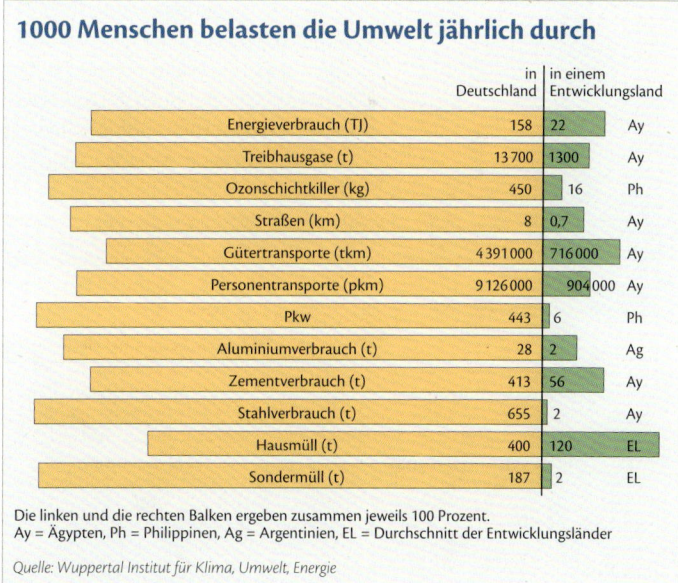

1000 Menschen belasten die Umwelt jährlich durch

	in Deutschland	in einem Entwicklungsland	
Energieverbrauch (TJ)	158	22	Ay
Treibhausgase (t)	13 700	1300	Ay
Ozonschichtkiller (kg)	450	16	Ph
Straßen (km)	8	0,7	Ay
Gütertransporte (tkm)	4 391 000	716 000	Ay
Personentransporte (pkm)	9 126 000	904 000	Ay
Pkw	443	6	Ph
Aluminiumverbrauch (t)	28	2	Ag
Zementverbrauch (t)	413	56	Ay
Stahlverbrauch (t)	655	2	Ay
Hausmüll (t)	400	120	EL
Sondermüll (t)	187	2	EL

Die linken und die rechten Balken ergeben zusammen jeweils 100 Prozent.
Ay = Ägypten, Ph = Philippinen, Ag = Argentinien, EL = Durchschnitt der Entwicklungsländer

Quelle: Wuppertal Institut für Klima, Umwelt, Energie

Vertreter der Internalisierung externer Kosten gehen davon aus, dass durch das Entstehen externer Kosten der Marktmechanismus verfälscht wird, weil die Preisstruktur nicht die Realität abbilde. Im Einzelnen ist jedoch häufig die Marktkonformität der Internalisierung umstritten. Die Bedeutung der Internalisierung ist zwar gegenwärtig noch gering, aber sie dürfte gegen alle Einwände rasch wachsen, da sie eine wirksame, marktwirtschaftliche und daher systemkonforme Lösung des Umweltproblems bietet.

Das Konzept der Nachhaltigkeit

Die Grenzen des Wachstums
(Orig.: The Limits to Growth, 1972)

Titel einer der bekanntesten Studien im Auftrag des Club of Romes, die den Zusammenhang zw. Wirtschaftswachstum und Umweltzerstörung darlegt. Nach dem letzten Stand dieser Studie (The 30-Year Update, 2004) führt eine Fortsetzung des Verhaltens der vergangenen 30 Jahre zu einem katastrophalen Zusammenbruch des Systems (spätestens im Jahre 2030).

Der Begriff *„Sustainable Development"* findet sich zum ersten Mal im so genannten „Brundtland-Bericht" (nach der Vorsitzenden der Weltkommission für Umwelt und Entwicklung und ehemaligen norwegischen Ministerpräsidentin Gro Harlem Brundtland) der Weltkommission für Umwelt und Entwicklung aus dem Jahr 1987.

Begriffsgeschichte

Aus den wachsenden Bemühungen um den Umweltschutz wurde das Leitbild der Nachhaltigkeit entwickelt.

Das Prinzip der Nachhaltigkeit wurde erstmals vor 300 Jahren angesichts einer drohenden Rohstoffkrise formuliert und angewandt. Der Silberbergbau im Erzgebirge in Sachsen war in seiner Existenz bedroht. Nicht ein Mangel an Silbererz, sondern die Knappheit an Holz drohte die Gewinnung von Silber lahmzulegen. Holz wurde für den Ausbau der Gruben, den Abbau des Erzes und für den Betrieb der Schmelzöfen benötigt. Jahrhundertelang hatte man die umliegenden Wälder stark abgeholzt, sodass in der Umgebung der Gruben kaum noch Wald vorhanden war. Aus heutiger Sicht würde man formulieren: Aufgrund der Vernachlässigung der Ökologie gegenüber der Ökonomie entstanden massive ökonomische und soziale Probleme (Arbeitslosigkeit, Brennstoffmangel).

Als Reaktion entwickelten die Förster des Erzgebirges den Grundsatz, nach dem immer nur so viel Holz geschlagen werden sollte, wie durch planmäßige Aufforstung nachwachsen konnte. Das Prinzip der Nachhaltigkeit war geboren. Dieses Prinzip wurde später auf andere Bereiche übertragen. Nachhaltig ist dementsprechend eine Entwicklung, wenn sie den Bedürfnissen der heutigen Generation entspricht, ohne die Möglichkeiten künftiger Generationen zu gefährden, ihre eigenen Bedürfnisse zu befriedigen und ihren Lebensstil zu wählen. Nachhaltigkeit (*sustainability*) ist dementsprechend ein Gleichgewichtsgrundsatz.

Nachhaltiges Handeln des Einzelnen

Aus diesem Grundsatz werden heute Handlungsanregungen abgeleitet, die auch für Privatpersonen gelten können. Nachhaltig verhält sich dementsprechend derjenige, der durch seinen Konsum nur solche Ressourcen verbraucht, die nicht durch ihr Fehlen künftigen Generationen entzogen werden und der nicht nur für den Eigennutz, sondern auch das Leben künftiger Generationen tätig ist.

Dementsprechend ist der Verbrauch nicht nachwachsender oder erneuerbarer Rohstoffe ebenso wenig nachhaltig wie die Produktion von nicht verrottbarem Müll oder das Nutzen von Verkehrsmitteln, die fossile Rohstoffe verbrennen, bzw. das Zurücklegen langer Wege mit solchen Verkehrsmitteln.

Internationale Bemühungen um Nachhaltigkeit

Im internationalen Maßstab wurde mit der *Agenda 21* das Nachhaltigkeitskonzept weltweit zur Maxime gemacht.

Die Agenda 21 ist das offizielle Abschlussdokument der UN-Konferenz zum Thema „Umwelt und Entwicklung" von 1992 in Rio de Janeiro. Mehr als 170 Staaten waren auf dieser Konferenz vertreten. Die Agenda 21 beschreibt ein „Aktionsprogramm der Staaten dieser Welt für das 21. Jahrhundert". Zu den we-

Nachhaltig handeln

Energie sparen

gegen Unrecht protestieren

Initiativen unterstützen

informieren & mitarbeiten

Bioprodukte kaufen

wenig Flugreisen

Benzin sparen

Fahrradfahren

wenig Fleisch essen

Müll vermeiden

faire Produkte kaufen

sentlichen Politikbereichen einer nachhaltigen Entwicklung gehören u. a. Maßnahmen zur Bekämpfung der Armut und zur Bevölkerungspolitik, zur Bewirtschaftung empfindlicher Ökosysteme, zur Abfall-, Chemikalien-, Klima-, Energie- und Landwirtschaftspolitik, zur Rolle wichtiger gesellschaftlicher Gruppen sowie zur finanziellen und technologischen Zusammenarbeit zwischen Industrie- und Entwicklungsländern.

Auf der Konferenz war man sich darin einig, dass die Lebens- und Wirtschaftsweise der reichen Industrieländer des Nordens als globales Entwicklungsmodell für die übrigen Staaten nicht geeignet ist. Die Industrieländer müssten ihren Ressourcenverbrauch reduzieren, um die Umwelt zu schonen und den weniger entwickelten Ländern Möglichkeiten für eine wirtschaftliche Entwicklung zu lassen. Zudem verpflichten sich die Industriestaaten, die Entwicklungsländer in ihrem Fortkommen und dem Vorsatz zu unterstützen, bei ihrer wirtschaftlichen Entwicklung nicht die gleichen Umweltsünden wie die Industrieländer zu begehen.

Ökologisches Wirtschaften – nachhaltiges Verhalten aller

Die Nachhaltigkeit zielt auf das Verhältnis der beiden Systeme Ökonomie und Ökologie. Dementsprechend kann eine nachhaltige Umweltökonomie nicht von einer ökonomischen Grundlage abgeleitet werden. Eine Entscheidung für Nachhaltigkeit steht über ökonomischen Entscheidungen. Demzufolge sollte nicht die ökonomische Effizienz, d. h. das wirtschaftliche Optimum, das Kriterium der Steuerung wirtschaftlicher Entwicklung sein, sondern sog. „Skalenniveaus". Danach gibt es eine maximale Anzahl einer Spezies wie der Menschheit, die von einem Ökosystem auf unbestimmte Zeit getragen werden kann. In dieser Vorstellung steckt die Überzeugung einer begrenzten, nicht vermehrbaren Gesamtressource (z. B. der Erde), mit der gewirtschaftet und die erhalten werden muss.

Aus diesen Vorstellungen lassen sich folgende Regeln für nachhaltiges Wirtschaften ableiten:

- die *Substitutionsregel*, nach welcher erschöpfliche durch nicht erschöpfliche Ressourcen und Energiequellen ersetzt werden müssen,
- die *Abbauregel*, nach welcher nur die Menge und Qualität abgebaut werden darf, die wieder nachwächst,
- die *Assimilationsregel*, nach welcher nur die Mengen und Qualitäten an Schadstoffen an die Umwelt abgegeben werden dürfen, die von den Ökosystemen aufgenommen und abgebaut werden können,
- die *Erhaltungsregel*, nach welcher die Menschen die sie umgebende Natur aus Gründen der Selbsterhaltung und auch der psychischen Gesundheit erhalten müssen.

„So leben wir, so leben wir, so leben wir alle Tage ..."

Karikatur: Jupp Wolter / Stiftung Haus der Geschichte

Umweltpolitik und Wirtschaftspolitik

Umweltpolitische Steuerungsinstrumente

Umweltpolitik bzw. der Umweltschutz hat in Deutschland *Verfassungsrang*. Die Umweltpolitik ist ein eigenes Politikfeld und steht teilweise mit der Wirtschaftspolitik in einem Konkurrenzverhältnis.

Die Instrumente der Umweltpolitik bestehen aus verschiedenen Möglichkeiten, von Steuern über Verbote und Gebote bis zu marktkonformen Mitteln.

Umweltpolitik in Deutschland

Die Umweltpolitik in Deutschland ist mit dem Schicksal der *zivilen Nutzung der Kernenergie* eng verknüpft. Nach dem GAU in Tschernobyl richtete die damalige Bundesregierung zum ersten Mal ein Bundesumweltministerium ein. Die meisten Bundesländer folgten. Seit 1994 ist der Umweltschutz ein Staatsziel der Bundesrepublik Deutschland. Im Artikel 20a heißt es: „Der Staat schützt auch in Verantwortung für die künftigen Generationen die natürlichen Lebensgrundlagen."

Die *Förderung erneuerbarer Energien* ist seit der starken Diskussion zum Klimawandel ein wichtiges Ziel der Umweltpolitik. Mit dem Unfall in Fukushima nahm diese Diskussion in Deutschland erneut eine Wende: Die Bundesregierung beschloss den vorgezogenen endgültigen Ausstieg aus der Kernenergie. Die Frage nach der Beschaffung der notwendigen Energie für Volkswirtschaft und Haushalte wurde mit einer „Energiewende" beantwortet, die eine beträchtliche Erhöhung des Anteils erneuerbarer Energien an der gesamten Stromerzeugung beinhaltet. Nicht zuletzt wegen der notwendigen Investitionen zum Ausbau dieser Energieerzeugung kamen schnell Diskussionen über die Kosten im Hinblick auf die Belastung der Haushalte und der Wirtschaft auf.

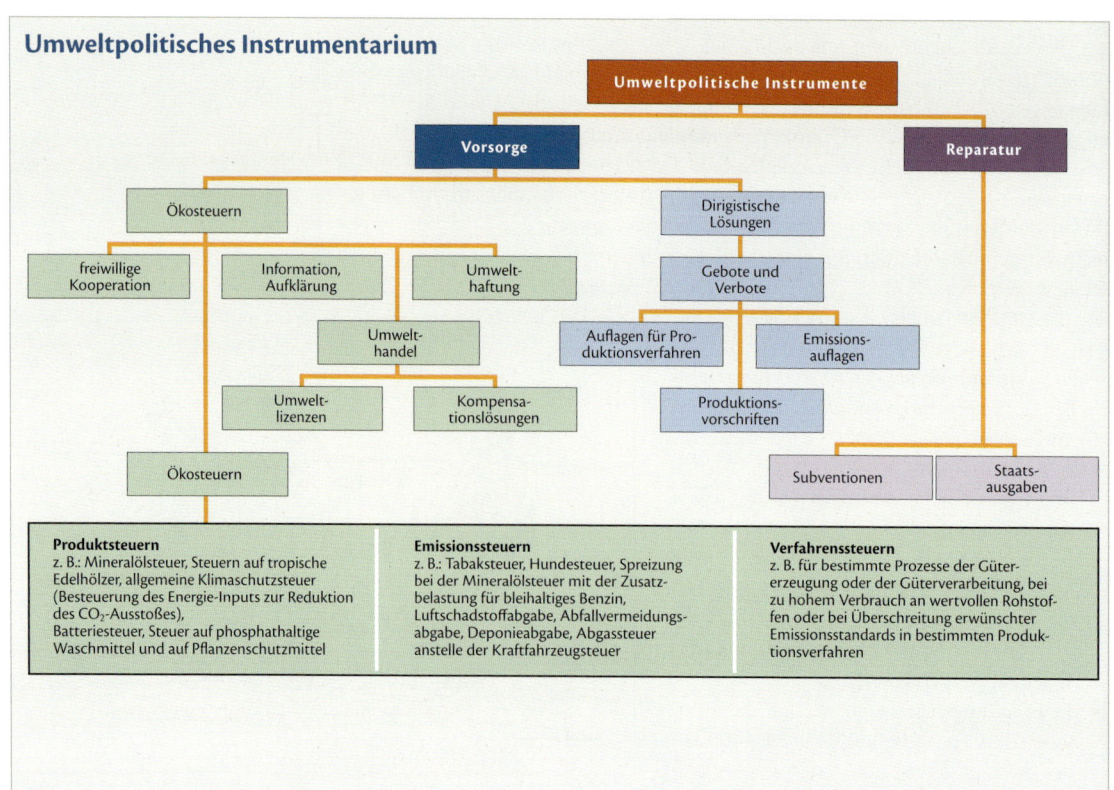

Umweltpolitisches Instrumentarium

Umweltpolitische Instrumente

- Vorsorge
- Reparatur

Vorsorge: Ökosteuern — freiwillige Kooperation, Information, Aufklärung, Umwelthaftung, Umwelthandel, Umweltlizenzen, Kompensationslösungen, Ökosteuern

Reparatur: Dirigistische Lösungen — Gebote und Verbote, Auflagen für Produktionsverfahren, Emissionsauflagen, Produktionsvorschriften, Subventionen, Staatsausgaben

Produktsteuern
z. B.: Mineralölsteuer, Steuern auf tropische Edelhölzer, allgemeine Klimaschutzsteuer (Besteuerung des Energie-Inputs zur Reduktion des CO_2-Ausstoßes), Batteriesteuer, Steuer auf phosphathaltige Waschmittel und auf Pflanzenschutzmittel

Emissionssteuern
z. B.: Tabaksteuer, Hundesteuer, Spreizung bei der Mineralölsteuer mit der Zusatzbelastung für bleihaltiges Benzin, Luftschadstoffabgabe, Abfallvermeidungsabgabe, Deponieabgabe, Abgassteuer anstelle der Kraftfahrzeugsteuer

Verfahrenssteuern
z. B. für bestimmte Prozesse der Gütererzeugung oder der Güterverarbeitung, bei zu hohem Verbrauch an wertvollen Rohstoffen oder bei Überschreitung erwünschter Emissionsstandards in bestimmten Produktionsverfahren

Energiewende

M1 Energiewende treibt Strompreise nach oben

Das wird teuer: Die Energiewende treibt nach Meinung von Experten die Strompreise um bis zu fünf Cent pro Kilowattstunde nach oben – doch die Regierung relativiert das Problem noch.

Die Deutschen müssen sich wohl auf höhere Strompreise durch die Energiewende einstellen. Das Rheinisch-Westfälische Institut für Wirtschaftsfor-schung (RWI) rechnet dem Spiegel zufolge mit einem deutlichen Preis-schub von bis zu fünf Cent pro Kilowattstunde Strom. Die halbstaatliche Deutsche Energie-Agentur gehe in einer internen Prognose von plus vier bis fünf Cent aus, schreibt der Spiegel weiter. Die Regierung hingegen spricht öffentlich von einem Cent Preissteige-rung pro Kilowattstunde.

Ursache sei der planlose Ausbau der erneuerbaren Energien, vor allem der zu teuren und ineffizienten Photovol-taikanlagen, heißt es. „Wir versenken Milliarden in eine Technik, die am we-nigsten bringt", sagt der frühere Ham-burger Umweltsenator Fritz Vahren-holt, heute Chef der RWE-Ökostrom-Tochter Innogy, dem Spiegel.

(Süddeutsche Zeitung, 25.7.2011)

M2 Nur geringer weiterer Anstieg durch erneuerbare Energien

Die Erhöhung der Verbraucherpreise für Strom in den letzten Jahren ist zum Teil darauf zurückführen, dass die Um-lage zur Förderung erneuerbarer Ener-gien stark angestiegen ist. Im Jahr 2011 macht die EEG-Umlage von 3,53 Cent pro kWh zusammen mit der anteiligen Mehrwertsteuer etwa ein Sechstel der Stromrechnung eines privaten Haus-halts aus.

In einer Modellrechnung des DIW Berlin wird die künftige Strommarkt-entwicklung unter der Annahme simuliert, dass sich die Stromerzeu-gung aus erneuerbaren Energien ge-mäß dem Leitszenario 2010 des Bun-desumweltministeriums bis 2020 mehr als verdoppelt.

Angesichts der aktuellen Entwicklung wird davon abweichend allerdings ein stärkerer Ausbau der Photovoltaik in den Jahren 2010 und 2011 berücksich-tigt. Im Ergebnis wird sich der Groß-handelspreis an der Strombörse trotz steigender Preise für Brennstoffe und CO_2-Zertifikate von 2010 bis 2020 real nur um 11 Prozent auf 4,9 Cent pro kWh erhöhen. Die EEG-Umlage wird im Jahr 2020 real mit 3,6 Cent pro kWh nur etwas höher sein als gegenwärtig. Ursächlich für diese Stabilisierung der Umlage ist vor allem die Degression der Vergütungssätze für neue Anlagen. Die zunehmende Stromerzeugung aus erneuerbaren Energien vermindert die Preise an der Strombörse. So würde der

Börsenpreis ohne einen weiteren Aus-bau erneuerbarer Energien und unter Berücksichtigung zusätzlicher Kapazi-täten von Kohlekraftwerken im Jahr 2020 auf 5,3 Cent pro kWh steigen. Im Referenzszenario mit Ausbau erneuer-barer Energien ist der Preis um gut 0,3 Cent pro kWh niedriger. Deshalb ist die Nettobelastung der Stromverbraucher geringer als die Umlage.

Damit die Ziele zum Ausbau erneuer-barer Energien erreicht werden, muss die Förderung durch das EEG künftig konsequent fortgeführt werden.

(DIW Wochenbericht 6/2011, S. 9)

1 *Erläutern Sie mithilfe der Informationen in den Texten und eventueller Zusatzinformationen die „Energiewende".*

2 *Nehmen Sie Stellung zu der Kontroverse um die Energiewende und ihre Auswirkungen.*

Handel mit Emissionsrechten

Reduktion von schädlichen Emissionen

Nach dem in Deutschland erlassenen *Zuteilungsgesetz* (ZuG) muss die Industrie ab 2008 für ihre jeweiligen CO_2-Verschmutzungsrechte bezahlen, und die Einnahmen sollen in den Umweltschutz investiert werden. Mit dem Handel von Emissionsrechten beabsichtigt man eine möglichst effiziente Reduktion von größeren schädlichen Emissionen. Die internationale Politik gibt die Ziele der Reduktion vor. Eine drastische Reduzierung der schädlichen Treibhausgasemissionen um 30 % bis zum Jahr 2020 (gegenüber 1990) wird innerhalb der EU einvernehmlich als erforderlich erkannt.

Handel mit Emissionszertifikaten

Der europäische Emissionshandel ist ein zentraler Punkt der *EU-Klimaschutzstrategie*. Zum Zweck der Schadstoffreduktion gibt der Staat *handelbare Emissionszertifikate* an die betroffenen Betriebe aus, die diese dazu berechtigen, eine bestimmte Menge des Schadstoffs (z. B. eine Tonne CO_2) auszustoßen. Die Gesamtmenge der ausgegebenen Zertifikate für einen bestimmten Zeitraum liegt dabei fest. Nach und nach reduziert der Staat die Neuausgabe von Zertifikaten, um die ausgestoßene Schadstoffmenge weiter zu verringern. Die Zertifikate werden also knapper. Sie können zwischen den Betrieben frei gehandelt werden, der Preis wird durch Angebot und Nachfrage bestimmt. Jedes Unternehmen kann entscheiden, ob es z. B. Zertifikate zukauft oder in emissionsmindernde Maßnahmen investiert. Wenn ein Unternehmen mehr Zertifikate benötigt, kann es diese von anderen Unternehmen kaufen, die weniger benötigen, weil sie schon emissionssparender produzieren. Die Reduktionsverpflichtungen können also schneller oder langsamer erfüllt werden, sodass die Unternehmen dann in die Umwelttechnologie investieren können, wenn es zu ihrer Finanzlage und ihre sonstigen Innovationsplänen passt.

Das Coase-Theorem

Der Emissionshandel stützt sich auf das *Coase-Theorem* nach Ronald Coase. Es besagt:

- Wenn zwischen Umweltschädiger und Geschädigtem auf dem freien Markt verhandelt werden kann, ergibt sich ein optimales wirtschaftliches Ergebnis.
- Dieses Ergebnis stellt sich unabhängig von der geltenden Verteilung der Eigentumsrechte und Verfügungsrechte an der Umwelt ein.

Dabei steht der „*Laissez-faire-Regel*" die „*Haftungsregel*" gegenüber: Die Gesellschaft erlaubt dem Verursacher die Nutzung der Umwelt, nach der Haftungsregel liegen die Rechte an intakten Umweltleistungen beim Geschädigten. Der Verursacher wird, wenn freie Verhandlungen möglich sind, dem Geschädigten die Nutzung von Umwelt abkaufen, wenn dieser über die Eigentumsrechte verfügt. Der Geschädigte wird sich umgekehrt die intakte Umwelt erkaufen, wenn der Verursacher über die Eigentumsrechte verfügt. In beiden Fällen wird sich ein bestimmtes *Emissionsniveau als Marktgleichgewicht* einstellen.

Konkret auf den CO_2-Ausstoß bezogen heißt das, dass die externen Kosten des Klimawandels internalisiert werden sollen.

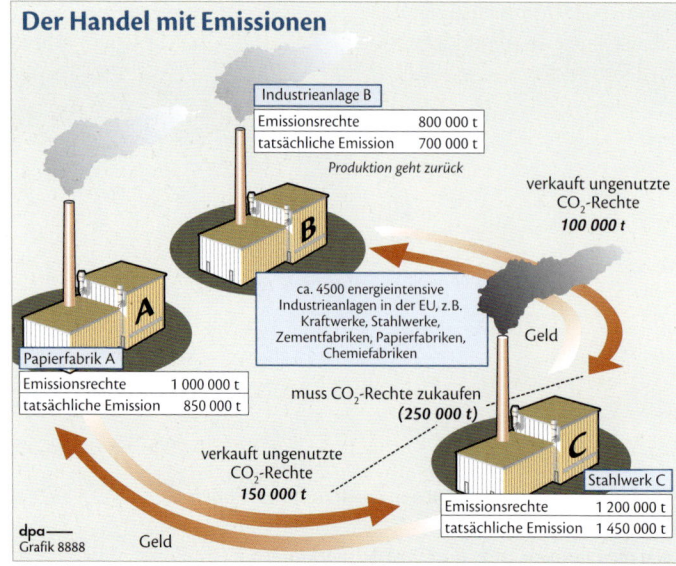

Der Handel mit Emissionen

Industrieanlage B
| Emissionsrechte | 800 000 t |
| tatsächliche Emission | 700 000 t |

Produktion geht zurück

verkauft ungenutzte CO_2-Rechte
100 000 t

ca. 4500 energieintensive Industrieanlagen in der EU, z.B. Kraftwerke, Stahlwerke, Zementfabriken, Papierfabriken, Chemiefabriken

Geld

Papierfabrik A
| Emissionsrechte | 1 000 000 t |
| tatsächliche Emission | 850 000 t |

muss CO_2-Rechte zukaufen
(250 000 t)

verkauft ungenutzte CO_2-Rechte
150 000 t

Stahlwerk C
| Emissionsrechte | 1 200 000 t |
| tatsächliche Emission | 1 450 000 t |

dpa
Grafik 8888   Geld

Emissionshandel

M1 **Der Emissionshandel – Saubere Luft rechnet sich**

Für die Bereiche Industrie und Energieerzeugung in Deutschland werden Obergrenzen („Caps") zur Emission klimaschädlicher Treibhausgase (CO_2) festgelegt. Gegenüber ihren bisherigen Emissionen müssen sie also Minderungsziele erbringen.

Wer das nicht schafft, muss sich an der Börse zusätzlich CO_2-Berechtigungen (Zertifikate) kaufen. Umgekehrt kann derjenige, der die CO_2-Emissionen noch über sein Minderungsziel hinaus verringert, seine CO_2-Zertifikate an der Börse verkaufen. So entsteht ein Emissionshandel, bei dem derjenige am meisten verdient, der am wenigsten das Klima schädigt. Investitionen in moderne Technik, erneuerbare Energien und weniger Treibhausgase lohnen und rechnen sich.

Die Verschmutzung der Luft bekommt einen Preis, der endlich Eingang findet in die betriebswirtschaftliche Kostenrechnung des Unternehmens. Marktwirtschaft pur also. Früher zahlte nur die Allgemeinheit für die Folgeschäden der Luftverschmutzung über den Staatshaushalt und Steuern oder über das Gesundheitswesen. Denn: Klimaschutz ist nicht nur notwendig, um den Klimawandel zu begrenzen. Der Klimawandel ist heute schon gefährlich: Dürren, Hurrikane und Flutkatastrophen gehören inzwischen leider zu den alltäglichen Erfahrungen in vielen Teilen unserer Erde. Bereits jetzt gibt es mehr Flüchtlinge wegen der Folgen des Klimawandels als aufgrund von Krieg und Bürgerkrieg.

(Bundesumweltminister Sigmar Gabriel in: http:// www.bmu.de/presse/artikel_und_interviews/ doc/37387.php – Abruf vom 4.8.2008)

M2 **Emissionshandel: Mogelpackung oder wirtschaftlicher Klimaschutz?**

Mit dem Emissionshandel wird derzeit ein neues, scheinbar marktwirtschaftliches Instrument für den Klimaschutz eingeführt.

Die Zementindustrie gehört zu den CO_2-intensivsten Wirtschaftszweigen und emittiert entsprechend große Mengen an CO_2. Gemeinsam mit anderen Industriebranchen in Deutschland hat sie sich verpflichtet, die Emissionen klimarelevanter Gase deutlich zu senken. Die Erfolge dieser Klimavereinbarung zwischen Wirtschaft und Bundesregierung zeigen, dass die Industrie ihre „Hausaufgaben" gemacht hat. Dadurch ist die Bundesrepublik Spitzenreiter beim Klimaschutz in Europa.

Die hohen zu erwartenden CO_2-Zertifikatpreise stehen in einem krassen Missverhältnis zum Marktwert einer Tonne Zement. Dies wird dazu führen, dass die Zementproduktion in Deutschland langfristig eingestellt wird, wenn die Zementindustrie gezwungen wird, in relevanter Menge Zertifikate zu kaufen. Denn in diesem Fall sind die einheimischen Hersteller gegenüber Produzenten aus Nicht-Kyoto-Ländern nicht wettbewerbsfähig. In der Konsequenz sind die nationalen Standorte gefährdet, ohne dass hierdurch global CO_2 reduziert wird. Im Gegenteil, selbst unter der unrealistischen Annahme, dass die Importzemente mit Anlagen der gleichen CO_2-Effizienz wie in Deutschland hergestellt würden, führen die Transporte zu beträchtlichen CO_2-Zusatzemissionen. Die Zementindustrie wehrt sich gegen diesen Etikettenschwindel, der durch die europäische Richtlinie zum Emissionshandel droht.

(http://www.vdz-online.de/fileadmin/gruppen/ vdz/3LiteraturRecherche/UmweltundRessourcen/ emissionshandel/emiss_handel_Kern.pdf – Abruf vom 4.8.2008)

1 Erläutern Sie warum Handel mit Emissionen getrieben werden kann und wie dieser Handel funktioniert.

2 Listen Sie die Argumente der kontroversen Texte M1 und M2 auf und diskutieren Sie, ob der Handel mit Emissionen zu einem wirksamen Klimaschutz führen kann.

Globale Zusammenarbeit und ökologische Krise

Die Klimabilanz

ausgewählter Länder des Kyoto-Protokolls und der USA im Jahr 2007

in Millionen Tonnen CO₂-Äquivalenten*

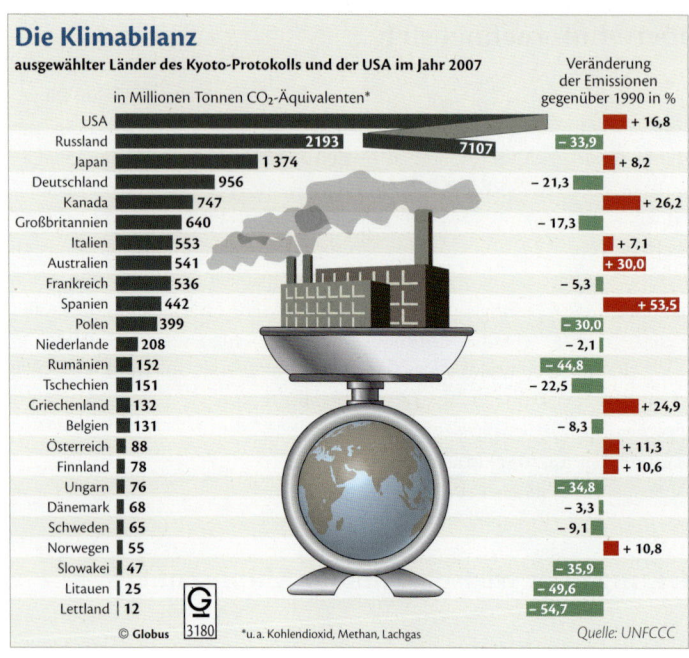

		Veränderung der Emissionen gegenüber 1990 in %
USA	7107	+ 16,8
Russland	2193	– 33,9
Japan	1 374	+ 8,2
Deutschland	956	– 21,3
Kanada	747	+ 26,2
Großbritannien	640	– 17,3
Italien	553	+ 7,1
Australien	541	+ 30,0
Frankreich	536	– 5,3
Spanien	442	+ 53,5
Polen	399	– 30,0
Niederlande	208	– 2,1
Rumänien	152	– 44,8
Tschechien	151	– 22,5
Griechenland	132	+ 24,9
Belgien	131	– 8,3
Österreich	88	+ 11,3
Finnland	78	+ 10,6
Ungarn	76	– 34,8
Dänemark	68	– 3,3
Schweden	65	– 9,1
Norwegen	55	+ 10,8
Slowakei	47	– 35,9
Litauen	25	– 49,6
Lettland	12	– 54,7

© Globus 3180 *u. a. Kohlendioxid, Methan, Lachgas Quelle: UNFCCC

Internationale Vereinbarungen: Das Kyoto-Protokoll

Allmählich setzt sich die Erkenntnis durch, dass die umfassende globale Umweltkrise nur durch internationale ökologische Zusammenarbeit zu bekämpfen ist und dass der Umweltschutz eines der vorrangigen Probleme des Wachstums ist.

Innerhalb der Beschlussfassungen der Vereinten Nationen sind zwar vielfältige Abkommen, etwa zum Artenschutz und zur Sicherung der biologischen Vielfalt geschlossen worden, ein wirklicher Fortschritt angesichts der weltweiten Umweltbelastungen, zum Beispiel die Erderwärmung betreffend, ist noch kaum sichtbar. 1997 wurde in Kyoto unter den Industrieländern ein Protokoll vereinbart, das zu einer Reduzierung der Treibhausgase in der Atmosphäre beitragen soll. Diese Protokoll ist 2005 in Kraft getreten.

Ergebnisse der Länder nach dem Kyoto-Protokoll

Die Zielerreichung allerdings lässt sehr zu wünschen übrig. Erst allmählich beginnt der größte CO₂-Produzent, die USA, auf den Kurs von Kyoto einzuschwenken und die Reduzierung des CO₂-Ausstoßes zum Ziel zu machen.

Die Europäische Union hat sich ein Klimaziel gesetzt, nach dem die Erderwärmung durch den Kohlendioxidausstoß bis auf zwei Grad über dem vorindustriellen Niveau begrenzt werden soll. Da die klimatischen Prozesse nicht eindeutig vorherbestimmbar sind, geht man davon aus, welche Maßnahmen man treffen muss, um eine 50-prozentige Chance des Erreichens dieses Ziels zu haben. Dieses Ziel macht einschneidende Maßnahmen im Kohlendioxidausstoß nötig, die in allen beteiligten Ländern Umstellungen und Einsparungen erfordern. Maßnahmen zur Begrenzung des CO₂-Ausstoßes von Kraftfahrzeugen prallen von deutscher Seite aus regelmäßig auf Widerstand, da die hier produzierten Autos zu den großmotorigen und damit umweltbelastenderen gehören.

Verantwortlicher Umgang mit unserer Umwelt

Vorsorge-Prinzip

Zu erwartende Umweltschädigungen sind vorausschauend zu vermeiden, z. B.: Kraftfahrzeugwerkstätten unterliegen der Auflage, Altöl ordnungsgemäß zu entsorgen.

Verursacher-Prinzip

Wer Umweltschäden verursacht, muss für deren Beseitigung auch aufkommen, z. B.: Unternehmer einer Kraftfahrzeugwerkstatt haftet für Umweltschäden, die durch unsachgemäße Entsorgung von Altölen entstehen.

Kooperations-Prinzip

Staat, Unternehmer und Verbraucher arbeiten bei der Bewältigung von Umweltaufgaben zusammen, z. B.: Wer Motoröl verkauft, muss dem Kunden eine Möglichkeit zur Entsorgung des Altöls anbieten.

Gemeinlast-Prinzip

Sind vorhandene Umweltschäden nicht mehr oder nicht eindeutig genug dem Verursacher zuzuordnen, so muss die Allgemeinheit für die Beseitigung der Schäden aufkommen, z. B.: Gemeinschaft (Staat, gesetzliche Sozialversicherungen) übernimmt die Kosten für die Behebung von Gewässerverunreinigungen durch unsachgemäße Entsorgung von Altöl.

Klimawandel

M 1 **Die Herausforderungen sind bekannt – nur handeln wir nicht danach**

Klimawandel und Ressourcenraubbau, Globalisierung und Migration: Bereits heute greifen die Megatrends des globalen Wandels tief in alle Lebensbereiche ein. Doch je existenzieller die Probleme, umso kurzatmiger die Politik (…).

In der modernen Zukunftsforschung heißt ein Betrachtungszeitraum von fünf bis 20 Jahren mittelfristig und von 20 bis 50 Jahren langfristig. Bei zahlreichen Zukunftsfragen wie Klimawandel, Nutzung der Biomasse, Entsorgung von radioaktivem Abfall oder der Entwicklung von nachhaltigen Energie-, Gesundheits-, Wasser- sowie Verkehrs- und Kommunikationsstrukturen weltweit müssen die Betrachtungen allerdings noch weit über 50 Jahre hinausgehen.

Politische Programme und mehr noch Regierungsprogramme sind demgegenüber in der Regel auf maximal eine Legislaturperiode angelegt. Wirtschaftliche Strategien der Unternehmen sind ebenfalls auf sehr kurzfristige Gewinnperspektiven, Shareholder-Value und immer kürzer werdende Innovationszyklen der Produkte und Dienstleistungen (maximal zwei bis fünf Jahre) ausgerichtet.

Letzteres konnte in einer empirischen Studie repräsentativ für alle kleinen, mittleren und großen Unternehmen in Deutschland festgestellt werden.

Es gibt nur wenige Ausnahmen bei deutschen Unternehmen, die allerdings durchweg erfolgreich waren und ihre längerfristige Zukunftsfähigkeit weitaus besser gesichert haben.

Wir stehen somit vor dem grundlegenden Paradoxon, dass die meisten Strategieplaner, Konzeptentwickler und Entscheider in Politik und Wirtschaft zwar davon reden, dass unsere Welt von den Zukunftsfragen Globalisierung und Langfristtrends entscheidend geprägt wird, dass sie aber in ihren realen Programmen und Handlungen darauf keine Antworten geben. So sind heute zwar Begriffe wie „nachhaltige Entwicklung" oder „Wissenschafts- und Wissensgesellschaft" in aller Munde, die konkreten Umsetzungskonzepte sind jedoch weit vom wissenschaftlichen Erkenntnisstand entfernt. Schon das üppig vorhandene wissenschaftliche Wissen über die Vergangenheit und die Gegenwart wird ja nur bruchstückhaft ausgeschöpft und vielfach auch sehr einseitig und vorurteilsbelastet verwendet. Noch viel krasser ist es mit der Nutzung des wissenschaftlichen Zukunftswissens. Auch wenn sich die Zukunftsforschung der prinzipiellen Unsicherheit von Zukunftswissen bewusst ist, so verfügen wir heute gleichwohl über solide und belastbare Wissensbestände sowohl hinsichtlich möglicher als auch wahrscheinlicher und wünschbarer Zukünfte und ihrer Grundlagen in Vergangenheit und Gegenwart. Die Negierung dieses wissenschaftlichen Wissens bei der Zukunftsgestaltung führt jedenfalls mit hoher Wahrscheinlichkeit zu fatalen Folgen – die Selbstzerstörung der Menschheit eingeschlossen.

(Rolf Kreibich, Denn sie tun nicht,
was sie wissen, in: Internationale Politik 12/2006, S. 6, 10 f.)

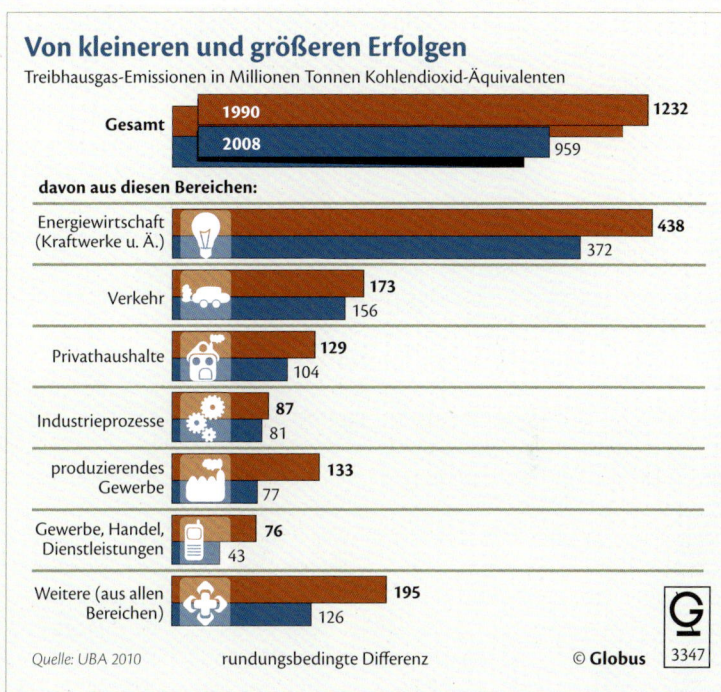

Von kleineren und größeren Erfolgen
Treibhausgas-Emissionen in Millionen Tonnen Kohlendioxid-Äquivalenten

Bereich	1990	2008
Gesamt	1232	959
Energiewirtschaft (Kraftwerke u. Ä.)	438	372
Verkehr	173	156
Privathaushalte	129	104
Industrieprozesse	87	81
produzierendes Gewerbe	133	77
Gewerbe, Handel, Dienstleistungen	76	43
Weitere (aus allen Bereichen)	195	126

davon aus diesen Bereichen:

Quelle: UBA 2010   rundungsbedingte Differenz   © Globus 3347

---

1 *Stellen Sie die im Text beschriebenen globalen Megatrends kurz dar. Inwiefern bedingen diese einen Konflikt zwischen Ökonomie, Ökologie und Politik?*

2 *Welche Strategien zur möglichen Lösung der Konflikte lassen sich dem Text entnehmen? Wer müsste handeln?*

Schwerpunkt: Themenübergreifendes Arbeiten

Eine ökologische Weltordnungspolitik

Atemlos und zerrissen stürmt die Welt ins neue Jahrtausend. Ihr Wandel vertieft die Gegensätze zwischen Arm und Reich, Alter und Jugend, Glauben und Wissen, Land und Stadt, Natur und Technik.

Der technische Fortschritt revolutioniert den Transport von Personen, Gütern und Informationen. Immer höhere Geschwindigkeiten und größere Reichweiten werden bei sinkenden Kosten pro bewegter Einheit erzielt. „Alles fließt" auf diesem Planeten und wird weiter beschleunigt.

Allein im Flugverkehr verdoppelt sich die globale Frachttransportleistung alle zehn Jahre. Direkter Nutznießer der Transportleistungen ist die Wirtschaft, welche heute Produktion, Handel und Investition im Weltmaßstab organisiert. So verdreifachte sich der Gesamtwert aller Exporte seit 1985 auf fast 5,5 Billionen Dollar. Dieser gesamte Globalisierungsprozess ist letztlich von den technischen Impulsen des 19. und 20. Jahrhunderts angestoßen worden, und die neuen Technologien des 21. Jahrhunderts werden ihn weiter auf Hochtouren bringen. Kaum jemand glaubt, dass diese Entwicklung gebremst oder gar gestoppt werden könnte. Fest steht aber, dass alle skizzierten Globalisierungsprozesse ganz wesentlich zur Veränderung der planetarischen Umwelt beitragen – indem sie ein hochkonsumtives, auf kurzfristiges Denken angelegtes Zivilisationsmuster weltweit etablieren helfen und die kommerzielle Ausbeutung der Naturressourcen der Erde grenzüberschreitend optimieren.

Ein Beispiel ist das Klimaproblem. Trotz aller Effizienzsteigerungen kostet der weltweite Transport von Waren und Gütern immer mehr Energie – absolut und relativ. 1980 betrug der Gesamtaufwand noch 37,2 % des globalen Energieverbrauchs, 1996 waren es bereits 48,4 %, und für 2010 werden 53 % prognostiziert. Diese Entwicklung bewirkt einen kritischen Zuwachs der Kohlendioxidemissionen und verstärkt damit den natürlichen Treibhauseffekt; die Folgen sind im Detail noch ungewiss. Doch zu erwarten sind ein weltweiter Anstieg des Meeresspiegels, vielfältige regionale Klimaänderungen mit teils verheerenden Folgen für den Ackerbau sowie eine Zunahme von Wirbelstürmen und anderen Naturkatastrophen. Auch drastischere Folgen sind nicht ausgeschlossen, wenngleich wohl nicht wahrscheinlich: etwa das „Abschalten" des Golfstroms, der Europas relativ mildes Klima bestimmt.

Selbst wenn die Menschen in den Industrieländern noch bei weitem mehr Treibhausgase pro Kopf freisetzen als in den Entwicklungsländern, ist doch unumstritten, dass mittelfristig auch Entwicklungsländer in die globale Umweltpolitik stärker eingebunden werden müssen. In diesen Gesellschaften fehlen jedoch oft die politischen, technischen und wirtschaftlichen Kapazitäten zur Bewältigung der globalen Umweltkrise. (…)

Dies ist ein dramatischer Befund, denn der Zustand des Ökosystems Erde verlangt nach raschen, international konzertierten Abhilfemaßnahmen.

Wir brauchen deshalb tatsächlich eine neue, stärkere und effektivere ökologische „Weltordnungspolitik" (global environmental governance). Machtstrukturen und Interessenkonflikte dürfen in der Analyse nicht unberücksichtigt bleiben. Gerade die Wissenschaft ist gefordert, Wege zur Stärkung globaler Politikansätze zu finden, die mit den herrschenden Machtverhältnissen vereinbar sind oder diese gar überwinden helfen.

Eine Leitlinie für diesen notwendigen Übergang von einer nationalstaatlich orientierten Politik des 19. Jahrhunderts zur ökologischen Weltordnungspolitik des 21. Jahrhunderts ist der Primat des Multilateralismus, der die schwächeren Staaten schützt und die Machtausübung der stärkeren einschränkt. Die globale Umweltkrise kann durch eine einseitige Politik der großen Industrieländer nicht gelöst werden; der Norden ist schlicht auf den Süden angewiesen. (…)

Besser als unilaterale Maßnahmen erscheint es allemal, die Umwelt- und Entwicklungsprobleme der Entwicklungsländer direkt anzugehen und durch multilaterale Zusammenarbeit ein möglichst hohes globales Schutzniveau zu erreichen. (…)

Eine wirksame ökologische Weltordnungspolitik braucht effektive Organisationen, um die notwendige kollektive Entscheidungsfindung und -durchsetzung zu gewährleisten. (…) Eine globale Umweltorganisation könnte die diversen Finanzierungsmechanismen der internationalen Umweltpolitik besser koordinieren und die Mittel der sektoralen Fonds treuhänderisch verwalten. Sie könnte auch neuartige Finanzierungsmechanismen initiieren – wie die genannten Nutzungsentgelte für globale Gemeinschaftsgüter – und in einem ersten Schritt als verantwortliche Organisation für die Durchführung der flexiblen Mechanismen im Kyoto-Protokoll zur UN-Klimarahmenkonvention fungieren.

(Hans-Joachim Schellnhuber / Frank Biermann, Eine ökologische Weltordnungspolitik, in: internationale Politik 12/2000, S. 9 ff.)

Erläuterungen: *Prof. Dr. Hans-Joachim Schellnhuber* ist Vorsitzender des Wissenschaftlichen Beirats Globale Umweltveränderungen der Bundesregierung, Direktor des Potsdam-Instituts für Klimafolgenforschung (PIK). *Dr. Frank Biermann*, wissenschaftlicher Mitarbeiter in der Abteilung Globaler Wandel und Soziale Systeme, ebenda.

Aufgaben

1 Analysieren Sie den Text im Hinblick auf Lösungsansätze der Autoren für die globale Umweltkrise.

2 Stellen Sie das System der Vereinten Nationen dar und zeigen Sie, welche Schwierigkeiten bestehen, zu einer gemeinsamen Umweltpolitik zu kommen.

3 Beurteilen Sie den Vorschlag der Autoren zur Einrichtung einer globalen Umweltorganisation.

Hinweise

Hinweise zu den Aufgaben

Die Textanalyse muss herausarbeiten, dass die Autoren die Lösung globaler Probleme in politischer Zentralisierung sehen. Sie leiten diese ab von der Notwendigkeit einer ökologischen Weltordnungspolitik. Allerdings benennen sie den Weg dorthin und auch machtpolitische Voraussetzungen nicht. Multilateralismus sei eine wichtige Voraussetzung, so meinen sie, aber wie dieser angesichts der gegebenen Machtkonstellationen auf der Welt herbeigeführt werden kann, wird von ihnen nicht dargestellt. So hat der Artikel etwas Illusionäres, denn aus der angeblichen Notwendigkeit einer neuen Ordnung wird deren notwendige Existenz abgeleitet, eine Argumentation, die man im Hinblick auf weltpolitische Gegebenheiten auch naiv nennen könnte. Die Autoren sehen zudem nur die Vorteile einer globalen ökologischen Ordnungsmacht, wie zum Beispiel die Koordination der Umweltanstrengungen, die Möglichkeit der Bündelung von Aktivitäten oder die Chance zum Schutz schwacher Staaten. Die Nachteile, die ohne klar definierte Legitimation einer solchen globalen Ordnungsmacht gegeben wären (Ökodiktatur), werden nicht thematisiert.

Schon zur Bewältigung der ersten Teilaufgabe ist es notwendig, über den Teilbereich der Ökologie hinaus zu blicken und Aspekte der Globalisierung und auch der Demokratietheorie einzubeziehen.

Die Darstellungsaufgabe verlangt die Einbeziehung von Kenntnissen aus dem Bereich der internationalen Politik. Es würde sich zum Beispiel anbieten, das Konzept der Global Governance vorzustellen und in diesen Zusammenhang den Aufbau der UNO einzuordnen. Dies hätte den Vorteil, nicht nur die Funktionsweise der Organisationen der UNO in den Blick zu nehmen, sondern auch auf die verschiedenen Akteure im internationalen Maßstab einzugehen, also neben den Institutionen etwa auch die NGOs zu bearbeiten. Die Schwierigkeiten, zu einer gemeinsamen Umweltpolitik zu kommen, liegen sicherlich neben der Vielfalt der Akteure auch in der Problematik einer Vereinheitlichung trotz vielfältiger unterschiedlicher Interessen. Etwa könnte hier auf die Interessenlage der USA bzw. der Entwicklungsländer eingegangen werden. Neben der internationalen Politik allgemein würde also auch die Entwicklungspolitik einbezogen. Anbieten würde es sich ferner, die Schwierigkeiten am Beispiel des Schicksals des globalen Klimaschutzes im weiteren und des Kyoto-Protokolls im engeren Sinne zu bearbeiten.

Auch in die Beurteilung des Vorschlags einer globalen Umweltorganisation sollten übergreifende Gesichtspunkte einbezogen werden:

- Sicherlich wäre ein globales Problem wie der Umweltschutz global am besten anzupacken.
- Es muss aber gefragt werden, welche Befugnisse und welche Legitimation eine solche Organisation hätte, wenn sie nicht entweder bedeutungs- und machtlos oder aber dirigistisch sein würde.
- Die realen Chancen der global in einer Organisation vernetzten Anstrengungen zum Umweltschutz kann man sicherlich unterschiedlich einschätzen.
- So vorteilhaft eine Gesamtorganisation wäre, muss doch auch die Frage aufgeworfen werden, ob nicht durch Vereinbarungen und Verträge Ähnliches erreichbar wäre. Sicherlich spricht das Schicksal des Kyoto-Protokolls dagegen, aber es gibt auch positive Beispiele wie Vereinbarungen innerhalb der EU.

Zum Weiterarbeiten

Aufgaben zu den verschiedenen Anforderungsbereichen

Anforderungsbereich I

- Nennen Sie unterschiedliche umweltpolitische Instrumente.
- Zeigen Sie an Beispielen das Verhältnis von Ökonomie und Ökologie.
- Beurteilen Sie den Versuch, ökologische Ziele mit marktwirtschaftlichen Mitteln zu erreichen.
- Zeigen Sie, wie es zu externen Effekten und externen Kosten kommen kann.
- Erläutern Sie Möglichkeiten, externe Kosten zu internalisieren.

Anforderungsbereich II

- Erläutern Sie das Konzept der Nachhaltigkeit.
- Nehmen Sie Stellung zu der Frage, inwiefern Nachhaltigkeit als Kriterium jeder wirtschaftspolitischen Maßnahme gelten sollte. Beachten Sie dabei die Regeln nachhaltigen Wirtschaftens.
- Erläutern Sie die Prinzipien der Umweltpolitik.
- Stellen Sie das Coase-Theorem dar.
- Erörtern Sie Erfolge und Nachteile der ökologischen Steuerreform.
- Zeigen Sie die Schwierigkeiten internationaler umweltpolitischer Zusammenarbeit.

Anforderungsbereich III

- Erörtern Sie am Beispiel des Klimaschutzes, inwiefern internationale umweltpolitische Zusammenarbeit die globalen Aufgaben lösen kann.
- Erörtern Sie die Möglichkeiten einer zentralen internationalen Umweltpolitik am Beispiel des Handels mit Emissionslizenzen.
- Beurteilen Sie die Möglichkeiten einer Internalisierung externer Kosten im internationalen Maßstab.
- Beurteilen Sie die Chance nachhaltigen Wirtschaftens im globalen Rahmen.
- Beurteilen Sie die Möglichkeiten des Handelns der einzelnen Wirtschaftssubjekte im Hinblick auf Nachhaltigkeit.

Links zu den Themen der Ökologie und Ökonomie

www.bmu.de	Bundesministerium für Umwelt, Naturschutz und Reaktorsicherheit (BMU)
www.umweltbundesamt.de	Umweltbundesamt
ec.europa.eu/environment/index_de.htm	Umweltseite der Europäischen Kommission
www.eea.europa.eu/de	Europäische Umweltagentur
www.wupperinst.org	Homepage des Wuppertal-Instituts
www.upi-institut.de	Umwelt-Prognose-Institut
www.rwi-essen.de	Rheinisch-Westfälisches Institut für Wirtschaftsforschung

10 Methoden

Wismut-Uranerzanlage, Crossen bei Zwickau
Ein Mann und sein Werkzeug: Kontaminierter Metallschrott wird mit dem
Schweißbrenner für den Abtransport vorbereitet. Die Werkzeuge des Sozialwissen-
schaftlers heißen „Methoden". Die Aufgabe ist, der gesellschaftlichen Realität
auf die Spur zu kommen. Auch diese Arbeit birgt Gefahren und erfordert hohe
Konzentration. Ein Schutzanzug ist dazu nicht notwendig.
Foto: Wolfgang Thieme

Aufnahme und Verwertung von Informationen

Die Methoden der Sozialwissenschaften sind einerseits Methoden, die sehr alltagstauglich erscheinen, andererseits sehr spezielle Forschungstechniken, die viel an methodischem Wissen verlangen, damit sie fachlich korrekt durchgeführt werden und so einen Wahrheitsanspruch erfüllen können.

Die Aufnahme von Informationen über soziale, politische und wirtschaftliche Phänomene kann grundsätzlich auf zweierlei Arten erfolgen:

Datenerhebung: primäre Informationsaufnahme, z. B.	Datenverarbeitung: sekundäre Informationsaufnahme, z. B.
Beobachtung	Textarbeit
Erkundung	Weiterverarbeitung von Daten
Befragung	Tabellenanalyse
Expertenbefragung	Literaturstudie

Man sollte sich nicht täuschen: Die Bewertung und Interpretation der Informationen beginnt nicht erst bei der Datenverarbeitung. Vielmehr wissen wir gerade aus der Soziologie und der Sozialpsychologie, dass jeder Mensch bei der Aufnahme von Informationen aus der Umwelt auswählt und interpretiert. Diese Auswahl beginnt bereits im System unserer Sinneswahrnehmungen und hat den Zweck, die riesige Fülle an möglichen Informationen für uns verarbeitbar zu machen. Ein einfaches Beispiel dafür sind die so genannten „optischen Täuschungen".

Informationen werden dabei im Hinblick auf für uns wichtige Zusammenhänge interpretiert. So erkennen wir als Menschen mit großer Zuverlässigkeit menschliche Gesichter, da sie sozial für uns von großer Bedeutung sind, während bis heute Computerprogramme der automatischen Personenerkennung mit größten Schwierigkeiten zu kämpfen haben. Besonders in Stresssituationen müssen wir soziale Situationen blitzschnell einschätzen (Bedrohung – keine Bedrohung? Verteidigung, Flucht als richtige Reaktion?) und schätzen ebenso Menschen in Sekundenbruchteilen ein (Freund – Feind?). All diese Tatsachen beeinflussen unsere Wahrnehmung und damit die Informationsaufnahme aus sozialen Zusammenhängen. Wir können uns von den Mustern unserer Wahrnehmung nicht frei machen. Wir können nur versuchen, uns ihrer bewusst zu sein, und sie als Fehlerquelle bearbeiten.

Klassisches Vexierbild – Original von W. E. Hill, 1905
Was passiert mit der Wahrnehmung?
„Für jede der beiden Wahrnehmungsmöglichkeiten ist ein spezifischer Vorgang im Nervensystem ‚zuständig', der aber nur für eine begrenzte Zeit abläuft, weil Ermüdung einsetzt und das Gehirn schließlich auf den alternativen Wahrnehmungsprozess umschaltet. Nun weiß man, dass die Nervenaktivität durch Sättigung und Ermüdung eingeschränkt wird: Eine Nervenzelle kann nach einiger Zeit keine Signale mehr aussenden, und das gilt entsprechend für ganze Zellverbände und auch für umfangreiche Funktionen wie das Farbensehen. Wenn die Aktivität so weit nachgelassen hat, dass der neuronale Vorgang für die eine Wahrnehmungsalternative völlig zum Erliegen kommt, ist der Boden für die andere Wahrnehmung bereit. Den Augenblick des Umspringens bemerken wir dann als Umkehrung der Bedeutung."
(Rock, Irvin: Wahrnehmung. Vom visuellen Reiz zum Sehen und Erkennen. Heidelberg: Spektrum der Wissenschaft 1985. S. 102 f.)

Johari-Fenster (Bereiche der Selbst- und Fremdwahrnehmung)

A Bereich freien Handelns mir und anderen bekannt	B Bereich des „Blinden Flecks" anderen bekannt
C Bereich des Verbergens nur mir bekannt	D Bereich des Unbewussten mir und anderen nicht bekannt

„Johari-Fenster": benannt nach den amerikanischen Sozialpsychologen Joseph Luft und Harry Ingham

---

Die folgenden Methoden sollten Ihnen grundsätzlich bekannt sein:

Bei *Erkundungen* wird ein außerschulischer Lernort aufgesucht. Dabei sollen neue Zusammenhänge entdeckt bzw. erforscht werden. Um eine Erkundung sinnvoll durchführen zu können, müssen Beobachtungsgesichtspunkte vorher festgelegt werden. Als Ergebnis der Erkundung kann dann ein nachvollziehbares Beobachtungsprotokoll entstehen.

Erkundung

Bei der *Beobachtung* kommt es darauf an, Sachverhalte möglichst objektiv durch Augenschein festzustellen. Dazu ist es sehr sinnvoll, die Beobachtungskriterien vorher festzulegen und einen Beobachtungsleitfaden zu erstellen. Die Beobachtungsergebnisse sollen vergleichbar sein.

Beobachtung

Eine *Befragung* soll durch eine Abfolge von Fragen zur Aufklärung eines bestimmten Sachverhalts behilflich sein. Ein *Fragebogen* wird für die gesamte Befragung festgelegt und ist für die gesamte Umfrage verbindlich. Befragungen können als Face-to-face-Befragungen, telefonische Interviews oder schriftlich Befragungen durchgeführt werden.

Befragung

Bei der *Expertenbefragung* wird die *Fachkompetenz* von Expertinnen und Experten nutzbar gemacht, um einen Sachverhalt aufzuklären bzw. eine Entscheidungsgrundlage zu finden. Zur Vorbereitung der Expertenbefragung werden offene Fragen formuliert. Nach der Befragung wird die fachliche Meinung der Expertin oder des Experten eingeordnet und eingeschätzt.

Expertenbefragung

In einem *Rollenspiel* können *soziale Handlungen* erprobt werden. Das Rollenspiel eignet sich dazu, sich in die Situation und die Gefühle von sozial handelnden Personen einzufühlen.

Rollenspiel

Begriffsbildung und Umgang mit Begriffen und Texten

Begriffsverständnis in den Sozialwissenschaften

Die Tatsache, dass Fachbegriffe in den Sozialwissenschaften oft nicht neu gebildet werden, sondern durch eine Definition aus bestehenden Begriffen in eine Wissenschaft eingeführt werden, bringt häufig Missverständnisse und Ungenauigkeiten mit sich. In den Sozialwissenschaften können Verwechslungen durchaus häufiger vorkommen, da die Begriffe sich vorrangig auf menschliches Verhalten beziehen und dieses im jeweiligen Kontext stark variieren kann. Bei dem Dilemma möglicher Missverständnisse ist es hilfreich, sich klarzumachen, was in den Sozialwissenschaften tatsächlich unter einem Begriff verstanden wird, oder sogar, wie ein einzelner Autor oder Text einen bestimmten Begriff auffasst. Dazu können Fachlexika zu Hilfe genommen werden, die eine Definition eines festgelegten und oft verwendeten sozialwissenschaftlichen Begriffs bieten und evtl. noch auf die wissenschaftliche Bedeutungsentwicklung des Begriffs hinweisen.

Begriffsdefinitionen

Eine Definition beinhaltet stets die *Zuordnung zu einem übergeordneten Bereich* und die *Spezifikation des Gemeinten innerhalb dieses Bereichs*.

Die Festlegung des Begriffs der „Globalisierung" beispielsweise ist bis heute noch nicht abgeschlossen. Breitere und engere Begriffsdefinitionen liegen den Auffassungen verschiedener Autoren zugrunde. Klarheit über die Verwendung eines solchen Begriffs muss daher über die Klärung des Textverständnisses erreicht werden. Dabei kann es helfen, sich zu fragen:

- Gibt der Autor selbst eine Definition des von ihm verwendeten Begriffs?
- Grenzt sich der Autor von der Verwendung des Begriffs durch andere Autoren ab und welche Verwendung des Begriffs durch ihn lässt sich daraus erschließen?
- Welche Inhalte des Begriffs lassen sich durch den Kontext der Verwendung des Begriffs erschließen?
- Verwendet ein Autor zum Beispiel den Begriff der „Demokratie" nur im Kontext mit durchgeführten Wahlen und nicht mit der Sicherung von Grundrechten wie etwa der Meinungs- und Vereinigungsfreiheit?

Die Klärung wichtiger Begriffe im Text ist sehr aufwändig und sollte nur dann erfolgen, wenn

a) die Verwendung des Begriffs *erkennbar umstritten* ist oder

b) die Verwendung des Begriffs *neu* ist oder

c) die Verwendung des Begriffs von der allgemeinen Norm oder *von bisher wahrgenommenen Verwendungszusammenhängen abweicht* bzw.

d) ein Autor bzw. Text eine erkennbar eingeschränkte oder *bedeutungsverschobene Verwendung* eines wichtigen Begriffs zugrunde legt.

Umgekehrt sollte in aller Regel die Verwendung von Fachbegriffen in selbst verfassten Texten den üblichen und erlernten Definitionen folgen. Von einer willkürlichen eigenen Begriffsbildung bzw. -definition kann nur abgeraten werden, da meist die Begriffsvielfalt und Bedeutungsbesetzung in der Fachwissenschaft in dieser Situation nicht überblickbar ist.

Deskriptive und normative Aussagen

Wenn man anhand von Tatsachen eine These überprüfen möchte, dann ist bei deskriptiven (beschreibenden) Aussagen jeder Schritt „öffentlich". Der Wissenschaftler muss seine Quellen, seine Informationen offenlegen, und er muss sagen, wie er zu einer bestimmten Schlussfolgerung gelangt ist. Die Naturwissenschaften sind in aller Regel in diesem Sinn *deskriptiv*. Anders bei den Kulturwissenschaften: In der Ästhetik muss häufig z. B. das Wort „schön" verwendet werden. Aber Schönheit ist kein objektiv überprüfbarer Begriff.

In der Ökonomie gibt es ein vergleichbares Problem. Im *„Werturteilsstreit"* zu Beginn des 20. Jahrhunderts entstand eine heftige Debatte darüber, ob ein Wirtschaftswissenschaftler Empfehlungen aussprechen darf oder nicht. Empfehlungen beruhen immer auf Wertungen. Wertungen bleiben aber subjektiv begründet. Wer auf der Grundlage einer Wertung eine Empfehlung gibt, der schreibt etwas vor, er argumentiert also *normativ* (Norm = Gesetz, Vorschrift). Die Ökonomen *Carl Menger, Werner Sombart* und *Max Weber* vertraten den Standpunkt, dass normative Aussagen nicht Teil der Wirtschaftswissenschaft sein sollten, *Gustav Schmoller* dagegen beharrte auf der Pflicht der Ökonomen, auch normativ argumentieren zu müssen. Deskriptive Aussagen kann man immer an Wörtern wie „wenn–dann", „es gibt ein/viele" erkennen, normative Aussagen erkennt man an Wörter wie „soll", „muss", „es hat zu erfolgen", aber auch an versteckten Wertungen wie „fortschrittlich", „modern" usw. Eine einfache Regel lautet: Wenn eine Aussage weder durch Beobachtung noch durch logische Argumente nachvollziehbar ist, dann handelt es sich um eine normative Aussage.

Werner Sombart (1863–1941)

Wie kann Freiheit von Werturteilen in der Wissenschaft erreicht werden?

Hermeneutische Verfahren

Die Hermeneutik befasst sich mit dem Problem des Verstehens eines sprachlichen Sachverhalts. Mit Texten schriftlicher und mündlicher Art haben die Sozialwissenschaften häufig zu tun. Auch Begriffe sind sprachliche Sachverhalte. Sie sind selten wertneutral, haben Konnotationen, werden wertend gebraucht.

Die Interpretation von Texten erfolgt immer mit einem bestimmten Vorverständnis des zu untersuchenden Zusammenhangs. Die vorausgesetzte Fragestellung und das darin sich ausdrückende Vorverständnis müssen am Text selbst immer wieder überprüft und evtl. geändert werden. Wichtig bei der Interpretation ist die Frage nach der Bedeutung einzelner Worte eines Textes. Es handelt sich hier um den sog. *„semantischen Aspekt"*, d. h. also den auf die Wortbedeutungen gerichteten Aspekt der Interpretation. Sozialwissenschaftliche Texte entstehen häufig im Zusammenhang mit Kontroversen, sie ergreifen Partei; folglich können sie nur verstanden werden, wenn auch die jeweiligen Gegenspieler in die Interpretation einbezogen werden.

Eine Interpretation bewegt sich ständig im so genannten *„hermeneutischen Zirkel"*: Nach diesem Modell von *Hans Georg Gadamer* (1900–2002) werden einzelne Aussagen und ihre sprachlichen Elemente im Gang der Interpretation immer wieder im Zusammenhang größerer Aussagenzusammenhänge ausgelegt; das einzelne Wort wird erst im Zusammenhang des Satzes, der Satz erst im Kontext größerer Satzzusammenhänge verständlich. Prinzipiell kann man von einem Verhältnis wechselseitiger Erklärung *textimmanenter* (direkt im Text enthaltener) und *textübergreifender* (kontextueller) Zusammenhänge sprechen.

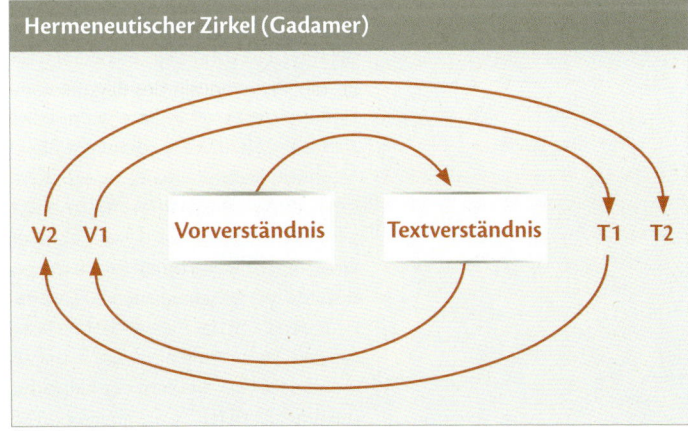

Hermeneutischer Zirkel (Gadamer)

V2   V1   **Vorverständnis**   **Textverständnis**   T1   T2

Methoden der empirischen Sozialforschung

Beobachtung

Die systematische Beobachtung ist im Prinzip nichts anderes als die Systematisierung eines alltäglichen Vorgehens. Die Aufmerksamkeit bei der Beobachtung richtet sich auf das Erfassen von Ablauf und Bedeutung einzelner Handlungen und der Handlungszusammenhänge. Die Beobachtung wird angewendet, wenn das Forschungsinteresse dem Verhalten von Individuen in einem sozialen Kontext und in einer bestimmten Situation gilt. Die Beobachtung kann systematisch und unsystematisch erfolgen.

Bei der unsystematischen Beobachtung wird Verhalten in einer Situation beobachtet, ohne dass dem Beobachter vorgegeben ist, welche Ereignisse oder Inhalte von besonderem Interesse sind. Da die sinnliche Wahrnehmung, auf der jede Beobachtung beruht, jedoch grundsätzlich selektiv ist, hat die unsystematische Beobachtung erhebliche Nachteile: Es werden nur bestimmte Inhalte wahrgenommen, von diesen wird ein Teil vor ihrer Fixierung vergessen, und diese Selektion ist bei verschiedenen Beobachtern unterschiedlich.

Durch die systematische Beobachtung wird versucht, diese Selektionsprozesse zu steuern und zu kontrollieren. Dazu muss erstens definiert werden, welche Ereignisse und Inhalte für die wissenschaftliche Fragestellung von Bedeutung und demzufolge zu beobachten sind, zweitens muss definiert werden, in welchen Zeiträumen beobachtet werden soll und worauf bei den festgelegten Inhalten zu achten ist, und drittens müssen die Beobachtungsergebnisse mittels eines Kategorienschemas fixiert werden. Durch eine derartige Standardisierung wird die Anzahl der beobachtbaren Inhalte stark reduziert. Unabhängig von der Standardisierung ist die teilnehmende und die nicht-teilnehmende Beobachtung zu unterscheiden. Bei der teilnehmenden Beobachtung befindet sich der Beobachter im Untersuchungsfeld und ist in die ablaufenden sozialen Interaktionen eingebunden, während er sich bei der nicht-teilnehmenden außerhalb des Untersuchungsfeldes befindet.

(Bernhard Schäfers (Hrsg.), Grundbegriffe der Soziologie, Opladen: Leske + Budrich 2003, S. 222)

Experiment

Bei einem Sozial-Experiment wird eine Intervention bzw. Maßnahme im sozialen Feld durchgeführt und ihre Auswirkungen werden wissenschaftlich dokumentiert und gedeutet.

Das Experiment wird allgemein als Beobachtung unter kontrollierten Bedingungen definiert. Die kontrollierten Bedingungen bestehen darin, dass die wirksamen, unabhängigen Variablen nach einem vorab erstellten Versuchsplan systematisch variiert und die Einflüsse dieser Veränderungen auf die abhängigen Variablen gemessen werden. Das sozialwissenschaftliche Experiment ist eine von den Naturwissenschaften übernommene Methode; seine Anwendung resultiert aus dem Bemühen um eine nach dem Vorbild der Naturwissenschaften größtmögliche Exaktheit der Messung und Untersuchungsplanung. Allerdings ist das sozialwissenschaftliche Experiment gegenüber dem naturwissenschaftlichen durch Probleme gekennzeichnet, in denen sich die Besonderheiten des sozialwissenschaftlichen Erkenntnisobjekts widerspiegeln. (…) Auch aus praktischen Gründen kann das Experiment nicht wie andere Methoden relativ universell eingesetzt werden. So ist es nicht möglich, mit sozialen Entwicklungen und Prozessen zu experimentieren, weil die Zahl der hier potenziell bedeutsamen Variablen unabsehbar und unkontrollierbar ist, ganz abgesehen davon, dass solche Experimente aus den verschiedensten Gründen praktisch nicht durchführbar sind. Das Experiment ist daher eine Methode, die vorwiegend in der Psychologie, Sozialpsychologie und Mikrosoziologie – hier vor allem in der Kleingruppenforschung – eingesetzt wird.

(Bernhard Schäfers (Hrsg.), Grundbegriffe der Soziologie, Opladen: Leske + Budrich 2003, S. 222 f.)

Inhaltsanalyse

Mit der Methode der Inhaltsanalyse werden Texte und Bilder, aber auch TV- und Radiosendungen einer quantitativen oder qualitativen Analyse unterzogen. Dabei werden Kommunikationsinhalte jeder Art nach festgelegten Regeln in Kategorien eingeteilt. Die qualitative Inhaltsanalyse bezieht auch Kommunikationsinhalte, die nicht explizit ausgesprochen werden, in die Analyse ein. Durch eine systematische Interpretation wird die inhaltliche Bedeutung von Aussagen ermittelt, ohne das Material auf quantifizierbare Aussagen zu reduzieren. Dabei wird zunächst nach Sichtung des Materials ein *System von Kategorien* festgelegt, anhand dessen durch die interpretativen Techniken der Zusammenfassung, Explikation und/oder Strukturierung Aussagen aus dem Text herausgefiltert werden.

Sekundäranalyse

Vorhandenes Datenmaterial, z. B. aus den Standardumfragen SOEP oder ALLBUS, können unter neuen Gesichtspunkten wieder ausgewertet werden. Grundsätzlich ist alles Datenmaterial dazu geeignet, wenn quantifizierbare Daten vorliegen. Die Fragestellung an die Daten muss sich allerdings dem vorhandenen Material anpassen. Wenn sich neue relevante Gesichtspunkte ergeben, ist die Grenze der Methode erreicht.

Soziometrie

Die Soziometrie ist ein Verfahren der empirischen Sozialforschung, mit dem die Beziehungen zwischen den Mitgliedern einer Gruppe festgestellt, dargestellt und untersucht werden können. Es wird deshalb nach *Sympathie und Antipathie* zwischen den Mitgliedern einer Gruppe gefragt, man untersucht die Kontaktwünsche (*subjektive Interaktionspräferenzen*) und die tatsächlichen Kontakte (*faktische Interaktionsbeziehungen*). Das erfolgt im Wesentlichen durch die Befragung der Gruppenmitglieder. Soziometrische Ergebnisse werden in einem Soziogramm grafisch dargestellt. Eine mathematische Darstellung der Beziehungen unter den Mitgliedern einer Gruppe erfolgt in Soziomatrizen. Seltener sind Darstellungen, in denen eine Kennzahl über die Beziehungen der Gruppenmitglieder informiert.

	Gewählte													Anzahl der abgegebenen Wahlen		
	1	2	3	4	5	6	7	8	9	10	11	12	13	+	–	Gesamt
1	/	+	+	+	+		–						–	4	2	6
2	+	/	+		+							–		3	1	4
3	+	+	/										–	2	1	3
4	+		+	/			–						–	2	2	4
5	+			+	/									2	–	2
6	+				+	/							–	2	1	3
7	–						/	+	+				–	2	2	4
8							+	/	+					2	–	2
9							+	+	/				–	2	1	3
10			+				+			/			–	2	1	3
11							+	+			/			2	–	2
12	+						+					/	–	2	1	3
13	–	–					–					–	/	–	4	4
+	6	2	3	3	3	–	5	3	2	–	–	–				
–	1	1	1	–	–	–	3	0	–	–	–	1	9			
Σ	7	3	4	3	3	–	8	3	2	–	–	1	9			

Erhaltene Wahlen

Beispiel für eine Soziomatrix

Biografische Methode

Soziale Realitäten spiegelt sich in der subjektiven Wahrnehmung und im Leben der Menschen. Aus dieser Überlegung heraus hat sich die biografische Methode entwickelt, die aus biografischen Dokumenten, z. B. Interviews, Tagebüchern, Lebensläufe, Briefe, Erinnerungen, Fotos, Daten sammelt.

Die *Subjektivität der Äußerungen* schließt natürlich Schwierigkeiten ein wie etwa: Hat der Betreffende nur einen Teil der relevanten Realität erfahren oder gar zufällig das Gegenteil dessen, was die große Masse erfuhr? Haben sich die sozialen Realitäten in seiner Erinnerung verschoben oder verklärt oder auf bestimmte Ausschnitte reduziert?

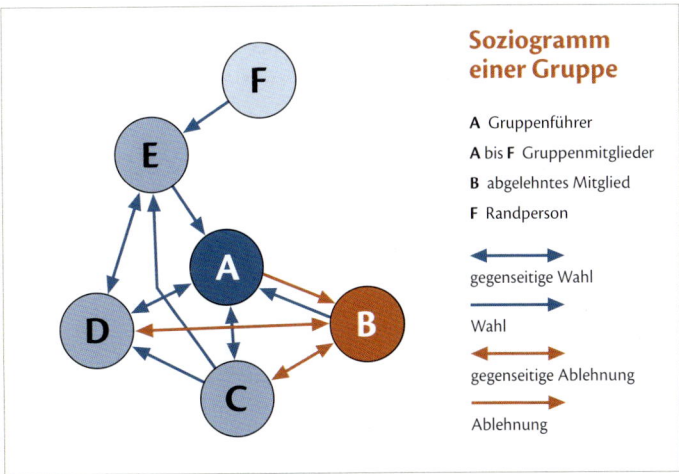

Soziogramm einer Gruppe

A Gruppenführer
A bis F Gruppenmitglieder
B abgelehntes Mitglied
F Randperson

⟷ gegenseitige Wahl
→ Wahl
⟷ gegenseitige Ablehnung
→ Ablehnung

Befragung

Umfragen

Umfragen gehören zum Handwerkszeug der Sozialwissenschaften und liefern *empirische Daten*, auf deren Grundlage Schlussfolgerungen, Modelle und Theorien entwickelt werden können. Je nach Beschaffenheit einer Umfrage und der Auswahl der Befragten unterscheidet man:

- *Mündliche (vor allem telefonische) Befragungen*: werden vor allem in Form von Interviews durchgeführt.
- *Schriftliche Befragungen*: erfolgen mithilfe von Fragebögen. Je nachdem, wie die Fragen eines Interviews oder eines Fragebogens formuliert sind, unterscheidet man:
  - *strukturierte Interviews*: Themengebiet, Fragenfolge und Antwortvorgaben sind festgelegt. Meist wird mit geschlossenen Fragen gearbeitet, die standardisierte Antwortvorgaben ermöglichen, wie Einfach- und Mehrfachauswahlfragen, Skalenfragen, Maßzahlfragen usw.
  - *Leitfadeninterviews*: Das Themengebiet ist ggf. ohne festgelegte Fragenfolge vorgegeben. Mit offenen Fragen und freien Antworten wird versucht, die Sichtweise der/des Interviewten zum Thema zu erfassen. Standardisierte Antwortvorgaben fehlen in der Regel.

Umfragen werden häufig sehr aufwändig durchgeführt. Das Verhältnis der Menge und Zusammensetzung der Befragten zur *Grundgesamtheit* derer, über die Aussagen gemacht werden sollen, ist entscheidend. In einer *Totalerhebung* werden alle Individuen der zu untersuchenden Gruppe befragt (z. B. Abgeordnete eines Parlaments). Dies ist aber nicht immer möglich. In einer *Stichprobe* wird eine Auswahl von Individuen untersucht. Die Stichprobe ist dann repräsentativ, wenn sie ein verkleinertes Abbild der Grundgesamtheit darstellt und ebenso klar abgegrenzt ist wie die Grundgesamtheit. Dazu werden bestimmte Merkmale der Grundgesamtheit ausgewählt, die aller Wahrscheinlichkeit nach für die Aussage, die getroffen werden soll, entscheidend sind (z.B. Geschlecht, Alter, Wohnort).

Studien

Größere Stichproben werden häufig *Studien* genannt. Die Shell-Jugendstudie 2006 verwendete eine gewichtete Zahl von 2515 Jugendlichen, um zu repräsentativen Aussagen über die Jugendlichen in Deutschland zu gelangen. Das Jugendalter wurde dabei festgelegt auf die Spanne von 12 bis 25 Jahren. Die Merkmale der Repräsentativität waren das Alter, der Status, die Wohnortgröße und das Bundesland sowie die Staatsbürgerschaft. Die Shell-Studie wurde zum 15. Male durchgeführt und erlaubt Aussagen über die deutsche Jugend. Im Vergleich der einzelnen Shell-Studien lassen sich Veränderungen im Meinungsspektrum und im Verhalten der Jugendlichen über die Jahre hinweg ablesen. Andere Studien sind von vornherein als *Langzeitstudien* angelegt wie die Langzeitstudie Massenkommunikation (1964–2005). Diese soll es ermöglichen, Aussagen über Trends in der Mediennutzung zu machen. Dazu werden zum Beispiel „Trendsetter" besonders befragt.

Große Befragungen: SOEP und ALLBUS

Zur Datengewinnung für sozialwissenschaftliche Standardfragen werden seit einigen Jahren routinemäßig Befragungen durchgeführt, u.a. das *Sozio-ökonomisches Panel* (SOEP) und die *Allgemeine Bevölkerungsumfrage der Sozialwissenschaften* (ALLBUS). Das Sozio-ökonomische Panel stellt Mikrodaten für die sozial- und wirtschaftswissenschaftliche Grundlagenforschung bereit. Diese Daten werden auch für die Sozialberichterstattung benutzt. Das SOEP ist eine repräsentative Wiederholungsbefragung privater Haushalte in Deutschland, die im jährlichen Rhythmus seit 1984 bei denselben

Grundgesamtheit (auch: Grundmasse)

Die Gesamtmenge aller potenziellen Untersuchungsobjekte, auf die sich eine Untersuchung oder Fragestellung beziehen soll.

Personen und Familien in der Bundesrepublik durchgeführt wird. Bereits im Juni 1990, also noch vor der Währungs-, Wirtschafts- und Sozialunion, wurde die Studie auf das Gebiet der ehemaligen DDR ausgeweitet. Das Erhebungsprogramm wird ständig an neue Entwicklungen in der Gesellschaft angepasst. Der Datensatz gibt Auskunft über objektive Lebensbedingungen, Wertvorstellungen, Risikoeinstellungen, den Wandel in verschiedenen Lebensbereichen und über die Abhängigkeiten, die zwischen verschiedenen Lebensbereichen und deren Veränderungen existieren.

Die *Allgemeine Bevölkerungsumfrage der Sozialwissenschaften* (ALLBUS) dient der Erhebung hochwertiger Daten über Einstellungen, Verhaltensweisen und Sozialstruktur in Deutschland. Seit 1980 wird in der Regel alle zwei Jahre ein repräsentativer Bevölkerungsquerschnitt mit einem teils replikativen, teils variablen Fragenprogramm befragt. Die Daten stehen unmittelbar nach ihrer Aufbereitung und Dokumentation für wissenschaftliche Anwendungen zur Verfügung.

www.diw-berlin.de/deutsch/soep/29004
Das sozio-ökonomische Panel

gesis.org/Datenservice/ALLBUS
ALLBUS Datenservice

Modellbildung und Simulation

Modelle sind wie Landkarten. Bei allen Modellen werden Teile weggelassen, die für den Zweck, für das Modell konstruiert worden ist, unwichtig sind. Landkarten sind Modelle von Landschaften. Man kann sie zusammenfalten und in die Tasche stecken. Man kann auf ihnen Probehandlungen ausführen und so den kürzesten Weg herausfinden. Modelle haben den Vorteil der besseren und übersichtlicheren Handhabbarkeit. Modelle bilden deshalb nur den Teil der Wirklichkeit ab, der für den Zweck wichtig ist, für den das Modell konstruiert worden ist. So werden bei einer Straßenkarte die Straßen überbetont. Autobahnen sind dort so breit wie sonst ganze Städte. In der Straßenkarte sind dafür die anderen Elemente der Landschaft unwichtig. Sie können vernachlässigt werden. Bei einer Wanderkarte dagegen will man die Details der Landschaft finden, die Orientierungspunkte und die Markierungen der Wanderwege. Jetzt sind Autobahnen unwichtig. Für ein Modell ist es also gar nicht wichtig, wie die Wirklichkeit selbst genau aussieht. Es geht um Relevanz, nicht um Genauigkeit. Die Karte des öffentlichen Nahverkehrs in Berlin ist zum Beispiel ganz schematisch und stimmt überhaupt nicht mit den wirklichen Entfernungen und Lageverhältnissen der Stadtteile überein. Dennoch funktioniert sie als Modell sehr gut, denn sie zeigt, mit welchen Bussen und U-Bahnen man wo hinkommt und wo man umsteigen muss. Das sind die Informationen, die man braucht. Alles andere würde Verwirrung stiften.

(Wolf Wagner, Wie Politik funktioniert, Frankfurt a. M.: suhrkamp 2006, S. 51 f.)

Der Modellbildungsprozess besteht aus einem Kreislauf, der mehrere Stufen enthält, welche durch charakteristische Übergänge miteinander verbunden sind. *Simulation* ist die Nachbildung eines dynamischen Prozesses in einem realen Modell, um zu Erkenntnissen zu gelangen, die auf die Wirklichkeit übertragbar sind.
(Definition nach: VDI-Richtlinie 3633 DIN)

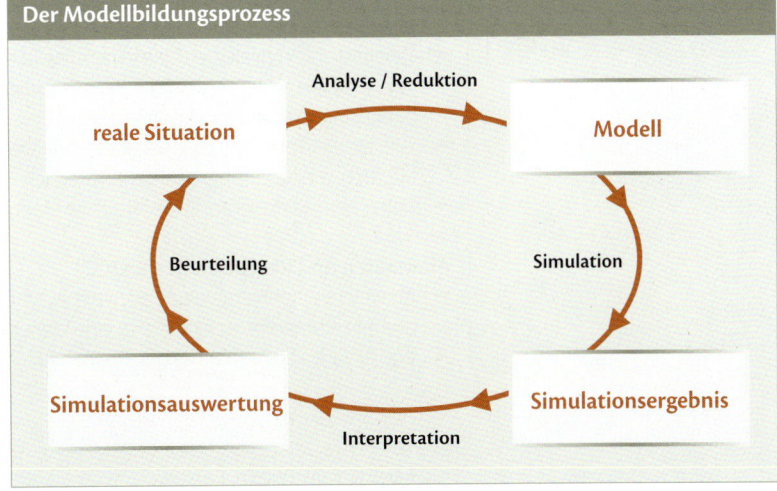

Der Modellbildungsprozess

reale Situation — Analyse / Reduktion → Modell

Modell → Simulation

Simulationsergebnis — Interpretation → Simulationsauswertung

Simulationsauswertung — Beurteilung → reale Situation

Textanalyse

Die Textanalyse ist in den Sozialwissenschaften ein unerlässliches Hilfsmittel, da viele der gebrauchten Daten in Form von Texten vorliegen. Zum Vorgehen bei der Textanalyse haben sich einige Aspekte als unabdingbar erwiesen, die hier in Frageform vorgestellt werden sollen:

Herkunft des Textes
- Welche Angaben werden zur Herkunft des Textes gemacht (in der Quellenangabe)?
- Handelt es sich um einen *Primärtext* (Primärquelle) oder einen *Sekundärtext* (Wiedergabe des Gedankenguts anderer)?

Ermittlung des Kontexts
- In welcher Umgebung steht der Text (z. B. in einer Zeitung, als Kapitel in einem Buch, Transkript eines Radiointerviews)?
- Zu welchen anderen Texten hat der Text einen Bezug (explizit, etwa durch Zitate, oder implizit, etwa durch Nutzung einer bestimmten Form)?
- Wer ist der Autor bzw. wer sind die Autoren und was ist über sie bekannt? Was kann sie dazu veranlasst haben, den Text zu verfassen (Anlass)?
- Innerhalb welcher Auseinandersetzung steht der Text (etwa eine wissenschaftliche Kontroverse, eine politische Auseinandersetzung)?

Inhalt des Textes
- Was ist das Thema des Textes? Innerhalb welchen Themenkomplexes ist das Thema einzuordnen?
- Welche Aussagen werden im Text gemacht?
- Was sind die Hauptthesen des Textes, wenn es sich um einen argumentativen Text handelt?
- Welche Belege, Argumente und Beispiele werden benutzt?
- Was ist dem Autor besonders wichtig, worauf weist er besonders hin?
- Was ist die Aussageabsicht des Autors? Worauf will er hinaus?
- Welchen Charakter hat der Text? Ist er eher eine sachliche Beschreibung oder ein wertender Text usw.?

Aufbau und Stil des Textes
- Wie geht der Autor vor, um seine Intention zu verfolgen (z. B. induktiv, deduktiv, assoziativ)?
- Wie ist der Text gegliedert? Welche Sinnabschnitte weist er auf?
- Welche allgemeinen Merkmale hat die Sprache des Textes? Verwendet der Autor bewusst ein bestimmtes Sprachniveau?
- Wie ist der Sprachstil des Textes? Handelt es sich um z. B. eine wissenschaftlich-nüchterne oder eine agitatorische Sprache?
- Fallen besondere sprachliche Mittel auf (Metaphern, Exklamationen usw.)?

Adressaten und Rezeption des Textes
- An welches Publikum wendet sich der Autor aufgrund von Inhalt, Form und Sprache? Ist die angesprochene Zielgruppe identisch mit der tatsächlich erreichten?
- Was ist über die Aufnahme des Textes beim Publikum bekannt?

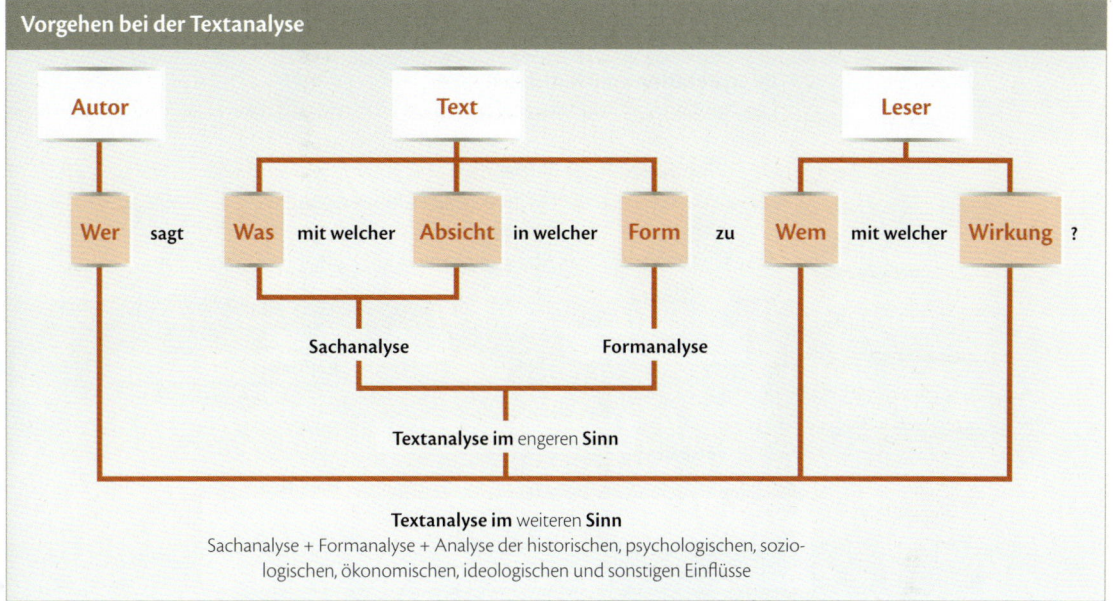

Vorgehen bei der Textanalyse

Textkritik
- Welchen Stellenwert hat der Text im Publikationszusammenhang, im Werk des Verfassers, in Bezug auf eine bestimmte Problematik oder Textsorte?
- Lässt sich der Text einer geistigen Strömung oder Epoche bzw. Ideologie zuordnen?
- Welche Stellung beziehen Sie selbst zum Text bzw. zu den im Text geäußerten Thesen oder Behauptungen? Wie lautet Ihr persönliches Urteil?

Ideologiekritische Bearbeitung unterschiedlicher Positionen und Theorieansätze
Der Begriff Ideologie (griechisch, die Ideenlehre) bezeichnet eine Weltanschauung oder ein System von Wertvorstellungen. Im wissenschaftlichen Diskurs wird er sowohl wertend als auch wertneutral verwendet. Häufig wird Ideologie als ein falsches Bewusstsein der Realität interpretiert, das die Individuen über sich und ihre Lebensverhältnisse täuscht und sie verschleiert. Es kann sich bei der ideologischen Grundhaltung auch um eine bewusste Parteinahme handeln, die die verhandelten Themen absichtlich unter einer bestimmten Perspektive betrachtet.

Um den wirklichen Zusammenhang zu durchschauen, wird Ideologiekritik betrieben. Die ideologiekritische Perspektive kann nur ein Element einer umfassenden Analyse sein, die die übrigen Analysegesichtspunkte bearbeitet.

Auf der Ebene der *immanenten Textanalyse* sollte in ideologiekritischer Hinsicht besonders auf folgende Erscheinungen geachtet werden:

- übertriebene Darstellungen
- beschönigende Darstellungen
- Vermeidung bestimmter Begriffe
- Umschreibung bestimmter Begriffe
- Schlagwörter
- Leerformeln
- Vorkommen von Stereotypen (Vorurteilen)
- veraltete Redewendungen
- Wortneuschöpfungen

Auf der Ebene der *Kontextbedingungen* spielen folgende Gesichtspunkte eine Rolle:
- Aufdecken einer evtl. vorhandenen bewussten Parteinahme oder Betrachtungsperspektive
- Vermeidung von Urteilen über Wertfragen
- Unvoreingenommenheit (Freiheit von Forschung und Lehre)

Analyse von Statistiken

Interpretation von Statistiken

Die Auswertung und Interpretation von statistisch erfassten Daten ist ein wichtiges Handwerkszeug. Zur Statistik gehören unbedingt Angaben über die Herkunft des Datenmaterials, d. h. die Quelle, damit sie sinnvoll auswertbar sind.

Statistiken werden in zwei wichtigen Hauptformen präsentiert: als Tabelle oder als Grafik.

Tabellen für statistisches Material haben immer eine bestimmte Form:

Tabellen

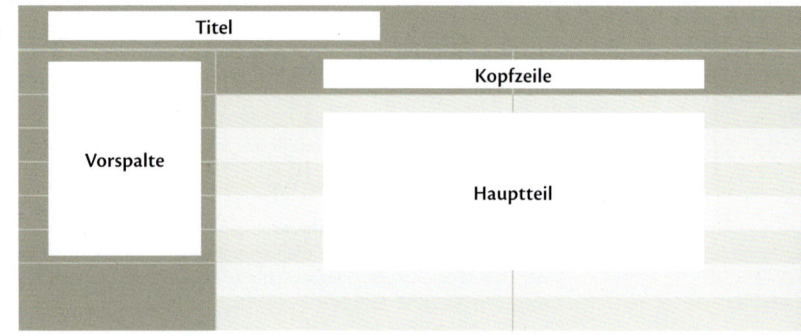

Verschiedene Formen von Grafiken/Diagrammen

Bei Grafiken existieren verschiedene Möglichkeiten, die häufig auch in Kombination sowie zusammen mit Tabellen auftreten können.

Verschiedene Formen von Grafiken sind Standard und mit jeder Tabellenkalkulation selbst zu erzeugen. Die gängigsten Typen von Grafiken sind:

Balkendiagramme

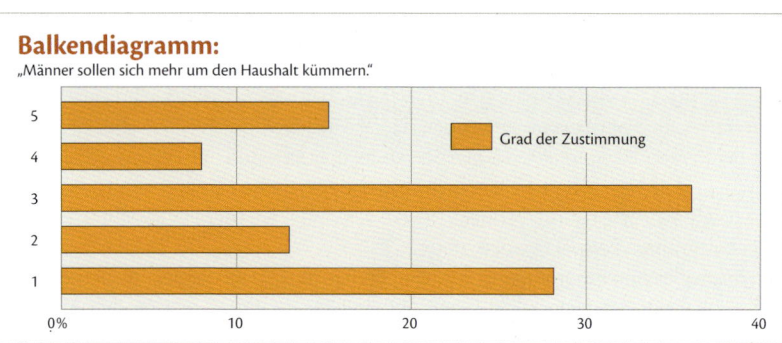

Säulendiagramme

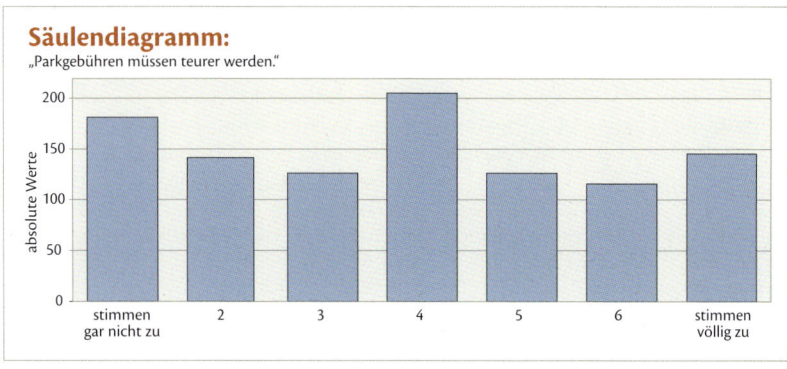

Liniendiagramm:

Kreisdiagramm:

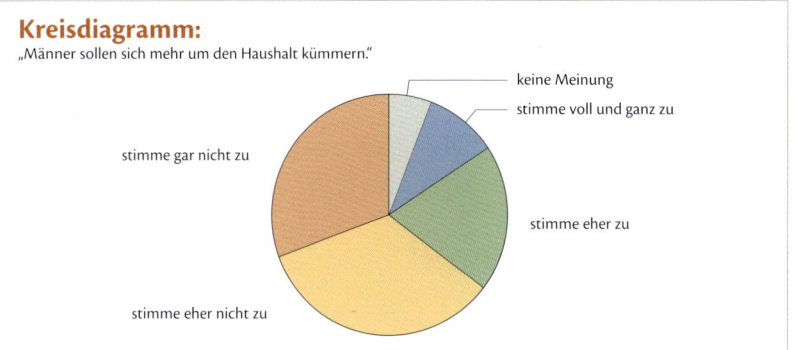

Spannweitendiagramm:

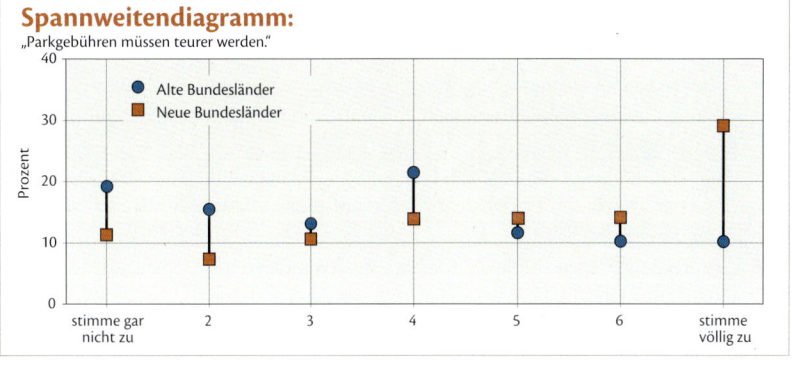

Flächendiagramm:

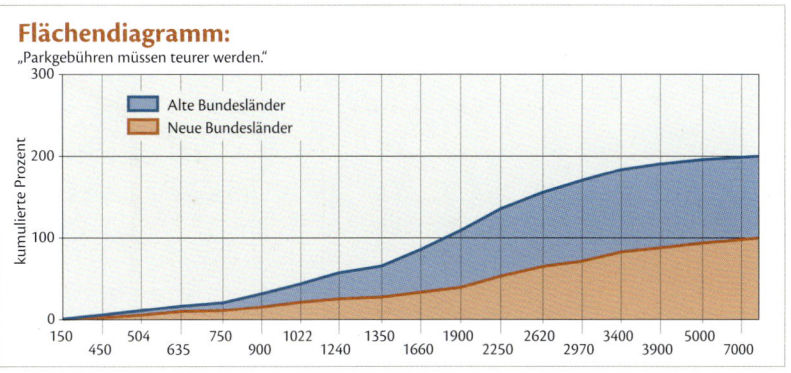

Präsentations- und Visualisierungstechniken

Durch *Visualisierung* sollen Arbeits- und Lernprozesse grafisch unterstützt werden. Das Gehörte über einen langen Zeitraum zu behalten, ist nicht nur schwierig, auch geht der rote Faden schnell verloren. Visualisierung führt zu einer verstärkten Aufmerksamkeit der Teilnehmenden und fördert das Behalten der Inhalte. Die optische Präsentation soll dabei die Sprache nicht ersetzen, sondern vielmehr ihre Aussage unterstützen. Visualisierung soll:

- die Aufmerksamkeit der Teilnehmer/-innen konzentrieren,
- die Betrachter einbeziehen,
- den Redeaufwand verringern,
- Informationen leichter erfassbar und erinnerbar machen,
- Orientierung und Übersicht geben,
- Wesentliches verdeutlichen,
- Transparenz herstellen.

www.sowi-online.de/methoden/lexikon/visualisierung-boettger.htm

Weiterführendes zur Visualisierung

Zur Visualisierung können die verschiedensten *grafischen und bildlichen Mittel* eingesetzt werden:

- Zeichnung an der Tafel oder am Flipchart,
- Plakate vorbereiten und aufhängen,
- Folien erstellen und auf dem Overhead-Projektor auflegen,
- eine Powerpoint-Präsentation erstellen.

Powerpoint-Präsentationen sind heute die verbreitetste Form der Visualisierung. Grundsätzlich sollten bei der Nutzung von Powerpoint folgende Gesichtspunkte beachtet werden:

- Bei der Präsentation sollte immer die Option „Animationsstart: Bei Mausklick" aktiviert werden, weil Sie so während des Präsentationsverlaufes besser und flexibler reagieren können.
- Arbeiten Sie mit wenigen, möglichst nur einem Übergangseffekt, damit sich die Zuschauer auf die Inhalte Ihrer Folien konzentrieren können und nicht auf originelle Übergangseffekte warten.
- Auch Soundeffekte während des Übergangs von einem zum nächsten Objekt werden eher als störend oder belustigend empfunden, man sollte sie also möglichst nicht verwenden.
- Grundsätzlich sollten Effekte sparsam angewandt werden und stattdessen die inhaltlich-methodische Komponente im Vordergrund stehen.

Bei der visuellen Gestaltung sind die folgenden *Grundformen* am einprägsamsten:

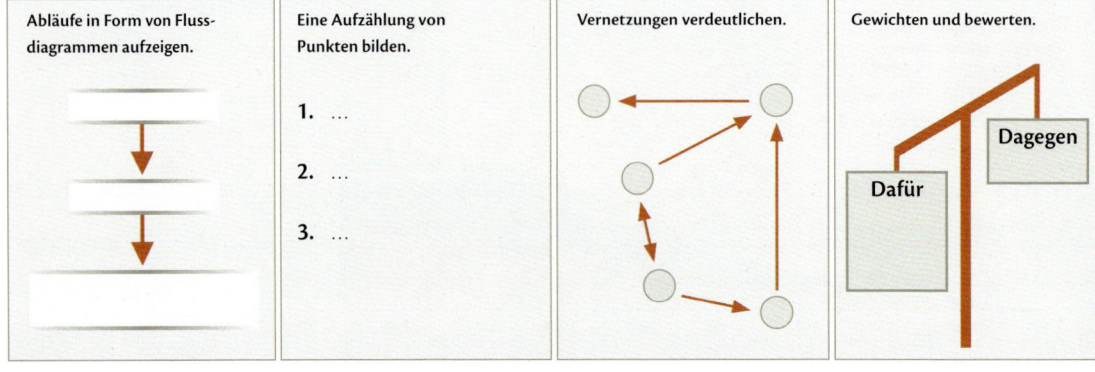

Abläufe in Form von Flussdiagrammen aufzeigen.

Eine Aufzählung von Punkten bilden.

1. …

2. …

3. …

Vernetzungen verdeutlichen.

Gewichten und bewerten.

Dafür

Dagegen

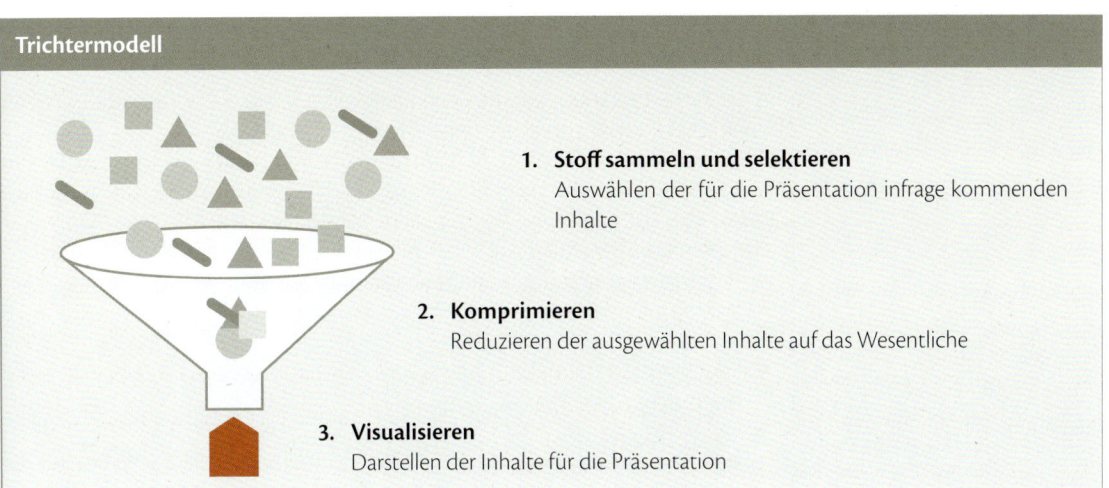

Trichtermodell

1. **Stoff sammeln und selektieren**
   Auswählen der für die Präsentation infrage kommenden Inhalte

2. **Komprimieren**
   Reduzieren der ausgewählten Inhalte auf das Wesentliche

3. **Visualisieren**
   Darstellen der Inhalte für die Präsentation

Vorbereitung und Aufbau einer Präsentation

Zunächst einmal muss der Stoff, der präsentiert werden soll, entsprechend ausgewählt und vorbereitet werden. Dafür bietet sich das Trichtermodell (oben) an.

Das *Visualisieren* dient der Unterstützung der Präsentation. Die Präsentation gliedert sich in drei Teile:

In der *Eröffnung:*
- wird begrüßt,
- wird der Anlass der Präsentation genannt,
- wird das Thema genannt,
- wird auf das Ziel der Veranstaltung eingegangen,
- wird evtl. das Vorgehen während der Präsentation verdeutlicht.

Im *Hauptteil:*
- wird das Thema systematisch entwickelt,
- wird das Thema in einzelne Aspekte gegliedert,
- werden Mittel der Visualisierung eingesetzt, um das Gesagte zu verdeutlichen.

Im *Schlussteil:*
- wird im Hinblick auf das Ziel der Veranstaltung zusammengefasst,
- wird den Zuhörern für die Aufmerksamkeit gedankt.

Präsentation und Körpersprache

Die Durchführung der Präsentation sollte überzeugend sein. Dabei kommt es neben einer klaren Umsetzung der Vorbereitung auch auf die Gestaltung der Rahmenbedingungen an.

Die Person des Präsentierenden steht dabei im Mittelpunkt der Aufmerksamkeit. Er oder sie sollte deutlich machen, dass er/sie hinter der Präsentation steht und souverän über das präsentierte Wissen verfügt. Dies geschieht u. a. auch durch die *Körpersprache.* Eine abgewandte Haltung z. B. passt nicht zu einem überzeugend Präsentierenden. Ruhige Gesten, Lächeln sowie körperliche Zugewandtheit und Offenheit binden die Zuhörer ein und machen sie aufmerksamer. Wichtig ist auch, Augenkontakt mit den Adressaten aufzunehmen.

Facharbeit

In der Facharbeit sollen Informationen aufbereitet werden. Die Facharbeit wird als schriftliches Produkt abgegeben und bewertet.

Das *Themenfeld* der Facharbeit ist präzise formuliert und deutlich eingegrenzt. Es wird zwischen Verfasser(in) und Bewerter(in) schriftlich festgelegt. In der Facharbeit soll die Fähigkeit gezeigt werden, ein Thema zu finden und mit wissenschaftlichen Mitteln auszuarbeiten. Die Themenfindung ist deshalb besonders wichtig und eine der schwierigsten Phasen der Facharbeit. Man sollte sich u. a. immer fragen:

- Welche Informationen habe ich bereits zum Thema? Welche Quellen kenne ich bereits?
- Lässt sich das so formulierte Thema von mir in der vorgegebenen Zeit erschöpfend bearbeiten?

Die *Informationssammlung* steht am Anfang der Bearbeitung der Facharbeit. Bei der Informationsbeschaffung sollte man sich fragen:

- Informationsmöglichkeiten gibt es viele (z. B. das Internet), aber welche Informationen passen wirklich zum Thema?
- Welche Informationsquellen sind verlässlich und weiterführend? (Autor und Quelle geben Anhaltspunkte)
- Welche Informationsquellen sind wichtig, welche stellen nur uninteressante Details dar?
- Informationssammlung ist keine Datensammlung: Reines Ausdrucken aus dem Internet führt nicht weit.

Informationen müssen in den Arbeitsprozess eingeordnet werden. Ständige Fragen müssen sein: Was fehlt mir noch? Was kann ich noch nicht erklären? Informationen müssen festgehalten werden. Bewährt haben sich Zettelkästen (auch elektronische), in denen zu den wichtigen Aspekten des Themas Exzerpte gesammelt werden. Jeder Zettel braucht eine Überschrift und sollte neben dem Exzerpt auch eine *genaue Angabe der Fundstelle* enthalten, damit bei Bedarf noch einmal nachgesehen oder auf eine Literaturangabe verwiesen werden kann. Das Exzerpt besteht aus einer wörtlichen Wiedergabe oder genauen Zusammenfassung der Informationen.

Mit dem Ordnen der Zettel beginnt die Zusammenstellung der Informationen für den Aufbau der Facharbeit. Jetzt sollte man sich noch einmal vergewissern, was das Thema ist. Eine schriftliche Gliederung eignet sich u. U. auch als Folie zur Orientierung während eines mündlichen Vortrags über die Facharbeit. Notwendige Elemente jeder Gliederung sind:

- Einführung: Das Thema muss genannt werden. Der Zusammenhang mit anderen Informationen sollte hergestellt, das Informationsinteresse kann kurz beleuchtet werden. Knapp kann gesagt werden, was den Leser erwartet.
- Hauptteil: Die Informationen werden präsentiert, sodass sie dem Leser unmittelbar deutlich werden.
- Schluss: Die Facharbeit wird in einen größeren Zusammenhang gestellt, ggf. mit weiteren Informationsmöglichkeiten.

Zitieren von Quellen

In der Facharbeit ist die Arbeit mit den Quellen sehr wichtig. Deshalb müssen Regeln zum *wissenschaftlichen Zitieren* unbedingt befolgt werden:

- Jeder fremde Gedanke muss mit seiner Quelle kenntlich gemacht werden. Der Leser soll so immer die Möglichkeit haben, Genaueres nachzulesen.

- Fremde Gedanken dürfen nicht verändert und verfälscht werden. Man kann sich aber selbstverständlich kritisch oder interpretierend mit ihnen auseinandersetzen.
- Zusammenfassungen von Aussagen aus anderen Texten müssen durch einen Hinweis auf die Quelle belegt werden.
- Wörtliche Zitate müssen durch Zitatstriche und Angaben nach den Zitierregeln kenntlich gemacht werden.

Insgesamt soll in der Beweisführung der Facharbeit deutlich werden, wie sich die Auseinandersetzung mit dem Thema in eine (wissenschaftliche) Tradition stellt, wie ihre Grundlagen (und Methoden) abgesichert sind und dass sie auf dieser Grundlage Neues entdecken und bearbeiten kann.

Phasen der Erstellung einer Facharbeit:

Phase I
- Thema festlegen
- wichtige Begriffe abklären
- in der Bibliothek bzw. im Internet recherchieren
- die ersten Informationen und Sekundärliteratur sichten und zusammentragen
- erste Überlegungen zu möglichen Teilaspekten des Themenbereichs anstellen
- Vorüberlegungen zu einer Gliederung anstellen

Phase II
- Material sichten, ordnen und bewerten
- die eigene Argumentation ausarbeiten
- die eigenen Gedanken und das eigene Material einordnen (z. B. Versuchs-, Umfrage-, Beobachtungsergebnisse, herausgearbeitete Textbefunde)
- das Material gliedern und Teilbereichen zuordnen
- ausführliche Gliederung erstellen

Phase III
- Gliederung auf den Bezug zum Thema überprüfen
- Gliederung endgültig festlegen
- fortlaufenden Text schreiben
- überarbeiten
- Endfassung erstellen
- Überarbeitung im Hinblick auf Fehler

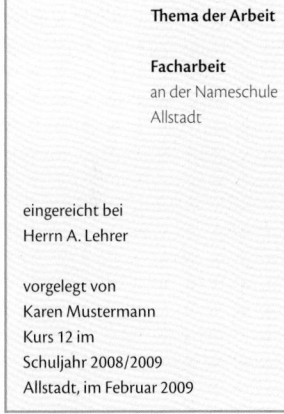

Thema der Arbeit

Facharbeit
an der Nameschule
Allstadt

eingereicht bei
Herrn A. Lehrer

vorgelegt von
Karen Mustermann
Kurs 12 im
Schuljahr 2008/2009
Allstadt, im Februar 2009

**Deckblatt einer Facharbeit
(Vorschlag)**

Umfang und Form der Facharbeit

Die Facharbeit hat einen Textteil im Umfang von 8 bis 12 Seiten auf DIN A4. Die Schrift ist 1,5-zeilig, mit normalem Seitenspiegel und im Schriftgrad 12 Punkt.
Die Arbeit besteht aus
- einem Deckblatt mit Thema, Name, Schul-, Kurs- und Schuljahresangabe,
- einem Inhaltsverzeichnis,
- dem Textteil mit
  einer Einleitung, die zum Thema führt und evtl. die Rahmenbedingungen referiert,
  einem untergliederten Hauptteil,
  einem Schlussteil als Zusammenfassung der Ergebnisse mit einem Ausblick,
- dem Literaturverzeichnis,
- ggf. einem Anhang mit fachspezifischen Dokumentationen, angefertigten Gegenständen, Objekten auf Datenträgern, Ton- und Videoaufnahmen, Materialien, Tabellen, Grafiken, Karten etc.,
- der Erklärung über die selbstständige Anfertigung der Arbeit bzw. des Teils der Gruppenarbeit.

Tipp
Eine Dokumentation des Arbeitsprozesses (z. B. Themenentwürfe, Gliederungsentwürfe), die auch Probleme, Schwierigkeiten und Umwege aufführt, kann der Arbeit mitgegeben werden.

Referat

Mittel zur medialen Unterstützung

- Folien
- Tafelanschrieb
- große Bilder und Plakate
- Grafiken
- Handouts
- Thesenpapiere
- Übersichten

Thema

Das Referat informiert Zuhörer mündlich über einen Sachverhalt. Trotzdem können Referate auch schriftlich ausgearbeitet und durch ein Handout (Thesenpapier) ergänzt werden. Jedes Referat hat ein Thema, aber Referatsthemen sind oft nicht sehr präzise formuliert („Arbeitslosigkeit"). Deshalb sollte man sich fragen:

- In welchem Zusammenhang steht das Referat?
- Was genau ist das Thema des Referats?
- In welchem Zusammenhang steht das Thema?
- An welche Zuhörerschaft ist das Referat gerichtet (welche Informationen können vorausgesetzt werden, welche helfen weiter)? Was erwarten meine Zuhörer von mir?

Für die Recherche zum Referat gilt grundsätzlich dasselbe wie zur Facharbeit. Die Quellen werden allerdings nicht bei jeder Gelegenheit präsentiert, in wissenschaftlichen Referaten allerdings deutlich vermerkt.

Aufbau und Gliederung

Die Gliederung des Referats folgt denselben Kriterien wie die der Facharbeit. Die Einleitung sollte die Zuhörerschaft aufmerksam machen und zum Thema hinführen. Der Hauptteil des Referats sollte klar und nachvollziehbar gegliedert sein, damit die Zuhörerschaft jederzeit Klarheit darüber hat, an welcher Stelle des Referats die Referentin oder der Referent sich befindet und vor allem wie die gegebenen Informationen einzuordnen sind. Der Schluss des Referats hat vor allem die Funktion, auf das Wichtigste, den „roten Faden" noch einmal aufmerksam zu machen.

Das Referat ist eine Präsentationsform und muss durch Medien anschaulich gemacht werden. Entscheidend ist, was durch den mündlichen Vortrag bei den Zuhörern ankommt. Deshalb sollte man seine Mittel dosiert einsetzen und die Zuhörerschaft weder verbal noch medial überfordern. Die Dauer des Referats ist abhängig von den Vereinbarungen innerhalb der Gruppe. Wegen der Strapazierung der Aufmerksamkeit sollte ein Referat normalerweise nicht länger als 20 bis 30 Minuten sein.

Für die Bewertung des Referats ist wesentlich, dass es sich um eine mündliche Präsentationsform handelt. Das Entscheidende ist, was bei der Zuhörerschaft an Information verankert werden kann. Dies ist vor allem von der Qualität der Informationssammlung abhängig. Aber ebenso wichtig ist die Aufbereitung der Informationen im Hinblick auf eine bestimmte Zuhörerschaft.

Vortragsweise

Das Referat soll in der Regel frei gehalten werden, sich allenfalls an Stichpunkten orientieren und kein Vorlesen einer schriftlichen Ausarbeitung sein. Eine gute Hilfe sind Notizen mit Stichworten auf Kärtchen. Es ist sinnvoll, so genannte „Sprechdenk-

Kriterien der Referatsgestaltung

Didaktischer Aufbau
- Referatsthema
- Gliederung
- Logik
- Begründetes Vorgehen

Methodisches Vorgehen
- Teilnehmerbeteiligung
- Thesenpapier
- Bildungsmethoden
- Wirkung auf Teilnehmer

Persönliches Auftreten
- Ausdruck
- Sprechweise
- Kooperation
- Nonverbales Verhalten
- Eigenmotivation

Medieneinsatz
- Medienart
- Medienkombination
- Mediengestaltung

Inhalt
- Systematik
- Vorgehen
- Beispiele

nach: www.ku-eichstaett.de

pausen" einzulegen. Auch innerhalb eines längeren Satzes können kurze Pausen entstehen, die notwendig sind, um die eigene Formulierung fortführen zu können. Dem Publikum bleibt Zeit, um folgen zu können.

Ein wichtiger Unterschied zwischen Schreiben und Reden ist, dass ein Zuhörer/eine Zuhörerin nicht zurückblättern kann. Er/sie muss dem Gedankengang des Redners/der Rednerin immer sofort folgen können. Anschaulichkeit und die Verwendung von Vergleichen wirken positiv und belebend. Abkürzungen, unbekannte Fachausdrücke usw. sollten möglichst nicht verwendet werden.

Während des Vortrags sollte man Folgendes beachten:

- *Augenkontakt* halten
- *gute Aussprache* (auch Lautstärke)
- *einfache Sprache* (kurze Sätze, wenig Fremdwörter, anschaulich und konkret sprechen)
- *wenig Füllwörter* oder Floskeln („bzw.", „das heißt", „natürlich", „also")
- *kurz sprechen,* auf das Wesentliche beschränken; zulässig sind zusammenfassende Wiederholungen
- *lebensnahe Beispiele* verwenden
- *Fremdwörter: nur wo nötig* gebrauchen, verständlich erläutern
- *gutes Fachwissen* bzw. eine gute Sachkenntnis
- *Fragen aus dem Publikum* zulassen
- *Transparenz* schaffen: Die Zuhörer/-innen müssen über Thema, Ziele, inhaltliche Struktur, Vorgehen und übergeordnete Zusammenhänge informiert sein.

Thesenpapier

In einem Thesenpapier werden wichtige Aspekte des Themas in knappen Aussagen zusammengestellt. Zweck von Thesenpapieren ist es, wichtige Informationen zum Nachlesen zur Verfügung zu stellen, um ergänzend (nach dem Referat) oder ersetzend (statt der ganzen Facharbeit) wahrgenommen zu werden. Thesenpapiere bergen beim Referat allerdings eine ernst zu nehmende Gefahr: Sie dürfen nicht als das eigentliche Referat präsentiert werden. Ein schlecht präsentiertes Referat besteht im Verlesen der Thesenpapiers.

Das Thesenpapier kann enthalten:

1. *Wichtige Informationen zum Thema*
- eine Zusammenfassung aller grundlegenden Fakten in Stichworten (auch Tabellen oder grafische Darstellungen)
- Hinweise auf einige zentrale Quellen bzw. auf grundlegende Literatur

2. *Beurteilung in Thesenform*
- Der Referent/die Referentin bezieht selbst Stellung und übernimmt die zugrunde liegende Literatur nicht kritiklos.
- Thesen dürfen provokativ und zugespitzt formuliert sein, um zur Aufmerksamkeit und zur Diskussion anzuregen. Es können auch kontroverse Thesen zu einem Thema vorgestellt werden.
- Das Thesenpapier soll nicht alles enthalten, was der Verfasser über das behandelte Thema weiß; auf Fragen aus dem Kreis der übrigen Teilnehmer müssen weitere Informationen gegeben werden können.

3. *Sonstiges*
- die Gliederung des Referats
- Der Kopf des Thesenpapiers bzw. die Titelseite enthält den Namen des Referenten/ der Referentin, das Thema des Referats, den Titel der Veranstaltung, Ort und Datum.
- Das Austeilen des Thesenpapiers sollte vor dem jeweiligen Referat erfolgen; Arbeitspapiere, die als Informationsgrundlage für die Diskussion über ein Spezialthema dienen, können auch noch während der Sitzung herumgereicht werden.

Gesprächs- und Argumentationsformen

Diskussion

Die Diskussion ist nicht zu verwechseln mit einer lockeren Aussprache über ein Thema. Stattdessen ist die Diskussion ein sachlich fundiertes, aber ergebnisoffenes Gespräch einer Gruppe. Meinungen und Argumente werden ausgetauscht und Beiträge so gestaltet, dass sie sich als Antworten auf vorher Gesagtes beziehen und einen Klärungs- und Entscheidungsprozess vorantreiben.

Damit sich Diskussionen nicht endlos hinziehen oder immer nur dieselben Teilnehmer das Gleiche sagen, braucht es klare Ziele, festumrissene Fragestellungen, angemessene Rahmenbedingungen und eine straffe Leitung mit klaren Regeln. Sind Ziele und Fragestellungen nicht klar, wird aus dem ergebnisoffenen Gespräch ein zielloses Gerede. Zu den Rahmenbedingungen gehören z. B. ausreichende Zeit und eine Sitzordnung, die Blickkontakte ermöglicht. In dem Gespräch müssen sich alle Diskutanten an die Regeln halten, die eine qualifizierte Diskussion kennzeichnen. Daneben kommen der Moderatorin/dem Moderator besondere Aufgaben zu:

- Unter ihrer/seiner Regie legen alle Beteiligten das Thema, die zu behandelnden Aspekte und ggf. Redezeiten fest.
- Sie/er gibt ggf. eine kurze Einführung zum Thema.
- Sie/er eröffnet und schließt die Diskussion.
- Sie/er führt eine Rednerliste in der Reihenfolge der Wortmeldungen und erteilt entsprechend das Wort
- Sie/er sorgt für Ordnung während des Gesprächs, bezieht Seitengespräche mit ein, fordert die Beachtung des Themas an und achtet auf die Einhaltung von Regeln und Redezeit; ggf. kann sie/er einem Teilnehmer das Wort entziehen.
- Sie/er kann Diskussionsimpulse geben, klärende Nachfragen stellen, Widersprüche zwischen Beiträgen aufzeigen.
- Sie/er hält Zwischenergebnisse fest und fasst das Diskussionsergebnis zusammen.

Das Streitgespräch

Das Streitgespräch kann als moderierte Podiumsdiskussion verstanden werden. Denn hier diskutieren nicht alle, sondern einige übernehmen Rollen und Positionen und versuchen, sie durch geschicktes Argumentieren zu vertreten. Sie diskutieren also nicht mehr aufgrund ihrer persönlichen Stellungnahme zum Thema, sondern es wird eine Konkurrenzsituation geschaffen, und eine *Kontroverse* wird von Vertretern, den „Anwälten" der jeweiligen Position auf dem Podium ausgetragen. Ein Musterfall des Streitgespräches ist das *Pro-und-Contra-Gespräch*.

Debatte

In der Debatte wird in kontrollierter Form nach strengen Regeln (z. B. Redezeitbegrenzung) ein erweitertes Streitgespräch durchgeführt. Wie in der Diskussion können sich alle äußern, wenn die vorher beschlossene Regelung dies zulässt. Meist aber ist eine Abfolge von Rednern festgelegt, sodass manchen Teilnehmern nur die Möglichkeiten des Applauses oder von Zwischenrufen bleiben. Im Unterschied zum Streitgespräch ist die Debatte auf eine Lösung, und sei es eine Mehrheitsentscheidung, ausgerichtet. Absprachen und Kompromisse zwischen beteiligten Gruppen sind daher möglich und oft auch unabdingbar. Die Lösung wird in Form eines Antrags formuliert, der abgestimmt werden und eine Mehrheit finden muss.

Rhetorische Mittel

Bereits in der klassischen Rhetorik sind verschiedene Argumentationsfiguren bekannt gewesen, die man zumindest der Form nach kennen sollte:

- *argumentum e contrario* – Beweis aus dem Gegenteil heraus: Haschischrauchen ist unschädlich. Warum kommen dann so viele vom Kiffen an die Nadel?
- *argumentum fortiori* – Beweis durch eine schon bewiesene Behauptung: Durch viele Untersuchungsreihen ist bewiesen, dass Haschisch eine Einstiegsdroge ist.
- *argumentum a priori* – Beweis durch logische Gründe: Da die allermeisten Drogentoten früher Haschischraucher waren, ist klar, dass Haschischrauchen schädlich ist.
- *argumentum a posteriori* – Beweis durch Erfahrungsgründe: Jeder Haschischraucher merkt, dass seine Leistungsfähigkeit beeinträchtigt ist.
- *argumentum ad hominem* – Beweis, der sich auf die ungeprüften Behauptungen des Kontrahenten stützt: Sie haben vorhin eine neue Studie erwähnt, die das Haschischrauchen noch gefährlicher einstuft als bisher angenommen. Wenn das so ist, kann ich nur sagen: Man muss es bei dem Verbot belassen.
- *argumentum e consentu gentium* – Beweis durch Berufung auf allgemein Gültiges: Jedes Kind lernt bereits in der Schule, dass Haschischrauchen schädlich ist.
- *argumentum ad traditionem* – Beweis durch Althergebrachtes: Es ist doch nicht erst seit heute bekannt, dass Haschischrauchen schädlich ist.
- *argumentum a tuto* – Beweis, der sich auf die Unschädlichkeit der Annahme stützt: Es kann auf jeden Fall nicht schaden, das Haschischrauchen bleiben zu lassen. Zumindest spart man Geld.

Meisterleistungen der Rhetorik

Weitere nützliche Methoden und rhetorische Techniken für Diskussionen und Streitgespräche sind:

- *Ja-Aber-Methode:* Bedingte Zustimmung (ja) mit anschließendem Hinüberführen zu den Einwänden (aber). „Es stimmt sicherlich, dass das Feuerwehrauto viel kostet. Bedenken wir jedoch ...."
- *Plausibilitätsargumentation:* Argument ist plausibel, eingängig, z. B. Verallgemeinerungen, Selbstverständlichkeiten. „Jeder ist sich selbst der Nächste." „Jeder mit gesundem Menschenverstand ..."
- *Autoritäts-Zitatentechnik:* Statt Argumente werden Zitate (Sentenzen) von bekannten Persönlichkeiten zitiert. „Albert Schweizer sagte: ...." „Dazu hat Prof. Dr. XY geschrieben ..."
- *Historische Ungleichheit:* Sachverhalte der Gegenwart werden mit Erscheinungen der Vergangenheit (oder Zukunft) verglichen. „Früher konnten wir auch ohne Maschinen existieren. Es ist deshalb auch möglich, künftig auf Fabriken zu verzichten."
- *Statistiken:* Autorität durch Zahlen, Daten und Statistiken vorspiegeln. „Sie wissen bestimmt, dass Professor Bachmann schon 1988 festgestellt hat: ..."
- *Divisionstechnik:* Nachteile werden so verkleinert, dass sie kaum ins Gewicht fallen. Aufwendungen wirken dank dieser Technik gering. „Dieses Auto kostet Sie nur 6 Euro pro Tag."
- *Entschuldigungstechnik:* Eigenes Tun wird gerechtfertigt. „Wer sein Auto benützt, der unterstützt die Wirtschaft und leistet einen aktiven Beitrag gegen die Arbeitslosigkeit."
- *Umkehrmethode:* Den Einwand zurückgeben. „Sind Sie wirklich überzeugt, dass ... ?"
- *Entweder-oder:* Nur zwei Möglichkeiten aufzeigen. „Entweder bekennen wir in diesem Bereich Farbe oder wir ...."

Register

Register

Bildquellenverzeichnis

5 picture-alliance / dpa
8 o. picture-alliance / KPA/TopFoto
8 u. picture-alliance / KPA/HIP/The B
9 o. picture-alliance / maxppp
9 m. picture-alliance / dpa
9 u. picture-alliance / akg-images
12 picture-alliance / maxppp
13 picture-alliance / maxppp
14 picture-alliance / dpa/© dpa-Bildarchiv
15 picture-alliance / dpa
18 picture-alliance / akg-images
26 o. picture-alliance / dpa
26 u. picture-alliance / dpa
27 picture-alliance / dpa
33 picture-alliance / dpa
38 © VG Bild-Kunst, Bonn 2018
38 m. Münchener Stadtmuseum
40 © Council of the EU
48 picture-alliance / dpa / dpaweb
63 Polaris / StudioX
71 picture-alliance / dpa
72 o. picture-alliance / maxppp
72 m. ullstein bild - ullstein bild
72 u. picture-alliance / dpa
73 ullstein bild
74 o. picture-alliance / maxppp

74 u. picture-alliance / maxppp
75 m. argum
75 u. SV-Bilderdienst
78/79 Ulrike Myrzik und Manfred Jarisch,
München
83 picture-alliance / dpa
93 picture-alliance / ZB
100 SV-Bilderdienst
101 SV-Bilderdienst
102 o. picture-alliance / dpa
102 u. picture-alliance / KPA / HIP / Natio
110 o. Anne Schänharting / OSTKREUZ
110 u. Heinrich Völkel / OSTKREUZ
112 o. © Jordis Antonia Schlösser / OST-
KREUZ
112 u. Ute Mahler / OSTKREUZ
123 picture-alliance / dpa
134 o. picture-alliance / maxppp
134 m. picture-alliance / dpa
134 u. picture-alliance / dpa
136 o. picture-alliance / obs / © dpa-Bildfunk
136 u. Bundesarchiv Koblenz
146 picture-alliance / dpa
153 picture-alliance / dpa
168 picture-alliance / KPA/TopFoto
169 picture-alliance / maxppp

183 ASSOCIATED PRESS
213 picture-alliance / dpa / dpa-Fotoreport
224 picture-alliance / dpa
228 o. picture-alliance / maxppp
228 u. picture-alliance / Russian Pictu
230 picture-alliance / akg-images
231 picture-alliance / ZB
232 picture-alliance / dpa
235 o. picture-alliance / dpa
235 u. picture-alliance / Bildagentur H
239 BROT für die Welt
245 © Ivan Alvarado / Reuters / Corbis
263 picture-alliance / ZB
267 picture-alliance / dpa
270 S. Fischer Verlag

Grafiken: Dr. Volkhard Binder, Berlin
Markus Kluger / textetage, Berlin

Nicht in allen Fällen war es uns möglich, die
Rechteinhaber der Abbildungen ausfindig
zu machen. Für eventuell entstandene Fehler oder Auslassungen bitten wir um Verständnis. Berechtigte Ansprüche werden
selbstverständlich im Rahmen der üblichen
Vereinbarungen abgegolten.